대망의 책

대망의책

2025년 10월 15일 6쇄

지은이 | 김영욱
펴낸이 | 박영호
펴낸곳 | 도서출판 솔로몬

주소 | 서울시 동작구 사당 3동 207-3 신주빌딩 1층
전화 | 599-1482
팩스 | 592-2104
직영서점 | 596-5225
등록일 | 1990년 7월 31일
등록번호 | 제16-24호
ISBN 978-89-8255-495-7 03230

대망의 책

역사의 흐름에 따라 구약의 핵심 주제를 쉽게 설명한 성경대학 교재

Bible

The Book of Great Hope

/ 김영욱 /

솔로몬

/ 차례 /

Contents

The Book of Great Hope

서문

이전부터 교회에서 신구약 성경을 체계적으로 가르치고 싶어서 적절한 부피와 깊이 있는 성경공부용 교재를 찾아보았습니다. 그러나 그런 필요를 채워주는 교재를 구하기가 쉽지 않았습니다. 결국 목마른 사람이 우물을 판다고 제가 쓰는 수밖에는 없었습니다.

이 책은 서론과 결론을 제외하고 총 28과로 구성되어 있습니다. 두 학기에 나눠서 가르칠 수 있는 분량입니다(한 학기 15주). 한 과로 90분 정도를 강의할 수 있습니다. 목사님들이 각 교회에서 교사나 순장 또는 성경을 깊이 있게 배우기 원하는 성도들을 대상으로 교육할 수 있습니다. 목사님들이 직접 교회에서 성경 대학을 운영할 수 있도록 쓴 책입니다.

주 교재 외에도 학생들이 미리 그 과에 대해서 준비해 올 수 있도록 학생용 교재도 만들어 놓았습니다. 학생들이 미리 문제를 풀고 오면 목사님들이 더 편하게 그 과를 가르칠 수 있을 것입니다.

이 책은 제가 두란노 바이블 칼리지의 목회자 반에서 강의를 한 내용입니다. 목사님들이 성경의 내용과 신학을 배우는 것도 좋지만 실제 교회 현장에서 사용할 수 있는 내용을 제공해 주면 좋겠다는 목소리를 적극 반영한 것입니다.

한국 교회는 성경을 배우려는 열정이 대단합니다. 이러한 열정에 맞게 성경 통독 프로그램이 다양하게 개발되어 나와 있습니다. 이러한 프로그램들은 성경의 배경과 주제에 대한 좋은 개론을 제공해 줍니다. 개론에서 한 걸음 더 나아가기를 원하는 분들에게 이 책은 성경 역사의 흐름에 따라 성경의 핵심적인 주제들을 설명해줄 것입니다.

제가 이 책을 쓰는데 여러 분들의 도움이 있었습니다. 두란노 바이블 칼리지의 양동국 간사는 저에게 이 책을 빨리 쓰도록 재촉(?)과 격려를 해 주었습니다. 은혜샘 교회의 교역자들, 가을에 목사 안수를 받을 박형욱 강도사와 이희헌 강도사 그리고 윤용석 전도사는 초고를 읽고 교정을 해 주었을 뿐만 아니라 내용과 구성적인 면에서 조언을 해 주었습니다. 마지막으로 솔로몬 출판사의 박영호 사장님이 바쁜 일정 가운데서도 흔쾌히 이 책을 출판해 주었습니다. 이 분들에게 감사를 드립니다.

이 책이 한국 교회를 말씀 위에 세우고 건강하게 설 수 있도록 작은 디딤돌이 되었으면 합니다.

2012. 6. 28 분당에서

정언正言 김영욱

Bible

The Book of Great Hope

성경을 어떤 관점에서 읽어야 하나?

하나님은 세상을 향한 자신의 뜻과 구원 계획을 성경에 기록해 놓았습니다. 따라서 하나님의 구원 계획을 알고자 하는 사람은 성경을 읽어야 합니다. 그러나 성경은 고대에 다른 문화권에서 써진 책입니다. 그래서 성경을 이해하기 위해서는 올바른 해석을 필요로 합니다. 성경을 제대로 해석하기 위해서는 다음 세 가지 방법을 염두에 두어야 합니다.

1. 문학적 접근

우리는 성경을 읽을 때 다음 세 가지 사실을 염두에 두어야 합니다. 첫째, 성경은 책입니다. 성경의 내용이 오랜 세월 동안 구전으로 전해 내려왔고 그것은 문자화 되었습니다. 그리고 현재 우리 앞에는 완성된 한 권의 책으로 놓여 있습니다. 현대의 독자들은 성경을 한 권의 책으로 대합니다. 따라서 성경을 이해하고자 하는 사람은 글로 쓰여 있는 책을 읽고 해석해야 합니다.

성경의 글은 다양한 형식으로 구성되어 있습니다. 이야기 형식, 역사 형식, 시의 형식, 예언의 형식 그리고 편지의 형식 등이 있습니다. 글의 형식을 아는 것이 글의 내용을 이해하는데 도움이 됩니다. 이러한 성경의 특징은 우리가 성경을 대할 때, 문학적인 접근을 요구합니다. 성경이 글로 써진 문학적인 책이기 때문입니다. 하지만 글의 형식은 의미를 전달하는데 목적이 있습니다. 독자는 글의 형식을 파악하는 것이 성경 이해에 도움이 되지만 그

글의 형식을 통해서 전달하고자 하는 의미를 파악하는데 주력해야 합니다.

완성된 성경은 이 책의 내용을 받아들이는 신앙 공동체에게 규범적인 역할을 합니다. 완성된 신구약 성경 외에 다른 내용을 더하거나 뺄 수가 없습니다. 완성된 성경은 신앙 공동체에게 정경적인 기준입니다.

2. 역사적 접근

둘째, 성경을 읽는 독자는 첫 눈에 역사의 처음이 있다는 사실을 발견합니다. 성경의 첫 구절은 "태초에 하나님이 천지를 창조하시니라" 입니다(창 1:1). 구약 성경의 첫 단어는 "태초에" 입니다. 이는 '시작에' 또는 '처음에' 로서 시작 또는 처음을 의미합니다. 즉 역사의 시작입니다. 그래서 유대인들은 첫 책인 창세기를 "태초에" 라는 이름으로 불렀습니다. 성경은 역사의 시작을 말합니다. 하나님이 하늘과 땅을 창조하신 것이 역사의 시작이었습니다. 시작이 있다는 것은 끝이 있다는 것을 암시합니다. 성경의 마지막에 있는 책인 요한 계시록은 역사의 끝을 말하며 새 하늘과 새 땅을 말하고 있습니다.

성경은 역사의 처음과 끝을 기록합니다. 그리고 이 역사 속에서 일어났던 일들을 설명합니다. 구약은 이스라엘이라는 나라의 역사를 중심으로 기술합니다. 이스라엘 나라가 어떻게 기원했는지를, 이스라엘이 어떻게 이집트에서 탈출하여 가나안 땅을 정복하고 살았는지를, 이스라엘이 어떻게 가나안 땅에서 망했는지를 그리고 남은 자들이 바벨론 포로로 잡혀갔다가 어떻게 다시 가나안 땅에 귀환하여 공동체를 이루며 살았는지를 설명합니다. 구약의 역사는 이스라엘의 역사와 함께 하고 있습니다.

신약은 유대인들에게서부터 시작된 복음의 역사를 설명합니다. 예수 그리스도에 의해 시작된 복음이 어떻게 전파되어 나갔는지를, 예루살렘에서부터 시작된 복음이 어떻게 이방인들에게로 퍼져 나갔는지를 기술합니다. 특별히 복음이 소아시아 지방으로 그리고 로마로 퍼져나간 역사를 말해줍니다. 신약은 이 복음을 믿고 생겨난 교회 공동체에 대해서 기록합니다. 신약은 교회 공동체의 역사를 자세하게 말하고 있습니다.

이와 같이 성경은 역사를 기록합니다. 그런데 이 역사는 하나님이 함께 하시는 역사입니다. 이 세상을 창조하셨던 하나님이 이스라엘의 역사 속에 들어오셔서 그들을 위하여 행동하셨던 것들을 기록합니다. 하나님이 이집트에서 노예로 있던 이스라엘을 구원하여 가나안 땅으로 인도하십니다. 이스라엘이 가나안 땅을 정복하게 하도록 도와주시고 그들과 함께 가나안 땅에 머무십니다.

하나님이 함께 하시는 역사는 특별히 신약에서 예수 그리스도의 생애에 지면을 길게 할애합니다. 성경의 역사는 예수 그리스도의 생애를 가장 중요하게 간주하며 독자들에게 자세한 정보를 제공해 줍니다. 더 나아가 예수 그리스도는 하나님이라는 사실을 밝힙니다. 하나님이 인간의 몸을 입고 이 땅에 왔다고 설명합니다. 예수 그리스도께서 십자가에서 죽으신 사건과 삼일만에 다시 살아나신 사건을 집중적으로 보도합니다. 그리고 이 십자가와 부활 사건을 믿는 사람들은 죄를 용서함 받고 구원을 받습니다. 영원한 생명을 받고 하나님의 나라에 들어갑니다. 타락한 인간이 구원을 받는 방법을 말합니다.

신약의 역사는 예수 그리스도에게 집중되어 있습니다. 예수 그리스도는 부활하신 후에 하늘로 올라가셨습니다. 그리고 다시 오실 것을 약속합니다. 예수 그리스도께서 이 땅에 다시 오실 때에 역사가 끝날 것입니다. 이 세상의 역사가 끝나고 새 하늘과 새 땅이 임할 것입니다.

3. 신학적 접근

성경은 이렇게 역사와 함께 합니다. 따라서 성경을 읽는 독자들은 역사와 함께 여행을 할 수밖에 없습니다. 하지만 이 역사는 세상의 보편적인 역사가 아닙니다. 보편적인 역사는 한 나라의 정치, 사회, 경제, 군사적인 흥망성쇠에 주목하는데 반하여 성경의 역사는 하나님께 주목하는 역사이기 때문입니다. 여기서 우리는 성경 역사를 대하는 세 번째 관점을 얻을 수 있습니다. 성경의 역사는 신학적인 접근을 요구합니다.

구약 역사는 하나님께서 역사 속에서 이스라엘을 위하여 말씀하시며 행동하시는 역사를 보여줍니다. 신약의 역사는 하나님이신 예수 그리스도께서 이 땅에 임하셔서 믿는 자들 즉 교회를 위하여 행하신 일들을 설명합니다. 역사의 주인공은 하나님이며 이스라엘과 교회는 조연입니다.

성경의 역사는 연대기 순으로만 기록하지 않습니다. 큰 흐름은 연대 순서를 따라가지만 때때로 연대를 거슬러 올라가서 기록하기도 합니다. 역사는 특히 사건 위주로 보도합니다. 예를 들면 빠르게 진행하던 역사는 아브라함의 역사나 다윗의 역사를 만나면 오래 지체합니다. 그들의 이야기에 아주 긴 지면을 할애하고 있습니다. 그들이 어떻게 하나님과 관계를 가졌는지를 설명합니다. 성경의 역사는 하나님과 관련이 있는 사건과 인물에 집중합니다.

성경의 역사는 하나님의 의도와 계획을 드러냅니다. 하나님의 계획은 역사 속에서 타락한 인간을 구원하는 것입니다. 하나님은 자신이 선택한 사람들을 구원하기 위하여 역사 속에 들어오셔서 행동하시며 말씀하십니다. 성경의 역사는 하나님이 자신의 백성을 구원하는 역사입니다. 이것을 구속사라고 부릅니다.

구속사에는 구체적으로 다음과 같은 요소들이 있습니다. 이 요소들은 구약에서도 나타나지만 특히 구약과 신약을 연결해서 이해하는 데에 도움을 줍니다. 첫째, 약속과 성취입니다. 둘째, 언약입니다. 셋째, 모형론이 있습니다. 넷째, 연속성과 불연속성이 있습니다. 다섯째, 예언과 성취가 있습니다. 마지막으로 성경의 역사는 신현을 목적으로 합니다. 하나님의 오심을 기다리는 역사입니다. 이러한 요소들은 뒤이어 나오는 자세한 설명에서 세부적으로 드러날 것입니다.

1

창조: 역사의 시작

읽어야 할 본문: 창세기 1-2장. 시편 8, 29, 104, 136, 148편

창조는 만물의 시작입니다. 땅과 하늘의 시작을 말하며 식물과 짐승의 시작을 말합니다. 더 나아가 인류의 시작을 말합니다. 모든 것의 기원은 하나님으로부터 시작되었습니다. 하나님이 없이는 모든 것이 존재할 수 없었습니다. 창조는 시작입니다. 특별히 역사의 시작을 말합니다.

1.1 창조: 구원의 무대

성경의 첫 책인 창세기는 "태초에 하나님이 천지를 창조하시니라"로 시작합니다(1:1). 흥미롭게도 성경은 하나님의 존재를 증명하려고 변론하지 않습니다. 하나님이 존재하신다는 것을 당연하게 밝히며 시작합니다. 하나님은 존재하십니다. 이것을 받아들일 것인가 아니면 거절할 것인가는 인간의 선택입니다 인간이 하나님의 존재를 받아들이지 않는다고 해서 하나님이 존재하지 않는 것이 아닙니다. 하나님은 당연히 존재하십니다. 이것이 성경의 첫 번째 증언입니다.

또한 성경 첫 구절의 주어가 하나님이라는 사실에 주목하셔야 합니다. 하나님이 하늘과 땅을 창조하셨습니다. 하나님의 사역을 말하고 있습니다. 하늘과 땅이 우연히 뻥하고 터져서 생겨난 것이 아닙니다. 엄연히 만드신 분이 존재합니다. 성경은 처음부터 하늘과 땅의 주인이 하나님이라는 사실을 강하게 선포합니다.

하늘과 땅은 인간이 살아갈 수 있는 공간입니다. 특히 땅은 인간의 생활 터전이며 실존 기반입니다. 인간은 땅을 두 발로 딛고 살아갑니다. 이런 점에서 창조는 사람이 살아갈 수 있는 무대입니다. 또한 앞으로 성경에서 펼쳐질 하나님의 구원 역사의 주 무대입니다.

1.2 칠일 구조

창세기는 아주 오래 전에 기록된 문헌이지만 그 나름대로의 구조를 갖고 있습니다. 1장과 2장에 나오는 창조 기사는 칠일 구조를 갖고 있습니다. 창조 이야기는 첫째 날부터 시작해서 일곱째 날로 끝납니다. 하나님이 칠일 동안에 무엇을 만드셨는지를 보도합니다. 역사는 칠일 구조를 계속 반복하면서 앞으로 나아갑니다.

첫째 날

첫째 날에 하나님은 하늘과 땅을 만드십니다. 하나님이 처음 땅을 만드셨을 때의 상태를 이렇게 설명합니다. "땅이 혼돈하고 공허하며 흑암이 깊음 위에 있고 하나님의 영은 수면 위에 운행하시니라"(1:2). "땅이 혼돈하며 공허하며"는 창조된 당시의 땅의 상태를 말하는데 '형태가 없고 비어있는' 상태를 뜻합니다.

헬라어 구약성경인 70인경은 '땅은 보이지 않고 형성되지 않았다'로 번역합니다. 70인경에 의하면 하나님이 땅을 창조하셨지만 아직 보이지 않았다는 뜻입니다. 왜냐하면 셋째 날이 되어서야 하나님이 물로 덮여 있는 땅을 드러나게 하시기 때문입니다.

"혼돈하며 공허하며"는 전적 혼돈total chaos을 의미하지 않습니다. 또한 이 표현은 무질서하고 무정형의 차가운 가스 덩어리를 의미하지도 않습니다. 이 단어들은 현대의 자연 과학에서 이해하는 우주의 기원을 말해주지 않습니다. 왜냐하면 다른 본문에서 이 단어들은 사람이 살지 않는 황폐한 상태 그리고 식물과 나무가 경작되지 않는 상태를 말할 때에도 사용되었기 때문입니다. 즉 하나님께서 땅을 좋게 만들기 이전 상태를 뜻합니다. '혼돈하며'는 이사야 45:18과 신명기 32:10에 그리고 '혼돈하며 공허하며'는 예레미야 4:23-26에 나옵니다. 이 구절들에 따르면 사람이 거하지 않는 버려진 땅을 설명하고 있습니다.

"흑암이 깊음 위에 있고"에서 "흑암"은 '어둠'이며 "깊음"은 '깊은 바다' 또는 '심연'을 의미하기도 합니다. 어둠은 하늘과 땅을 창조하실 때에 함께 나타납니다.

"하나님의 영은 수면 위에 운행하시니라"에서 현대 번역과 학자들은 하나님의 영을 '하나님의 바람' 또는 '하나님의 호흡'으로 번역하기도 합니다. 그러나 전통적인 번역은 "하나님의 영"입니다. "운행하시니라"는 새가 '떠서 배회하는' 상태를 의미하기도 합니다(참고. 신 32:11). 즉 하나님의 영이 물 위에 비행하고 있는 것입니다. 하나님의 영은 처음부터 창조 사역에 동참하고 계십니다.

창조의 기록 순서에 의하면 하늘, 땅, 어둠 그리고 물이 다른 것들보다 먼저 존재한 것으로 등장합니다. 어둠이 먼저 있었고 후에 빛이 창조됩니다. 1절과 2절후에 3절부터는 하나님이 말씀으로 모든 것들을 만드십니다. 특히 "하나님이 이르시되"라는 표현이 계속 나오는 것에 주목하시기 바랍니다(1:3, 6, 9, 11, 14, 20, 24, 26, 28, 29).

먼저 하나님은 빛을 만드십니다. "하나님이 이르시되 빛이 있으라 하시니 빛이 있었고"(1:3). 하나님은 빛을 만드신 후에 빛을 어둠과 나누십니다. 그리고 빛을 낮이라고 부르시며 어둠을 밤이라고 부르십니다. 어둠은 하나님이 땅을 만드실 때에 이미 존재해 있었습니다. 낮과 밤이 있음으로 해서 날이 존재합니다.

둘째 날

둘째 날에 하나님은 궁창을 만드십니다. "하나님이 이르시되 물 가운데에 궁창이 있어 물과 물로 나뉘라 하시고 하나님이 궁창을 만드사 궁창 아래의 물과 궁창 위의 물로 나뉘게 하시니 그대로 되니라"(1:6-7). 궁창은 하늘과 창공을 뜻합니다. 궁창이 물과 물을 나누는 기능을 합니다. 물은 이미 존재하고 있었습니다(1:2). 궁창 위의 물은 아마도 구름을 의미하는 것 같습니다. 하나님은 궁창을 하늘이라고 부르십니다.

여기서 질문들이 나옵니다. 그렇다면 궁창은 어디를 의미하는가? 단순히 대기권 즉 땅과 물위의 반구 모양의 창공을 뜻하는가? 여기서는(1:6-7) 대기권 안을 의미합니다. 그러나 궁창은 더 넓은 공간을 의미합니다. 왜냐하면 이 궁창에 발광체들, 해, 달, 별이 떠있기 때문입니다(1:14-17). 그리고 땅위로 새가 날아다니는 공간이기도 합니다(1:20). 이것을 종합해 보면 궁창은 사람이 눈으로 볼 수 있는 하늘의 넓은 공간, 대기권 안과 밖을 다 포함하고 있습니다.

셋째 날

셋째 날에 하나님은 땅이 드러나게 하십니다. "하나님이 이르시되 천하의 물이 한 곳으로 모이고 뭍이 드러나라 하시니 그대로 되니라"(1:9). 하나님은 하늘 아래에 있는 물을 한 장소로 모으십니다. 그러자 "뭍이" 즉, 마른 땅이 드러납니다. 이 명령을 생각해 보면 하늘과 땅을 창조하실 당시에 땅은 물로 뒤덮여 있었음을 알 수 있습니다. 하나님은 뭍을 땅으로 그리고 모인 물을 바다로 부르십니다.

하나님은 마른 땅을 드러나게 하신 후에 그 위에 각종 식물을 만드십니다. "하나님이 이르시되 땅은 풀과 씨 맺는 채소와 각기 종류대로 씨 가진 열매 맺는 나무를 내라 하시니"(1:11). 하나님은 풀과 채소와 과일나무를 만드십니다.

셋째 날에 "하나님이 이르시되"라는 표현이 두 번 나와서(1:9, 11) 하나님의 두 가지 창조 사역이 나타납니다. 물로부터 땅을 분리하신 일과 땅에 식물이 자라게 하신 일입니다. 이 날의 창조는 땅에 집중되어 있습니다. 특별히 땅에 식물들이 자랍니다. 식물은 살아 있는 존재입니다.

넷째 날

넷째 날에 하나님은 해와 달과 별을 만드십니다. "하나님이 이르시되 하늘의 궁창에 광명체들이 있어 낮과 밤을 나뉘게 하고 그것들로 징조와 계절과 날과 해를 이루게 하라 또 광명체들이 하늘의 궁창에 있어 땅을 비추라 하시니"(1:14-15). 광명체는 발광체로도 부릅니다. 이것들은 궁창에 떠 있습니다. 여기서의 궁창은 대기권 밖입니다. 해와 달이 떠 있는 공간이기 때문입니다.

창조 순서에 따르면 빛과 어두움이 발광체들보다 먼저 존재했습니다. 발광체들의 기능은 첫째, 낮과 밤을 나누는 것입니다. 해가 낮을 주관하며 달이 밤을 주관합니다(1:16; 참고. 시 136:7-9). 이러한 기능은 둘째 기능과 관련이 있습니다. 해와 달과 별은 기일과 날과 연도를 위하여 있기 때문입니다. 해와 달이 시간과 계절 그리고 역사의 흐름에 관여합니다. 셋째, 해와 달과 별이 땅 위를 비취게 합니다.

넷째 날의 해, 달, 별의 창조는 몇 가지 질문들을 제기하게 만듭니다. 해와 달이 창조되지 않은 처음 3일 동안의 낮과 밤을 어떻게 설명할 것인가 하는 질문과 해의 창조 이전의 식물과 채소가 어떻게 땅 위에 있을 수 있는가 하는 질문입니다. 이러한 질문에 대하여 다양한 답변들이 있습니다. 어떤 학자는 하늘과 땅이 태초에 창조되었지만 넷째 날에 완성되었다고 말합니다. 어떤 유대인 학자는 해와 달과 별은 첫째 날에 창조되었지만, 하나님이 그것들을 넷째 날에 하늘에 두도록 명령하셨다고 설명합니다. 다른 학자는 첫째 날의 천지 창조에서 천지에 해와 달과 별이 포함되어 있었다고 해명합니다. 하지만 이 모든 설명들은 하나님이 넷째 날에 두 광명을 만들었다고 설명하는 것과 맞지 않습니다(1:16).

현재 창세기의 창조 기사의 설명은 우리가 갖고 있는 과학적인 사고의 모든 부분을 만족스럽게 설명해 주지 않습니다. 하지만 빛과 어두움은 첫 날부터 존재했다는 사실에 주목해야 합니다. 본문은 해와 달이 존재하기 이전에 빛과 어두움으로 낮과 밤을 설명하고 있습니다(1:5). 그리고 처음부터 빛과 물이 존재했습니다. 이러한 사실은 식물들이 살아갈 수 있는 최소한의 환경이 이미 조성되었다는 것을 보여줍니다.

이스라엘의 세계관은 주변의 다른 나라들과 다릅니다. 다른 민족들은 해와 달과 별을 신으로 숭배했습니다. 고대 근동에서 신들을 모신 신전(만신전)에서 해와 달은 가장 중요한 신이었습니다. 그러나 이스라엘은 이것들을 하나님의 창조물로 보고 있습니다. 피조물에 불과합니다. 다른 민족은 해와 달을 신들로 인식하고 있었던 것과 비교하면 큰 인식의 전환입니다. 또한 율법은 하늘에 있는 해와 달 그리고 별을 보고 숭배하지 말 것을 명령하고 있습니다(참고. 신 4:19).

마지막으로 넷째 날의 천체 창조 이야기는 여섯째 날의 인간 창조 기사를 제외한 다른 이야기보다 가장 긴 것이 특징입니다.

다섯째 날

다섯째 날에 하나님은 물에 사는 생물들과 하늘을 나는 새들을 만드십니다. "하나님이 이르시되 물들은 생물을 번성하게 하라 땅 위 하늘의 궁창에는 새가 날으라 하시고 하나님이 큰 바다 짐승들과 물에서 번성하여 움직이는 모든 생물을 그 종류대로, 날개 있는 모든 새를 그 종류대로 창조하시니"(1:20-21). 물과 하늘에서 살 수 있는 생명체가 등장합니다.

다섯째 날의 특징은 무엇보다도 하나님의 복입니다. "하나님이 그들에게 복을 주시며 이르시되 생육하고 번성하여 여러 바닷물에 충만하라 새들도 땅에 번성하라 하시니라"(1:22). 하나님이 물과 하늘에 사는 생명체에게 복을 주십니다. 하나님의 복은 세 동사가 명령형 "생육하라, 번성하라, 충만하라"로 연달아 나옵니다. 하나님의 복은 물과 하늘에 있는 생명체가 생식하여 숫자가 많아지는 것입니다. 여기서 복은 번식력입니다.

여섯째 날

여섯째 날에 하나님은 땅에 생명체를 만드십니다. "하나님이 이르시되 땅은 생물을 그 종류대로 내되 가축과 기는 것과 땅의 짐승을 종류대로 내라 하시니"(1:24). 땅의 생명체는 가축과 기는 것과 야생짐승으로 나타납니다.

그 후에 다시 하나님은 사람을 만드십니다. 사람을 만드시는 모습은 다른 생명체를 만들 때와 다릅니다. 하나님이 협의를 하시며 사람을 만드시기 때문입니다. "하나님이 이르시되 우리의 형상을 따라 우리의 모양대로 우리가 사람을 만들고 그들로 바다의 물고기와 하늘의 새와 가축과 온 땅과 땅에 기는 모든 것을 다스리게 하자 하시고"(1:26).

하나님이 사람을 창조하신 일은 2장에 더 자세하게 나옵니다. "여호와 하나님이 땅의 흙으로 사람을 지으시고 생기를 그 코에 불어 넣으시니 사람이 생령이 되니라"(2:7). 하나님은 이제까지 피조물들을 말씀으로 창조하셨습니다. 그러나 사람 창조는 하나님이 직접 행동을 하십니다. 하나님이 땅의 흙으로 사람을 빚습니다. 하나님의 이미지가 도공으로 묘사되었습니다(참고. 롬 9:19-24, 토기장이는 '귀히 쓸 그릇'과 '천히 쓸 그릇'을 자유롭게 만듭니다). 하나님이 사람의 눈, 코, 입, 귀 등을 만드십니다. 사람은 하나님의 정성과 노력이 들어간 작품입니다.

하나님이 흙으로 사람을 만드시고 사람의 코에 "생기" 즉, '살아있는 숨', '생명의 호흡'을 불어넣으십니다(참고. 욥 27:3; 32:8; 33:4). 그러자 사람이 "생령" 즉, '살아 있는 존재' 또는 '살아 있는 영혼'으로 생명체가 되었습니다. 이래서 사람은 호흡을 하는 동안에만 생명이 있습니다. 호흡을 할 때, 말하고 듣고 생각하며 먹고 마시며 활동할 수 있습니다. 호흡이 멈추면 사람의 모든 행동은 중단됩니다.

사람은 흙과 하나님의 숨으로 만들어졌습니다. 인간은 두 가지 요소, 물질적 요소인 육신과 비물질적 요소인 영혼이 있습니다. 그러나 이 육신과 영혼은 살아 있는 동안에는 뗄 수 없는 관계입니다. 사람이 살아 있는 동안에는 하나입니다. 그러나 사람이 죽으면 육신은 죽어서 땅으로 가고 영혼은 여전히 존재합니다(참고. 창 35:18; 왕상 17:21; 전 12:7; 약 2:26).

하나님은 남자를 먼저 창조하셨습니다. 아담을 만드신 후에 하나님은 아담이 혼자 있는 것을 좋지 않다고 판단하시고 돕는 배필을 만들 계획을 세우십니다(2:18, 20). 하나님이 만드신 모든 것들에 대한 하나님 자신의 평가는

'좋다'였습니다. 그러나 아담이 혼자 있는 것은 '좋지 않다'고 하십니다. 그래서 하나님이 "돕는 배필"(그와 유사한 돕는 자, 그와 상응하는 자로서 돕는 자)를 만드십니다. 돕는 자라는 표현에서 알 수 있듯이 남자는 처음부터 도움이 필요한 존재였습니다. 하나님은 돕는 배필을 남자의 갈비뼈로 만드십니다. 매튜 헨리Matthew Henry는 그의 창세기 주석에서 여자에 대하여 아주 재미있는 논평을 했습니다. 여자는 "남자를 능가하도록 그의 머리로부터 만들어진 것이 아니며, 그에 의해서 짓밟히도록 그의 발로부터 만들어진 것도 아니라 그와 동등한 존재가 되도록 그의 옆구리로부터, 보호받도록 그의 팔 아래에서 그리고 사랑받도록 그의 심장 가까이에서 만들어졌다."(고든 웬함, 『WBC 창세기 1-15』, 솔로몬, 2000, 186에서 재인용).

재미있게도 하나님이 여자를 만드신 후에 남자에게 데려왔습니다. 그러자 남자가 여자를 본 첫 반응은 시로 나타났습니다. 이래서 남자들이 마음에 드는 여자를 보면 멋있게 노래를 하면서 청혼을 하는 모양입니다. 여자는 남자에게서 기원했습니다. "내 뼈 중의 뼈요 살 중의 살이라 이것을 남자에게서 취하였은즉 여자라 부르리라"(2:23). 여자의 출처와 기원은 '나의 뼈'와 '나의 살'로부터 나왔습니다.

하나님이 남자와 여자를 만드셨습니다. 그들은 벗은 몸으로 있었지만 성적인 수치감을 느끼지 않았습니다. 성적인 순결함과 고결함이 있었습니다. 남자와 여자가 만나서 결혼을 하는 것은 남자가 부모를 떠나서 여자에게 가는 것입니다. 그래서 그 둘은 '한 몸'(문자적으로 '하나의 살')이 됩니다(2:24). 결혼은 부모의 보호와 지도로부터 독립하는 것을 의미합니다.

우리의 형상 사람은 하나님의 협의와 상의에 따라("우리가 만들고") 하나님의 형상과 모양을 따라 만들어집니다(1:26). 하나님의 협의와 상의는 바벨탑 사건에서도 볼 수 있습니다. "자 우리가 내려가서 거기서 그들의 언어를 혼잡하게 하여 그들이 서로 알아듣지 못하게 하자"(창 11:7). 하나님은 여기서 "우리가"라고 일인칭 복수를 사용하십니다. 그렇다면 복수 "우리가"는 누구를 의미하는가에 대하여 학자들 사이에 토론이 많습니다(고든 웬함, 『WBC 창세기 1-15』, 솔로몬, 2000, 121-129).

1) 복수 "우리"는 다신론적인 설명을 반영한다고 말합니다. 하지만 성경은 하나님은 한 분이라고 주장하기 때문에(신 6:4) 이 견해는 받아들일 수 없습니다.

2) 복수 "우리"는 문법적으로 장엄한 복수형의 예라고 설명합니다. 또는 자기 숙고의 복수형 즉, 자신과의 협의 또는 자기 격려의 표현이라고 설명합니다. 하지만 이러한 문법적인 설명은 성경에서 평행되는 어법이 드물다는 것이 약점입니다.

3) 복수 "우리"는 하나님이 하늘에서 천사들에게 선언하는 것이라고 해석합니다. 이것은 이사야 선지자가 보좌에 앉으신 하나님을 보았던 것을 근거로 합니다. 하나님은 그때 "내가 누구를 보내며 누가 우리를 위하여 갈꼬" 하고 말씀하십니다(사 6:8). 스랍들이 하나님을 찬양하고 있었기 때문에 천상의 존재들인 스랍을 포함하여 하나님이 "우리"라고 말하였다는 것입니다. 이사야 본문에서 "우리"는 이렇게 해석될 수도 있을 것입니다. 그러나 창조 이야기에서는 천사들이 등장하지 않는다는 것이 문제입니다. "우리의 형상"과 "우리의 모양"(1:26)은 다음 구절에서 다시 "하나님의 형상"(1:27)으로 설명되기 때문에 천사들은 창조 본문에서 설 자리가 없습니다.

4) 복수 "우리"는 신성(신격)의 복수입니다. 하나님이 그의 영에게 말을 하신 것입니다. 이 설명은 가능성이 있습니다. 하나님의 영은 창조에 함께 하고 계시기 때문입니다(1:2).

5) 복수 "우리"는 그리스도에 대한 언급이라고 해석합니다. 삼위일체 하나님에 대한 어렴풋한 암시라고 주장합니다. 이 주장은 성경 전체에 나타나는 신론의 견해에서 볼 때 가능합니다. 그렇지만 창조 이야기 본문에서는 설득력이 부족한 것이 사실입니다. 창세기 1장의 본문만을 본다면 복수 "우리"는 하나님의 영과 하나님으로 볼 수 있습니다(1:1, 2). 2절에 "하나님의 영"이 나오기 때문입니다.

하나님은 사람을 하나님의 형상과 모양대로 만드십니다. 그래서 하나님의 형상과 모양이 무엇인지에 대해서도 학자들 사이에서 토론이 많습니다. 두 단어 형상과 모양을 분리하여 해석하는 견해가 있습니다. 1) 형상과 모양은 인간의 본질을 구분하는 표현입니다. 형상은 인간을 하나님과 닮게 하는 인간에게 있는 자연적인 특성으로, 이성과 인격 같은 것이며 모양은 초자연적인 은혜들로 거룩을 회복하게 하는 윤리를 말합니다. 하지만 형상과 모양을 따로 분리해서 생각하는 견해는 배제되어야 합니다. 왜냐하면 창조 기사는 형상과 모양을 교대로 사용하기 때문입니다(1:26, 27; 5:1). 2) 두 단어를 분리하지 않고 하나로 해석하는 견해들이 있습니다. ① 형상은 인간이 창조주와 같이 공유할 수 있는 정신적, 영적 능력을 말합니다. ② 형상은 육체적 유사로 구성됩니다. 즉 인간은 하나님과 비슷하다는 것입니다. ③ 형상은 하나님과 관계를 맺게 하는 능력입니다. 즉 하나님과 이야기하고 인격적인 관계를 갖게 하고 언약을 맺게 합니다. 이 세 견해들은 가능성이 있습니다.

하나님은 생물과 짐승은 각기 종류대로 만드시는데 반하여 사람은 하나님의 형상대로 만드십니다. 이것이 동물과 사람과의 가장 큰 차이점입니다.

우선 하나님의 형상대로 사람을 만들었다는 것은 사람의 모양이 하나님을 닮은 것을 말합니다. 사람에게 얼굴과 두 팔 그리고 두 다리가 있는 것은 하나님의 모습을 닮은 것입니다. 하나님은 영이시지만(요 4:24) 영의 몸을 입고 계십니다. 많은 분들이 영은 형상이 없는 것으로 오해를 합니다. 하지만 영의 몸이 있습니다. 사도 바울은 육의 몸과 영의 몸이 있음을 분명하고 말합니다(고전 15:44). 성경을 보면 하나님은 형상이 있습니다. 하나님은 눈과 코와 입이 있으시며(대하 16:9; 시 18:8) 등과 얼굴이 있으시며(출 33:20, 22, 23) 손과 팔이 있습니다(출 6:1; 신 4:34). 특히 에스겔은 하나님의 형상의 모습을 자세하게 설명합니다. 하나님의 형상은 사람의 모양과 유사하며 허리도 있습니다(겔 1:26-28). 위의 사실을 고려해 보면 흙으로 빚어진 사람의 모양은 창조주를 닮았습니다.

하나님의 형상은 모든 생물에 대한 지배와 통치를 의미합니다. 하나님은 사람에게 모든 생명체를 다스릴 수 있는 권한을 부여하셨습니다(1:26, 28).

하나님은 고기와 새와 짐승보다 사람을 뛰어난 존재로 만드셨습니다.

다른 피조물보다 뛰어난 존재로 지음을 받은 사람은 하나님과 교제를 나눌 수 있습니다. 하나님이 각종 들짐승과 새들을 첫 사람인 아담에게 이끌어 오십니다. 아담이 어떻게 이름을 짓는지 보기 위해서입니다. 그러자 아담은 들짐승과 새들에게 이름을 지어줍니다. 이것을 보면 사람은 하나님과 교제를 나눌 수 있으며 하나님과 말을 하고 들을 수 있습니다. 그리고 생각해서 동물의 이름을 지을 수 있는 지혜와 지식이 있습니다. 이 모든 것들은 하나님의 형상에서 온 것입니다.

또한 윤리적으로도 순결했습니다. 아담과 하와가 벌거벗은 몸으로 있었지만 성적 수치심을 갖지 않았습니다(2:25). 윤리적으로 깨끗함과 순결함을 유지한 상태였습니다. 윤리적인 순결은 하나님이 사람을 지으시고 "심히 좋았더라"고 말한 것과 관련이 있습니다(1:31). 사람의 첫 상태는 '매우 선한' 상태였습니다.

하지만 이러한 요소들은 사람이 하나님의 명령에 불순종한 후에 변화가 생깁니다. 사람은 하나님과 교제할 수 있는 특권을 상실하며 하나님 앞에서 쫓겨납니다. 타락으로 인하여 영적인 무지가 찾아옵니다. 다른 성경 본문을 보면 하나님의 형상은 지식, 의, 진리, 거룩으로 말합니다. 물론 이러한 요소들은 사람이 죄를 지은 후에 문제가 생겼습니다. 그래서 새롭게 될 것을 요구하고 있습니다(엡 4:24; 골 3:10). 하나님의 명령에 불순종한 사람의 행위는 하나님의 형상에 영향을 미쳤습니다. 성적 순결함을 상실하고 성적으로 타락했습니다. 그럼에도 불구하고 사람은 다른 짐승들에게 찾아 볼 수 없는 이성과 지성 그리고 선악을 분별할 수 있는 양심과 동물에 대한 통치권이 남아 있습니다.

하나님은 남자와 여자를 창조하신 후에 그들에게 복을 주십니다. "생육하고 번성하여 땅에 충만하라 땅을 정복하라 바다의 물고기와 하늘의 새와 땅에 움직이는 모든 생물을 다스리라"(1:28). 하나님이 사람에게 주신 복은 후손의 번식과 자연계를 통치하는 것입니다. 복은 창세기의 큰 주제 가운데 하나입니다. 하나님은 생물과 새(1:22), 인간(1:28), 안식일(2:3), 아담(5:2), 노아(9:1) 그리고 족장들(12:3; 17:16, 20)에게 복을 주십니다.

하나님은 사람에게 동물에 대한 통치권을 주신 후에 식물을 사람과 모든 생명체의 음식으로 주십니다.

하나님은 여섯 째 날에 인간을 창조하십니다. 첫째 날부터 여섯 째 날까지의 창조 순서를 보면 하나님은 인간이 생활하기에 적합한 환경을 조성해 가십니다. 창조의 맨 마지막이 인간입니다. 창조의 정점에 인간이 서 있습니다.

일곱째 날

일곱째 날에 하나님은 쉬십니다. 하나님이 안식하신 날입니다. 안식은 일에서 물러나 쉬는 것입니다. 즉 쉬기 위하여 일을 멈추는 것입니다. 안식하신 날은 "하나님이 그 일곱째 날을 복되게 하사 거룩하게 하셨으니"(2:3)라는 표현으로 다른 육일과 구별합니다. 다른 육일과 일곱째 날의 차이점은 복과 거룩입니다. 하나님의 복은 대부분 생물과 새(1:22) 그리고 인간(1:28; 5:2; 9:1; 12:3; 17:16, 20)에게 주어졌습니다. 그러나 여기서는 날에게 복을 주십니다(2:3). 안식하신 날에 하나님의 복이 주어진 것이 아주 특이합니다. 또한 그 날을 거룩하게 하십니다. 거룩의 기본적인 의미는 구별입니다. 안식하신 날에 하나님은 일을 하지 않고 쉬셨습니다. 다른 육일 동안 일을 하신 것과 분리되며 구별된 날이 바로 안식하신 날입니다. 안식은 일을 멈추고 쉬는 것이며 일에서 물러남으로 그 날을 다른 날들과 구별하는 것입니다.

육일의 일에서 물러나 안식일에 쉬는 것이 하나님의 거룩에 참여하는 것입니다. 하나님의 거룩에 참여하는 사람들은 안식일의 복에 참여합니다.

1.3 창조의 특징들

위에서 살펴 본대로 창조는 칠일 구조를 갖고 있습니다. 칠일 창조에는 특징이 있습니다. 첫째 날과 둘째 날 그리고 셋째 날에는 분리와 이름 짓는 것이 특징입니다. 첫째 날에 하나님은 빛과 어두움을 나누시며 빛을 낮으로 그리고 어둠을 밤으로 부르십니다. 둘째 날에 하나님은 궁창을 만드시고 궁창 위에 물과 궁창 아래의 물로 나누십니다. 궁창을 하늘이라고 부르십니다. 셋째 날에 하나님은 마른 땅과 물을 분리하십니다. 뭍을 땅이라고 하시고 모인 물을 바다라고 하십니다.

첫째 날부터 여섯째 날까지는 서로 연결이 되는 날들이 있습니다. 첫째 날에 빛을 창조하십니다. 이 빛은 넷째 날의 발광체와 관련이 있습니다. 둘째 날에 하늘을 만드십니다. 이 하늘에 다섯째 날에 만드신 새들이 날아다닙니다. 셋째 날에 식물을 창조하십니다. 이 식물을 여섯째 날에 만드신 짐승과 사람에게 식물로 주십니다. 이렇게 첫째 날과 넷째 날 그리고 둘째 날과 다섯째 날 그리고 셋째 날과 여섯째 날이 서로 연결이 됩니다.

첫째 날부터 여섯째 날까지는 일정한 형식이 있습니다. 하나님이 창조하신 것들에 나타나는 특징을 정리해 보면 다음과 같습니다.

1) 명령의 선언 "하나님이 이르시되"라는 말이 육일 동안 계속 나옵니다. 첫째 날은 3절, 둘째 날은 6절, 셋째 날은 두 번으로 9절과 11절, 넷째 날은 14절, 다섯째 날은 20절 그리고 여섯째 날은 네 번으로 24절, 26절, 28절, 29절입니다. 하나님의 명령인 "하나님이 이르시되"는 여섯째 날에 집중적으로 나옵니다. 이것을 보면 사람을 창조하신 여섯째 날이 가장 중요하다는 것을 알 수 있습니다. 또한 여섯째 날의 기사가 가장 길다는 점에도 주목하셔야 합니다.

2) 명령이 나옵니다. 명령이 8번 나타나는데 문법적으로 명령형은 사용되지 않고 미완료형의 간접 명령으로 나옵니다. 권고형은 26절에 한 번 사용됩니다. 첫째 날은 3절, 둘째 날은 6절, 셋째 날은 9절과 11절, 넷째 날은 14절, 다섯째 날은 20절 그리고 여섯째 날은 24절과 26절에 나옵니다. 하나님은 말씀으로 피조물들을 창조하십니다.

3) 하나님의 말씀이 성취된 것이 나옵니다. 하나님이 말씀하신 대로 "그대로 되니라"를 성취 형식이라고 부릅니다. 둘째 날은 7절에, 셋째 날은 9절과 11절에, 넷째 날은 15절에, 여섯째 날에 24절과 30절에 나옵니다. 하나님의

말씀이 성취되었다는 형식 "그대로 되니라"는 첫째 날과 다섯째 날에는 나오지 않습니다.

하나님의 말씀은 창조하는 능력이 있습니다. 없는 것을 있는 것처럼 부르는 힘입니다. 말씀이 실재가 되었습니다. 말씀이 빛, 궁창, 발광체, 식물과 동물 등을 만듭니다. 하나님의 말씀은 사물과 생명을 실제로 존재하게 할 수 있습니다.

4) 하나님은 창조된 상태를 보시고 "하나님이 보시기에 좋았더라"고 승인하십니다. 이것을 승인 형식이라고 부릅니다. 첫째 날은 4절에, 셋째 날은 10절과 12절에, 넷째 날은 18절에, 다섯째 날은 21절에, 여섯째 날은 25절과 31절에 나옵니다. 특히 여섯째 날에 창조하신 것을 보시고 하나님은 "심히 좋았더라"고 평가하십니다(1:31). 하나님의 평가 '선하다,' '좋다'는 하나님의 창조물들에 대한 질적인 상태를 표현합니다. '악하다,' '나쁘다'와 반대되는 개념이기도 합니다.

5) 하나님은 말씀하실 뿐만 아니라 또한 행동하십니다. 하나님이 하신 행위의 묘사가 4절, 7절, 16절, 21절, 25절, 27절에 나옵니다. 하나님이 직접 행동을 하십니다.

6) 살아 있는 생명에 대한 창조 순서를 보면 식물이 먼저 지음을 받았고 두 번째는 물에 사는 생명체와 하늘에 있는 생명체입니다. 그 후에 땅의 짐승들이 창조되었고 맨 마지막에 사람이 창조되었습니다.

7) 창조의 순서를 보면 사람이 맨 나중에 창조되었습니다. 창조는 사람이 살아갈 수 있는 환경을 만드신 것입니다. 하나님은 사람이 살 수 있는 땅을 만드신 후에 특별히 아담과 하와를 위하여 에덴동산을 창설하십니다. 이는 사람에게 많은 관심과 배려를 하고 있다는 증거입니다. 많은 피조물 가운데 특별히 사람이 하나님의 관심의 대상입니다. 하나님은 사람을 직접 만드셨습니다.

1.4 창조의 신학적 고찰

1. 시편에서의 창조 창조는 하나님의 행동입니다. 하나님의 행동에 대한 인간의 반응은 노래로 나타납니다. 이것은 시편에 기록되어 있습니다. 시편에 보면 하나님을 찬양하는 찬양시들이 자주 나옵니다. 찬양시에는 하나님을 찬양하는 이유가 나오는데 그 가운데 하나가 바로 하나님의 창조 행위입니다. 하나님이 이 세상을 창조하신 것을 찬양하는 노래들이 있습니다(시편 8, 29, 104, 136, 148). 시편 8편의 저자는 하나님이 사람을 특별하게 창조하신 것을 노래합니다. 만물을 통치할 수 있도록 사람에게 권한을 부여하신 하나님을 찬양합니다. 시편 29편은 하나님의 소리가 물 위에 있음을 노래합니다. 하나님의 소리가 자연 세계에 영향을 미칠 수 있는 힘과 능력이 있음을 노래합니다.

하나님의 창조 사역을 찬양하는 시편 104편의 창조 순서는 – 빛, 하늘의 물, 땅으로부터 물이 물러남, 채소, 해와 달, 바다 생물, 음식의 공급 – 창세기 1장과 아주 유사합니다. 그래서 시편 104편은 자주 창세기 1장과 비교 되었습니다(시 104:1–4 = 창 1:1–5, 시 104:5–9 = 창 1:6–10, 시 104:10–13 = 창 1:6–10에 함축, 시 104:14–18 = 창 1:11–12, 시 104:19–23 = 창 1:14–18, 시 104:24–26 = 창 1:20–22, 시 104:27–30 = 창 1:24–31).

창세기의 창조 기사는 논리적이고 도식적인데 반하여 시편 104편에서의 창조는 아주 자유롭고 풍부한 언어로 표현되었습니다. 시인이 하나님의 창조를 바라본 것을 시적 언어로 표현한 것입니다. 또한 잠언 8:22–31 그리고 욥기 38장에서 창조는 신비로운 하나님의 사역으로 나오기도 합니다.

2. 사도 신경에서의 창조 창조는 기독교 신앙의 시작입니다. 사도신경은 "전능하사 천지를 만드신 하나님 아버지를 내가 믿사오며"로 시작합니다. 성도들은 창조주 하나님에 대한 신앙을 고백합니다. 더 나아가 창조는 이 땅위에서 펼쳐질 역사의 시작입니다. 앞으로 이 땅위에서 펼쳐질 하나님의 모든 구원 행동의 무대이기도 합니다.

3. 종말 지향적 칠일 구조는 종말 지향적입니다. 일곱 번째 날은 안식일입니다. 역사는 안식을 향하여 나아갑니다. 안식일은 안식년으로(레 25:1-7; 신 15:1-11), 안식년은 희년으로 나아갑니다(레 25:8-12). 또한 안식은 가나안 땅을 정복하는 것으로 나타나며(신 12:10; 수 21:44) 진정한 안식은 예수 그리스도 안에서 누리는 것입니다(마 11:28). 예수 그리스도 안에 있는 안식은 종말에 나타날 하나님 나라에서 완성됩니다(히 3:6-4:11). 따라서 창조는 종말 지향적입니다.

4. 창조와 지혜 창조에는 하나님의 지혜가 나타납니다. 하나님은 이 땅을 인간이 살기에 적당한 장소로 만들어 가십니다. 또한 각 식물을 종류대로, 각 어류와 조류 그리고 짐승을 종류대로 만드십니다. 잠언은 하나님이 지혜로 창조하셨다고 증언합니다. "여호와께서는 지혜로 땅에 터를 놓으셨으며 명철로 하늘을 견고히 세우셨고 그의 지식으로 깊은 바다를 갈라지게 하셨으며 공중에서 이슬이 내리게 하셨느니라"(잠 3:19-20).

5. 창조와 질서 하나님이 궁창에 발광체들을 만드셨습니다. 이 발광체들은 낮과 밤을 주관하며 계절과 날과 년을 이루게 하는 일정한 질서를 갖고 있습니다. 하나님은 말씀으로 우주의 행성들의 질서를 정하셨습니다. 그리고 또한 말씀으로 행성들의 질서를 붙잡고 계십니다. 이러한 질서에 따라 사 계절이 오며 역사가 진행됩니다.

6. 하나님의 자기소개 하나님은 처음부터 존재하신 분입니다. 하늘과 땅이 시작하기도 전에 하나님이 이 모든 것을 계획하셨습니다. 창조주 하나님은 처음부터 존재하셨습니다. 하나님은 이것을 스스로 선언하십니다. "야곱아 내가 부른 이스라엘아 내게 들으라 나는 그니 나는 처음이요 또 나는 마지막이라 과연 내 손이 땅의 기초를 정하였고 내 오른손이 하늘을 폈나니 내가 그들을 부르면 그것들이 일제히 서느니라"(사 48:12-13). 하나님은 자신을 "처음"과 "마지막"이라고 소개하십니다. 하나님의 자기소개

이며 자기계시입니다. 처음이라는 소개에서 창조가 그리고 "마지막"에서 종말이 나타납니다. 하나님이 역사의 처음과 끝입니다. 하나님은 역사의 시작과 종말에 서 계시며 역사 속에서 일어나는 모든 일들을 주관하시는 분입니다.

하나님이 역사를 시작하게 하실 뿐만 아니라 역사를 주관해 나가십니다. 창조 이후에 펼쳐질 모든 역사에 하나님의 계획이 있습니다. "이 일을 누가 행하였느냐 누가 이루었느냐 누가 처음부터 만대를 불러내었느냐 나 여호와라 처음에도 나요 나중 있을 자에게도 내가 곧 그니라"(사 41:4). 하나님은 자신을 역사를 주관하시는 분이라고 소개합니다. 역사 속에서 행동하시는 분이라고 소개하십니다. 하늘과 땅을 창조하실 때부터 하나님은 앞으로의 모든 일들을 계획하셨으며 그 계획을 역사 속에서 이루어가십니다.

2

타락: 인간의 반항

읽어야 할 본문: 창세기 2–11장

사람은 확실히 하나님이 만드신 모든 창조물의 정점에 있었습니다. 하나님은 하나님의 형상을 따라 사람을 만드셨습니다. 이 일을 통해 우리는 사람이 다른 창조물보다 특별한 지위에 있다는 사실을 알 수 있습니다.

하나님이 첫 사람 아담과 하와를 만드시고 나서 "심히 좋았더라"고 하셨습니다(창 1:31). 첫 사람은 매우 좋은 상태로 지음을 받았습니다. 이 상태는 아담과 하와가 벌거벗었으나 서로 수치심을 느끼지 않는 상태입니다. 윤리적 그리고 도덕적으로 깨끗하고 무흠한 상태입니다. 악이 없는 선한 상태입니다. 그러나 사람은 뱀의 유혹을 받아 타락합니다.

2.1 에덴동산

하나님은 에덴동산을 만드신 후에 사람을 에덴동산의 관리자로 두십니다. "여호와 하나님이 그 사람을 이끌어 에덴동산에 두어 그것을 경작하며 지키게 하시고"(창 2:15). "경작하며 지키게 하시고"는 에덴동산에서 사람의 할 일을 설명합니다. 이 표현은 부정사 연계형으로 '그것을 경작하기 위하여 그리고 그것을 지키게 하기 위하여'로 목적을 설명합니다. 하나님은 인간을 땅을 다스리고 경작하는 자로 만드셨습니다. 인간의 일은 처음부터 노동입니다.

2:5도 사람의 일을 설명합니다. "여호와 하나님이 땅에 비를 내리지 아니하셨고 땅을 갈 사람도 없었으므로 들에는 초목이 아직 없었고 밭에는 채소가 나지 아니하였으며"(2:5). "땅을 갈 사람도"에서 "갈"이 바로 "경작하며"와 같은 단어로 일하는 것을 의미합니다. 하나님이 처음부터 사람에게 지정해 준 일은 노동입니다. 일은 사람에게 정신과 육체의 건강을 가져다줍니다.

하나님은 에덴동산에 아름답고 먹기에 좋은 각종 나무들을 두셨습니다. 특히 그 동산에는 "생명나무"와 "선악을 알게 하는 나무"가 있었습니다. 에덴의 아름다움은 다른 성경 본문에서도 나옵니다. 에덴은 하나님의 동산이며 사막과 광야와 대조되는 곳입니다. 그 곳에는 기쁨과 감사의 노래가 있습니다(사 51:3; 겔 31:9; 36:35).

하나님이 만드신 에덴동산은 과연 어디에 있었을까요? 그 위치가 매우 궁금합니다. "하나님이 동방의 에덴에 동산을 창설하시고"(2:8). 이것은 '에덴에 한 동산을, 동쪽에 세우셨다'는 뜻입니다. 에덴동산의 위치와 관련하여 동편은 상당히 모호하며 정확하지 않습니다.

동쪽이라는 표현이 매우 모호하지만 에덴에서 흘러나오는 4개의 강 이름이 그 위치를 추측할 수 있게 합니다. "첫째의 이름은 비손이라 금이 있는 하윌라 온 땅을 둘렀으며"(2:11). 학자들이 비손 강을 저마다 다르게 추측합니다. 아마도 인더스 강 혹은 겐지즈 강 그리고 아라비아의 강 혹은 메소포타미아의 한 강일 것이라고 추측합니다. 학자들이 추측하는 강들이 너무 다양합니다. 정확하게 어느 강인지 불분명합니다. 이 강이 흐르는 하윌라 땅 역시 어디인지 확실하지 않습니다. 이 땅에 금이 있다는 설명 때문에 어떤 학자들은 고대의 금 공급지였던 아라비아 땅으로 추론하기도 합니다. "둘째 강의 이름은 기혼이라 구스 온 땅을 둘렀고"(2:13). 기혼은 구스 땅을 돌아서 흐르고 있습니다. 구스 땅은 아마도 에티오피아를 의미할 것입니다. 70인경은 구스를 에티오피아로 해석합니다. 이 사실에 근거하여 나일강을 의미하는 것으로 간주하기도 합니다. "셋째 강의 이름은 힛데겔이라 앗수르 동쪽으로 흘렀으며"(2:14). 세 번째 강은 힛데겔이며 앗수르 동편으로 흐르고 있습니다. 힛데겔은 티그리스 강입니다. 70인경(Lxx)은 티그리스로 이해합니다.

"넷째 강은 유브라데더라"(2:14). 네 번째 강은 제일 확실합니다. 유프라테스입니다. 이 강들이 흐르는 곳을 유추해서 에덴의 동산이 어디 있었는가를 추측해 보면 그 장소가 너무 넓고 모호합니다. 메소포타미아의 한 지역 혹은 아르메니아의 한 곳 혹은 팔레스타인 지역으로 추측할 수 있습니다. 에덴동산의 정확한 위치에 대한 결론은 아직 나지 않았습니다.

에덴 동산의 위치는 모호하지만 한 가지 분명한 사실은 사람이 살기에 아름답고 좋은 곳입니다.

2.2 하나님의 명령

하나님은 인간에게 먹을 것을 주십니다. 하나님은 창조 여섯째 날에 채소와 과일을 인간에게 먹을 수 있도록 허락하셨습니다(1:29). 하나님은 사람에게 에덴동산에서도 자유롭게 각종 나무의 열매들을 먹을 수 있게 하셨습니다. 그러나 여기에 한 가지 예외 규정이 있습니다. 그것은 선악을 알게 하는 나무의 실과는 먹지 말라는 명령입니다. "여호와 하나님이 그 사람에게 명하여 이르시되 동산 각종 나무의 열매는 네가 임의로 먹되 선악을 알게 하는 나무의 열매는 먹지 말라, 네가 먹는 날에는 반드시 죽으리라"(2:17). 하나님은 첫 사람 아담에게 선악을 알게 하는 나무의 열매는 먹지 말라고 명확하게 말씀하셨습니다. 이 열매를 먹는 날에는 "반드시 죽으리라"고 하십니다. 이 표현은 부정사의 절대적 용법으로 부정사가 동사 앞에 놓여서 강조합니다. "반드시(확실히, 정말) 죽으리라"는 뜻입니다. 여기서 사람은 죽을 수 있다는 죽음의 개념이 나옵니다. 이것은 하나님이 사람에게 최초로 금지하신 명령이라는 점에서 의미가 있습니다.

하나님의 명령과 인간의 생존은 밀접한 관련이 있습니다. 인간은 하나님의 형상대로 창조함을 받았기 때문에 하나님의 명령을 들어야 합니다. 이 명령에서 알 수 있는 사실은 인간이 죽을 수 있다는 것입니다. 인간은 처음부터 영생하도록 지음을 받은 존재가 아닙니다(물론 영생의 가능성은 있습니다. 사람이 생명나무의 열매를 따먹으면 영생할 수 있습니다). 선악과를 따먹지 말라는 명령에서 알 수 있는 사실은 인간은 하나님의 명령에 순종하는 한 죽지 않습니다. 즉 선악과를 따먹지 않는 한 계속 살아 갈 수 있는 존재입니다. 인간은 처음부터 하나님의 말씀에 순종하도록 지음을 받았습니다. 인간의 첫 상태는 시험을 안고 살아가는 존재입니다. 여기서 하나님의 뜻이 나타납니다. 많은 사람들은 하나님이 왜 선악과를 만드셨느냐고 질문합니다. 왜 선악과를 만드셔서 사람이 죄를 짓게 하셨는지 모르겠다고 말합니다. 하나님이 왜 굳이 선악과를 만드셨는지 이해할 수 없다고 말합니다.

하나님은 인간에게 순종을 요구하십니다. 인간이 하나님의 명령에 순종할 것인가 아니면 불순종할 것인가 하는 것은 매우 중요합니다. 하나님은 인간에게 요구한 것은 큰 것이 아닙니다. 단순히 선악을 알게 하는 나무의 열매를 따 먹지 말라는 것입니다. 하나님은 인간에게 하나님의 명령에 순종할 것을 요구하십니다. 하나님이 선악과를 만드신 이유입니다.

하나님의 명령에 인간의 생명과 실존이 걸려 있습니다. 순종은 생명을 가져옵니다. 그러나 불순종은 죽음을 가져옵니다. 순종과 불순종은 처음부터 중요한 신학적인 주제입니다. 성경 전반에 걸쳐서 하나님은 사람에게 계속 순종을 요구하시기 때문입니다.

2.3 인간의 타락

하나님의 뜻은 인간이 하나님의 명령에 순종하는 것이었습니다. 그러나 인간은 불순종합니다. 이 사건은 창세기 3장에 자세하게 나옵니다. 피조물이 창조주 하나님의 명령에 반항합니다. 사람은 뱀의 유혹을 받아 하나님이 먹지 말라고 명령하신 선악과의 열매를 따먹습니다. 그 결과로 하나님의 심판이 인간에게 내려지고 인간은 에덴동산에서 쫓겨납니다. 인간의 타락을 설명하는 3장이 중요하기 때문에 자세하게 분석을 해 보도록 하겠습니다. 이 장의 구조는 다음과 같이 나누어집니다.

1. 뱀이 여자를 유혹함. 인간이 선악과를 따먹음(1-7)

a. 뱀이 여자에게 질문함(1)

b. 여자가 뱀에게 대답함(2-3)

c. 뱀이 여자를 유혹함(4-5)

d. 여자와 남자가 선악과를 따먹음(6)

e. 선악과를 따먹고 사람이 벗었음을 알음(7)

2. 하나님이 선악과를 따먹은 사람을 심문하심(8-19)

a. 사람이 하나님의 음성을 듣고 숨음(8)

b. 하나님이 아담을 찾으심(9)

c. 아담의 대답(10)

d. 하나님의 질문(11)

e. 아담의 대답(12)

f. 하나님이 여자에게 질문하시고 여자가 대답함(13)

g. 하나님이 여자의 대답을 듣고 뱀에게 저주하심(14-15)

h. 하나님이 여자에게 심판을 선언하심(16)

i. 하나님이 남자에게 심판을 선언하심(17-19)

3. 하나님이 가죽옷을 주심(20-21)

a. 아담이 아내에게 이름을 지어 줌(20)

b. 하나님이 사람에게 가죽옷을 지어 주심(21)

4. 에덴동산을 숨기심(22-24)

a. 하나님이 사람을 에덴동산에서 추방하시는 이유(22)

b. 하나님이 사람을 에덴동산에서 추방함(23)

c. 하나님이 에덴동산을 숨기심(24)

장면 1의 구조분석에서 대화와 행위가 나옵니다(1-7). 먼저 말을 하는 순서는 뱀 – 여자 – 뱀이며 선악과를 따먹는 행위의 순서는 여자 – 남자 순서입니다. 뱀과 여자는 능동적이며 주도적인 위치를 차지합니다. 남자는 대화에서 나오지 않고 선악과를 따먹는 행위에 있어서 끝에 잠깐 나옵니다. 남자는 소극적입니다.

장면 2에서 하나님은 선악과를 따먹은 사람을 심문합니다(8-19). 마치 재판정에서 심문하는 것과 같이 질문과 답변이 계속 이어집니다. 하나님의 심문은 대화로 이어집니다. 심문은 하나님 – 아담, 하나님 – 아담, 하나님 – 여자 순서입니다. 하나님과의 대화에서는 아담이 여자보다 먼저 나오며 주도적입니다. 하나님과 여자 사이에는 짧은 대화가 오고갑니다. 하나님은 여자의 대답을 듣고 뱀에게 질문을 하지 않습니다. 하나님은 뱀에게 즉각적인 심판의 말씀을 선언하십니다. 하나님의 심판의 말씀은 뱀 – 하와 – 아담 순서로 주어집니다. 이 순서는 대화 순서의 역순입니다.

위 구조 분석에서 알 수 있는 사실은 여자가 타락하는데 주도적이며 앞장섭니다. 남자는 수동적이며 소극적입니다. 그렇지만 하나님이 범죄한 사람을 심문하실 때는 상황이 다릅니다. 하나님은 남자와 먼저 말씀하십니다. 하나님이 선악과를 따먹지 말라는 명령을 남자에게 하셨기 때문입니다. 남자에게 주로 대화하고 난 후에 여자에게 질문합니다. 하나님은 뱀과는 대화를 하지 않습니다. 여자의 말을 듣고 뱀에게 그대로 저주하십니다.

2.3.1 뱀의 유혹

인간의 타락 이야기에서 신비한 사실은 뱀이 어떻게 인간의 말을 했을까 하는 점입니다. 일반적으로 뱀은 사단의 도구였다고 설명합니다. 이 해석은 요한 계시록의 "옛 뱀, 곧 마귀라고도 하고 사탄이라고 하며 온 천하를 꾀는 자라"(12:9)를 근거로 합니다. 요한 계시록을 근거로 뱀은 사단이라고 해석할 수 있습니다.

창세기의 본문에서 뱀은 하나님이 만드신 모든 짐승 가운데 가장 교활한 피조물로 등장합니다. "뱀은 여호와 하나님이 지으신 들짐승 중에 가장 간교하니라"(3:1). 뱀의 특징은 "가장 간교"한 것입니다. 이는 '교활하다'로 영리한 것입니다. 뱀은 사람이 하나님의 명령에 반항하도록 유혹합니다. 이래서 뱀은 사특, 교활, 영악한 특징을 갖습니다. 뱀의 특징을 나타내는 히브리어 단어 '간교'(아룸)는 흥미롭게도 첫 인간의 상태 '벌거벗은'(아롬 – 본문에서는 형용사의 복수형이 쓰여 '아룸밈'으로 발음합니다)과 유사합니다. 여기에 언어유희가 있습니다. 사람은 뱀의 유혹을 받아 선악과를 따먹고 선악을 알기를 원했습니다(3:5). 그러나 그들은 벌거벗은 것을 알게 되었습니다(3:7).

뱀은 여자에게 "하나님이 참으로 너희에게 동산 모든 나무의 열매를 먹지 말라 하시더냐"하고 묻습니다(3:1). 뱀의 질문 가운데 두 단어 "참으로"와 "모든 나무"가 인상적입니다. 하나님은 아담에게 "동산 각종 나무의 열매는 네가 임의로 먹되 선악을 알게 하는 나무의 열매는 먹지 말라"(2:16-17)고 하셨습니다. 하나님은 선악과만 먹지 말라고 했는데, 뱀은 "모든 나무의 열매를 먹지 말라"고 했느냐며 하나님의 말씀을 왜곡합니다. 뱀은 질문을 모호하게 함으로서 여자가 하나님의 명령에 회의하게 만듭니다. 그러나 하와는 하나님의 명령을 알고 있습니다. "동산 나무의 열매를 우리가 먹을 수 있으나 동산 중앙에 있는 나무의 열매는 하나님의 말씀에 너희는 먹지도 말고 만지지도 말라 너희가 죽을까 하노라"(3:2-3). "죽을까 하노라"는 '너희가 죽지 않도록 먹지 말라'는 의미입니다. 여자는 선악과의 열매를 따 먹으면 죽는다는 것을 알고 있습니다.

뱀은 한걸음 더 나아가 하나님의 말씀을 정면으로 부인합니다. "너희가 결코 죽지 아니하리라"(3:4). 이 말은 부정사 절대형으로 동사 앞의 부정사가 놓여 강조하고 있습니다. "결코(반드시, 확실히) 죽지 않는다"입니다. 하나님은 "반드시 죽으리라"고 말씀하셨습니다. 뱀은 부정어 "~아니다"만 넣어서 그 반대로 말합니다. 뱀이 하나님을 정면으로 대적하고 있습니다. 뱀은 하나님의 대적자이며 인간에게 하나님을 반항하도록 부추기며 선동합니다.

뱀은 선악과를 따먹어도 죽지 않는다고 말한 후에 그 열매를 먹을 경우 인간이 얻을 수 있는 유익이 있다고 유혹합니다. "너희가 그것을 먹는 날에는 너희 눈이 밝아져 하나님과 같이 되어 선악을 알 줄 하나님이 아심이니라"(3:5). 그 열매를 먹으면 인간이 선악을 아는데 하나님과 같이 된다고 선언합니다. 뱀은 여자에게 하나님과 같이 된다고 유혹하고 있습니다. 피조물이 창조주의 위치에 올라갈 수 있다는 것입니다.

여자가 뱀의 말을 듣고 그 나무를 보았습니다. "여자가 그 나무를 본즉 먹음직도 하고 보암직도 하고 지혜롭게 할 만큼 탐스럽기도 한 나무인지라"(3:6). 이것을 다시 번역해 보면 이렇습니다. '그 여자가 나무를 보았다, 그 나무는 음식으로 좋았고 그것은 눈에 호감이(눈에 기뻤다) 갔고 그 나무는 지혜롭게 할 만큼 탐스러웠다'입니다. 여자가 뱀의 말을 듣고 열매를 봅니다. 보는 것이 중요합니다. 열매를 보니까 참기 힘든 유혹이 다가옵니다. 여자가 그 나무 열매를 보니 "먹음직"합니다. 식욕을 자극합니다. "보암직"도 합니다. 눈으로 보기에 좋은 것입니다. 안목의 정욕이 생겨납니다. 그 결과 그 나무 열매는 사람을 "지혜롭게 할 만큼 탐스럽"게 보입니다. 그 나무 열매는 갖고 싶은 것, 바라는 것이 되었습니다. 탐욕이 생깁니다. 그래서 여자는 열매를 따먹고 남자에게도 그 열매를 주었습니다.

사람이 선악과를 따 먹었습니다. "이에 그들의 눈이 밝아져 자기들이 벗은 줄을 알고 무화과나무 잎을 엮어 치마로 삼았더라"(3:7). 사람은 뱀의 말대로 "눈이 밝아"졌습니다. 그러나 사람은 자신들이 벗은 것을 알았습니다. 성적인 수치심이 생긴 것입니다. 그래서 무화과나무 잎으로 치마를 만들어 입었습니다. 옷은 인간의 성적인 수치심을 가리기 위해서 만들어졌습니다.

2.3.2 선악과와 생명나무

인간이 하나님에게 반항한 사건의 중심에는 선악과가 있습니다. 선악과는 인간의 탐욕의 대상입니다. "선악을 알게 하는 나무"는 더 정확하게 '선과 악의 지식의 나무'입니다(2:9, 17).

'선'의 개념은 이미 존재했습니다, 왜냐하면 하나님이 만드신 피조 세계는 "하나님이 보시기에 좋았기(선했기)" 때문입니다. 그러나 '악'의 개념은 '선과 악의 지식의 나무'에서 나옵니다. 에덴의 동산 안에 '선과 악의 나무'의 열매는 있었지만 인간은 '악'을 '알지' 못했습니다. 뱀은 선과 악을 아는데 하나님과 같이 될 것이라고 유혹했습니다(3:5). 인간은 그 나무 열매를 따 먹음으로, 즉 하나님의 명령에 불순종함으로 악을 알게 되었습니다. 이는 악을 경험하게 된 것입니다. 인간은 뱀의 말을 듣고 선악과를 따먹음으로 악을 알게 됩니다(3:22). 악을 알게 된 후 인간의 삶은 악으로 점철되고 악이 빠른 속도로 퍼져 나갑니다.

여기서 질문이 생깁니다. 그렇다면 선과 악의 지식이 과연 무엇인가 하는 것입니다. 여기에 대해 다양한 해석들이 있습니다. 어떤 학자는 단순히 하나님의 명령에 대한 순종과 불순종의 결과를 묘사한 것이라고 합니다. 다른 학자는 도덕적인 분별 즉 옳고 그름을 아는 것이라고 합니다. 지식과 관련해서 설명하는 분들도 있습니다. 성적인 지식을 의미한다고 생각하는 분이 있는가 하면 모든 것을 아는 전지omniscience를 의미한다고 주장하는 분도 있습니다.

선과 악의 지식의 나무는 그 열매를 따먹지 말라는 하나님의 명령과 밀접한 관련이 있습니다. 하나님이 지으신 모든 피조물은 선했습니다. 악이 없었습니다. 그러나 선과 악의 지식의 나무에서 열매를 따먹는 것이 악입니다. 하나님의 명령에 불순종하기 때문입니다. 악은 하나님이 정해 놓으신 기준 "선악을 알게 하는 나무의 열매는 먹지 말라"(2:17)를 어기는 것입니다. 하나님이 정해주신 선을 넘어서는 것이 악입니다. 인간은 하나님의 명령을 불순종함으로, 선악과를 따먹는 행위로 악을 경험합니다. 히브리어의 '알다'는 경험적인 지식입니다. 경험을 통해서 아는 것을 말합니다.

하나님은 모든 나무의 열매를 먹을 수 있도록 하셨습니다. 사람은 생명나무의 열매도 먹을 수 있었습니다. 이 나무는 사람에게 생명을 줄 수 있는 것으로 묘사됩니다. 왜냐하면 사람이 범죄한 후에도 생명나무를 따먹으면 영생할 가능성이 있었기 때문입니다(3:22; 참고: 잠언 3:18; 11:30; 13:12, 계 2:7; 22:2).

2.3.3 하나님의 명령에 불순종한 결과

1) 교만입니다. 사람이 뱀의 말을 들은 가장 큰 이유는 하나님과 같이 되고 싶었기 때문입니다. 피조물인 인간이 창조주와 같이 되고 싶어 한 것입니다. 피조물의 지위와 신분을 잊어버리고 창조주의 지위를 넘봅니다.

2) 탐욕입니다. 뱀의 말을 듣고 사람은 선악과를 탐냅니다. 선악과를 갖고 싶어합니다. 탐욕은 안목의 정욕과 관련이 있습니다. 눈에 호감이 가는 것을 갖고 싶어합니다. 이래서 사람은 자기 눈에 좋은 것을 행합니다. 자기 눈을 기쁘게 하는 일을 하려고 합니다.

3) 성의 타락입니다. 사람의 성 인식이 변하게 되었습니다. 사람은 벗었음을 압니다. 선악과를 먹은 결과로 '벗었음'을 알게 된 것을 강조합니다(3:7, 10, 11). 사람은 수치심을 가릴 것이 필요했습니다. 그래서 아담과 하와가 무화과 잎으로 몸을 가립니다. 치마는 엉덩이 둘레를 가리는 앞치마입니다. 옷은 인간이 하나님의 명령에 불순종해서 나온 문화적 요소입니다. 사람은 성적 수치심을 알게 되었습니다(3:7). 이것은 2:25의 "벌거벗었으나 부끄러워하지 아니한지라"와 반대됩니다. 성 인식의 변화가 가장 두드러지게 나타납니다.

4) 하나님과의 단절입니다. 사람은 처음에 하나님과 자유롭게 교제를 나누었습니다. 그러나 하나님의 명령을 어긴 후에는 하나님의 음성을 듣고 하나님을 피하여 숨습니다(3:8). 불순종으로 인해 하나님과 교제의 단절이 왔습니다. 신뢰와 순종의 관계가 이제 은둔과 징계의 관계로 변화되었습니다. 타락한 후에 사람에게 나타나는 근본적인 감정이 바로 하나님의 음성을 듣기 싫어하는 것입니다. 사람들은 하나님의 음성에 귀를 막습니다.

사람이 하나님의 명령을 어김으로 나온 결과들, 교만, 탐욕, 성의 타락, 하나님과의 단절은 인류에게 보편적인 현상을 보입니다. 어느 한 나라 사람들만 타락한 것이 아니라 온 인류에게 나타납니다. 사람은 하나님의 음성을 듣지 않으려는 근본적인 교만이 있습니다. 또한 물질을 더 소유하려는 탐욕을 제어하기 힘듭니다. 탐욕 때문에 도둑질, 강도, 살인이 일어납니다. 더 나아가 성의 타락은 남자와 여자 사이의 관계를 왜곡시켜 버렸습니다. 인간에게 가장 큰 문제는 하나님과의 단절입니다. 하나님을 피하려고 합니다. 영적인 무지가 찾아왔습니다. 이러한 타락은 구원을 필요로 합니다. 인간이 타락했기 때문에 하나님의 구원이 절실해집니다.

2.3.4 하나님의 심판의 말씀

하나님의 질문은 처음에 아담에게 다음에 여자에게 그리고 뱀에게로 나아갑니다. 뱀에게는 질문이 없이 곧장 심판의 말씀이 선언되고(3:14-15) 그 후 여자에게(3:16) 그리고 남자에게(3:17-19) 하나님의 심판의 말씀이 주어집니다.

1) 뱀은 저주를 받습니다. '저주'는 '복'의 반대입니다. 하나님은 만드신 생물과 사람에게 복을 주셨습니다. 그런데 여기서 저주가 처음 나옵니다. 뱀에게 내려진 저주는 뱀은 배로 다니고 흙을 먹는 것입니다(3:14). 여기서 이것이 상징적인가 아니면 문자적인가 하는 질문이 생깁니다. 둘 다 관련이 있습니다. 뱀이 흙을 먹는다는 것은 흙이 뱀의 음식이라는 의미보다는 흙 속을 기어 다니면서 흙을 삼킨다는 것 같습니다. 그리고 두 번째는 수치와 굴욕의 표현인 것 같습니다(참고. 시 72:9; 사 49:23; 미 7:17). 레위기의 음식 법에 따르면 배로 기어 다니는 짐승은 가증한 것입니다(레 11:41-43).

2) 뱀과 여자의 사이의 관계가 특이합니다. 뱀과 여자 사이는 원수 관계가 되는데 하나님이 원수 관계를 설정하십니다. 하나님이 주도권을 갖고 계십니다. "내가 너로 여자와 원수가 되게 하고 네 후손도 여자의 후손과 원수가 되게 하리니 여자의 후손은 네 머리를 상하게 할 것이요 너는 그의 발꿈치를 상하게 할 것이니라"(3:15). 더 흥미로운 것은 원수 관계입니다. 뱀은 여자 그리고 뱀의 후손도 여자의 후손과 원수가 됩니다. 하지만 결정적인 싸움은 여자의 후손과 뱀 사이에서 벌어집니다. 여자의 후손(문자적으로는 '그가,' 3인칭 남성 단수)은 뱀의 머리를 가격합니다. 머리를 가격하기 때문에 치명타입니다. 그러나 뱀은 여자의 후손의 발꿈치를 상하게 합니다. 발꿈치를 상하게 하는 것은 경미한 상처입니다. 여자의 후손이 뱀에게 치명타를 날립니다.

이 구절은 원시 복음Protoevangelium으로 불리며 메시야의 의미를 담고 있다는 인식은 고대로부터 있었습니다. 뱀은 사단을 상징하며 여인의 후손은 메시야로 해석합니다. 메시야의 날에 사단에 대한 승리가 있을 것을 암시하고 있다는 것입니다(참고. 롬 16:20). 사도 바울은 예수님이 여인의 후손으로 오셨다고 말합니다(갈 4:4).

3) 여자에게는 해산의 수고와 고통이 크게 더해집니다. 하나님은 사람에게 복을 주시며 생육하고 번성하라고 하셨기 때문에 여자가 아이를 낳는 것은 정해진 질서였습니다. 그러나 범죄로 인하여 해산의 고통이 크게 더해집니다.

여자와 남자와의 질서가 정해집니다. "너는 남편을 원하고 남편은 너를 다스릴 것이니라"(3:16). 여자는 남자를 원합니다. 그리고 남자는 여자를 다스리게 됩니다. 여자가 선악과를 따먹는 일에 주도적이었습니다. 그래서 남편의 다스림을 받게 된 것 같습니다. 하나님이 아담과 하와를 창조하신 때에는 이러한 남녀 관계가 없었습니다. 선악과를 따 먹은 후에 이러한 남녀 관계가 설정되었습니다.

4) 남자에게는 노동의 수고가 주어집니다. 남자는 하나님의 말씀을 듣지 않고 여자의 말을 들었습니다. 이것이 남자의 가장 큰 잘못입니다. 여자가 저주를 받지 않은 것처럼 남자도 저주를 받지 않습니다. 다만 땅이 저주를 받습니다. 땅은 가시덤불과 엉겅퀴를 내는데, 이것은 황폐한 땅을 의미합니다. 이 황폐한 땅을 갈고 수고함으로 음식을 얻을 수 있습니다. 인간의 일은 처음부터 땅을 경작하는 것이었습니다(2:5; 3:23). 따라서 일 자체는 저주가 아닙니다. 노동의 강도가 더 심해진 것입니다. 땀을 흘려야 먹을 것을 얻을 수 있습니다. 노동은 신성한 것이지만 인간의 범죄로 땅이 저주를 받아 수고로 음식을 얻게 되었습니다.

인간에게 가장 큰 형벌은 사망입니다. 하나님은 아담에게 이렇게 명령합니다. "너는 흙이니 흙으로 돌아갈 것이니라"(3:19). 하나님은 아담에게 선악과를 따먹으면 "반드시 죽으리라"(2:17)하셨습니다. 그 말씀대로 인간에게 죽음이 찾아왔습니다. 하나님의 말씀 한 마디에 모든 인류는 죽어야 합니다. 이 명령에 예외가 되는 사람이 없습니다. 하지만 당장 죽지는 않습니다. 이것이 은혜입니다. 죽음까지 일정한 유예기간이 있습니다.

5) 사람은 하나님이 지으신 에덴동산에서 추방당합니다(3:22-24). 하나님이 그들을 쫓아내시는 이유는 사람이 생명나무의 열매를 따먹지 못하도록 하기 위해서입니다. 생명나무의 열매를 따먹고 영생하는 것을 막기 위해서

사람을 에덴동산에서 쫓아냅니다.

사람은 에덴동산에서 하나님과 자유롭게 교제하며 하나님을 만날 수 있었습니다. 그러나 이제 하나님 앞에서 쫓겨나며 에덴동산에서 추방당합니다. 하나님이 사람의 접근을 막기 위하여 동산에 그룹과 불 칼을 두십니다. 에덴동산에서의 추방은 사람이 범죄 한 후에 당한 실제적인 심판입니다.

범죄한 인간에게 하나님의 심판이 나타납니다. 그러나 이러한 심판가운데서도 하나님의 호의적인 행동이 있습니다. 하나님이 아담과 하와를 위하여 가죽옷을 지어 준 것입니다. 인간이 범죄 한 후에 만들어 입은 무화과 잎의 치마와는 대조를 이룹니다.

2.4 첫 살인 사건

아담과 하와가 에덴동산에서 추방당한 후에 아담의 아들들 사이에서 살인 사건이 발생합니다. 가인과 아벨이 하나님께 예배를 드립니다. 가인은 땅의 소산으로 그리고 아벨은 양의 새끼로 제사를 드립니다. 하나님이 아벨의 제사를 받으시고 가인의 제사를 받지 않았습니다. 가인이 기분이 상했습니다. 그래서 가인이 아벨을 쳐 죽입니다. 인간이 타락한 후에 일어난 첫 번째 살인 사건입니다. 형제들 사이에 벌어진 살인 사건은 아이러니 하게 하나님을 예배하고 나서 벌어집니다.

하나님이 아벨의 제사를 받으시고 가인의 제사를 받지 않은 이유를 제물에서 찾으려는 시도들이 있습니다. 아벨의 예배는 피의 제사이기 때문에 받으시고 가인의 예배는 피의 제사가 아니었기 때문에 받지 않았다고 설명을 합니다. 그러나 이러한 주장은 레위기의 제사법과 어긋납니다. 제사법에는 피 없는 제사가 있습니다(레 2장의 소제).

그리고 창세기 문맥에서 보면 가인의 제물이 더 타당합니다. 왜냐하면 하나님은 사람을 에덴동산에서 내보내시면서 땅을 경작하게 하시기 때문입니다(3:23). 가인은 땅을 경작해서 소산물을 가져왔기 때문에 제물에는 문제가 없습니다.

가인과 아벨이 제사를 드립니다. "여호와께서 아벨과 그의 제물은 받으셨으나 가인과 그의 제물은 받지 아니하신지라"(4:4-5). 여기서 "받으셨다"는 '보았다'로 관심을 갖고 보셨다 또는 주목하셨다 하는 뜻입니다. 흥미롭게도 가인이 먼저 하나님께 예물을 가지고 나아갑니다. 하지만 하나님은 아벨을 더 눈여겨보십니다.

하나님이 왜 가인의 예배를 받지 않으셨는가 하는 궁금증이 생깁니다. 하지만 왜 하나님께서 가인의 제물을 받아들이지 않았는지도 불분명합니다. 하나님이 가인의 제물을 받지 않았습니다. 그러자 가인이 얼굴을 들지 않습니다. 화가 나서 얼굴을 떨어뜨립니다(4:5-6). 하나님이 가인에게 "네가 분하여 함은 어찌 됨이며 안색이 변함은 어찌 됨이냐 네가 선을 행하면 어찌 낯을 들지 못하겠느냐"고 말하십니다(4:6-7). 하나님은 가인에게 왜 화가 났느냐고 왜 얼굴을 떨어뜨리느냐고 묻습니다. 연이어 하나님은 "선을 행하지 아니하면 죄가 문에 엎드려 있느니라 죄가 너를 원하나 너는 죄를 다스릴지니라"(4:7)고 말합니다(참고. 요한 1서 3:12). '죄가 문에 엎드려'있는 것은 마치 사나운 야생 짐승이 공격하기 위하여 엎드려 있는 것과 같은 인상을 줍니다. 죄는 대상을 향하여 호시탐탐 노리고 있습니다. 하나님을 향한 가인의 마음 상태와 행동이 올바르지 않습니다.

신약의 히브리서 기자는 아벨이 가인보다 믿음으로 더 나은 제사를 드렸다고 해석합니다(히 11:4). 요한 일 서는 행위에 강조를 두어서 아벨의 행위는 의롭고 가인의 행위는 악한 것으로 규정짓습니다(3:12). 신약 성경은 아벨과 가인의 제물 보다 아벨과 가인의 마음 상태와 삶의 행위를 더 중요하게 평가합니다.

'죄가 문에 엎드려서' 호시탐탐 가인을 노리고 있습니다. 하나님께 인정을 받지 못한 가인은 결국 아벨을 죽이는 살인 범죄를 행하고(4:8) 아벨이 어디 있느냐고 물으시는 하나님의 질문에 가인은 알지 못한다고 거짓말을 합니다(4:9). 이 일로 인하여 가인은 땅으로부터 저주를 받습니다(4:11). 아담의 범죄로 인하여 사람은 얼굴에 땀을 흘려야 식물을 얻을 수 있었습니다. 그러나 가인은 힘써 노동을 해도 땅이 그 효력을 주지 않습니다. 이것은 땅의 소출이 적을 것을 의미합니다. 가인의 직업은 농사하는 자였습니다. 적은 소산으로 인하여 가인은 땅에서 유리하는 자, 방랑자가 됩니다(4:12). 아담은 범죄한 후 에덴동산에서 떠나야 했습니다. 유사하게 가인도 "여호와 앞을 떠나서" 살게 되었습니다(4:16).

아벨과 가인의 예배는 창세기에 나오는 첫 예배입니다. 예배는 하나님과 인간과의 깨어진 관계를 회복할 수 있는 공식적인 수단과 통로로 나옵니다. 인간은 죄로 인하여 에덴동산에서 하나님을 피하여 숨었고(3:8), 하나님을 두려워했습니다(3:9). 하나님께 심판을 받아서(3:16-19) 에덴동산에서 쫓겨났습니다(3:24). 하나님과 인간의 관계는 이렇게 단절되었습니다. 그러나 인간은 예배를 통해서 하나님께 나아갑니다. 인간은 하나님께 예물을 가지고 나아갈 수 있습니다.

예배는 인간을 두 부류로 나눠 놓았습니다. 하나님이 인정하는 사람 아벨과 인정하지 않은 사람 가인입니다. 결국 예배로 인해 가인과 아벨 사이가 벌어지고 가인이 아벨을 살해하는 비극이 일어났습니다. 이 사건은 인류를 두 부류로 나누어 놓습니다. 하나님을 인정하는 사람과 하나님을 인정하지 않는 사람입니다. 중간이 없습니다.

2.5 눈덩이처럼 불어나는 인간의 죄악

아담과 하와는 에덴동산에서 추방당했습니다. 가인은 여호와 앞을 떠나게 되었습니다. 하나님과의 교제를 잃어버린 인간은 이제 자기 마음대로 살아갑니다. 절대 기준인 하나님을 떠나자 더 타락합니다. 창세기 1-11장을 원시역사라고 부릅니다. 이 원시역사에서 죄는 눈덩이처럼 불어나기 시작합니다. 타락의 정도가 점점 더 심해집니다.

2.5.1 죄를 자랑하는 라멕

라멕은 자신의 죄를 자랑합니다. "라멕이 아내들에게 이르되 아다와 씰라

여 내 목소리를 들으라 라멕의 아내들이여 내 말을 들으라 나의 상처로 말미암아 내가 사람을 죽였고 나의 상함으로 말미암아 소년을 죽였도다. 가인을 위하여는 벌이 칠 배일진대 라멕을 위하여는 벌이 칠십칠 배이리로다"(4:23-24).

라멕은 두 명의 아내를 두고 있습니다. 하나님이 만들어 놓으신 일부일처제를 어깁니다. 더 나아가 라멕은 아내들에게 살인을 자랑합니다. 살인죄를 짓고도 회개하지 않는 뻔뻔한 모습입니다. 자신의 살인 행위에 대한 형벌을 가인과 비교까지 하고 있습니다. 라멕 자신이 가인보다 더 악하다는 것입니다.

2.5.2 홍수 심판

가인 이후 인간의 죄는 더 심해집니다. 홍수 이전에 하나님이 인간의 모습을 보시고 이렇게 평가하십니다. "여호와께서 사람의 죄악이 세상에 가득함과 그의 마음으로 생각하는 모든 계획이 항상 악할 뿐임을 보시고 땅 위에 사람 지으셨음을 한탄하사 마음에 근심하시고 이르시되 내가 창조한 사람을 내가 지면에서 쓸어버리되 사람으로부터 가축과 기는 것과 공중의 새까지 그리하리니 이는 내가 그것들을 지었음을 한탄함이니라 하시니라"(창 6:5-7; 6:11-12).

하나님이 사람의 생각을 보십니다. 사람의 내적 상태가 심각합니다. "마음으로 생각하는 모든 계획이 항상 악"합니다. 하나님이 인간을 창조하신 후에 '심히 좋았다'고 하셨습니다. 그러나 인간이 선악과를 따 먹은 후에는 사람은 무서운 속도로 변해갑니다.

하나님은 사람의 상태를 보시고 한탄하시며 슬퍼하십니다. 그리고 사람을 지면에서 쓸어버리실 것을 결심하십니다. 하나님의 심판 의지가 담겨있습니다. 사람의 마음이 악합니다. 하나님이 이것을 보시고 마음에 근심하십니다. 악한 사람의 '마음'(6:5)과 근심하는 하나님의 '마음'(6:6)이 대조를 이룹니다. 홍수 시대의 사람의 상태는 6:11-12에 잘 나타납니다. "부패하였다"는 동사가 세 번이나 나옵니다. 인간의 부패함을 강조합니다. 사람의 타락으로 인하여 짐승들까지 심판의 대상이 되었습니다.

그러나 하나님의 심판에서 제외된 사람이 있습니다. "그러나 노아는 여호와께 은혜를 입었더라"(6:8). 이 구절을 다시 번역해 보면 '그러나 노아는 여호와의 눈에 은혜를 발견했다'입니다. '은혜'는 '호의', '은총'입니다. 세상의 모든 사람들과 노아가 대조를 이룹니다. 세상은 부패하며 타락해져 가지만 노아는 하나님 앞에서 은혜를 발견합니다. "노아는 의인이요 당대에 완전한 자라 그는 하나님과 동행하였으며"(6:9)라고 말합니다. 노아는 '흠이 없는' 자이며 하나님과 함께 걷는 사람입니다. 즉 하나님과 교제를 하는 사람입니다. 아주 특이한 사람입니다. 하나님 앞에서 모든 사람들이 부패해져가며 타락하는데 노아만 하나님과 함께 합니다. 그는 하나님의 명령에 순종하는 사람이었습니다(6:22; 7:5).

하나님은 범죄한 인간을 물로 심판하십니다. 홍수 심판 이야기에서 특징은 정확한 날짜들을 제시하는 것입니다(7:11; 8:4, 5, 13, 14). 홍수 이야기는 연대에 따르면 600년 2월 17일에 홍수가 시작하여 601년 2월 27일에 노아가 방주에서 나옴으로 일년 열 하루가 걸렸습니다.

하나님이 노아를 구원하기 위하여 방주를 지으라고 합니다. 방주는 잣나무(침엽수의 일종)로 지었으며 장이 삼백 규빗(약 135m)이며 광이 오십 규빗(약 22m)이며 고가 삼십 규빗(약 13m)이며 3층 구조의 배입니다.

노아는 방주에서 나온 후에 하나님께 예배를 드립니다. 여호와께 제단을 쌓고 정결한 짐승으로 번제를 드립니다. 이 제사 방법은 가인과 아벨의 제사보다 더 자세합니다.

하나님이 노아의 제사를 받으시고 속으로 다시는 물로 땅을 심판하지 않겠다고 다짐을 하십니다. "여호와께서 그 향기를 받으시고 그 중심에 이르시되 내가 다시는 사람으로 말미암아 땅을 저주하지 아니하리니 이는 사람의 마음이 계획하는 바가 어려서부터 악함이라 내가 전에 행한 것 같이 모든 생물을 다시 멸하지 아니하리니"(창 8:21).

“여호와께서 그 향기를 받으시고”에서 ‘그 향기’는 분노를 ‘누그러뜨리는 향기’, 마음을 ‘진정시키는 향기’입니다. 하나님이 즐겁게 제사의 향기를 맡으신 것입니다. 노아의 제사는 하나님의 진노를 누그러뜨리며 마음을 진정시키는 효과가 있었습니다. 노아의 제사가 하나님의 마음에 영향을 끼쳤습니다. 하나님이 땅을 저주하지 않을 것이라는 의지는 구체적으로 “내가 전에 행한 것 같이 모든 생물을 다시 멸하지 아니하리니”로 나타납니다.

하나님은 노아의 제사를 받으신 후에 노아에게 복을 주십니다. 노아에게 주신 복은 아담에게 주신 복과 같은 것도 있고 새로운 것도 있습니다.

1) 하나님이 노아에게 주신 복은 창조 시에 아담에게 주었던 복과 같습니다. 창조 명령 “생육하고 번성하여 땅에 충만하라”가 그대로 나타납니다(9:1). 이것은 노아가 새로운 인류의 조상이라는 것을 보여줍니다. 노아를 통하여 새로운 인류가 시작됩니다. 노아는 두 번째 아담처럼 등장합니다.

2) 아담은 모든 생물을 다스리는 지배권을 받았습니다(1:28). 이것이 다른 형태로 노아에게 주어집니다. “땅의 모든 짐승과 공중의 모든 새와 땅에 기는 모든 것과 바다의 모든 물고기가 너희를 두려워하며 너희를 무서워하리니 이것들은 너희 손에 붙였음이니라”(9:2). 노아와 그의 아들들이 짐승에 대한 지배권을 갖고 있습니다.

2개의 새로운 요소가 나타납니다. 1) 채소와 같이 산 동물을 인간의 식물로 주십니다(9:3). 그러나 고기를 피와 같이 먹어서는 안 된다는 예외 조항이 있습니다. 2) 살인하지 말 것을 명령하십니다(9:5). 인간이 살인을 저지르면 하나님이 복수하실 것입니다. 인간은 하나님의 형상대로 지음을 받았기 때문에 살인은 하나님의 형상을 파괴하는 죄입니다(9:6). 살인 금지 명령은 가인과 라멕을 염두에 두고 말씀하신 것 같습니다.

하나님은 노아를 축복하신 후에 노아와 언약을 맺습니다(9:8-17). 이 언약은 하나님과 사람 사이에 맺은 최초 언약이라는 점에서 의미가 있습니다. 이 언약은 홍수 후에 노아가 방주에서 나왔을 때에 세워졌습니다. 노아와 노아의 아들들 그리고 땅의 모든 생물이 언약의 파트너입니다. 언약의 내용은 하나님이 다시는 물로 모든 생물을 멸하지 않겠다는 것입니다. 노아의 제사를 흠향하시고 하나님의 독백의 말씀(8:21)이 언약의 내용을 이루고 있습니다(9:11). 언약의 기간은 영원이며 이것은 땅이 있을 동안을 의미합니다(8:22; 9:12). 언약의 증거는 무지개입니다. 무지개는 여호와의 영광의 형상의 일부로 나타납니다(겔 1:28). 구름 사이에 무지개가 나타나면 하나님이 이것을 보시고 자신의 언약을 기억하십니다(9:16).

노아 언약은 인간 편에서 행해야 할 의무와 책임이 없다는 면에서 무조건적입니다. 하나님께서 일방적으로 사람과 땅의 모든 짐승을 물로 심판하지 않고 보존하시겠다고 약속한 것입니다. 영원한 언약은 보편적이고 우주적인 언약입니다. 노아의 모든 후손에게 그리고 땅의 모든 짐승에게 세우신 언약입니다.

2.5.3 바벨탑 사건

노아의 후손들이 다시 세상에 퍼져 나갑니다. 이때는 언어가 하나여서 모든 사람들이 자유롭게 의사소통을 합니다. 사람들이 시날 평지에 모여서 성을 쌓으려는 계획을 세웁니다. 서로 "자 벽돌을 만들어 견고히 굽자"(11:3) 하고 말합니다. 이 말은 일인칭 복수 권고형으로 '우리가 벽돌을 만들자 그리고 우리가 견고히 굽자'입니다. 성을 쌓는 이유는 "그 탑 꼭대기를 하늘에 닿게 하여 우리 이름을 내고 온 지면에 흩어짐을 면하자"(11:4)입니다.

하나님이 사람들이 성을 쌓은 것을 보러 내려오십니다. 그리고 사람들의 언어를 혼잡하게 하여 서로 이해하지 못하게 하심으로 성을 쌓는 계획을 무마시킵니다. 하나님도 이렇게 말합니다. "자 우리가 내려가서 거기서 그들의 언어를 혼잡하게 하여"(11:7). 이것은 일인칭 복수 권고형으로 '우리가 내려가자 그리고 우리가 거기서 그들의 언어를 섞어놓자'입니다. 인간의 말(11:3)과 하나님의 말(11:7)은 문법적으로 그리고 음성학적으로 유사합니다. 하나님은 인간의 계획에 그대로 반응하십니다. 하나님은 인간의 언어를 혼잡하게 하여 사람들을 지면에 흩어 놓습니다.

인간의 잘못은 성을 쌓아 하늘에 닿게 하고 이름을 내고 흩어짐을 면하자는 것입니다. 스스로 이름을 내기 위하여 노력하는 행위는 인간의 교만함을 나타냅니다. 하나님은 인간에게 "생육하고 번성하여 땅에 충만하라"고 하셨는데 인간은 흩어짐을 면하기 위하여 탑을 쌓은 것입니다. 하나님의 명령에 반항하는 인간의 모습을 볼 수 있습니다. 언어 소통이 자유로운 사람들은 한 마음과 한 뜻으로 하나님을 거역하며 하나님께 반항합니다.

하나님은 바벨탑 사건 때문에 인간의 언어를 다양하게 하십니다. 이 사건은 신약의 오순절 사건과 대비가 됩니다. 오순절에 성령이 강림하자 제자들이 다양한 언어들로 말을 합니다. 성령이 오심으로 언어의 장벽을 넘어섭니다. 오순절 사건 이후 복음은 각 나라에 다양한 방언으로 전해지기를 시작합니다(행 2장). 성령의 능력은 언어의 장벽을 넘어 세계로 복음을 전하게 합니다.

하나님은 인간의 부패함을 보시고 홍수로 심판하셨습니다. 그러나 홍수 후에 노아의 후손에게도 죄는 여전히 끈질기게 살아 있습니다. 사람은 하나님께 여전히 반항합니다.

2.6 전적 타락

인간의 상태는 선악과를 따먹지 말라는 하나님의 명령을 어긴 후에 변했습니다. 선하고 악을 알지 못한 상태에서 살인하며 일부이처를 시행하며 죄를 자랑합니다. 사람의 생각이 항상 악합니다. 사람이 전적으로 타락했습니다. 예레미야 선지자는 "만물보다 거짓되고 심히 부패한 것은 마음이라"고 선언합니다(17:9). 예수님은 "사람의 마음에서 나오는 것은 악한 생각 곧 음란과 도둑질과 살인과 간음과 탐욕과 악독과 속임과 음탕과 질투와 비방과 교만과 우매함"이라고 하십니다(막 7:21-22). 인간은 전적으로 타락하고 부패했습니다.

전적으로 타락한 사람은 구원을 필요로 합니다(롬 7:24). 타락한 사람을 향한 하나님의 구원 계획은 역사 속에서 드러납니다.

3

약속과 역사

읽어야 할 본문: 창세기 12-26장

창세기는 1-11장 그리고 12-50장으로 나눌 수 있습니다. 1-11장은 원시역사이며 12-50장은 이스라엘 민족의 조상들의 역사입니다. 1-11장에서 아담과 노아가 중요한 인물이며 이 두 인물은 창조와 타락 그리고 홍수 심판 사건과 관련이 있습니다. 12-50장은 이스라엘의 족장들, 아브라함, 이삭 그리고 야곱이 등장합니다. 하나님은 족장들에게 나타나셔서 약속을 하십니다. 이 약속이 이스라엘의 역사를 움직이는 동인이 됩니다.

3.1 세 가지 약속

하나님은 아브라함에게 나타나셔서 약속을 합니다. 하나님이 아브라함에게 하신 약속은 구약 역사의 흐름을 결정하는 중요한 요소입니다. 모세 오경을 해석하는 열쇠이며 더 나아가 구약과 신약을 해석하는 틀이 되기도 합니다. 하나님이 아브라함에게 하신 약속은 창세기 12:1-3에 처음 나옵니다. 이것은 세 부분으로 나누어집니다.

1) "너는 너의 고향과 친척과 아버지의 집을 떠나 내가 네게 보여 줄 땅으로 가라"(12:1). 하나님은 아브라함에게 보여줄 땅이 있다고 하십니다. 아브라함에게 땅을 주실 계획을 갖고 있습니다. 2) "내가 너로 큰 민족을 이루고

네게 복을 주어 네 이름을 창대하게 하리니 너는 복이 될지라"(12:2). 하나님은 아브라함에게 많은 후손을 주실 생각입니다. 아브라함의 후손이 큰 민족이 될 것입니다. 3) "너를 축복하는 자에게는 내가 복을 내리고 너를 저주하는 자에게는 내가 저주하리니 땅의 모든 족속이 너로 말미암아 복을 얻을 것이라"(12:3). 하나님이 아브라함에게 복을 주십니다. 이 복은 세계 모든 백성들에게로 나아갑니다. 세상 모든 백성들이 아브라함을 통해서 복을 받을 것입니다.

하나님이 아브라함에게 하신 말씀에는 복에 대한 강조가 있습니다. 이 말씀은 세 가지로 압축할 수 있습니다. 후손에 대한 약속, 땅을 주시겠다는 약속, 땅의 모든 족속이 너로 말미암아 복을 얻을 것이라는 약속입니다. 이 세 가지 약속은 아브라함 이야기와 이삭 이야기 그리고 야곱 이야기에 계속 반복되어 나옵니다(참고. 창 26:3-5; 28:3-4, 13-14).

하나님의 말씀을 들은 아브라함은 하란을 떠나 하나님이 보여줄 땅으로 갑니다. 이때가 칠십 오세였습니다(창 12:4-5). 아브라함은 순종하는 사람입니다. 아브라함이 가나안 땅 세겜에 도착해서 하나님께 제단을 쌓습니다. 그러자 하나님이 아브라함에게 나타나서 "내가 이 땅을 네 자손에게 주리라"(12:7)고 약속을 확인하십니다. 하나님이 보여주실 땅이 가나안 땅이었음을 알 수 있습니다.

하나님이 아브라함에게 큰 민족을 이루게 해 주시겠다고 약속을 했음에도 불구하고 현실은 이상한 방향으로 흘러갑니다. 아브라함의 아내 사라는 오랫동안 아들을 낳지 못합니다. 아브라함은 아내 사라를 이집트의 바로에게 빼앗길 위기에 처하기도 하며 또한 사라는 극심한 불임에 시달립니다. 후손을 많게 해 주겠다는 하나님의 약속과 사라의 불임 사이에 긴장감이 있습니다. 하나님의 말씀과 현실 사이에 간격이 있습니다.

3.2 아들과 땅의 약속

하나님이 아브라함에게 아들과 땅을 주시겠다는 약속은 다시 창세기 15

장에 나옵니다. 15장은 두 부분, 후손에 대한 약속(15:1-6)과 땅에 대한 약속(15:7-21) 부분으로 나뉩니다. 두 부분은 비슷한 구조로 나뉘어 있습니다. 하나님의 자기소개, 아브라함의 질문과 하나님의 대답, 약속에 대한 징조 그리고 결론이 나옵니다.

먼저 후손에 대한 약속에서(15:1-6) 하나님은 아브라함에게 나타나셔서 자기소개를 하시고 상급의 약속을 하십니다(1). 그러자 아브라함은 하나님께 무엇을 주시겠습니까하고 질문을 합니다. 자신은 아들이 없어서 집에서 키운 엘리에셀이 상속자가 될 것이라고 말합니다(2-3). 그러자 하나님은 엘리에셀이 상속자가 아니며 네 몸에서 상속자가 태어날 것이라고 아브라함의 질문에 답변하십니다(4). 하나님은 아들이 태어날 것이라는 약속에 대한 징조로 하늘의 별을 보여주십니다. 하늘의 별과 같이 후손들이 많아질 것입니다(5). 결론으로 아브라함이 하나님의 약속을 믿습니다(6).

두 번째 부분인 땅에 대한 약속에서(15:7-21) 하나님은 아브라함에게 자신을 가나안 땅을 주시는 분이라고 자기소개를 하십니다(7). 그러자 아브라함이 이 땅을 어떻게 상속받을 수 있을지를 질문합니다(8). 하나님이 삼년 된 짐승들을 갈라놓으라고 대답합니다. 그리고 아브라함의 후손들이 가나안 땅을 차지하게 될 역사를 설명해 주십니다(13-17). 그리고 하나님의 약속이 성취될 것에 대한 징조로 불이 쪼개 놓은 짐승들 사이를 지나갑니다(17). 결론으로 하나님이 아브라함과 언약을 맺고 가나안 땅의 경계를 말씀해 주십니다(18-21).

하나님이 아브라함에게 나타나십니다. 신현 사건입니다. "이 일 후에 여호와의 말씀이 환상 중에 아브라함에게 임하여 이르시되"(15:1). 여호와의 말씀이 임했다는 것은 '여호와의 말씀이 있었다(발생했다)'입니다(1, 4). 환상이 시각적인 면에 강조가 있다면 말씀은 청각적인 면에 강조점이 있습니다. 아브라함이 들을 수 있도록 여호와께서 계속 말씀하시기 때문입니다(15:5,

7, 9, 13). "여호와의 말씀"이라는 표현은 구약에서 241회나 사용되는 전문적인 용어입니다. 그 가운데 221회(92%)가 선지자들이 하나님께로부터 말씀을 받을 때 사용합니다. 여호와의 말씀이 임했다는 것은 여호와의 말씀이 사건으로 역사 안에서 일어난 것을 의미합니다. 말씀이 역사 속에서 사건이 됩니다. 하나님이 말씀하신 것이 역사 속에서 현실이 되며 이루어집니다. 그래서 이 표현을 말 사건이라고 부르기도 합니다.

여호와의 말씀은 선지자들이 하나님의 계시를 받는 전문적인 용어이지만 이 용어가 아브라함에게도 사용되었습니다. 말은 의미를 전달합니다. 하나님은 말을 통해서 자신의 생각과 계획을 아브라함에게 전달하십니다.

하나님은 아브라함에게 자신의 생각과 계획을 말씀하시기 전에 먼저 말씀하시는 분이 누구인지를 소개하십니다. 하나님의 자기소개입니다. "아브라함아 두려워하지 말라 나는 네 방패요 너의 지극히 큰 상급이니라"(15:1). 하나님은 아브라함을 안정시키기 위해 두려워하지 말라고 하십니다. 방패는 군사적인 보호라는 의미를 갖고 있고 상급은 '상,' '보수'입니다. 하나님은 자신을 보호자와 상급을 주는 자로 소개하십니다.

그러자 아브라함은 불만 섞인 투로 무엇을 주시려고 하십니까 하고 질문을 합니다. 자신에게는 아들이 없다는 것입니다. 그래서 집에서 키운 엘리에셀이 상속자가 될 수밖에 없다고 말합니다. 아브라함의 말에는 하나님이 분명히 자손을 많게 해 주겠다는 약속을 하셨음에도 불구하고(12:2; 13:16) 아직 아들이 없다는 불평이 배어나옵니다. 그러자 하나님은 하늘의 별을 보여 주시며 다시 후손을 주실 것을 약속합니다. 이 약속을 아브라함이 믿습니다.

하나님은 또한 가나안 땅을 주실 것이라고 약속합니다. "나는 이 땅을 네게 주어 소유를 삼게 하려고 너를 갈대아인의 우르에서 이끌어 낸 여호와니라"(15:7). 하나님은 자신을 "나는 여호와이다"(히브리어, 아니 아도나이)로 소개하십니다. 하나님은 자신의 이름을 여호와로 계시하십니다. 하나님은 자신을 아브라함과 그 후손에게 가나안 땅을 주시는 분으로 소개합니다. 그러자 아브라함이 "내가 이 땅을 소유로 받을 것을 무엇으로 알리이까"하고 질문합니다(15:8).

하나님은 아브라함의 질문에 아브라함의 후손들이 가나안 땅을 차지하게 될 긴 역사를 설명해 주십니다. "너는 반드시 알라 네 자손이 이방에서 객이 되어 그들을 섬기겠고 그들은 사백 년 동안 네 자손을 괴롭히리니 그들이 섬기는 나라를 네가 징벌할지며 그 후에 네 자손이 큰 재물을 이끌고 나오리라 너는 장수하다가 평안히 조상에게로 돌아가 장사될 것이요 네 자손은 사대 만에 이 땅으로 돌아오리니 이는 아모리 족속의 죄악이 아직 가득 차지 아니함이니라"(15:13-16). 하나님은 앞으로 아브라함의 후손이 가나안 땅을 차지하게 될 역사를 예고해 주십니다. 특이하게도 이 짧은 하나님의 말씀에 창세기부터 여호수아까지의 역사가 담겨 있습니다. 아브라함의 후손이 이방인의 땅에서 나그네로 있을 것(야곱 가족의 이집트 이주)과 이방인에게 괴롭힘을 당할 것과 이방인의 땅에서 빠져 나올 것(출애굽)과 가나안 땅으로 돌아 올 것(가나안 정복과 정착)을 말합니다. 하나님은 아브라함에게 땅을 주시기로 약속하셨습니다. 이 약속은 아브라함의 자손들에게 이루어질 것입니다. 역사 속에서 성취될 것입니다. 하나님의 약속이 역사 속에서 현실로 나타날 때가 있을 것입니다.

이 약속에서 이스라엘의 역사를 보는 관점이 나옵니다. 아브라함은 이스라엘의 조상입니다. 아브라함부터 이스라엘 민족의 역사가 시작됩니다. 이스라엘 민족의 역사는 하나님의 약속과 뗄 수 없는 관계를 맺고 있습니다. 하나님의 약속이 이스라엘의 역사를 움직여 가고 있기 때문입니다. 약속이 역사를 움직이는 동인이며 힘입니다. 구약은 하나님의 말씀이 역사 속에서 성취되어 가는 과정을 기술하고 있습니다. 가나안 땅을 정복하는 이야기는 여호수아 때에 성취됩니다. 결국 이스라엘의 역사는 가나안 땅을 차지하기 이전 역사와 가나안 땅을 차지한 이후의 역사로 나누어집니다. 창세기부터 여호수아까지는 가나안 땅을 정복하기 이전 역사이며 사사기부터 열왕기 하까지는 가나안 땅을 정복하고 살았던 역사입니다.

이러한 관점에서 본다면 하나님의 약속은 구약을 해석하는 해석학적, 신학적인 열쇠입니다. 이스라엘의 역사를 올바로 볼 수 있게 하는 안목입니다.

후손을 많게 해 주시겠다는 약속은 야곱의 때부터 이루어지기 시작합니다. 땅을 주시겠다는 약속은 여호수아 때에 성취됩니다. 네 씨로 많은 민족을 복을 받을 것이라는 약속은 구약을 넘어 신약으로 나아갑니다.

하나님이 이스라엘의 역사를 이야기 하고 난 후에 불이 쪼개 놓은 고기들 사이를 지나갑니다. 아브라함은 하나님의 명령에 따라 삼 년 된 암소와 암염소와 숫양과 산비둘기와 집비둘기 새끼를 가져왔습니다. 새를 제외하고 다른 짐승들은 가운데를 쪼개어 놓았습니다(새를 쪼개지 않은 것은 레위기 5:7-8절 참고). 쪼개 놓은 고기들 사이를 불이 지나간 것입니다.

이 불은 신적인 불로 신현의 한 현상입니다. 하나님이 나타나실 때 불이 함께합니다. 하나님이 모세를 부르실 때에 불타는 가시나무에서 나타나셨습니다(출 3장). 시내 산에서 하나님이 이스라엘 백성에게 나타나실 때에도 불 가운데서 말씀하셨습니다(출 19장). 광야에서 이스라엘이 여행할 때도 하나님은 불 기둥과 구름 기둥으로 함께 하셨습니다(출 13:21-22). 솔로몬이 성전 봉헌식에서 기도를 마쳤을 때에도 하늘에서 불이 내려와 번제물과 제물을 불살랐습니다(대하 7:1). 엘리야가 갈멜 산에서 기도했을 때에도 하나님은 불로서 응답하셨습니다(왕상 18:38). 에스겔 선지자는 하나님의 영광의 모습을 불로서 설명합니다(겔 1장). 또한 하나님의 속성을 설명할 때에도 "네 하나님 여호와는 소멸하는 불이시요 질투하시는 하나님이시라"고 말합니다(신 4:24).

따라서 쪼개 놓은 고기 사이로 지나간 불은 신적인 불입니다. 하나님의 임재를 상징합니다. 하나님 편에서 불이 지나간 것은 고대 사회에서 언약을 맺을 때 행했던 의식을 보여줍니다. 언약을 맺는 의식이 다양하게 나옵니다. 이러한 의식들 가운데서 불이 쪼갠 고기 사이로 지나간 것과 유사한 경우는 예레미야 책에 나옵니다.

시드기야 왕이 고관들과 백성들과 함께 언약을 맺습니다. 히브리 남녀 노예를 자유롭게 풀어 주었습니다. 그들이 노예들을 해방시켜 주는 언약을 맺을 때에 송아지를 둘로 쪼개 놓고 그 사이를 지나갔습니다. 하나님 앞에서 언약을 맺었습니다. 그러나 후에 그들의 마음이 변해서 풀어주었던 노예를 다시 잡아왔습니다. 언약을 파기한 것입니다. 그러자 하나님은 언약을 맺고 언약을 파기한 자들을 심판하실 것을 말씀하십니다. 그들에게 죽음이 올 것을 예고하십니다(렘 34:8-22).

위의 예에서 보듯이 쪼갠 고기 사이로 지나는 것은 언약을 맺는 의식입니다. 언약을 맺는 당사자가 언약을 어겼을 경우에 그들 자신이 저주를 당한다는 의식입니다. 즉 쪼갠 고기와 같이 죽임을 당할 것이라는 뜻입니다. 따라서 쪼갠 고기를 지나가며 언약을 맺는 것은 언약의 내용에 대한 책임 또는 의무를 진다는 것입니다.

언약을 맺을 때 언약의 당사자들이 쪼갠 고기 사이를 지나갑니다. 그런데 흥미롭게도 아브라함은 지나가지 않고 불만 지나갑니다. 이것은 하나님 편에서 그 언약을 지킬 의무와 책임이 있다는 것입니다. 하나님 편에서 일방적으로 아브라함에게 약속하셨기 때문입니다.

하나님 편에서 불이 지나감으로 언약이 체결됩니다. 하나님은 아브라함과 그 후손에게 가나안 땅을 주시기로 의식을 통해서 굳게 약속합니다. 그리고 가나안 땅의 경계를 말해주십니다. 가나안 땅의 경계는 이집트 강에서부터 유프라테스 강까지입니다(창 15:18). 하나님이 주시는 약속의 땅은 남쪽은 이집트 강, 북쪽은 유프라테스 강입니다. 서쪽은 바다가 있기 때문에 자연히 경계가 그어집니다. 그런데 특이하게 동쪽에 대한 경계가 나오지 않습니다.

3.3 할례: 언약의 표징

하나님은 하늘의 별과 같이 그리고 바닷가의 모래와 같이 많은 후손을 주시겠다고 약속하셨습니다. 그러나 정작 아브라함의 아내 사라는 불임에 시달립니다. 하나님의 약속이 현실 속에서 이루어지기까지 불임의 과정을 겪습니다.

아브라함은 아들을 주시겠다는 약속을 믿었음에도 불구하고 오랜 세월이 지나도 약속이 이루어지지 않자 믿음이 흔들립니다. 사라가 아브라함에게 여종 하갈을 통해서 아들을 낳으라고 제안합니다. 아브라함이 사라의 여종 하갈을 통해서 아들을 낳습니다. 하갈이 이스마엘을 낳았을 때, 아브라함은 86세입니다(창 16장). 세월이 흘러서 아브라함이 99세가 되었습니다. 이때까지 사라에게 아들이 없습니다.

아브라함이 99세에 하나님이 나타나셔서 "나는 전능한 하나님이라 너는 내 앞에서 행하여 완전하라"(17:1)고 말씀하십니다. 하나님은 다시 자신을 소개하시는데 이번에는 "나는 전능한 하나님"이라고 말씀하십니다. 이 자기 소개는 아들을 낳을 수 없는 나이가 되어버린 아브라함에게 아들을 주시겠다는 약속과 관련이 있습니다. 창세기 17장에서 하나님이 아브라함에게 다섯 번에 걸쳐서 말씀하신 것이 중요한 위치를 차지합니다.

1. 첫 번째 말씀: 하나님이 아브람에게 나타나셔서 자신을 소개하심(1-2).
2. 아브라함이 엎드림(3).
3. 두 번째 말씀: 아브라함으로 이름을 바꿔주시고 후손과 땅에 대하여 약속하심(4-8).
4. 세 번째 말씀: 할례를 행할 것을 말씀하심(9-14).
5. 네 번째 말씀: 사라로 이름을 고쳐주시고 아들을 주실 것을 약속하심(15-16).
6. 아브라함이 엎드림(17-18).
   아브라함이 웃으며 독백: 100세 된 사람이 어떻게 아들을 낳나?
   하나님께 대한 말: 이스마엘이나 살기를 원합니다.
7. 다섯 번째 말씀: 사라가 아들을 낳는다. 그 이름을 이삭이라 하라(19-21)
8. 아브라함의 행동: 온 집의 남자에게 할례를 행함(22-27).

다섯 번에 걸친 하나님의 말씀은 논리적인 발전을 보여줍니다.

1. 하나님은 자신을 '전능하신 하나님'으로 말씀하십니다. 아브라함이 99세이지만 하나님은 아들을 주실 능력이 있다는 것입니다.

2. 언약을 세울 것을 말씀하십니다. "내가 내 언약을 나와 너 사이에 두어 너를 크게 번성하게 하리라"(2). 하나님은 "나와 너 사이에" 언약을 세울 것을 말씀하십니다. 그리고 아브람을 아브라함으로 이름을 고쳐 주십니다. 아브라함에게서 많은 후손들이 나올 것을 예언하십니다. 그리고 "내 언약을 나와 너 및 네 대대 후손 사이에" 세울 것을 약속하십니다(7). 이것을 "영원한 언약"으로 부르시며 하나님은 "너와 네 후손의 하나님이 되리라"(7)고 하십니다. 하나님은 아브라함과 그의 후손들과 언약을 세울 것입니다. 더 나아가 아브라함과 그 후손에게 가나안 땅을 "영원한 기업"으로 주실 것도 약속하십니다(8).
3. 그 후에 하나님은 아브라함과 그 후손에게 "내 언약"을 지킬 것을 요구하십니다. "남자는 다 할례를 받으라 이것이 나와 너희와 너희 후손 사이에 지킬 내 언약이니라"(10), 아브라함과 그 후손들은 할례를 받아야 합니다. 이것이 "나와 너희 사이의 언약의 표징"입니다(11). 하나님의 언약은 아브라함과 그 후손의 살에 있게 될 것입니다. 할례는 "영원한 언약"입니다. 이 언약을 지키지 않는 사람들은 죽임을 당할 것입니다(13-14).
4. 하나님은 다시 아브라함의 아내 사래를 사라로 이름을 고쳐 주십니다. 그리고 아들을 낳을 것을 예언하십니다(16).
5. 아브라함이 하나님의 말씀을 듣고 웃습니다. 혼자 속으로 "백 세 된 사람이 어찌 자식을 낳을까 사라는 구십 세니 어찌 출산하리요" 하고 말합니다(17). 그러자 하나님은 아들을 낳는다고 확언하시고 이름까지 지어 주십니다. "너는 그 이름을 이삭이라 하라 내가 그와 내 언약을 세우리니 그의 후손에게 영원한 언약이 되리라"(19). 이삭의 뜻은 웃음입니다. 하나님은 아브라함에게 아들을 주시고 그 아들 이삭과 언약을 세울 것을 말씀하십니다.

하나님은 자신을 "전능하신 하나님"으로 소개하십니다. 100세 된 사람에게 아들을 주실 수 있는 능력이 있는 하나님이라는 것입니다. 이것은 하나님의 속성을 계시하는 자기계시적인 소개입니다. 하나님은 아브라함과 언약을 맺고 더 나아가 그 아들과도 언약을 맺을 것을 말씀하십니다. 그러나 아브라함은 하나님의 약속을 믿지 않습니다. 그의 불신은 "엎드려 웃으며"로 나타납니다(17:17). "웃으며"는 '그리고 그가 웃었다'(와이츠학)로 와우 연속법 미완료 3인칭 남성 단수입니다. 이 동사는 접속사 "그리고"(와)가 빠지고 "그가 웃었다"(이츠학)는 그대로 고유명사가 되어 태어날 아이의 이름 '이삭'(이츠학)이 됩니다(17:19). 아브라함은 전능하신 하나님의 능력과 그의 약속을 비웃은 것입니다. 그러자 하나님은 이 비웃음을 그대로 태어날 아이의 이름으로 지어 주십니다.

여기서 하나님의 해학성이 드러납니다. 개역 개정은 이삭으로 번역해서 그 어감이 독자들에게 잘 와 닿지 않습니다. 이삭의 뜻은 웃음입니다. 아브라함이 아들을 부를 때마다 "웃음아" 하고 부릅니다. 아브라함이 아이의 이름 '웃음'을 부를 때마다 어떠한 생각을 하겠습니까? 이삭은 아브라함의 불신앙을 생각나게 하며 하나님이 약속을 지키셨다는 하나님의 신실함을 상기시키는 이름입니다.

하나님의 해학성이 더 잘 드러나는 것은 할례입니다. 하나님은 아브라함과 언약을 맺습니다. 그리고 태어날 아들과도 언약을 맺을 것입니다. 17장에서 언약(베리트)이라는 단어는 13회가 나옵니다. 언약이 단연 두드러진 주제입니다. 하나님은 아브라함에게 언약의 표징으로 할례를 행하라고 하십니다. 할례는 아브라함 편에서 지켜야 할 언약의 의무와 책임입니다.

15장에서 후손에 대한 하나님의 약속이 있었음에도 불구하고 16장에서 아브라함은 사라의 말을 듣고 하갈을 얻어 86세에 이스마엘을 낳습니다. 그 후 13년이 지납니다. 하나님이 아브라함의 나이 99세에 다시 나타나셔서 아들을 주시겠다고 약속하십니다. 5번에 걸친 말씀에서 후손에 대한 약속이 두드러지며 땅에 대한 약속은 8절에만 나옵니다.

15장의 언약에서는 아브라함이 행해야 할 행위는 의식을 준비하는 것이었습니다. 그러나 17장에서는 아브라함이 행해야 할 의무는 할례입니다. 할례를 행하지 않는 사람은 백성 중에서 끊어짐을 당할 것입니다(17:14). 할례는 하나님과 아브라함 사이에 세운 언약의 표징입니다. 할례는 남자아이가 태어 난지 팔일 만에(17:12) 돌칼로 남성 생식기의 표피를 잘라내는 것입니다(수 5:2). 할례는 이스라엘 외에 다른 지역과 나라들에서도 행해졌던 의식입니다. 일반적으로 할례의 필요성은 다음과 같이 말합니다. 1) 청결을 유지할 위생적, 의학적인 필요입니다. 2) 젊은 청년이 사회의 일원이 되는 사회적인 이유입니다. 3) 종교적인 이유로 할례를 받은 사람들의 일체감이 있습니다. 다윗은 골리앗을 "이 할례 받지 않은 블레셋 사람"이라고 부릅니다(삼상 17:26).

할례가 재미있는 이유는 하나님의 언약을 남성 생식기의 끝에 있는 살에다 두었기 때문입니다. 그렇다면 하나님은 언약의 표징을 왜 남성의 생식기에다 하게 했는가 하는 질문이 생깁니다. 하나님은 아브라함의 나이 99세에 나타나셔서 "나는 전능한 하나님이다"라고 소개하십니다. 그리고 아브라함과 사라의 이름을 변경해 주시며 많은 후손들이 나올 것을 약속하십니다. 이때 아브라함은 하나님의 약속을 믿지 않습니다. 이미 아브라함과 사라의 나이가 들었기 때문입니다. 그래서 이스마엘이나 잘 살기를 원했습니다. 아브라함은 아이를 낳을 수 있는 나이는 지났다고 판단합니다. 하지만 하나님은 전능한 하나님이십니다. 하나님은 약속을 이루기 위해서 그 언약의 표를 남성의 생식기에 주십니다. 이미 아들을 낳을 수 있는 나이는 지났지만 자손의 번성은 하나님의 능력으로 가능합니다. 생명을 주시는 분이 하나님이십니다. 아브라함이 아내 사라와 정상적인 성관계를 가짐으로 사라가 임신할 수 있다는 것입니다.

아브라함의 나이 99세에 할례를 행했습니다. 그런데 할례를 했을 당시에 아브라함의 믿음은 회의적입니다. 하나님의 약속을 비웃었습니다. 그런데 사도 바울은 아브라함이 100세에 아주 믿음이 좋았다고 말합니다. "그가 백세나 되어 자기 몸이 죽은 것 같고 사라의 태가 죽은 것 같음을 알고도 믿음이 약하여지지 아니하고 믿음이 없어 하나님의 약속을 의심하지 않고 믿음으로 견고하여져서 하나님께 영광을 돌리며 약속하신 그것을 또한 능히 이루실 줄을 확신하였으니"(롬 4:19-21). 창세기에서 아브라함이 99세 때에 믿음은 약한 상태였습니다. 그러나 로마서에서 아브라함의 100세의 믿음은 아주 훌륭합니다. 하나님의 약속을 의심하지 않았고 믿음에 견고하게 서 있었다고 말합니다. 그렇다면 아브라함이 어떻게 믿음이 좋아졌겠습니까?

아브라함이 99세에 할례를 행했습니다. 그는 하나님의 약속이 미심쩍었지만 할례를 행하라는 말씀에 순종합니다. 여기에 하나님의 해학성이 있습니다. 사람은 하루에 비뇨 현상이 자주 발생합니다. 사람에 따라 다르지만 평균 5~6회 정도입니다. 그렇다면 아브라함이 하루에 6회 정도 화장실에 갑니다. 그때마다 자신의 생식기를 봅니다. 재미있게도 생식기를 볼 때마다 아들을 주시겠다는 하나님의 약속을 기억합니다. 화장실에서 자동으로 하나님의 말씀을 묵상하게 됩니다. 아브라함은 99세에 할례를 하고 나서 믿음이 좋아졌습니다. 날마다 자신의 생식기에 있는 표를 보면서 하나님의 약속을 묵상하며 생각할 수 있었기 때문입니다. 그래서 사도 바울은 아브라함이 100세에 아주 믿음이 좋았다고 말하는 것입니다. 할례는 아주 구체적인 하나님의 약속의 표징입니다. 하나님의 해학성이 아주 잘 드러나는 언약의 표입니다.

3.4 독자 이삭을 모리아 땅에서 번제로 드려라

아브라함이 오랫동안 기다리던 아들이 태어납니다. 하나님의 말씀이 성취된 것입니다. 사라가 임신하여 아들을 낳았습니다. 이렇게 하나님의 말씀은 역사 속에서 현실이 됩니다. 말씀은 역사 속에서 실재로 이루어질 수 있는 능력이 있습니다. 아브라함이 100세에 아들을 낳습니다. 사라가 아들을 낳고 웃습니다. 아브라함은 이삭에게 할례를 행합니다.

시험

이삭이 어느 정도 자랐습니다. 그러자 하나님이 아브라함을 시험하십니다. "여호와께서 이르시되 네 아들 네 사랑하는 독자 이삭을 데리고 모리아 땅으로 가서 내가 네게 일러 준 한 산 거기서 그를 번제로 드리라"(창 22:2).

번제는 다 태워서 드리는 제사입니다. 아들 이삭을 번제로 드리려면 아들을 죽여야 합니다. 시험의 내용이 잔혹합니다.

이삭은 아브라함의 아내 사라가 낳은 유일한 아들입니다. 100세에 기적적으로 낳았습니다. 그런데 이 아들을 죽여서 번제로 드리라고 합니다. 어려운 시험입니다. 인간적으로 아주 잔인합니다. 아버지가 아들을 죽여야 하기 때문입니다.

하지만 이 시험은 아브라함 혼자만 부담과 의무를 지는 시험은 아닙니다. 하나님 역시 이 시험에 부담이 있습니다. 왜냐하면 하나님은 아브라함에게 계속 네 씨가 하늘의 별과 같이 많아 질 것이라고 약속했기 때문입니다. 이 약속이 이루어지려면 이삭이 살아 있어야 합니다. 이삭을 통해서 후손들이 태어나야 합니다. 그런데 이삭을 번제로 드리면 이삭이 죽습니다. 이렇게 되면 하나님의 약속도 이루어질 수 없습니다. 하나님의 약속은 이 시험과 관련이 있습니다.

이 시험에서 두 가지 요소가 두드러집니다. 하나는 아들 이삭입니다. 아브라함에게 하나밖에 없는 독생자입니다. 아브라함이 사랑하는 아들을 죽여서 드려야 합니다. 다른 하나는 장소입니다. 아들 이삭을 드리는 곳은 아무 곳에서나 드리는 것이 아닙니다. 하나님이 정해주신 곳, 모리아 땅의 한 산에서 드려야 합니다.

아브라함의 행동

아브라함은 하나님의 명령이 주어지자 지체하지 않습니다. "아브라함이 아침에 일찍이 일어나 나귀에 안장을 지우고 두 종과 그의 아들 이삭을 데리고 번제에 쓸 나무를 쪼개어 가지고 떠나 하나님이 자기에게 일러 주신 곳으로 가더니"(22:3). 아브라함의 행동을 설명하는 동사들이 계속 나옵니다.

아브라함은 아내 사라에게 아무 소리도 하지 않고 일찍이 일어나 행동에 들어갑니다. 이 이야기에서 특이한 것은 아브라함의 생각이 거의 나타나지 않는다는 것입니다. 그저 아브라함은 행동합니다. 일찍이 일어나서 여행 준비를 합니다. 나귀 안장을 지우고 나무를 쪼개어 가지고 두 종을 데리고 떠납니다. 아브라함이 무슨 생각을 하면서 가는지 아무런 설명이 없습니다.

아브라함이 하나님이 말씀하신 장소에 거의 도착했습니다. 두 종에게 이곳에서 기다리라고 말합니다. "내가 아이와 함께 저기 가서 예배하고 우리가 너희에게로 돌아오리라"고 말합니다(22:5). 이 말이 재미있습니다. 아이와 함께 가서 제사를 드리고 나면 아브라함 혼자 와야 합니다. 아들을 죽여서 번제로 드려야 하기 때문입니다. 그런데 아브라함은 "우리가" 돌아오겠다고 말합니다. 아브라함이 이삭을 번제로 드려도 하나님이 다시 살리실 것이라고 믿음으로 한 말인지 아니면 두 종들에게 한 상투적인 인사말인지 설명이 없습니다.

아브라함과 이삭이 함께 제사를 드릴 곳으로 나아갑니다. 이삭은 나무를 지고 아브라함은 불과 칼을 가지고 갑니다. 이삭이 나무를 지고 가면서 궁금해서 물어봅니다. "불과 나무는 있거니와 번제할 어린 양은 어디 있나이까"(22:7). 이삭이 보니 번제를 드리러 가는데 가장 중요한 어린 양이 없습니다.

이삭의 질문에도 불구하고 아브라함은 아주 의미 있는 말을 합니다. "내 아들아 번제할 어린 양은 하나님이 자기를 위하여 친히 준비하시리라"(22:8)고 답변합니다. 아브라함이 아주 절묘한 답변을 합니다. 아브라함은 이삭에게 직접적인 답변을 주지 않고 이삭이 번제물이라는 사실을 감추고 있습니다. 이것은 한 편으로 아브라함이 아들 이삭에게 부담이 있다는 뜻입니다. 하나님이 준비하신다는 말은 변명같이 느껴지기도 합니다.

그러나 다른 한 편으로는 아브라함이 하나님이 하실 일을 내다보고 하는 예언의 말인 것 같기도 합니다. 아브라함이 믿음의 확신을 가지고 이렇게 말하는지도 모릅니다. 왜냐하면 아브라함의 말대로 하나님이 친히 번제할 숫양을 준비하셨기 때문입니다. 그러나 다른 면에서는 하나님께 아브라함의 간절한 마음, 기도하는 마음을 표현하는 말인 것 같기도 합니다. 피할 길을 열어 달라는 말인 것 같기도 합니다.

아브라함은 직접적인 말을 하지 않습니다. 단지 행동할 뿐입니다. 아브라함은 순종의 사람입니다. 하나님께 시험의 이유를 묻지도 않습니다. 아내 사라에게 이 시험을 말하지 않습니다. 또한 아들 이삭에게도 자세한 대답을 하지 않습니다.

하나님이 지정하신 장소에 도착했습니다. 아브라함의 행동은 지체하지 않고 망설이지 않습니다. "아브라함이 그 곳에 재단을 쌓고 나무를 벌여 놓고 그의 아들 이삭을 결박하여 제단 나무 위에 놓고 손을 내밀어 칼을 잡고 그 아들을 잡으려 하니"(22:9-10). 계속 아브라함의 행동을 설명하는 동사가 나옵니다. 아브라함은 지체하지 않고 행동하고 있습니다. 이삭에게 자세한 설명을 하지 않습니다. 이삭을 설득하려고 하지도 않습니다.

창세기는 아브라함의 생각에 대해서 일체 말하지 않고 행동만을 강조합니다. 신약의 야고보 사도는 아브라함의 행함을 칭송합니다(약 2:21). 또한 히브리서 기자는 이러한 아브라함의 태도를 믿음으로 해석합니다. 아브라함은 하나님이 죽은 자를 다시 살리실 수 있다고 믿은 것입니다(히 11:17-19).

아브라함이 지체 없이 행동을 하자 하나님의 사자가 아브라함을 부릅니다. 아브라함을 두 번이나 부릅니다. 아브라함의 행동을 말리는 것입니다. "그 아이에게 네 손을 대지 말라 그에게 아무 일도 하지 말라 네가 네 아들 네 독자까지도 내게 아끼지 아니하였으니 내가 이제야 네가 하나님을 경외하는 줄을 아노라"(22:12).

아브라함은 이 시험을 통과함으로 개인적인 신앙을 하나님께 인정받습니다. 여기서 "이제야"라는 말이 우리의 주의를 끕니다. 하나님이 "이제야" 아브라함의 믿음을 안다고 하십니다. 이 말은 마치 하나님이 이전에는 아브라함의 믿음을 몰랐다는 말처럼 들립니다.

이 말은 아브라함의 전 생애 이야기를 읽어야 이해할 수 있습니다. 아브라함은 하나님의 말씀에 순종하며 하나님을 믿었습니다. 그러나 아브라함은 하나님의 약속의 말씀이 이루어지지 않자 믿음이 흔들립니다. 아브라함은 두 번이나 사라를 위험에 처하게 했습니다. 사라를 누이라고 말함으로 이집트의 왕 바로와 그랄 왕 아비멜렉이 사라를 취해간 것입니다. 만일 사라가 다른 사람의 아내가 되었다면 아들을 주시겠다는 하나님의 약속은 사라를 통해서 이루어질 수 없었습니다. 또한 아브라함은 사라의 말을 듣고 하갈과 다시 결혼해서 이스마엘을 낳기도 하였습니다. 그리고 99세에 하나님이 나타나서 아들을 주겠다고 했을 때에 아브라함은 웃었습니다. 아브라함은 하나님의 말씀을 믿지 않았습니다. 그리고 이스마엘이나 잘 살게 해 달라고 하나님께 부탁했습니다. 이러한 아브라함의 행동을 생각해 보면 하나님께서 왜 아브라함을 시험하시고 "이제야 내가 하나님을 경외하는 줄을 아노라" 하고 말씀하셨는지를 이해할 수 있습니다. 아브라함은 하나님의 약속을 믿었지만 오랫동안 약속이 이루어지지 않자 그의 믿음은 흔들렸습니다.

아브라함이 이삭을 지체하지 않고 하나님께 드리려고 하자 하나님은 이삭을 죽이지 말라고 하십니다. 아브라함이 사랑하는 아들, 독자 이삭을 아끼지 않고 하나님께 드리려고 했다는 사실을 인정합니다. 그리고 아브라함의 믿음을 칭찬하십니다. 아브라함은 하나님의 시험을 이겼습니다. 정말 아브라함의 말대로 하나님이 숫양을 준비하셨습니다. 숫양의 뿔이 수풀에 걸려 있습니다. 하나님은 이삭을 대신하여 미리 숫양을 준비하셨습니다. 피할 길을 미리 마련해 주셨습니다.

아브라함의 씨

하나님이 이삭을 번제로 드리려고 했던 아브라함에게 다시 약속을 하십니다. "여호와께서 이르시기를 내가 나를 가리켜 맹세하노니 네가 이같이 행하여 네 아들 네 독자도 아끼지 아니하였은즉 내가 네게 복을 주고 네 씨가 크게 번성하여 하늘의 별과 같고 바닷가의 모래와 같게 하리니 네 씨가 그 대적의 성문을 차지하리라 또 네 씨로 말미암아 천하 만민이 복을 받으리니 네가 나의 말을 준행하였음이니라"(22:16-18).

하나님이 자신을 가리켜 맹세하십니다. 엄중한 약속입니다. 꼭 지키시겠다는 의지의 표현입니다. 하나님이 지키실 약속은 아브라함에게 복을 주는 것입니다. 후손을 크게 번성하게 해 주겠다는 것입니다. 그런데 우리의 이목을 끄는 약속이 있습니다. "네 씨로 말미암아 천하 만민이 복을 받으리니"라는 약속입니다. 아브라함의 후손과 세계 백성들이 관련이 있습니다. 하나님은 아브라함의 후손을 통하여 세상의 많은 백성들이 복을 받을 수 있는 계획을 세우신 것입니다. 이 약속은 메시야 사상과 관련이 있습니다. 아브라함의 후손으로 세계 백성을 위한 메시야가 올 것입니다.

본문은 아들을 강조합니다. "네 아들, 네 사랑하는 독자 이삭"(22:2), "네 아들, 네 독자"(22:12, 16), "네 씨로 크게 성하여," "네 씨가"(22:17), "네 씨로 말미암아 천하 만민이 복을 얻으리니"(22:18). 아브라함의 아들은 하나밖에 없는 아들입니다. 아브라함이 사랑하는 아들입니다. 아브라함은 이런 아들을 아낌없이 하나님께 번제로 드리려고 했습니다.

아브라함의 아들인 독자 이삭은 앞으로 올 메시야의 모형입니다. 신약은 예수 그리스도를 하나님의 아들이라고 증언합니다. "이는 내 사랑하는 아들이요"(마 3:17; 17:5), "하나님의 아들 예수 그리스도의 복음의 시작이라"(막 1:1), "말씀이 육신이 되어 우리 가운데 거하시매 우리가 그의 영광을 보니 아버지의 독생자의 영광이요"(요 1:14; 참고. 요 1:18).

하나님은 사랑하는 아들, 독생자 예수 그리스도를 이 땅에 보내주셨습니다. 그리고 그 아들을 많은 사람들의 죄를 위하여 어린양으로 죽게 하셨습니다. 아브라함은 아들 이삭을 번제로 드리지 않았습니다. 그러나 하나님은 독생자 예수 그리스도를 십자가에서 죽게 하셨습니다(참고. 롬 8:32).

모리아 땅

이 시험에서 장소가 중요하다고 위에서 말했습니다. 아브라함은 이삭을 번제로 드리는데 아무 장소에서나 드릴 수 있는 것이 아닙니다. 하나님이 지정하신 장소 모리아 땅에서 번제로 드려야 합니다. 창세기 22장의 본문은 번제를 드리는 장소, 예배를 위한 한 특별한 장소를 강조합니다. "내가 네게 일러 준 한 산 거기서"(22:2), "하나님이 자기에게 일러 주신 곳"(22:3), "그 곳을"(22:4), "그에게 일러 주신 곳"(22:9).

아브라함이 숫양을 번제로 드린 후에 이 땅의 이름을 새로 지어줍니다. "아브라함이 그 땅 이름을 여호와 이레(아도나이 이르에, '라아(보다) 동사의 칼 미완료 3인칭 남성 단수)라 하였으므로 오늘날까지 사람들이 이르기를 여호와의 산에서 준비되리라 하더라"(22:14). 이 땅 이름(아도나이 이레)을 해설하는 말에 묘한 의미가 있습니다. "여호와의 산에서 준비되리라"고 말합니다. 히브리어 '아도나이 예라에'('라아' 동사의 니팔 미완료 3인칭 남성 단수)는 '여호와께서 준비하신다'라는 뜻 외에 '여호와께서 자신을 보이실 것이다,' '나타날 것이다' 하는 뜻도 있습니다. 즉 "여호와의 산에서 나타나리라" 또는 "여호와의 산에서 보이리라"는 말입니다. 여호와께서 자신을 여호와의 산에서 나타내실 것입니다. 여호와의 산은 미래에 신현의 산이 될 것입니다.

아브라함은 모리아 땅을 여호와의 산이라고 부르고 있습니다. 이것은 다윗 때에 더 확실해집니다. 이 장소가 바로 예루살렘입니다. 하나님이 임재하신 장소입니다. 일명 시온 산으로도 불리는 곳입니다. 다윗이 통일 이스라엘의 왕이 된 후에 이곳을 수도로 삼습니다. 그리고 이곳에 여호와의 언약궤를 가져옵니다. 언약궤는 여호와 하나님께서 임재하시는 곳입니다. 그 결과 이 장소는 이스라엘에게 아주 중요한 성소가 됩니다. 모든 이스라엘 사람들이 이 장소로 나아와서 제사를 드립니다. 이곳에서 절기를 지킵니다. 이스라엘 예배의 중심지입니다. 그래서 이곳을 중앙 성소라고 부릅니다.

후에 다윗이 인구 조사를 해서 하나님께 죄를 지었습니다. 하나님이 전염병으로 이스라엘을 치십니다. 갓 선지자가 오르난의 타작마당에서 하나님께 번제를 드리라고 합니다. 다윗이 이곳에서 번제를 드리자 하늘에서 불이 내려옵니다(대상 21:1-30). 그러자 다윗이 "이는 여호와 하나님의 성전이요 이는 이스라엘의 번제단이라" 하며 성전 터를 삼습니다(대상 22:1). 이 장소에 나중에 성전이 세워집니다. 솔로몬이 모리아 산에 성전을 짓습니다(대하 3:1). 성전이 다 지어졌습니다. 솔로몬이 성전을 봉헌하며 번제를 드립니다. 그러자 성전에 하나님의 구름이 나타납니다. 하나님이 임재하신 것입니다. 아브라함이 "여호와의 산에서 보이리라, 나타나리라" 하더니 솔로몬의 성전에 여호와 하나님이 영광의 구름으로 임재하십니다. 또한 불이 이곳에 내려옵니다(대하 7:1-3).

후에 예수님이 이스라엘에 오셨습니다. 예수님은 공생애 기간 마지막에 예루살렘을 향하여 올라가십니다. 예루살렘에 올라가시는 이유가 있습니다. 예루살렘에서 죽으실 것이기 때문입니다. 예수님은 예루살렘 성문 밖에서 십자가에 못 박혀 죽으셨습니다. 예루살렘은 예수님이 자신을 드리신 장소입니다. 아브라함은 여호와께서 여호와의 산에서 나타나실 것이라고 했습니다. 그런데 하나님의 아들이 친히 이 산에서 나타나 자신을 희생 제물로 드렸습니다.

아브라함의 시험은 모형의 성격을 띠고 있습니다. 이삭의 번제는 그림자 역할을 합니다. 실체는 예수님의 십자가 사건입니다. 아브라함의 시험은 하나님의 사랑을 미리 보여주는 것입니다. 이 세상의 죄를 위한 하나님의 계획을 미리 알려 주십니다. 구약은 신약을 희미하게 예시하고 있습니다. 마치 밑그림을 그리는 것과 유사합니다. 이래서 구약을 그림자라고 부릅니다. 신약에서 그 원형이 드러납니다. 신약은 구약의 모형을 성취합니다.

구약은 예배 장소인 예루살렘을 아주 중요하게 생각합니다. 그러나 예수님이 오신 이후부터 예루살렘은 더 이상 중앙 성소의 의미를 갖지 못합니다. 예수님은 사마리아 여인에게 "이 산에서도 말고 예루살렘에서도 말고 너희가 아버지께 예배할 때가 이르리라"(요 4:21)고 하셨습니다. 그리고 다시 "아버지께 참되게 예배하는 자들은 영과 진리로 예배할 때가 오나니 곧 이때라"(요 4:23)고 선언하셨습니다. 예수님이 오심으로 예배 장소의 의미가 변합니다. 예루살렘은 이제 중앙 성소의 의미를 갖지 못합니다. 신약의 성도들은 장소에 얽매이지 않고 영과 진리로 자유롭게 예배드릴 수 있게 되었습니다.

아브라함이 이삭을 번제로 드리려고 했던 장소는 먼 미래를 내다보고 있습니다. 하나님은 아브라함에게 "네 씨로 말미암아 천하 만민이 복을 받으리니"(창 22:18) 하고 약속했습니다. 이 약속은 신약에서 예수 그리스도에 의해 성취되었습니다.

4

야곱의 열두 아들들

읽어야 할 본문: 창세기 27–50장

아브라함에게 많은 후손을 주시겠다는 하나님의 약속은 불임이라는 시련을 겪습니다. 아브라함은 이삭을 그리고 이삭은 에서와 야곱을 낳습니다. 야곱은 동생이었지만 약속의 계승자가 됩니다. 야곱은 12아들을 낳습니다. 이들이 이스라엘 12지파의 기원입니다. 하나님의 약속은 역사 속에서 점차 이루어지기 시작합니다. 하나님의 구원 섭리는 요셉과 유다를 통하여 더 구체적으로 나타납니다.

4.1 야곱의 세 단계 축복

하나님이 아브라함에게 하신 세 가지 약속은 이삭과 야곱에게도 그대로 반복됩니다(창 26:2-4, 24; 28:3-4, 13-14). 흥미로운 것은 하나님께서 아브라함에게 하늘의 별과 같이 많은 후손을 주겠다고 약속하셨지만 정작 약속의 씨는 한 명 이삭이었습니다. 물론 하갈이 낳은 아들과 첩 그두라가 낳은 여러 명의 아들들을 통하여 후손이 있었습니다(창 25:1-6, 12-18).

후손을 많게 해 주겠다는 약속은 이삭에게도 주어졌습니다. 그러나 이삭의 아내 리브가 역시 불임에 시달리다가 쌍둥이 아들인 에서와 야곱을 낳았습니다(창 25:19-26). 이삭이 죽기 전에 에서에게 복을 주려고 합니다. 에서

가 사냥을 해 온 고기를 요리해서 가져오면 복을 주겠다고 말합니다. 그러나 어머니 리브가는 동생 야곱이 형을 대신해서 복을 받기 원합니다. 형이 사냥을 하러 간 사이에 어머니 리브가와 야곱이 아버지 이삭을 속여 형 에서를 대신하여 복을 받으려는 계획을 세웁니다.

리브가와 야곱이 아버지를 속일 생각을 한 것은 이삭이 잘 보지 못하기 때문입니다. "이삭이 나이가 많아 눈이 어두워 잘 보지 못하더니"(27:1). 아버지 이삭은 죽기 전에 에서가 사냥해서 잡은 고기로 만든 별미를 먹고 에서를 축복해 주려고 생각합니다. 아버지는 쌍둥이 아들 가운데 형 에서를 좋아하고 어머니는 동생 야곱을 좋아합니다. 성경 기자는 흥미롭게도 에서를 "이삭이 그의 아들 에서에게"(27:5)로 그리고 야곱을 "리브가가 그의 아들 야곱에게"(27:6) 즉, '그녀의 아들 야곱'으로 표현합니다. 쌍둥이 아들들에 대한 아버지와 어머니의 편애가 선명하게 나타납니다.

이삭과 에서의 대화를 엿들은 리브가는 야곱에게 음식을 만들어 주면서 그 음식을 가지고 들어가 형 대신에 복을 받으라고 합니다. 야곱은 어머니의 의견에 동의합니다. 오히려 한 걸음 더 나아갑니다. "내 형 에서는 털이 많은 사람이요 나는 매끈매끈한 사람인즉 아버지께서 나를 만지실진대 내가 아버지의 눈에 속이는 자로 보일지라 복은 고사하고 저주를 받을까 하나이다"(27:11-12). 야곱은 형과 자신의 차이점을 생각합니다. 야곱은 눈 먼 아버지를 속이는 것을 걱정합니다(참고. 신 27:18). 그는 또한 자신을 "속이는 자"로 말합니다(참고. 27:35, 36). 야곱의 염려는 실제로 일어났습니다. 아버지 이삭이 야곱을 만져본 것입니다. 야곱 이야기에서 속임과 복이 중요한 주제입니다.

야곱은 어머니의 계획대로 형 에서의 옷을 입고 염소 새끼의 가죽으로 그 손과 목의 매끈매끈한 곳을 꾸미고 별미를 가지고 들어갑니다. 아버지의 질문에 에서라고 거짓말을 하고(27:20, 24) 아버지를 속여 복을 받는데 성공합니다. 그러나 이삭이 야곱을 축복한 내용 가운데 아브라함이 하나님께 받았던 땅과 후손에 대한 내용이 빠져있다는 사실이 흥미롭습니다. 이것을 고려하면 이삭의 태도가 모호한 점이 있습니다. 복의 내용은 크게 세 부분으로 나누어집니다. 1) 밭의 향취, 하늘의 이슬과 땅의 기름짐, 풍성한 곡식과 포도주에 대한 자연 소산의 복을 빌어줍니다. 2) 형제들의 머리가 될 것입니다. 만민이 너를 섬기고 열국이 네게 굴복하며 네가 형제들의 주가 되고 네 어미의 아들들이 네게 굴복할 것이라고 합니다. 이 복이 흥미롭습니다. 에서라면 당연히 형제들의 주인입니다. 그런데 이삭은 에서로 생각하고 있는 야곱을 다시 형제들의 주인으로 축복합니다. 3) 아브라함이 받았던 복 가운데 하나입니다. 네게 저주하는 자는 저주를 받고 네게 축복하는 자는 복을 받기 원합니다(27:27-29).

에서는 야곱이 자신의 복을 가로채갔다는 것을 알게 됩니다. 복을 빼앗긴 에서는 야곱을 죽일 계획을 세웁니다. 리브가가 이 계획을 알게 됩니다. 그래서 야곱을 하란으로 피난시킵니다. 야곱을 피난시키는 이유로 헷 여인을 신부로 취한 에서를 들면서 야곱에게 하란에서 신부를 구하라고 권합니다.

이삭이 야곱을 밧단 아람의 라반에게 보내면서 하나님이 아브라함에게 약속하셨던 내용으로 축복합니다. "전능하신 하나님이 네게 복을 주시어 네가 생육하고 번성하게 하여 네가 여러 족속을 이루게 하시고 아브라함에게 허락하신 복을 네게 주시되 너와 너와 함께 네 자손에게도 주사 하나님이 아브라함에게 주신 땅 곧 네가 거류하는 땅을 네가 차지하게 하시기를 원하노라"(28:3-4).

1) 이삭이 야곱을 축복할 때 "전능하신 하나님"이라는 칭호를 사용한 것이 특이합니다. 이것은 하나님이 아브라함에 나타나셔서 "나는 전능한 하나님"으로 자기를 소개하셨던 칭호입니다.

2) 이삭은 야곱이 아브라함의 약속의 계승자임을 확실히 합니다. "아브라함에게 허락하신 복을 네게 주시되" 그리고 "아브라함에게 주신 땅"이란 표현에서 이제 야곱이 아브라함의 언약을 이어받습니다. 아브라함의 언약이 이삭에게, 이삭에게서 야곱에게 이어집니다.

3) 야곱에게 "생육하고 번성하게"라는 창조 명령이 나타납니다. 아브라함

에게 주신 후손이 많게 해 주시겠다는 약속은 이제 야곱에게서 성취되기 시작합니다.

형 대신 복을 받은 야곱은 세 단계로 복을 받습니다. 1) 형 에서를 대신하여 이삭에게서 받은 복이 있고(27:27-29), 2) 이삭은 야곱이 하란으로 떠날 때 하나님이 아브라함에게 하셨던 땅과 후손에 대한 약속들의 복(28:3-4)을 줍니다. 그리고 3) 하나님이 야곱에게 나타나서 복을 주십니다(28:12-15).

야곱이 하란의 라반에게 가는 도중 길에서 잠을 잡니다. 그 때 꿈을 꿉니다. 이 꿈에서 이삭이 야곱에게 축복한 내용 그대로 하나님이 야곱을 축복합니다. 야곱이 꿈에 본 신기한 사건은 3가지로 1) 사다리 2)하나님의 사자가 사다리 위를 오르락내리락 하는 것 3) 여호와께서 말씀하신 것입니다.

"사다리"는 여기서 단 한번 나오는 단어hapax legomenon로 해석의 어려움이 있습니다. 일반적으로 "사다리"로 번역하지만 어떤 이들은 '계단'으로, 다른 이는 '벧엘 산의 오르막, 비탈'로 해석하기도 합니다. 번역의 어려움이 있지만 사다리의 기능은 하늘과 땅을 연결해 주는 것입니다. 하나님의 천사들이 그 사다리 위로 오르락내리락하는 것은 하늘과 땅 사이의 연결은 물론 하늘과 땅 사이의 연락, 교제를 의미합니다. 왜냐하면 여호와께서 하늘에서 야곱에게 말씀하고 계시기 때문입니다. 하늘에 계신 하나님의 뜻이 지금 땅에 있는 야곱에게 전달되고 있습니다.

여호와께서 야곱에게 자신을 소개하십니다. "나는 여호와니 너의 조부 아브라함의 하나님이요 이삭의 하나님이라"(28:13). 하나님은 야곱에게 자신을 할아버지 아브라함과 아버지 이삭의 하나님으로 소개하십니다. 그리고 "후손의 번창"과 "땅"과 "땅의 모든 족속이 너와 네 자손으로 복을 받을 것"에 관한 약속을 주십니다(28:13-14).

야곱은 아버지를 속여서 복을 받았지만 하나님이 그 복을 인정하십니다. 그러나 야곱은 심은대로 거둡니다. 아버지를 속인 것은 그대로 보응을 받습니다.

4.2 야곱의 사기 결혼과 열 두 아들

하나님은 야곱에게 후손을 많게 해 주시겠다고 약속했습니다. 그 약속은 신기하게 이루어집니다. 후손이 많아지려면 결혼을 잘 해야 합니다. 그런데 야곱은 외삼촌 라반에게 사기 결혼을 당합니다. 야곱은 심은대로 거두는데 그 와중에서도 하나님의 약속은 약속대로 이루어집니다.

야곱은 하란의 라반 집에 도착하여 자기가 이곳에 오게 된 이유를 모두 말합니다(29:13). 그리고 라반을 위해 일합니다. 라반이 야곱에게 일에 대한 삯을 주겠다고 제안합니다. 라반에게 두 딸이 있는데 야곱은 둘째딸 라헬을 위해 칠년을 봉사하겠다고 말합니다. 칠년의 노동력은 결혼 지참금으로 많은 액수입니다. 야곱이 라헬을 사랑했기 때문입니다. 성경 기자는 라반의 두 딸들에 대하여 "레아는 시력이 약하고 라헬은 곱고 아리따우니"(29:17)라고 설명합니다. 계약이 체결되어 야곱은 라반을 위해서 일합니다.

야곱이 라헬을 위해 칠년간 일을 합니다. 드디어 결혼식을 거행합니다. 그러나 라반은 그 언니인 레아를 먼저 야곱에게 시집보냅니다. 야곱이 신혼 첫날밤을 보내고 아침에 일어나 보니 라헬이 아니라 레아입니다. 야곱이 라반에게 항의합니다. "내가 라헬을 위하여 외삼촌을 섬기지 아니하였나이까 외삼촌이 나를 속이심은 어찜됨이니이까"(29:25). 아버지를 속여서 복을 받은 야곱이 외삼촌에게 속아서 결혼을 합니다. 사기결혼을 당한 것입니다. 야곱은 함께 한 가족이 없었기 때문에 라반은 야곱을 쉽게 속일 수 있었습니다.

라반은 야곱에게 라헬도 아내로 주겠다고 말하면서 칠 년을 더 봉사하라고 합니다. 야곱은 심은 대로 거두는데 인생의 가장 중요한 시기를 아내를 얻는데 십사 년을 보냅니다.

야곱은 두 명의 부인을 얻었으나 라헬을 더 사랑합니다. "여호와께서 레아가 사랑받지 못함을 보시고 그의 태를 여셨으나"(29:31). 레아는 야곱에게 사랑받지 못합니다. 이는 '레아는 미움을 받았다'는 뜻입니다. 야곱의 편애가 선명하게 드러납니다. 라헬은 사랑하고 레아는 미워합니다. 이러한 상황에 하나님이 개입하십니다. 하나님이 레아에게 아들을 주시기 시작합니다.

레아가 4명의 아들들을 계속 낳습니다. 레아가 아들들의 이름을 짓고 그 의미를 부여하는 것을 보면 남편의 사랑을 갈구하는 것이 드러납니다. 르우벤: "여호와께서 나의 괴로움을 돌보셨으니 이제는 내 남편이 나를 사랑하리로다"(29:32). 시므온: "여호와께서 내가 사랑받지 못함을 들으셨으므로 내게 이 아들도 주셨도다"(29:33). 레위: "내가 그에게 세 아들을 낳았으니 내 남편이 지금부터 나와 연합하리로다"(29:34). 유다: "내가 이제는 여호와를 찬송하리로다"(29:36). 레아는 아들들을 낳고 남편의 사랑을 갈구하지만 그의 바람대로 잘 이루어지지 않습니다.

레아는 아들을 잘 낳는데 반하여 라헬은 아들을 낳지 못합니다. 그래서 언니 레아를 질투합니다. 라헬이 다른 방법을 씁니다. 자기의 종 빌하를 야곱의 세 번째 아내로 주어서 아들을 낳게 합니다(사라가 하갈을 준 것 같이). 라헬의 계획은 성공하여 빌하는 두 명의 아들, 단과 납달리를 낳습니다.

라헬이 할 수 있는 것은 레아도 할 수 있습니다. 레아가 계속 아들을 낳지 못하자 그녀의 종 실바를 취하여 야곱에게 네 번째 아내로 줍니다. 실바 역시 두 명의 아들, 갓과 아셀을 낳습니다. 두 아내가 아들 낳기 경쟁을 합니다. 이러한 질투와 경쟁 속에서 후손을 많게 해 주겠다는 하나님의 약속은 실현되어 갑니다.

하루는 레아의 큰 아들 르우벤이 들에서 합환채를 구해옵니다. 합환채는 다년생 지중해 식물입니다. 고대로부터 합환채는 정욕을 자극하며 불임 여성의 임신을 돕는 것으로 알려졌습니다(참고. 아 7:13). 그러자 불임에 시달리는 라헬이 합환채를 요구합니다.

라헬은 합환채를 받는 조건으로 레아에게 야곱과 오늘 저녁에 동침할 수 있도록 허락합니다. 이것을 보면 야곱이 얼마나 라헬을 사랑하며 라헬과 같이 있었는지를 알 수 있습니다. 라헬은 합환채로 자신의 불임을 치료해 보려고 하고 레아는 야곱과 함께 동침하기를 원하고 있습니다. 레아는 다시 임신을 해서 잇사갈과 스불론을 낳습니다. 스불론의 이름의 뜻은 "내가 남편에게 여섯 아들을 낳았으니 이제는 그가 나와 함께 살리라"(30:20) 말합니다. 남편의 사랑을 얻기 원하는 레아의 강한 열망을 볼 수 있습니다. 합환채가 없어도 레아는 아들을 낳는데 합환채를 가져간 라헬은 아들 소식이 아직 없습니다.

드디어 라헬이 아들을 낳습니다. 라헬이 임신하게 된 것은 합환채 때문이 아니라 하나님이 아들을 주셨기 때문입니다. "하나님이 라헬을 생각하신지라 하나님이 그의 소원을 들으시고 그의 태를 여셨으므로 그가 임신하여 아들을 낳고 이르되 하나님이 내 부끄러움을 씻으셨다 하고 그 이름을 요셉이라 하니 여호와는 다시 다른 아들을 내게 더하시기를 원하노라 하였더라"(30:22-23). 라헬은 소원대로 후에 다시 베냐민을 낳습니다. 그러나 베냐민을 낳고 죽습니다(35:16-20). 라헬은 아들을 낳기 전에 야곱에게 아들을 낳게 하라고 말하며 아들을 낳지 못하면 죽겠다고 말했습니다(30:1). 그러더니 아들 요셉을 낳고 다른 아들을 더 낳기 원합니다. 라헬의 말대로 그녀는 다른 아들을 낳고 죽습니다.

야곱에게서 후손을 많게 해 주겠다는 하나님의 약속이 이루어지기 시작합니다. 야곱에게서 열 두 아들이 나옵니다. 이들이 이스라엘의 열 두 지파의 조상들입니다. 이후 하나님의 약속대로 이스라엘은 숫자가 많아집니다.

하나님의 약속은 흥미롭습니다. 아브라함에게서 이삭 한 명, 이삭에게서 두 명, 그것도 한 명 에서는 약속에서 떨어져 나갑니다. 그러더니 야곱에게서 열 두 명이 나옵니다. 열 두 명에서 엄청나게 늘어나기 시작합니다. 하나님의 약속은 때가 되자 역사 속에서 이루어지기 시작합니다. 이스라엘의 역사는 하나님의 약속이 어떻게 실현되어 가는지를 보여줍니다. 하나님의 약속이 이스라엘의 역사를 움직이고 있습니다.

4.3 요셉의 꿈

야곱은 열 두 아들들을 낳았습니다. 그러나 정작 야곱이 사랑하는 아들은 요셉과 베냐민입니다. 자신이 사랑하는 아내 라헬이 낳은 아들들이기 때문입니다. 특히 요셉은 야곱의 노년에 얻은 아들이며 라헬이 낳은 첫 번째 아들입니다. 그래서 야곱이 특별히 요셉을 사랑합니다. 야곱이 요셉에게 채색 옷을 해서 입힙니다(참고. 삼하 13:18-19). 아마도 손목이나 발목에 오는 긴 옷을 의미하는 것 같습니다. 채색 옷은 헬라어 구약성경(70인 경)의 번역에서 유래했습니다. 이 옷은 야곱의 특별한 사랑을 나타내는 옷이며 형들에게는 아버지의 편애를 상기시켜 주는 옷입니다. 아버지의 사랑과 형들의 미움이 함께 있는 옷입니다.

야곱의 특별한 사랑이 형제들 사이를 불편하게 만듭니다. 아버지는 요셉을 사랑하고 형들은 요셉을 미워합니다. 형들이 요셉을 미워한다는 표현이 세 번이나 발견되는데 한 번은 야곱의 편애 때문에 두 번은 요셉의 꿈 때문에 미워합니다(37:4, 5, 8). 형들이 요셉에게 대한 태도는 "아버지가 형들보다 그를 더 사랑함을 보고 그를 미워하여 그에게 편안하게 말할 수 없었더라" (37:4)에 잘 나타납니다. 형들은 요셉에게 평화롭게(샬롬) 말할 수 없었습니다. 형제들 사이에 샬롬이 없었습니다.

특히 요셉이 꾼 꿈 때문에 형들이 더 미워합니다. 이 꿈은 요셉 인생의 미래를 암시합니다. 1) 요셉과 형제들이 곡식 단을 묶었는데, 형들이 묶은 단이 요셉이 묶은 단에게 절했습니다. 2) 해와 달과 열 한 별이 요셉에게 절했습니다. 두 번째 꿈으로 인해 형들은 그를 더 미워합니다. 이는 "시기하되" (37:11)로 표현되었는데 이것은 '질투'로서 미움보다는 더 강한 표현입니다.

결국 형들이 요셉을 죽일 계획을 세웁니다. 야곱이 하루는 요셉을 형들이 양치는 세겜으로 보냅니다. 형들이 잘 있는지 안부를 묻기 위해 보냅니다. "네 형들과 양떼가 다 잘 있는지를 보고"(37:14)는 '네 형들의 평안을 그리고 양떼의 평안을 보아라'입니다. 여기서 '평안'(샬롬)이 두 번 사용되었습니다. 야곱은 양을 치는 아들들과 양들의 평안을 걱정합니다. 그러나 평안의 위협은 밖에 있지 않고 내부에, 야곱의 편애 때문에 요셉과 형들 사이에 이미 존재해 있었습니다.

형들은 요셉이 오는 것을 보고 죽일 계획을 세웁니다. 요셉을 죽이려는 이유는 꿈 때문입니다. 요셉을 꿈꾸는 자로 부릅니다. 요셉을 죽이고 그 꿈이 어떻게 되는지 보자고 합니다. 이때 유다가 요셉을 죽이지 말고 노예로 팔 것을 제안합니다. 형들이 요셉을 은 이십 세겔에 이스마엘 사람들에게 팝니다(참고. 레 27:5).

형들은 요셉을 팔고 아버지 야곱을 속이기 위해 염소 새끼를 잡아서 그 피를 요셉의 채색 옷에 묻힙니다. 그 옷을 야곱에게 보여주며 요셉의 것인지 확인하기를 요청합니다. 형들은 야곱에게 짐승이 요셉을 죽인 것 같다고 말하지 않습니다. 야곱이 그 옷을 보고 요셉이 죽었다고 생각하도록 유도합니다. 야곱은 그 옷을 알아보고 악한 짐승에게 잡혀 먹혔다고 생각하며 슬피 울며 탄식을 합니다.

야곱은 아버지 이삭을 속이기 위해 염소 새끼의 털로 손을 위장했습니다. 그런데 야곱의 아들들은 새끼 염소의 피로 요셉이 죽은 것으로 믿도록 아버지를 속입니다. 야곱은 심은대로 그대로 거둡니다. 야곱의 삶이 순탄치 않습니다. 사랑하는 아내 라헬을 얻기 위해 십사 년을 보냈습니다. 라헬은 베냐민을 낳다가 죽었고 이제 그 아들 요셉이 짐승에 찢겨 죽었다고 생각합니다.

요셉은 이집트의 시위 대장 보디발의 집에 노예로 팔려 갑니다. 하나님이 요셉에게 복을 주십니다. 요셉이 하는 일마다 잘 됩니다. "여호와께서 요셉과 함께 하시므로 그가 형통한 자가 되어"(39:2, 3). 여호와께서 요셉과 함께 하심으로 요셉이 형통한 자가 됩니다. "형통"은 번영, 성공을 의미합니다. 주인 보디발은 요셉의 형통을 보고 그를 가정 총무로 삼고 모든 것을 요셉에게 맡깁니다.

하지만 보디발의 아내가 요셉을 유혹합니다. 여인은 세 단계에 걸쳐 유혹합니다.

1. "그의 주인의 아내가 요셉에게 눈짓하다가(눈을 던졌다) 동침하기를 청하니"(39:7).
2. "여인이 날마다 요셉에게 청하였으나"(39:10).
3. "그 집 사람은 하나도 거기에 없었더라 그 여인이 그의 옷을 잡고 이르되 나와 동침하자"(39:11-12).

요셉이 여인의 유혹을 강하게 뿌리칩니다. 그러자 여인의 사랑의 감정은 미움으로 바뀝니다. 요셉이 도망가기 위해 벗어 놓은 옷을 갖고 강간 미수범으로 모함합니다. 여인은 요셉이 자기를 강간하려고 했다가 자기가 소리치자 옷을 버리고 도망갔다고 주장합니다. 옷이 증거물이 됩니다. 결국 요셉은 감옥에 갇힙니다.

요셉이 옥에 갇혔어도 하나님이 함께 하십니다. "여호와께서 그를 범사에 형통하게 하셨더라"(39:23). 요셉의 신분은 노예에서 죄수로 더 나빠졌는데 하는 일은 다 잘 됩니다. 하나님의 형통이 신비롭습니다. 신분에는 변함없이 하는 일이 잘 될 수 있습니다. 노예가 형통해 봤자 노예입니다. 죄수가 형통해 봤자 죄수입니다. 그런데 성경은 요셉이 형통했다고 말합니다. 하나님의 형통이 신비할 따름입니다.

요셉이 갇혀 있는 감옥에 바로의 두 신하가 들어옵니다. 두 신하가 하루는 꿈을 꾸고 꿈을 해석해 줄 사람을 구하지 못하여 근심합니다. 고대에서 꿈은 신으로부터 오는 선물이며 계시적인 요소가 있다고 생각(때때로 현대인들 역시)했습니다. 그래서 꿈에 대한 해석은 학식이 있는 사람들이 해 주었습니다. 이때 요셉이 나서서 꿈을 말해 달라고 합니다.

요셉이 꿈을 해석해 줍니다. 요셉의 해석대로 술 맡은 관원장은 복직이 됩니다. 그러나 떡 맡은 관원장은 나무에 달려 처형을 당합니다. 술 맡은 관원장에게 복직되면 요셉이 자신을 기억해 달라고 했으나 술 맡은 관원장은 복직되자 요셉을 잊어버립니다.

이 년 후에 이번에는 이집트의 바로 왕이 꿈을 꿉니다. 두 번의 꿈을 꾸는데 1) 아름답고 살진 일곱 암소가 갈밭에서 뜯어먹고 있습니다, 후에 흉악하고 파리한 일곱 소가 올라와서 아름답고 살진 소를 잡아먹습니다. 2) 한 줄기에 무성하고 충실한 일곱 이삭이 나오고 후에 세약하고 마른 일곱 이삭이 나와서 무성하고 충실한 일곱 이삭을 삼켜버립니다.

바로의 꿈은 이집트와 가나안의 역사 진행을 암시합니다, 일곱 해 풍년과 일곱 해 흉년을 의미합니다. 이집트의 모든 술객(마법사)과 박사(지혜로운 사람)가 그 꿈을 해석하지 못합니다. 이때 술 맡은 관원장이 과거에 요셉이 꿈을 해석해 준 것을 기억하고 요셉을 추천합니다. 요셉이 죄수의 옷을 벗고 바로 앞에 섭니다.

요셉은 바로에게 꿈의 해석은 하나님께서 주신다고 대답합니다(41:16). 요셉이 그 꿈을 해석해 줍니다. 바로가 두 번에 걸쳐 꾼 꿈은 하나입니다. "하나님이 그가 하실 일을 바로에게 보이심이니이다"(41:25). 일곱 해의 풍년과 일곱 해의 흉년이 온다는 뜻입니다. 요셉은 꿈을 해석해 주고 대안까지 제시합니다. 풍년 때에 곡식을 저장해서 흉년을 대비하라는 것입니다. 바로는 요셉을 "하나님의 영에 감동된 사람" 즉, '하나님의 영이 그 안에 있는 사람"으로 말합니다. 창세기에서 '하나님의 영'이 두 번째로 나옵니다. 또한 "명철하고 지혜있는 자" 즉, '분별력이 있고 지혜로운 자'라고 부릅니다(41:38-39). 요셉은 하나님의 영과 지혜를 소유한 사람입니다. 요셉의 지혜는 역사의 진행을 해석할 수 있는 역사적 안목입니다(다니엘의 지혜와 유사합니다. 그러나 다니엘의 지혜가 역사적 스케일이 더 큽니다).

하나님의 계시를 받는데 있어서 요셉과 이스라엘의 족장들 사이에 다음과 같은 차이점이 있습니다. 아브라함과 이삭과 야곱에게 주어진 하나님의 계시의 패턴은 같습니다. 신현과 약속으로 나타났습니다. 그러나 요셉은 하나님의 영과 지혜로 하나님의 계시를 받습니다. 계시의 수납 양식이 세 명의 족장들과 요셉이 서로 다릅니다.

바로는 요셉에게 이집트의 국무총리 자리를 내줍니다. 바로의 꿈을 해석한 요셉은 죄수의 옷을 벗고(41:14) 세마포 옷(이집트의 고위 관리들은 최상품의 세마포 옷을 입음, 이스라엘에서 성막의 휘장과 제사장의 옷을 세마포로 만듬)을 입습니다(41:42). 요셉의 일생은 옷의 변화가 중요합니다. 요셉은 채색 옷을 노예의 옷으로, 노예의 옷을 죄수의 옷으로, 죄수의 옷을 세마포 옷으로 바꿔 입습니다. 옷은 요셉의 신분 변화를 선명하게 보여줍니다. 바로는 인장 반지를 주고 금 사슬을 목에 걸어 주고 버금 수레(두 번째 전차)에 태우고 이집트 전역을 다스리게 합니다.

요셉은 이집트 여인과 결혼을 하고 두 아들을 낳습니다. 아들 이름을 짓는데서 요셉의 심정이 담겨 있습니다. 므낫세는 "하나님이 내게 내 모든 고난과 내 아버지의 온 집 일을 잊어버리게 하셨다"는 의미로 그리고 에브라임은

"하나님이 나를 내가 수고한 땅에서 번성하게 하셨다"는 의미로 이름들을 지어줍니다(41:51-52).

4.4 중재자 유다

요셉의 말대로 이집트와 가나안 전 지역에 풍년과 흉년이 들었습니다. 가나안 땅에도 흉년이 들어서 양식이 떨어지자 야곱은 이집트로 양식을 사가지고 오라고 열 명의 아들들을 보냅니다. 이때 야곱은 혹시 베냐민에게 무슨 일이 일어날까봐 베냐민을 보내지 않습니다(42:4).

흉년에 양식을 사러 이집트에 온 형들은 요셉에게 엎드려 절을 합니다(42:6). 요셉의 꿈이 성취된 것입니다. 요셉은 형들을 알아봅니다. 그러나 형들은 요셉을 알아보지 못합니다. 요셉은 형들을 이집트 땅을 정탐하러 온 정탐꾼으로 몰아세웁니다(42:9). 그러자 형들은 곡물을 사러 왔다고 주장하며 "우리는 다 한 사람의 아들들로서 확실한 자"라고 말합니다(42:11). 형들은 정탐꾼이 아니라는 것을 증명하기 위해 자신들의 가족 관계를 말합니다. 한 사람의 아들로 열 두 형제인데 막내는 아버지와 함께 있고 한 명은 없어졌습니다(42:13). 이 말을 듣는 요셉은 어떤 마음이었을까요? 그러자 요셉은 시므온을 잡아 놓고 진실을 입증할 방법으로 막내를 데려오라고 합니다.

형들은 집으로 돌아와 아버지에게 이집트에서 있었던 일과 베냐민을 데려오라는 요구를 설명합니다. 그리고 자루를 쏟아 보니 각 사람의 자루에서 돈이 발견됩니다. 시므온은 없어지고 양식은 사오고 돈은 그대로 있으니 야곱은 두려워합니다. 야곱은 요셉도 없어졌고 시므온도 없어졌고 다시 베냐민도 데려가고자 한다며 베냐민을 데려가는 일에 강력하게 반대합니다(42:38).

양식이 떨어지자 야곱은 다시 아들들에게 양식을 사 오라고 합니다. 하지만 베냐민을 데려가야 하는 부담이 있습니다. 아버지 야곱은 베냐민을 보내지 않으려고 합니다. 그러자 르우벤이 나서서 아버지를 설득하려고 합니다. 하지만 야곱은 받아들이지 않습니다. 르우벤은 이전에 아버지의 첩 빌하와의 동침으로 아버지와 사이가 좋지 않습니다(35:22). 시므온은 이집트에 사로잡혀 있고 레위는 디나의 강간 사건으로 아버지와 사이가 좋지 않습니다(34:30-31). 그러자 넷째인 유다가 자연스럽게 나섭니다. 유다는 아버지 야곱과 길게 대화합니다. 마침내 유다는 아버지를 설득하는데 성공합니다(43:1-14).

1. 야곱: 가서 우리를 위하여 양식을 조금 사라.
   유다: 베냐민을 함께 가게하면 우리가 내려가서 아버지를 위하여 양식을 사겠다.
   그 사람이 막내와 함께 오지 않으면 내 얼굴을 보지 못하리라고 했다.
   베냐민을 함께 보내지 않으면 내려가지 않겠다.
2. 야곱: 왜 너희는 막내가 있다고 해서 나를 해롭게 하느냐(나에게 악하게 하느냐).
   유다: 그 사람이 우리 가족에 대하여 자세히 물어 보아서 대답했을 뿐이다.
   막내를 데리고 오라고 할 줄 몰랐다.
   막내가 함께 가면 우리와 아버지와 우리 어린것들이 다 살고 죽지 않는다.
   내가 그를 담보하겠다. 그를 데려오지 않으면 내가 영원히 아버지께 죄를 진다.

유다의 논리는 설득력이 있습니다. 베냐민이 가지 않으면 다 죽지만 베냐민이 가면 다 죽지 않는다는 것을 말합니다. 그리고 유다는 자신이 베냐민의 보증인이 되겠다고 주장합니다(43:9).

형들이 다시 이집트로 양식을 사러 갑니다. 요셉은 형들이 베냐민을 데려온 것을 보고 형들을 식사 자리에 초청합니다. 요셉은 야곱이 평안한지(샬롬) 안부를 묻습니다. 그리고 동생을 보고 동생인 줄을 확인하고 음식을 같이 먹습니다.

형들이 먹고 마시는 동안에 요셉은 베냐민을 자기에게 머물게 하려고 계획을 세웁니다. 은잔을 베냐민의 자루에 넣어둡니다. 형들이 출발하자 청지기가 따라가서 은잔을 훔쳐갔다고 도둑으로 몰아세웁니다. 청지기는 은잔을 가져갔다고 주장합니다. 형들은 결백을 주장하지만 베냐민의 자루에서 은잔을 발견합니다. 그러자 형들이 옷을 찢고 성으로 돌아옵니다. 형들이 옷을 찢었다는 것은 형제들이 베냐민을 생각했다는 것입니다. 형들은 이전에 요셉을 미워했으나 베냐민을 미워하지 않습니다.

은잔이 발견되어 형제들이 요셉 앞에 다시 서게 되었습니다. 이때 유다가 형제들의 대표자로 나섭니다. 요셉과 유다의 대화가 길게 이어집니다(44:14-34).

1. 요셉: 너희가 어찌하여 이 같은 일을 행했느냐?

   유다: 내 주께 무슨 말을 하오리까? 무슨 설명을 하오리까?
   어떻게 우리의 정직을 나타 내리이까?
   하나님이 종들의 죄악을 발견하셨으니 우리와 이 잔이 발견된 자가 주의 종이 되리이다(16).

2. 요셉: 그럴 필요 없다. 잔이 발견된 사람만 종이 되고 너희는 아버지께 가라(17).

   유다: 유다는 아버지와 있었던 갈등을 자세하게 이야기한다. 유다는 요셉과 첫 번째 만남에서 있었던 이야기부터 풀어 나간다. 첫 번째 만남에서 밝혀지지 않았던 이야기까지 포함되어 있다. 유다는 먼저 요셉과 있었던 대화를 말하고 후에 요셉의 요구를 아버지 야곱에게 가서 한 것을 말한다. 감동적이며 설득력 있는 진술이다. 유다는 아버지를 14번이나 언급한다.

   1) 전에 요셉이 '너희는 아비가 있느냐 아우가 있느냐'고 물었다. 그래서 아버지가 있는데 노년에 얻은 아들이 있으니 형은 죽고 베냐민이 있어서 아버지가 그를 사랑한다고 대답했다(19-20). 아버지는 노인이며 그를 사랑한다. 아버지의 편애가 요셉의 자비를 구하는 근거가 되고 있다.

   2) 요셉이 막내를 데려오라고 하자 형들이 '그 아이는 아비를 떠나지

못할지니 떠나면 아비가 죽겠나이다'라고 대답했다고 한다. 그러자 요셉이 막내와 함께 오지 않으면 너희가 내 얼굴을 보지 못하리라고 했다고 한다(21-23).

3) 아버지가 다시 양식을 사오라고 했다. 그래서 막내가 같이 가면 가고 그렇지 않으면 못 간다. 그 사람이 막내와 함께 오지 않으면 얼굴을 보지 못한다고 말했다고 야곱에게 말했다(25-26).

야곱은 두 아들이 있었는데 큰아들은 찢겨 죽었고 둘째도 데려가는데 둘째에게 재해가 임하면 흰머리로 슬피 울며 음부에 내려간다고 말했다(27-29). 유다는 아버지의 편애를 인정하면서 라헬의 아들인 베냐민을 변호한다.

막내와 아버지의 생명이 서로 결탁되어서 막내가 함께 가지 않으면 아버지가 죽을 것이다. 이러면 형들이 아버지를 슬피 울며 음부에 내려가게 한 것이 된다. 내가(유다) 막내를 담보했다. 내가 막내를 데려가지 않으면 아버지께 죄를 짓게 된다.

4) 유다의 제안(33-34): 베냐민 대신에 종이 되게 해 달라. 그리고 아이는 가게 해주라고 요청합니다. 유다는 스스로 종이 되겠다고 자청합니다. 속죄의 사상이 나오고 있다. 베냐민이 은잔을 훔친 죄를 대신하겠다는 것이다. 유다는 22년 전에 라헬의 아들인 요셉을 파는데 동의했으나 지금은 라헬의 아들인 베냐민을 위해서 자신을 노예로 자청한다. 아버지가 비통해 하지 않도록 최선을 다하고 있다. 아마도 두 아들을 잃어본 경험이 있는 유다는 아버지의 심정을 이해하는 것 같다. 라헬의 아들과 화해가 이뤄지는 순간이다.

유다는 베냐민이 가지 않으면 아버지가 죽을 것이라고 말함으로 요셉을 설득합니다. 결국 유다는 자신의 주장을 관철시켜서 평화의 분위기를 만드는데 성공합니다. 유다는 아버지 야곱을 설득할 때 베냐민이 함께 이집트로 가면 아버지와 우리와 어린 것이 다 살 것이라고 아버지를 설득했습니다. 그리고 요셉을 설득할 때 베냐민이 가지 않으면 아버지가 죽을 것이라고 말함으로 요셉을 설득하는데 성공합니다. 그의 설득은 인간적이며 감동적입니다.

유다는 이 사건에서 베냐민의 보증인으로 나섭니다. 유다가 베냐민 대신 종이 되겠다고 말합니다. 그리고 유다는 아버지와 요셉 사이의 중재자로 나옵니다. 여기서 대속자와 중보자 사상이 나옵니다. 이래서 유다가 복을 받습니다. 후에 야곱은 유다를 크게 축복합니다. 특히 유다는 형제들의 통치자가 될 것이며 유다 지파에서 왕이 나올 것을 예고합니다(창 49:9-12). 이 사건으로 인하여 유다 지파에서 기름 부음을 받은 자인 왕이 나옵니다. 메시야가 왜 유다 지파에서 나오는지를 설명해 주는 이야기입니다.

4.5 하나님의 섭리

유다의 감동적이고 슬픈 이야기를 전해들은 요셉은 감정을 참지 못합니다. 베냐민을 데려오라는 자신의 요구가 아버지를 슬프게 했다는 사실을 유다를 통해서 들은 것입니다. 요셉은 유다를 통해서 그 동안 집안에서 어떠한 일이 일어났는가를 자세하게 들었습니다. 그래서 그는 형들에게 자신의 신분을 밝힙니다. 요셉의 신분을 안 형들은 놀라고 말을 하지 못합니다. 그러자 요셉은 형들을 안심시킵니다. 형들이 요셉을 팔았으나 하나님이 섭리가운데 행하신 일이라고 말합니다. 요셉은 하나님의 구원 목적을 밝힙니다. 하나님이 야곱의 가족을 살리기 위해서 자신을 먼저 이곳에 먼저 보냈다는 것입니다. 요셉은 자신의 지나온 길을 하나님의 인도와 섭리로 이해합니다. "당신들이 나를 이곳에 팔았다고 해서 근심하지 마소서 한탄하지 마소서 .하나님이 생명을 구원하시려고 나를 당신들보다 먼저 보내셨나이다"(45:5). "하나님이 큰 구원으로 당신들의 생명을 보존하고 당신들의 후손을 세상에 두시려고 나를 당신들보다 먼저 보내셨나니 그런즉 나를 이리로 보낸 이는 당신들이 아니요 하나님이시라"(45:7-8).

요셉의 말 속에서 형들이 한 행동과 하나님의 섭리와 인도가 신비스럽게 하나의 목표를 향해서 나아갑니다. 아버지의 편애로 인하여 형제들 사이에 미움과 증오가 생겨났습니다. 형들이 동생 요셉을 팔아버렸습니다, 인간은 자유의지를 따라 행동했습니다. 그러나 하나님의 섭리는 인간의 자유의지보다 더 큽니다. 인간의 죄악된 행동도 하나님의 섭리의 신비스러운 방법 안에서 하나님의 구원 목적을 이루어갑니다. 하지만 인간은 세월이 지나서 뒤를 돌아 볼 때 하나님의 인도와 섭리를 깨달을 수 있습니다. 하나님의 주권과 섭리는 인간의 짧은 안목으로 볼 수 없습니다. 역사가 흘러가면서 하나님의 섭리가 드러납니다. 요셉은 이러한 하나님의 섭리를 깨닫고 형들에게 말하고 있습니다.

하나님의 구원 섭리는 신기합니다. 하지만 그렇다고 해서 인간의 책임이 면해지지는 않습니다. 사람은 심은대로 거둡니다. 형들은 이집트에서 일어난 일들이 요셉의 일 때문에 발생한다고 생각합니다. 이집트에서 형들은 정탐꾼으로 몰렸을 때 이렇게 말합니다. "그들이 서로 말하되 우리가 아우의 일로 말미암아 범죄하였도다 그가 우리에게 애걸할 때에 그 마음의 괴로움을 보고도 듣지 아니하였으므로 이 괴로움이 우리에게 임하도다'(42:21). 또한 가나안으로 돌아갈 때에 한 사람이 자기 자루에서 돈을 발견하고 "하나님이 어찌하여 우리에게 이런 일을 우리에게 행하셨는가"(42:28) 하고 말합니다. 두 번째 양식을 사러 와서 요셉의 집에서 식사 초대를 받습니다. 그 때 요셉은 식탁에서 그들을 장유의 순서대로 앉힙니다. 형들은 이것을 이상하게 생각합니다(43:33). 은잔이 베냐민의 자루에서 발견되었을 때 그들은 옷을 찢었습니다(44:13). 더 나아가 유다는 요셉에게 "하나님이 종들의 죄악을 찾아내셨으니"라고 고백합니다(44:16). 이 죄는 이집트 사람들이 듣기에는 은잔을 훔친 것을 인정하는 것으로 들릴지는 모르나 유다와 형제들은 요셉을 판 일을 회상하고 있는 것입니다. 형들은 하나님의 보응이 자신들에게 찾아 왔다는 것을 뼈저리게 느끼고 있습니다.

하지만 요셉과 형들 사이의 반목과 앙금은 유다의 감동적이며 희생적인 태도로 인해 녹아내립니다. 유다의 태도를 본 요셉은 진정으로 형들이 회개하고 있다는 것을 보았습니다. 그래서 형들을 용서합니다. 오랫동안 반복되었던 레아의 아들들과 라헬의 아들들이 화해하는 순간입니다. 하나님의 섭리는 유다의 희생과 회개를 통해 인간의 오랜 반목과 미움을 다 녹이고 화해하게 해 주었습니다.

하지만 형들은 아버지 야곱이 죽자 근심이 있습니다. 요셉이 형들을 미워해서 그들이 요셉에게 행한 악을 갚지는 않을까 하는 염려가 생깁니다. 형들은 아버지의 말이라고 하면서 "네 형들이 네게 악을 행하였을지라도 이제 바라건대 그들의 허물과 죄를 용서하라"고 했다고 요셉에게 말을 전합니다(50:17). 그리고 직접 요셉을 찾아와 엎드려 용서를 빕니다. 이때 요셉은 "두려워하지 마소서 내가 하나님을 대신하리이까 당신들은 나를 해하려 하였으나 하나님은 그것을 선으로 바꾸사 오늘과 같이 많은 백성의 생명을 구원하게 하시려 하셨나니"(50:19-20) 하고 말합니다. 이것을 다시 번역하면 '두려워하지 마십시오, 왜냐하면, 하나님 대신에 내가 있겠습니까? 그리고 당신들, 당신들은 나에게 악을 계획했다(생각했다), 하나님은 그것을 선을 위하여 계획했다(생각했다) 많은 백성을 살리기 위해 이 날과 같이 행하기 위하여'입니다. '왜냐하면'은 '두려워 마소서'에 대한 이유를 설명해 줍니다. 여기서 사람의 생각과 하나님의 생각이 선명하게 대조됩니다. 형들은 악을 생각합니다. 그러나 하나님은 선을 생각합니다. 형들의 악한 계획이 하나님의 구원 목적을 이루는데 사용됩니다. 그렇다고 형들의 죄가 없어지는 것은 아닙니다. 하나님의 구원 계획이 신비로울 따름입니다. 참으로 하나님의 생각은 사람의 생각보다 하늘이 땅보다 높은 것 같이 높습니다(사 55:8-9).

4.6 이집트로의 이주

형들은 가나안 땅의 야곱에게 돌아와서 요셉이 살아있고 이집트의 총리가 되었다는 말을 합니다. "야곱이 그들의 말을 믿지 못하여 어리둥절하더니"(45:26). "어리둥절하더니"는 '그의 마음(심장)이 멈췄다,' '약해졌다,' '감각이 무뎌졌다'입니다. 야곱이 믿을 수 없는 상황이 벌어진 것입니다. 야곱은 요셉이 보내준 수레를 보고서 "기운이 소생한지라 이스라엘이 이르되 족하도다 내 아들 요셉이 지금까지 살아 있으니 내가 죽기 전에 가서 그를 보리라"(45:27-28) 하고 말합니다. "기운이 소생한지라"는 '야곱의 영이 살아났다'입니다. 그토록 사랑했던 아들 요셉이 살아 있다는 소식은 야곱의 영에 활력을 줍니다.

야곱은 이집트를 향해 가나안 땅을 떠나면서 브엘세바에서 희생 제사를 드립니다. 이때 하나님은 다시 야곱에게 나타나셔서 자신을 소개하십니다. "나는 하나님이라 네 아버지의 하나님이니"(46:3). 하나님은 자신을 소개하신 후에 야곱이 이집트로 내려가는 것을 찬성하십니다. "애굽으로 내려가기를 두려워하지 말라 내가 거기서 너로 큰 민족을 이루게 하리라"(46:3). 아브라함과 이삭 때에도 가나안 땅에 흉년이 들었습니다. 아브라함은 기근 때에 이집트로 내려갔습니다. 이때 하나님은 아브라함에게 아무런 언급을 하지 않았습니다(12:10). 하지만 이삭 때에는 이삭에게 이집트로 내려가지 말고 하나님이 지시하는 땅에 머물 것을 명령하셨습니다(26:2-3). 그러나 야곱에게는 이집트로 내려가는 것을 찬성하십니다. 하나님은 이집트에서 야곱을 큰 민족으로 만드실 것이라고 말씀하십니다. 또한 야곱과 함께 하시고 다시 가나안 땅으로 올라오게 하실 것과 요셉이 야곱의 임종을 지켜줄 것이라고 예언하십니다(46:4). 이리하여 야곱의 집안이 이집트로 이민을 가게 됩니다.

하나님께서 아브라함에게 그의 후손이 가나안 땅을 차지하게 될 역사를 미리 알려주신 것과 같이 역사가 흘러갑니다(창 15:13-14). 이스라엘의 역사는 하나님의 약속을 따라 움직여 가고 있습니다.

야곱의 후손 70명이 이집트로 내려갑니다. 창세기는 70명으로 말하는데(46:27) 반하여 사도행전은 75명으로 말합니다(행 7:14). 5명의 차이가 있는데 이는 사본 상의 차이입니다. 히브리어 마소라 사본은 70명을 제시하고 헬라어 구약성경 70인경은 75명을 말합니다. 5명은 요셉의 두 아들 므낫세와 에브라임의 아들들 때문입니다. 므낫세의 아들 마길과 마길의 아들 갈라드와 에브라임의 아들 수탈람과 탐 그리고 수탈람의 아들 에돔이 있습니다. 신약에서 스데반이 설교할 때 이집트로 내려간 숫자를 75명으로 말하는데 이는 헬라어 구약성경 70인경의 숫자를 말했기 때문입니다(행 7:14).

요셉 이야기는 족장 이야기와 출애굽 이야기 사이의 가교 역할을 합니다. 왜 이스라엘이 이집트에 머물게 되었는가를 설명합니다. 이스라엘은 이집트 땅에서 하나님의 약속대로 번성하여 큰 민족을 이루게 됩니다.

5

출애굽의 구원과 여호와의 이름

읽어야 할 본문: 출애굽기 1-15장

이스라엘은 이집트에서 번성합니다. 출애굽기 1장은 이스라엘의 번성을 강조합니다(1:6-7, 12, 20). 하나님이 이스라엘의 조상들에게 후손을 많게 해 주겠다는 약속이 성취된 것을 보여줍니다. 하지만 이스라엘의 번식은 새로운 문제를 야기합니다. 이집트 사람들이 점점 강성해지는 이스라엘 사람들을 두려워합니다. 그래서 이집트 왕 바로는 이스라엘 백성을 노예로 삼고 강제 노역을 시킵니다. 더 나아가 남자아이들이 태어나면 죽이라고 명령합니다. 이스라엘은 고된 노동으로 탄식하며 부르짖습니다. 하나님은 그 소리를 들으시고 아브라함과 이삭과 야곱에게 한 언약을 기억하십니다(출 2:24-25). 하나님이 언약을 기억하심으로 새로운 역사가 진행됩니다.

5.1 불타는 가시나무

하나님은 이스라엘 백성을 구원하시기 위해 모세를 부르시고 그에게 하나님의 계획을 말씀하십니다. 하나님의 구속 계획은 모세의 소명기사(출 3:1-4:17)에 나타나는데 이것은 모세 오경을 해석할 수 있는 하나의 관점을 제시합니다.

모세의 소명 이야기에서 나타나는 특징은 하나님과 모세 사이의 대화입니다. 모세의 소명 기사는 "말하다"라는 동사를 반복 사용합니다(3:4, 5, 6, 7, 11, 12, 13, 14, 15, 16, 17). 하나님은 그의 종을 부르시고 자신의 계획을 말씀하십니다. 소명 받은 종은 하나님의 계획에 관한 자기의 의견을 말합니다. 하나님은 모세에게 이스라엘을 위한 구속 계획을 거듭 말씀하시고 하나님의 이름을 계시하시며 능력을 보이십니다.

하나님의 이름

하나님은 하나님의 산에서 현현하십니다. 불타는 가시나무 가운데 여호와의 천사로 나타나십니다. 하나님이 나타나신 곳은 하나님의 산 호렙입니다. 어떤 학자는 이 산에 하나님이 거하셨다고 말하기도 합니다. 하지만 본문은 단지 하나님이 나타나신 곳으로만 소개합니다. 하나님의 산(출 3:1; 4:27; 18:5; 24:13)이라는 표현은 하나님의 이름이 들어가는 다른 표현들, 하나님의 지팡이(출 4:20), 하나님의 집(삿 18:31) 그리고 하나님의 궤(삼상 5:1)와 비교할 수 있습니다. 이 산은 하나님과 밀접한 관련이 있는 산입니다.

하나님은 불타는 떨기나무에 나타나십니다. 이 나무는 가시나무로 번역하는 것이 더 적절합니다. 불은 하나님이 현현 하실 때 나타나는 동반 현상가운데 하나입니다. 그런데 신비한 사실은 가시나무가 불에 타지 않았다는 것입니다.

불타는 가시나무에 나타나신 하나님은 모세에게 "나는 네 조상의 하나님이니, 아브라함의 하나님, 이삭의 하나님, 야곱의 하나님"으로 자신을 소개하십니다(출 3:6). 하나님이 4번이나 강조되고 있는 이 문장은 모세의 조상들을 거론함으로서 모세에게 나타난 하나님은 어떤 새로운 신이 아니라 모세에게 친숙한, 모세가 익히 들어서 알고 있는 조상들의 하나님입니다. 하나님은 족장들에게도 자주 나타나셔서 자신을 소개하셨습니다. 모세에게 자신을 소개하시는 하나님은 조상들에게 나타나셔서 가나안 땅을 아브라함의 후손들에게 주시기로 약속하셨던 하나님입니다(창 17:1-8; 26:24;; 28:13-15).

이러한 하나님의 자기소개는 하나님의 이름을 묻는 모세에게 "나는 스스로 있는 자"(3:14)로 소개하십니다. 하나님의 이름 "나는 스스로 있는 자"(에흐예 아쉐르 에흐예)는 번역하기가 참 어렵습니다. '에흐예'는 '하야'(있다) 동사의 칼 미완료 일인칭 단수이며 '아쉐르'는 관계 대명사이며 다시 '에흐예'가 나옵니다. 관계 대명사 때문에 한국어로 번역하기가 쉽지 않습니다. 현재로 번역하면 '나는 있는 나는 있다'(I am who I am)이며 미완료로 번역하면 '나는 있을 나는 있을 것이다'입니다. 70인경은 '나는 그 존재하는 자이다'(I am the being; εγω ειμι ο ων)로 번역합니다. 그리고 다시 하나님은 모세에게 자신을 이렇게 소개하십니다. "너희 조상들의 하나님 여호와 곧 아브라함의 하나님 이삭의 하나님 야곱의 하나님"(3:15)으로 말씀하십니다. 하나님의 자기소개 형식에서 우리는 조상들에게 나타나셔서 자신을 소개하시고 후손과 땅에 대해서 "약속"하셨던 하나님의 모습을 볼 수 있습니다. 하나님의 자기소개는 약속과 관련이 있습니다.

조상들의 하나님은 이집트 사람들에게 학대받는 이스라엘의 고통 소리를 들으시고 조상들과 세운 그 언약을 기억하십니다. 이스라엘의 족장들에게 했던 약속(후손과 땅)을 실행하시기 위해서 이제 하나님은 모세에게 자신을 나타내십니다.

하나님의 구속 계획

하나님은 고통 받는 이스라엘을 구원할 계획을 세우십니다. "내가 애굽에 있는 내 백성의 고통을 분명히 보고 그들이 그들의 감독자로 말미암아 부르짖음을 듣고 그 근심을 알고 내가 내려가서 그들을 애굽인의 손에서 건져내고 그들을 그 땅에서 인도하여 아름답고 광대한 땅, 젖과 꿀이 흐르는 땅 곧 가나안 족속, 헷 족속, 아모리 족속, 브리스 족속, 히위 족속, 여부스 족속의 지방에 데려가려 하노라"(3:7-8).

1인칭이 강조되었습니다. "내가 보았다," "내가 들었다," "내가 알았다," "내가 내려왔다." 이스라엘을 향한 하나님의 관심과 특별한 행동을 표현합니다. 특히 하나님이 내려온 목적은 두 개의 부정사구 "건져내고"와 "인도하여" 가운데 잘 나타납니다. 이는 '애굽인의 손에서 구원하기 위하여,' '그 땅에서 인도하기 위하여'입니다. 또한 하나님이 이스라엘을 인도하시는 목적지는 3개의 전치사구가 잘 보여줍니다. '아름답고 넓은 땅으로,' '젖과 꿀이 흐르는 땅으로,' '가나안 사람의 장소로.' 하나님의 구원 계획은 이스라엘을 애굽 땅에서 가나안 땅으로 인도하는 것입니다. 가나안 땅은 하나님이 조상들에게 주시기로 약속한 땅입니다.

약속의 땅 가나안은 "아름답고 넓은 땅, 젖과 꿀이 흐르는 땅"으로 묘사되었습니다. 젖과 꿀은 자연의 소산물로서 유목민들의 음식입니다. 목축을 하기에 좋은 땅입니다. "흐르는"이라는 표현은 가나안 땅의 풍성함을 가리키는 과장법으로 보입니다.

특별히 하나님은 애굽에서 노예로 학대받는 생육이 왕성한 이스라엘을 가리켜 "내 백성"으로 말하고 있습니다(3:7, 10). '나의 백성'이라는 표현은 하나님과 이스라엘의 특별한 사랑의 관계를 보여줍니다. 이스라엘은 하나님의 백성입니다.

출애굽의 목적

하나님은 출애굽의 목적을 이렇게 말씀하십니다. "네가 그 백성을 애굽에서 인도하여 낸 후에 너희가 이 산에서 하나님을 섬기리니 이것이 내가 너를 보낸 증거니라"(출 3:12) 여기서 "섬기리니"는 '예배드리다' 또는 '일하다'로도 번역할 수 있습니다.

이스라엘 백성은 이집트의 왕 바로를 위해서 일하고 있습니다. 그들은 바로를 섬기고 있는 것입니다. 하지만 이제 이스라엘은 여호와께 예배드리며 그를 섬겨야 합니다. 바로 대신에 여호와를 섬기는 것은 출애굽기에서 중요한 신학적 의미를 갖습니다. 출애굽의 목적은 바로에게 모세가 요구한 데에서 더 구체적으로 드러납니다. "여호와의 말씀에 내 백성을 보내라 그들이 나를 섬길 것이니라"(출 8:1). 이 주장은 열 재앙 가운데 모세에 의하여 계속 반복됩니다. 여호와를 섬기는 것이 출애굽의 목적 가운데 하나입니다. 더 나아가 이스라엘은 이집트에서 탈출한 후에 호렙 산에 와서 하나님께 예배를 드리며 언약을 맺습니다. 이스라엘은 호렙 산에서 하나님만을 섬기기로 언약을 맺습니다.

하나님은 모세에게 바로에게 가서 할 말을 주십니다. 히브리인의 하나님이 나타나셨기 때문에 삼일 길을 가서 하나님께 희생을 드리겠다는 것입니다. 바로는 처음에 이스라엘을 보내는 것을 허락하지 않을 것이라고 미리 말씀하십니다. 하지만 하나님이 강한 손으로 치면 허락할 것이라고 하십니다. 하나님은 자신의 능력을 "강한 손"으로 표현합니다(3:19; 6:1). 하나님의 손은 보통 '능력', '권세'를 의미합니다. "내가 내 손을 들어 애굽 중에 여러 가지 이적으로 그 나라를 친 후에야 그가 너희를 보내리라"(3:20). 하나님의 손은 '이적'과 유사한 의미로 사용되고 있습니다. '이적'은 '놀라운 일', '기이한 일'로 하나님이 행하실 일을 뜻합니다.

하나님의 이적은 모세에게 두 가지로 나타납니다. 첫째는 지팡이가 뱀으로 변합니다. 이 뱀은 일반적으로 독을 갖고 있는 뱀입니다. 둘째는 모세의 손에 문둥병이 발했다가 다시 회복됩니다. 이러한 기적들로 하나님은 자연을 다스리는 능력을 갖고 있음을 드러냅니다. 만일 바로가 이 두 이적들을 믿지 않으면 세 번째 이적을 보일 것이라고 하십니다. 세 번째 이적은 강의 물을 취하여 땅에 부으면 그 물이 피로 변하는 이적입니다.

하나님이 이러한 기적을 행하시는 이유는 모세의 권위를 보여주기 위한 것입니다. 모세는 사람들이 자신의 말을 믿지 않을 것을 염려합니다(4:1). 사람들은 하나님이 모세에게 나타난 것을 믿지 않을 것입니다(4:2). 그래서 하나님은 모세를 통하여 이적을 행하십니다. 이적을 행하는 이유를 이렇게 말합니다. "이는 그들에게 그들의 조상의 하나님 곧 아브라함의 하나님 이삭의 하나님 야곱의 하나님 여호와가 네게 나타난 줄을 믿게 하려 함이라 하시고" 입니다(4:5). 믿음의 내용은 조상들의 하나님이 모세에게 나타났다는 것입니다. 둘째와 셋째 이적의 목적들도 마찬가지입니다(4:8-9).

5.2 열 재앙에 나타난 하나님의 자기소개

모세와 아론이 하나님의 말씀대로 바로를 만나러 갑니다. 첫 만남에서 모세는 두 가지를 주장합니다. 첫째는 "여호와의 말씀에 내 백성을 보내라 그러면 그들이 광야에서 내 앞에 절기를 지킬 것이니라"(5:1) 이며 둘째는 "히브리인의 하나님이 우리에게 나타나셨은즉 우리가 광야로 사흘 길쯤 가서 우리 하나님 여호와께 제사를 드리려하오니 가도록 허락하소서 여호와께서 전염병이나 칼로 우리를 치실까 두려워하나이다"(5:3)입니다.

모세의 주장에 대하여 바로는 부정적으로 반응합니다. "여호와가 누구이기에 내가 그의 목소리를 듣고 이스라엘을 보내겠느냐 나는 여호와를 알지 못하니 이스라엘을 보내지 아니하리라"(5:2). 그리고 바로는 이스라엘을 게으르다고 판단합니다. 이스라엘에게 짚을 주지 말고 벽돌을 만들게 하라고 명령합니다. 이 명령에 따라 이집트의 감독들이 이스라엘 패장들을 때리며 벽돌을 만들라고 합니다. 마음이 상한 이스라엘 백성은 모세와 아론을 원망합니다(5:21). 모세와 바로의 첫 대면에서 모세는 위기에 처합니다. 이스라엘 백성들은 모세를 믿지 않고 모세의 지도력에 깊은 불신을 나타냅니다. 모세 역시 하나님께 불평하며 왜 나를 보내셨냐고 기도합니다(5:22).

모세와 바로의 첫 대면에서 드러나는 주제는 이스라엘이 누구를 섬겨야 하는가, 여호와인가, 바로인가 하는 것입니다. 여호와께 희생을 드리러 갈 것인가? 아니면 이집트에 남아서 바로를 위하여 일을 해야 하는가?

하나님의 자기소개 "나는 여호와이다"

모세는 바로와의 첫 대면 후에 바로가 더 혹독한 작업으로 이스라엘을 괴롭히자, 하나님이 백성을 구원하지 아니하신다고 항변합니다. 그때 하나님은 자신을 "나는 여호와이다"로 선포하십니다.

히브리어로 "아니 아도나이"는 하나님이 자신을 소개하는 관용구로 동사가 없기 때문에 '나, 여호와' 또는 동사 '~이다'를 넣어서 '나는 여호와이다'로 번역할 수 있습니다. 하나님은 모세에게 이러한 자기소개를 4번(출 6:2, 6, 7, 8)이나 하십니다. 족장들, 아브라함, 이삭 그리고 야곱에게는 "전능의 하나님"으로 나타났으나 하나님은 자신의 이름을 "여호와로는 그들에게 알리지" 아니하였다고 말합니다(6:3). 이 말씀은 이해하기가 어렵습니다. 하나님은 아브라함에게 가나안 땅을 주려고 갈대아 우르에서 이끌어 낸 여호와라고 소개하셨습니다(창 15:7). 야곱에게도 벧엘에서 자신을 '나는 여호와이다'로 소개하시며 가나안 땅을 주며 후손을 많게 해주겠다는 약속을 하셨습니다(창 28:13). 그렇다면 "나의 이름을 여호와로는 그들에게 알리지 아니" 하였다는 말의 의미는 무엇이겠습니까? '알다'는 경험적인 지식을 포함합니다. 하나님은 족장들에게 땅과 후손에 대한 약속을 하시면서 자신의 이름을 계시하셨습니다. 그러나 그 약속을 성취시키는 하나님의 이름인 여호와로는 알리시지 않았습니다.

역사가 흘러서 이제는 모세에게 자신의 이름인 여호와를 언약과 약속을 성취하시는 하나님의 이름으로 계시하신 것입니다. 따라서 이것은 새로운 의미를 갖는 이름입니다(6:2-3). 여호와는 약속을 성취하시는 하나님의 이름입니다. 그래서 하나님은 조상들과 언약을 기억하셨다고 말하며(6:4-5) 이제 이스라엘을 구원하실 것을 말씀하십니다. "나는 여호와라 내가 애굽 사람의 무거운 짐 밑에서 너희를 빼내며 그들의 고역에서 너희를 건지며 편 팔과 여러 큰 심판들로써 너희를 속량하여 너희를 내 백성으로 삼고 나는 너희의 하나님이 되리니 나는 애굽 사람의 무거운 짐 밑에서 너희를 빼낸 너희의 하나님 여호와인 줄 너희가 알지라"(6:6-7). 여호와는 이집트에서 노예로 있는 이스라엘을 해방시키는 출애굽의 하나님, 구원의 하나님입니다. 다음 세 개의 동사들이 이스라엘의 구원을 잘 설명합니다. 1) "애굽 사람의 무거운 짐 밑에서 너희를 빼내며"는 '내가 이집트인들의 짐 밑에서 너희를 데려올 것이며'입니다. '데려올 것이다'는 하나님의 사역 행동을 묘사합니다. 2) "그들의 고역에서 너희를 건지며"는 '내가 그들의 일에서 너희를 건져낼 것이다'입니다. '그들의 일'은 노예의 신분에서 마땅히 해야 할 봉사와 노동입니다. '건져낼 것이다'는 '구원할 것이다'로 하나님의 사역 행동을 설명합니다. 3) "너희를 속량하여"는 '내가 너희를 구속할 것이다'입니다. '구속할 것이다'는 몸값을 지불하여 '되찾다' 또는 '되사다'라는 의미입니다. 특히 '애굽 사람의 무거운 짐 밑에서 너희를 빼어 내며'는 두 번이나 사용되었습니다. 여기서 구원의 의미는 이집트의 노예로 노동하며 일하는 사람들을 자유인으로 해방시키는 것입니다. 하나님이 이스라엘에게 정치적 그리고 경제적 자유를 준 것입니다. 따라서 이제 하나님과 이스라엘은 특별한 관계를 형성합니다. 이스라엘과 특별한 관계는 "너희를 내 백성으로 삼고 나는 너희의 하나님이 되리니"(6:7)로 나타납니다. 이스라엘은 이제 '내 백성' 즉, 하나님의 백성이 될 것입니다. 이것은 소위 언약공식Bundesformel으로 불리는 형식입니다(참고. 창 17:7-8; 레 26:12; 신 26:17-19; 29:12; 삼하 7:24; 렘 7:23; 11:4; :32:38).

'나는 여호와이다'라는 하나님의 자기소개는 가나안 땅을 이스라엘에게 주는 신의 이름으로 즉 조상들에게 약속했던 것을 성취시키는 이름으로서(6:8) 나타납니다. 자기계시의 의미를 띠는 문장입니다.

하나님은 구원받은 하나님의 백성이 올바른 신적 지식을 갖기를 원합니다. "나는 애굽 사람의 무거운 짐 밑에서 너희를 빼낸 너희의 하나님 여호와인 줄 너희가 알지라"(6:7). 하나님은 이스라엘에게 하나님의 백성으로서 '나는 여호와이다'라는 이름의 의미를 잘 알기를 원합니다. 그들을 이집트의 무거운 짐 밑에서 구원해 주신 하나님의 이름입니다. 이 하나님의 자기소개 형식은 열 재앙 이야기 속에서 계속 반복해서 나타납니다.

하나님은 이집트의 바로와 그의 백성 역시 하나님을 잘 알기 원합니다. 그러나 바로는 여호와를 알지 못하기 때문에 이스라엘을 보낼 수 없다고 모세의 요구를 거절합니다(출 5:2). 하나님은 이러한 바로에게 열 재앙을 통해서 여호와가 누구인지를 알려 주십니다.

열 재앙과 여호와를 아는 지식

이집트에서 이스라엘을 구해내는 신적 권능은 여호와의 이름을 선포하기 위해서입니다. 계속되는 열 재앙은 이집트 사람들과 이스라엘에게 하나님이 여호와이심을 알리기 위함입니다. 즉 출애굽은 "여호와를 아는 지식"과 밀접한 관련이 있습니다. 이것은 두 가지 공식, 첫째는 "내가 여호와인 것을 아는 것"(출 6:7; 7:5, 17; 8:22; 10:2; 참고. 9:29, 30; 11:7)과, 둘째는 "여호와 하나님과 같은 분이 없다는 것을 아는 것"(출 8:10; 9:14)으로 나타납니다.

뱀

하나님의 표징과 이적은 처음에 뱀으로 나타납니다. 뱀은 백성들에게 아무런 해를 끼치지 않았습니다. 이런 점에서 열 재앙에서 제외되며 모세와 바로와의 대결에서 전초전의 성격을 갖습니다. 먼저 아론이 바로 앞에서 지팡이를 던지자 뱀이 되었습니다. 이 뱀(타닌)은 '큰 뱀'으로 아마도 파충류 가운데서 악어나 큰 파충류를 의미할 것입니다. 바다나 호수의 괴물로 번역되기도 합니다. 그래서 70인경은 '드라콘'(δρακων)으로 번역합니다. 하나님이 모세의 지팡이를 뱀(나하쉬, 출 4:3 – 이 뱀은 독이 있는 위험한 뱀)으로 변하게 했던 것과 다릅니다. 이집트의 현인과 마술사—이들은 요술사(마법사)로도 불립니다.—역시 같은 기적을 행합니다. 그러나 아론의 지팡이가 이집트의 요술사들의 지팡이를 삼켜 버렸습니다. 이것을 본 바로는 마음이 강합니다. "바로의 마음이 완악하여"는 '바로의 마음이 강했다'입니다(7:13).

피

열 재앙의 첫 번째는 피입니다. 나일강이 피로 변합니다. 하나님은 모세에게 "바로의 마음이 완강하여"(무겁다) 백성 보내기를 거절한다고 말씀하십니다(7:14). 이 단어 '무겁다'는 형용사로 바로의 마음이 무거워서 단단한 상태를 설명합니다. 하나님은 다시 모세와 아론을 바로에게 보내어 "내 백성을 보내라 그러면 그들이 광야에서 나를 섬길 것이니라"고 주장합니다(7:16). '섬기다'는 '일하다,' '예배하다'는 의미를 갖습니다. 다시 하나님은 지팡이로 하수를 치라고 합니다. 그러면 이집트의 물, 하수, 운하, 못, 호수의 물이 피로 변할 것이라고 말씀하십니다. 이러한 일을 행하시는 이유는 "네가 이로 말미암아 나를 여호와인 줄 알리라"에 나타나 있습니다(7:17). 하나님은 바로에게 이적을 통하여 "내가 여호와"라는 것을 가르쳐 주십니다. 모세와 아론이 이 일을 행하자 이집트의 요술사들도 따라합니다. 하지만 이들의 이적은 이집트에 도움이 되지 않습니다. 피를 다시 물로 변하게 해야 백성들의 고통이 줄어들 텐데 물을 피로 변하게 하니 이들의 요술은 오히려 백성에게 고통만 가중시켜 줍니다. 하지만 이런 일이 일어남에도 불구하고 바로의 마음은 여전히 완악하여 듣지 않습니다(7:22). 나일 강이 피로 변한 것은 이집트인들이 섬기는 나일 강의 신들에 대한 심판입니다('크눔'-나일 강의 수호신과 '하피'-나일 강의 영).

개구리

하나님은 다시 모세를 바로에게 보내어 "내 백성을 보내라 그들이 나를 섬길 것이니라"(8:1)고 주장하십니다. 바로가 이스라엘을 보내지 않으면 개구리로 칠 것을 경고하십니다. 이집트인들은 개구리를 신으로 섬기기도 했습니다('헥트'-개구리 형태로 부활의 신).

아론이 팔을 이집트의 물들 위에 펴서 개구리가 올라오게 합니다. 그러자 이집트의 요술사들도 따라합니다. 그러나 이집트의 요술사들은 개구리를 떠나게 하지 못합니다. 바로가 모세와 아론에게 개구리를 떠나게 하라고 말합니다. 그리고 이스라엘을 보내겠다고 약속합니다. "내가 이 백성을 보내리니 그들이 여호와께 제사를 드릴 것이니라"(8:8). 모세는 바로의 요청대로 개구리를 떠나게 하여 "왕에게 우리 하나님 여호와와 같은 이가 없는 줄을 알게 하리니"라고 말합니다(8:10). 그러나 개구리가 떠나자 바로의 마음은 여전히 "완강하게 하여 그들의 말을 듣지 아니"합니다(8:15). '그가 그의 마음을 무겁게(단단하게) 했다'입니다.

이

하나님은 다시 지팡이를 들어 땅의 티끌을 치라고 하십니다. 그러면 이집트 온 땅에 이가 될 것입니다. 이는 '각다귀,' '모기'로도 번역할 수 있습니다. 아론이 지팡이로 땅의 티끌을 치자 이가 됩니다. 이집트의 요술사들도 이를 내려고 하지만 하지 못합니다. 요술사들이 바로에게 "이는 하나님의 권능(손가락)"이라고 말합니다(8:19). 하나님이 마치 가속 페달을 밟는 것 같습니다. 처음에는 약한 것으로 시작하더니 강도가 점점 심해집니다. 이집트의 요술사들이 따라오지 못하고 하나님의 능력을 인정합니다. 하지만 바로의 마음은 여전히 "완악하게 되어"(강했다) 하나님의 말을 듣지 않습니다(8:19).

파리

하나님은 다시 모세를 바로에게 보내어 "내 백성을 보내라 그러면 그들이 나를 섬길 것이니라"(8:20)고 하십니다. 바로가 이스라엘을 보내지 않으면 파리 떼가 이집트에 가득할 것이라고 하십니다. 하지만 파리 떼는 이집트에만 있고 이스라엘이 거주하는 지역에는 생기지 않습니다. "그 날에 나는 내 백성이 거주하는 고센 땅을 구별하여 그 곳에는 파리가 없게 하리니 이로 말미암아 이 땅에서 내가 여호와인 줄을 네가 알게 될 것이라"(8:22). 하나님은 이집트와 이스라엘을 구분하십니다. 하나님이 "무수한 파리"(생축이나 사람의 피를 빠는 파리)를 보내십니다(8:24, 히브리어 성경은 8:20).

파리 재앙 앞에서 바로의 태도가 변합니다. "너희는 가서 이 땅에서 너희 하나님께 희생을 드리라"(8:25)고 합니다. 모세는 바로의 제안을 거절합니다. 우리가 여기서 희생을 드리면 이집트 사람들이 돌로 칠 것입니다. 하나님의 말씀대로 사흘 길쯤 광야로 들어가서 희생 제사를 드리겠다고 말합니다.

바로는 이스라엘을 보내겠다고 약속합니다. 그러나 파리 떼가 없어지자 마음을 다시 "완강하게"('무겁게 하였다')합니다(8:32). '무수한' 파리 떼와 '완강한' 바로의 마음에 사용된 단어가 같은 어근을 갖고 있습니다. 말 장난 Word Play이 나옵니다. 무수한(무거운) 파리 떼만큼이나 바로의 마음이 완강합니다(무겁습니다).

돌림병

하나님은 다시 바로에게 "내 백성을 보내라 그들이 나를 섬길 것이니라"(9:1)고 하십니다. 바로가 다시 거절하면 말, 나귀, 낙타, 소와 양에 "심한 돌림병"(개역 "심한 악질")이 생길 것이라고 하십니다(9:3). 다시 하나님은 이집트의 가축과 이스라엘의 가축을 구분하실 것이라고 하십니다. 하나님의 말씀대로 이집트의 가축은 죽고 이스라엘의 가축은 피해를 입지 않았습니다. 그러나 바로의 마음이 "완강하여" 이스라엘을 보내지 않습니다(9:7).

"심한 돌림병"은 가축의 전염병, 역병을 뜻합니다. '심한'은 '매우 심한'으로 바로의 마음 상태를 설명하는 '완강하여'와 같은 어근을 갖는 단어입니다. 하나님은 심한 역병을 보내어 바로에게 하나님의 말씀에 순종할 것을 요구하지만 바로의 마음은 완강하여 거절합니다.

악성 종기

하나님은 다시 모세와 아론에게 화덕의 재 두 움큼을 하늘로 날리라고 하십니다. 그 재가 이집트의 사람과 짐승에 붙어서 악성 종기가 날 것이라고 하십니다. "악성 종기"는 '물집이 있는 부스럼 또는 종기'입니다. 염증이 나서 부풀어 오른 또는 곪아터지는 종기 같은 것을 의미합니다. 모세가 풀무의 재를 하늘에 날리니 사람과 짐승에게 악성 종기가 발합니다. 돌림병은 가축에게만 있었는데 악성 종기는 사람에게도 생깁니다. 이집트의 요술사들이 악성 종기로 인하여 모세 앞에 서지를 못합니다. 하나님의 능력과 요술사들의 능력 차이가 확 벌어집니다.

악성 종기 재앙에도 불구하고 바로의 마음은 여전히 강합니다. 그런데 여기서는 바로의 마음을 강하게 하는 분이 여호와이십니다. "여호와께서 바로의 마음을 완악하게 하셨으므로"(9:12). 여호와께서 바로의 마음을 주장하십니다(참고. 잠 21:1).

우박

하나님은 다시 바로에게 "내 백성을 보내라 그들이 나를 섬길 것이니라"(9:13)고 하십니다. 하나님의 재앙은 갈수록 더 강해지고 심해집니다. 하나님이 우박 재앙을 내리시는 목적을 설명합니다. "내가 이번에는 모든 재앙을 너(네 마음)와 네 신하와 네 백성에게 내려 온 천하에 나와 같은 자가 없음을 네가 알게 하리라"(9:14). 이집트를 다스리는 바로에게 하늘과 땅을 다스리는 분이 여호와이심을 가르쳐 주십니다. 또한 하나님은 바로를 멸하시지 않고 계속 두시는 이유도 말씀하십니다. "내가 너를 세웠음은 나의 능력을 네게 보이고 내 이름이 온 천하에 전파되게 하려 하였음이니라"(9:16). 하나님의 이름을 온 세상에 전파되게 하십니다. 하나님의 심판은 엄중합니다. 그러나 그 심판 가운데서도 피할 길을 열어 두십니다. 이집트 백성에게 개국 이래로 없었던 "무거운(매우 심한) 우박"(9:18)을 내리실 것을 경고하심으로 말씀에 순종하는 자에게는 재앙에서 피할 수 있는 길을 열어 주십니다(9:19-21).

모세가 하늘을 향하여 지팡이를 들자 뇌성과 우박과 불이 떨어집니다. 우박이 사람과 짐승, 밭에 있는 모든 것과 들의 모든 나무를 쳤습니다. 그러나 이스라엘이 거하는 고센 땅에는 우박이 없습니다. 이집트가 개국한 이래로 그와 같은 우박은 없었다고 보도합니다(9:24).

우박 재앙 앞에서 바로는 "내가 범죄하였노라 여호와는 의로우시고 나와 나의 백성은 악하도다"(9:27) 하고 고백합니다. 그러나 우박이 그치자 바로의 마음이 다시 "완악하여"('그가 그의 마음을 무겁게 했다' 9:34)집니다. 다시 성경은 "바로의 마음이 완악하여"('바로의 마음이 강했다' 9:35)라고 두 번이나 바로의 마음 상태를 표현합니다. 여기서는 바로가 그의 마음을 무겁게 하고 강하게 합니다. "무거운 우박"과 "완악"은 같은 어근을 갖는 단어입니다Word Play. 우박 재앙은 이집트인들이 섬기는 신들('눗'-하늘의 여신, '이시스'-생명의 여신, '셋'-곡식의 수호신)에 대한 하나님의 심판입니다.

메뚜기

하나님은 모세에게 바로의 마음을 완강하게 하신 목적을 설명합니다. "내가 그의 마음과 그 신하들의 마음을 완강하게 함은 나의 표징을 그들 중에 보이기 위함이며 네게 내가 애굽에서 행한 일들 곧 내가 그 가운데서 행한 표징을 네 아들과 네 자손의 귀에 전하기 위함이라 너희는 내가 여호와인 줄을 알리라"(10:1-2). 여기서는 하나님이 바로의 마음을 강하게 하시는 주체로 나옵니다. 바로의 마음은 완악합니다. 여호와를 알지 못하기 때문입니다. 그 강한 마음을 하나님은 더 강하게 하십니다. 하나님의 이적을 이스라엘의 후손들에게 알게 하기 위함입니다. 미래의 이스라엘에게 여호와 신앙 교육을 시키기 위함입니다. 그래서 이스라엘에게 이집트의 바로에게 재앙을 내리신 분이 "내가 여호와이다"라는 사실을 알게 하기 위해서입니다. 하나님은 열 재앙을 통해서 자신을 계시하기 원하십니다.

하나님은 다시 "내 백성을 보내라 그들이 나를 섬길 것이라"고 주장하십니다(10:3). 다시 거절하면 메뚜기를 보내서 우박을 피하여 남은 것을 다 먹게 할 것이라고 경고하십니다. 그러자 이집트의 신하들이 반응을 보입니다. 이스라엘을 보내서 여호와를 섬기게 하자고 합니다. 그러자 바로가 여호와를 섬기러 갈 자들이 누구냐고 묻습니다. 모세는 여호와 앞에서 절기를 지키기 위해 젊은 사람이나 늙은 사람이나 남자나 여자가 소와 양을 데리고 가겠다고 대답합니다. 바로는 남자만 가서 여호와를 섬기라고 하며 모세와 아론을 쫓아냅니다.

모세가 손을 들어 메뚜기를 이집트 땅에 올라오게 합니다. 메뚜기 떼가 우박에 상하지 않은 모든 채소와 나무 열매를 먹어버립니다. 그러자 바로가 다급히 모세를 불러서 간청합니다. "내가 너희의 하나님 여호와와 너희에게 죄를 지었으니 바라건대 이번만 나의 죄를 용서하고 너희의 하나님 여호와께 구하여 이 죽음만을 내게서 떠나게 하라"(10:16).

바로의 요청대로 메뚜기가 떠납니다. 이때 "여호와께서 바로의 마음을 완악하게 하셨으므로"(10:20) 바로가 이스라엘을 보내지 않습니다. 여호와는 "강렬한 서풍"('매우 강한 바다 바람')을 불게 해서 메뚜기를 없애십니다(10:19). 그리고 바로의 마음을 강하게 하십니다. 이스라엘로 하여금 "내가 여호와이다"는 것을 알게 하기 위해서입니다(10:1-2). 하나님은 메뚜기 재앙으로 이집트인들이 섬기는 신들을('이시스'-생명의 여신과 '셋'-곡식의 수호신) 심판하십니다.

흑암

하나님은 모세에게 손을 들어 이집트 땅에 흑암이 있게 하라고 하십니다. 그러나 이스라엘이 거하는 곳에는 광명이 있습니다. 그러자 바로는 "너희는 가서 여호와를 섬기되 너희의 양과 소는 머물러 두고 너희 어린 것들은 너희와 함께 갈지니라"(10:24)고 말합니다. 그러나 모세는 왕도 우리 하나님 여호와께 드릴 번제물을 주어야 하며 우리의 가축도 다 가져가겠다고 합니다. 이때 "여호와께서 바로의 마음을 완악하게 하셨으므로" 바로가 이스라엘을 보내지 않습니다(10:27). 그리고 바로는 모세와 아론을 다시 보면 죽이겠다고 협박합니다. 하나님은 흑암으로 이집트인들이 섬기는 태양의 신들('레', '아텐', '아툼', '호루스' - 태양의 신들)을 심판하십니다.

장자 재앙

하나님은 모세에게 이제 마지막 한 가지 재앙을 말씀하십니다. 하나님이 밤에 이집트에 들어가실 것입니다. 이집트의 바로의 첫째 아들부터 여종의 첫째 아들까지, 가축의 처음 난 것은 다 죽을 것을 말씀하십니다. 장자 재앙은 우박과 메뚜기와 비교됩니다. 우박 재앙은 "그 나라가 생긴 그 때로부터 애굽 온 땅에는 그와 같은 일이 없었"던 재앙이며(9:24) 메뚜기 재앙은 "네 아버지와 네 조상이 이 땅에 있었던 그 날로부터 오늘까지 보지 못하였던" 재앙입니다(10:6). 여기에 반하여 장자 재앙은 "애굽 온 땅에 전무후무한 큰 부르짖음이" 있는 재앙입니다(11:6). 그러나 장자 재앙 역시 이스라엘에게는 해당되지 않습니다.

유월절

유월절은 장자 재앙과 관련하여 주어진 절기입니다. 모세가 바로에게 광야에서 절기를 지켜야 한다고 요구한 것입니다(출 5:1). 유월절은 해의 첫 달, 곧 아빕월(13:4; 23:15 - 혹은 니산 월. 이 명칭은 포로 후에 생김, 3월 하순 혹은 4월 초순) 10일에 가족대로 흠 없고 일 년 된 수양이나 염소를 취하여 14일까지 간직합니다. 해질 때, 양을 잡아서 피를 그 양을 먹을 집 문 좌우 설주와 인방에 바릅니다. 고기는 불에 구워 무교병과 쓴 나물(허브, 풀잎, 고통을 상징)과 함께 먹습니다. 아침까지 그 고기를 남겨 놓아서는 안 되며 아침에 남은 고기는 불에 태워야 합니다. 허리에 띠를 띠고 발에 신을 신고 손에 지팡이를 잡고 급히 먹습니다. 이스라엘이 이집트를 급히 떠났음을 의미합니다.

유월절 의식에서 중요한 것은 양의 피입니다. 밤에 하나님이 이집트 땅의 사람과 짐승의 처음 난 것을 치고 이집트의 모든 신들을 심판할 때에 피가 있는 집을 넘어갑니다. 피는 구속의 힘을 지닙니다(12:13, 23, 27). "내가 애굽 땅을 칠 때에 그 피가 너희가 사는 집에 있어서 너희를 위하여 표적이 될지라 내가 피를 볼 때에 너희를 넘어가리니(파사흐) 재앙이 너희에게 내려 멸하지 아니하리라 너희는 이 날을 기념하여 여호와의 절기를 삼아 영원한 규례로 대대로 지킬지니라"(12:13-14). 어린 양의 피는 구속의 기능을 담당합니다. 피는 표적이 되어 그 집에 있는 사람들이 재앙을 당하지 않게 합니다. 그리고 유월절은 이스라엘의 처음 법(토라)이 됩니다(12:49).

여호와께서 밤에 이집트의 모든 장자를 치십니다. 바로가 모세의 요구를 수용합니다. 이스라엘은 가서 여호와를 섬기라고 합니다. 모든 가축을 다 데려가라고 말하며(12:31-32) 이스라엘을 쫓아냅니다.

이스라엘은 유월절 저녁부터 무교병(누룩 없는 빵 즉, 이스트로 부풀리지 않은 빵)을 칠일 동안(그 달 십사 일 저녁부터 이십 일일 저녁까지) 먹어야 합니다(12:18). 이 기간에 유교병을 먹는 자는 이스라엘에서 끊어지게 됩니다. 이것을 무교절이라고 부릅니다.

유월절은 이스라엘 민족 전체의 구원 사건으로 특별한 의미를 가집니다. 이 구원 사건에서 어린양의 피가 중요한 역할을 합니다. 이스라엘도 능동적으로 희생 제사에 참여해야 합니다. 이 유월절 제사는 온 가족이 고기를 먹기 때문에 화목제의 성격을 띱니다.

유월절의 어린양은 모형론적인 의미를 갖고 있습니다. 세례 요한은 예수님을 어린양이라고 부릅니다(요 1:29, 36). 예수님은 또한 유월절에 십자가에서 돌아가셨습니다. 사도 바울은 그리스도를 유월절 어린양으로 부릅니다(고전 5:7).

열 재앙은 다음과 같은 특징이 있습니다.

a) 열 재앙은 짝으로 나눌 수도 있습니다. 피와 개구리 재앙은 나일 강과 관련이 있습니다. 이와 파리는 서로 유사합니다. 돌림병과 악성 종기 역시 비슷한 재앙입니다. 우박과 메뚜기는 작물에 피해를 입혔다는 점에서 서로 관련이 있습니다. 흑암과 장자 재앙은 밤과 관련이 있습니다.

b) 바로의 마음을 강하게 하는 주체가 다릅니다. 피, 개구리, 이, 파리, 돌림병, 우박 때는 바로가 그의 마음을 단단하게 합니다. 악성 종기, 메뚜기, 흑암, 장자 재앙 때는 여호와께서 바로의 마음을 단단하게 합니다.
c) 열 재앙의 대상들은 이집트 사람들이 신들로 섬겼던 것들과 관련이 있습니다(출 12:12).
d) 열 재앙은 흥미롭게도 이스라엘의 남자아이들을 던졌던 나일 강의 재앙(피)에서 시작해서 이집트 장자들의 재앙으로 끝납니다.
e) 출애굽은 이스라엘의 사회, 정치적인 구원과 해방입니다. 더 나아가 이스라엘의 국가적 해방은 여호와 신앙과 밀접하게 관련되어 있습니다. 이스라엘은 이제 이집트의 왕 바로를 섬기는 대신에 여호와 하나님을 섬기며 그에게 예배하는 공동체가 되어야 합니다.
f) 10가지 재앙들 가운데 우박, 메뚜기, 장자 재앙의 기록이 가장 깁니다.

5.3 홍해에서의 구원

이스라엘은 이집트를 탈출하여 라암셋에서 숙곳으로, 숙곳에서 광야 끝 에담으로 나아갑니다(12:37; 13:20). 이집트에서 가나안으로 가는 빠른 길은 블레셋 지역을 통과하는 것입니다. 하지만 하나님은 이스라엘을 이 길로 인도하지 않습니다. 블레셋 지역으로 가다가 전쟁이 일어나면 백성이 이집트로 돌아갈 것을 염려하기 때문입니다. 여기서 언급된 지명들의 정확한 위치는 알 수 없습니다. 다만 이집트의 나일 강의 삼각주에서 홍해 가까운 길로 나왔다는 것입니다. 이 여행에 하나님은 구름 기둥과 불 기둥으로 함께 하십니다.

출애굽 이야기의 절정은 홍해 바다에서의 구원입니다. 이스라엘이 이집트에서 탈출하여 홍해 앞에 장막을 칩니다. 여기 나오는 지명들 믹돌, 비하히롯, 바알스본은 정확한 위치를 알 수 없습니다. 지명의 위치는 불확실하지만 하나님이 이스라엘을 이곳으로 인도한 의도는 확실합니다. 하나님께서 바로의 마음을 "완악하게 하여"(14:4) 이집트 군대가 이스라엘을 추격합니다. "내가 바로의 마음을 완악하게 한즉('강하게 할 것이다') 바로가 그들의 뒤를 따르리니 내가 그와 그 온 군대로 말미암아 영광을 얻어 애굽 사람들이 나를 여호와인 줄 알게 하리라"(14:4). 여호와 하나님께서 바로의 마음을 강하게 했다는 것이 두 번이 나오며 강조하고 있습니다(14:4, 8).

바로는 이스라엘을 보내 놓고 마음이 변하여 큰 군대를 이끌고 이스라엘을 추격합니다. 이집트의 병거, 마병, 군대가 강조되었습니다(14:4, 6, 7, 9, 17, 18, 23, 28). 앞에는 바다, 뒤에는 이집트 군대가 추격해 오자 이스라엘 사람들이 공포에 사로 잡혀 모세를 원망합니다. 이집트에 있으면 그들은 이집트 사람들을 섬길 것인데 모세가 그들을 이끌어 내어 죽게 한다는 것입니다. 이때 모세는 담대하게 하나님을 바라보라고 이스라엘을 설득합니다. "너희는 두려워하지 말고 가만히 서서 여호와께서 오늘 너희를 위하여 행하시는 구원을 보라(두려워 말라, 서 있으라, 그리고 그가 오늘 너희를 위하여 행하실 여호와의 구원을 보라) 너희가 오늘 본 애굽 사람을 영원히 다시 보지 아니하리라 여호와께서 너희를 위하여 싸우시리니 너희는 가만히 있을지니라"(14:13-14).

모세는 여호와께서 '너희를 위해' 즉, 이스라엘을 위해 싸우실 것이라고 선언합니다. 이것이 여호와의 전쟁입니다. 여호와께서 출애굽의 과정에서 이스라엘을 대신하여 바로의 군대와 싸우십니다. 열 재앙 가운데서도 여호와는 자연을 다스리시는 권능으로 이집트의 세력을 약화시키셨습니다. 그래서 여호와의 이름은 "여호와는 용사(전사)"라고 부릅니다(15:3).

하나님은 모세에게 지팡이를 들고 손을 내밀어 바다를 가르라고 말씀하십니다. 바다가 갈라져 이스라엘이 가운데로 건널 것을 말씀하시며 이집트 군대가 뒤따라 들어갈 것이라고 하십니다. 다시 하나님의 계획이 나타납니다. 홍해 바다의 구원 사건을 통하여 하나님은 자신의 이름을 선언하실 것입니다. "내가 애굽 사람들의 마음을 완악하게 할 것인즉 그들이 그 뒤를 따라 들어갈 것이라 내가 바로와 그의 모든 군대와 그의 병거와 마병으로 말미암아 영광을 얻으리니 내가 바로와 그의 병거와 마병으로 말미암아 영광을 얻을 때에야 애굽 사람들이 나를 여호와인 줄 알리라 하시더니"(14:17-18). 하나님은 다시 "내가 여호와이다"라고 자기소개를 하십니다.

모세가 지팡이를 바다 위로 내밀자 바다가 갈라집니다. 바다가 갈라져서 마른 땅이 드러나고 물은 좌우에 벽이 되었습니다. 이스라엘 사람들이 바다를 건너자 이집트 군대들도 따라서 건너기 시작합니다. 여호와께서 불과 구름 기둥 가운데서 보시며 이집트 군대를 어지럽게 하십니다. 이집트 군인들이 도망가면서 "이스라엘 앞에서 우리가 도망하자 여호와가 그들을 위하여 싸워 애굽 사람들을 치는도다"(14:25)라고 말합니다.

모세가 손을 바다 위로 내밀자 바다 물이 다시 원래대로 흐르게 되어 이집트 군인들을 몰살시킵니다. 출애굽의 전쟁은 하나님이 이스라엘을 위해 싸우신 전쟁입니다. 하나님께서 이스라엘 역사에 간섭하시고 개입하십니다. 하나님이 역사 속에서 행동하십니다. 그래서 이집트로부터의 구원은 이스라엘의 근본적인 신앙 고백입니다(신 26:1-11). 출애굽 사건은 구약의 대표적인 구원 사건입니다.

구원의 노래(출 15:1-18)

랍비들은 이 노래를 바다의 노래로 부르며 다른 학자들은 승리의 노래로 부릅니다. 바다 앞에서 두려움에 떠는 백성들에게 모세는 여호와께서 이스라엘을 위하여 행하시는 여호와의 구원을 보라고 했습니다. 따라서 여호와의 구원을 체험한 모세와 이스라엘의 노래이기 때문에 구원의 노래로 불러도 무방합니다(15:2).

먼저 이스라엘은 여호와를 찬양하는 이유를 밝힙니다. 이 구원의 노래는 찬양시의 성격을 갖고 있습니다. "내가 여호와를 찬송하리니 그는 높고 영화로우심이요 말과 그 탄 자를 바다에 던지셨음이로다"(15:1). 이것을 다시 번역하면 '내가 여호와를 찬송한다, 왜냐하면 그가 확실히 일어나셨다(높아지셨다), 말과 그의 탄 자를 그가 바다에 던지셨기 때문이다'입니다. '그가 확실히 일어나셨다'는 부정사 절대형으로 '그가 정말로 일어나셨다,' '그가 정말로 높아지셨다'입니다. 여호와께서 높아지신 것은 그의 행위인 이집트의 말과 기병들을 바다에 던져 넣으셨기 때문입니다. 이 일을 모세와 이스라엘이 찬양하고 있습니다.

여호와께서 행하신 구원 행위로 인하여 여호와 하나님과 노래하는 자와의 관계가 설명되었습니다. "여호와는 나의 힘이요 노래시며 나의 구원이시로다 그는 나의 하나님이시니 내가 그를 찬송할 것이요 내 아버지의 하나님이시니 내가 그를 높이리로다"(15:2). 1인칭 소유격에 주목하시기 바랍니다. 찬양은 하나님의 구원 행동에 대한 인간의 반응입니다. 시편의 많은 시들이 하나님의 행동에 대한 인간의 반응을 - 이미 구원을 받은 자들의 반응 또는 구원하실 것을 믿는 자들의 반응 - 담고 있다는 사실을 기억해야 합니다.

6

시내 산 언약

읽어야 할 본문: 출애굽기 16장 – 레위기 27장

이스라엘은 이집트에서 나와서 시내 산으로 나아갑니다. 하나님은 시내 산에 나타나셔서 십계명을 주십니다. 이스라엘은 한 나라로써 시내 산에서 여호와 하나님만을 섬기겠다고 언약을 맺고 하나님의 백성이 됩니다. 그러자 하나님은 모세를 통하여 예배 제도를 말씀해 주십니다. 이스라엘의 여호와 신앙은 시내 산에서 구체화 됩니다. 이리하여 출애굽과 시내 산 언약은 이스라엘 신앙고백의 근간이 됩니다.

6.1 신현

하나님은 시내 산에서 모세를 부르셔서 이스라엘에게 하나님과 언약을 맺을 것을 제안하십니다. "내가 애굽 사람에게 어떻게 행하였음과 내가 어떻게 독수리 날개로 너희를 업어 내게로 인도하였음을 너희가 보았느니라 세계가 다 내게 속하였나니 너희가 내 말을 잘 듣고 내 언약을 지키면 너희는 모든 민족 중에서 내 소유가 되겠고 너희가 내게 대하여 제사장 나라가 되며 거룩한 백성이 되리라"(출 19:4-6).

먼저 하나님은 이스라엘이 경험했던 출애굽을 상기시킵니다. 이스라엘은 하나님이 이집트 사람들에게 행한 것을 다 보았습니다. 또한 하나님이 "독수리 날개"로 이스라엘을 업어서 인도해 냈다고 선언합니다(참고. 신 32:11-12). 하나님은 시내 산 언약을 맺기 전에 먼저 하나님의 구원 행위를 말씀하십니다. 이스라엘을 구원하신 하나님은 세계를 통치하시는 분이심을 가르쳐줍니다. 그 후에 언약을 제안하십니다. 하나님의 언약 제안은 조건절과 귀결절로 구성되었습니다.

조건은 "너희가 내 말을 잘 듣고 내 언약을 지키면"입니다(19:5a). "내 말(음성)"과 "내 언약"이 그리고 "듣고"와 "지키면"이 서로 병행을 이룹니다. "내 말"과 "내 언약"은 율법의 형태로 주어집니다. 시내 산 언약의 조건은 하나님의 말에 순종할 것을 요구합니다.

약속은 "너희는 모든 민족 중에서 내 소유가 되겠고 너희가 내게 대하여 제사장 나라가 되며 거룩한 백성이 되리라"입니다(19:5b-6). 하나님의 약속은 3가지입니다. 1) 하나님의 "소유"(70인경은 "특별한 백성")는 '특별한 소유' 또는 '특별한 보배'를 의미합니다. "모든 민족 중에서"는 '모든 백성들보다'로 비교급입니다. 이스라엘이 하나님과의 관계에서 모든 백성들보다 더 뛰어난 지위를 얻게 됩니다. 2) "제사장의 나라"입니다. 더 정확히는 '제사장들의 나라'입니다. 이스라엘이 세계 모든 백성들 가운데서 제사장 나라가 됩니다. 3) "거룩한 백성"입니다. 하나님은 거룩하신 분입니다. 따라서 하나님을 섬기는 하나님의 백성 역시 거룩한 백성입니다.

하나님이 언약을 맺을 것을 제안하자 백성들이 그 언약을 지키겠다고 동의합니다. 백성의 동의가 시내 산 언약의 특징입니다. 노아 언약은 하나님의 일방적인 약속입니다. 아브라함 언약도 할례를 행해야 한다는 인간 편의 의무가 있지만 일방적인 하나님의 약속의 성격이 강합니다. 하지만 시내 산 언약은 철저하게 이스라엘의 동의가 있습니다. 이 동의는 실제 언약을 체결할 때에도 다시 나타납니다(출 24:3, 7). 하지만 이 동의는 오래가지 못했습니다. 모세가 시내 산에서 늦게 내려오자 아론과 백성들이 황금 송아지를 만들어 이 언약을 깨뜨렸습니다.

이스라엘 백성이 하나님과 언약을 맺겠다고 하자 하나님이 시내 산에 임하십니다. 하나님이 나타나시는 목적은 이렇습니다. "여호와께서 모세에게 이르시되 내가 빽빽한 구름 가운데서 네게 임함은 내가 너와 말하는 것을 백성들이 듣게 하며 또한 너를 영영히 믿게 하려 함이니라"(19:9). 하나님이 모세와 말하는 것을 백성들이 듣기 원하십니다.

백성들은 여호와를 만나기 위해 준비를 합니다. 1) 옷을 빨아야 하며(출 19:10, 14), 2) 산에 가까이 할 수 없으며(19:12), 3) 여인을 가까이 할 수 없습니다(출 19:15). 이것은 성 관계를 뜻합니다. 4) 제사장들도 그 몸을 성결하게 해야 합니다(출 19:22). 이러한 행위들은 이스라엘 백성이 하나님을 만나기 위한 성결 행위들입니다.

여호와 하나님이 임하는 산에 경계가 그어집니다. 하나님이 임하시는 곳에 거룩의 영역이 있습니다. 그래서 사람들은 그 산에 오르거나 그 경계를 넘어서도 안 됩니다. 그 경계를 넘는 사람은 죽을 것입니다. 하나님이 임하시는 산은 거룩해야 하기 때문입니다(출 19:23). 불타는 가시나무에서 모세에게 가까이 오지 말라고 하신 것과 유사합니다.

6.2 십계명

여호와 하나님이 시내 산에 나타나십니다. 이때 우뢰, 번개, 빽빽한 구름, 불, 연기, 나팔 소리가 함께 합니다(출 19:16, 18; 20:18). 시내 산은 하나님의 강림에 크게 진동합니다(출 19:18). 하나님이 임하셔서 십계명을 말씀하십니다. 그런데 흥미로운 것은 하나님은 먼저 이스라엘 백성에게 자신을 소개하십니다. "나는 너를 애굽 땅 종 되었던 집에서 인도하여 낸 네 하나님 여호와니라"(출 20:2). 하나님의 자기소개 형식 "나는 여호와이다"가 다시 나옵니다. 하나님은 자신을 출애굽의 하나님, 이집트에서 이스라엘을 구원하신 하나님 여호와로 계시하십니다. 하나님의 자기소개는 족장들과의 약속, 출애굽 그리고 십계명 서론에서 나타나서 약속하시며 구원하시고 법을 주시는 분이 동일하신 하나님임을 보여줍니다.

하나님은 가장 먼저 "다른 신(들)"을 두지 말라고 하십니다. 다른 신들은 이스라엘 주변 국가들이 섬기는 신들로 쉽게 말하면 외국 신들입니다(신 6:14). 우상을 제조하거나 숭배하지 말 것을 말씀하십니다. 우상은 "너를 위하여" 만들지 말라고 하십니다. 우상은 자신을 위한 존재입니다. 자신이 바라는 것을 빌 수 있는 대상으로 형상화시키는 것입니다. 자신의 바람과 소원을 신의 모습으로 형상화시켜 신을 조종하기를 원하는 것입니다. 하나님은 이러한 우상숭배를 싫어하십니다. 하나님은 이러한 우상숭배와 관련하여 자신을 "나 네 하나님 여호와는 질투하는 하나님"이라고 소개하십니다(출 20:5). 하나님은 우상을 만드는 자들과 섬기는 자들에게 질투하십니다.

하나님이 우상을 만드는 것을 금지하시는 이유는 하나님이 말씀하시는 것을 직접 보았기 때문입니다. "내가 하늘로부터 너희에게 말하는 것을 너희 스스로 보았으니 너희는 나를 비겨서 은으로나 금으로나 너희를 위하여 신상을 만들지 말고"(출 20:22-23). 하나님은 자신을 형상으로 만드는 것을 철저하게 금지합니다. 이스라엘은 불 가운데서 말씀하시는 여호와를 직접 보았습니다. 말씀을 한다는 것은 살아 있다는 것입니다. 살아 있는 하나님을 금이나 은같이 죽은 금속으로 만들지 말 것을 명령합니다. 여호와 하나님을 형상으로 만들지 말라는 계명은 신현에서 비롯되었습니다.

십계명에서 우상숭배 금지 계명(1-2계명)과 안식일 계명(4계명)이 가장 깁니다. 가장 길다는 것은 강조하고 있다는 것입니다. 하나님은 우상숭배 명령과 안식일 준수 명령을 중요하게 생각하고 있습니다. 우상숭배 금지 계명과 안식일 계명에 비하여 나머지 계명들은—살인하지 말라, 간음하지 말라 등등—상대적으로 아주 짧습니다.

하나님은 안식일을 지키라고 명령합니다. 안식일을 지키라고 하는 이유로 하나님의 창조 사역을 말합니다. 하나님이 육 일 동안 하늘과 땅과 그 가운데 모든 것을 창조하시고 칠 일째 되는 날 쉬셨기 때문입니다. 안식일은 이제 이스라엘 국가의 법으로 등장합니다. 이스라엘 전 국민이 제 칠일에 쉬어야 합니다. 안식일은 사회적이며 제도적인 법입니다.

안식일은 쉬는 날입니다. 이것은 국가적인 휴일이며 사회적으로 지키는 날입니다. 따라서 일할 수 있는 육일과 대조되는 날입니다. 이것은 눈에 드러나는 표입니다. 안식일에 쉬는 것이 거룩해 지는 것입니다. 안식일에 일을 하는 것은 그 날을 더럽히는 행위입니다(출 31:14). 그래서 안식일에 일을 한 사람은 사형에 처해집니다. 안식일에 일한 사람을 죽이라는 명령을 강조합니다. "죽일지며," "그 생명이 끊어지리라," "반드시 죽일지니라"(출 31:14-15).

안식일은 여호와와 이스라엘 사이의 대대의 "표징"이며 "영원한 언약"입니다(출 31:13, 16). 이스라엘은 안식일을 지킴으로 거룩해집니다. 하나님은 안식일과 관련해서 "나는 너희를 거룩하게 하는 여호와인 줄 너희가 알게 함이라"고 자신을 소개하십니다(출 31:13).

하나님은 이스라엘에게 현현하셔서 열 개의 말씀들을 주셨습니다. 이 열 개의 말씀들을 구분하는 것이 명확하지 않습니다. 유대인들은 개신교가 서언으로 간주하는 것을(출 20:2) 1계명으로 여기며 개신교의 1-2계명을 합쳐서 2계명으로 여깁니다. 로마 가톨릭과 루터교도 개신교와 다르게 십계명의 말씀을 나눕니다. 개신교의 1-2계명을 합쳐서 1계명으로 부르며 개신교의 10계명을 9계명과 10계명으로 나눕니다.

하나님은 불과 구름 가운데 임재하셔서 직접 십계명을 말씀하십니다. 그리고 십계명을 돌에 써 주십니다. 말은 쉽게 잊혀집니다. 그러나 글은 오래 갑니다. 글을 돌에 써 주셨다는 것도 의미가 있습니다. 돌은 쉽게 부식되지 않기 때문입니다.

십계명은 법의 형태로 주어진 언약의 말씀입니다(출 34:28). 십계명은 어떤 추상적인 법 이론이나 철학 사상을 논하지 않습니다. 이스라엘 백성이 실제 삶 속에서 지켜야 할 구체적인 말씀입니다. 다른 신을 섬기지 않고 부모를 공경하며 살인하지 않고 간음하지 않고 사는 것이 바로 거룩한 백성이 되는 비결입니다. 하나님은 내 언약을 지킬 것을 요구하셨습니다. 이스라엘도 언약을 지키겠다고 동의했습니다. 하나님은 십계명을 삶 속에서 지키라고 주신 것입니다. 하나님은 율법을 주심으로 이스라엘에게 순종을 요구합니다.

십계명은 주로 부정형으로 구성되었습니다. 4계명 "안식일을 기억하여 거룩히 지키라"(20:8)와 5계명 "네 부모를 공경하라"는 긍정적인 명령이며 나머지 8계명들은 "~하지 말라"는 부정적 금지 명령입니다.

십계명의 계명들은 신약시대에 계속 지켜야 할 계명들이 있는가 하면 지키지 않아도 될 계명이 있습니다. 다른 신을 섬기지 말라, 살인하지 말라, 간음하지 말라, 부모를 공경하라와 같은 계명들은 여전히 유효합니다. 그러나 십계명 가운데 안식일을 거룩히 지키라는 계명은 신약 시대에 더 이상 구속력이 없습니다. 신약은 안식일을 지키는 것이 아니라 예수가 부활하신 주일을 지키기 때문입니다. 신약은 새 언약의 시대입니다. 따라서 새 언약을 따라 하나님의 백성이 된 성도들은 옛 언약의 표징인 안식일을 더 이상 준수하지 않습니다.

십계명의 계명들 가운데 신약 시대에 계속 효력이 있는 계명들이 있고 더 이상 효력이 없는 계명이 있습니다. 이것에 근거해서 생각해 보면 율법에는 연속성이 있는 계명들이 있는가 하면 불연속성을 갖는 계명들이 있습니다. 십계명이 율법의 핵심이며 요약이기 때문입니다.

안식일 계명은 사회적이며 제도적이며 국가적인 법입니다. 안식일 계명에 근거해서 살펴보면 제도적이며 사회적인 그리고 국가적인 법들은 대부분 신약 시대에 불연속성을 갖습니다.

6.3 시내 산 언약

하나님이 불과 우뢰와 번개와 나팔 소리와 연기와 함께 나타나셔서 말씀하십니다. 그러자 백성들이 두려움에 사로잡혀서 모세에게 하나님께 나아가 말씀을 듣고 전해 줄 것을 요청합니다. 모세는 하나님과 백성 사이의 중간 역할을 합니다.

모세는 하나님의 모든 말씀을 듣고 다시 이스라엘 백성에게 와서 전해줍니다. 그러자 백성들이 하나님의 말씀을 지키겠다고 약속합니다(출 24:3). 그래서 이스라엘 백성이 하나님과 언약을 맺을 준비를 합니다.

시내 산 언약은 하나님과 이스라엘 백성 사이에 맺은 언약입니다. 이 언약은 하나님이 한 개인과 맺은 언약이 아닙니다. 노아 언약과 아브라함 언약

그리고 다윗 언약은 모두 하나님이 개인과 맺은 언약입니다. 시내 산 언약은 이런 점에서 다른 언약과 차이가 있습니다.

언약의 근본적인 개념은 책임과 의무로 말할 수 있습니다. 언약의 당사자들 간에 어느 한쪽이 일방적으로 제안과 약속을 해서 언약이 세워지는 경우에도(예, 노아 언약과 아브라함 언약) 언약을 제안한 당사자가 그 언약의 내용을 이행해야 할 의무와 책임이 있습니다. 또한 언약이 쌍방의 동의에 의해서 세워진 경우에는 그 언약의 내용을 두 당사자들이 지켜야 할 의무와 책임이 있습니다(예: 야곱과 라반이 맺은 언약).

언약의 동의어로 '맹세'가 사용되기도 합니다(창 21:31; 신 29:12,14). 두 당사자 사이에 세운 언약의 내용을 맹세함으로 또는 엄숙히 서약함으로 확증하는 것입니다.

시내 산 언약은 의식이 있습니다. 모세는 그 말씀들을 기록합니다. 산 아래에서 단을 쌓고 열 두 지파를 따라서 열 두 기둥을 세웁니다. 그리고 청년들이 번제와 화목제를 하나님께 드립니다. 이 예배는 불타는 가시나무에서 하나님이 하신 말씀의 성취임과 동시에(출 3:12) 모세가 바로에게 했던 주장의 성취입니다(출 5:3).

시내 산 언약의 의식 가운데 특징은 1) "언약의 책"(일반적으로 출 20-23장을 의미)을 백성 앞에서 읽었고 백성은 그 말씀들을 이행하기로(출 24:7) 약속한 것과 2) "언약의 피"를 뿌리는 것입니다(출 24:8). 피의 반은 단에 뿌리고 반은 백성에게 뿌렸습니다. 피를 뿌리는 의식이 독특한데, 이 의식은 구약의 다른 언약들에서 발견되지 않습니다(노아 언약, 아브라함 언약, 레위 언약, 다윗 언약). 시내 산 언약은 피를 뿌리는 행위로 인 쳐졌습니다. 이 피를 뿌리는 행위는 피로 제단과 백성을 정결하게 하는 의미가 있고 하나님과 백성을 언약으로 서로 결합하는 것입니다. 더 나아가 언약에 대한 책임과 의무를 진 것을 뜻합니다. 이스라엘이 그 언약의 말씀을 지키지 않을 경우, 그들이 피를 흘려야 한다는 것을 암시합니다.

언약이 체결된 후에 이스라엘의 지도자들, 모세, 아론, 나답, 아비후, 70인 장로들은 하나님을 보고 먹고 마십니다(24:11). 이것은 언약의 식사입니다

(참고. 창 26:26-33; 31:43-55). 시내 산 언약이 체결된 것은 이제 이스라엘이 하나님의 제사장 나라와 거룩한 백성이 되기를 서약한 것입니다(19:6).

언약을 체결한 후에 여호와는 모세에게 산으로 혼자 올라오라고 하십니다. 율법과 계명을 기록한 돌 판을 주시려고 부르십니다(24:12). 모세는 여호수아와 함께 하나님의 산에 올라가서 다시 모세 혼자 산으로 나아갑니다. 하나님의 산에는 하나님의 영광인 구름과 불이 있었습니다. 모세는 그 곳에서 40일을 머뭅니다.

"언약의 피"라는 표현은 신약에서 발견됩니다. 예수님이 십자가에서 죽기 전에 제자들과 함께 유월절 식사를 합니다. 그때 예수님은 포도주를 나눠주시면서 "이것은 죄 사함을 얻게 하려고 많은 사람을 위하여 흘리는 바 나의 피 곧 언약의 피니라"고 말씀하십니다(마 26:28). 예수님은 십자가의 죽음을 언약으로 설명하십니다. 이것은 "새 언약"으로 불립니다(눅 22:20). 이런 점에서 새 언약과 비교되는 구약의 언약은 시내 산 언약입니다. 시내 산 언약이 구약의 대표적인 언약입니다. 히브리서 기자는 계속 시내 산 언약과 새 언약을 비교하고 있습니다(히 7-10장).

6.4 예배 제도

하나님은 이스라엘과 언약을 체결하셨습니다. 하나님은 언약을 제안하실 때 "나의 말"과 "나의 언약"을 잘 순종하면 "제사장 나라"와 "거룩한 백성"이 될 것이라고 하셨습니다(출 19:5-6). 여기서 제사장과 거룩 개념이 서로 병행을 이루고 있습니다. 제사장은 하나님께 예배를 주관하는 자입니다. 예배 제도와 관련이 있습니다. 하나님은 이스라엘과 언약을 체결한 후에 이스라엘에게 거룩을 위해 예배 제도를 말씀하십니다. 예배 제도는 성막(공간)과 제사장(인간)과 제사(의식)과 절기(시간)이 있습니다.

성막과 제사장

거룩하신 하나님은 임재와 현현의 장소인 성막과 그곳에서 섬기는 제사장들의 거룩을 요구하십니다. 거룩은 '구별'이라는 개념을 갖고 있습니다. 성막은 하나님과 만나는 장소로서 거룩해야 하며 그 성막의 모든 기구들 역시 거룩해야 합니다. 성막에서 일하는 제사장 역시 거룩한 옷을 입고 하나님을 섬겨야 합니다.

성막은 거룩의 등급이 나뉘어 있어서 사람들이 함부로 가까이 갈 수 없습니다. 사람들의 출입이 제한되었습니다. 성막은 두 곳으로 지성소와 성소로 나뉘어져 있습니다. 지성소는 "거룩들의 거룩"이라는 뜻으로 지극히 거룩한 곳을 의미하며 법궤가 놓여있고 출입이 제한되어 있어서 대제사장만이 일년에 한 번, 속죄일에(레 16장) 들어갈 수 있습니다. 성소는 "거룩한 장소"를 의미하며, 금 향단, 진설병 상과 촛대가 놓여있고 제사장들이 그 곳에서 섬길 수 있습니다. 성막의 뜰에는 물두멍과 제단이 있습니다. 성막에 관련된 일은 아론과 그의 아들들인 제사장들이 담당했습니다.

성막은 가까이 할 수 있는 사람들을 제한합니다. 사람들도 거룩의 등급이 있습니다. 하나님의 임재의 처소인 성막은 이스라엘 진 가운데 위치합니다. 지성소는 대제사장이 가까이 할 수 있고 성소는 제사장이 가까이 할 수 있는 곳입니다. 성막 밖에는 레위 지파가 진을 치며 그 다음은 이스라엘 지파들이 진을 치고 있습니다. 그리고 이스라엘 진 밖에는 이방인들과 부정한 자들의 영역으로 분류되었습니다.

제사장들은 아론과 그의 아들들이(나답, 아비후, 엘르아살) 담당했습니다. 이들은 거룩한 옷을 입었으며 기름을 부어 거룩하게 하며 그들을 위한 위임 제사를 드려야 했습니다(출 28-29장).

성막에 관한 규정들은 출애굽기 25-31장에 그리고 이 성막의 제조는 출애굽기 35-40장에 기록되어 있습니다. 성막에 관한 규정들은 안식일 규정으로 끝나며(출 31:12-17) 성막을 만드는 작업을 설명하는 본문도 안식일 규정으로(출 35:1-3) 시작합니다. 성소와 다른 기물들 - 궤, 속죄소, 상, 등대, 성막, 번제 단, 제사장 옷, 분향할 단, 물두멍, 관유, 향은 1) 이스라엘 사람들의 자원하는 예물로 만들어지며(출 25:1-7; 35:20-29), 2) 브살렐과 오홀리압이 성소에 관한 일을 했으며(출 35:30-36:2), 3) 하나님이 산 위에서 모세에게 보여주신 식양대로 만들었습니다(출 25:9, 40; 26:30). 모세의 성막은 모형이며 하늘에 원형이 있습니다. 4) 성막은 하나님이 이스라엘 가운데 거하는 장소입니다(출 25:8).

성막에서 가장 중요한 기물은 궤입니다(출 25:10-22). 궤는 조각목(아카시아 나무)으로 만든 나무 상자입니다. 길이는 두 규빗 반(약 45cm로 잡으면 약 1.15m), 너비는 한 규빗 반(약 70cm), 높이는 한 규빗 반(약 70cm)입니다. 조각목에 정금을 입혀 만들었습니다. 네 모서리에 고리를 만들어서 긴 나무 막대기를 넣어 운반할 수 있게 만들었습니다. 궤의 기능은 증거 판을 궤 속에 보관하는 것입니다. 여호와께서 직접 써 주신 십계명의 돌 판을 보관합니다. 또한 궤의 뚜껑을 만들어야 합니다. 정금을 입혀 같은 사이즈로 만들었습니다. '속죄소'(카포레트 '속죄의 장소') 또는 '시은좌'로 부릅니다. 속죄소 두 끝에 그룹을 만들어 각각 끝에 두었습니다. 그룹은 서로 마주 대하여 속죄소를 향하고 있고 날개는 높이 펴서 속죄소를 덮고 있습니다. 궤의 기능은 이렇습니다. "거기서 내가 너와 만나고 속죄소 위 곧 증거궤 위에 있는 두 그룹 사이에서 내가 이스라엘 자손을 위하여 네게 명할 모든 일을 네게 이르리라"(출 25:22). 여호와는 속죄소에서 만나고 말씀하십니다. 여호와 하나님이 인간을 만나는 장소이며 말씀하시는 장소입니다. 신현과 신탁의 장소입니다.

하나님은 성막과 제사장을 거룩하게 하십니다. 특별히 성막은 하나님의 처소입니다. 하나님은 성막과 출애굽과의 관계를 이렇게 말합니다. "내가 이스라엘 자손 중에 거하여 그들의 하나님이 되리니 그들은 내가 그들의 하나님 여호와로서 그들 중에 거하려고 그들을 애굽 땅에서 인도하여 낸 줄을 알리라 나는 그들의 하나님 여호와니라"(출 29:45-46). 여호와는 이스라엘 가운데 거하심으로 "그들의 하나님"이 되십니다. 출애굽 역시 하나님이 이스라엘 가운데 거하시려고 행하신 일입니다. 여호와는 이스라엘 가운데 거하심으로 언약 공식이 이뤄지고 있습니다. 여호와 하나님은 자신을 "나는 그들의 하나님 여호와"라고 소개하십니다.

제사(레 1-7장)

성막이 완공된 후에 하나님은 모세를 시내 산으로 부르지 않고 성막으로 부르십니다. 시내 산에 임하셨던 하나님이 이제 성막에 임하시는 것입니다. 모세는 시내 산에 올라가지 않고 성막에서 하나님과 말씀을 나눕니다. 성막에서는 이제 번제의 향기가 하늘로 올라갑니다.

제사 제도는 성막에서 드리며 하나님과 인간 사이의 교제를 갖게 합니다. 죄로 인하여 깨어진 하나님과 사람 사이의 관계를 공식적으로 회복할 수 있는 제도입니다. 특히 레위기의 제사 제도는 하나님의 명령을 어김으로 하나님과 이스라엘 사람 사이에 깨어진 언약 관계를 회복 시켜 줍니다(레 4:2, 13, 22, 27). 이것이 속죄입니다. 제사를 통한 속죄를 가장 잘 설명하는 구절은 레위기 17:11입니다. "육체의 생명은 피에 있음이라 내가 이 피를 너희에게 주어 제단에 뿌려 너희의 생명을 위하여 속죄하게 하였나니 생명이 피에 있으므로 피가 죄를 속하느니라." 제사를 통하여 죄를 용서받을 수 있습니다.

제사 제도를 통하여 이스라엘은 부정에서 정결로 그리고 거룩함으로 나아갑니다. 죄와 부정을 씻고 거룩해지는 것입니다. 제사 제도는 다음과 같습니다.

1) 번제(레 1장). 번제물 전부를 태웁니다. 흠 없는 수컷으로 드리며 경제적인 사정에 따라 소, 양, 염소, 새를 드릴 수 있습니다. 죄를 속하고 헌신을 표합니다.

2) 소제(레 2장). 곡식으로 드리는 제사이며 피가 없습니다. 고운 가루, 기름, 유향, 소금을 드립니다. 일부를 태우고 남은 것은 제사장이 먹을 수 있습니다. 첫 수확에 대한 감사 표시입니다.

3) 화목제(레 3장). 하나님과 예배자 사이 그리고 예배자들 사이의 교제를 위하여 드립니다. 지방을 태우고 제사장과 예배자가 나누어 먹습니다. 소, 양, 염소로 흠 없는 것으로 드립니다. 기대하지 않은 축복에 감사, 하나님 앞에 서원할 때, 일반적인 감사의 뜻으로 드립니다.

4) 속죄제(레 4장). 여호와의 계명을 어겼을 때 드립니다. 죄를 속하고 정결하기 위해서 드립니다. 제사장이나 회중은 수송아지를, 지도자는 숫염소

를, 개인은 암염소를 드립니다. 지방을 태우고 나머지는 제사장이 성막 안 뜰에서 먹어야 합니다.

5) 속건제(레 5-6, 7장). 속죄제와 공통점이 많습니다. 하나님의 성물들과 관련해서 지은 죄에 대해 드리는 제사입니다. 허물의 용서를 위해 그리고 거룩한 것이 오염되었을 때 드리는 제사입니다. 흠 없는 양을 드리며 지방을 태우고 나머지는 제사장이 먹습니다.

제사 제도의 특징은 "여호와 앞"에서 행해지는 것입니다. 제사에 필요한 짐승은 "여호와 앞"에 끌고 와서 "여호와 앞"에서 드립니다. 이 구는 제사 제도에서 반복적으로 나타납니다(레 1:3, 5, 11; 3:1, 7, 12; 4:4, 6, 7, 15, 17, 18, 24; 6:7, 14).

절기(레 16장, 23장, 25장)

예배 제도는 절기를 포함합니다. 이스라엘의 달력은 백성에게 거룩하게 지켜야 할 시간이 있음을 말합니다. 이스라엘은 시간 중에서도 거룩함을 지켜야 합니다. 유월절과 무교절은 이스라엘이 출애굽할 때, 장자 재앙 때에 이미 설명했습니다.

1) 안식일. 6일 동안 일하고 7일째 되는 날 쉽니다. 하나님의 창조 사역을 기념하며(출 20:11) 하나님의 출애굽 사역을 기념합니다(신 5:12-15). 안식일은 영원한 언약입니다(출 31:12-17).

2) 오순절. 유월절 후 50일째 행해지는 절기입니다. 칠칠절이라고도 합니다. 왜냐하면 무교절로부터 49일째로 계산되어 붙여진 이름입니다. 곡식 추수 감사의 의미를 가집니다.

3) 대속죄일. 일 년에 한 번 지킵니다. 지성소, 회막, 단을 위해 속죄하며 제사장과 전 국민의 죄를 속합니다. 큰 안식일로 지킵니다.

4) 장막절. 수장절 또는 초막절로도 부릅니다. 광야 방랑을 기념하는 절기입니다.

5) 나팔절. 안식일로 삼아 기념합니다. 나팔을 불고 노동을 금지합니다.

6) 안식년. 7년째 되는 해입니다. 땅의 안식을 위해 지킵니다. 노예를 해

방하며 빚을 탕감해 줍니다.

7) 가장 특이한 절기는 희년입니다. 히브리어 요벨은 변제(또는 사면)의 해를 뜻합니다. 모든 부채로부터 면제받는 해입니다. 희년 즉, '면제의 해'라는 의미로 21회 사용되었습니다. 특이하게도 레위기 25장에서만 14회(25:10, 11, 12, 13, 15, 28(2회), 30, 31, 33, 40, 50, 52, 54), 레위기 27장에서 6회(27:17, 18(2회), 21, 23, 24) 그리고 민수기에 1회(36:4) 나옵니다. 그래서 레위기 25장을 희년의 장으로 부릅니다.

희년의 의미를 잘 보여주는 본문은 레위기 25:8-17입니다. 50년에 즉, 희년에 "자유"를 선포합니다. 이 희년이 선포되면 "너희는 각각 자기의 소유지로 돌아"갑니다. 부채로 인하여 종이 되었던 사람들이 "자유"를 얻어 집으로 "돌아"가는 것입니다. 경제적인 자유로 다른 사람에게 매이지 않고 종속되지 않는 자유입니다. 자유인으로서(경제적, 정치적인 의미에서) 살아가는 것입니다. 사람뿐만이 아니라 또한 다른 사람에게 팔았던 자신의 땅도 되찾을 수 있는 해(레 25:24-34)입니다. 따라서 희년이란 50년이 되면 모든 부채로부터 "자유"함을 얻습니다. 모든 빚을 탕감 받는 해입니다.

희년은 주로 레위기에서만(민수기 1번) 나옵니다. 그리고 구약의 역사서(사사기, 사무엘, 열왕기, 역대기)에서 이 희년이 지켜졌다는 이야기는 나오지 않습니다. 비슷한 구절로는 역대하 36:21에서 이스라엘과 유다가 망했을 때, 그 땅이 안식년을 누림같이 안식했습니다. 희년이 구약에서 실제적으로 지켜졌는지는 의문입니다.

6.5 거룩

예배 제도는 하나님의 거룩함과 긴밀한 관련이 있습니다. 거룩은 또한 등급이 있습니다. 거룩의 영역이 있고 거룩한 사람들이 있고 거룩한 의식과 거룩한 시간이 있습니다. 이러한 거룩의 등급은 인간 삶의 모든 영역에 적용됩니다.

제사장은 거룩의 등급을 나눌 수 있는 사람입니다. "그리하여야 너희가 거룩하고 속된 것을 분별하며 부정하고 정한 것을 분별하고"(레 10:10). 여기서 4가지 분류가—거룩, 속된 것, 부정, 정한 것—등장합니다. 거룩은 분리된 것 또는 구별된 것입니다. 거룩하지 않은 모든 것은 속된 것입니다. 속된 것은 일반적인 것을 의미합니다. 일반적인 것은 다시 부정한 것과 정한 것으로 나누어집니다. 부정한 것은 깨끗하지 않은 것 또는 정결하지 않은 것이며 정한 것은 깨끗한 것 또는 정결한 것입니다.

속된 것(일반적인 것)에 대한 분류는 동물 세계에도 적용되어 이스라엘이 먹을 수 있는 짐승과 먹을 수 없는 짐승을 구분합니다. 일명 음식법입니다. 정하다고 간주되는 짐승과 어류는 먹을 수 있는 반면, 부정하게 간주되는 짐승과 어류들은 이스라엘에게 먹는 것이 금지됩니다(레 11장; 신 14장).

부정과 정결의 구분은 아이를 낳은 산모에게도 적용됩니다. 남자아이를 낳은 후 7일은 부정하고 33일이 지나서 그리고 여자아이를 낳았을 경우 14일은 부정하고 66일이 지나서 깨끗해집니다(레 12장).

그 외에도 문둥병, 유출병, 여인의 피의 유출, 남자와 여자의 성 관계에 부정과 정결이라는 범주가 적용되어 구분하고 있습니다(레 13-15장).

거룩은 이스라엘의 세계관입니다. 이스라엘은 거룩과 일반적인 것 그리고 부정한 것과 정한 것으로 모든 것을 분류합니다. 이스라엘은 거룩이라는 관점에서 일상생활을 구분하고 있습니다. 이스라엘의 이러한 세계관은 하나님의 속성과 관련이 있습니다. 거룩은 하나님의 본성 가운데 하나이기 때문입니다.

하나님의 거룩하심은 이스라엘의 거룩을 요구합니다. "나는 여호와 너희의 하나님이라 내가 거룩하니 너희도 몸을 구별하여 거룩하게 하고 땅에 기는 길짐승으로 말미암아 스스로 더럽히지 말라 나는 너희의 하나님이 되려고 너희를 애굽 땅에서 인도하여 낸 여호와라 내가 거룩하니 너희도 거룩할지어다"(레 11:44-45). 이스라엘이 출애굽 할 때에 선포되었던 하나님의 이름 "나는 여호와이다"가 여기서 다시 등장합니다. 여호와는 거룩하시기 때문에 그의 백성인 이스라엘에게 거룩함을 요구하는 것입니다. 레위기의 소위 거룩 법전(17-26장)에 하나님의 자기소개 형식 "나는 여호와이다"는 하나님의 거룩한 성품을 선언합니다(레 19:2; 20:7-8,26; 21:23; 22:31-33). 거룩하신 하나님은 이제 이스라엘 가운데 거하시며 이스라엘의 거룩을 요구하십니다. 이러한 거룩의 요구는 이스라엘을 많은 이방 민족들과 구별하는 것입니다(레 20:26). 이스라엘의 거룩은 거룩하신 하나님을 모방Imitatio Dei하는 것입니다.

이스라엘은 하나님과 언약을 맺었습니다. 이제 이스라엘은 하나님의 말과 언약을 잘 지켜야 합니다. 하나님의 말과 언약은 다양한 법들로 나타납니다. 이 법들을 잘 지킬 때 거룩한 백성이 될 수 있습니다. 하나님의 법은 이집트의 풍속과 가나안 땅의 풍속과 확연하게 구별됩니다. 이것은 특히 성적인 부분에 많은 강조가 주어지기도 합니다(레 18장). 특별히 이스라엘이 가나안 땅에 들어가 살 때에 법을 잘 지켜야 합니다. 가나안은 약속의 땅이며 언약의 장소입니다. 약속의 땅은 이스라엘에게 이방인의 풍속을 본받지 말 것을 요구합니다. 만일 이스라엘이 이방의 풍속을 따라 살면 그 땅은 더러워집니다. 그 땅이 더러워지면 그 땅은 거기에 거하는 사람들을 토해 낼 것입니다(레 18:24-30).

6.6 언약 파기

이스라엘은 하나님과 시내 산 언약을 맺음으로 하나님의 백성이 되었습니다. 그러나 이스라엘이 금방 하나님과 맺은 언약을 파기합니다. 이것이 금송아지 사건입니다(출 32-34장).

금송아지 사건은 성막에 관한 규정(출 25-31장)과 그 성막을 만드는 설명(출 35-40장) 가운데 끼어 있습니다. 특히 모세가 시내 산 위에서 하나님의 법과 성막에 관한 규정들을 받는 동안에 산 아래에서는 이스라엘이 금으로 송아지를 만드는 반역 사건이 일어났습니다.

성막은 여호와 하나님이 거주하시는 곳, 임재 하시는 곳입니다. 그러나 금송아지는 여호와께서 금하신 우상입니다. 우상을 숭배하는 곳에는 하나님이 임재 하시지 않습니다. 금송아지는 하나님의 부재를 말합니다. 성막에 대한 규례와 성막을 만드는 이야기 가운데 끼여 있는 금송아지 사건은 여호와의 임재, 여호와의 부재 그리고 여호와의 임재를 설명하고 있습니다.

이스라엘은 모세가 산에서 늦게 내려오자 기다리지 못하고 송아지 우상을 만듭니다. 백성들은 모세의 부재로 인하여 아론에게 이렇게 요구합니다. "우리를 위하여 우리를 인도할 신을 만들라 이 모세 곧 우리를 애굽 땅에서 인도하여 낸(올라오게 한) 사람은 어찌 되었는지 알지 못함이니라"(출 32:1). 금송아지를 만든 목적은 이스라엘을 인도할 신을 만드는 것입니다. 아론 역시 금송아지를 만든 후 "이스라엘아 이는 너희를 애굽 땅에서 인도하여 낸(올라오게 한) 너희 신"이라고 선언했습니다(출 32:4). 아론이 만든 금송아지는 이집트에서 이스라엘을 해방시키며 구원해준 신으로 소개되었습니다. 아론은 백성들의 요구에 따라서 여호와 하나님의 형상을 만든 것입니다. 금송아지가 여호와의 형상을 표현한다는 것은 아론이 한 행동에서도 드러납니다. 아론은 금송아지에게 단을 쌓고, "여호와의 절일"(절기)를 선포하고, 번제와 화목제를 드렸습니다(출 32:5-6). '여호와의 절일'은 '여호와를 위한 절기'로 금송아지에 대한 인식을 설명합니다.

금송아지 숭배 사건은 이스라엘이 하나님과 맺은 시내 산 언약 의식과 병행을 이룹니다. 이것은 시내 산 언약을 파기하는 우상 숭배였습니다. 하나님은 십계명의 말씀 가운데서 우상을 만드는 것을 금지하셨습니다. 더 나아가 하나님의 현현을 보았던 이스라엘에게 금이나 은으로 하나님을 형상으로 만드는 것을 금지하셨습니다(출 20:22-23).

이스라엘은 하나님의 언약을 지키겠다고 동의한 후에 하나님과 언약을 맺었습니다. 그 언약은 우상 숭배 금지를 포함하고 있습니다. 그런데 이스라엘은 금송아지를 만들어서 그 언약을 파기합니다.

여호와는 시내 산 아래에서 행해지는 금송아지 사건을 아시고 모세에게 이스라엘이 부패했다고 말합니다. 이스라엘은 "내가 그들에게 명한 길을 속히 떠나" 우상을 만들었습니다(출 32:7-8). 여호와는 이스라엘을 부패한 백성으로 규정합니다. 그들이 여호와의 명한 길에서 즉 언약에서 속히 떠나 우상을 만들어 숭배했기 때문입니다.

여호와는 목이 곧은 백성인 이스라엘을 진멸하고 모세로 큰 나라를 만들겠다고 하십니다. 이에 모세는 이스라엘을 위하여 기도하며 변호합니다. 모세는 세 가지 논리로 말합니다(출 32:11-13). 1) 이스라엘은 여호와께서 강한 손으로 이집트에서 인도하여 낸 "주의 백성"(당신의 백성)이라고 합니다. 하나님은 모세에게 "네 백성"이라고(32:7) 하시고 모세는 하나님께 "당신의 백성"이라고 합니다. 2) 이집트 사람들은 여호와가 이스라엘을 진멸하려고 인도하여 내었다고 말할 것이라고 합니다. 즉 이집트의 비웃음을 살 것이라는 것입니다. 3) 모세는 여호와께 아브라함과 이삭과 이스라엘에게 하신 약속을 상기시킵니다. 하나님께서 이스라엘의 조상들에게 하신 약속을 지켜 달라는 것입니다. 모세의 기도로 여호와는 행하시려고 했던 계획을 철회하십니다.

모세는 산에서 내려와서 송아지와 백성들이 춤추는 것을 보고 화를 내며 두 돌 판을 던져 깨뜨립니다. 이것은 언약이 파기되었다는 것을 의미합니다. 여호와의 진노를 말리던 모세가 백성의 실상을 보더니 화를 냅니다.

금송아지 일로 인하여 백성들이 방자해졌습니다. 백성들을 통제할 수 없는 상태에 이른 것입니다. 이때 모세는 여호와의 편에 있는 자를 부릅니다. 레위 사람들이 다 모세에게 모여듭니다. 모세가 칼을 차고 우상을 숭배한 백성들을 죽이라고 명령하자 모세의 명령에 따라 레위 사람들이 삼천 명 가량을 죽였습니다. 이 일로 인하여 레위 사람들이 복을 받게 되었습니다(출 32:29). 디나의 사건으로 레위는 아버지 야곱에게 저주를 받았습니다(창 49:5-7). 그러나 금송아지 사건으로 레위는 명예를 회복합니다. 모세는 레위 지파를 크게 축복합니다(신 33:8-11).

모세는 백성들에게 금송아지를 만든 것은 "큰 죄"라고 말하며 이스라엘이 여호와께 죄를 지었음을 강조합니다(출 32:30, 31, 32, 33, 34). 죄를 지은 이스라엘을 위해 모세는 그들의 죄를 사해 달라고 기도합니다. 용서하지 않으면 자신의 이름을 하나님이 기록한 책에서 지워달라고 요청합니다(출 32:32). 여기서 하나님의 책이 처음 언급되고 있습니다(참고. 시 69:28; 말 3:16; 빌 4:3; 계 3:5; 20:12). 하나님은 하나님에게 범죄한 사람을 그의 책에서 지워버릴 것이라고 답변하십니다. 그리고 다시 모세에게 백성을 가나안 땅으로 인도할 것을 말씀하십니다. "이제 가서 내가 네게 말한 곳으로 백성을 인도하라 내 사자가 네 앞서 가리라 그러나 내가 보응할 날에는 그들의 죄를 보응하리라"(출 32:34). 하나님은 사자를 보내어 백성을 인도할 것을 말씀하십니다.

금송아지 사건에서 여호와께서 이스라엘과 함께 하실 것인가 아닌가 하는 것이 중요한 주제입니다. 하나님은 모세에게 이스라엘을 가나안 땅으로 인도할 것을 말씀하시고 자신은 함께 하지 않을 것을 선언하십니다. "너는 네가 애굽 땅에서 인도하여 낸 백성과 함께 여기서 떠나서 내가 아브라함과 이삭과 야곱에게 맹세하여 네 자손에게 주기로 한 그 땅으로 올라가라 내가 사자를 너보다 앞서 보내어 가나안 사람과...쫓아내고 너희를 젖과 꿀이 흐르는 땅에 이르게 하려니와 나는 너희와 함께 올라가지 아니하리니"(출 33:1-3). 여호와는 이스라엘을 약속의 땅으로 인도할 것을 말씀하십니다. 이것은 조상들에게 약속하신 것을 지키겠다는 것입니다. 이 말은 조상들에게 한 약속을 지켜 달라고 기도한 모세에 대한 하나님의 응답입니다(출 32:13). 하지만 이스라엘을 인도하는 것은 여호와의 사자이며 여호와 자신은 아닙니다. 여호와는 "너희와 함께 올라가지"(출 33:3) 않을 것을 분명히 하십니다. 여기서 "너희와 함께"는 '너희 가운데'입니다. 여호와께서 이스라엘 가운데 계시지 않을 것을 분명히 하신 것입니다. 즉 여호와의 부재를 말씀하십니다. 여호와 하나님은 이스라엘 가운데 거하시려고 이스라엘을 이집트에서 인도하여 내셨습니다(출 29:46). 여호와의 거주와 임재는 회막을 세움으로 이루어질 것입니다. 그런데 이스라엘이 금송아지 사건으로 회막 만드는 일을 어렵게 한 것입니다.

이래서 금송아지 사건은 누가 이스라엘을 가나안 땅으로 인도할 것인가, 금송아지인가(출 32:1-6, 23), 하나님의 사자인가(출 32:34; 33:2), 아니면 하나님 자신인가(출 33:14-16) 하는 신학적인 주제를 갖고 있습니다.

하나님은 하나님의 사자가 이스라엘을 약속의 땅으로 인도할 것이며 자신은 이스라엘과 같이 가지 않으실 것을 말씀하십니다. 그러자 모세는 이스라엘을 위한 중보 기도를 합니다(출 33:12-16). 모세는 여호와께 같이 가시기를 요청합니다. 모세는 여호와께서 자기에게 이 백성을 인도하여 올라가라고 말씀하시고 누가 같이 갈 것인지를 알게 하지 않았다고 기도합니다. 그리고 과거에 하나님이 했던 말을 합니다. "주께서 전에 말씀하시기를 나는 이름으로도 너를 알고 너도 내 앞에 은총을 입었다 하셨사온즉"(출 33:12). 그리고 모세는 만일 자기가 하나님의 은총을 입었으면 주의 길을 알게 해달라고 간구합니다(출 33:13). 그러자 하나님이 "내가 친히 가리라"(나의 얼굴들이 갈 것이다)고 약속하십니다(출 33:14). 하나님의 임재와 현존을 의미합니다. 금송아지 사건으로 깨어졌던 하나님과 이스라엘 사이의 관계가 다시 회복되는 순간입니다. 하나님께서 친히 가나안 땅으로 함께 가실 것을 약속하십니다.

하나님이 함께 가시겠다는 약속에 모세는 확증을 요구합니다. 하나님의 영광을 보여 달라고 합니다. "주께서 친히 가지(당신의 얼굴이 가지) 아니하시려거든 우리를 이곳에서 올려 보내지 마옵소서 나와 주의 백성이 주의 목전에 은총 입은 줄을 무엇으로 알리이까 주께서 우리와 함께 행하심으로 나와 주의 백성을 천하 만민 중에 구별하심이 아니니이까"(출 33:15-16).

모세의 요청으로 하나님은 모세에게 자신의 영광을 보여 주십니다. 모세는 여호와의 얼굴을 보지 못하고 등을 볼 것입니다. 여호와는 자신의 이름을 선포하시며 영광과 등을 보여 주실 것입니다. 여호와의 얼굴을 보지 못할 것이라는 사상은 구약에 자주 나타납니다(삿 6:22; 13:22; 사 6:5).

하나님은 모세에게 두 돌 판을 만들어서 시내 산으로 올라오라고 명령하십니다. 시내 산에 사람을 가까이 하지 못하게 하시고 여호와는 모세에게 나타나셔서 자신의 이름을 반포하십니다. 여호와의 이름이 두 번 선언된 것이 특이합니다. 여호와의 이름은 속성과 성품을 밝혀 줍니다. "여호와라 여호와라 자비롭고 은혜롭고 노하기를 더디하고 인자와 진실이 많은 하나님이라"

(출 34:6). 하나님이 자신의 이름과 속성을 계시하십니다. 이 이름은 금송아지로 인하여 범죄한 이스라엘에 대하여 다시 언약을 갱신하시는 여호와의 성품을 보여주고 있습니다. 여호와께서 이름을 밝히시자 모세는 가나안 땅으로 같이 가기를 요구합니다(출 34:9).

여호와는 금송아지 사건으로 깨어진 언약을 회복시키십니다. 그리고 이스라엘이 지켜야 할 계명들을 말씀하십니다. 흥미롭게도 여기도 10개의 말씀들이 나타납니다. 그래서 학자들은 이것을 '제의적 10계명'이라고 부릅니다(출 34:11-26).

깨졌던 언약이 다시 회복된 것은 하나님이 두 돌 판을 직접 십계명을 써 주신 것에서 알 수 있습니다(출 34:28). 모세는 이 두 돌 판을 시내 산에서 다시 가지고 내려왔습니다. 금송아지 사건으로 깨어진 언약을 회복하는 데에서 백성들의 동의는 나오지 않습니다. 하나님이 홀로 언약을 회복시키십니다. 하나님의 말씀과 언약을 지키겠다고 동의한 이스라엘은 금송아지 사건으로 그 언약을 깨뜨리고 지키지 않았습니다. 시내 산 언약은 처음부터 지켜지지 않았습니다. 하지만 하나님의 은혜로 그 언약은 다시 회복되어집니다.

7

계속되는 불순종

읽어야 할 본문: 민수기 1-31장

이스라엘은 시내 산에서 하나님과 언약을 체결하고 법을 수여 받았습니다. 하나님의 임재의 처소인 성막도 이스라엘 가운데 완공되었습니다. 이로써 하나님은 이스라엘 하나님의 여호와가 되고 이스라엘은 하나님의 백성이 되었습니다. 이제 하나님의 백성 이스라엘은 약속의 땅 가나안을 향하여 출발합니다.

이스라엘 광야 여행의 특이한 점은 구름이 성막에서 떠오르면 이스라엘은 행진을 시작하고 구름이 머무는 곳에 진을 쳤다는 것입니다. 이스라엘은 하나님의 명령을 따라서 행진합니다(민 9:15-23). 가나안 땅을 향한 행진에는 언약궤가 앞장섰습니다(민 10:33-36).

이스라엘이 광야를 여행 하는 도중에 실제적인 필요의 문제에 부딪힙니다. 광야 생활은 고되고 먹을 것과 마실 물이 없습니다. 이스라엘이 모세를 향하여 불평을 하기 시작하며 하나님께 반역을 합니다. 이스라엘의 반역 사건들은 반복적으로 나오는데, 처음에는 작은 사건에서 시작하여 더 큰 사건으로 나아갑니다. 결국 가데스 바네아에서 하나님의 명령에 반역함으로 가나안 땅에 들어가지 못하고 40년 간 광야를 유랑합니다(민 11-14장).

7.1 이유 없는 불평

아무런 이유가 없이 백성이 불평합니다. 여호와께서 들으시고 불로 심판하십니다. 모세가 이스라엘을 위해 중보 기도를 한 후에 불이 꺼집니다(민 11:1-3).

7.2 고기를 먹게 해 달라는 요구

이스라엘에 섞여 사는 다른 인종들이 탐욕을 품음으로 백성이 동요합니다. 실질적인 필요로 불평이 나옵니다. 만나 외에는 먹을 것이 없다며 고기를 요구합니다. "누가 우리에게 고기를 주어 먹게 하랴"(민 11:4). 이들은 이집트에서 먹었던 다양한 음식들을 기억해 냅니다. 생선, 호박, 참외, 부추, 양파, 마늘을 먹고 싶어 합니다. 이들은 만나 외에 먹을 것이 없다고 불평합니다. 음식의 다양성이 없다고 말합니다.

만나는 아침에 이슬과 같이 내렸습니다. "그 이슬이 마른 후에 광야 지면에 작고 둥글며 서리 같이 가는 것이 있는지라 이스라엘 자손이 보고 그것이 무엇인지 알지 못하여 서로 이르되 이것이 무엇이냐 하니"(출 16:14-15). 이스라엘 사람들은 만나를 알지 못했습니다. 그래서 서로 물어 봅니다. "이것이 무엇이냐?" "무엇이냐"는 히브리어로 '만'입니다. 여기서 만나라는 명칭이 왔습니다. 모세는 백성에게 한 사람당 한 오멜(약 2.3리터)씩 취하라고 합니다. 신기한 일은 많이 거둔 사람이나 적게 거둔 사람이나 모두 남은 것도 없고 부족한 것도 없습니다. 각 사람이 먹을 만큼 거뒀습니다. 만나는 그 날 거둔 것은 그날 먹어야 했습니다. 다음 날까지 남겨 놓으면 벌레가 생기고 냄새가 났습니다. 또한 그날 내린 만나는 해가 뜨면 녹아서 없어졌습니다. 만나는 굽거나 삶아서 먹었습니다. 안식일을 위해서 보관한 것은 다음 날이 되어도 냄새가 나거나 벌레가 생기지 않았습니다(출 16:13-36; 민 11:4-9).

하나님은 하루 양식을 주십니다. 하루를 먹고 살면 다음 날 또 하나님을 바라보아야 합니다. 다음 날에도 하나님은 만나를 주십니다. 이스라엘은 광야를 떠돌아다니는 동안 하나님을 신뢰하는 훈련을 합니다. 매일 양식을 주시는 신실하신 하나님, 약속을 지키시는 하나님, 이스라엘을 기억하시는 하나님을 배웁니다.

만나는 하나님이 주신 하늘의 양식입니다. 광야에서 먹을 것이 없을 때, 하나님이 만나를 주셔서 이스라엘이 살 수 있었습니다. 그러나 이스라엘은 먹고 살만 하니까 이제 고기를 달라고 요구합니다. 이스라엘은 하늘의 양식을 먹고 힘을 내서 하늘 양식을 주신 하나님께 반역합니다.

고기를 달라는 요구에 모세는 백성에 대한 자신의 지도력의 한계를 고백합니다(민 11:11-12). 모세는 이스라엘 백성을 데리고 가나안 땅으로 가는 것이 너무 힘들다고 말합니다. 혼자서 이 모든 짐을 질 수 없다고 합니다. 그러자 하나님이 해결책을 제시합니다. 이스라엘 가운데서 70인 장로들을 뽑아서 모세의 사역을 돕게 하십니다, 하나님이 70인 장로들에게도 영을 주십니다 이 사건으로 인해서 이스라엘의 조직이 더 확대됩니다. 70인의 장로들이 모세를 도와 이스라엘을 지도합니다. 70인 장로들에게 영이 임함으로 이들이 예언을 합니다. 선지자적인 특성을 띱니다(민 11:16-30).

고기를 달라는 백성의 요구에 하나님은 한 달 동안 실컷 고기를 먹게 해주시겠다고 응답하십니다. 그러자 모세가 의심합니다. 함께 하는 백성이 육십만 명인데 어떻게 양과 소, 물고기를 조달하겠는가? 모세의 회의에 하나님이 답변합니다. "여호와의 손이 짧으냐?"(민 11:23). 출애굽 때에 하나님의 손은 강한 능력을 상징했습니다. 따라서 이는 하나님의 능력이 없어졌느냐? 하나님의 능력이 사라졌느냐? 이런 의미입니다. 그리고 하나님은 백성에게 메추라기를 주십니다. 하지만 탐욕을 품고 하나님을 향하여 원망한 백성은 하나님의 심판을 당합니다(민 11:33-35).

7.3 모세의 지도력에 대한 미리암과 아론의 반란

탐욕 사건 이후 모세의 지도력에 대한 반항 사건이 발생합니다. 모세의 지도권에 대한 반역은 미리암과 아론에 의해 일어납니다. 모세가 구스 여인을 취하자 미리암과 아론은 하나님이 자기들과도 말씀하셨다고 모세의 권위에 도전합니다. 하나님이 이 말을 듣고 세 사람을 회막으로 부르십니다. 그리고 일반 선지자와 모세와의 차이를 이렇게 말합니다. "너희 중에 선지자가 있으면 나 여호와가 환상으로 나를 그에게 알리기도 하고 꿈으로 그와 말하기도 하거니와 내 종 모세와는 그렇지 아니하니 그는 내 온 집에 충성함이라 그와는 내가 대면하여 명백히 말하고 은밀한 말로 하지 아니하며 그는 또 여호와의 형상을 보거늘 너희가 어찌하여 내 종 모세 비방하기를 두려워하지 아니하느냐"(민 12:6-8).

하나님은 일반적인 선지자에게 자신을 계시하시는 방법을 설명하십니다. 환상으로 자신을 알리시며 꿈으로 말씀하기도 하십니다. 선지자들이 하나님의 말씀을 받는 계시의 수납 방법입니다. 그러나 모세는 이러한 일반적인 선지자의 지위보다 더 뛰어난 지위를 갖고 있습니다. 모세가 일반적인 선지자보다 뛰어난 점은 1) 하나님은 모세를 친히 "내 종"이라고 호칭합니다. 2) 하나님은 모세와 "내가 대면하여 명백히 말하고"라고 하십니다. 이는 '입이 입을 향하여 내가 말하고'입니다. 서로 마주보고 입과 입으로 말했다는 뜻입니다. 모세는 하나님과 직접 대면하여 말할 정도로 친밀한 관계였습니다. 3) 모세는 "여호와의 형상을 보거늘"이라고 하십니다. 이는 '여호와의 모습을 본다'는 것입니다. 이러한 점에서 모세의 직분은 미리암 선지자나 아론 대제사장보다 더 뛰어나다는 것입니다.

하나님이 모세를 "내 종"으로 호칭하시며 모세의 권위를 옹호하십니다. 그리고 미리암을 나병으로 심판하십니다. 하나님이 미리암을 나병으로 치신 것을 보면 이 사건에서 미리암이 주도적으로 모세를 대적했다는 것을 알 수 있습니다. 미리암이 여선지자였던 것을 생각해 보면(출 15:20) 하나님이 왜 일반적인 선지자와 모세를 비교했는지 알 수 있습니다.

7.4 가나안 땅을 점령하라는 명령에 반역

계속되는 이스라엘의 반역은 가나안 땅을 점령하라는 하나님의 명령을 거역함으로 절정에 이릅니다. 모세의 지도력에 대한 반역 사건 이후 이제 이스라엘이 직접적으로 하나님의 구속 계획에 반역을 일으킵니다(민 13-14장).

이스라엘이 가나안 땅에 도착합니다. 하나님의 명령에 따라 12명의 정탐꾼을 가데스 바네아에서 가나안 땅으로 보냅니다. 그들이 돌아와서 보고를 합니다. 땅에 대한 보고는 이구동성으로 좋습니다. "당신이 우리를 보낸 땅에 간즉 과연 그 땅에 젖과 꿀이 흐르는데 이것은 그 땅의 과일이니이다"(민 13:27). 하지만 문제는 그 땅에 거하는 백성입니다. 10명의 스파이들에 따르면 가나안 땅에 거하는 백성은 강합니다. 거인인 아낙 자손들이 거주하기 때문에 그 땅을 정복할 수 없다며 비관적이며 회의적으로 말합니다. 가나안 백성들 앞에서 그들은 스스로 메뚜기라고 말합니다(13:31-33). 10명의 정탐꾼들은 실제 전투를 치르기도 전에 이미 사기가 꺾였습니다.

백성들 역시 스파이들의 보고를 듣고 낙심합니다. 온 회중이 부르짖으며 밤새도록 웁니다. 실망과 상실이 극한 감정적인 폭발로 나타납니다. 그들은 하나님이 행하신 놀라운 기적을 체험하며 이집트 땅을 탈출해 여기까지 왔습니다. 그러나 그들은 가나안 땅에 아낙 족속이 있다는 말에 낙심합니다. 가나안 정복 전쟁을 치르기도 전에 스파이들의 부정적이며 회의적인 보고를 듣고 그들은 무너져 내렸습니다.

출애굽 때에 그들은 홍해 바다에서 극적인 구원을 체험했습니다. 그러나 그들은 다시 새로운 어려움 앞에서 낙심합니다. 과거에 하나님이 그들을 위하여 행하셨던 기적을 다 잊어버리고 현재의 어려움 앞에서 좌절합니다. 과거를 기억해야 현재의 난관을 뚫고 갈 수 있습니다. 그러나 이스라엘은 과거에 도와주셨던 능력의 하나님을 잊어버렸습니다. 이것이 문제입니다. 그들은 약속이 땅 앞에서 약속을 성취하시는 하나님을 생각하지 않습니다.

이스라엘은 먼저 모세와 아론에게 원망을 쏟아냅니다. 이집트 땅이나 광야에서 죽었더라면 더 좋았을 것이라고 말합니다. 원망은 모세와 아론을 넘어서 하나님께로 향합니다. 여호와는 이스라엘 백성을 가나안 사람들의 칼에 죽게 하기 위하여 인도해 왔다고 여호와의 구속 계획을 의심하며 비난합니다. 신명기는 더 직설적인 비난을 보도합니다. "장막 중에서 원망하여 이르기를 여호와께서 우리를 미워하시므로 아모리 족속의 손에 넘겨 멸하시려고 우리를 애굽 땅에서 인도하여 내셨도다"(1:27). 두 개의 부정사 구들이 이스라엘이 이해하는 출애굽의 목적을 설명합니다. '우리를 아모리 인의 손 안에 주기 위하여' 그리고 '우리를 멸망시키기 위해서'입니다. 하나님의 구속 목적은 완전히 왜곡되었습니다. 하나님은 이스라엘을 젖과 꿀이 흐르는 땅으로 인도하여 그들에게 그 곳을 기업의 땅으로 주기 위해서 구원하셨습니다(출 3:8; 6:8). 지금 이스라엘은 하나님의 약속대로 가나안 땅 앞에 있습니다. 하나님은 그의 약속을 성실하게 성취하고 계십니다. 여기까지 온 것도 하나님의 은혜이며 인도입니다. 그러나 그들은 약속의 땅 앞에서 하나님의 약속을 부인하고 있습니다.

이스라엘은 여호와를 원망하며 이집트로 돌아가자고 합니다. 이집트로의 귀환은 노예 생활로의 회귀입니다. 하나님은 놀라운 이적으로 이스라엘을 구원하셨는데 다시 노예 생활로 돌아가려고 합니다. 하나님의 구원, 노예로부터의 해방과 무거운 노동으로부터의 자유를 포기하고자 합니다. 하나님의 은혜와 구원의 선물을 값없이 버리려고 합니다.

동요하는 백성들은 모세와 아론을 원망하며 여호와께 반역을 일으킵니다. 이때 여호수아와 갈렙이 백성들을 안정시키려고 시도합니다. 여호수아와 갈렙은 가나안 정복에 긍정적으로 보고합니다.

여호수아와 갈렙은 가나안 땅을 "심히 아름다운 땅" 즉, '매우 매우 좋은 땅'이라고 합니다. '매우'(또는 '크게')라는 표현을 두 번이나 반복합니다. 하나님은 이스라엘을 매우 좋은 땅으로 인도하기를 원하십니다. 그런데 10명의 스파이들은 그 땅에 대하여 악평합니다. "우리가 두루 다니며 정탐한 땅은 그 거주민을 삼키는 땅이요"(민 13:32). 여호수아와 갈렙은 그 땅을 젖과 꿀이 흐르는 땅이라고 합니다. 젖과 꿀이 흐르는 땅은 그 땅의 풍요로움을 표현합니다. 가나안 땅은 광야와 대조를 이루는 땅입니다. 곡식을 심고 추수할 수 있습니다. 밀과 보리, 포도와 무화과, 그리고 올리브기름과 꿀이 있는 곳이며 이스라엘이 부족함 없이 빵을 먹을 수 있는 땅입니다(신 8:7-10).

여호수아와 갈렙은 가나안 땅 정복에 강경파입니다. 백성의 동요를 진정시키기 위하여 노력합니다. 아낙 자손들이 크지만 그들을 두려워할 필요가 없다고 말합니다. "그 땅 백성을 두려워하지 말라 그들은 우리의 먹이라"(민 14:9). 여호수아와 갈렙은 가나안 백성을 "우리의 먹이"(빵)라고 말합니다. 빵은 먹으면 됩니다. 이 말 속에 그들의 신앙이 표현되었습니다. 가나안 땅은 하나님이 주시기로 약속한 땅이기 때문에 마치 사람이 빵을 먹듯이 가서 그 땅을 취하면 된다는 것입니다. 가나안 땅은 이스라엘의 먹이에 불과합니다.

여호수아와 갈렙은 하나님을 신뢰하고 있습니다. 10명의 스파이들과 온 백성은 하나님을 바라보지 않고 현실적인 문제, 가나안 거주민이 강한 것과 아낙 자손들만을 보았습니다. 현실 상황에 가려서 능력의 하나님을 보지 못했습니다. 하지만 여호수아와 갈렙은 현실을 바라보지 않았습니다. 현실 감각이 없는 것이 아니라 아낙 자손 배후에 계시는 하나님을 신앙의 눈으로 봅니다. 여호와 하나님이 이스라엘과 함께 계심을 믿습니다. 이러한 생각이 두려움을 이긴 것입니다.

"그들은 우리의 먹이라"는 고백은 단지 입에 발린 소리가 아닙니다. 갈렙은 40년 후에 이스라엘 후세대와 함께 가나안 땅을 점령합니다. 그는 85세에 여호수아에게 기업의 땅으로 헤브론을 요구합니다. 헤브론에는 아낙 자손들 가운데 가장 큰 사람들이 살고 있었습니다. 그러나 갈렙은 그 땅을 점령할 수 있다고 말합니다(수 14:12).

여호수아와 갈렙은 "그들의 보호자는 그들에게서 떠났고 여호와는 우리와 함께 하시느니라"(민 14:9)고 백성들을 설득합니다. "그들의 보호자"는 문자적으로 '그들의 그늘'입니다. '그늘'은 '피난 장소' 또는 '보호'를 의미합니다. 그늘은 중동의 사막 지역에서 태양으로부터 보호해줍니다. 강렬하게 타는 태양으로부터 피할 수 있습니다. 따라서 자연스럽게 '그늘'은 '보호'의 의미를 갖는 비유적인 표현입니다(참고. 시 91:1-2; 121:5). 가나안 사람들의 보호자는 떠났지만 이스라엘의 보호자인 여호와는 함께 하십니다.

하나님은 백성의 비난의 말과 행위를 자신을 멸시하는 것으로 이해하십니다. "이 백성이 어느 때까지 나를 멸시하겠느냐 내가 그들 중에 많은 이적을 행하였으나 어느 때까지 나를 믿지 않겠느냐"(민 14:11). 이스라엘이 하나님을 경멸하며 얕보는 것입니다. 그들은 출애굽 때에 하나님이 이스라엘을 위하여 행하신 많은 기적과 이적을 다 잊어버렸습니다. "어느 때까지"라는 표현이 2번이나 강조되었습니다.

하나님은 이스라엘을 심판하시겠다고 말씀하십니다. 이스라엘을 멸하고 모세를 더 크고 강한 민족으로 만들 계획을 갖고 계십니다. 여기에 대해 모세는 자신의 생각을 말하며 이스라엘을 위하여 기도합니다. 만일 여호와께서 이스라엘을 멸하신다면, 이집트 사람들은 이것을 들을 것이며 주위의 이방민족들에게 이 사건은 이야기꺼리가 될 것이라고 말합니다. 열방은 하나님이 이스라엘을 약속의 땅으로 인도할 능력이 없다고 말할 것이라고 합니다. 모세는 이방 민족들이 하나님의 명성을 훼손할 것을 염려합니다. 모세는 이스라엘을 약속의 땅으로 인도해 달라고 합니다.

그러면서 모세는 여호와 하나님의 성품을 말합니다. "여호와는 노하기를 더디하시고 인자가 많아 죄악과 허물을 사하시나 형벌 받을 자는 결단코 사하지 아니하시고 아버지의 죄악을 자식에게 갚아 삼사 대까지 이르게 하리라 하셨나이다. 구하옵나니 주의 인자의 광대하심을 따라 이 백성의 죄악을 사하시되 애굽에서부터 지금까지 이 백성을 사하신 것 같이 사하시옵소서"(민 14:18-19). 모세는 여호와의 많은 인자하심을 따라서 이스라엘의 죄를 용서해 달라고 간구합니다.

금송아지 사건 때에도 하나님은 이스라엘을 용서하셨습니다. 모세는 그때 선언하셨던 여호와의 이름을 언급하면서 다시 범죄 한 이스라엘을 용서해 주기를 간구합니다. 여호와는 인자가 많은 분입니다. 인자(헤세드)는 한국어의 한 두 단어로 번역할 수 있는 말이 아닙니다. 개역 성경은 이 단어를 인자, 인애, 은혜, 후대, 우의, 자비 등으로 다양하게 번역합니다. 기본적으로 인자는 친철, 호의의 뜻을 담고 있습니다. 하나님이 인간에게 보이는 다함이 없는 친절과 사랑을 표현하는 단어입니다.

여호와는 자비가 많으시며 죄와 과실을 용서하십니다. 하지만 모든 죄를 다 용서하지 않으십니다. "형벌 받을 자는 결단코 사하지 아니하시고"라고 강조합니다. 하나님은 아버지의 죄를 자식에게도 물으십니다. "아버지의 죄악을 자식에게 갚아 삼사 대까지 이르게 하리라"는 말씀은 십계명에서도 유사하게 나옵니다(신 5:9). 하나님은 조상들의 죄 값을 자식들에게도 물으십니다. 아버지의 죄가 아들에게, 삼사 대까지 영향을 미친 경우가 있습니다. 이스라엘의 사회는 대가족 중심의 사회입니다. 할아버지와 아버지와 아들이, 삼 대 이상이 함께 살았습니다. 고라의 반역으로 아들과 "유아들"(작은 자들)까지 벌을 받았습니다. 여기서 작은 자녀들은 손자들을 의미할 것입니다(민 16:27). 아간의 경우도 그의 아내와 아들들과 딸들도 심판을 받았습니다(수 7:24).

하지만 아버지가 죄를 범했다고 해서 꼭 아들이 나쁘다고 말할 수 없습니다. 이스라엘의 첫 왕 여로보암은 금송아지를 만들어 벧엘과 단에 둠으로 북이스라엘을 죄악으로 인도했습니다. 하지만 그의 아들 아비야는 하나님을 향하여 선한 뜻을 품었다고 좋은 평가를 받았습니다(왕상 14:1-18). 유다 왕 아하스는 여호와께 정직하지 않았고 우상 숭배를 한 왕이었습니다. 그러나 그의 아들 히스기야는 여호와께 정직하며 유다에서 우상을 치워버리고 종교개혁을 단행한 왕이었습니다(왕하 16:1-4; 18:1-8).

위의 사실을 볼 때, 아버지의 죄가 자식들에게 영향을 미치는 것은 사실이지만 기계적으로 미치는 것은 아닙니다. 이것은 십계명의 "나를 미워하는 자의 죄를 갚되 아버지로부터 아들에게로 삼사 대까지 이르게 하거니와"(신 5:9)를 다시 번역해 보면 명확해집니다. '조상들의 죄를 아들들 위에 그리고 삼대 위에 그리고 사대 위에, 나를 미워하는 자들에게 벌하시는 자이기 때문이다'입니다. 아버지의 죄가 삼사 대까지 미치는 자들은 "나를 미워하는 자들에게"입니다. 즉 아버지를 본받아 여호와를 미워하는 자녀들입니다.

아버지의 죄의 행위를 본받아 우상숭배를 하며 하나님의 말씀에 불순종하는 아들에게 하나님이 그 죄의 값을 물으십니다. 왜냐하면 각 사람은 자기 죄 값을 받기 때문입니다. "아버지는 그 자식들로 말미암아 죽임을 당하지 않을 것이요 자식들은 그 아버지로 말미암아 죽임을 당하지 않을 것이니 각 사람은 자기 죄로 말미암아 죽임을 당할 것이니라"(신 24:16). 아버지의 죄의 영향이 자동적으로, 기계적으로 자식에게 이어지지 않습니다. 이스라엘에 아버지가 신 포도를 먹었는데 아들의 이가 시다는 속담이 있었습니다. 하나님은 이스라엘 사람들이 이 속담을 다시 사용하지 못할 것이라고 말씀하십니다. 각 사람은 자기 죄의 책임을 질 것이기 때문입니다(렘 31:29-30; 겔 18:2-4).

모세는 이스라엘을 용서해 주시기를 구합니다. 그 근거는 "주의 인자의 광대하심을 따라"입니다. '당신의 큰 인자를 따라'입니다. 여호와의 이름에서 나타나는 성품은 인자가 많은 분입니다(민 14:18). 그 인자하심이 용서의 근거입니다. 하나님은 용서를 선언하십니다. 이 용서는 이스라엘을 멸하지 않겠다는 약속입니다. 하지만 용서했다고 해서 모든 것이 다 해결된 것은 아닙니다. 그들의 행위에 대한 징계가 있습니다.

하나님은 반역한 이스라엘에게 약속의 땅을 보지 못할 것이라고 선언하십니다. 이스라엘은 이집트와 광야에서 하나님의 기적을 보았습니다. 그럼에도 불구하고 그들은 하나님의 목소리를 듣지 않았습니다. 불순종한 이스라엘은 가나안 땅을 결코 보지 못할 것입니다(민 14:22-23).

온 회중 즉 20세 이상 계수함을 받은 세대는 가나안 땅에 들어가지 못하고 40년간 광야를 유랑하다 죽을 것입니다. 그러나 20세 미만인 세대는 40년 후에 약속의 땅에 들어갈 것입니다.

여호수아와 갈렙은 그 땅에 들어갑니다. "그러나 내 종 갈렙은 그 마음이 그들과 달라서 나를 온전히 따랐은즉"(민 14:24)이라는 평가를 받습니다. 하나님은 갈렙을 "나의 종"으로 지칭합니다. 왜냐하면 갈렙은 불순종하는 이스라엘과는 다른 영이 있었기 때문입니다. "그 마음이 그들과 달라서"는 '그에게 다른 영이 있다'는 뜻입니다. '다른 영'은 '별개의 영'으로 하나님을 시험하는 이스라엘과 다른 정신입니다. "나를 온전히 따랐은즉"은 '그는 나를 따르는데 충만했다'입니다. '충만했다'는 '가득 찼다'로 갈렙은 여호와의 말씀을 따르려는 마음으로 충만했던 것입니다. 진실하게, 충성되게, 전적으로 여호와를 따라 간 것입니다. 그 결과 갈렙은 심판에서 제외되었습니다. 불순종한 세대는 그 땅에 들어가지 못하는데 반하여 갈렙은 가나안 땅에 들어갈 것이며 그 후손은 그 땅을 차지할 것입니다.

하나님은 배역한 이스라엘에게 여행 경로를 새롭게 말씀하십니다. 이제까지는 약속의 땅이 여행의 목적지였습니다. 그러나 여행 목적지가 변경되었습니다. 여행 목적지는 젖과 꿀이 흐르는 땅이 아니라 광야입니다. 식물이 자라지 않고 생명이 생존하기 어려운 광야로 들어가라고 하십니다. 하나님의 약속을 믿지 않은 결과입니다.

20세 이하의 자녀들은 부모의 패역한 죄를 지고 광야에서 유리하는 자가 됩니다. 쉴 곳을 얻지 못하고 광야를 이리 저리 옮겨 다니며 양을 치는 유목민의 삶을 살 것입니다. 방랑자입니다. "너희의 자녀들은 너희 반역한 죄를 지고 너희의 시체가 광야에서 소멸되기까지 사십 년을 광야에서 방황하는 자가 되리라"(민 14:33) "너희 반역한 죄"는 부모 세대의 불신앙의 결과입니다. 하나님은 "아버지의 죄악을 자식에게 갚아 삼사 대까지 이르게 하리라"(14:18)고 하셨습니다. 부모 세대가 광야에서 죽을 때까지 자녀들은 광야에서 기다려야 합니다.

이것은 부모 세대가 남겨 놓은 죄의 짐입니다. 하지만 이 40년의 기간이 꼭 심판만을 의미하지 않습니다. 40년은 이중적인 의미를 갖습니다. 한 편으로는 심판이었지만 다른 한 편으로는 자녀 세대에게 훈련과 연단의 세월입니다. "너는 사람이 그 아들을 징계함같이 네 하나님 여호와께서 너를 징계하시는 줄 마음에 생각하고"(신 8:5). 출애굽 후세대에게 40년은 징계의 기간입니다. "징계"는 '훈련'이라는 뜻도 있습니다. 아버지가 아들을 사랑하는 마음으로 엄한 훈련을 시키는 것 같이 하나님이 이스라엘을 훈련하시는 기간입니다. 광야 40년은 출애굽 후세대가 엄한 훈련과 교훈으로 여호와를 경외하는 방법을 배운 연단의 세월입니다(신 8:1-6). 이래서 출애굽 후세대는 가나안 정복에 성공합니다.

7.5 고라의 반역 사건

레위 지파의 고라는 모세와 아론의 지도권에 대하여 반항합니다. 고라는 모세와 아론의 사촌입니다. 모세의 아버지 아므람과 고라의 아버지 이스할은 고핫의 아들들로 형제입니다. 고라의 큰 아버지 아들들이 모세와 아론입니다. 고라와 르우벤 지파의 다단, 아비람, 온이 주동하여 유명한 족장 250명이 함께 반역을 일으킵니다. 레위인인 고핫 가문은 성막의 남쪽 편에 장막을 쳤습니다. 남쪽 편 고핫 가문 바로 뒤에 르우벤 지파가 장막을 쳤습니다. 이들은 가까운 위치에 있어 서로 이 일을 모의하게 된 것 같습니다.

고라와 반역하는 무리들의 주장은 모든 사람이 거룩하다는 것입니다. 이들은 평등을 주장합니다. 회중도 거룩하며 각 개인도 거룩하며 여호와는 그들 가운데 계시는데 어째서 모세와 아론이 회중 위에 높은 위치를 점해야 하는가 하고 의문을 제기합니다(민 16:3).

회중이 거룩하다는 고라의 주장은 민수기 14장의 이야기와 반대입니다. 14장에서 온 회중은 여호와를 원망하며 비난했습니다. 여호와를 믿지 않고 멸시했습니다. 그래서 여호와는 그들을 전염병으로 치려하셨습니다. 이때 모세의 중보 기도로 회중은 생명을 유지할 수 있었습니다. 여호와는 반역한 이스라엘을 향하여 "이 악한 온 회중"이라고 불렀습니다(민 14:35). 여호와는 악한 회중에게 40년 동안 광야를 유랑하는 심판을 내렸습니다. 그런데 고라는 지금 그 회중이 거룩하다고 주장합니다(민 16:3).

고라는 모세와 아론이 스스로 지도력을 행사한다고 비난합니다. "너희가 어찌하여 여호와의 총회 위에 스스로 높이느냐"(민 16:3). 동사 "스스로 높이느냐"는 히브리어로 재귀 형입니다. 고라는 모세와 아론이 스스로 지도력을 취했다고 말합니다. 모세와 아론의 지도력이 여호와에게서 왔는가 아니면 사람에게서 왔는가 하는 것입니다.

모세는 고라와 반역하는 사람들의 도전에 대한 판단을 하나님께 맡깁니다. 내일 아침에 여호와께서 누구를 선택하실 것인지, 누가 거룩한 사람인지, 누가 여호와께 속한 사람인지를 밝히실 것이라고 말합니다.

모세는 하나님이 선택한 사람을 가까이 부르실 것이라고 합니다. "자기에게 가까이 나아오게 하시되"는 두 번이나 나옵니다(민 16:5). 여호와께 가까이 가는 사람이 누구인가 하는 점입니다. 여호와의 백성의 지도자는 여호와를 가까이 하는 사람입니다.

모세는 고라와 함께 한 모든 사람은 향로에 불을 담고 그 위에 향을 두라고 합니다. 여호와께서 선택하신 사람은 거룩하게 될 것입니다.

하나님이 이스라엘 회중에게서 레위인을 구별하였습니다. 레위인을 여호와께 가까이 오게 하여 여호와의 성막에서 봉사하는 직무를 맡기셨습니다. 그런데 지금 고라와 그의 사람들은 이 일에 만족하지 못하였습니다. 그들은 더 높은 직무와 봉사를 원하였습니다. 레위인의 직무와 봉사보다 아론이 맡고 있는 제사장 직분을 원한 것입니다. 더 높은 직분을 위해 고라와 그의 사람들이 모여서 모세를 대항합니다. 모세는 이 일을 지금 여호와를 대항하는 것으로 이해합니다(16:11).

고라가 더 높은 직분인 제사장 직을 요구합니다. 하지만 제사장 직분은 아무나 하는 것이 아니라 여호와께 선택받은 사람만이 그 직분을 맡을 수 있습니다.

모세는 고라와 함께 반역한 다단과 아비람을 부릅니다. 그러나 그들은 모세의 부름을 거절하며 오히려 모세를 향하여 비난의 말을 쏟아 놓습니다. 이집트에서 우리를 이끌어 내어 광야에서 죽게 하며 젖과 꿀이 흐르는 땅으로 인도하지도 않는다고 말합니다. 그러면서 모세는 왕 노릇을 한다고 비난합니다. 다단과 아비람도 모세의 권위에 도전합니다. "오히려 스스로 우리 위에 왕이 되려 하느냐"(16:13). 고라와 같은 견해를 가지고 있습니다. 모세가 스스로 통치자 노릇을 한다고 생각합니다. 모세의 권위는 하나님께로 온 것이 아니라 스스로 자신을 높인 것이라고 말합니다.

그들은 이집트를 그리워합니다. 그들은 모세가 "젖과 꿀이 흐르는 땅에서 이끌어내어 광야에서 죽이려" 한다고 비난합니다(16:13). 다단과 아비람은 이집트를 젖과 꿀이 흐르는 땅이라고 부릅니다. 이들의 불만과 반역에는 여행의 목적지가 없다는 것이 근본 이유입니다. "이뿐 아니라 네가 우리를 젖과 꿀이 흐르는 땅으로 인도하여 들이지도 아니하고 밭도 포도원도 우리에게 기업으로 주지 아니하니"(민 16:14). 여기서 다단과 아비람의 불만과 비난의 의도가 드러납니다. 이스라엘은 가데스 바네아에서 10명의 정탐꾼들의 말을 듣고 여호와를 원망하며 거역했습니다. 그 결과로 광야에서 40년을 유랑하며 죽어야합니다. 이들의 운명은 비극적입니다. 이집트에서 나왔는데 광야에서 죽어야 합니다. 더군다나 그들의 여행 목적지는 젖과 꿀이 흐르는 가나안 땅이 더 이상 아닙니다. 가나안 땅에 들어갈 수도 없으며 밭과 포도원을 기업으로 받을 수도 없습니다. 이래서 다단과 아비람이 모세를 향하여 원망을 하며 대항하는 것입니다.

다단과 아비람의 말을 전해들은 모세는 단단히 화가 났습니다. 하나님께 그들의 예물을 돌아보지 말아달라고 요청합니다. 그들의 예물을 존중하거나 관심을 기울이지 말아달라는 것입니다. 그리고 모세는 지도자로서 자신의 청렴함과 공정성을 강조합니다. 모세는 그들로부터 나귀 한 마리 취하지 않았고 그들을 부당하게 괴롭히지 않았다고 선언합니다(참고. 삼상 12:3-5). 모세는 이스라엘 백성으로부터 경제적인 이득을 챙기지 않았고 뇌물을 받지도 않았습니다. 모세는 이스라엘을 통치하는데 공의를 행했습니다.

모세는 내일 고라와 그의 무리 250명에게 그리고 아론에게 향로를 들고 여호와 앞으로 오라고 합니다(민 16:16). 여호와의 판결을 기다리기 위함입니다. 누가 여호와의 선택을 받아 여호와께 가까이 할 수 있는가 하는 것이 지금 논쟁점입니다. 고라와 그의 무리 250명인가 아니면 아론인가? 그 판결은 여호와 앞에서 이루어질 것입니다.

고라는 온 회중을 성막에 모으고 모세와 아론을 대적하였습니다. 이때 여호와의 영광이 나타납니다. 여호와는 회중을 멸하시려고 모세와 아론에게 온 회중에게서 물러서라고 하십니다. 여호와는 고라와 그의 무리를 포함한 회중까지도 진멸하려고 하십니다. 여호와께서 온 회중을 멸하려고 하시자 모세가 다시 회중을 위하여 변호합니다. '한 사람이 범죄 했는데 온 회중에게 진노를 나타내시려고 합니까?' 하고 반문합니다.

모세는 하나님을 "모든 육체의 생명의 하나님이여"라고 부릅니다(16:22). '모든 육체의 영들의 하나님'입니다. 즉 모든 육체에 생명을 주시는 분이 하나님이라는 뜻입니다. '모든 육체에게 생명을 주신 분이 하나님이신데 온 회중에게서 생명을 거두어 가시려 합니까?' 하는 의미가 담겨있습니다.

여호와는 모세의 말을 들으시고 회중에게 고라와 다단과 아비람의 장막에서 멀리 떠날 것을 명하십니다. 모세는 모든 회중에게 이 세 사람에게서 떠나고 그들의 물건을 만지지 말라고 합니다. 그들이 죄 가운데 멸망하는데 함께 심판을 당하지 않도록 하기 위해서입니다. 세 사람은 각기 온 가족과 함께 그들의 장막 앞에 서 있습니다.

모세는 여호와께서 자신을 보내셔서 이 모든 일을 행했다는 것을 회중이 알기를 원합니다. 고라와 함께 한 무리들이 여호와께서 모세를 지도자로 세우지 않았고 모세와 아론이 스스로 이스라엘의 지도자가 되었다고 주장했기 때문입니다.

모세는 하나님이 자신을 보내셨다는 것을 입증하기를 원합니다. 그래서 그는 대담한 말을 합니다. 만일 이들이 다른 사람들이 죽는 것처럼 죽으면 그리고 다른 사람들이 당하는 최후 같은 일이 그들에게 임하면 여호와께서 모세를 보내지 않았다고 말합니다(민 16:28-29).

모세는 하나님께서 이 반역한 무리들에게 새로운 일을 행하시기를 기대합니다. "만일 여호와께서 새 일을 행하사 땅이 입을 열어 이 사람들과 그들의 모든 소유물을 삼켜 산 채로 스올에 빠지게 하시면 이 사람들이 과연 여호와를 멸시한 것인 줄을 너희가 알리라"(민 16:30). "만일 여호와가 새 일을 행하사"는 '만일 여호와가 무엇인가 새로운 일을 창조하시면'입니다. '무엇인가 새로운 일'은 창조를 의미합니다. 아직 알려지지 않은 일입니다. 하늘과 땅을 창조할 때 사용한 '창조하다'는 용어를 사용했습니다. 새로운 일은 땅이 입을 열어 그 반역자들을 삼키는 것입니다. 모세는 그들이 살아있는 채로 스올에 빠지게 하기를 원합니다. 왜냐하면 그들이 여호와를 멸시했기 때문입니다.

모세가 여호와께 말한 대로 땅 밑이 갈라졌습니다. 땅 밑이 갈라져 고라와 다단과 아비람의 모든 식구와 물건들이 땅 속으로 매장되었습니다. 이 일은 모세가 여호와께 보냄을 받았다는 증거입니다. 여호와는 고라와 함께 했던 회중의 지도자 250인에게 여호와의 불을 보내서 태워버리십니다. 이 불은 신적인 불로서 심판하는 불입니다(참고. 민 11:1-3).

아론 자손이 아닌 다른 사람은 여호와 앞에 분향하러 가까이 갈 수가 없습니다. 여호와께 가까이 갈 수 있는 자는 제사장인 아론의 후손입니다(민 16:40).

고라와 반역한 무리들이 심판을 받은 후에 이스라엘 회중은 모세와 아론에게 반항합니다. "이스라엘 자손의 온 회중이 모세와 아론을 원망하여 이르되 너희가 여호와의 백성을 죽였도다"(민 16:41). 어제 심판을 받아 죽은 무리를 가리켜 "여호와의 백성"이라고 부릅니다. 여호와께서 이스라엘을 그의 백성으로 택하신 것은 사실입니다. 하지만 여호와의 백성은 여호와를 사랑하는 자이며 여호와의 계명을 지키는 자입니다. 여호와를 미워하며 불순종하는 자들에게는 심판하실 것을 말씀하십니다(신 7:6-11).

회중은 회막에 모여서 모세와 아론을 반대합니다. 고라와 그 무리들이 회막문 앞에서 반란을 일으켰을 때 그들도 그 자리에 있었습니다. 그럼에도 불구하고 그들은 어제 사건을 잊어버리고 다시 모세를 원망하며 비난합니다. 회중도 고라와 다단과 아비람의 주장에 동의하는 것입니다(민 16:3, 13-14). 다단과 아비람은 모세와 아론에게 젖과 꿀이 흐르는 이집트 땅에서 자기들을 이끌어 내서 젖과 꿀이 흐르는 땅 가나안으로 인도하지 않으며 오히려 광야에서 죽게 한다고 했습니다(민 16:13-14). 회중은 가나안 땅에 들어가지 못한 것에 대한 화풀이를 모세와 아론에게 하고 있습니다.

회중은 고라와 그 일당이 죽은 책임을 모세에게 돌립니다. 하나님의 말씀대로 악한 회중입니다. 이때 여호와의 구름이 회막에 나타납니다. 여호와의 심판으로 염병이 시작됩니다.

제사장 아론이 향로를 들고 백성을 위하여 속죄합니다. 아론이 산 자와 죽은 자 사이에 서자 염병이 멈췄습니다. 제사장은 백성을 위하여 속죄하며 백성을 위하여 기도할 수 있는 직분이라는 것을 보여줍니다. 백성을 위하여 여호와께 가까이 갈 수 있는 자입니다. 염병으로 죽은 자는 14,700명이었습니다(민 16:49).

7.6 므리바 물 사건: 모세와 아론의 불순종

이스라엘은 가데스 바네아에서 가나안 땅을 정복하라는 여호와의 명령에 불순종함으로 가나안 땅에 들어가지 못하는 심판을 받았습니다. 이들의 지도자인 모세와 아론도 가나안 땅에 들어가지 못합니다. 이들은 므리바 물 사건으로 인하여 가나안 땅에 들어가지 못합니다.

이스라엘이 신 광야에 이르렀습니다. 그 곳에서 물을 얻지 못합니다. 그러자 백성이 "우리 형제들이 여호와 앞에서 죽을 때에 우리도 죽었더라면 좋을 뻔하였도다"(민 20:3) 하고 불평과 원망을 합니다. 그리고 백성은 모세와 아론에게 왜 이집트 땅에서 이끌어 내서 이 광야에서 죽게 하느냐 하고 원망합니다(민 20:4-5). 하나님의 말씀에 불순종한 자신들을 탓하지 않고 모세와 아론만 탓하고 있습니다. 회개할 줄 모르는 백성입니다.

백성이 물을 달라는 요구에 하나님은 모세와 아론에게 "너희는 반석에게 명령하여 물을 내라"(민 20:8)고 하십니다. 하지만 모세와 아론이 "우리가 너희를 위하여 이 반석에서 물을 내랴 하고 모세가 그의 손을 들어 그의 지팡이로 반석을 두 번 치니 물이 많이 솟아" 나옵니다(민 20:10-11). 하나님은 이 일을 "너희가 나를 믿지 아니하고 이스라엘 자손의 목전에서 내 거룩함을 나타내지 아니한" 사건으로 간주하시며(민 20:12) "내 말을 거역"한 사건으로 여기십니다(민 20:24). 이 일로 인해 모세와 아론 역시 가나안 땅에 들어가지 못합니다.

7.7 놋뱀 사건

이스라엘 백성은 호르 산에서 출발하여 홍해 길을 따라 여행합니다. 여기서 홍해 길은 지중해와 홍해가 연결된 수에즈 운하가 있는 이집트 쪽이 아니라 아카바 만 쪽에 있는 길입니다. 에돔 왕은 이스라엘이 그의 영토를 지나가는 것을 허락하지 않습니다. 그래서 이스라엘은 홍해 길을 따라 에돔을 빙 돌아갑니다. 길이 멀고 불편합니다. 그러자 이스라엘 백성의 마음이 상합니다. "백성의 마음이 상하니라"(민 21:4)는 '백성의 영혼이 짧아졌다'입니다. 백성의 마음에 여유가 없어져 낙심합니다. 길이 멀고 좋지 않아서 백성들의 마음이 좁아지고 인내심이 사라진 것입니다.

다시 백성들의 고질병인 원망이 모세와 여호와께 터져 나옵니다. 이들은 광야 생활이 힘들 때마다 이집트에서 나온 것을 후회합니다(출 14:11-12; 16:3; 민 14:2-4). 이스라엘 백성은 광야에서 어려울 때마다 이집트 생활을 회고합니다. 광야 생활을 한탄합니다. 먹을 것도 없고 마실 물도 없다며 더 나아가 그들은 만나를 가리켜 "이 하찮은 음식을 싫어하노라"(민 21:5) 말합니다. 하나님이 하늘 양식을 주셨음에도 불구하고 쓸모없는 음식이라고 경멸합니다. 원망이 가득한 그들의 눈에 만나는 초라하고 볼품없는 음식이었습니다. 하지만 만나는 하늘 양식이며 권세 있는 자의 떡입니다(시 78:24-25). 만나는 마지막 때에 이기는 자에게 다시 주어질 음식입니다(계 2:17).

하나님은 원망하는 이스라엘에게 불뱀을 보냅니다. 이 불뱀이 어떤 종류의 뱀인지 정확하게 알 수 없지만 사람의 목숨을 앗아갈 수 있는 치명적인 독을 가진 뱀입니다. 이 뱀에 물린 백성들이 죽어갑니다.

백성들은 불뱀이 나와서 그들을 문 것을 심판으로 인식하고 모세에게 나아와 그들의 잘못을 시인합니다. 모세와 여호와께 원망한 죄를 범했다고 고백하며(참고. 요일 1:9) 여호와께 기도하여 뱀들이 떠나가게 해 달라고 간청합니다. 모세는 이스라엘을 위하여 여호와께 기도합니다. 여호와는 불뱀을 만들어 장대 위에 매달라고 합니다. 장대 위에 달린 뱀을 보면 살 것이라고 합니다. 현대인들의 생각에는 비상식적이며 비의학적입니다. 그러나 하나님의 치료 방법은 어떤 과학적, 의학적인 근거를 제시하는데 있지 않습니다. 하나님의 말씀에 순종하느냐 순종하지 않느냐 하는 것에 있습니다.

모세는 놋으로 뱀을 만들어 장대에 달았습니다. 그 뱀을 보는 사람은 물린 상처가 다 나았습니다. 비합리적인 방법으로 보였지만 치료 효과는 확실했습니다. 하나님은 그의 말씀을 믿고 순종하는 것을 원하셨습니다.

모세가 만든 놋뱀은 히스기야 왕 시대까지 존재하며 숭배의 대상이 되었습니다. 유다 백성들이 놋뱀에게 분향하며 숭배했습니다. 히스기야 왕이 그 놋뱀을 부셔버리고 느후스단이라고 불렀습니다(왕하 18:4).

예수님은 놋뱀을 모형론으로 사용합니다. 예수님은 광야에서 모세가 놋뱀을 만들어 높이 들었던 것처럼 인자도 높이 들려야 한다고 말씀하십니다(요 3:14). 이 말씀은 상징적입니다. 앞 구절 "하늘에서 내려온 자 곧 인자 외에는 하늘에 올라간 자가 없느니라"(요 3:13)는 말씀과 뒤에 나오는 구절 "이는 그를 믿는 자마다 영생을 얻게 하려 하심이니라"(요 3:15)는 말씀과 관련해서 생각해 보면, 모세의 놋뱀과 같이 인자도 들려야 한다는 말씀은 예수님이 십자가에 달리시고 부활하신 후에 하늘로 다시 올라가실 것을 의미하며 십자가에 달린 예수를 바라보며 믿는 자는 살 것을 뜻합니다(요 3:13-15).

7.8 바알 브올 사건

모압 여인들이 그들의 신에게 제사 지낼 때 이스라엘 사람들을 초청합니다. 이스라엘 사람들이 여인들의 초청에 응하여 그들과 같이 음식을 먹고 그들의 신에게 절을 합니다. 여호와 하나님만을 섬기기로 시내 산에서 언약을 맺은 이스라엘 사람들이 다시 하나님을 배반한 사건입니다. 이 사건이 바알 브올입니다(민 25장).

바알은 신의 이름이며 브올은 장소 이름입니다(벧 브올로도 불리기도 합니다, 신 3:29). 바알은 비와 다산의 복을 주는 신으로 숭배되었습니다. 우가릿 문헌에 바알은 "땅의 주, 왕자" 또는 "구름을 타는 자"로 불리며, 여름 가뭄의 신인 모트에 의해 죽임을 당하지만 바알의 아내인 전쟁의 신 아낫의 도움으로 다시 생명을 얻는 부활의 신으로 나타납니다.

하나님이 이스라엘에게 진노하시며 재앙을 보내십니다. 하나님의 심판으로 이스라엘이 고통당할 때에 시므온의 한 족장인 시므리가 한 미디안 여인을 데리고 그의 장막으로 들어갑니다. 이를 본 비느하스가 뒤따라 들어가서 창으로 둘을 찔러 죽입니다. 이 일로 이스라엘에 임한 하나님의 재앙이 그치고 비느하스는 하나님의 영원한 언약을 받습니다. 비느하스와 그의 후손이 제사장 직분을 계속할 것이라는 언약입니다. 하나님은 비느하스가 한 일을 "내 질투심으로 질투"(25:11)하였다고 말합니다. 비느하스가 하나님을 위해 질투한 것입니다.

광야에서 계속되는 이스라엘의 불순종과 반역은 하나님의 구속 사역을 반대합니다. 하나님은 조상들에게 했던 약속을 성취하기 위하여 이스라엘을 이집트에서 구원하여 가나안 땅으로 인도하려고 합니다. 그러나 이스라엘은 이러한 하나님의 구원 계획을 거부하며 하나님이 광야에서 자기들을 죽이려고 인도해 내었다고 말합니다. 이래서 이들은 40년간 광야를 유랑하는 심판을 받습니다. 이스라엘의 불순종은 하나님의 약속과 성취를 거부합니다. 이 일로 인해서 광야에서 불순종 한 출애굽 세대는 죽고 새로운 세대가 자라납니다.

8

요단 동편의 땅과 가나안 땅

읽어야 할 분문: 민수기 21장, 32장 - 신명기 3장, 7장, 20장, 여호수아 22장

광야에서 이스라엘은 세대교체를 이룹니다. 출애굽 세대는 다 죽고 출애굽 후세대가 자랍니다. 모세의 지도하에 새로운 세대는 요단 동편의 땅을 점령합니다. 출애굽 세대는 가데스 바네아에서 가나안 땅 정복에 실패했지만 출애굽 후세대는 요단 동편의 땅을 점령하는데 성공합니다. 출애굽 세대는 가나안 땅 정복에 불순종했지만 출애굽 후세대는 요단 동편의 땅 점령에 순종합니다. 요단 동편의 땅을 점령한 사건은 민수기(민 21:21-35)와 신명기(신 2:26-3:11) 두 곳에 나옵니다.

8.1 시혼의 땅과 옥의 땅 정복

모세는 요단 동편에 있는 아모리 왕 시혼에게 사신을 보내서 이스라엘이 시혼의 땅을 지나가기를 허락해 달라고 요청합니다. 이스라엘은 밭이나 포도원으로 들어가지 않고 "왕의 큰 길"을 이용하여 요단 동편으로 나아가기를 원했습니다(민 21:22). "왕의 큰 길"은 홍해의 아카바 만에서 다메섹까지 연결된 무역 도로입니다. 요단 동편에 있는 모압과 아모리 지역을 통과합니다. 신명기에 따르면 모세는 헤스본의 왕 시혼에게 사절단을 통해 평화의 메시지를 보냈습니다(신 2:26).

시혼은 이스라엘의 제안을 거절하고 군인들을 이끌고 나와서 야하스에서 이스라엘과 싸우려고 합니다. 신명기는 이러한 시혼의 태도에 신학적인 설명을 덧붙입니다. 하나님이 시혼의 영을 단단하게, 그의 마음을 완고하게 하셨습니다. 하나님은 시혼을 이스라엘의 손 안에 주시려고 계획하셨기 때문입니다(신 2:30).

전쟁이 시작되자 이스라엘은 호흡이 있는 자들을 다 쳐서 죽입니다(신 2:34). 가나안 땅 지역에 속한 사람들에게 하는 전쟁 방법을 사용합니다. 아모리 인들을 철저하게 진멸하는 헤렘 전쟁을 합니다(신 7:1-5; 20:16-18).

이스라엘이 전쟁에서 승리하여 아르논 골짜기에서 얍복 강까지 점령합니다. 얍복 강은 사해 바다와 갈릴리 호수 사이의 중간 지점에 위치합니다. 길르앗 산악 지역을 흘러 요단강으로 들어갑니다.

신명기는 이스라엘과 아모리 사이의 전쟁이 어떻게 발발했는지에 대한 신학적인 설명을 더 자세하게 제공합니다. 여호와는 모세에게 전쟁을 명령하셨고 시혼의 땅을 이스라엘 자손에게 기업으로 주실 것입니다. 그래서 이스라엘에게 그 땅을 점령하기 시작하라고 명령하셨습니다. "내가 이제 시혼과 그의 땅을 네게 넘기노니 너는 이제부터 그의 땅을 차지하여 기업으로 삼으라" (신 2:31). 히브리어에는 명령형이 두 개 '시작하라, 점령하라'로 나옵니다.

이스라엘이 광야를 방랑한 후 처음으로 그들의 영토를 가지게 되었습니다. 하나님이 아브라함에게 한 약속이 이뤄지기 시작합니다. 아브라함의 후손들이 요단 동편의 아모리 인들의 지역 안에 있는 모든 성들을 차지합니다. 헤스본은 아모리 인들의 수도입니다. 시혼 왕이 전에 모압 왕으로부터 이 지역을 빼앗아 거주했습니다. 다시 이스라엘이 시혼으로부터 이 지역을 빼앗았습니다.

이스라엘이 헤스본을 점령하고 다시 위쪽으로 행진합니다. 바산 왕 옥이 군대를 이끌고 나와서 이스라엘과 에드레이에서 싸웁니다. 여호와는 모세에게 바산 왕 옥을 두려워하지 말라고 하시며 그의 백성과 땅을 모세의 손에 넘겨주실 것을 약속합니다. 헤스본의 왕 시혼에게 행한 것과 같이 바산 왕

옥에게도 행하라고 명령하십니다. 모세와 이스라엘 백성이 바산의 백성들을 다 쳐서 멸하는 헤렘 전쟁을 행합니다. 결국 이스라엘은 바산 왕 옥의 영토도 점령합니다.

바산은 갈릴리 호수의 동편에 있습니다. 남쪽으로는 야르무크Yarmuk 강까지 북쪽으로는 헤르몬 지역과 다마스커스까지 나아갑니다. 바산은 비옥한 땅으로 좋은 목초지가 많았기 때문에 가축을 사육하기 좋은 땅입니다(신 32:14; 미 7:14).

8.2 헤렘 전쟁

모세와 이스라엘이 요단 동편의 땅을 정복한 사건을 읽어보면 해석의 어려움이 생깁니다. 왜냐하면 요단 동편의 땅은 약속의 땅이 아닌 것처럼 보이기 때문입니다. 이러한 문제는 신명기에 더 자세하게 나옵니다.

하나님은 모세에게 시혼의 땅을 정복하라는 명령을 주십니다. "너희는 일어나 행진하여 아르논 골짜기를 건너라 내가 헤스본 왕 아모리 사람 시혼과 그의 땅을 네 손에 넘겼은즉 이제 더불어 싸워서 그 땅을 차지하라"(신 2:24). 하나님은 시혼과 전쟁을 하라고 하는데 모세는 헤스본의 왕 시혼에게 평화의 사절단을 보냅니다. 혼동을 주는 부분입니다. 이스라엘은 시혼과 싸우지 않고 시혼의 땅을 통과해 가기를 원합니다. "시혼에게 사자를 보내어 평화의 말로 이르기를 나를 네 땅으로 통과하게 하라"(신 2:26-27). 이스라엘의 목적은 시혼의 땅을 통과하여 요단 강을 건너는 것입니다. "그리하면 내가 요단을 건너서 우리 하나님 여호와께서 우리에게 주시는 땅에 이르리라"(신 2:29).

모세와 이스라엘은 요단 동편의 땅을 점령할 의지가 없습니다. 그러나 헤스본의 왕 시혼이 길을 비켜주지 않고 전쟁을 하러 나옵니다. 이래서 전쟁이 시작됩니다. 그런데 전쟁하는 방법도 특이합니다. 한 명도 남김없이 다 죽이는 헤렘 전쟁을 하기 때문입니다.

하나님은 가나안 땅을 점령할 때에 가나안 민족을 다 죽이라고 합니다. 이스라엘은 가나안 민족들과 서로 통혼해서는 안 됩니다. 언약을 맺어서도 안 되며 그들을 긍휼히 여겨서도 안 됩니다. "네 하나님 여호와께서 그들을 네게 넘겨 네게 치게 하시리니 그 때에 너는 그들을 진멸할 것이라"(신 7:2). "진멸할 것이라"는 부정사 절대형 용법으로 '확실히 파괴해야 한다,' '완전히 전멸시켜야 한다'입니다. 이것은 전쟁에서 다 죽이는 진멸 행위를 강조합니다. 동사 '하람'은 '바치다,' '진멸하다,' '금지하다,' '파괴하다'의 뜻이 있습니다. 여기서 나온 명사가 '진멸'이라는 뜻을 가진 헤렘입니다. 하나님은 가나안 땅을 정복할 때, 그 주민들을 다 죽이라고 명령하십니다. 호흡이 있는 자를 다 죽이는 것입니다. 이러한 전쟁을 헤렘 전쟁이라고 합니다.

하나님이 이렇게 헤렘 전쟁을 명하시는 이유는 신앙 때문입니다. 이스라엘이 가나안 땅을 정복하고 난 후에 가나안 민족들이 살아 있어서 이스라엘에게 다른 신을 섬기자고 유혹할 수 있습니다. "그가 네 아들을 유혹하여 그가 여호와를 떠나고 다른 신들을 섬기게 하므로 여호와께서 너희에게 진노하사 갑자기 너희를 멸하실 것임이니라"(신 7:4). 이스라엘에게 헤렘 전쟁을 명령하는 이유는 이스라엘이 살아 남은 가나안 사람들로부터 유혹을 받아 여호와 신앙에서 떠나 우상을 숭배하게 될 것을 막기 위해서입니다.

이스라엘이 헤스본 왕 시혼과 바산 왕 옥에게 전쟁을 하는 방식은 헤렘 전쟁입니다. 전쟁하는 방법에 대해서는 신명기 20장에 나옵니다. 이스라엘은 전쟁 방법이 두 가지입니다. 첫째는 가나안 땅에 속하지 않은 민족들과 전쟁하는 방식이 있습니다. 이때는 그 성과 화평할 수 있습니다. "네가 어떤 성읍으로 나아가서 치려할 때에는 그 성읍에 먼저 화평을 선언하라"(신 20:10). 만일 그 성 사람들이 화평하기를 원하면 이스라엘은 조공을 받을 수 있습니다. 그러나 그 성 사람들이 싸우려고 하면 이스라엘은 남자들을 다 죽입니다. 그리고 여자들과 어린 아이들과 가축과 그 성의 물건들을 취할 수 있습니다(신 20:10-15). 둘째는 가나안 땅에 속한 민족들과 싸우는 방법입니다. 약속의 땅에 사는 민족들과 전쟁할 때는 다 죽여야 합니다. 호흡이 있는 자를 다 죽이는 헤렘 전쟁입니다. 이유는 약속의 땅에서 여호와 신앙을 지키기 위해서입니다. 가나안 사람들이 살아 있어서 이스라엘에게 우상을 숭배하는 방법을 가르칠 것을 막기 위한 것입니다(신 20:15-18). 가나안 땅에 속한 민족들과 전쟁할 때, 가축은 죽일 때도 있고 취할 때도 있습니다. 여리고 성 전투 때에는 가축도 다 진멸했습니다(수 6:21). 그러나 아이 성과의 전투 때에는 가축을 살려서 취했습니다(수 8:27).

위의 전쟁법(신 20장)에 근거해서 보면 모세가 처음에 헤스본의 왕 시혼에게 사자를 보내어 "평화의 말"을(신 2:26) 전한 것을 보면 요단 동편의 땅은 약속의 땅이 아닙니다. 이것은 모세가 헤스본의 왕 시혼의 땅을 지나서 요단강을 건너려고 했던 계획에서도 알 수 있습니다(신 2:27-29).

그러나 시혼이 이스라엘을 막아서자 전쟁이 발발합니다. 모세는 이것을 여호와의 간섭이라고 말합니다. "헤스본 왕 시혼이 우리가 통과하기를 허락하지 아니하였으니 이는 네 하나님 여호와께서 그를 네 손에 넘기시려고 그의 성품을 완강하게 하셨고 그의 마음을 완고하게 하셨음이 오늘날과 같으니라" (신 2:30). 하나님은 바로 왕의 마음을 완고하게 한 것 같이 시혼의 마음도 완고하게 합니다. 이것은 가나안 정복 전쟁도 출애굽 전쟁과 마찬가지로 여호와께 속한 전쟁이라는 것을 보여줍니다.

하나님은 요단 동편의 땅을 정복하여 기업의 땅으로 삼으라고 하십니다(신 2:31). 모세는 이 명령에 따라 시혼과 옥에게 헤렘 전쟁을 시행합니다. 호흡이 있는 자는 다 죽입니다. 그리고 르우벤과 갓 지파 그리고 므낫세 반 지파가 요단 동편의 땅을 기업으로 받습니다.

8.3 르우벤과 갓 지파의 요구

이스라엘은 미디안과 시혼과 옥과의 연이은 전쟁에서 승리합니다. 이 승리로 인하여 많은 가축을 소유하게 되었습니다. 하나님은 이스라엘의 새로운 세대에게 가나안 땅을 주시기 전에 이미 많은 가축을 주셨습니다.

르우벤과 갓 지파는 아주 많은 가축을 소유했습니다. 이들이 요단 동편의 땅 야셀과 길르앗을 보니 목축하기에 좋은 땅입니다. 르우벤 지파와 갓 지파는 모세와 엘르아살 그리고 회중의 지도자들 앞에 와서 요단 동편의 땅을 그들에게 소유로 달라고 요청합니다. 그리고 요단강을 건너가지 않게 해달라고 말합니다(민 32:1-5). 이 요청은 아주 이기적입니다. 이들은 요단 동편의 땅을 기업으로 얻고 가나안 땅 정복 전쟁에 참여하지 않을 속셈입니다.

르우벤과 갓의 요구는 이스라엘의 공동체 정신을 훼손하고 있습니다. 다른 지파들은 요단강을 건너 가나안 정복 전쟁에 참여하려고 하는데 이 두 지파는 가지 않으려고 합니다. 이스라엘의 연대성을 깨뜨리는 요구입니다.

모세는 이 두 지파의 요구가 다른 지파들에게 미칠 영향을 말합니다. 두 지파가 요단강을 건너가지 않으려고 한다면 다른 지파들도 낙심하여 요단강을 건너가지 않으려고 할 것입니다. 이렇게 되면 이스라엘이 다시 하나님께 반역하는 죄를 짓게 될 것입니다.

모세는 르우벤과 갓 지파가 요단강을 건너가지 않으려고 하는 행위는 가데스 바네아에서 출애굽 세대가 약속의 땅을 정복하러 가지 않겠다고 한 것과 같다고 지적합니다(민 32:8). 정탐꾼들이 가나안 땅을 보고 와서 악평을 했습니다. 이스라엘은 정탐꾼의 말을 듣고 낙심해서 약속의 땅으로 올라가지 않았습니다. 그 결과 출애굽 세대 가운데 만 20세 이상의 남자들은 약속의 땅을 한 사람도 보지 못할 것이라는 심판을 받았습니다. “그들이 나를 온전히 따르지 아니” 했기 때문입니다(민 32:11). 히브리어는 ‘그들이 나를 따르는데 채워지지 않았다’입니다. ‘나를 따르는데’는 ‘여호와를 따라’ 즉, ‘여호와를 뒤따라가는’ 것을 뜻합니다. 출애굽 세대는 여호와의 말씀을 따라가는 것에 그들의 마음이 채워지지 않았습니다. 전적으로 순종하지 않았습니다. 그러나 여호수아와 갈렙은 “여호와를 온전히 따랐느니라”(민 32:12)고 평합니다. 히브리어는 ‘그들은 여호와를 따르는데 채워졌다(충만했다)’입니다. 여호수아와 갈렙의 마음은 여호와를 뒤따라가는 것으로 충만했습니다. 그들은 여호와의 말씀을 신뢰하고 믿은 것입니다. 불순종한 출애굽 세대와 정 반대입니다.

출애굽 세대는 불순종함으로 여호와의 진노를 받았습니다. 그 결과 출애굽 세대는 광야에서 40년 동안 방랑하다가 다 죽었습니다. 모세는 르우벤 지파와 갓 지파가 요단강을 건너가지 않으려고 하는 것을 가데스 바네아의 불순종 사건과 같은 맥락에 놓고 있습니다. 모세는 르우벤과 갓에 대해 아주 비평적입니다. "보라 너희는 너희의 조상의 대를 이어 일어난 죄인의 무리로서 이스라엘을 향하신 여호와의 노를 더욱 심하게 하는도다"(민 32:14). 모세는 르우벤과 갓이 지금 가데스 바네아에서 불순종한 세대의 자리를 대신한다고 꾸짖습니다. "죄인의 무리"는 한 배에서 태어난 짐승의 새끼들처럼 르우벤과 갓이 출애굽 세대와 같은 죄인들이라는 것입니다.

르우벤과 갓 지파는 모세의 말들을 이해하고 받아들입니다. 이들 역시 40년간 광야를 방랑했기 때문에 하나님의 심판을 잘 알고 있습니다. 두 지파는 모세의 말을 듣고 잘못했다는 것을 인정합니다. 그리고 요단 동편의 땅을 기업으로 달라는 그들의 요구가 받아들여질 수 있도록 모세에게 다른 대안을 제시합니다.

먼저 그들은 가축을 위하여 우리를 그리고 자녀들을 위하여 성읍을 건축하겠다고 말합니다. 그리고 르우벤과 갓 지파는 가나안 정복 전쟁에 선봉에 서서 나아갈 것을 약속합니다. 이스라엘 모든 자손들이 기업의 땅을 얻기까지, 가나안 땅 정복 전쟁이 완전히 끝나기 전까지 집으로 돌아가지 않겠다고 서약합니다. 하나님이 약속하신 땅을 정복하는 전쟁 임무를 끝까지 수행하려는 의지를 나타냅니다.

후에 두 지파는 이 약속을 성실하게 수행했습니다. 정복 전쟁이 끝나고 이스라엘 각 지파들이 기업의 땅을 얻은 후에 여호수아는 르우벤 지파와 갓 지파를 축복하며 요단 동편의 땅으로 돌려보냈습니다. 두 지파는 정복 전쟁에서 획득한 막대한 전리품과 함께 집으로 귀환할 수 있었습니다(수 22:6-9).

8.4 문제의 땅

르우벤과 갓 지파 그리고 므낫세 반 지파가 요단 동편의 땅을 기업으로 받았음에도 불구하고 이스라엘은 요단 동편의 땅을 약속의 땅에 속하지 않은 영토라고 생각합니다.

가나안 정복 전쟁이 다 끝났습니다. 여호수아가 르우벤과 갓 지파 그리고 므낫세 반 지파를 요단 동편으로 돌려보냅니다. 여호수아는 성실하게 가나안 정복 전쟁에 임한 이들의 노고를 치하하고 모세가 준 율법에 순종할 것을 권면합니다.

이들이 기업의 땅에 돌아와서 요단 강가에 한 제단을 쌓았습니다. 가나안 땅의 이스라엘 사람들이 이 소식을 듣고 흥분합니다. 이스라엘 자손이 실로의 회막 앞에 모여서 요단 동편의 지파들과 전쟁을 하러 가자고 합니다. 내전이 일어날 위기에 처했습니다.

이스라엘이 이 사건을 조사하기 위해 제사장 비느하스와 각 지파들의 대표자 10명을 파송합니다. 이스라엘은 요단 동편의 지파들이 제단을 쌓은 것을 심각한 범죄로 간주합니다. "여호와의 온 회중이 말하기를 너희가 어찌하여 이스라엘 하나님께 범죄하여 오늘 여호와를 따르는 데서 돌아서서 너희를 위하여 제단을 쌓아 너희가 오늘 여호와께 거역하고자 하느냐"(수 22:16).

1) 이스라엘은 요단 동편 지파들이 세운 단을 여호와의 단과 구별되는 다른 단으로 인식하고 있습니다. "너희를 위하여 제단을 쌓아"(수 22:16). 여호와 신앙을 위한 제단이 아니라는 것입니다. 2) 이스라엘은 이 단을 쌓은 것을 배교로 간주합니다. "여호와를 따르는데서 돌아서서," "여호와께 거역하고자"(수 22:16. 참고. 수 22:18, 23, 29). 이스라엘은 요단 동편의 지파들이 제단을 쌓은 행위를 바알 브올의 사건과 비교합니다(수 22:17). 3) 요단 동편의 지파들이 이 단을 쌓은 것은 여호와께 범죄일 뿐 아니라 이스라엘에게도 범죄한 행위라고 말합니다. "우리 하나님 여호와의 제단 외에 다른 제단을 쌓음으로 여호와를 거역하지 말며 우리에게도 거역하지 말라"(수 22:19). 이스라엘은 이 일로 인하여 여호와의 진노가 온 이스라엘에 임할 것을 염려하고 있습니다. 이스라엘 공동체의 존재를 위협하는 심각한 사건으로 인식하고 있습니다. 이러한 이유들로 인하여 이스라엘은 요단 동편의 지파들과 전쟁을 하려고 준비합니다.

그렇다면 요단 동편의 지파들이 제단을 쌓은 것이 왜 문제가 되는가 하는 점입니다. 우선 이스라엘은 이 제단을 여호와를 위한 단이 아니라 "너희를 위하여 제단을 쌓음으로" 인식하고 있습니다(수 22:16). 여기에 대하여 요단 동편 지파들은 이 단은 번제와 소제를 위한 단이 아니라고 답변합니다(수 22:23).

여기서 한 가지 질문이 나옵니다. 이스라엘은 아무 단에서 번제를 드릴 수 없는가 하는 점입니다. 이스라엘 초기에는 아무 장소에서나 제단을 쌓고 번제를 드릴 수 있었습니다. 이러한 모습은 이스라엘 족장들에게서 볼 수 있습니다. 그리고 이스라엘이 광야를 여행하는 도중에 자주 번제를 드렸습니다. 그러나 이스라엘이 가나안 땅에 들어가서는 아무 장소에서나 번제를 드릴 수 없습니다. 약속의 땅에서는 하나님이 선택하신 장소에서만 번제를 드릴 수 있습니다. 하나님이 자기 이름을 두기 위하여 그리고 그 곳에 거주하기 위하여 한 장소를 선택하십니다. 이곳에서만 번제를 드려야 합니다. 그래서 이곳을 중앙 성소라고 부릅니다(신 12:1-14).

요단 동편 지파들은 이 단이 번제를 위한 단이 아니라고 답변합니다. 여호와를 떠나기 위한 제단이 아니라는 사실을 명확하게 밝힙니다(수 22:22-23). 후일에 가나안 땅의 지파들의 후손이 요단 동편의 지파들의 후손을 모른다고 할 때를 대비해서 증거의 단으로 쌓은 것이라고 합니다(수 22:24-29). 요단 동편 지파들의 해명으로 인하여 내전의 위기가 사라집니다.

이 사건에서 약속의 땅의 경계에 대한 흥미로운 말들이 두 곳에서 발견됩니다. 1) 이스라엘 지파는 요단 동편의 땅을 불결한 땅으로 간주합니다. "너희의 소유지가 만일 깨끗하지 아니하거든 여호와의 성막이 있는 여호와의 소유지로 건너와 우리 중에서 소유지를 나누어 가질 것이니라"(수 22:19). 이스라엘은 요단 동편을 불결한 땅, 깨끗하지 못한 땅으로 말합니다. 부정한 땅이라는 것입니다. 이 말에 비추어 보면 여호와의 성막이 있는 가나안 땅은 깨끗한 땅입니다. 요단 동편의 땅이 부정한 땅이기 때문에 이스라엘은 그 영토를 포기할 수 있습니다. 약속의 땅의 경계가 모호합니다. 요단 동편의 땅은 기업의 땅에서 제외할 수도 있는 땅입니다. 이러한 인식은 위에서 살펴본 헤렘 전쟁과 맥을 같이 합니다. 모세는 이 지역을 지나가려고 계획했습니다. 그래서 시혼에게 그 땅을 지나가게 해 달라고 평화의 사절단을 보냅니다. 그러나 시혼이 거절합니다. 전쟁이 발발하여 이스라엘은 약속의 땅에 속한 지역에게 행하는 헤렘 전쟁을 합니다. 결국 요단 동편의 땅은 약속의 땅으로 편입되었습니다(신 2:30-32, 34). 2) 이스라엘 사람들은 요단 강을 약속의 땅의 경계로 생각합니다. "너희 르우벤 자손 갓 자손아 여호와께서 우리와 너희 사이에 요단으로 경계를 삼으셨나니 너희는 여호와께 받을 분깃이 없느니라"(수 22:25). 요단 서편 즉, 가나안 땅에 있는 지파들의 후손이 후일에 요단 동편의 지파들의 후손에게 이러한 말을 할 수 있다는 것입니다. 이 말은 요단 동편의 지파들이 생각해 낸 말입니다. 그러므로 우리는 이스라엘 사람들은 – 요단 동편 지파들이나 가나안 땅의 지파들이나 – 약속의 땅을 요단강을 경계로 하고 있다는 사실을 알 수 있습니다.

약속의 땅의 경계는 민수기 34장에 잘 나옵니다. 그런데 약속의 땅의 동편 경계선은 요단강으로 그어지고 있습니다(34:10-12). 민수기의 정경적 순서에 따르면 이미 요단동편을 점령하고 땅을 분배했습니다. 그럼에도 불구하고 모세는 요단강을 가나안 땅의 경계로 삼고 있습니다. 이래서 요단 동편 지파들은 이스라엘에게서 떨어져 나갈 것을 두려워하고 요단강 가에 제단을 쌓은 것입니다.

요단 동편의 땅은 나중에 약속의 땅으로 편입되었습니다. 이스라엘이 일차 정복 전쟁을 시도하려고 할 때, 정탐꾼들은 가나안 땅을 정찰했습니다. 이때 요단 동편을 정찰하지 않았습니다(민 13장). 그리고 이차 정복 시도 때에 이스라엘은 요단 동편의 땅을 점령할 의도가 없었습니다. 그래서 모세는 아모리 인의 왕 시혼에게 그 땅을 통과하게 해 달라고 요청했습니다(민 21:21-22). 이스라엘은 단지 시혼의 땅을 지나 요단강을 건너가기를 원했습니다(신 2:26-29). 그리고 하나님이 아브라함에게 가나안 땅을 주시겠다고 약속 하셨을 때에 땅의 경계를 말씀하셨습니다. "그 날에 여호와께서 아브람과 더불어 언약을 세워 이르시되 내가 이 땅을 애굽 강에서부터 그 큰 강 유브라데까지 네 자손에게 주노니 곧 겐 족속과 그니스 족속과 갓몬 족속과 헷 족속과 브리스 족속과 르바 족속과 아모리 족속과 가나안 족속과 기르가스 족속과 여부스 족속의 땅이니라"(창 15:18-21). 가나안 땅의 서편은 지중해입니다. 북쪽은 유브라데 강이며 남쪽은 애굽 강입니다. 그런데 동쪽 경계가 없습니다. 이것이 흥미롭습니다. 동쪽의 경계는 늘어날 수 있다는 사실을 암시하는 것 같습니다.

위 사실들을 고려해 보면 요단 동편의 땅은 후에 약속의 땅으로 편입되었습니다. 그래서 요단강을 건너가지 않으려고 하는 르우벤과 갓 두 지파를 향하여 모세는 강하게 비판합니다. 요단강을 건너간다는 것은 하나님의 약속 안으로 들어가는 것이기 때문입니다. 르우벤과 갓 지파는 요단 동편의 땅을 기업의 땅으로 받았지만 그들 역시 약속의 땅을 정복해야 할 의무와 책임이 있었습니다.

8.5 요단 동편의 땅과 신명기

모세의 지도 하에 출애굽 후세대는 요단 동편의 땅을 정복하고 르우벤, 갓 그리고 므낫세 반 지파에게 기업의 땅으로 나누어 주었습니다. 이스라엘은 요단 동편 모압 땅에서 가나안 땅을 정복할 준비를 하고 있습니다. 그러나 이스라엘의 지도자 모세는 요단강을 건너가지 못합니다. 모세는 가나안 정복을 함께 할 수 없습니다. 모세는 가나안 땅에 들어가지 못하고 여호수아가 대신 출애굽 후세대를 지휘할 것입니다.

모세는 가나안 땅에 들어가는 신세대를 향하여 하나님의 말씀을 다시 설명해 주어야 할 필요성을 느낍니다. 그래서 모압 땅에서 모세는 여호와의 율법을 풀어주기 시작합니다. 이것이 신명기의 말씀입니다.

모세는 신명기를 시작하면서 특이하게도 출애굽 세대의 불순종 사건을 먼저 언급합니다. 출애굽 세대는 가데스 바네아에서 가나안 땅에 올라가서 정복하라는 명령을 거절했습니다. 그 결과 광야를 유랑하는 벌을 받았습니다.

광야에서 출애굽 세대가 다 죽고 새로운 세대가 자랐습니다(신 1:19-2:25). 새로운 세대는 요단 동편의 땅을 점령했습니다. 그리고 기업의 땅으로 분배받았습니다(신 2:26-3:22).

모세는 출애굽 후세대에게 율법의 말씀을 다시 전해주면서 출애굽 세대의 불순종과 출애굽 후세대의 순종을 비교합니다. 불순종은 가나안 땅 정복에 실패를 그리고 순종은 요단 동편의 땅 정복에 성공을 가져왔습니다. 모세는 이 두 사건을 비교함으로 가나안 정복을 준비하고 있는 출애굽 후세대에 교훈을 주고 있습니다. 출애굽 후세대가 하나님의 명령에 순종할 때, 가나안 땅을 성공적으로 정복할 수 있다는 사실을 일깨워주고 있습니다. 이와 같이 이스라엘이 순종할 때, 가나안 땅을 기업으로 받을 수 있다는 것입니다.

출애굽 후세대는 이미 요단 동편을 점령했습니다. 그러나 아직 가나안 땅을 정복하지 못했습니다. 이러한 상황에서 모세는 율법을 다시 설명해 주고 있습니다(신 1:1-5).

8.6 땅과 역사

요단 동편의 땅을 정복한 이스라엘은 이제 가나안 땅을 정복하려고 합니다. 이 가나안 땅은 약속의 땅입니다. 하나님이 아브라함과 이삭과 야곱에게 주시겠다고 약속한 땅입니다. 모세는 신명기에서 이러한 말을 자주합니다. 여호와께서 조상들에게 땅(아레쯔)을 주시기로 맹세하셨다는 것입니다(신 1:35; 6:18, 23; 8:1; 10:11; 26:3; 31:7). 땅(아다마)이라는 의미는 같지만 다른 히브리어 명사를 사용하는 곳도 자주 발견됩니다(7:13; 11:9, 21; 26:15; 28:11). 이러한 표현들을 보면 이스라엘에게 땅은 하나님이 조상들에게 주시기로 맹세한 곳입니다.

이스라엘은 지금 요단 동편을 점령하고 요단 강 앞에서 가나안 땅을 향해 진격하려고 준비하고 있습니다. 그 약속이 성취되려고 합니다. 창세기부터 여호수아까지는 가나안 땅을 향해 나아가는 역사라고 말해도 무방합니다. 이스라엘은 출애굽 한 후에 가나안 땅을 향해 여행을 했습니다. 가나안 땅은 여행의 목적지입니다. 이스라엘 민족의 정체성은 약속의 땅을 향한 여정에 있는 하나님의 백성입니다. 가나안 땅이 이스라엘 역사 진행의 중심 주제 가운데 하나입니다. 땅과 관련해서 이스라엘 역사를 구분하라고 하면 땅을 차지하기 이전의 역사와 땅을 차지하고 난 이후의 역사로 나눌 수도 있습니다.

이스라엘의 역사는 땅을 향해서 나아갑니다. 이러한 역사는 이스라엘의 신앙고백에 잘 나타납니다. 이스라엘이 가나안 땅을 점령하고 난 후에 토지에서 소산을 거둡니다. 그러면 땅에서 거둔 첫 열매를 가지고 하나님 앞으로 나아갑니다. 하나님이 거하시는 성소에서 제사장 앞에 나아간 이스라엘 사람은 이렇게 고백해야 합니다. "그 때의 제사장에게 나아가 그에게 이르기를 내가 오늘 당신의 하나님 여호와께 아뢰나이다 내가 여호와께서 우리에게 주시겠다고 우리 조상들에게 맹세하신 땅에 이르렀나이다"(신 26:3). 이스라엘은 하나님이 맹세한 땅에 들어왔다고 고백해야 합니다 하나님이 약속을 성취하셨다는 것입니다. 땅은 이스라엘의 신앙고백이 되었습니다.

더 나아가 첫 열매를 하나님께 드리며 예배드리는 사람은 이스라엘의 역사를 고백합니다. "너는 또 네 하나님 여호와 앞에 아뢰기를 내 조상은 방랑하는 아람 사람으로서 애굽에 내려가 거기에서 소수로 거류하였더니 거기에서 크고 강하고 번성한 민족이 되었는데 애굽 사람이 우리를 학대하며 우리를 괴롭히며 우리에게 중노동을 시키므로 우리가 우리 조상의 하나님 여호와께 부르짖었더니 여호와께서 우리 음성을 들으시고 우리의 고통과 신고와 압제를 보시고 여호와께서 강한 손과 편 팔과 큰 위엄과 이적과 기사로 우리를 애굽에서 인도하여 내시고 이곳으로 인도하사 이 땅 곧 젖과 꿀이 흐르는 땅을 주셨나이다 여호와여 이제 내가 주께서 내게 주신 토지 소산의 맏물을 가져왔나이다 하고 너는 그것을 네 하나님 여호와 앞에 두고 네 하나님 여호와 앞에 경배할 것이며"(신 26:5-10).

첫 열매를 드리는 사람은 하나님 앞에서 이스라엘의 역사를 언급합니다. 이 짧은 신앙고백 안에 창세기부터 여호수아까지의 역사가 함축되어 있습니다. 이것을 구원 역사(또는 구속사. Heilsgeschichte)라고 부릅니다. 예배를 드리는 사람은 이스라엘의 역사를 고백합니다. 이 역사에는 족장들의 역사, 이집트로의 이민, 이집트에서의 번성, 이집트 사람들의 학대, 출애굽 그리고 가나안 땅 입성이 나옵니다. 이 구원역사에서 강조하는 부분은 출애굽입니다. 가장 많은 지면을 차지합니다. 하나님의 능력으로 이스라엘이 이집트를 빠져나왔다는 것입니다. 그런데 출애굽은 가나안 땅을 목표로 합니다. 결국 이스라엘의 고대 역사는 가나안 땅을 향한 역사입니다. 하나님이 조상들에게 약속한 땅을 점령하고 그 땅에 살기까지의 역사입니다.

8.7 약속의 땅은 언약의 장소

하나님은 이스라엘 족장들에게 땅을 주시기로 약속하셨습니다. 약속의 땅은 하나님이 주시는 땅입니다. 하나님이 이스라엘에게 주시는 선물입니다. 이러한 사상은 동사 '주다'에 잘 나타납니다. 모세는 반복해서 하나님을 이스라엘에게 땅을 선물로 주시는 분으로 말합니다(신 1:8; 2:29; 3:20; 6:10; 15:7). 물론 하나님은 이스라엘 외에 다른 민족에게도 땅을 주십니다. 에서 자손에게 세일 산을(신 2:5), 모압에게 아르를(신 2:9) 그리고 암몬에게 암몬 땅을(신 2:19). 모세는 이스라엘에게 가나안 땅을 주신 분이 하나님이라는 사실을 계속 강조하고 있습니다(신 1:20, 21, 25, 35, 36, 39).

하나님이 이스라엘에게 땅을 기업으로 주십니다. 상속 재산입니다. 마치 아버지가 자녀들에게 재산을 물려주는 것과 유사합니다. 하나님이 이스라엘에게 가나안 땅을 유업으로 물려주십니다. 그래서 모세는 가나안 땅을 "기업"으로 주신다고 표현합니다(신 4:38; 19:10; 26:1). 이스라엘은 하나님으로부터 유산을 물려받습니다.

하나님이 이스라엘에게 주신 가나안 땅은 좋은 땅입니다. 정탐꾼들이 가나안 땅을 보고 와서 "우리의 하나님 여호와께서 우리에게 주시는 땅이 좋더라"(신 1:25)고 말했습니다. 실제 가나안 땅은 요단강이 흐르는 비옥한 땅입니다. 고대 근동 지역에서 유프라테스 강과 티그리스 강이 있는 지역과 요단강이 있는 지역 그리고 나일강이 있는 지역을 비옥한 초생달 지역이라고 부롭습니다. 이곳은 물이 있기 때문입니다. 가나안 땅은 물이 있어서 농사를 지을 수 있습니다. 밀, 보리, 포도, 무화과, 석류, 올리브를 재배할 수 있는 땅입니다(신 8:7-10). 곡식과 과일이 있는 땅입니다.

가나안 땅은 광야와 대조를 이루는 땅입니다. 광야는 농사를 지을 수 없는 곳입니다. 사람이 살기에 척박한 환경입니다. 하나님은 출애굽 후세대를 이 광야에 두셨습니다. 이스라엘은 하나님이 광야에서 그들을 시험하기 위하여 어떻게 그들을 낮추셨는지를 기억해야 합니다. 광야 생활은 목적이 있습니다. "네 하나님 여호와께서 이 사십 년 동안에 네게 광야 길을 걷게 하신 것을 기억하라 이는 너를 낮추시며 너를 시험하사 네 마음이 어떠한지 그 명령을 지키는지 지키지 않는지 알려 하심이라"(신 8:2). 이 구절을 다시 번역해 보면 세 개의 부정사구가 눈에 들어옵니다. '그리고 너는 여호와 너의 하나님이 이 사십 년간 광야에서 너를 걷게 하셨던 모든 길을 기억해야 한다, 너를 겸손하게 하기 위하여, 너를 시험하기 위하여, 너의 마음 안에 있는 것을 알기 위하여, 네가 그의 명령들을 지키는지 또는 아닌지를.' 세 개의 부정사구들, '너를 겸손하게 하기 위하여,' '너를 시험하기 위하여,' '너의 마음 안에 있는 것을 알기 위하여'가 광야 생활의 목적을 말하고 있습니다. 겸손하게 하는 것에는 '괴롭히는'의 뜻도 있습니다. 괴로움을 통한 훈련을 의미합니다. 하나님은 사십 년간 이스라엘을 광야에서 괴롭힘으로 훈련시키셨습니다. 훈련과 연단을 통해서 출애굽 후세대를 낮아지게 하신 것입니다.

광야의 훈련은 부자 관계를 확실하게 해 줍니다. "너는 사람이 그 아들을 징계함 같이 네 하나님 여호와께서 너를 징계하시는 줄 마음에 생각하고"(신 8:5). 아버지와 아들 관계를 통해서 하나님과 이스라엘과의 관계를 설명합니다. "징계"에는 '훈련'의 의미가 담겨 있습니다. 아버지는 엄한 훈련과 교훈을 통해서 아들을 교육합니다. 이와 같이 하나님은 훈련과 징계를 통해서 이스라엘을 교육하신 것입니다. 광야 생활은 출애굽 세대에게 심판의 기간이었지만 새로운 세대에게는 훈련의 기간이었습니다. 하나님의 시험과 훈련은 마침내 인간에게 복을 주기 위한 것입니다(신 8:16).

광야 생활은 이스라엘에게 하나님을 의지하는 법을 새겨주었습니다. "너를 낮추시며 너를 주리게 하시며 또 너도 알지 못하며 네 조상들도 알지 못하던 만나를 네게 먹이신 것은 사람이 떡으로만 사는 것이 아니요 여호와의 입에서 나오는 모든 말씀으로 사는 줄을 네가 알게 하려 하심이니라"(신 8:3). 광야에서 사람은 빵이 없으면 생존할 수 없습니다. 그러나 이스라엘은 사십년간 살았습니다. 하나님이 만나를 주신 것입니다. 이것을 통해 여호와의 입에서 나오는 말씀으로 사는 법을 배웠습니다. 순종하는 법을 배운 것입니다.

이스라엘은 이제 광야 생활을 마치고 가나안 땅으로 들어가려고 합니다. 가나안 땅은 풍요로운 땅입니다. 가나안 땅의 소산을 먹고 배부를 것입니다. 이때 먹어서 배부르고 은금이 많아지며 가축들이 늘어 날 때, 교만해 지지 않도록, 여호와를 잊어버리지 않도록 조심해야 합니다(신 8:14). 이스라엘이 여호와를 잊어버리고 다른 신을 섬기면 그들은 파멸의 길로 갈 것이기 때문입니다.

모세는 가나안 땅을 이집트와 비교합니다. 이집트에서는 씨앗을 뿌리고 물을 댔습니다. 그러나 가나안 땅은 하늘의 비로 물을 댑니다(신 11:10-11). 하나님이 돌보시는 땅이기 때문입니다. "네 하나님 여호와께서 돌보아 주시는 땅이라 연초부터 연말까지 네 하나님 여호와의 눈이 항상 그 위에 있느니라"(신 11:12). 약속의 땅은 하나님의 관심이 있는 곳입니다. 하나님이 늘 지켜보시는 장소입니다.

이래서 가나안 땅은 특별한 신학적인 의미를 갖습니다. 하나님이 이스라엘에게 선물로 준 땅입니다. 하나님이 소유권을 갖고 있는 땅입니다. 하나님은 이 소유권을 사용하여 이스라엘 사람들에게 기업으로 받은 땅을 팔지 못하게 하십니다. "토지를 영구히 팔지 말 것은 토지는 다 내 것임이니라 너희는 거류민이요 동거하는 자로서 나와 함께 있느니라"(레 25:23). 하나님은 가나안 땅에 대한 소유권을 주장하십니다. 이스라엘 사람들이 나그네로 있다고 말합니다.

하나님은 또한 이스라엘 사람들이 받은 기업의 땅의 경계를 옮기지 못하게 하십니다. "네 하나님 여호와께서 네게 주어 차지하게 하시는 땅 곧 네 소유가 된 기업의 땅에서 조상이 정한 네 이웃의 경계표를 옮기지 말지니라"(신 19:14; 참고. 잠 23:10). 이 말은 기업의 땅을 팔거나 폭력으로 빼앗지 말라는 의미가 담겨 있습니다. 여기에 대한 좋은 예가 바로 나봇의 포도원입니다. 나봇은 아합 왕이 포도원을 팔라는 요구를 거절했습니다. 아합은 나봇의 포도원보다 더 좋은 포도원으로 바꾸어 주거나 돈으로 줄 수 있다고 제안했습니다. 이때 나봇은 "내 조상의 유산을 왕에게 주기를 여호와께서 금하실지로다"(왕상 21:3)하고 대답했던 것입니다. 나봇은 토지를 팔지 말라는 하나님의 명령을 알고 있습니다. 아합 왕도 이스라엘 사람이라 이 말의 의미를 압니다. 그래서 왕임에도 불구하고 어쩔 수 없이 물러나서 끙끙댑니다. 하지만 아합의 아내 이세벨은 이방 여인입니다. 이스라엘의 토지 전통을 알지 못합니다. 거짓 증인을 세워 나봇을 정죄하고 죽여 버립니다. 나봇을 제거하고 나봇이 포도원을 빼앗아갑니다(왕상 21장). 하나님의 관심이 세초부터 세말까지 있는 땅에서 악한 일이 일어났습니다. 하나님은 엘리야 선지자를 보내어 나봇의 기업을 빼앗은 아합을 책망하시며 아합 집의 멸망을 예고하게 하십니다.

약속의 땅은 하나님의 관심이 있는 곳입니다. 하나님이 지켜보시는 장소입니다. 이러한 하나님의 관심은 아주 구체적으로 표현됩니다. 약속의 땅에서 하나님의 법을 잘 지킬 것을 요구하십니다. "이는 곧 너희의 하나님 여호와께서 너희에게 가르치라고 명하신 명령과 규례와 법도라 너희가 건너가서 차지할 땅에서 행할 것이니"(신 6:1). 모세를 통하여 주어지는 하나님의 법은 가나안 땅에서 지켜져야 합니다. 땅과 율법이 밀접한 관련이 있습니다. 이러한 하나님의 요구는 계속 나옵니다. "네 조상의 하나님 여호와께서 네게 주셔서 차지하게 하신 땅에서 너희가 평생에 지켜 행할 규례와 법도는 이러하니라"(신 12:1).

모세는 요단강을 건너 가나안 땅에 들어가려는 출애굽 후세대에게 하나님의 법을 지킬 것을 말합니다. 약속의 땅은 하나님의 법을 지키는 장소입니다. 하나님의 법은 십계명을 중심으로 하고 있습니다. 십계명은 하나님의 언약입니다. 그래서 십계명의 두 돌 판을 담은 궤를 가리켜 법궤 또는 언약궤로 부르는 것입니다. 약속의 땅은 하나님의 법을 잘 지킬 것을 요구합니다. 언약에 순종할 것을 요구하는 언약의 장소입니다.

약속의 땅은 이스라엘에게 하나님의 법에 순종할 것을 요구합니다. 하나님의 법에 순종할 때 이스라엘은 복을 받습니다. 특히 땅 정복과 관련해서도 이스라엘의 순종이 요구됩니다. "내가 오늘 명하는 모든 명령을 너희는 지켜 행하라 그리하면 너희가 살고 번성하고 여호와께서 너희의 조상들에게 맹세하신 땅에 들어가서 그것을 차지하리라"(신 8:1). 하나님의 법에 순종할 때 이스라엘은 생존할 수 있습니다. 더 나아가 번성합니다. 또한 가나안 땅을 성공적으로 정복할 수 있습니다. 하나님의 법에 순종하는 것이 가나안 땅을 정복하는 비결입니다. 이래서 모세는 모압 땅에서 출애굽 후세대들에게 율법을 다시 설명해 주면서 가데스 바네아에서의 실패와 요단 동편 땅 정복의 성공을 비교하는 것입니다. 출애굽 세대는 불순종해서 가나안 정복에 실패했습니다. 그러나 출애굽 후세대는 순종해서 요단 동편의 땅을 점령했습니다. 순종과 불순종의 명암이 극명하게 대조를 이루고 있습니다.

약속의 땅은 순종을 필요로 합니다. 이스라엘이 하나님의 법을 잘 순종할 때 약속의 땅에서 복을 받습니다. 땅은 풍성한 소산물을 줍니다. 곡식과 과일들이 잘 됩니다. 목축을 잘 할 수 있도록 복을 받습니다. 가축들의 새끼가 번성합니다. 이스라엘은 후손들이 번성합니다. 그리고 주변 국가들과의 관계도 좋습니다. 주변 국가들로부터 인정을 받으며 탁월한 지도력을 갖습니다(신 28:1-14).

하지만 이스라엘이 약속의 땅에서 하나님의 법에 불순종할 때 상황은 달라집니다. 복이 아니라 저주를 받습니다. 하늘에서는 비가 오지 않습니다. 곡식과 과일을 거둘 수가 없습니다. 목축을 위한 풀이 자라지 않습니다. 가축들이 번성할 수가 없습니다. 또한 각종 질병들이 창궐합니다. 주변 국가들과도 사이가 좋지 않습니다. 전쟁에 나가서 패배하여 포로로 잡혀갑니다. 주변 국가들로부터 조롱과 멸시를 당합니다(신 28:15-68).

약속의 땅은 하나님의 법을 잘 지킬 것을 요구하는 언약의 장소입니다. 순종할 때 복을 받지만 불순종하면 저주를 받습니다. 이스라엘의 미래는 전적으로 율법에 순종할 것인가 아니면 불순종할 것인가에 달려 있습니다. 이스라엘의 번영과 미래는 하나님의 말씀에 근거합니다. 이런 점에서 에덴동산에서의 아담과 하와와 비슷합니다. 에덴동산에서 첫 인류는 하나님의 명령에 순종할 것을 요구받았습니다. 이와 같이 가나안 땅에서 이스라엘은 하나님의 법에 순종할 것을 요구받습니다.

이스라엘은 하나님의 약속의 후손입니다. 이스라엘이 이집트에서 번성하여 가나안 땅을 향해 출애굽을 했습니다. 여호와 하나님이 이스라엘을 이집트에서 구원해 주셨습니다. 이들은 바로 대신 여호와를 섬겨야 했습니다. 이스라엘이 시내 산에서 여호와 하나님만을 섬길 것이라고 언약을 맺었습니다. 이것이 시내 산 언약입니다. 시내 산 언약은 율법으로 구체화되었습니다. 이스라엘이 이 율법을 가지고 약속의 땅에 들어갑니다. 약속의 후손은 약속의 땅에서 하나님의 언약을 지켜야 합니다. 그 언약(법)을 잘 지킬 때 복을 받습니다. 하나님이 아브라함과 맺은 언약이 시내 산 언약으로 발전한 것입니다. 하나님은 아브라함과 언약을 맺을 때에 아브라함의 후손들과도 언약을 맺을 것을 예고했습니다. "내가 내 언약을 나와 너 및 네 대대 후손 사이에 세워서 영원한 언약을 삼고 너와 네 후손의 하나님이 되리라"(창 17:7). 하나님은 아브라함의 후손인 이스라엘과 언약을 맺은 것입니다. 이스라엘이 이제 한 나라입니다. 한 나라로서 여호와 하나님과 언약을 맺습니다. 언약의 내용은 한 나라의 법으로 나타난 것입니다.

이래서 이스라엘은 가나안 땅에 들어가서 그리심 산과 에발 산에서 복과 저주를 선언합니다(신 27:11-13). 가나안 땅에서 복과 저주의 선언은 하나님의 법이 그 가나안 땅에서 효력을 발휘한다는 것입니다. 하나님의 법이 지배하는 땅이라는 의미입니다.

9

모압 언약

읽어야 할 본문: 신명기 3–34장

출애굽 세대는 시내 산에서 하나님과 언약을 맺었습니다. 그러나 이들은 모두 광야에서 죽었습니다. 광야에서 새로운 세대인 출애굽 후세대가 자라났습니다. 이들이 모세의 지도 아래 요단 동편을 정복하고 이제 요단강을 건너려고 합니다. 그러나 모세는 출애굽 후세대와 함께 가나안 땅에 들어가지 못합니다. 그래서 모세는 이들에게 율법을 다시 설명해 주며(신명기) 이들과 언약을 맺습니다. 이것을 모압 언약이라고 부릅니다(신 29:1).

9.1 언약의 갱신

시내 산 언약과 모압 언약을 모세 언약이라고 부르기도 합니다. 이 두 언약은 유사하면서도 다릅니다. 언약 당사자들이—출애굽 세대와 출애굽 후세대로—다릅니다. 그리고 언약의 내용도 갱신되었습니다. 그래서 모압 언약의 내용인 신명기를 읽어보면 새로운 법들이 많이 들어 있습니다. 그럼에도 불구하고 십계명이 다시 나오고 있다는 사실을 주목해야 합니다. 십계명은 출애굽기 20장과 신명기 5장 두 곳에 나옵니다. 십계명이 두 곳에 모두 나온다는 사실은 두 언약 사이에 연속성이 있다는 것입니다. 그렇지만 십계명에도 약간 다른 점이 나옵니다. 바로 안식일 계명입니다. 출애굽기는 하나님의 창조 사역에 근거하여 안식일에 쉴 것을 말합니다(출 20:11). 그러나 신명기는 하나님의 구원 사역인 출애굽에 근거해서 안식일에 쉴 것을 명령합니다(신 5:15). 하나님의 창조 사역과 구원 사역은 다른 것 같지만 사실 유사합니다. 두 사건 모두 안식을 말하고 있기 때문입니다. 하나님은 육일 동안 일하시고 칠 일째 되는 날 쉬셨습니다. 노동에서 물러나 쉰 것입니다. 이스라엘은 이집트에서 노예 생활을 하고 있었습니다. 혹독한 노동으로 시달리고 있었습니다. 하나님의 구원은 노동으로부터 진정한 쉼을 주신 것입니다. 이렇게 하나님의 창조 사역과 구원 사역은 다르지만 서로 배치되는 것이 아니라 상호 보완적입니다. 안식일 계명은 분명 변화가 있습니다. 이것은 시내 산 언약이 갱신되었다는 것을 보여줍니다. 시내 산 언약은 모압 언약으로 새롭게 되었습니다.

두 언약 사이에는 십계명으로 인한 연속성이 있습니다. 하지만 또한 새로운 법들로 인한 변화도 있습니다. 이스라엘은, 출애굽 세대나 출애굽 후세대나, 여호와 하나님만을 섬기기로 언약을 맺습니다. 하지만 세부적인 사항에서는 변화가 있습니다. 이것은 출애굽 후세대가 처한 상황이 다르기 때문입니다. 출애굽 후세대는 가나안 땅 입성을 눈앞에 두고 있습니다.

시내 산 언약과 모압 언약 사이의 관계는 신명기 5:2-3에 나옵니다. 히브리어를 직접 번역해 보면 다음과 같습니다.

2. 여호와 우리의 하나님이 우리와 호렙에서 언약을 맺었다.

3. 여호와께서 우리의 조상들과 이 언약을 맺지 않았다.

그러나 우리와, 우리, 이들, 오늘날 여기에 살아있는 우리 모두와.

여기서 흥미로운 것은 2절에서 호렙 산(시내 산) 언약을 "우리"와 맺었다고 말하는 것입니다. "우리"는 당연히 모세를 포함한 출애굽 후세대를 의미합니다. 그리고 3절에서는 우리의 조상들과 이 언약을 맺지 않았다고 말합니다. 우리의 조상들은 문맥상 출애굽 세대로 보는 것이 자연스럽습니다. 호렙 산 언약이 출애굽 세대와 맺은 것이 아니라면 이것이 의미하는 바는 무엇이겠습니까? 모세는 지금 출애굽 후세대에게 신명기를 설명하고 있습니다.

특히 신명기 5장은 호렙 산 언약을 뒤돌아보며 그 언약의 근간인 십계명을 다시 설명하고 있습니다. 그러면서 이 언약이 "우리" 즉, 여기에 살아있는 출애굽 후세대와 맺은 것이라고 주장합니다. 즉 호렙 산 언약은 출애굽 후세대에게도 여전히 유효하며 적용될 수 있다는 것을 강조합니다. 시내 산 언약은 출애굽 후세대에게도 연속성을 갖습니다.

모세는 시내 산 언약을 출애굽 후세대에게 유효하다는 사실을 말하고 신명기 5장부터 26장까지 주요한 법들을 선언합니다. 그리고 신명기 27-28장에서 이 언약의 말씀들에 순종하면 복을 받을 것이며 불순종하면 저주를 받을 것을 선포합니다. 복과 저주를 선언한 후에 모세는 출애굽 후세대와 다시 언약을 세웁니다. 이것이 모압 언약입니다. "호렙에서 이스라엘 자손과 세우신 언약 외에 여호와께서 모세에게 명령하여 모압 땅에서 그들과 세우신 언약의 말씀은 이러하니라"(신 29:1).

모압 언약은 의식적인 면에서 시내산 언약과 차이를 보입니다. 모압 언약에는 시내산 언약의 장엄한 의식이—청년들이 번제와 화목제를 드림, 열 두 기둥을 세우는 것, 언약 서 낭독, 언약의 피를 뿌림, 백성의 동의, 이스라엘 지도자들이 하나님을 보며 언약 식사를 나눔—나타나지 않습니다.

모압 언약은 엄숙한 서약 또는 맹세로 맺어지는 것이 특징입니다. '네 하나님 여호와의 언약에 참여하며 또 네 하나님 여호와께서 오늘 네게 하시는 맹세에 참여하여'(29:12). 맹세는 언약의 동의어로 나옵니다. "참여하여"는 들어가는 것을 의미합니다. 즉 너의 하나님 여호와의 언약과 맹세 안으로 들어가는 것입니다.

시내 산 언약에서 하나님의 언약 파트너는 단순히 백성으로 나타났습니다(출 24장). 물론 이 백성은 하나님의 백성입니다. 그리고 청년, 모세와 아론과 나답과 아비후와 이스라엘 장로 70인이 언약을 맺을 때 중요하게 활동했던 인물들입니다. 이에 반하여 모압 언약은 언약 파트너에 대한 묘사가 더 자세합니다. "너희의 수령과 너희의 지파와 너희의 장로들과 너희의 지도자와 이스라엘 모든 남자와 너희의 유아들과 너희의 아내와 및 네 진중에 있는 객과 너를 위하여 나무를 패는 자로부터 물 긷는 자까지 다 너희의 하나님 여호와 앞에"(신 29:10-11) 서서 언약에 참여합니다. 모든 사람들을 언급하는 것이 특이합니다. 남자와 여자, 어린아이들과 객 그리고 노동자들까지 언약에 포함되었습니다.

더 나아가 모압 언약은 미래 세대에도 효력이 있다는 것을 분명히 합니다. "내가 이 언약과 맹세를 너희에게만 세우는 것이 아니라 오늘 우리 하나님 여호와 앞에서 우리와 함께 여기 서 있는 자와 오늘 우리와 함께 여기 있지 아니한 자에게까지이니"(신 29:14-15). 시내 산 언약에는 이러한 점이 없었습니다. 이제 모압 언약은 이후에 오는 모든 세대를 모압 언약에 포함시키고 있습니다.

이스라엘은 모압 언약을 통해서 하나님과의 관계를 확실히 합니다. "오늘 너를 세워 자기 백성을 삼으시고 그는 친히 네 하나님이 되시려 함이니라"(신 29:13). 언약 공식이 다시 나옵니다. 이스라엘은 하나님의 백성이 되고 여호와는 이스라엘의 하나님이 되십니다(신 26:16-19).

모압 언약은 복과 저주를 다 말합니다. 그러나 복보다 저주에 더 많은 강조점이 있는 것이 특징입니다. 여호와 하나님을 떠나서 다른 민족의 신들을 섬기는 자들에게 저주가 임할 것입니다. "여호와의 분노와 질투의 불을 부으시며 또 이 책에 기록된 모든 저주를 그에게 더하실 것이라. 여호와께서 그의 이름을 천하에서 지워버리시되 여호와께서 곧 이스라엘 모든 지파 중에서 그를 구별하시고 이 율법 책에 기록된 모든 언약의 저주대로 그에게 화를 더하시리라"(신 29:20-21).

여호와의 언약을 배반하고 다른 신을 섬기면 하나님은 언약의 저주를 이스라엘에게 부으십니다. 가나안 땅은 황폐화 될 것이며 이스라엘은 가나안 땅에서 쫓겨 갈 것입니다.

모압 언약의 저주는 이스라엘이 언약을 지키지 않았을 때, 포로로 사로잡혀 갈 것을 예고합니다(신 28:36-37, 49-52; 29:28). 이 저주는 열왕기하 17장에서 볼 수 있습니다. 여호와를 배반하고 다른 신을 섬긴 북 왕국 이스라엘은 앗수르에 멸망을 당합니다. 호세아 왕 때, 앗수르 왕 살만에셀이 사마리아를 쳐서 멸망시킵니다. 열왕기 기자는 이스라엘이 멸망한 이유를 길게 기술하는데, "다른 신들을 경외하며"(왕하 17:7), "목상과 아세라 상을 세우고"(왕하 17:10), "우상을 섬겼으니"(왕하 17:12)로 설명합니다. 이러한 행위는 "여호와께서 그들의 조상들과 더불어 세우신 언약과 경계하신 말씀을" 버린(왕하 17:15) 행위입니다. 결국 이스라엘이 언약을 어기며 다른 신을 섬김으로 하나님의 저주를 당한 것입니다(왕하 17:35-41).

유다 역시 우상을 섬기며 여호와 하나님을 경외하는 신앙에서 떠났습니다. 그 결과 바벨론에 의해 멸망을 당합니다. 바벨론 군대가 예루살렘 성을 포위했을 때, 성에 기근이 있었고(왕하 25:3) 왕과 백성들은 사로잡혀 갔습니다(왕하 25:6-7, 21).

이스라엘과 유다가 망한 이유는 하나님이 이스라엘과 세운 모압 언약을 파기했기 때문입니다. 그래서 이스라엘과 유다는 다른 나라로 사로잡혀갔습니다. 언약의 저주는 역사 속에서 성취되었습니다. 이것은 역사의 주관자가 하나님이심을 보여줍니다. 하나님의 언약의 말씀이 역사 속에서 이루어졌습니다. 가나안 땅에서의 이스라엘의 삶은 언약의 말씀에 순종하느냐 순종하지 않느냐에 달려 있습니다.

9.2 모세의 설교

모압 언약의 내용은 모세의 유언 설교 형식으로 나옵니다. 모세는 율법을 자세히 풀어서 설교하고 있습니다(신 1:5). 모세의 설교 가운데 특징은 "오늘"이라는 표현이 자주 나오는 것입니다(김영욱, 『신명기 I』, 그리심, 2003, 59-62에서 요약 인용).

일반적으로 날 또는 일 번역되는 히브리어 '욤'은 신명기에서 167회(단수 109회; 복수 58회) 발견됩니다. "오늘"이라는 표현은 모세가 출애굽 후세대에게 그가 고별 설교를 하는 현재 시간을 의미합니다. 그런데 모세가 "오늘" 선포하는 설교에 과거의 사건들, 현재의 율법 설교, 미래의 예고가 모두 현재적 시간으로 나타납니다.

"오늘"이라는 표현에서 가장 중요한 것은 모세가 설교하고 있는 시점입니다. 모세의 설교는 율법이 주요 내용입니다. 이러한 사실은 다음의 반복 사용된 표현 형식에서 알 수 있습니다.

내가 오늘 너희 앞에 두는 + 이 모든 법(4:8),

\+ 법규들과 법령들(11:32),

내가 오늘 말하는 법규들과 법령들(5:1),

내가 오늘 너에게 명령하는 + 그의 법규들과 그의 명령들(4:40,27:10),

\+ 이 말씀들(6:6),

\+ 모든 명령(8:1,11:8).

위의 표현 형식에서 알 수 있듯이 모세는 "오늘" 출애굽 후세대에게 하나님의 말씀인 법들을 설교하고 있습니다. 모세는 이스라엘에게 이 법들을 잘 듣고 지키라고 당부합니다(27:1).

모세는 당부를 마친 후 여호와와 이스라엘 사이의 친밀한 관계를 확인시킵니다. "오늘" 이스라엘이 여호와를 너의 하나님이라고 선언하며 여호와 역시 "오늘" 이스라엘을 그의 백성이라고 하십니다(신 26:16-18).

여호와와 이스라엘의 관계는 모압 언약으로 더 구체화됩니다. 이스라엘의 모든 사람들과 심지어 체류자들까지도 여호와 앞에 "오늘" 언약을 맺기 위해 서 있습니다(신 29:10). 이 언약에는 "오늘" 여호와 앞에 서있는 사람들은 물론이며 "오늘" 서 있지 않는 사람들까지 다 포함합니다(신 29:15).

이스라엘의 미래와 국가적인 운명이 "오늘"이라는 표현과 더불어 예고되어 있습니다. "오늘" 선포되는 하나님의 법에 순종할 때, 이스라엘의 미래는 밝습니다. 후손들이 번창할 뿐만 아니라 이스라엘의 번영이 보장됩니다(신 28:1-14). 하지만 이스라엘이 "오늘" 선포되는 하나님의 법에 불순종하게 될 때, 이스라엘의 미래는 어둡습니다. 이스라엘의 산업이 저주를 받게 되며 더 나아가 대적들의 침입을 받게 되어 이스라엘이 다른 나라로 포로로 잡혀갈 것이며 약속의 땅에서 쫓겨나게 될 것입니다(신 28:15-68).

결국 모세의 설교는 "오늘" 이스라엘에게 선포되는 하나님의 법이요 말씀입니다. "오늘" 선포되는 하나님의 말씀에 잘 순종할 때 이스라엘의 미래는 순탄할 것입니다. 그러나 순종하지 않을 경우 폭풍과 풍랑을 만나게 됩니다. 이러한 점에서 모압 언약의 율법은 이스라엘 백성에게 "오늘" 실천되어져야 할 말씀입니다. 이것은 설교학적인 측면에서도 흥미롭습니다. 오늘은 언제나 오늘이기 때문입니다.

9.3 언약(율법)과 역사

모세는 새로운 세대에게 시내 산 경험을 다시 들려줍니다. 시내 산에서 선포되었던 하나님의 말씀을 다시 들려줌으로서 출애굽 후세대가 가나안 땅에 들어가서 어떻게 살아야 할 것인가 하는 지침을 줍니다.

이스라엘의 하나님 여호와는 시내 산에서 임하셔서 십계명과 율법을 말씀하셨습니다. 율법의 핵심은 십계명입니다. 2세기의 초대 교부인 클레멘츠 Clements Alexandrinus는 십계명Decalogue이라는 명칭을 처음 사용했습니다. 하지만 그 명칭은 성경 본문에서 기원한 것입니다. 십계명은 열 개의 말씀들로 하나님께서 직접 이스라엘 백성에게 선포하신 언약입니다(신 4:13). 그래서 이것을 언약의 말씀들로 부르기도 합니다(출 34:28). 하나님은 이 언약을 두 돌판 위에 양면으로 기록하셨습니다(출 32:15). 하나님은 친히 하나님의 손가락으로 기록하셨고 이 두 돌 판은 증거의 두 돌 판(출 31:18) 또는 언약의 돌판들(신 9:9)로 불립니다. 이 두 돌판 위에 기록된 것은 법과 계명으로 불렸습니다(출 24:12). 첫 번째 돌 판은 이스라엘이 금송아지를 만들어 우상 숭배를 하였을 때 모세가 던져서 깨뜨렸습니다. 후에 하나님의 자비하심으로 언약이 회복되고 모세는 두 돌 판을 다시 만들었고 하나님이 그 위에 십계명을 기록해 주었습니다. 모세는 이 두 돌 판을 법궤에 보관하였고 이 법 궤는 지성소에 안치되었습니다. 그래서 법 궤 역시 언약 궤(신 31:25) 또는 증거 궤(출 40:5)로 불립니다.

십계명에서 가장 강조하는 계명은 우상숭배 금지계명과 안식일 계명입니다. 특히 이스라엘이 가나안 땅에서 우상을 숭배하면 이스라엘의 미래는 암울할 것입니다. 약속의 땅에서 쫓겨나서 다른 나라로 포로로 잡혀갈 것을 예고합니다. 모세는 시내 산 경험을 회고하며 가나안 땅에서 이스라엘의 미래를 조망합니다(신 4장). 언약과 이스라엘의 역사는 밀접한 관련이 있습니다. 이런 점에서 가나안 땅 안에서의 이스라엘의 삶은 언약의 관점에서 볼 것을 요구합니다.

모세는 이스라엘에게 여호와의 율법을 "들으라"고 명령합니다. "이스라엘아 이제 내가 너희에게 가르치는 규례와 법도를 듣고 준행하라"(신 4:1). 여기서 "듣고"는 '들으라'는 명령입니다. 이스라엘이 들어야 할 것은 율법입니다. 이 율법은 정경성과 규범성을 갖습니다. 여기에 어떤 것도 덧붙이거나 삭감해서는 안 되기 때문입니다. 여호와의 명령은 이스라엘 공동체에게 규범성을 갖습니다.

모세는 이 율법을 잘 지킬 때 얻는 유익을 말합니다. 1) 생명이 있습니다. 바알브올을 따라갔던 자들은 다 망했지만 여호와를 따르는 자들은 다 살아 있습니다(신 4:1, 4). 2) 가나안 땅을 점령할 수 있습니다. 여호와의 명령에 순종할 때, 이스라엘은 약속의 땅을 잘 정복할 것입니다(신 4:1, 5). 3) 율법을 준수할 때 지혜를 얻을 것입니다. 주위의 민족들이 이스라엘을 향해 큰 민족이라고 칭찬합니다. 이스라엘의 지혜와 지식 때문입니다. 이스라엘이 주위의 다른 민족들보다 뛰어난 위치를 점하는 것은 율법 때문입니다. 율법을 잘 지킬 때 지혜로운 백성이 됩니다.

이스라엘의 법은 신적 기원을 갖습니다. 고대근동에서 왕이 법을 제정 선포합니다. 하지만 이스라엘은 다릅니다. 호렙산에서 여호와께서 법을 선포하셨습니다. 직접 하나님이 현현하셔서 말씀을 들려줍니다. 그 목적은 "내가 그들에게 내 말을 들려주어 그들이 세상에 사는 날 동안 나를 경외함을 배우게 하며 그 자녀에게 가르치게" 하기 위함입니다(신 4:10). 여호와를 두려워하는 것을 배우게 하기 위하여 즉, 신앙 교육을 위하여 여호와께서 이스라엘에게 율법을 주십니다.

여호와께서 시내 산에 나타나실 때 신현의 현상들이 있었습니다. 모세는 그 신현의 현상들을 회고하면서 불을 가장 많이 언급합니다. 여호와는 불 가운데서 말씀하셨습니다. 불은 신명기 4장과 5장에서 계속 나옵니다(4:11, 12, 15, 24, 33, 36; 5:4, 5, 22, 23, 24, 25, 26). 이스라엘은 불 가운데서 나오는 음성을 들었습니다. 하지만 여호와의 형상을 보지 못합니다(신 4:12). 불 가운데서 말씀하시는 하나님의 형상을 보지 못한 것이 우상 제조와 숭배 금지 명령의 배경이 됩니다. 하나님은 인간에게 어떠한 형상으로 나타나지 않았기 때문에 이스라엘은 하나님을 대신하는 어떠한 형상도 만들어서는 안 됩니다.

만일 이스라엘이 가나안 땅에 들어가서 살면서 우상을 만들어 숭배하면 하나님이 그들을 향해 질투하십니다. 하나님은 자신의 속성을 "네 하나님 여호와는 소멸하는 불이시요 질투하시는 하나님이시니라"(신 4:24)고 말씀하십니다. 하나님은 자신을 "소멸하는 불"로 소개하십니다. 이 불은 또한 질투와 평행을 이룹니다. 질투는 '열정' 또는 '열심'이라는 뜻도 있습니다. 불이 외형적인 면을 보여준다면 질투는 내면적인 것을 보여줍니다.

질투는 우상숭배 하는 자들에게 하나님의 심판으로 나타납니다. 이스라엘이 우상 숭배를 하면 약속의 땅에서 망할 것이며 다른 나라로 포로로 잡혀갈 것입니다. 포로지에서 우상을 섬기며 살아갈 것입니다. 하지만 이스라엘이 포로지에서 하나님을 기억하고 하나님께 돌아올 때 소망이 있습니다. 하나님은 조상들과 했던 약속을 기억할 것이며 이스라엘의 기도에 귀를 기울일 것입니다(신 4:25-31).

율법 준수가 이스라엘의 미래를 결정합니다. 과거에 시내 산에서 받은 율법을 이스라엘은 가나안 땅에서 지켜야 합니다. 이것이 이스라엘의 미래를 밝게 해줍니다. 특이하게 모세는 이스라엘의 미래 역사를 다 말하고 있습니다. 가나안 땅에 들어가서 우상 숭배를 하면 이스라엘이 멸망할 것이며 포로로 잡혀갈 것이며 포로 생활을 할 것이며 포로에서 귀환할 것이며 회복할 것을 미리 예고하고 있습니다. 이스라엘의 미래는 언약에 머물러 있는 것 즉 율법에 대한 그들의 태도에 달려 있습니다. 율법과 이스라엘의 미래는 상관

관계가 있습니다. 율법에 대한 순종이 그들의 미래를 결정할 것입니다.

9.4 한 하나님, 한 백성 그리고 한 장소

모압 언약은 시내 산 언약의 갱신입니다. 그래서 새로운 법들을 포함하고 있습니다. 여기서 신명기에 나타나는 몇 가지 중요한 법들을 다루어 보겠습니다.

유일신 여호와를 사랑하라

이스라엘은 여호와만을 섬기기로 언약을 맺었습니다. 모세는 이스라엘에게 "여호와를 사랑하라"는 명령을 줍니다. "이스라엘아 들으라 우리 하나님 여호와는 오직 유일한 여호와이시니"(신 6:4). 여기서 "유일한"은 '하나'라는 뜻입니다. 즉 '여호와 우리의 하나님은 한 여호와이다'입니다. 하나님은 한 분이라는 선언입니다. 이 구절은 유일신론의 위대한 선언입니다. 이스라엘의 하나님은 유일하신 한 분이시며 다른 신들과 비교할 수 없는 분입니다(참고. 신 4:35, 39; 10:17).

이스라엘의 하나님 여호와에 대하여 정의하는데 한 여호와로 말합니다. 이것은 이스라엘의 하나님 여호와의 독특성을 말합니다. 고대 근동의 신들은 다신론이었다는 점을 생각해 볼 때, 유일신 사상은 독특합니다. 이스라엘의 유일신론은 여호와께서 이스라엘의 역사 속에서 행하신 행위 가운데서 나옵니다. 신명기 4:32-35에 유일신에 대한 근거가 있습니다.

하나님이 이스라엘 역사 가운데 행하신 일들은 "큰 일"입니다(신 4:32). 지구가 창조된 이후로 이 세상 어느 곳에서도 들어보지 못한 사건들이 이스라엘 역사 속에서 일어났습니다. 이 세상의 역사 속에서 비교할 수 없는 일들이 일어났는데, 이것을 수사학적 질문으로 표현합니다. "이런 큰 일이 있었느냐? 이런 일을 들은 적이 있었느냐?" 여기에 대한 대답은 이 세상에서 그러한 일들은 있지도 않았고 들어보지도 못했다는 것이 전제되었습니다.

그렇다면 지구가 창조된 이후로 들어보지 못했던 그 큰 일은 과연 무엇입니까? 그 큰 일은 1) 시내 산 사건입니다. "어떤 국민이 불 가운데서 말씀하시는 하나님의 음성을 너처럼 듣고 생존하였느냐?'(4:33). 신비롭게도 이스라엘의 하나님 여호와는 시내 산에 강림하셔서 불 가운데서 말씀하셨습니다. 장엄한 불 가운데서 이스라엘 백성에게 현현 하셔서 십계명을 선언하신 일을 말합니다. 2) 출애굽 사건입니다. "어떤 신이 와서 시험과 이적과 기사와 전쟁과 강한 손과 편 팔과 크게 두려운 일로 한 민족을 다른 민족에게 인도하여 낸 일이 있느냐?"(4:34). 어떤 신이 압제받고 있는 한 민족을 다른 민족의 세력에서 구원해 낸 일이 있냐고 묻고 있습니다. 물론 이스라엘의 하나님 여호와 외에는 이러한 일을 행한 신이 없다는 대답을 전제하고 있습니다. 하나님은 역사 속에서 이스라엘을 이집트에서 구원하신 것입니다. 역사 속에서 이러한 일들은 이스라엘 밖에서 들어 보지도 못했고 있지도 않았다는 것입니다. 이러한 여호와의 역사적인 행동들은 다른 신들과 비교할 수 없습니다. "그 외에는 다른 신이 없음을 네게 알게 하려 하심이니라"(신 4:35). '여호와 외에는 다른 신이 없다'는 사실을 인정하게 만드는 일들입니다. 역사적 행동들이 여호와는 유일하신 분이라는 것을 선언하는 것입니다(참고. 신 4:39; 5:9; 10:17).

하나님의 역사적인 행동들은 여호와와 이스라엘 사이에 긴밀한 관계를 형성합니다. 여호와는 출애굽을 통하여 이스라엘을 노예의 신분에서 자유인으로 해방시켰으며 이스라엘에게 시내 산에서 강림하셔서 십계명을 선포하셨고 언약을 맺으셨습니다. 더 나아가 이스라엘을 가나안 땅으로 인도하여 그들에게 삶의 터전인 땅을 주셨습니다.

유일신 여호와를 사랑하는 방법은 "너는 마음을 다하고 뜻을 다하고 힘을 다하여 네 하나님 여호와를 사랑하라"입니다(신 6:5). 이것을 다시 번역해 보면 '너는 여호와 너의 하나님을 사랑해야 한다, 온 너의 마음으로 그리고 온 너의 영혼으로 그리고 온 너의 힘으로'입니다. 전치사 '-으로'는 수단과 방법을 설명합니다. 세 개의 전치사 구가 나란히 나옵니다. 하나님을 마음과 영혼과 힘으로 즉, 전인격적으로 사랑할 것을 말합니다. 인간의 모든 것들, 지성, 감정, 의지, 존재 자체, 에너지 등을 포함합니다. 인간의 모든 것으로 하나님을 사랑하라는 것입니다. "사랑하라"는 것은 충성할 것을 의미합니다. 하나님은 인간에게 100%의 충성과 헌신을 요구하십니다. 사랑은 하나님이 베푸신 은혜로운 행동에 대한 인간의 반응입니다.

여호와를 사랑하라는 명령은 십계명의 2계명과 관련이 있습니다. 2계명은 우상을 제조, 숭배하지 말 것을 말하며 "나를 사랑하고 내 계명을 지키는 자에게는 천 대까지 은혜를 베푸느니라"고 말하기 때문입니다(신 5:10). 1-2계명이 하나님을 섬기는 방법을 우상 숭배에 대한 부정적 금지에 강조점을 두었다면 여호와를 사랑하라는 계명은 여호와를 섬기는 방법을 긍정적으로 설명합니다.

하나님을 사랑하라는 명령은 신명기의 중요한 주제 가운데 하나입니다(신 7:9; 10:12; 11:1, 13, 22; 13:3; 19:9; 30:6, 16, 20). 예수는 이 본문(신 6:4-5)을 인용하여 모든 계명 가운데 크고 첫째 되는 계명이 하나님을 사랑하는 것이라고 정의하셨습니다(마 22:37-38; 막 12:29-30; 눅 10:27). 예수는 율법의 여러 계명들 가운데서 중요하고 큰 계명이 있다는 것을 인정하신 것입니다.

이스라엘은 하나님을 온 마음으로 사랑해야 한다. 온 마음으로 사랑하는 구체적인 방법은 마음에 모세가 말하는 말씀들이 있어야 합니다(신 6:6). 그리고 그 말씀을 자녀들에게 엄하게 가르쳐야 하며 시간과 장소에 상관없이 항상 말하며 암송해야 합니다(신 6:7). 말씀을 마음에 두기 위한 구체적인 방법으로 실생활에 적용할 수 있도록 말씀을 인간의 몸에 두어야 하며 집에 말씀을 기록해야 합니다. 먼저 말씀들을 기호로 손에 묶고 이마에 표로 두는 것입니다(신 6:8). 이 방법이 실제적인 것인지 상징적인 것인지에 대해서 유대인들 사이에도 토론이 있습니다. 이와 같은 말씀이 나오는 곳은 출애굽기 13:1-10, 11-16과 신명기 11:13-21입니다. 신명기 6:4-9의 문맥은 문자적이며 실제적입니다. 하나님을 사랑하는 구체적인 방법으로 말씀을 마음에 두고(신 6:6) 자녀들에게 가르치는 것이며(신 6:7) 더 구체적으로 말씀을 손에 매고 이마에 두며(신 6:8) 집 문설주와 문 위에 기록하는 것이기 때문입니다(신 6:9). 특히 "네 미간에 붙여 표로 삼고"에서 발전한 것이 탈무드 시대에 유대인들이 이마에 매달았던 성구함입니다. 이것은 작은 가죽 상자로 그 속에 성경 구절(출 13:1-10, 11-16; 신 6:4-9; 11:13-21)이 적힌 양피지가 들어 있습니다. 후에는 십계명도 들어갔습니다. 가장 오래된 성구함은 쿰란 공동체에서 발견되었습니다. 서기관들과 바리새인들(참고. 마 23:5), 쿰란 공동체와 다른 유대인들이 문자적으로 적용했습니다. 하지만 모든 유대인들이 이것을 다 문자적으로 받아들인 것은 아닙니다. 사마리아 인들은 문자적 해석을 거부했습니다. 헬라어 구약 성경인 아퀼라, 데오도치온과 70인경은 이 말씀을 비유적으로 해석하여 하나님의 말씀은 움직이지 않고 고정되어 있어야 한다고 번역합니다. 다른 유대인들도 잠언 1:9; 3:3; 4:9; 6:21; 7:3에 근거하여 하나님의 말씀이 우리 몸에 매여 있는 것과 같이 그 교훈들을 잘 기억해야 한다고 비유적으로 해석했습니다.

선택된 하나님의 백성

언약은 하나님과 이스라엘 사이의 관계를 말합니다. 그리고 선택은 이스라엘의 신분을 설명합니다. 이스라엘은 출애굽을 통하여 하나님께 선택된 백성이라는 특이한 자기 이해를 갖고 있습니다. 하나님의 선택된 백성이라는 자기이해는 이스라엘 전 역사에 나타납니다. 언약 사상과 선택 사상은 이스라엘을 받치고 있는 두 기둥입니다.

이스라엘이 가나안 땅에 들어갈 때, 그들은 가나안 민족들과 그들의 종교제의를 철저하게 파괴해야 합니다. 이스라엘은 가나안 민족들과 언약을 맺을 수 없고 국제결혼을 할 수도 없습니다. 이스라엘은 가나안 민족들과 다르기 때문입니다. 가나안 민족과 종교를 진멸해야 하는 이유는 이스라엘이 가나안 민족의 유혹을 받아 다른 신을 섬기지 않도록 하기 위한 것입니다.

이스라엘이 가나안 민족을 진멸해야 하는 이유는 "너는 여호와 네 하나님의 성민"이며 여호와께서 이스라엘을 "기업의 백성으로 택하셨기" 때문입니다(신 7:6). "성민"은 '거룩한 백성"입니다(참고. 신 14:2, 21; 26:19; 28:9). "기업의 백성"은 '보배로운 백성 '입니다. 하나님은 이스라엘을 보배로운 백성이 되도록 선택하셨습니다. 하나님은 지면 위의 모든 백성들로부터 이스라엘을 하나님의 백성으로 구별하셨습니다.

하나님은 개인을 부르십니다. 하나님은 아브라함(느 9:7) 그리고 모세를 선택하셨습니다(시 106:23). 이렇게 하나님은 아론, 다윗, 스룹바벨 등을 택하셨습니다. 더 나아가 하나님은 한 집안을 선택하십니다. 엘리 집이 그 예입니다(삼상 2:28). 그리고 하나님은 레위와 같은 한 지파를 선택하기도 하십니다(신 18:5). 하나님의 선택 행위의 절정은 이스라엘 민족을 온 세계 민족들 가운데서 선택하신 것입니다.

하나님께서 이스라엘을 선택하신 것은 숫자가 많기 때문이 아닙니다. 1) 여호와께서 이스라엘을 사랑하셨기 때문이며 2) 하나님이 조상들에게 하신 약속을 지키기 위해서입니다(신 7:8). 이러한 두 가지 이유 때문에 하나님은 이스라엘을 이집트에서 강한 능력으로 인도하셨습니다. 이집트에서의 구원은 이스라엘 신앙의 근본입니다. "바로의 손에서 속량하셨나니"(신 7:8)는 '바로의 손으로부터 너를 구해냈다'입니다. '구해냈다'는 '포로를 몸값을 주고 되찾다'입니다. 여기서 '구출하다,' '해방하다'의 의미가 나옵니다. 하나님은 이집트에서 노예로 있던 이스라엘을 자유인으로 해방시켰습니다.

하나님은 족장들에게 하신 약속을 성취하기 위해서 이스라엘을 구해내셨습니다. 출애굽은 하나님이 한 나라를 선택하신 방법입니다. 하나님은 출애굽을 통하여 이스라엘을 하나님의 백성으로 선택하셨습니다. "여호와께서 네 조상들을 사랑하신 고로 그 후손인 너를 택하시고 큰 권능으로 친히 인도하여 애굽에서 나오게 하시며"(신 4:37).

선택은 이스라엘 민족의 신분 상태를 설명합니다. 이스라엘 민족이 정체성을 확립해 주는 사상이기도 합니다. 이래서 이스라엘은 이방인들과 구별되는 삶을 살아야 합니다. 하나님의 법을 지키는 삶입니다. 이스라엘이 오랫동안 다른 나라에 포로로 잡혀가고 흩어져서 살면서도 그들의 정체성을 잃어버리지 않았던 이유가 여기 있습니다. 이스라엘은 하나님에 의해서 선택된 백성이라는 자기 정체성이 확실한 민족이었습니다. 이래서 이들은 오랜 세월 동안 디아스포라로 살면서도 언어와 문화와 신앙을 유지할 수 있었습니다.

중앙 성소

여호와의 선택과 관련해서 특이한 사실이 하나 있습니다. 하나님의 선택 대상은 주로 사람입니다. 한 개인 또는 한 집안 또는 한 나라이든지 사람이 중심입니다. 그런데 하나님은 사람과 같이 약속의 땅에서 한 장소를 선택하십니다. 하나님이 이스라엘에게 주시기로 약속한 가나안 땅 안에 특별히 하나님이 선택한 한 장소가 있다는 것입니다.

신명기에서 동사 '선택하다'는 장소와 관련해서 21회가 나옵니다. 이것이 특이합니다. 신명기는 하나님이 약속의 땅 안에서 한 특별한 예배 장소를 마련하실 것이라는 사실을 강조합니다. 그 장소는 하나님이 준비하시는 특별한 예배 장소로 관계 대명사에 의해 수식되어 '선택하다'라는 동사가 뒤따라 나옵니다. '그가(여호와) 선택하실 장소'는 20회가 나타나며(신 12:5, 11, 14, 18, 21, 26; 24:23, 24, 25; 15:20; 16:2, 6, 7, 11, 15, 16; 17:8, 10; 18:6; 26:2; 31:11) 이 형식에서 한 구절이 예외로 지시 대명사가 들어가서 '그가 선택하실 그 장소'가 나타납니다(신 17:10).

예배 장소를 위한 표현 '그가 선택하실 장소'에 여호와께서 그 장소를 선택하시는 목적을 나타내는 부정사구가 따라옵니다. 여호와께서 약속의 땅 안에 한 장소를 선택하시는 목적은 선택하시는 장소에 '그의 이름을 그곳에 두기 위하여'(신 12:21; 14:24)입니다. 부정사구의 단어는 다르지만 목적은 같은 '그의 이름을 그곳에 거하게 하기 위하여'(신 12:11; 16:2, 6, 11; 26:2)도 나타납니다.

하나님이 선택하실 장소는 그의 이름을 두는 장소이며 또한 그가 거하시는 장소입니다. "오직 너희의 하나님 여호와께서 자기의 이름을 두시려고 너희 모든 지파 중에서 택하신 곳인 그 계실 곳으로 찾아 나아가서"(신 12:5). 하나님이 선택하신 장소는 하나님의 거주지입니다.

이 장소는 여호와를 위한 예배 처소로 사용됩니다. 이스라엘 백성은 이 장소로 그들의 희생 제사와 십일조와 각종 예물을 가지고 나아와 예배드릴 것을 말하고 있습니다(신 12:6, 11). 이스라엘의 삼대 절기를 지키는 곳이기도

합니다. 이스라엘 백성은 유월절 제사를 이 선택하실 장소에서 드려야 하며(신 16:5 6) 남자들은 무교절, 칠칠절, 초막절에, 일 년에 세 차례 선택하실 장소에 예물을 가지고 여호와께 나아가야 합니다(신 16:16-17). 매 칠 년 초막절에 온 이스라엘은 이 선택된 장소에 모여야 하며 공개적으로 낭독되는 하나님의 법을 들어야 합니다(신 31:10-11). 이곳에서 그들은 첫 열매를 드리며 가나안 땅을 주신 하나님께 신앙을 고백합니다(신 26:1-11). 그래서 이곳을 중앙 성소라고 부른다.

이 선택된 장소는 예배 장소로만이 아니라 재판소로도 쓰입니다. 이스라엘 지파들이 각 성에서 판결을 내리기 어려운 소송 사건이 있을 때, 이 사건을 중앙 성소로 가져갈 수 있습니다. 중앙 성소에 있는 제사장과 재판장은 지방에서 올라온 각종 사건을 하나님의 법에 따라서 처리해 줍니다. 고등 법원의 역할을 합니다(신 17:8-13).

이스라엘 역사 속에서 성소는 여러 곳이 있었습니다. 여호와는 언약궤 위에 임재하시기 때문에 언약궤가 머무는 곳이 성소가 될 수 있습니다. 여호수아의 지도하에 약속의 땅을 점령한 후 처음에 언약궤는 길갈에(수 4:19) 그 후에 실로에(수 18:1; 19:51) 머물렀습니다. 이후 사사 시대에 벧엘에 언약궤가 있기도 했습니다(삿 20:26-27).

언약궤는 휴대하여 이동할 수 있었기 때문에 언약궤는 일시적으로 머문 곳도 있었습니다. 블레셋과 전투에서 이스라엘이 패하자 언약궤는 블레셋 지역의, 아스돗(삼상 5:3), 가드(삼상 5:8) 그리고 에그론(삼상 5:10)에 잠시 머무릅니다. 하나님이 블레셋 사람들에게 재앙을 내리시자 블레셋 사람들은 언약궤를 다시 이스라엘 지역으로 돌려보냅니다. 이스라엘 진영에 돌아온 언약궤는 벧세메스(삼상 6:20-21) 그리고 기럇여아림의 아비나답의 집(삼상 7:2)에 머물렀습니다. 그후 다윗이 언약궤를 다윗 성 즉, 예루살렘으로 옮겼고 솔로몬이 예루살렘에 성전을 지은 후 언약궤는 유다가 망하기까지 예루살렘에 머물렀습니다.

위에서 살펴보았듯이 이스라엘 역사 속에서 언약궤가 머무는 곳은(일시적으로 머문 곳이 아닌) 성소가 되었습니다. 이곳에서 이스라엘이 모여서 예배를 드리며 나라의 대소사를 의논하며 결정하였습니다. 하지만 법궤가 머문 모든 곳이 중앙 성소가 된 것은 아닙니다. 신명기에서 말하는 중앙 성소는 언약궤가 머무는 곳이라고 명확하게 말하지 않고 하나님이 선택하신 장소라고 말합니다. 따라서 여호와께서 선택하신 장소가 중앙 성소입니다.

성소와 관련해서 하나님이 선택하신 구체적인 장소는 실로와 예루살렘입니다. 이스라엘이 가나안 땅을 점령한 후에 실로에 회막을 세웠습니다. 실로에서 땅을 아직도 분배받지 못한 7지파가 땅을 분배합니다(수 18:10). 실로는 여호와께서 선택하신 장소이며 하나님의 집이 있는 곳입니다(수 9:23, 27). 사사 시대에 하나님의 집은 실로에 있었으며(삿 18:31) 매년 여호와의 절기가 있었습니다(삿 21:19). 엘리가 제사장으로 있었을 때, 그의 두 아들 홉니와 비느하스가 실로에서 제사장직을 수행했으며 블레셋의 침공으로 실로에 있던 언약궤는 전쟁터로 옮겨졌으나 이스라엘이 블레셋 군에게 져서 궤를 빼앗겼습니다(삼상 4:11).

후에 법궤는 예루살렘에 안착했습니다. 다윗이 통일 이스라엘의 왕이 된 후에 예루살렘을 수도로 정했습니다. 그리고 이곳에 언약궤를 가져왔습니다(삼하 6장). 다윗이 인구조사를 실시한 후에 하나님이 이스라엘 백성에게 재앙을 내렸습니다. 이때 다윗이 오르난의 타작마당을 사서 여호와께 번제를 드렸습니다. 이때 하늘에서 불이 내려왔습니다. 이것을 보고 다윗이 "이는 여호와 하나님의 성전이요 이는 이스라엘의 번제단"이라고 말하며 성전 터로 삼습니다(대상 22:1). 후에 솔로몬은 예루살렘의 오르난의 타작마당에 여호와의 이름을 위하여 성전을 건축했습니다(왕상 8:48). 그 결과 예루살렘 성은 여호와께서 이스라엘 가운데서 선택하신 장소가 되었습니다(왕상 14:21).

위에서 언급한 내용을 정리해 보면 모세는 한 하나님을 강조합니다. 그리고 이스라엘은 선택받은 한 백성입니다. 이 선택받은 백성은 약속의 땅에서 한 장소에서 유일하신 하나님을 섬겨야 합니다. 모세는 한 하나님, 선택받은 한 백성 이스라엘, 그리고 약속의 땅에서의 한 중앙 성소를 말하고 있습니다.

9.5 국가 조직을 위한 법

모압 언약에서 특이한 법은 이스라엘의 사법적, 행정적, 종교적인 국가 조직을 규정해 놓은 법입니다. 이스라엘의 정치, 행정, 사법 그리고 종교 조직은 신명기 16:18-18:22에 나타납니다. 마치 국가 조직을 위한 법인 것 같습니다.

우선 사법 제도로서 각 성에 지파 별로 재판장을 둘 것을 언급합니다. 이는 오늘날의 지방 법원에 해당하며 그 법정에서 사법 정의가 잘 이루어져야 합니다(신 16:18-20). 지방 법원의 상급 기관으로 이스라엘의 최고 재판소는 중앙 성소에 있습니다. 각 성에서 판결하기 어려운 소송은 이 중앙 성소에 있는 제사장과 재판장에게 나아가서 판결을 받아야 합니다. 이는 오늘날의 고등 법원에 해당될 수 있습니다(신 17:8-13).

사법 제도 후에 왕정 제도가 나옵니다. 이스라엘에서는 사무엘 시대에 왕정이 나옵니다. 이는 주변 국가들에 비교해 보면 왕정이 아주 늦게 시작된 것입니다. 이스라엘이 이집트에서 노예 생활을 하고 있었을 때에 이집트는 왕정이었습니다. 바로 왕이 존재했습니다. 이스라엘이 요단 동편의 땅을 정복할 때, 헤스본의 시혼 왕과 바산 왕 옥이 있었습니다. 이것을 보면 주변 국가들은 다 왕정 제도를 갖고 있었습니다. 그러나 이스라엘 내에서는 왕정이 늦게 출현합니다. 왜냐하면 이스라엘은 신정정치 제도를 갖고 있었기 때문입니다. 이스라엘은 시내 산에서 하나님과 언약을 맺습니다. 이스라엘은 여호와만을 섬기기로 약속합니다. 이 언약을 통해서 이스라엘은 하나님의 백성이 되었습니다. 하나님이 왕이며 이스라엘은 그의 백성이라는 의미입니다. 이스라엘의 왕은 하나님입니다. 신정정치 제도입니다.

이래서 이스라엘의 왕정 제도는 고대 근동의 왕정 제도와 차이가 있습니다. 하나님이 선택한 사람만이 왕이 될 수 있기 때문입니다. 외국인은 이스라엘 왕이 될 수 없습니다. 반드시 이스라엘 사람이어야 합니다. 왕은 말과 아내와 부를 많이 소유해서 안 됩니다. 왕은 오직 율법을 연구하며 율법에 순종해야 하는 순수한 이스라엘 사람이어야 합니다(신 17:14-20).

재판장과 왕이 국가의 사법과 행정을 위한 제도라면, 종교적인 제도를 위해서 제사장과 레위인에 대한 법(신 18:1-7)과 선지자에 관한 법(신 18:15-22)이 뒤따라 나옵니다. 제사장 제도는 이미 광야에서부터 수립되었습니다. 그리고 선지자는 이스라엘에서 모세로부터 시작됩니다. 모세 외에 70인 장로들에게 하나님의 영이 임했을 때 예언을 했던 모습을 볼 수 있습니다(민 11:16-30).

특별히 하나님은 이스라엘 가운데서 모세와 같은 선지자 한 명을 일으키실 것을 말씀하십니다(신 18:15). 여호와께서 시내 산에 강림하셨을 때, 이스라엘 백성이 두려워서 모세에게 하나님과 이스라엘 사이에 중간 역할을 해 달라고 요청했습니다. 여호와께서 이스라엘에게 직접 말씀하시는 것이 아니라 모세가 하나님의 말씀을 듣고 와서 이스라엘에게 말해 주는 것입니다. 이 일로 인해 하나님은 이스라엘 가운데 모세와 같은 선지자를 일으키셔서 하나님의 말씀을 그에게 하실 것을 말씀하십니다.

장차 올 모세와 같은 선지자는 메시야 예언의 성격을 담고 있습니다. 예수님이 이 땅에 오셔서 오병이어의 기적을 행하시자 사람들은 예수의 표적을 보고 "이는 참으로 세상에 오실 그 선지자"라고 말합니다(요 6:14). 사도 베드로는 예수 그리스도에 관해서 설교하면서 신명기의 본문을 인용해서 예수가 장차 올 선지자였음을 확실하게 말합니다(행 3:22-23). 모세가 이스라엘과 하나님 사이에 서 있었던 것처럼 예수는 하나님과 하나님의 백성 사이에 있는 중보자입니다.

10

가나안 땅 정복

읽어야 할 본문: 여호수아 1-24장

모압 땅에서 언약을 맺은 이스라엘은 이제 가나안 땅을 향해 진격합니다. 모세는 죽고 여호수아가 모세를 대신하여 이스라엘을 인도합니다. 리더십은 변했지만 약속의 땅을 이스라엘에게 주려는 하나님의 구원 계획은 여호수아를 통하여 계속 이어집니다. 하나님은 아브라함에게 가나안 땅을 주시겠다는 약속을 성취하려고 하십니다. 이것을 보면 이스라엘의 역사는 철저하게 하나님의 약속에 의해서 움직여갑니다. 하나님이 역사의 주인입니다.

10.1 하나님의 주도권

모세는 죽었지만 가나안 땅 정복은 새로운 지도자 여호수아를 통해 계속됩니다. 하나님은 이스라엘의 새로운 지도자 여호수아에게 나타나서 말씀하십니다. 이 말씀 속에 하나님의 주도권이 나타납니다.

먼저 하나님은 요단강을 건너가라고 명령하십니다. "내 종 모세가 죽었으니 이제 너는 이 모든 백성과 더불어 일어나 이 요단을 건너 내가 그들 곧 이스라엘 자손에게 주는 그 땅으로 가라"(수 1:2). 이 명령은 가나안 땅 정복에 대한 주도권을 하나님이 쥐고 계신다는 것을 보여줍니다. 하나님은 여호수아에게 "일어나…건너…가라"고 명령하십니다. 이것은 두 개의 명령어로

'일어나라, 건너라' 입니다. 여호수아는 하나님이 이스라엘에게 "주는 그 땅"으로 나아가야 합니다. 하나님은 약속의 땅을 주시겠다고 하신 약속을 지키실 것을 다시 확인해 주십니다. "내가 모세에게 말한 바와 같이 너희 발바닥으로 밟는 곳은 모두 내가 너희에게 주었노니"(수 1:3). 확실히 가나안 땅은 하나님이 이스라엘에게 주시는 선물입니다(수 1:2, 11, 13, 15).

더 나아가 하나님은 모세와 함께 하셨던 것처럼 여호수아와 함께 하실 것을 약속합니다. "네 평생에 너를 능히 대적할 자가 없으리니 내가 모세와 함께 있었던 것같이 너와 함께 있을 것임이니라 내가 너를 떠나지 아니하며 버리지 아니하리니"(수 1:5). 모세의 지도력의 비결은 하나님이 함께 하심이었습니다. 하나님이 함께 하실 때 여호수아 역시 성공적인 리더십을 발휘할 수 있습니다. 가나안 땅 정복은 하나님이 이스라엘의 새로운 지도자 여호수아와 함께 하심으로 이루어질 것입니다.

하지만 가나안 땅 정복에 성공하기 위해서 여호수아가 해야 할 두 가지 일이 있습니다. 1) 그는 마음이 강해야 합니다. "강하고 담대하라"는 두 개의 명령으로 '강해져라 그리고 담대하라' 입니다. 두 명령형은 세 번이나 반복되어 나옵니다(수 1:6, 7, 9). 여호수아는 가나안 땅을 정복해야 하는 전투를 앞두고 있습니다. 실제 전투에 앞서서 용기를 가져야 합니다(1:6). 2) 모세의 법을 지켜야 합니다. 흥미로운 것은 하나님의 법을 지키기 위해서 강해져야 하며 담대해야 한다는 사실입니다. "오직 강하고 극히 담대하여 나의 종 모세가 네게 명령한 그 율법을 다 지켜 행하고 우로나 좌로나 치우치지 말라 그리하면 어디로 가든지 형통하리니"(수 1:7). 하나님의 법을 지키기 위해 용기가 필요합니다. 하나님의 법을 지킬 때 여호수아는 형통할 것입니다. 여기서 형통은 가나안 땅 정복에 성공할 것을 포함합니다. 여호수아는 율법을 지키기 위해서 율법을 입에서 떠나게 하지 말아야 하며 그것을 밤낮으로 묵상해야 합니다(수 1:8). 이렇게 할 때, 여호수아는 가나안 정복을 성공적으로 마칠 수 있습니다. 율법에 순종하는 것이 가나안 땅 정복과 밀접한 관련이 있습니다. 율법에 순종한다는 것은 여호와의 권위 아래에 있는 것입니다. 세상의 소리와 사람의 소리보다는 여호와의 목소리에 더 권위를 부여하는 것입니다. 여호수아는 상황보다는 여호와의 법을 더 따라야 합니다. 이를 위해 용기가 필요한 것입니다. 새로운 리더십은 모세 때와 마찬가지로 여호와의 말씀에 순종하는 것입니다. 시대는 변하고 리더는 바뀌지만 변함없는 사실은 리더는 여호와의 말씀에 순종해야 한다는 것입니다.

여호와의 명령을 들은 여호수아는 요단강을 건널 준비를 합니다. 특히 요단 동편의 땅을 기업으로 받은 지파들에게 무장하고 선봉에 설 것을 명령합니다. 가나안 땅 정복은 하나님의 약속을 이루는 전쟁이며 형제들에게 안식을 주는 것임을 상기시킵니다(수 1:13-15). 그러자 그들은 여호수아의 리더십에 순종할 것을 약속합니다. 그리고 두 가지를 여호수아에게 당부합니다. 1) 하나님이 모세와 함께 계셨던 것처럼 여호수아와 함께 하기를 바랍니다(수 1:17). 여호와께서 함께 하실 때에 이스라엘은 성공할 수 있습니다. 이들은 여호와께서 함께 하지 않으면 가나안 정복 전쟁이 어려울 것이라는 것을 잘 알고 있습니다. 백성이 여호수아에게 요구하는 리더십입니다. 2) 전쟁에 앞서 여호수아에게 "강하고 담대하소서" 하고 심리적인 안정을 요구합니다(수 1:18).

10.2 기생 라합

여호수아는 여리고 성을 정복하기 위해 두 명의 정탐꾼을 여리고 성에 보냅니다. 그런데 특이한 것은 두 명의 정탐꾼이 돌아와서 한 말입니다. 여리고 성을 공격하기 위한 군사 전략적인 보고는 나오지 않고 오히려 기생 라합이 한 일과 그녀의 말이 길게 나옵니다. 여리고 성의 정복에 대한 역사적 설명보다는 신학적 설명이 더 깁니다.

두 명의 정탐꾼은 라합의 도움을 받아 여리고 성을 정탐하고 무사히 귀환합니다. 이들은 라합의 말을 길게 전해줍니다(수 2:9-13). 라합의 말에서 다음과 같은 사실들을 발견할 수 있습니다. 1) 라합은 "여호와께서 이 땅을 너희에게 주신 줄을 내가 아노라"하고 말합니다(수 2:9). 라합은 가나안 땅을 하나님의 선물로 생각하고 있습니다. 이스라엘이 약속의 땅에 대해 갖고 있는 생각을 알고 있습니다. 2) 하나님이 출애굽 때에 홍해를 가르는 기적을 행하셨고 요단 동편의 두 왕을 멸하셨다는 사실을 들었다고 고백합니다(수 2:10). 라합은 하나님이 이스라엘을 위해 싸우신 사건들을 듣고 있었습니다. 3) 라합은 하나님이 행하신 일에 대한 여리고 성 사람들의 반응을 이야기해 줍니다. "우리가 너희를 심히 두려워하고 이 땅 주민들이 다 너희 앞에서 간담이 녹나니"(수 2:9). "우리가 듣자 곧 마음이 녹았고 너희로 말미암아 사람이 정신을 잃었나니"(수 2:11). 여리고 성 사람들의 반응은 이전에 첫 번째 가나안 정복 때에 이스라엘 백성이 보인 반응과 대조를 이룹니다. 이스라엘은 가나안 땅에 거인 족속이 살고 그들의 성이 높다는 정탐꾼의 보고를 듣고 마음이 녹았습니다. "우리의 형제들이 우리를 낙심하게 하여(우리의 마음을 녹게 하여)"(신 1:28). 그런데 이차 정복 때에는 반대로 여리고 성 사람들의 마음이 녹아내립니다. 4) 라합은 출애굽 사건의 소식을 듣고 믿음이 생겼습니다. "너희의 하나님 여호와는 위로는 하늘에서도 아래로는 땅에서도 하나님이시니라"(수 2:11). 라합은 소문을 듣고 믿음을 갖습니다. 역사 속에서 행동하시는 여호와를 땅과 하늘에서 비교할 수 있는 신이 없다는 것입니다. 여호와를 유일한 하나님으로 인정하며 고백합니다. 5) 라합의 믿음은 실천으로 증명했습니다. 라합은 이스라엘의 두 정탐꾼을 도와주었습니다. 라합이 정탐꾼을 선대하였으니 이스라엘이 여리고를 공격할 때, 나와 내 가족을 죽음에서 구해달라고 요청합니다(수 2:12-13). 정탐꾼들이 라합의 요구를 듣고 라합과 그녀의 가족을 살려 줄 것을 약속합니다. 라합은 이방인이었지만 여호와의 역사적 행동에 대해 믿음으로 반응합니다. 그 결과 그녀와 그녀의 온 집안이 구원을 받고 언약 공동체로 들어옵니다.

특이하게 여호수아의 역사는 라합의 신앙의 말에 주목하며 길게 기술하고 있습니다. 라합의 말을 통해 하나님이 여리고 성을 주신다는 믿음을 심어줍니다. 정탐꾼은 여호수아에게 돌아와서 여리고 성 사람들의 심리적인 상황을 보고합니다. "여호와께서 그 온 땅을 우리 손에 주셨으므로 그 땅의 모든 주민이 우리 앞에서 간담이 녹더이다"(수 2:24).

10.3 여리고 성과 아이 성 정복

드디어 이스라엘이 요단강을 건너갑니다. 이스라엘은 요단강을 건너기 전에 해야 할 일이 있습니다. 1) 성결을 유지해야 합니다. “너희는 자신을 성결하게 하라 여호와께서 내일 너희 가운데서 기이한 일들을 행하시리라”(수 3:5). 하나님의 놀라운 기적을 보기를 원하는 사람은 자신을 정결하게 해야 합니다. 이와 유사한 경우는 다음과 같습니다. 아간의 범죄를 밝혀내기 위해서(수 7:13), 메추라기 고기를 먹기 위해서(민 11:18), 여호와의 강림을 기다리기 위해서, 삼일을 기다려야 하고 옷을 빨아야 하고 거룩하게 해야 합니다(출 19:10-11). 2) 요단강을 건너가기 위해 언약궤가 앞장섭니다. 여호수아 3장에서 법궤는 9번 나오며(수 3:3, 4, 6, 8, 11, 13, 14, 15, 17), 4장에서 7번 나옵니다(수 4:5, 7, 9, 10, 11, 16, 18). 법궤는 하나님의 동행과 임재를 나타냅니다.

고대 근동 신화에서 바다의 물은 혼돈의 세력입니다. 바다는 도도합니다. 풍랑과 파도가 일어날 때 바다는 제어할 수 없습니다. 인간의 힘과 능력으로 바다는 통제할 수 없는 세력입니다. 그러나 하나님의 언약궤가 앞장 설 때, 홍해와 요단강이 갈라집니다. 물이 물러납니다. 하나님의 능력을 보여주는 사건입니다. 이스라엘이 요단강을 건넌 사건에 대하여 가나안 백성들의 반응이 다시 나옵니다. “마음이 녹았고 이스라엘 자손들 때문에 정신을 잃었더라”(수 5:1).

이스라엘이 요단강을 건넌 후에 할례를 행합니다. 할례는 아브라함 언약의 상징으로 하나님의 백성이라는 표입니다. 가나안 땅, 약속의 땅에서 할례를 행했다는 데 의미가 있습니다. 이스라엘은 요단강을 건넌 후에 여리고 성 앞에서 할례를 행합니다. 할례는 남성 생식기 포피를 자릅니다. 군인들이 약 일주일 동안 움직일 수가 없습니다. 전투력이 아주 약화될 수 있습니다. 만일 여리고 성 사람들이 이 일을 안다면 몰살당할 수도 있습니다. 실제로 디나 사건 때, 야곱의 아들들은 세겜 족속에게 할례를 행하면 통혼하겠다고 속였습니다. 세겜 족속이 할례를 하자 올라가서 그들을 몰살시켰습니다(창 34

장). 이러한 사실을 잘 알고 있는 이스라엘은 요단강을 건넌 후에 여리고 성을 앞에 두고 할례를 행하고 누워있습니다. 하나님의 명령에 따르려면 용기가 필요하다는 것이 바로 여기서 증명이 됩니다(수 1:8).

이스라엘은 할례를 행하고 유월절을 지킵니다. 약속의 땅에 들어와서 할례를 행하고 유월절을 지킵니다. 거룩한 백성으로서 의식을 행합니다. 유월절 이튿날에 가나안 땅의 소산을 먹습니다. 가나안 땅의 소산을 먹고 나자 만나가 그칩니다. 이제 광야 시대가 끝나고 가나안 입성으로 새로운 시대가 시작되었음을 보여줍니다. 광야에서는 만나를 먹었지만 약속의 땅에서는 그 땅의 소산물을 먹습니다. 이것을 보면 하나님의 은혜로 살 때가 있는가 하면(만나) 열심히 일해서 살아야 할 때(가나안 소산)가 있다는 사실을 알 수 있습니다.

유월절을 지키고 나자 여호와의 군대 장관이 여호수아에게 나타납니다(수 5:14). 여호와의 군대 장관이 왔다는 것은 가나안 전쟁에 하나님이 함께 하실 것을 보여줍니다. 가나안 정복 전쟁은 약속을 성취하기 위한 여호와의 전쟁입니다.

이제 여리고 성을 정복할 준비를 마쳤습니다. 그러자 여호와께서 여호수아에게 여리고 성 정복을 위한 작전을 설명하십니다. 1) 이스라엘의 모든 군사는 6일 동안 매일 한 번씩 성을 돌라고 하십니다. 7명의 제사장은 양각 나팔을 잡고 언약궤 앞에 섭니다. 2) 7일에는 성을 7번 돌고 제사장은 나팔을 불라고 합니다. 제사장이 나팔을 부는 소리가 들릴 때, 백성은 큰 소리로 외치면 성이 무너질 것입니다(수 6:3-5). 참 희한한 작전입니다. 여호수아가 백성에게 여호와의 작전을 설명하고 이대로 실행합니다. 무장한 군인들이 앞서고 7명의 제사장이 나팔을 불고 그 뒤에 언약궤가 있고 다시 그 뒤에 무장한 군인들이 있습니다. 백성은 6일 동안 침묵을 지키다가 외치라고 하는 날에 소리를 질러야 합니다. 7일에 7번 성을 돌고 7번째 나팔을 불 때 백성이 여호수아의 명령을 따라 외칩니다. 그러자 성이 무너졌습니다.

작전은 비합리적이며 비이성적인 것 같습니다. 하지만 효과만은 확실했습니다. 사람들이 볼 때는 미친 짓인 것 같았지만 여리고 성은 무너졌습니다.

여리고 성 점령 사건은 여호와의 명령에 순종할 것이냐 하는 것을 보여줍니다. 여호와의 명령에 이스라엘은 그대로 이행했습니다.

여리고 성 정복은 의식적인 면에 많은 강조가 있습니다. 마치 승리의 행진과 같은 인상을 줍니다. 여리고 정복에 제사장과 언약궤가 함께 합니다. 그리고 나팔을 길게 불 때 성벽이 무너져 내렸습니다. 이 사건은 시내 산 사건을 연상하게 해 줍니다. 여호와께서 시내 산에 임재하실 때에 나팔이 울려 퍼졌습니다(출 19:16-19; 참고. 살전 4:16). 제사장들이 언약궤를 메고 성을 돌았습니다. 여호와께서 용사로서 앞서 나가십니다. 언약궤는 여호와 하나님의 임재 처소입니다. 그리고 나팔 소리가 울려 납니다. 백성이 소리를 지르자 이때 성이 무너져 내렸습니다. 이것은 여호와께서 임재하신 것입니다. 여호와 하나님이 능력으로 현현하신 사건입니다.

여리고 성이 함락되자 이스라엘은 헤렘 전쟁을 수행합니다. "그 성 안에 있는 모든 것을 온전히 바치되 남녀노소와 소와 양과 나귀를 칼날로 멸하니라"(수 6:21). 여리고 성의 전투는 가축들까지 모두 진멸합니다. 이스라엘은 여리고 성의 호흡이 있는 모든 것들을 진멸합니다. "온전히 바치되"를 옛 개정은 "다 멸하되"로 번역합니다. 여호수아는 전쟁이 시작되기 전에 "이 성과 그 가운데에 있는 모든 것은 여호와께 온전히 바치되"(헤렘)라고 명령했습니다(수 6:17). 헤렘은 '진멸,' '헌신,' '금지'의 뜻이 있습니다. 여호와께 바친 것은 금지된 것입니다. 바친 것에 손을 대면 안 됩니다. 여호수아는 여리고 성의 물건을 여호와께 바치라고 명령하면서 바친 것에 손을 대지 말 것을 권합니다. "너희는 온전히 바치고 그 바친 것 중에서 어떤 것이든지 취하여 너희가 이스라엘 진영으로 바치는 것이 되게 하여 고통을 당하게 되지 아니하도록 오직 너희는 그 바친 물건에 손대지 말라"(수 6:18). 이 구절을 다시 번역해 보면 '그리고 오직 너희는 자신을 그 바친 것(명사 헤렘)으로부터 지켜라, 너희가 바치고(히필 동사 하람) 너희가 바친 것(헤렘)을 취하지 않도록, 그리고 너희는 이스라엘의 진영을 바쳐진 것(명사 헤렘)으로 두어야 한다. 그리고(그렇지 않으면) 너희는 그것과 함께 재앙을 당할 것이다'입니다

헤렘은 바치는 것입니다. 어떤 것을 완전히 멸함으로 하나님께 드린다는

개념입니다. 하나님께 바친다는 것은 뒤집거나 취소할 수 없습니다. 그래서 헤렘은 궁극적 봉헌을 의미합니다. 여호와께 바쳐진 것은 금지된 것입니다. 이 금지된 것을 가져가면 그 가져간 사람을 진멸하여 바치면 됩니다. 여리고 성은 가나안 땅 정복의 첫 전투로서 헤렘 전쟁의 모델입니다. 특별히 헤렘 전쟁에 여호와께 바쳐진 것에 대한 원리를 밝히고 있습니다(참고. 신 7:1-6; 20:16-18).

여리고 성 전투에서 승리한 이스라엘은 다시 아이 성으로 진격합니다. 아이 성은 여리고 성보다 훨씬 작습니다. 정탐꾼은 이천 명이나 삼천 명의 군사만 올라가도 정복할 성이라고 말합니다. 그래서 삼천 명이 나아갑니다. 그러나 이스라엘은 아이 성과의 전투에서 패배합니다. 아이 성 전투의 패배로 인하여 이스라엘 "백성의 마음이 녹아 물 같이" 됩니다(수 7:5). 여리고 성과는 정 반대의 결과입니다.

여호수아와 장로들이 여호와 앞에서 기도합니다. 그러자 여호와께서 패전의 이유를 설명해 주십니다. "이스라엘이 범죄하여 내가 그들에게 명령한 나의 언약을 어겼으며 또한 그들이 온전히 바친 물건을 가져가고 도둑질하며 속이고 그것을 그들의 물건들 가운데에 두었느니라"(수 7:11). 하나님은 바친 물건을 가져간 것을 언약을 어긴 것으로 간주하십니다. 이 사태를 해결하는 방법은 바친 물건을 가져간 자를 바치는 것입니다. 언약을 어긴 자는 헤렘의 대상이 되어 불살라집니다(수 7:15; 참고. 신 13:13-17). 결국 제비뽑기로 아간이 당첨됩니다. 아간의 범죄는 개인적인 죄입니다. 하지만 그 파급 효과는 이스라엘 전 공동체에 영향을 미쳤습니다. 아간과 그의 집은 하나님의 백성이었지만 언약을 어김으로 헤렘의 대상이 되었습니다. 이 사건은 라합과 대조를 이룹니다. 라합은 이방인이었지만 여호와 신앙을 가짐으로 언약 공동체의 일원이 되었습니다.

내부의 문제를 해결한 후에 이스라엘은 아이 성을 공격합니다. 하나님은 매복 작전을 명하십니다. 아이 성의 재 전투에서 군사적인 전략이 나옵니다. 여리고 성 전투와는 대조를 이룹니다. 가나안 전투에서 하나님은 능력과 이적을 보이실 때도 있지만(여리고 성) 이렇게 군사적 작전을 사용하실 때도 있습니다. 하나님은 아이 성의 물건과 가축은 전리품으로 취해도 좋다고 허락하십니다.

10.4 그리심 산과 에발 산에서의 율법 선포

여리고 성의 성공과 아이 성의 실패를 경험한 후에 이스라엘은 모세가 명령한 대로 그리심 산과 에발 산으로 나아갑니다. 모세가 명령한 것을 실행하는 것입니다(신 11:26-32; 27:11-26). 모세는 복과 저주를 이스라엘 앞에 두었습니다. 이스라엘이 법에 순종하면 복을 받을 것이고 법에 순종하지 않으면 저주를 받을 것입니다. 이것은 또한 가나안 땅에 들어가서 의식 가운데 엄숙하게 선언되어야 합니다. 여호수아는 이스라엘의 모든 회중, 여자들, 아이들과 거류민들 앞에서 그리심 산에서 축복을 그리고 에발 산에서 저주를 선언합니다(수 8:30-35).

그리심 산은 해발 2890 피트(약 880m)로 세겜의 남쪽에 있고 에발 산은 해발 3083 피트(약 940m)로 세겜의 북쪽에 있습니다. 두 산 사이에 세겜이 위치해 있습니다. 아브라함이 가나안 땅에 처음 들어왔던 곳이 바로 세겜이며 그곳에서 하나님이 이 땅을 네 자손에게 주리라고 약속하셨습니다(창 12:6-7).

그리심 산과 에발 산에서의 축복과 저주 선언은 여리고 성과 아이 성의 함락 후에 주어졌습니다. 여리고 성에서의 순종과 아이 성에서의 불순종을 경험한 후에 그리심 산과 에발 산에서 율법이 낭독되었다는 것은 의미심장한 일입니다(수 8:30-35). 가나안 땅 정복은 여호와의 법에 순종할 때 가능하다는 사실을 잘 보여줍니다. 더 나아가 가나안 땅에서는 여호와의 율법이 실행되어야 합니다. 언약의 장소는 언약의 실행을 요구합니다. 이제 여호와의 법이 가나안 땅에서 효력을 발휘할 것입니다.

특별히 그리심 산과 에발 산에서 율법의 복과 저주를 낭독했습니다. 그런데 흥미로운 사실은 율법에서 복보다는 저주가 더 많은 내용을 담고 있습니다(신 27:11-26; 28:1-68). 저주가운데는 이스라엘이 여호와의 말씀에 불순종할 때 가나안 땅에서 멸망당하고 쫓겨나갈 것이 예언되어 있습니다. 이스라엘이 이제 가나안 땅에서 복과 저주를 선언했습니다. 이스라엘의 미래 역사가 번영으로 나아갈지 아니면 멸망으로 나아갈지는 언약을 지키는 것 즉 율법 순종에 달려 있습니다.

10.5 기브온 주민과의 언약

기브온 거민들은 이스라엘이 여리고와 아이에게 행한 일을 듣고 이스라엘과 언약을 맺기 위해 찾아옵니다. 그들은 낡은 자루와 낡은 포도주 부대와 낡은 신발을 신고 와서 자신들을 먼 곳에서 온 민족이라고 소개합니다. "우리는 먼 나라에서 왔나이다 이제 우리와 조약(베리트)을 맺읍시다"(수 9:6). 기브온 주민들은 하나님이 이집트에게 행하신 출애굽 사건과 요단 동편의 땅 정복 사건을 들었다고 말합니다. "종들은 당신의 하나님 여호와의 이름으로 말미암아 심히 먼 나라에서 왔사오니"(수 9:9). 이들은 다시 한 번 먼 곳에서 소문을 듣고 언약을 맺으려고 왔다고 이스라엘을 속입니다. 그들은 "우리는 당신들의 종들"이라고 말함으로 열등한 위치에서 조약을 맺기 원합니다(수 9:11). 여호수아와 족장들이 여호와께 묻지 않고 조약을 맺습니다. "여호수아가 곧 그들과 화친하여 그들을 살리리라는 조약을 맺고 회중 족장들이 그들에게 맹세하였더라"(수 9:15). 이스라엘이 언약을 맺고 난 후에 기브온 거민들이 가나안 땅에 사는 민족이라는 사실을 압니다.

이스라엘은 가나안 땅에 사는 족속들과 언약을 맺어서는 안 됩니다(신 7:1-5). 기브온 거민과의 언약은 이 계명을 어긴 사건입니다. 그럼에도 불구하고 성경은 여호수아와 족장들을 비난하지 않습니다. 이스라엘 회중은 족장들을 원망했지만 이스라엘 지도자들이 속아서 언약을 맺었기 때문입니다.

이 사건은 전쟁 법(신 20:9-15)과 밀접하게 관련이 있습니다. 전쟁 법에 따르면 가나안 지역 밖의 민족들과는 언약을 맺고 화친할 수 있습니다(신 20:10-11). 그러나 가나안 땅에 거하는 민족들은 헤렘 전쟁의 대상입니다(신 20:16-18). 기브온 족속들은 살기 위하여 이스라엘의 전쟁 법을 연구했을 가능성이 있습니다. 이 법을 알고 있었기 때문에 그들은 먼 곳에서 왔다고 계속 강조하여 말한 것입니다. 또한 낡은 자루와 포도주 부대 그리고 낡은 신발과 옷을 준비해 왔습니다. 이스라엘을 속여서 언약을 맺으려고 한 것입니다.

기브온 족속은 하나님이 모세에게 가나안 땅을 주시겠다고 말씀하신 것과 그 땅의 주민들을 다 멸하라고 명령한 것도 알고 있었습니다. 후에 이들은 여호수아에게 이스라엘을 속여서 언약을 맺은 이유를 이렇게 말합니다. "당신의 하나님 여호와께서 그의 종 모세에게 명령하사 이 땅을 다 당신들에게 주고 이 땅의 모든 주민을 당신들 앞에서 멸하라 하신 것이 당신의 종들에게 들리므로 당신들로 말미암아 우리의 목숨을 잃을까 심히 두려워하여 이같이 하였나이다"(수 9:24). 기브온 주민들은 하나님이 역사 속에서 행하신 일로 인하여 두려워합니다. 이스라엘의 가나안 정복을 하나님의 명령으로 받아들인 것입니다.

기브온 족속은 이스라엘을 속임으로 살아남을 수 있었습니다. 그러나 그들은 자신들을 종으로 말한 대로 여호와의 선택한 장소에서 종으로 일하게 됩니다. "그 날에 여호수아가 그들을 여호와께서 택하신 곳에서 회중을 위하여 여호와의 제단을 위하여 나무를 패며 물을 긷는 자들로 살았더니 오늘까지 이르니라"(수 9:27). 여기서 흥미로운 것은 여호수아의 때에 "여호와께서 택하신 장소"가 있었다는 사실입니다. 하지만 구체적인 지명이 없습니다. 아마도 여호와의 선택한 장소는 실로를 의미할 수 있습니다. 실로에 회막이 세워졌기 때문입니다(수 18:1). 그리고 이곳에서 가나안 땅을 아직 기업으로 받지 못한 지파들이 땅을 분배했습니다(수 18:10). 실로는 사사 시대에도 절기가 지켜졌던 장소이며(삿 21:19) 언약궤가 있었습니다(삼상 1-3장). 유다의 마지막 선지자인 예레미야는 그의 성전 설교에서 실로를 여호와께서 처음으로 그의 이름을 두신 이스라엘의 첫 성소라고 부릅니다(렘 7:12).

10.6 남부와 북부 전투

이스라엘은 요단강을 건너 가나안 땅의 중부 지역을 향해 진격했습니다.

여리고 성과 아이 성 전투는 중부 지역 전투에 해당합니다. 기브온 거민이 이스라엘과 동맹을 맺습니다. 기브온은 아이 성보다 큰 성입니다. 그러자 예루살렘의 아도니세덱 왕이 이 일을 듣고 헤브론, 야르뭇, 라기스, 에글론의 왕들에게 사자를 보내어 연합군을 결성합니다. 다섯 명의 왕들이 기브온을 공격합니다. 이에 기브온은 이스라엘에게 도움을 요청합니다. 이렇게 해서 이스라엘은 남부 연합군과 전쟁을 하게 됩니다.

여호와는 여호수아에게 이 전쟁에서 승리를 주실 것을 약속합니다(수 10:8). 그리고 실제 전투에서 하늘에서 우박을 내려서 이스라엘을 도우십니다. 이 전투에서 유명한 사건이 바로 여호수아가 태양을 멈춘 것입니다. 여호수아가 여호와께 태양을 멈추어 달라고 간구합니다. 그러자 태양과 달이 멈추어섭니다. 초자연적인 일이 벌어졌습니다(수 10:12-13). 성경 기자는 이 사건을 이렇게 평가합니다. "여호와께서 사람의 목소리를 들으시니 이같은 날은 전에도 없었고 후에도 없었나니 이는 여호와께서 이스라엘을 위하여 싸우셨음이라"(수 10:14). 여호와께서 이스라엘을 위하여 싸우십니다. 이것을 여호와의 전쟁이라고 부릅니다. 가나안 땅 정복 전쟁은 여호와의 전쟁입니다. 여호와께서 자신의 약속을 이루시기 위해서 싸우시는 것입니다. 이스라엘은 여호와께 순종하며 나아갈 때 승리를 쟁취할 수 있습니다.

여호수아는 남부 연합군의 왕들과의 전투에서 승리합니다. 그들을 진멸합니다. 여호수아는 이 전투에서 헤렘 전쟁을 수행했습니다. 먼저 막게다 성읍을 진멸합니다. 막게다 성에게 행한 것이 여리고 왕에게 행한 것과 같았습니다(수 10:28). 립나 성읍도 다 진멸합니다. 호흡이 있는 자를 남겨 놓지 않습니다. 여리고 왕에게 행한 것과 같습니다(수 10:30). 라기스 역시 진멸당합니다. 립나에 행한 것과 같았습니다(수 10:31-32). 게셀 왕이 이때 라기스를 도우러 왔습니다. 그러나 이들 역시 진멸의 대상이었습니다(수 10:33). 이어서 여호수아는 에글론(수 10:35), 헤브론(수 10:37), 드빌(수 10:39), 네겝(수 10:40), 가데스 바네아, 가사, 고센(수 10:41)을 차례로 정복합니다. 성경 저자는 여호수아의 전쟁 방식을 이렇게 설명합니다. "여호수아가 그 온 땅 곧 산지와 네겝과 평지와 경사지와 그 모든 왕을 쳐서 하나도 남기지 아니하고 호흡이 있는 모든 자는 다 진멸하여 바쳤으니 이스라엘 하나님 여호와께서 명령하신 것과 같았더라"(수 10:40). 여호수아는 여호와의 명령에 순종합니다. 헤렘 전쟁을 시행했습니다. 여호와의 명령에 순종하자 가나안 정복이 순조롭습니다. 성경 기자는 여호수아의 성공을 이렇게 기록합니다. "이스라엘의 하나님 여호와께서 이스라엘을 위하여 싸우셨으므로 여호수아가 이 모든 왕들과 그들의 땅을 단번에 빼앗으니라"(수 10:42). 여호와께서 이스라엘을 위하여 전쟁하십니다. 그래서 정복 전쟁이 형통합니다.

이스라엘이 남부 연합군과의 전투에서 승리하고 그 땅을 다 정복했습니다. 그러자 북방에 있는 하솔 왕 야빈이 이 소식을 듣습니다. 야빈이 주축이 되어서 북부 연합군을 조직합니다. 마돈, 시므론, 긴네롯, 북쪽 산지, 아라바, 돌과 주위의 여러 부족들, 가나안 족속, 아모리 족속, 헷 족속, 브리스 족속, 여부스 족속, 히위 족속을 불러 모아 연합군을 이룹니다. 북부 연합의 군대가 많습니다. 특히 말과 병거가 많았습니다(수 11:1-4).

이때에도 여호와는 여호수아에게 승리의 약속을 주십니다. 그리고 말과 병거와 관련하여 특별한 명령을 주십니다. "너는 그들의 말 뒷발의 힘줄을 끊고 그들의 병거를 불사르라"(수 11:6). 이스라엘은 북부 연합군을 쳐서 진멸합니다. "한 사람도 남기지 아니하고 쳐죽이고"(수 11:8). 헤렘 전쟁을 수행합니다. 또한 여호수아는 여호와의 명령대로 말의 뒷발 힘줄을 끊고 병거를 불사릅니다. 참 특이합니다. 말과 병거를 다시 활용하면 군사력이 배가됩니다. 강력한 군사력으로 가나안 전쟁에서 다른 민족들보다 우위를 점할 수 있습니다. 그런데 하나님은 말과 병거를 폐기처분하라고 하십니다. 이는 신명기에 나오는 왕의 법과 관련이 있습니다. 왕의 법에서 이스라엘의 왕은 말을 많이 두어서는 안 됩니다(신 17:16). 말은 인간 권세의 자랑입니다. 왜냐하면 말은 군사용이기 때문입니다. 말은 고대전쟁에서 아주 중요한 역할을 수행합니다. 기마부대로 병거를 끄는 짐승으로 사용됩니다. 말이 많다는 것은 군사력이 강하다는 것입니다. 이스라엘의 왕은 말을 많이 두어서는 안 됩니다. 즉 군사력을 의지해서는 안 된다는 것입니다. 여호수아가 말과 병거를 폐기처분한 것은 이러한 배경을 갖고 있습니다. 군사력을 의지하지 않고 여호와의 능력을 의지하는 것입니다.

성경 기자는 여호수아의 전쟁을 기록하는데 있어서 순종을 강조합니다. 헤렘 전쟁을 수행한 것을 계속 말합니다(수 11:11, 12, 14, 20, 21). 또한 여호수아가 모세의 명령대로 행했다는 사실을 언급합니다(수 11:12, 15, 20, 23). 특별히 아낙 자손을 언급합니다. 이스라엘은 첫 번째 가나안 정복을 시도하려고 할 때에, 아낙 자손들 때문에 사기가 꺾였습니다. 그래서 출애굽 세대는 여호와의 명령에 불순종했습니다. 그러나 출애굽 후세대는 이스라엘 내에서 아낙 자손을 몰아내는데 성공합니다. "이스라엘 자손의 땅에는 아낙 사람들이 하나도 남지 아니하였고 가사와 가드와 아스돗에만 남았더라"(수 11:22)고 설명합니다.

여호수아는 남부 연합군과 북부 연합군을 차례로 격파함으로 가나안 땅에서 큰 전쟁을 끝냅니다. 그리고 이스라엘은 가나안 땅을 기업으로 나눕니다.

10.7 땅 분배: 약속의 성취

이스라엘이 가나안을 정복한 후 지파 별로 땅을 분배합니다. 1) 요단 동쪽 지파들, 르우벤, 갓, 므낫세 반 지파는 이미 요단 동쪽에서 기업을 받았습니다. 2) 유다와 요셉(므낫세와 에브라임)은 길갈에서 땅을 분배 받습니다. 요셉의 이름 대신에 그의 두 아들 므낫세와 에브라임이 등장합니다. 므낫세와 에브라임은 요셉의 아들들이지만 아버지의 반열에 올라서 가나안 땅을 분배받습니다. 야곱이 요셉의 두 아들을 양자로 입양했기 때문입니다(창 48:5). 야곱은 요셉을 장자로 인정합니다. 신명기의 법에 따르면 장자는 아버지 소유의 두 몫을 받을 수 있습니다(신 21:15-17). 야곱의 장자는 르우벤입니다. 하지만 그는 아버지의 침상에 올랐기 때문에 장자의 명분을 잃었습니다. 그래서 야곱은 그 장자의 명분을 요셉에게 줍니다(대상 5:1-2). 요셉은 야곱이 사랑했던 아내 라헬의 첫째 아들입니다. 가나안에 흉년이 들었을 때, 야곱의 온 가족을 구원한 자입니다. 이리하여 요셉의 이름이 빠지고 그의 두 아들 므낫세와 에브라임의 이름이 올라갑니다. 유다와 에브라임과 므낫세, 이 세 지파들이 가나안 지역의 중앙의 넓은 지역을 분배 받습니다. 후에 이들은 남 왕국과 북왕국으로 분열하여 서로 경쟁합니다. 3) 이스라엘은 실로에 회막을 세웁니다(수 18:1-10). 실로에서 아직도 땅을 분배받지 못한 일곱 지파들, 베냐민, 시므온, 스불론, 잇사갈, 아셀, 납달리, 단에게 땅을 분배합니다. 또한 이전의 땅을 분배받았던 지파들을 인정해 줍니다. 이리하여 땅 분배가 끝납니다.

이스라엘의 땅 분배에서 눈에 띄는 사람은 갈렙(수 14:6-15)과 여호수아(수 19:49-51)입니다. 갈렙과 여호수아는 1차 정복 때에 가나안 정복에 강경파였습니다. 이들은 열 명의 정탐꾼들과는 달리 가나안 정복을 확신했습니다. 출애굽 세대는 다 광야에서 죽었지만 이들은 살아남아서 가나안 땅을 기업으로 받습니다. 특히 갈렙은 많은 나이(85세)에도 불구하고 아낙 자손이 살고 있는 헤브론 땅을 요구합니다. 헤브론을 정복하고 기업의 땅으로 삼습니다. 헤브론에는 아낙 사람들 중에서도 가장 큰 사람들이 살고 있었습니다. 그럼에도 불구하고 갈렙은 헤브론을 요구합니다.

성경 기자는 갈렙을 "그가 이스라엘의 하나님 여호와를 온전히 좇았음이라"(수 14:14)고 평가합니다. 이 말은 '여호와를 따라 채워졌다'(수 14:8, 9)는 의미입니다. '여호와를 따라서 충만해졌다, 채워졌다'에서 '온전히 좇았다,' '전적으로 순종했다' 이런 의미가 나옵니다. 갈렙의 마음에는 여호와로 충만합니다. 여호와의 말씀을 따르려고 하는 의지와 생각이 가득한 사람입니다. 이래서 적극적으로 여호와의 말씀을 따라 살아가는 것입니다.

갈렙의 적극적인 신앙과 여호와에 대한 충성심은 땅 정복에서도 그대로 나타났던 것입니다. 갈렙의 신앙과 대조를 이루는 지파들이 있습니다. 요셉 자손은 분깃이 적다고 불평합니다(수 17:14-18). 여호수아는 그들에게 "스스로 개척하라"고 충고합니다. 그러나 그들은 가나안 족속이 철 병거를 가졌다고 핑계를 댑니다. 여호수아는 에브라임과 므낫세 지파에게 큰 능력이 있으니 그들을 능히 쫓아낼 수 있다고 말합니다. 여기서 여호수아의 개척 정신을 볼 수 있습니다. 여호수아는 전적으로 하나님을 신뢰하고 가나안을 정복한 사람이었습니다.

여호수아는 이스라엘의 지도자였습니다. 그럼에도 불구하고 그도 역시 다른 지파들과 똑같이 기업의 땅을 분배받습니다(수 19:49-50). 고대 근동에서 왕과 귀족들은 많은 땅과 전리품을 가졌습니다. 그러나 여호수아는 다른 형제들과 똑같이 기업을 받습니다. 여호수아는 지도자라는 직분을 이용하여 더 많은 땅을 받지 않습니다. 다른 사람들보다 더 많은 혜택과 특권을 누리지 않습니다. 여호수아 역시 하나님 앞에서 한 형제입니다. 모든 이스라엘 사람들은 하나님 앞에서 평등하다는 사실을 여기서 확인할 수 있습니다.

이스라엘이 약속의 땅을 기업으로 차지하고 나자 성경 기자는 하나님의 약속이 다 성취되었다고 밝힙니다. "여호와께서 이스라엘 조상들에게 맹세하사 주리라 하신 온 땅을 이와 같이 이스라엘에게 다 주셨으므로 그들이 그것을 차지하여 거기에 거주하였으니 여호와께서 그들의 주위에 안식을 주셨으되 그 조상들에게 맹세하신 대로 하셨으므로 그들의 모든 원수들 중에 그들과 맞선 자가 하나도 없었으니 이는 여호와께서 그들의 모든 원수들을 그들의 손에 넘겨주셨음이니라. 여호와께서 이스라엘 족속에게 말씀하신 선한 말씀이 하나도 남음이 없이 다 응하였더라"(수 21:43-45).

하나님께서 아브라함에게 하신 약속이 성취되었음을 보여줍니다. 이것은 또한 우리에게 성경의 역사를 어떠한 관점에서 읽을 것인가를 보여줍니다. 성경의 구원역사는 약속과 성취라는 큰 구도를 가지고 나아갑니다. 하나님께서 아브라함에게 후손을 많게 해 주시겠다는 약속은 이스라엘이 이집트에 있을 때에 성취되었습니다. 그리고 하나님이 아브라함에게 가나안 땅을 후손에게 주겠다고 하신 약속이 여호수아 때에 이루어집니다.

이와 같이 이스라엘의 역사는 하나님의 약속이 이루어지는 무대입니다. 이러한 성취는 이스라엘에게 하나님의 약속을 대망하게 만듭니다. 구약은 하나님이 아브라함에게 하신 약속 네 씨로 말미암아 천하 만민이 복을 받을 것이라는 약속을 역사 속에서 대망합니다.

10.8 이스라엘의 책임

여호수아가 나이 많아 늙었을 때에 이스라엘 백성에게 고별 설교를 합니다. 모세가 모압 땅에서 율법을 설명해 준 것과 유사합니다. 먼저 여호수아는 이스라엘 각 지파에게 기업의 땅을 주었음을 말합니다. 이 일이 가능했던 것은 여호와께서 이스라엘을 위하여 싸우셨기 때문임을 밝힙니다(수 23:3). 하지만 가나안에는 아직도 이스라엘이 정복해야 할 땅과 백성들이 남아 있습니다. 여호수아에 의해 큰 정복 전쟁은 끝났습니다. 이제 각 지파 별로 그들이 기업으로 받은 땅을 완전히 정복해야 할 전투가 남아 있습니다.

이러한 상황에서 여호수아는 이스라엘이 해야 할 일을 일러줍니다. 1) 이스라엘은 율법을 지켜야 합니다(수 23:6). 이 권면은 하나님께서 여호수아에게 처음 하셨던 말이기도 합니다(수 1:7-8). 여호수아는 백성에게 율법에 순종할 것을 당부합니다. 율법에 순종하는 것은 구체적으로 2) 남아 있는 민족에게 가지 않는 것이며 그들의 신을 섬기지 않는 것입니다(수 23:7). 또한 이스라엘은 남아 있는 민족들과 결혼해서는 안 됩니다(수 23:12). 이것은 모세가 이미 출애굽 세대에게 말했던 것입니다(신 7:2-4). 국제결혼을 금하는 이유는 이스라엘이 유혹 받지 않게 하기 위해서입니다. 3) 만일 이스라엘이 여호수아가 명한 이 명령을 어길 경우에 이스라엘은 아름다운 땅에서 망할 것입니다(수 23:13, 15, 16). 언약의 저주가 이스라엘에게 이루어지는 것입니다. 4) 하나님의 말씀은 "선한 말씀"(좋은 말씀)만 응하는 것이 아니라 "불길한 말씀"(악한 말씀, 즉 저주의 말씀을 의미)도 응하기 때문입니다(수 23:15). 5) 그래서 이스라엘은 스스로 조심하여 여호와를 사랑해야 합니다(수 23:11).

여호수아의 고별 설교는 모세의 율법에 충실합니다. 모세가 출애굽 후세대에게 권면했던 내용을 그대로 반복합니다. 여호수아는 율법을 충실하게 따랐던 사람입니다.

여호수아 서는 여호수아의 고별 설교 후에 세겜에서 언약을 맺는 것으로 끝납니다. 이스라엘 백성이 가나안 땅에서 여호와만을 섬길 것을 언약으로 확인하고 있습니다. 먼저 여호수아는 백성을 세겜으로 소집합니다. 세겜은 역사적 의미가 있는 장소입니다. 세겜은 그리심 산과 에발 산 사이에 위치해 있습니다. 여호수아는 여리고 성과 아이 성을 점령한 후에 그리심 산과 에발 산에서 복과 저주의 율법을 낭독했습니다. 그리고 이 세겜은 아브라함이 약속의 땅에 처음 들어와 단을 쌓은 곳입니다. 이때 하나님이 아브라함에게 이 땅을 주겠다고 약속한 곳이기도 합니다(창 12:6-7).

세겜에서 여호수아는 이스라엘의 역사를 회고하는 설교를 합니다(수 24:2-13). 족장 시대로부터 가나안 땅 정착까지를 말합니다. 이 역사는 족장 시대와 출애굽 역사 그리고 가나안 땅 정복으로 구성되어 있습니다. 하나님께서 이스라엘을 위해 행하신 구원 역사를 서술합니다. 하나님이 이스라엘을 이집트에서 구원하였으며 가나안 땅으로 인도하였습니다. 하나님이 이스라엘에게 가나안 땅을 주었습니다. 하나님이 이스라엘을 위해 행하신 일들을 설명하는 역사입니다. 그리고 여호수아는 백성에게 너희는 섬길 자를 선택하라. 나와 내 집은 여호와만을 섬기겠다고 도전합니다(수 24:14-24). 여호와를 섬길 것인지 아니면 조상들이 강 저편에서 섬기던 신을 섬기던지 아니면 가나안 땅의 신을 섬기던지 선택하라고 촉구합니다. 여호와를 섬길 것인가 아니면 다른 신(이방 신)을 섬길 것인가 하는 것입니다. 모세 역시 죽기 전에 이스라엘 앞에 복과 저주 그리고 생명과 사망이 놓여있다고 하면서 복과 생명을 선택할 것을 권고했습니다(신 30:15-19). 여호수아의 말을 들은 백성은 우리도 여호와를 섬기겠습니다. 그는 우리의 하나님이라고 응답합니다. 백성이 여호와만을 섬기겠다고 답변하자 여호수아는 백성과 언약을 맺습니다. 여호수아는 이 모든 말들을 율법 책에 기록합니다. 그리고 돌을 가져다가 증거의 돌로 세웁니다(수 24:25-28).

이제 이스라엘은 땅이 없는 민족에서 땅을 소유한 민족이 되었습니다. 이스라엘은 한 나라로서 땅을 소유하고 법이 있습니다. 이스라엘은 이제 가나안 땅에서 살아갑니다. 여호수아 이후의 역사는 가나안 땅 안에서의 역사입니다. 가나안 땅 안에서 이스라엘은 여호와만을 섬기면서 살 것인가 즉, 언약에 충실할 것인가, 다른 말로 하면 율법을 잘 지킬 것인가 하는 것이 주요 관심사로 부각됩니다.

11

사사들

읽어야 할 본문: 사사기 1장 – 룻기 4장

여호수아 시대에 큰 전쟁은 다 끝났습니다. 각 지파는 기업의 땅을 받았습니다. 각 지파는 그들이 받은 땅 안에 사는 가나안 백성을 진멸해야 합니다. 유다와 시므온은 연합하여 가나안 족속과 싸웁니다. 예루살렘과 헤브론을 정복하는데 성공합니다. 요셉 자손들도 벧엘을 공격하여 정복하는데 성공합니다. 그러나 이러한 부분적인 성공에도 불구하고 이스라엘의 각 지파들은 그들의 기업에 땅에 사는 가나안 민족들을 완전히 정복하지 못합니다. 가나안 민족을 진멸하라는 여호와의 명령, 헤렘 전쟁에 온전히 순종하지 못합니다.

11.1 이스라엘의 배도

사사기의 저자는 이스라엘 지파들이 헤렘 전쟁을 완전히 수행하지 못한 것을 열거합니다. 유다 지파는 골짜기 거민들을(삿 1:19), 베냐민 지파도 예루살렘에 사는 여부스 족속을(삿 1:21), 므낫세 지파 역시 벧스안, 다아낙, 돌, 이블르암, 므깃도를(삿 1:27-28), 에브라임은 게셀에 거주하는 가나안 족속을(삿 1:29), 스불론은 기드론과 나할롤 주민을(삿 1:30), 아셀 지파는 악고, 시돈, 알랍, 악십, 헬바 아빅, 르홉 거민들을(삿 1:31-32) 그리고 납달리는 벧세메스와 벧아낫에 거주하는 주민을 몰아내지 못합니다(삿 1:33). 단 지파는 오히려 아모리 족속에게 쫓겨서 산지에 몰려갑니다. 아모리 족속이 헤레스 산, 아얄론, 사알빔에 거주합니다(삿 1:34-35). 이스라엘은 헤렘 전쟁을 온전히 수행하지 못하고 가나안 민족들과 불안한 동거를 시작합니다.

이스라엘의 각 지파들이 이렇게 완전히 가나안을 정복하지 못한 이유는 불순종 때문입니다. 유다 지파는 그래도 하나님의 약속의 말씀을 의지하고 전쟁을 해서 승리를 맛봅니다(삿 1:1-10). 이들에게는 갈렙이라는 지도자가 있었기 때문입니다(삿 1:12-15). 이것에 비쳐보면 여호수아라는 큰 지도자가 있었을 때는 순조롭게 가나안 정복을 완수할 수 있었습니다. 그러나 여호수아는 죽고 없습니다. 이스라엘에 하나님을 온전히 신뢰하는 지도자가 없습니다. 이것이 문제였습니다.

이스라엘의 각 지파들은 가나안 민족들을 완전히 진멸하는데 실패합니다. 그러나 더 큰 문제는 이스라엘이 가나안 민족의 신들을 섬기는 것입니다. 여호수아는 분명히 남아 있는 민족에게 가서 언약을 맺지 말고 그들과 통혼하지 말라고 경고했습니다. 그러나 이스라엘은 이 말에 불순종합니다. 이에 하나님이 무명의 사자를 보내 이 일을 책망합니다. "너희는 이 땅의 주민과 언약을 맺지 말며 그들의 제단들을 헐라 하였거늘 너희가 내 목소리를 듣지 아니하였으니 어찌하여 그리하였느냐"(삿 2:2). 이스라엘은 가나안 땅에서 처음부터 여호와의 법을 지키는데 실패합니다. 그 결과 여호와는 가나안 땅에 사는 가나안 민족들을 쫓아내지 않겠다고 하십니다. 그들이 가나안 땅에 남아서 이스라엘에게 올무가 될 것입니다(삿 2:3).

이스라엘의 배도는 여호수아 시대에 생존했던 사람들이 다 죽고 난 후에 심각해집니다. "그 후에 일어난 다른 세대는 여호와를 알지 못하며 여호와께서 이스라엘을 위하여 행하신 일도 알지 못하였더라"(삿 2:10). 여호수아 세대로부터 다음 세대로 신앙이 제대로 전수되지 못했습니다. 다음 세대는 여호와를 알지 못합니다.

그 결과 이스라엘은 여호와를 떠나 바알을 섬기는 우상숭배를 합니다. 이스라엘의 배도는 다음과 같은 패턴으로 나옵니다.

1) 범죄(2:11,13) – "이스라엘 자손이 여호와의 목전에 악을 행하여 바알들을 섬기며."

2) 진노(2:14) – "여호와께서 이스라엘에게 진노하사."

3) 압제(2:14) – "노략하는 자의 손에 넘겨 주사 그들이 노략을 당하게 하시며."

4) 부르짖음(2:18) – "그들이 대적에게 압박과 괴롭게 함을 받아 슬피 부르짖으므로."

5) 구원(2:16, 18) – "여호와께서 사사들을 세우사 노략하는 자의 손에서 그들을 구원하게 하셨으나."

6) 재범죄(2:19) – "그 사사가 죽은 후에는 그들이 돌이켜 그들의 조상보다 더욱 타락하여."

이 패턴은 사사 이야기들 가운데 6번이나 반복해서 나오고 있습니다. 그만큼 이스라엘의 타락이 심가했다는 것을 보여줍니다.

이스라엘을 유혹하는 이방 신은 바알입니다. 바알 "주인"이라는 뜻을 갖고 있으며 폭풍의 신입니다. 구름을 타고 다니며 번개를 손에 잡고 있습니다. 가나안 주민들은 땅에 비를 내려 주는 신으로 인식하고 있습니다. 농사를 짓기 위해서는 비가 필수적입니다. 그래서 가나안 사람들은 비를 내려주는 바알 신을 섬깁니다. 바알의 아내는 아낫과 아스다롯입니다. 바알과 아스다롯이 함께 나오기도 합니다(삿 2:13). 바알과 아세라를 같이 말하기도 합니다(삿 6:25). 하지만 가나안 신화에 따르면 가나안의 최고신은 엘이며 그의 아내가 아세라입니다. 가나안 사람들은 바알을 다산을 주는 신으로 생각합니다. 현대인들은 자녀들을 많이 낳지 않으려고 하지만 고대인들에게 다산은 복입니다. 자녀들이 많다는 것은 그만큼 군사력과 노동력이 많다는 것입니다. 가나안 사람들은 바알과 그의 아내들의 성적 활동을 자극하기 위하여 이들에게 제사를 드리며 성관계를 갖습니다. 이러한 모습을 바알 브올 사건에서 볼 수 있습니다(민 25:1-3). 성관계는 다산을 비는 의식인 것입니다. 이래서 선지자들이 이스라엘의 음행을 비난하는 것입니다(렘 2:20, 23-25; 3:1-

3, 6, 8-9; 호 4:11-14). 가나안 거민들은 바알을 풍요와 다산을 주는 신으로 인식했습니다.

이스라엘은 가나안 땅에 입성했습니다. 그들은 광야에서의 오랜 유목 생활을 마치고 농업 문화에 적응해야 합니다. 비가 와야 농사를 지을 수 있습니다. 가나안 사람들은 바알이 비를 주는 신으로 생각하고 섬깁니다. 이스라엘이 유혹을 받습니다. 하나님이 비를 주신다는 사실을 잊어버립니다. 이래서 이스라엘은 반복적으로 바알 숭배에 빠져들어 갑니다.

11.2 사사들

사사들의 역할은 이스라엘을 구원하는 것입니다. 이스라엘이 외적에게 억압과 괴로움을 당할 때, 여호와께서 사사들을 세워서 그들을 구원해 주십니다(삿 2:16).

사사기에 나오는 사사들은 아비멜렉을 제외하고 12명이 나옵니다. 이 가운데 옷니엘, 에훗, 드보라, 기드온, 입다 그리고 삼손의 기록이 길게 나옵니다. 그러나 삼갈, 돌라, 야일, 입산, 엘론과 압돈의 기록은 아주 짧습니다. 따라서 우리의 관심은 기록이 많은 사사들에게 있습니다.

옷니엘

이스라엘이 우상 숭배를 하여 여호와께서 진노하십니다. 이스라엘을 메소보다미아 왕 구산 리사다임의 손에 넘겨줍니다. 이스라엘이 8년 동안 학대를 받습니다. 이스라엘이 여호와께 부르짖자 여호와께서 옷니엘을 사사로 세우십니다. 여호와의 영이 그에게 임하여 그가 나가서 구산 리사다임과 싸워 이스라엘을 구원합니다(삿 3:7-11).

옷니엘은 이후에 나오는 다른 사사들과 비교되는 아주 모범적인 사사입니다. 집안 출신도 좋습니다. 갈렙의 아우 그나스의 아들입니다. 가나안 전쟁 때에 기럇 세벨을 쳐서 정복하여 갈렙의 딸 악사를 아내로 맞이했던 사사입니다(삿 1:11-15).

에훗

옷니엘이 죽자 이스라엘이 다시 타락합니다. 여호와 보시기에 악을 행합니다. 여호와께서 이스라엘을 모압 왕 에글론에게 넘겨줍니다. 모압이 18년 동안을 이스라엘을 학대하며 지배합니다. 메소보다미아 왕 구산 리사다임에게 8년 동안 괴롭힘을 받았던 것과 비교하면 매우 긴 세월입니다. 이스라엘이 여호와께 부르짖자 여호와께서 베냐민 사람 "왼손잡이 에훗"을 사사로 세우십니다(삿 3:15). "왼손잡이"는 '오른 손이 묶인(닫힌) 사람'으로 오른 손에 제한이 있는 사람입니다. 오른 손에 제한이 있기 때문에 왼손잡이로 많이 번역합니다.

에훗이 에글론 왕에게 공물을 바치러 갈 때, 한 규빗되는 양날 검을 오른쪽 허벅지에 숨겨 갑니다. 단도를 숨긴 것입니다. 왼손을 사용하기 때문에 오른쪽 허벅지는 칼을 빼기에 아주 좋은 위치입니다. 공물을 바치고 다른 사람들을 다 보내고 에훗은 혼자 돌아와서 왕에게 은밀히 할 이야기가 있다고 합니다. 에훗은 에글론 왕과 다락방에 둘이 있자 칼을 빼내어 배를 찔러 죽입니다. 에훗은 칼을 빼내지 않습니다. 개역 개정에는 생략된 부분이 있습니다. "그가 칼을 그의 몸에서 빼내지 아니하였으므로 기름이 칼날에 엉겼더라"(삿 3:22). 히브리어는 끝에 "그리고 오물이 나왔다"가 있습니다. 아마도 칼이 항문까지 나갔던 것 같습니다.

에훗이 다락문을 잠가두고 빠져 나갑니다. 에글론의 신하들이 와서 다락문이 잠겨 있는 것을 보고 "왕이 분명히 서늘한 방에서 그의 발을 가리우신다"고 말합니다(삿 3:24). 이 말은 아마도 '그가 용변을 보고 있다'는 의미일 것입니다. 에글론의 배에서 오물이 나와서 냄새가 났을 것이기 때문입니다. 왕이 오래도록 나오지 않자 신하들이 열쇠를 가져와서 다락문을 열어 보니 에글론이 죽어 있습니다.

그 사이 에훗은 모압을 빠져나와 이스라엘 군인들을 모집합니다. 에훗은 모압으로 가는 요단강의 나루터를 장악하고 모압 사람들을 잡아서 죽였습니다. 에훗의 영웅적인 행동으로 이스라엘은 구원을 받아 태평을 누립니다.

드보라

에훗이 죽고 나자 이스라엘이 다시 범죄합니다. 여호와께서 가나안 왕 야빈의 손에 이스라엘을 넘겨줍니다. 야빈 왕의 군대 장관은 시스라이며 그는 철 병거 900대가 있었습니다. 야빈 왕이 이스라엘을 20동안 압제했습니다.

이스라엘이 여호와께 부르짖자 여호와께서 여 선지자 드보라를 사사로 세웁니다. 그 당시 사회에서는 여자가 사사로 세움을 받았다는 것은 획기적입니다. 또한 그녀는 여선지자이며 재판을 합니다(삿 4:4-5). 그 당시 이스라엘이 얼마나 압제를 당했는지 사람들이 큰 길을 두고 작은 길로 다녔습니다. 또한 용기 있는 남자들 곧 지도자들이 없었습니다. 그래서 드보라가 자신이 일어나 이스라엘의 어머니가 되었다고 말합니다(삿 5:6-7).

드보라는 바락을 불러서 여호와의 명령을 전해줍니다. 그에게 납달리와 스불론의 군사 만 명을 데리고 다볼 산에서 야빈의 철 병거들과 싸우라고 합니다. 여호와께서 승리의 약속을 주셨다고 말합니다. 그러나 바락은 드보라가 가면 가고 그녀가 가지 않으면 가지 않겠다고 대답합니다. 드보라는 같이 갈 것을 약속합니다. 그러나 바락이 이 일로 영광을 얻지 못하고 한 여인이 시스라를 죽이는 영광을 얻을 것이라고 예언합니다.

바락이 시스라의 철 병거와 싸웁니다. 하나님이 시스라의 병거에 큰 혼란을 주십니다. 결국 시스라는 패하여 도망을 갑니다. 시스라가 야빈 왕과 평화 조약을 맺은 겐 사람 헤벨의 아내 야엘의 장막에 도착합니다. 야엘이 나가서 시스라를 영접합니다. 물을 요청하는 그에게 야엘은 우유를 주어 마시게 합니다. 시스라가 잠에 떨어지자 야엘이 망치와 천막의 말뚝을 가지고 와서 시스라의 관자놀이에 박았습니다. 야빈의 군대장관 시스라는 여인의 손에 죽임을 당합니다(삿 4장). 드보라의 예언대로 야엘이 시스라를 죽여서 영광을 얻었습니다.

하나님의 구원은 여자들을 통해서 이루어졌습니다. 고대 이스라엘에서 여성은 약자입니다. 그러나 하나님은 약한 여성을 들어서 이스라엘을 구원하십니다. 하나님의 약한 것이 사람의 강한 것보다 뛰어납니다(참고. 고전 1:25-29).

사사 시대에 지파들 사이의 결속력이 강하지 않습니다. 강력한 통일 정부가 없다 보니 각 지파들이 자신들의 일이 아니면 무관심합니다. 이러한 현상이 드보라 시대에 나타납니다. 야빈 왕의 철 병거와 전쟁을 할 때, 에브라임, 베냐민, 스불론, 납달리, 잇사갈이 드보라와 함께 합니다(삿 4:6; 5:14-16, 18). 하지만 길르앗, 단과 아셀은 그다지 적극적이지 않은 것 같습니다(삿 5:17). 더 나아가 드보라는 메로스를 저주합니다. 메로스의 주민은 여호와를 도우러 내려오지 않았다고 말합니다. "여호와의 사자의 말씀에 메로스를 저주하라 너희가 거듭거듭 그 주민들을 저주할 것은 그들이 와서 여호와를 돕지 아니하며 여호와를 도와 용사를 치지 아니함이니라"(삿 5:23). 드보라는 이것이 여호와의 전쟁이었다고 인식하고 있습니다. 전쟁에 참여한 것은 여호와를 돕는 것이며 참여하지 않은 것은 여호와를 돕지 않은 것이라고 말합니다. 이것을 보면 지파들 사이의 결속력이 약했습니다.

기드온

이스라엘이 또 다시 악을 행합니다. 여호와를 떠나 우상숭배를 합니다. 하나님이 이번에는 미디안의 손에 이스라엘을 넘겨주십니다. 미디안과 아말렉과 동방 사람들이 쳐들어 와서 토지의 소산과 가축들을 빼앗아 갑니다. 이스라엘이 미디안으로 인하여 여호와께 부르짖습니다. "부르짖음"이 두 번 나옵니다(삿 6:6, 7). 옷니엘, 에훗, 드보라 때에는 이스라엘이 부르짖으면 하나님이 즉각 사사를 세워서 구원하셨습니다(삿 3:9, 15; 4:3-4). 그런데 기드온 때는 이스라엘이 부르짖자 여호와께서 이스라엘에 한 선지자를 보냅니다. 선지자가 와서 이스라엘을 책망합니다. 하나님은 이전과는 다른 태도를 취하십니다. 선지자는 이스라엘을 애굽에서 그리고 학대하는 모든 나라들로부터 구원해 주신 분이 하나님이라고 말합니다. 하나님이 이스라엘에게 땅을 주시고 "나는 너희의 하나님 여호와이니 너희가 거주하는 아모리 사람의 땅의 신들을 두려워하지 말라 하였으나 너희가 내 목소리를 듣지 아니하였느니라"고 비난합니다(삿 6:10).

하나님은 이스라엘을 책망하신 후에 여호와의 사자를 기드온에게 보내서 그를 부르십니다. 하나님이 기드온을 부르시는 이야기는 대화 형식으로 나옵니다(삿 6장). 기드온의 소명 기사는 흔히 다른 종들, 모세, 이사야, 예레미야, 에스겔, 사도 바울과 비교됩니다. 이들의 부르심은 아주 길게 나오기 때문입니다(12제자들의 소명 기사는 상대적으로 아주 짧습니다). 기드온의 소명 기사는 다음과 같은 요소들이 나타납니다(N. Habel, "The Form and Significance of the Call Narratives." *ZAW* 77(1965), 301-305).

1) 신적 직면: 여호와의 사자를 만남(삿 6:11-12a; 참고. 출 3:1-4a).

2) 도입부(삿 6:12b-13; 참고. 출 3:4b-9).

3) 직무 위임(미션): 이스라엘을 미디안으로부터 구원하라(삿 6:14; 참고. 출 3:10).

4) 거부(자기 부정): 내가 무엇으로 구원합니까, 나는 가장 작은 자입니다(삿 6:15; 참고. 출 3:11).

5) 하나님의 재 보증(재 확신): 내가 반드시 너와 함께 하겠다(삿 6:16; 참고. 출 3:12a).

6) 표적(삿 6:17; 참고. 출 3:12b).

부름을 받는 종이 신적 직면을 합니다. 그리고 미션을 부여받습니다. 그러나 종이 거절합니다. 그러면 하나님은 확신을 주시며 표적을 주십니다. 이러한 패턴은 예레미야에게도 유사하게 나타납니다. 그러나 이사야와 에스겔과 사도 바울에게는 다르게 나타납니다. 이사야는 입술이 부정한 사람이라는 자기 부정 후에 적극적으로 미션을 수행하겠다고 자원하여 나섭니다(사 6:5, 8). 그러나 에스겔과 사도 바울의 경우에는 자기 부정이 나오지 않습니다. 이들 가운데 기드온이 가장 흥미로운 사람입니다. 기드온은 아주 소심하며 의심이 많은 사람이기 때문입니다.

기드온은 그 시대 상황에 대한 불만이 많은 사람입니다. 여호와의 사자가 "여호와께서 너와 함께 계시도다"(삿 6:12)하고 말하자 기드온은 반항적으로 말합니다. "오 나의 주여 여호와께서 우리와 함께 계시면 어찌하여 이 모든 일이 우리에게 일어났나이까"(삿 6:13). 기드온은 여호와께서 함께 하지 않는다고 생각합니다. 그래서 미디안의 지배를 받고 있다고 말합니다. 그는 또한 출애굽의 기적을 잘 알고 있습니다.

기드온은 상당히 반항적이며 회의적입니다. 하나님이 이스라엘을 구원하기 위하여 너를 보내신다고 하자 기드온은 하나님께 "내가 무엇으로 이스라엘을 구원하리이까?"(삿 6:15) 하고 묻습니다. 하나님이 기드온과 꼭 함께 하실 것을 약속합니다. 그러자 기드온은 "나와 말씀하시는 이가 주 되시는 표징을 내게 보이소서"(삿 6:17) 하고 말합니다.

기드온은 의심이 많습니다. 그의 말을 분석해 보면 조건문이 많이 나옵니다. "여호와께서 우리와 함께 계시면."(삿 6:13). "만일 내가 주께 은혜를 얻었사오면."(삿 6:17). "이스라엘을 구원하시려거든"(삿 6:36). "주변 땅은 마르면"(삿 6:37). 그는 의심이 많은 사람이라 행동하는 것도 소심합니다.

여호와의 사자가 그에게 나타났고 기드온이 가져온 예물을 불로 살랐습니다. 이러한 표징을 보았으면 담대하게 하나님을 신뢰해야 합니다. 하지만 그는 소심합니다. 하나님이 바알의 제단을 헐고 아세라 상을 찍으라고 명령합니다. 기드온은 두려워서 낮에 행하지 못하고 밤에 우상을 제거합니다(삿 6:27).

흥미롭게도 우상숭배의 중심지는 사사인 기드온의 아버지 집입니다. 하나님은 기드온에게 "네 아버지에게 있는 바알의 제단을 헐며 그 곁의 아세라 상을 찍고"(삿 6:25)라고 말씀하십니다. 기드온의 아버지 집에 우상의 제단과 아세라 상이 있습니다. 오브라 성읍의 우상숭배의 중심지가 기드온의 집입니다.

특이한 사실은 기드온이 우상을 숭배하는 환경에서 자랐음에도 불구하고 하나님이 이스라엘 조상들에게 행하신 기적 이야기를 알고 있습니다. 출애굽 때에 여호와께서 행하신 기적을 잘 알고 있었습니다. 이것을 보면 기드온은 혼합주의 신앙을 가진 집에서 양육 받았습니다.

기드온은 미디안이 이스라엘을 지배하는 상황에 대한 불만이 있습니다. 또한 바알을 섬기는 것이 효과가 없다는 것을 알고 있습니다. 바알과 아세라가 아버지 집에 있음에도 불구하고 미디안의 지배를 받고 있기 때문입니다.

기드온은 바알의 무능력을 인정합니다. 그래서 바알과 아세라를 제거하라는 여호와의 명령에 순종합니다. 기드온이 바알과 아세라를 제거함으로 여룹바알('바알로 싸우게 하라' 또는 '바알로 고소하게 하라')이라는 새로운 이름을 얻습니다. 기드온은 여호와의 능력을 기대하면서 개혁을 단행합니다.

기드온의 소심한 성격은 여호와의 영이 임해도 변하지 않습니다. 미디안이 아말렉 사람과 동방 사람들과 함께 이스라엘을 침략해 옵니다. 여호와의 영이 기드온에게 임해서 그가 성공적으로 군사를 모집합니다. "여호와의 영이 기드온에게 임하시니"(삿 6:34; 참고. 대상 12:18; 대하 24:20)는 '여호와의 영이 덮다'입니다. 여호와의 영이 기드온을 감싼 것을 의미합니다. 기드온은 옷을 입는 것과 같이 여호와의 영으로 옷을 입었습니다.

기드온은 여호와의 영으로 옷을 입었음에도 불구하고 소심하고 의심이 많습니다. 성격이 고쳐지지 않습니다. 여호와의 영도 임했고 군사도 성공적으로 모집했습니다. 하나님이 이미 승리의 약속도 주셨습니다(삿 6:36). 그런데도 기드온은 양털로 하나님의 구원 의지를 두 번이나 확인합니다. 양털 한 뭉치를 타작마당에 둡니다. 그리고 양털에만 이슬이 있고 주변 땅이 마르면 하나님이 이미 말씀하신 것과 같이 이스라엘을 구원하실 줄로 알겠다고 말합니다. 이스라엘은 아침에 이슬이 두껍게 내리기 때문에 이런 시험을 하는 것입니다. 다음 날 아침에 보니 기드온이 요구한대로 되었습니다. 그러자 기드온이 한 번 더 하나님께 요구합니다. 이번에는 반대로 되게 해 달라고 합니다. 양털은 마르고 주변 땅은 젖게 해 달라고 합니다. 하나님이 그의 말대로 행하십니다(삿 6:36-40).

기드온이 하나님을 양털로 두 번 시험했습니다. 그러자 아이러니하게 하나님도 기드온에게 두 번에 걸쳐 군사 수를 줄일 것을 말씀합니다. 하나님이 두 번에 걸쳐 군사 수를 줄인 것이 기드온의 양털 시험에 대한 것인지는 불분명하지만 두 번의 양털 시험과 두 번의 군사 수를 줄인 것은 대조를 이룹니다.

하나님은 기드온에게 군사 수가 많다고 하십니다. 혹시 나중에 이스라엘이 "내 손이 나를 구원하였다" 하고 자랑할 것을 염려하십니다(삿 7:2). 그래서 "누구든지 두려워 떠는 자는 길르앗 산을 떠나 돌아가라" 고 하십니다(삿 7:3). 이 명령은 신명기의 전쟁법과 관련이 있습니다. 이스라엘은 전쟁을 나가기 전에 군대 지휘관이 전쟁에 참여한 백성에게 두려워서 떠는 자는 집에 가라고 합니다(신 20:8). 기드온이 그렇게 말을 하자 삼만 이천 명 중에 이만 이천 명이 집에 가고 만 명이 남았습니다. 돌아간 사람이 더 많습니다. 고대 전투는 주로 백병전입니다. 군사 수가 많아야 유리합니다. 그런데 하나님은 군사 수를 한 번 더 줄이십니다. 만 명을 데리고 시냇가에서 물을 마시게 합니다. 물을 핥아 먹는 삼백 명을 따로 세웁니다. 그들을 제외하고 다 집으로 돌려보냅니다.

기드온은 삼백 명의 군인을 세 부대로 나눕니다. 나팔과 항아리를 들게 하고 항아리 속에는 횃불을 감추었습니다. 나팔을 불고 항아리를 깨뜨리고 횃불을 들고 "여호와와 기드온의 칼이여" (삿 7:20) 하고 소리를 지릅니다. 삼백 명의 군인으로 미디안 군인들과 싸워서 대승을 거둡니다. 이스라엘이 납달리, 아셀, 에브라임, 므낫세 지파에게 미디안을 추격하라고 합니다. 이 전투에서 십이만 명을 죽입니다. 에브라임 지파는 미디안의 고관인 오렙과 스엡을 죽이는 공로를 세웁니다.

기드온이 삼백 명의 적은 군사로 미디안을 대파한 것은 이스라엘 내에서 전설이 되었습니다. 특히 이사야 선지자는 이 사건을 구원의 날로 예언하며(사 10:26) 메시야 시대에 있을 구원의 모형으로 사용합니다(사 9:4).

전투가 끝난 후에 에브라임 지파가 미디안과의 전투에서 자신을 부르지 않았다고 기드온에게 시비를 겁니다. 기드온이 아주 슬기롭게 대답합니다. "에브라임의 끝물 포도가 아비에셀의 만물 포도보다 낫지 아니하냐" (삿 8:2). 에브라임이 미디안의 두 방백 오렙과 스엡을 죽인 것을 치켜 세워줍니다. 이 말로 인해 내전으로 발전할 가능성이 있었던 분쟁이 잠잠해집니다. 그러나 내전의 위험은 다른 곳에 있었습니다.

기드온과 삼백 명의 군인들이 미디안의 왕들인 세바와 살문나를 추격합니다. 숙곳에 이르러 기드온이 그 주민들에게 빵을 달라고 요청합니다. 그러나 숙곳 주민들은 기드온의 요청을 거절합니다. 그러자 기드온이 미디안의 두 왕을 죽인 후에 숙곳을 벌할 것을 말합니다. 이후에 브누엘에 가서도 빵을 요청합니다. 이들도 숙곳 주민들과 똑같이 대답합니다. 기드온이 전쟁을 끝내고 올 때에 성을 헐어버릴 것을 말합니다. 기드온은 추격에 성공하여 세바와 살문나를 사로잡고 그 군대를 격파합니다. 돌아오는 길에 숙곳과 브누엘 사람들을 죽입니다(삿 8:4-17). 기드온은 불명예스럽게도 이스라엘 사람에게 칼을 휘두른 첫 번째 사사가 됩니다. 이때부터 내전이 심해집니다.

기드온은 미디안을 물리친 후에 이스라엘 사람들이 기드온에게 왕이 될 것을 제안합니다. "당신이 우리를 미디안의 손에서 구원하셨으니 당신과 당신의 아들과 당신의 손자가 우리를 다스리소서"(삿 8:22). 이스라엘 역사 속에서 처음 왕정에 대한 요구가 나타납니다. 하지만 기드온은 "여호와께서 너희를 다스리시리라" 하고 거절합니다(삿 8:23). 기드온은 인간 왕정 제도보다는 신정정치 사상을 갖고 있었습니다.

그럼에도 불구하고 기드온은 아주 특이한 행동들을 합니다. 1) 기드온은 백성에게 전쟁에게 탈취한 금귀고리를 요구합니다. 백성들이 금귀고리를 기드온에게 주자 그가 그 금으로 에봇을 만들어 오브라 성읍에 둡니다. 그러자 이스라엘이 이 에봇을 섬깁니다. 이것이 기드온의 집에 올무가 됩니다(삿 8:27). 위에서 말했듯이 기드온의 아버지의 집에 우상들이 있었습니다. 혼합주의 신앙이 있던 곳입니다. 흥미롭게도 기드온은 이곳에 다시 에봇을 만들어 놓습니다. 2) 기드온이 첩에게서 아들을 낳습니다. 아들의 이름을 아비멜렉('나의 아버지는 왕이다.')으로 지어줍니다. 그는 왕의 직분을 거절해 놓고 아들의 이름을 '나의 아버지는 왕이다'로 지어 주었습니다.

흥미롭게도 이름과는 반대로 아비멜렉은 스스로 왕이 될 계획을 세웁니다. 아비멜렉이 어머니의 고향인 세겜에 가서 세겜 사람들에게 기드온의 아들들 칠십 명이 다스리는 것과 한 사람이 다스리는 것이 어느 것이 나으냐고 말합니다. 그러자 세겜 사람들이 아비멜렉을 후원합니다. 바알브릿 신전에서 은 칠십 개를 아비멜렉에게 줍니다. 아비멜렉이 그 돈으로 용병을 사서 기드온의 아들들 칠십 명을 죽입니다. 이때 요담만 살아남습니다.

아비멜렉은 형제들을 다 죽이고 스스로 왕이 됩니다. 아비멜렉이 이스라엘을 삼 년을 다스리고 난 후에 하나님이 세겜 사람들에게 악한 영을 보내십니다. "하나님이 아비멜렉과 세겜 사람들 사이에 악한 영을 보내시매 세겜 사람들이 아비멜렉을 배반하였으니"(삿 9:23). 이제까지 하나님은 사사들에게 "여호와의 영"을 보내서 이스라엘을 구원하게 하셨습니다. 그러나 이번에는 "악한 영"을 보내서 배반이 일어나 분쟁이 나게 하십니다. 아비멜렉이 그의 형제들 칠십 명을 죽인 피 값을 갚게 하시려는 것입니다. 아비멜렉과 세겜 사람들 사이에 내전이 일어나서 아비멜렉이 세겜을 파괴하고 데베스를 파괴하려고 합니다. 아비멜렉이 망대가까이에 가서 불사르려고 하자 한 여인이 맷돌을 던져 아비멜렉의 머리를 맞춥니다. 아비멜렉은 비극적으로 죽습니다.

기드온의 이야기 이후부터 내란이 더 심해집니다. 아비멜렉 이야기 이후에 "그 땅이 태평하였다"는 표현이 나오지 않습니다.

입다

이스라엘의 타락은 점점 심해져갑니다. 이제까지는 이스라엘이 악을 행했다고 바알과 아세라 또는 바알과 아스다롯을 섬겼다고 나왔습니다. 그러나 이제는 이스라엘 주위의 모든 신들이 다 나옵니다. "이스라엘 자손이 다시 여호와의 목전에 악을 행하여 바알들과 아스다롯과 아람의 신들과 시돈의 신들과 모압의 신들과 암몬 자손의 신들과 블레셋 사람들의 신들을 섬기고 여호와를 버리고 그를 섬기지 아니하므로"(삿 10:6). 하나님은 이스라엘에게 다른 신을 섬기지 말라고 분명히 말씀하셨습니다. "너희는 다른 신들 곧 네 사면에 있는 백성의 신들을 따르지 말라"(신 6:14). 다른 신은 이스라엘 주변 국가의 신들을 의미합니다. 그런데 이스라엘은 이제 주변 국가들의 모든 신들을 다 섬기고 있습니다. 모압 땅에서 여호와만을 섬기겠다고 언약을 맺은 백성이 여호와를 버리고 다른 신들을 따라갑니다.

그러자 여호와께서 이스라엘을 블레셋과 암몬의 손에 넘기십니다. 그들이 18년을 괴롭힙니다. 이스라엘이 범죄했다고 고백하면서 여호와께 부르짖습니다(삿 10:10). 여호와께서 이스라엘의 부르짖음에 응답하십니다. "너희가 나를 버리고 다른 신들을 섬기니 그러므로 내가 다시는 너희를 구원하지 아니하리라"(삿 10:13). 기드온 때에는 무명의 한 선지자를 보내어 이스라엘을 책망하셨습니다. 그러나 이제는 여호와께서 이스라엘을 구원하지 않겠다고 선언합니다. 오히려 하나님이 이스라엘을 조롱합니다. "가서 너희가 택한 신들에게 부르짖어 너희의 환난 때에 그들이 너희를 구원하게 하라"(삿 10:14). 우상에게 가서 구원해 달라고 기도하라고 합니다. 하나님의 조롱을 들은 이스라엘이 다른 신들을 제거하고 회개하며 여호와께 구원해 달라고 요청합니다. 하나님이 이들의 요청을 듣고 마음에 근심하십니다.

그때에 암몬이 길르앗을 침략해 옵니다. 그러자 길르앗 백성과 방백이 입다를 찾아갑니다. 입다는 길르앗이 창녀에게서 낳은 아들이었기 때문에 길르앗의 아들들이 입다를 아버지의 집에서 쫓아내었습니다. 이스라엘은 사회적으로 소외된 자, 쫓겨난 자를 찾아갑니다. 그에게 군대장관이 되어 이스라엘을 이끌고 나가서 암몬과 전쟁을 해 달라고 요청합니다. 입다는 만일 자신이 군대장관으로 나가서 암몬에게 이기면 이스라엘의 지도자가 될 것이라고 말합니다. 길르앗 장로들이 입다의 말에 동의합니다(삿 11:9-10). 입다는 이스라엘의 장관이 되어 암몬과 전쟁을 하러 나갑니다. 입다는 암몬과의 전쟁에서 여호와를 의지합니다. "심판하시는 여호와께서 오늘 이스라엘 자손과 암몬 자손 사이에서 판결하시옵소서"(삿 11:27). "심판하시는 여호와께서"의 히브리어는 '여호와 그 사사'입니다. 입다는 여호와를 '그 사사'로 부릅니다. 진정한 사사는 여호와라는 의미입니다. 입다는 사사이신 여호와께 이스라엘과 암몬 사이를 심판해 달라고 요청합니다. 사실 입다는 여호와께서 세우신 사사는 아닙니다. 길르앗 백성과 방백의 제안을 받고 나온 군대장관입니다. 그렇지만 입다는 진정한 사사이신 하나님을 의지합니다. 그러자 "여호와의 영이 입다에게" 임하십니다(삿 11:29).

입다는 암몬과 전쟁을 하러 나가면서 여호와께 서원을 합니다. 하나님이 암몬을 이기게 해 주시면 "누구든지 내 집 문에서 나와서 나를 영접하는 그는 여호와께 돌릴 것이니 내가 그를 번제물로 드리겠나이다"(삿 11:31). 입다는 전쟁에서 승리하여 집에 돌아 왔을 때, 가장 먼저 자신을 영접하는 자를 번제로 드릴 것을 서원합니다. 인간을 제물로 해서 드리는 제사를 뜻합니다. 전형적으로 잘못된 서원입니다.

입다가 암몬에게 승리합니다. 그가 집에 이를 때에 그의 딸이 맨 먼저 나와서 환영합니다. 그녀는 그의 외동딸입니다. 입다는 그녀를 서원한대로 번제물로 드립니다. 이것은 비록 입다가 이스라엘을 구원한 사사였지만, 잘못된 신앙을 갖고 있었다는 것을 보여줍니다. 그 당시 주위 국가들이 자녀들을 번제로 드리는 것을 보고 배웠던 것입니다. 입다는 집에서 쫓겨나 돕 땅에서 약탈을 하고 살면서 이러한 풍습을 배운 것 같습니다.

입다는 암몬을 이긴 후에 에브라임이 암몬과 싸울 때 그들을 부르지 않았다는 이유로 시비를 겁니다. 이전에도 에브라임은 기드온에게도 이와 같이 시비를 걸었습니다. 그러나 그 때에는 기드온이 에브라임이 미디안의 두 방백 오렙과 스엡을 죽인 일을 크게 높임으로 싸움이 일어나지 않았습니다(삿 8:1-3). 에브라임은 입다가 그들을 부르지 않았다는 이유로 "우리가 반드시 너와 네 집을 불사르리라"(삿 12:1) 하고 협박합니다. 그러나 입다는 암몬과의 전쟁에 에브라임을 불렀어도 그들이 와서 도와주지 않았다고 말합니다. 결국 내전이 일어납니다. 길르앗이 에브라임을 쳐서 파합니다. 길르앗이 먼저 요단 나루턱을 잡고 강을 건너려는 에브라임 사람들을 살아 죽입니다. 이 때 에브라임 사람인지를 구별하는 방법으로 "쉽볼렛(שבלת)이라고 말하라고 합니다. 에브라임은 이 발음을 못하고 "십볼렛(סבלת)이라고 발음하기 때문입니다. 이렇게 에브라임 사람을 구별해서 요단강에서 다 죽여 버렸습니다(삿 12:5-6).

이스라엘에 내전이 갈수록 심해집니다. 기드온 이후 계속 내전이 있습니다. 결국 길르앗이 에브라임을 사만 이천 명이나 죽여 버리는 참사가 일어났습니다. 이스라엘 지파들은 모두 평등합니다. 지파들 사이에 서열이 있어서 어느 지파가 우위에 있지 않습니다. 이래서 지파들 사이에 다툼이 일어납니다. 여호수아와 같은 강력한 지도자가 있을 때에는 이러한 일들이 일어나지 않았습니다.

삼손

이스라엘이 다시 여호와께 악을 행합니다. 여호와께서 이번에는 이스라엘을 블레셋 사람들에게 넘겨줍니다. 블레셋이 사십 년을 괴롭힙니다. 사사 시대에 가장 길게 외국의 학대를 받습니다. 그런데 흥미롭게도 이스라엘은 여호와께 부르짖지 않습니다. 이때까지 이스라엘은 외적의 침입을 받아 학대를 당하면 그래도 여호와께 부르짖어 구원을 요청했습니다. 그러나 삼손 때에는 여호와께 부르짖지도 않습니다.

사사 삼손은 다른 사사들과 다른 특징이 있습니다. 여호와의 사자가 나타나서 부모에게 삼손이 출생할 것을 알려주기 때문입니다(삿 13장). 여호와의 사자가 단 지파의 마노아의 아내에게 나타나 나실인이 태어날 것을 예고해 줍니다. 그녀는 이때까지 불임에 시달리고 있었습니다. 포도주와 독주를 마시지 말고 부정한 것을 먹지 말라고 합니다. 이것을 세 번씩이나 강조합니다(삿 13:4, 7, 14). 태어날 아이는 나실인으로 하나님께 바쳐진 자입니다(삿 13:5, 7). 또한 머리를 자르지 말 것도 말합니다(삿 13:5). 그는 나실인으로 이스라엘을 구원하기 시작할 것이라고 말합니다.

나실인 규정은 민수기 6장에 나옵니다. 이것은 본인 스스로가 나실인이 될 경우를 말합니다. 나실인 서원 법입니다. 나실인은 포도주나 독주를 마시지 않고 포도나무 소산도 먹지 않습니다(민 6:3). 나실인 서원을 하는 기간 동안 삭도를 대지 않습니다(민 6:5). 또한 시체를 가까이 하지 않습니다(민 6:6-7). 나실인이 죽은 시체에 닿았을 경우에는 7일째 되는 날 머리를 밀고 8일 째 되는 날 산비둘기(또는 집비둘기) 2마리로 제사를 드립니다(6:9-11). 다시 몸을 구별할 날을 선정하여 일년된 숫양으로 번제를 드립니다(6:12). 사무엘의 어머니 한나는 하나님이 아들을 주시면 나실인으로 바치겠다고 서원을 합니다(삼상 1:11). 하지만 마노아는 하나님의 사자에 의해 고지를 받고 태어날 삼손을 나실인으로 드립니다(세례요한과 유사).

여호와의 사자 말대로 삼손이 출생했습니다. 여호와께서 삼손에게 복을 주십니다. "여호와의 영이 그를 움직이기 시작하셨더라"(삿 13:25). 이것은 '여호와의 영이 그를 재촉하기(몰아내기) 시작했다'는 뜻입니다. 여호와의 영이 삼손을 움직이기 시작했음에도 불구하고 삼손은 이스라엘을 구원할 생각을 하지 않고 블레셋 여자를 보고 결혼하려고 합니다. 이제까지의 사사와는 다른 패턴입니다. 삼손은 여자를 좋아합니다(삿 14:2-3, 7). 그것도 이방의 블레셋 여인입니다. 일찍이 모세는 이스라엘에게 이방 사람들과 통혼하지 말 것을 명령했습니다(신 7:1-3). 또한 여호수아도 가나안 땅에 남아 있는 이방인들과 가까이 하지 말고 서로 통혼하지 말라고 말했습니다(수 23:12-13). 삼손은 나실인임에도 불구하고 이러한 법에 신경을 쓰지 않습니다. 삼손이 블레셋 여인과 결혼하려고 하자 부모가 할례 없는 이방 사람과 결혼하려고 하느냐고 말립니다. 그러나 삼손은 "내가 그 여자를 좋아하오니 나를 위하여 그 여자를 데려오소서"(삿 14:3)하고 부모의 만류를 거절합니다. "내가 그 여자를 좋아하오니"는 '그녀는 나의 눈에 맞다(좋다)'입니다. 이 표현은 사사 시대의 정신을 나타냅니다. "그 때에는 이스라엘에 왕이 없었으므로 사람마다 자기 소견에 옳은 대로 행하였더라"(삿 17:6 참고. 21:25). "사람마다 자기 소견에 옳은 대로 행하였더라"는 '사람이 그의 눈에 옳은 것(좋은 것)을 행했다'입니다. 이것을 보면 삼손은 그 시대의 전형적인 사람입니다. 사사 시대는 무질서의 시대입니다. 여호와의 율법이 있었지만 그 법대로 살지 않고 자기 주관대로 살아가던 시대입니다. 삼손 역시 그 시대의 아들입니다.

삼손이 블레셋 여자와 결혼하려고 한 사건을 개역 개정의 번역은 긍정적입니다. "그 때에 블레셋 사람이 이스라엘을 다스린 까닭에 삼손이 틈을 타서 블레셋 사람을 치려함이었으나 그의 부모는 이 일이 여호와께로부터 나온 것인 줄은 알지 못하였더라"(삿 14:4). 여기서 "삼손이 틈을 타서"는 삼손이 아니라 인칭대명사로 '그가 틈을 타서'입니다. 개역 개정은 이 '그'를 삼손으로 해석하고 있지만 문맥을 보면 '여호와가 블레셋을 칠 틈을 찾고 있었다'입니다. 인칭대명사 '그'는 문맥의 흐름에서 삼손이 아니라 '여호와'입니다. 삼손은 본능을 따라 여인을 좇아가지만 그런 삼손의 본능도 여호와의 섭리 안에 있습니다. 삼손은 여인을 보고 한 눈 팔고 있지만 여호와는 이스라엘을 위하여 블레셋을 칠 계획을 찾고 계십니다(김지찬, 『요단강에서 바벨론 물가까지』, 생명의말씀사, 2009, 211-212).

삼손이 딤나에 여자를 보러 갑니다. 가는 길에 젊은 사자를 만납니다. 이때 "여호와의 영이 삼손에게 강하게 임하니 그가 손에 아무 것도 없이 그 사자를 염소 새끼 찢는 것 같이 찢었으나 그는 자기가 행한 일을 부모에게 알리지 아니하였더라"(삿 14:6). "강하게 임하니"는 '그의 위에서 번영하였다,' '그를 나아가게 하였다,'입니다. 삼손은 사자를 죽인 것을 부모에게 말하지 않습니다. 삼손은 나실인으로 죽은 시체를 만져서는 안 되기 때문입니다.

얼마 후에 삼손이 그 여자를 취하려고 가다가 사자의 사체를 봅니다. 사체에 벌과 꿀이 있습니다. 삼손이 사자의 사체에서 꿀을 떠서 먹고 꿀을 떠서 부모에게 드립니다. "손으로 그 꿀을 떠서 먹고 걸어가며 먹고 그의 부모에게 이르러 그들에게 그것을 드려서 먹게 하였으나 그 꿀을 사자의 몸에서 떠왔다고는 알리지 아니하였더라"(삿 14:9). 삼손은 죽은 동물의 사체를 만졌습니다. 나실인 규정을 어기고 부정해졌습니다. 그러나 삼손은 개의치 않습니다.

삼손이 그 여자와 결혼을 하고 잔치를 베풉니다. "삼손의 아버지가 여자에게로 내려가매 삼손이 거기서 잔치를 베풀었으니 청년들은 이렇게 행하는 풍속이 있음이더라"(삿 14:10). 이 결혼식 잔치는 술이 많이 소요되는 잔치입니다. 삼손은 나실인이었음에도 불구하고 그 시대의 풍속을 따라 술잔치를 벌입니다.

삼손은 결혼식에서 수수께끼를 냅니다. 삼손이 하객들에게 수수께끼를 맞히면 베옷과 겉옷 30벌을 주겠다고 제안합니다. 그러나 수수께끼를 맞히지 못하면 하객들이 삼손에게 옷 30벌을 주어야 합니다. 하객들이 수수께끼를 내라고 합니다. 삼손이 수수께끼를 냅니다. "먹는 자에게서 먹는 것이 나오고 강한 자에게서 단 것이 나왔느니라"(삿 14:14). 이 수수께끼는 풀 수 없습니다. 삼손이 개인적으로 경험한 삶에서 나온 것이며 삼손 혼자만 알고 있는 것입니다. 삼손이 블레셋 사람들을 골탕 먹이려고 한 의도적인 수수께끼입니다. 하지만 블레셋 사람들은 삼손의 아내를 협박해서 답을 알아냅니다. 질문 형식으로 대답합니다. "무엇이 꿀보다 달겠으며 무엇이 사자보다 강하겠느냐"(삿 14:18).

이때 여호와의 영이 임합니다. "여호와의 영이 삼손에게 갑자기 임하시매 삼손이 아스글론에 내려가서 그 곳 사람 삼십 명을 쳐 죽이고 노략하여 수수께끼 푼 자들에게 옷을 주고 심히 노하여 그의 아버지의 집으로 올라갔고"(삿 14:19). "갑자기 임하시매"는 '그의 위에서 번영하였다' 또는 '그를 나아가게 하였다'입니다(삿 14:6절과 같은 단어임). 삼손에게는 특이하게 여호와의 영이 자주 임합니다. 그럼에도 불구하고 삼손은 이방 여인을 계속 좋아합니다. 결혼식이 엉망이 되었지만 삼손은 다시 이방인 아내를 찾아갑니다. 그러나 이미 그의 아버지가 그녀를 삼손의 친구에게 주었습니다.

그러자 삼손이 이 일을 구실로 블레셋 사람을 칩니다. 여우 삼백 마리를 잡아서 꼬리를 묶고 횃불을 달아 블레셋 사람의 밭에 풀어 놓습니다. 블레셋 사람들의 곡식과 포도원과 감람나무들이 타버렸습니다. 블레셋 사람들이 이 일의 근원을 알고 삼손의 아내와 그녀의 아버지 집을 불살라 버립니다. 이를 구실로 다시 삼손이 블레셋 사람들에게 원수를 갚습니다.

이 일로 블레셋이 올라와서 유다를 공격합니다. 유다는 비겁하게 블레셋의 요구를 듣고 삼손을 결박하여 블레셋에게 넘깁니다. 결박당한 삼손이 블레셋에게 넘겨줄 때에 여호와의 영이 임합니다. "여호와의 영이 삼손에게 갑자기 임하시매 그의 팔위의 밧줄이 불탄 삼과 같이 그의 결박되었던 손에서 떨어진지라"(삿 15:14). 삼손이 "나귀의 새 턱뼈를 보고 손을 내밀어 집어 들고 그것으로 천 명을" 죽입니다(삿 15:15). 여기서 사사기 기자는 "나귀의 새 턱뼈"라고 기술하고 있습니다. 나귀가 죽은 지 얼마 되지 않은 사체입니다.

삼손은 다시 나실인 규정을 어긴 것입니다.

여호와의 영은 사사기에서 7번 나오는데 그 가운데 4번이 삼손에게 나타납니다. 여호와의 영은 네 명에게, 옷니엘, 기드온, 입다, 삼손에게 임합니다. 옷니엘, 기드온과 입다는 한 번씩 여호와의 영이 임했다고 나오는데 반하여 삼손에게만 네 번이나 나옵니다. 여호와의 영이 삼손에게 이렇게 자주 임하는데도 불구하고 삼손은 여전히 이방 여자를 좋아합니다. 삼손은 또 가사에서 한 기생을 보고 들어갑니다(삿 16:1). 가사는 블레셋 지방입니다. 자세한 기록이 없지만 이 여인도 블레셋 여인일 것입니다. 여호와의 영이 임해도 삼손은 변하지 않습니다. 육체의 정욕을 따라 행동합니다(참고. 갈 5:17).

삼손이 사랑하는 여인이 생겼습니다. 소렉 골짜기의 들릴라입니다. 삼손의 이름은 '작은 태양'이라는 뜻입니다. 들릴라는 '밤'을 뜻하는 단어 '라옐라'와 유사합니다. 들릴라는 라옐라 앞에 자음 달렛(ㄱ)이 하나 더 붙습니다. 그래서 들릴라를 '밤의 여인'이라고 부릅니다.

삼손이 들릴라를 사랑합니다. 하지만 들릴라가 삼손을 사랑했다는 말은 나오지 않습니다. 오히려 들릴라는 블레셋 방백들의 제안을 받고 삼손의 힘의 근원이 무엇인지를 알려고 합니다. 블레셋 군주들은 들릴라에게 삼손을 결박하여 굴복하게 하면 각각 은 천백개씩을 주겠다고 제안합니다. 이 제안을 받은 들릴라는 삼손을 유혹하여 힘의 근원을 알려고 합니다. 삼손은 끈질긴 들릴라의 유혹에 결국 넘어갑니다. 태어나면서부터 머리를 자르지 않은 나실인임을 고백합니다. 삼손이 들릴라에게 진실을 말합니다. 결국 삼손은 들릴라에게 머리를 밀립니다. 머리가 밀리자 여호와께서 삼손을 떠나가십니다. 결국 블레셋의 포로가 되어 눈이 뽑히고 놋줄에 매여 맷돌을 돌리는 신세가 됩니다. 하지만 그가 옥에 있는 동안 밀린 머리가 다시 자랍니다.

블레셋 사람들이 다곤 신전에 모여 제사를 드리며 삼손으로 재주를 부리게 합니다. 삼손이 여호와께 자신의 눈을 뽑은 원수를 갚게 해 달라고 기도합니다. 그리고 다곤 신전을 무너뜨려 같이 죽습니다.

삼손은 자유로운 영혼의 소유자입니다. 나실인이지만 나실인 규정을 지키지 않습니다. 여호와의 영이 네 번이나 그에게 임하지만 그는 이방 여인에게 세 번이나 나아갑니다. 자신의 정욕을 따라 생활합니다. 그러다 결국 두 눈이 뽑히고 블레셋 사람들과 같이 죽는 신세가 됩니다.

11.3 사사 시대의 특징

사사기는 이스라엘이 점점 더 타락해 가는 것을 보여줍니다. 결국 사사기 끝에 두 사건은 이스라엘이 극도로 혼란했다는 것을 보여줍니다. 미가 이야기에서 단 지파는 기업의 땅을 지키기 못하고 기업의 땅을 떠납니다. 단 지파가 단으로 이동할 때 미가의 신상을 도적질해 갑니다. 단에 미가의 신상이 세워지며 일찍부터 우상숭배의 중심지가 됩니다. 종교적 혼란을 보여줍니다 (삿 17-18장).

다른 하나의 사건은 레위인 첩 이야기입니다. 이 사건으로 이스라엘의 지파들이 베냐민 지파와 전쟁을 벌입니다. 내전이 극심해졌음을 볼 수 있습니다. 이스라엘의 지파들이 베냐민을 쳐서 육백 명만 남습니다. 이스라엘의 한 지파인 베냐민이 거의 전멸 직전까지 갑니다(삿 19-21장).

사사 이야기는 이스라엘의 타락상을 잘 보여줍니다. 그러나 사사 시대의 사회 구조는 이상적입니다. 각 지파와 각 가정은 땅을 소유하고 있습니다. 이스라엘 가정들은 자신 소유의 땅을 경작함으로 경제적인 독립을 이룰 수 있습니다. 더 나아가 정치적으로 자유인입니다. 여호와의 율법 아래서 모든 지파들이 자유롭게 생활합니다. 어떤 한 지파가 다른 지파를 지배하지 않습니다. 정치적인 독립이 있습니다. 경제적 그리고 정치적인 자유로 인해 모든 이스라엘의 가정들은 평등합니다. 지배 관계가 없습니다.

하지만 문제는 이스라엘 백성이 율법을 지키지 않는데 있습니다. 사회적인 구조는 아주 좋습니다. 그러나 백성들이 여호와의 율법에 순종하지 않음으로 인하여 국가적인 혼란을 초래합니다. 사회 구조는 이상적이지만 이스라엘은 율법의 권위 아래 있을 능력이 없습니다.

사사 시대에는 정치 그리고 군사적인 지배 계층이 없습니다. 사사는 하나님이 세워주십니다. 사사는 소명을 받은 자가 행하는 임시직이며 세습이 되지 않습니다. 사사는 왕과 같은 내각이 없습니다. 국가 조직이 없습니다. 또한 사사 역시 통치 영역이 전 이스라엘이 아닙니다. 위에서 살펴보았듯이 지파들 사이에 단결력이 부족합니다. 또한 지파들 사이에 내전이 심각하게 일어나기도 했습니다.

사사 시대에는 직업 군인이 없습니다. 왕정 시대에 있었던 직업적인 군대 장관이 없습니다(요압과 아브넬 같은). 전쟁이 일어나면 모두 자신의 기업을 지키기 위해 나오는 자원병입니다. 전쟁이 끝나면 모두 집으로 돌아갑니다.

사사기의 저자는 사사 시대를 이렇게 결론짓습니다. "그때에 이스라엘에 왕이 없으므로 사람이 각기 자기의 소견에 옳은 대로 행하였더라"(삿 21:25). 강력한 중앙정부가 없습니다. 따라서 각 사람이 자신의 행동에 책임을 지는 평등한 사회입니다. 긍정적인 측면입니다. 하지만 각 사람이 자기 눈에 옳은 대로 행동합니다. 율법이 기준임에도 불구하고 사람들이 자기 생각대로 행동하는 부정적인 측면이 있는 시대입니다. 사사 시대는 강력한 왕정의 필요성을 보여주는 시대입니다.

12

실로의 파괴

읽어야 할 본문: 사무엘상 1-8장

사사 시대는 이스라엘 각 지역에서 있었던 사사들의 활동 역사를 설명하고 있습니다. 사사 시대 이후는 실로를 중심으로 이스라엘의 역사가 진행됩니다. 여호와의 회막과 언약궤가 실로에 있고 제사장 엘리가 이스라엘의 사사로 있었습니다. 이 실로에서 나실인 사무엘이 자라납니다. 이후 사무엘이 왕정의 기초를 놓습니다. 사사 시대의 무질서가 정리되면서 점차 강력한 왕권이 등장합니다.

12.1 한나의 기도

실로에 매년 한 여인이 찾아옵니다. 에브라임 산지에 사는 엘가나의 아내 한나입니다. 엘가나는 두 명의 아내, 한나와 브닌나가 있습니다. 한나는 아들이 없고 다른 아내 브닌나는 자녀가 있습니다. 한나는 아들이 없어서 마음이 슬픈 여자입니다. 사무엘 기자는 한나가 아들이 없는 것을 "여호와께서 그에게 임신하지 못하게 하시니"라고 두 번이나 그 이유를 설명합니다(삼상 1:5, 6).

매년 그녀의 가족이 실로의 여호와의 성막에 예배하러 갑니다. 실로는 이스라엘 초창기에 중앙 성소의 역할을 감당했습니다. 한나는 여호와께 아들을 주시면 나실인으로 바치겠다고 서원합니다(삼상 1:11). 한나는 실로의 여호와의 집에서 소리를 내지 않고 조용히 기도합니다. 한나가 소리를 내지 않고 기도하자 제사장 엘리는 한나가 술 취한 것으로 오해합니다. 이것을 보면 그 당시의 기도는 소리를 내서 하는 것이 습관이었던 같습니다. 후대의 유대인들은 한나의 기도를 모델로 하여 기도문("아미다" 또는 "셰모네 에스레")을 속삭이듯 낭독합니다.

한나의 기도가 하나님께 상달되어 "여호와께서 그를 생각"하십니다(삼상 1:19). 여호와께서 한나를 기억하셔서 아들을 주십니다. "한나가 임신하고 때가 이르매 아들을 낳아 사무엘이라 이름하였으니 이는 내가 여호와께 그를 구하였다 함이더라"(삼상 1:20). 사무엘(שמואל)은 '그의 이름은 하나님이다' 혹은 '하나님의 이름'입니다. 한나는 사무엘의 이름을 지어주면서 "내가 여호와께 구하였다"고 말합니다. 그렇지만 사무엘의 이름은 동사 "구하였다"(שאל)와 아무 관련이 없습니다. 오히려 한나의 기도 '구하다'에 하나님이 응답하신 것을 더 강조합니다(삼상 1:17, 20, 27, 28). 사무엘은 한나의 기도의 아들이었습니다.

한나는 서원한 대로 사무엘을 하나님께 드립니다. "그러므로 나도 그를 여호와께 드리되 그의 평생을 여호와께 드리나이다"(1:28). 여기서 "여호와께 드리되"는 동사 '구하다'(שאל)의 히필형(사역 능동)입니다. 그리고 "여호와께 드리나이다"는 '그는 여호와께 구하여진 자이다'(שאול)로 동사 '구하다'(샤알)의 칼 수동태입니다. 한나는 여호와께 기도하여 사무엘을 받았습니다. 그녀는 여호와께 받은 사무엘을 다시 여호와께 드립니다. 한 여인의 기도로 인하여 얻은 나실인 사무엘은 이스라엘의 마지막 사사이며 이스라엘에 왕정 제도를 세운 자입니다. 사무엘은 사사 시대에서 왕정 시대로 변하는 시기에 중심에 선 인물입니다.

흥미로운 사실은 한나가 아들을 구한 것처럼 후에 이스라엘 백성이 여호와께 왕을 구합니다. "사무엘이 왕을 요구하는 백성에게 여호와의 모든 말씀을 말하여"(삼상 8:10). 여기서 "요구하는"은 '구하다'(שאל)의 칼 분사입니다. 아이러니하게도 이스라엘이 하나님께 구하여 얻은 첫 왕의 이름은 사울

(שאול)입니다(삼상 9:2). 사울의 이름은 동사 '구하다'에서 나온 명사입니다.

한나가 아들을 구하는 기도는 마치 이스라엘이 하나님께 왕을 구하는 것과 겹쳐집니다. 한나의 기도는 이스라엘을 구원하는 사무엘을 낳게 했습니다. 하지만 여호와가 왕이심에도 불구하고 인간 왕을 구한 이스라엘의 요구는 나라를 비극으로 몰고 갑니다.

한나는 사무엘을 낳고 하나님께 감사 기도를 드립니다. 한나의 기도는 자신의 기도에 응답하신 하나님을 찬양합니다. 그녀의 기도문은 10절에 불과하지만(삼상 2:1-10) 이 기도는 사무엘 서 전체와 연관을 갖고 있습니다. 한나의 기도는 사무엘 서를 해석하는 열쇠가 됩니다.

1) 먼저 한나의 기도는 자신의 상황과 관련된 내용을 싣고 있습니다. 하나님이 한나의 기도에 응답하심으로 사무엘을 낳았습니다. 여기에 대한 기쁨을 표시합니다(삼상 2:1). 또한 그동안 한나에게 아들이 없다고 괴롭히던 브닌나에 대한 암시의 말들도 있습니다(삼상 2:3; 참고. 삼상 1:6-7). 한나가 브닌나의 격동을 받아 음식을 먹지 않았던 것을 연상하게 하는 말들도 있습니다(삼상 2:5; 참고. 삼상 1:7-8, 18). 그리고 사무엘 이후에 다른 자녀들을 낳은 것을 말하기도 합니다(삼상 2:5).

2) 더 나아가 한나의 기도는 또한 사무엘서 전체와 밀접한 관련이 있습니다. 마치 이스라엘의 초대 왕 사울과 그의 아들 요나단의 죽음을 암시하는 표현들이 있습니다. "용사의 활은 꺾이고"(삼상 2:4). 이 말은 사울과 요나단의 죽음을 애도하는 다윗의 노래에 나오는 표현과 관련이 있습니다. "오호라 두 용사가 엎드러졌도다"(삼하 1:19).

한나의 노래에는 무명의 하나님의 사람이 와서 엘리 집안에 대하여 예언한 것을 암시하는 말도 있습니다. "풍족하던 자들은 양식을 위하여 품을 팔고"(삼상 2:5; 참고. 삼상 2:36).

한나의 노래에는 마치 사무엘서에 나오는 홉니와 비느하스와 사무엘을 비교하는 듯한 암시를 주는 기도도 있습니다. "여호와는 죽이기도 하시고 살리기도 하시며"(삼상 2:6). 더 나아가 사울과 다윗을 비교하는 것 같은 구절도 보입니다. "낮추기도 하시며 높이기도 하시는도다"(삼상 2:7). 특별히 목동에 불과하였던 다윗을 이스라엘의 왕위에 오르게 하시는 하나님의 역사를 미리 보여주는 것과 같은 표현도 있습니다. "가난한 자를 진토에서 일으키시며 빈궁한 자를 거름더미에서 올리사 귀족들과 함께 앉게 하시며 영광의 자리를 차지하게 하시는도다"(삼상 2:8).

한나의 기도에는 다음과 같은 사상이 나타납니다. 1) 여호와는 다른 신과 비교할 수 없는 신입니다. "여호와와 같이 거룩하신 이가 없으시니 이는 주 밖에 다른 이가 없고 우리 하나님 같은 반석도 없으심이니이다"(삼상 2:2). 여기서 "같이"는 비교를 말합니다. 여호와는 다른 신과 비교할 수 없는 신이라는 사상은 여호와께서 역사 속에서 행동하시기 때문입니다. 여호와는 사람들의 말을 듣고 행동을 달아보십니다. "여호와는 지식의 하나님이시라 행동을 달아 보시느니라"(삼상 2:3). 한나의 기도를 듣고 그 기도에 응답하시는 분입니다.

한나가 이해하는 하나님은 사람의 생명과 신분에 대한 절대 주권을 갖고 계십니다. "여호와는 죽이기도 하시고 살리기도 하시며 스올에 내리게도 하시고 올리기도 하시는도다 여호와는 가난하게도 하시며 부하게도 하시며 낮추기도 하시고 높이기도 하시는도다"(삼상 2:6-7).

여호와는 또한 세계를 창조하신 분입니다. "땅의 기둥들은 여호와의 것이라 여호와께서 세계를 그것들 위에 세우셨도다"(삼상 2:8). 창조주 하나님을 이길 사람이 없습니다(삼상 2:9). 그 하나님이 이 세계를 심판하실 것입니다. "여호와께서 땅 끝까지 심판을 내리시고"(삼상 2:10).

2) 한나는 사무엘을 낳고 "내 뿔이 여호와로 말미암아 높아졌으며"(삼상 2:1)라고 말합니다. 이것은 한나의 승리를 의미합니다. 뿔은 힘과 권세의 상징입니다. 뿔에서 시작한 한나의 노래는 "자기 왕에게 힘을 주시며 자기의 기름 부음을 받은 자의 뿔을 높이시리로다"로 끝납니다(삼상 2:10). 고대 이스라엘에서 기름부음을 받는 자는 제사장, 선지자 그리고 왕입니다. 사무엘 이후의 역사를 보면 하나님이 선택한 왕이 나옵니다. 왕은 선지자에 의해 기름부음 받습니다. 하나님이 그 왕의 뿔을 높이실 것입니다. 이는 다윗을 생각

나게 합니다. 사무엘 서의 중심인물이 다윗이기 때문입니다. 사무엘 서는 다윗이 어떻게 왕이 되었는지 그의 왕권이 어떻게 발전했는지를 묘사합니다. 기름부음을 받은 자의 왕권과 왕국은 점점 더 높아지고 커짐을 보여줍니다.

3) 하나님은 역사 속에서 자신의 계획을 성취하시는 분입니다. 자신의 왕, 자신의 기름 부음 받은 자의 뿔을 높이실 계획을 갖고 계십니다. 이것은 사무엘 전체에서 드러나고 있는 주제입니다.

12.2 사무엘과 엘리의 아들들

실로에 하나님의 궤와 엘리 제사장과 그 아들들이 있습니다. 엘리의 아들들은 제사장임에도 불구하고 여호와께 드리는 제사를 무시합니다. 제 마음대로 예배자들의 고기를 강탈해갑니다. 여호와께 드리는 제사를 멸시합니다(삼상 2:12-17). 더구나 이들은 회막 입구에서 일하는 여인들과 성관계를 갖는 죄를 범합니다. 그래서 엘리 제사장이 이들의 죄를 책망합니다. 그러나 이들은 말을 듣지 않습니다(삼상 2:22-25). 결국 하나님의 사람이 엘리 제사장에게 와서 심판을 선언하며 엘리 집안이 망할 것을 예언합니다(삼상 2:27-36).

그러나 사무엘은 나실인으로 실로에서 여호와를 섬깁니다(삼상 2:11). 사무엘은 세마포 옷을 입고 여호와 앞에서 자라납니다(삼상 2:18, 21). 사무엘은 자라면서 여호와와 사람들에게 은총을 받습니다(삼상 2:26).

엘리의 아들들

엘리의 아들들, 홉니와 비느하스는 제사장임에도 불구하고 평가가 좋지 않습니다. "엘리의 아들들은 행실이 나빠 여호와를 알지 못하더라"(삼상 2:12). "행실이 나빠"는 '가치 없는' 또는 '품행이 나쁜'이라는 뜻입니다. 70인경은 '역병,' '페스트'로 번역합니다. 유대인 성경TNK은 '불한당' '깡패'로 번역합니다. "여호와를 알지 못한다"는 여호와를 경험한 것이 없다는 의미입니다. 히브리어 '안다'는 경험적인 지식을 포함합니다. 이들의 죄는 크게 두 가지로 나옵니다. 1) 여호와의 제물을 빼앗아 간 것과 2) 회막 입구에서 일하는 여인들과 성관계를 가진 것입니다. 특히 사무엘 기자는 제사를 무시한 태도를 길게 기록합니다.

이들은 제사장의 아들들로 태어났습니다. 당연히 제사 규정을 배웠을 것입니다. 하지만 이들은 여호와께 드리는 제사보다 자신들의 권리를 더 소중하게 생각합니다. 여호와께 제사를 드리기도 전에 먼저 좋은 부위의 고기를 빼앗아 갑니다. "그가 네게 삶은 고기를 원하지 아니하고 날 것을 원하신다"(삼상 2:15; 참고. 민 6:19). 제사장들은 직위를 이용해서 고기를 마음대로 빼앗아 갑니다. 사무엘 기자는 이들의 행동을 이렇게 평가합니다. "이 소년들의 죄가 여호와 앞에 심히 큼은 그들이 여호와의 제사를 멸시함이었더라"(삼상 2:17). 제사장의 의무와 책임은 다하지 않고 직위를 이용해서 권리만을 취한 것입니다.

타락한 엘리 집안에 하나님의 사람이 와서 하나님의 심판을 선언합니다. 먼저 하나님의 사람은 하나님이 엘리 집안에 베푸셨던 은총을 말합니다(삼상 2:27). 그리고 여호와께서 엘리 집안을 제사장으로 선택했다고 말합니다. 엘리는 아론의 아들 이다말의 후손입니다. 하나님은 이스라엘 지파들 가운데서 엘리 집안을 선택해서 여호와의 일을 하게 했습니다. "내 제사장을 삼아," "내 제단에 올라 분향하며," "내 앞에서 에봇을 입게"(삼상 2:28). 여호와는 이들의 봉사에 "이스라엘 자손이 드리는 모든 화제를 내가 네 조상의 집에" 주었습니다(삼상 2:28).

하지만 엘리의 집은 이러한 여호와의 은총을 배반합니다. 먼저 1) 엘리 아들들의 죄는 제사를 무시한 것입니다. "내 제물과 예물을 밟으며"(삼상 2:29). 2) 엘리의 죄는 우선순위의 문제입니다. "네 아들들을 나보다 더 중히 여겨"(삼상 2:29). 엘리는 제사장임에도 불구하고 아들들을 하나님보다 더 중요하게 생각합니다. 3) 그래서 이들은 여호와께 드리는 제물을 강탈했습니다. 하나님은 엘리에게 "내 백성 이스라엘이 드리는 가장 좋은 것으로 너희들을 살지게 하느냐"(삼상 2:29)고 책망하십니다.

그 결과로 하나님의 약속이 철회됩니다. "내가 전에 네 집과 네 조상의 집이 내 앞에 영원히 행하리라 하였으나 이제 나 여호와가 말하노니 결단코 그렇게 하지 아니하리라"(삼상 2:30). 이것을 보면 하나님의 약속은 인간의 반응을 조건으로 합니다. 그리고 엘리 집에 대한 구체적인 심판의 말씀이 주어집니다. 1) 네 집의 노인이 없을 것이며(삼상 2:31-33), 2) 홉니와 비느하스가 한 날에 죽을 것이며(삼상 2:34), 3) 엘리 가문을 대신할 충실한 제사장을 일으킬 것입니다(삼상 2:35-36). "내가 나를 위하여 충실한 제사장을 일으키리니 그 사람은 내 마음, 내 뜻대로 행할 것이라 내가 그를 위하여 견고한 집을 세우리니 그가 나의 기름 부음을 받은 자 앞에서 영구히 행하리라"(삼상 2:35). 이 말씀은 솔로몬 시대에 성취됩니다. 솔로몬이 아비아달을 파문시키고 사독을 임명합니다(왕상 2:27, 35). 아론은 네 아들들(나답, 아비후, 엘르아살, 이다말)이 있었습니다. 이들 가운데 나답과 아비후는 먼저 죽었습니다. 아비아달은 이다말의 자손이며 사독은 엘르아살의 자손입니다. 역사 속에서 예언이 성취됩니다. 이제 구원 역사 속에서 약속과 성취 구도 대신에 예언과 성취 구도가 빈번하게 나타납니다.

사무엘

엘리 아들들과 반대로 사무엘은 하나님의 계시를 받는 선지자로 부름을 받습니다. 엘리 제사장이 통치하던 시대는 영적인 흑암이 있던 때입니다. "아이 사무엘이 엘리 앞에서 여호와를 섬길 때에는 여호와의 말씀이 희귀하여 이상이 흔히 보이지 않았더라"(삼상 3:1). 여호와의 말씀이 희귀할 때, 특이하게 아이 사무엘에게 여호와의 말씀이 임합니다. 사무엘이 여호와의 전 안에 누워 있을 때 여호와께서 사무엘을 부르십니다. 그러나 사무엘이 여호와께서 부르는 줄 알지 못하고 엘리에게 뛰어갑니다. 하지만 엘리는 사무엘을 부르지 않았다고 말합니다. 이러한 일이 두 번 있었을 때, 사무엘의 태도를 "사무엘이 아직 여호와를 알지 못하고 여호와의 말씀도 아직 그에게 나타나지 아니한 때라"고 설명합니다(삼상 3:7). 여호와를 아직 경험한 일이 없다는 것입니다. 세 번째 하나님이 부르셨을 때, 엘리 제사장은 하나님이 사무엘을 부르신다고 생각하고 사무엘이 어떻게 해야 할지를 알려줍니다.

하나님이 네 번째 사무엘을 부르십니다. "여호와께서 임하여 서서 전과 같이 사무엘아 사무엘아 부르시는지라 사무엘이 이르되 말씀하옵소서 주의 종이 듣겠나이다" 하고 답변합니다(삼상 3:10). 여호와께서 "임하여 서서" 즉, 나타나셨다고 말합니다. 신현입니다. 이전에는 "여호와께서 사무엘을 부르시는지라"(삼상 3:4, 6, 8)고 했습니다. 이것을 여호와의 말씀이 나타난 것으로 설명했었는데(삼상 3:1, 7), 이제 여호와께서 나타나십니다. 말씀이 임한다는 것을 여호와의 현현으로 설명합니다. 그런데 특이하게도 여호와께서 임재 하셨음에도 불구하고 시각적인 설명이 없습니다. 단지 사무엘은 하나님의 말씀을 듣습니다. 말씀은 듣는 것은 시각적인 강조보다 청각적인 강조입니다.

하나님이 사무엘에게 말씀하신 것은 엘리 집안에 임할 심판입니다. 엘리 집안에 심판이 임하는 것은 자업자득입니다. "그가 자기의 아들들이 저주를 자청하되 금하지 아니하였음이니라"(삼상 3:13). 엘리는 아들들의 죄를 알고도 금하지 않았습니다. 이러한 태도는 엘리가 사무엘을 통하여 하나님의 심판의 말씀을 들었을 때에 더 자세히 나타납니다. "이는 여호와이시니 선하신 대로 하실 것이니라"(삼상 3:18). 엘리는 하나님의 심판의 말씀을 듣고도 회개하지 않습니다. 그는 회개할 의지도 잘못을 바로 잡을 힘도 없습니다. 엘리는 여호와를 향한 절망과 냉소주의를 나타냅니다.

예언의 성취

사무엘에게 임한 여호와의 말씀은 역사 속에서 이루어집니다. 이스라엘과 블레셋 사이에 전쟁이 발발합니다. 이스라엘이 첫 번째 전쟁에서 패배하여 사천 명의 군인이 죽습니다. 장로들이 모여서 전쟁에 왜 졌는지 회의를 하여 원인을 분석합니다. 장로들은 법궤의 부재로 인하여 전쟁에서 졌다고 판단합니다(삼상 4:3).

여호수아 시대에 아이 성 전투에서 이스라엘이 전쟁에서 졌습니다. 그들은 하나님 앞에 나아가 엎드려 머리에 티끌을 뒤집어쓰고 하나님께 전쟁에 왜 졌는지를 물었습니다(수 7장). 그러나 이번 전투에서 장로들은 하나님 앞에 나아가 묻지 않습니다. 단순히 법궤가 없었기 때문에 전쟁에 졌다고 규정하고 법궤를 전쟁터로 가져오기로 결정합니다(삼상 4:4).

장로들은 법궤를 이용하려고 합니다. 법궤가 자동으로 그들을 구원하는 줄로 생각합니다. 그들은 자신들에게 죄가 있는지를 하나님께 묻지 않습니다. 자신들을 돌아보지 않고 단순히 법궤가 있으면 구원받을 수 있다고 생각합니다.

장로들이 이렇게 생각한 데에는 역사적인 배경이 있습니다. 법궤는 이스라엘 역사 속에서 실제 전투에 참여했습니다. 가나안 정복 전쟁을 위해서 요단강을 건널 때에나 여리고 성을 정복할 때에도 법궤가 앞장섰습니다. 또한 다윗의 군대 장관 요압이 암몬 자손과 전쟁 중일 때에도 법궤는 전쟁터에 함께 하였습니다(삼하 11:11). 법궤는 실제 전투에 참여했기 때문에 장로들이 법궤의 부재로 인하여 블레셋과의 전쟁에서 졌다고 생각하는 것은 무리는 아닙니다. 하지만 이들은 홉니와 비느하스처럼 인격적인 하나님을 알지 못합니다(삼상 2:12).

이스라엘이 실로에서 법궤를 전쟁터로 가져옵니다. 제사장 홉니와 비느하스도 함께 합니다. 그러나 법궤를 가져왔음에도 불구하고 이스라엘은 다시 전투에서 패배합니다. 언약궤를 빼앗기고 제사장 엘리의 두 아들 홉니와 비느하스도 전쟁에서 죽습니다.

이스라엘의 하나님은 사람들에 의해 조종을 받는 분이 아니었습니다. 법궤는 자동적으로, 기계적으로 이스라엘을 구원하지 않습니다. 하나님은 무명의 선지자를 통해 엘리에게 하신 예언을 즉, 홉니와 비느하스가 한 날에 죽으리라는 것을 전쟁에서 성취하십니다(삼상 2:34). 또한 하나님이 사무엘에게 엘리 집안을 심판하실 것이라는 말씀이 이루어진 것입니다. 전쟁의 패배는 전적으로 제사장들의 타락으로 말미암은 것이었습니다.

전쟁의 패배 소식을 전해들은 엘리는 충격으로 앉아 있던 의자에서 떨어져 목이 부러져 죽습니다. 또한 비느하스의 아내가 만삭이었습니다. 법궤를 빼앗긴 것과 남편과 시아버지가 죽은 소식을 듣고 갑자기 배가 아파서 아들을 낳고 그 이름을 '이가봇'으로 짓습니다. '영광이 없다'는 뜻입니다. 성경 기자는 "하나님의 궤를 빼앗겼으므로 영광이 이스라엘에서 떠났다"(삼상 4:21)고 설명합니다.

이스라엘은 전쟁에서 지고 언약궤는 포로로 잡혀갔습니다. 언약궤는 여호와 하나님이 임재하시는 장소입니다. 언약궤는 전쟁에 참여했지만 이제까지 한 번도 포로로 잡힌 적이 없었습니다. 그런데 이번 전투에서 블레셋에게 포로로 잡혀갔습니다. 이스라엘 역사에서 전무후무한 사건이 벌어진 것입니다.

이스라엘의 첫 중앙 성소였던 실로 시대가 막을 내리게 된 것입니다. 엘리 제사장은 의자에서 떨어져 죽고 법궤는 빼앗기고 실로는 황폐화됩니다. 이것은 사사시대가 막을 내리면서 새로운 왕정시대가 들어서려는 전환기에서 중요한 의미를 갖습니다. 왜냐하면 엘리가 앉았던 의자는 왕정시대에서 보좌로서 왕들이 앉는 의자이기 때문입니다. 엘리가 보좌에서 떨어졌고 언약궤는 포로로 잡혀갔습니다. 이스라엘의 첫 중앙성소인 실로가 황폐화 되었습니다. 이 사건들은 왕정 시대가 시작하기 전에 무엇인가를 미리 암시합니다. 열왕기하에서 이스라엘과 유다의 왕정은 망하고 언약궤는 어디로 사라졌는지 소실됩니다. 그리고 중앙성소였던 예루살렘은 황폐화되기 때문입니다. 실로 시대의 마지막은 왕정 시대의 마지막을 상징적으로 보여줍니다.

12.3 법궤의 귀환

블레셋 사람들이 전리품으로 언약궤를 가져다가 아스돗의 다곤 신전에 두었습니다. 블레셋의 신 다곤이 이스라엘의 신 여호와를 이겼다고 생각하고 있는 것입니다(참고. 삿 16:23). 그런데 다음 날 흥미로운 사건이 벌어집니다. 아스돗 사람들이 다음 날 일어나서 보니 다곤이 여호와의 궤 앞에 엎드러져 얼굴이 땅에 닿아 있습니다. 블레셋 사람들이 다곤을 세워 놓았습니다. 그 다음 날 아침에 다곤 신전에 들어가 보니 다곤이 여호와의 궤 앞에 또 엎드려져 있습니다. 얼굴이 땅에 닿았고 머리와 두 손목이 끊어져 있습니다.

다곤 신에게 이상한 일이 발생한 후에 아스돗 사람들에게도 종기 재앙이 닥칩니다(삼상 5:6). 이상한 재앙을 겪은 아스돗 사람들은 이스라엘 하나님이 이러한 일을 하신다고 말합니다. "이스라엘 신의 궤를 우리와 함께 있지 못하게 할지라 그의 손이 우리와 우리 신 다곤을 친다"(삼상 5:7). 아스돗 사람들은 재앙이 닥친 것을 이스라엘의 하나님 때문이라고 생각합니다. 그리고 아스돗 사람들이 언약궤를 가드로 보냅니다. 그러자 하나님이 또 가드를 쳐서 큰 환난을 더하십니다. 어른이나 아이나 할 것 없이 다 독한 종기가 나게 하십니다. 가드 사람들이 이번에는 언약궤를 에그론으로 보냅니다. 에그론 사람들이 언약궤가 오는 것을 두려워하고 부르짖습니다. 전쟁에 이겨서 전리품으로 가져온 법궤는 이제 블레셋 사람들이 서로 가져가기를 기피하는 전리품이 되었습니다.

그러자 블레셋 방백들이 모여서 회의를 합니다. 언약궤를 어떻게 할 것인가? 다시 이스라엘로 돌려보내기로 결정을 합니다. 언약궤를 이스라엘로 돌려보내서 백성이 죽임 당함을 면하게 하자고 결론을 내립니다.

하나님의 흥미로운 심판이 나타납니다. 하나님은 범죄한 이스라엘을 블레셋을 통하여 벌하셨습니다. 그리고 전쟁에 이겨서 기뻐하는 블레셋 사람들을 치십니다. 블레셋의 신 다곤이 이스라엘 신 여호와를 이겼다고 기뻐하는 그들을 치심으로 이스라엘의 하나님 여호와를 알리십니다. 그렇다면 하나님이 다곤과 블레셋 사람을 치신 이유가 무엇이겠습니까?

법궤는 하나님이 임재하시는 곳입니다. 시내 산에서 임재하셨던 하나님은 이제 법궤에 임재하십니다. 법궤는 십계명을 보관하고 있습니다. 십계명의 1-2계명에서 여호와 하나님은 다른 신의 존재를 인정하지 않습니다. 다른 신 즉, 우상을 섬기지 말 것을 말씀하십니다. 특별히 "너는 나 외에는 다른 신들을 네게 두지 말라"고 하십니다(출 20:2). "나 외에는"은 "내 앞에"라는 뜻입니다. 그런데 하나님의 궤가 포로로 잡혀 왔습니다. 다른 신을 인정하지 않는 하나님이 포로로 잡혀서 다곤 신전 안에 있습니다. 여호와 앞에 다른 신 다곤이 있습니다. 이제 하나님은 스스로를 증명하셔야 할 책임이 있습니다. 다른 신을 인정하지 않는 하나님의 말씀이 사실임을 입증하셔야 할 시간입니다. 그래서 하나님은 스스로를 구원하시기 위하여 다곤과 블레셋을 치십니다.

전쟁에서 이긴 블레셋 사람들이 섬기는 다곤이 여호와 앞에 엎드러져 있습니다. 다곤이 여호와를 경배하는 의미를 가집니다. 동시에 다곤이 여호와께 패배하여 엎드러져 있는 것입니다. 굴복한 것입니다. 블레셋 사람들이 우리 신 다곤이 이스라엘의 신 여호와를 이겼다고 말하지 못하도록 하나님은 블레셋 사람들을 치십니다.

여호와의 궤가 블레셋 지역에 일곱 달을 있었습니다. 블레셋 사람들이 제사장과 점쟁이들을 불러서 여호와의 궤를 어떻게 돌려보내야 하는지를 물어봅니다. 그들은 빈손으로 돌려보내서는 안 되며 또한 속건제를 드려야 한다고 말합니다(삼상 6:3).

속건제는 여호와의 성물에 부지중에 범한 죄를 속하기 위해서 드리는 제사입니다. 즉 여호와의 성물에 입힌 손실을 보상하는 것입니다(레 5:15-16). 그래서 어떤 학자들은 속건제를 "보상제"로 번역하기도 합니다. 쉽게 말하면 배상하는 것입니다. 블레셋 제사장들과 점쟁이들은 여호와께 속건제를 드림으로 병도 나을 수 있을 것이라고 말합니다.

그들은 금 독종 다섯과 금 쥐 다섯 마리를 만들어 속건제를 삼으라고 합니다(삼상 6:4). 독종 형상을 만든 것은 그들에게 생긴 재앙을 상기시키며 쥐를 만든 것은 아마도 하나님이 보내신 재앙이 쥐를 통해서 옮겨졌다고 생각한 것 같습니다(삼상 6:5). 금 독종 다섯과 금 쥐 다섯을 만든 것은 블레셋의 다섯 도시들, 가사, 가드, 아스돗, 에그론 그리고 아스글론을 상징하는 것입니다. 다섯 도시가 다 여호와께 예물을 드림으로 굴복한 것입니다. 블레셋은 범죄한 이스라엘을 이긴 것이지 여호와 하나님을 이긴 것이 아니었습니다.

블레셋 사람들이 법궤를 돌려보내기 위해 새 수레에 싣습니다. 멍에를 메어 보지 않은 젖을 먹이는 암소 두 마리로 새 수레를 끌게 합니다. 송아지를 암소에게서 떼어 놓고 수레를 끌고 가게 합니다. 수레를 이스라엘의 벧세메스로 보내면서 이렇게 말합니다. "만일 궤가 그 본 지역 길로 올라가서 벧세메스로 가면 이 큰 재앙은 그가 우리에게 내린 것이요. 그렇지 아니하면 우리를 친 것이 그의 손이 아니요 우연히 당한 것인 줄 알리라"(삼상 6:8-9).

제사장과 점쟁이는 송아지에게 젖을 먹이는 암소로 이 일을 해석하려고 합니다. 송아지를 떼어 놓은 암소들이 새끼 때문에 제대로 이스라엘로 갈 수 있을까 하는 것입니다. 암소들이 수레를 끌고 벧세메스로 곧장 올라가면 하나님이 이 재앙을 내리신 것이라고 말합니다. 블레셋은 재앙을 당할 때, 그들은 이스라엘의 하나님이 그들을 친다고 말했습니다. 그러나 그들은 법궤를 돌려보내면서 다시 이 재앙이 정말 이스라엘의 하나님께로부터 왔는지 확인해 보려고 합니다. 그런데 암소는 울면서 좌우로 치우치지 않고 벧세메스 길로 똑바로 올라갑니다. 하나님은 블레셋의 제사장과 점쟁이의 말을 들으시고 이 모든 일을 하나님이 행하셨다는 것을 보여주십니다.

수레가 벧세메스에 도착하자 벧세메스 사람들이 궤를 보고 기뻐합니다. 무리가 여호와께 수레의 나무를 패고 암소로 번제를 드립니다. 하지만 그날 벧세메스 사람들이 호기심을 이기지 못하고 여호와의 궤를 들여다봅니다. 하나님이 벧세메스 사람들을 치셔서 칠십 명이 죽는 참사가 벌어졌습니다(삼상 6:19). 이 일은 하나님의 거룩의 영역을 침입해서 일어난 참사입니다.

법궤가 있는 곳은 지극히 거룩한 곳입니다. 하나님을 섬기는 대제사장도 일 년에 한 번 법궤가 있는 지성소에 들어갈 수 있습니다. 거룩한 옷을 입고 자신을 성결케 한 후, 금향로의 향연을 피워 속죄소를 가려야 합니다. 그래야 대제사장도 죽음을 면할 수 있습니다. 그런데 벧세메스 사람들은 제사장 외에는 가까이 할 수 없는 법궤를 들여다보았습니다. 하나님의 거룩의 영역을 침입함으로 죽임을 당한 것입니다(참고. 출 19:12, 21).

블레셋 사람들이 거룩하신 하나님의 법궤를 어떻게 할지 몰라서 부르짖었던 것처럼 벧세메스 사람들 역시 부르짖습니다. "벧세메스 사람들이 이르되 이 거룩하신 하나님 여호와 앞에 누가 능히 서리요 그를 우리에게서 누구에게로 올라가시게 할까"(삼상 6:20). 결국 법궤는 기럇여아림으로 옮겨집니다.

12.4 왕정의 요구

실로가 파괴되고 나서 새로운 시대가 시작됩니다. 사무엘이 이스라엘의 지도자로 전면에 나섭니다. 사무엘이 이스라엘에 종교 개혁을 단행합니다. 다른 신을 제거하고 여호와께 돌아오라고 외치며 여호와만을 섬기라고 말합니다. 이스라엘이 여호와께 그들의 마음을 확정할 때 여호와께서 그들을 블레셋의 손에서 구원하실 것입니다.

사무엘이 이스라엘을 미스바에 모이게 하고 금식하고 회개합니다. 이때 블레셋이 이스라엘이 미스바에 모였다 하는 소식을 듣고 이스라엘을 공격합니다. 사무엘이 온전한 번제를 드리며 하나님께 기도합니다. 이스라엘이 블레셋과 전쟁하려고 할 때, 하나님이 우레를 보내셔서 블레셋 사람들을 어지럽게 하십니다. 하나님의 도우심으로 이스라엘이 블레셋에게 승리합니다. 사무엘은 승리를 기념하기 위하여 돌을 취하여 미스바와 센 사이에 세웁니다(삼상 7:12). 에벤에셀은 도움의 돌입니다. 하나님이 도와주셔서 전쟁에 승리한 것을 기념하는 돌입니다.

사무엘의 통치로 이스라엘이 평화를 누립니다. 그러나 사무엘이 늙었습니다. 사무엘의 아들들, 요엘과 아비야가 사사로 임명되었습니다(삼상 8:2). 그러나 이들은 이스라엘 백성들을 다스리는데 실패합니다. 그리고 블레셋이 계속 이스라엘을 위협합니다. 이러한 상황 속에서 이스라엘 장로들은 사무엘에게 다른 나라와 같이 왕정 제도를 세워달라고 요구합니다(삼상 8장).

사사기에서 열왕기까지 왕을 세우려는 이스라엘의 시도는 두 번 나옵니다. 기드온이 이스라엘을 미디안의 지배에서 구해 냈을 때, 이스라엘 사람들은 기드온에게 왕이 되어 달라고 요청합니다. 하지만 기드온은 여호와께서 이스라엘을 다스릴 것이라며 그 제안을 거절했습니다(삿 8:22-23). 기드온은 하나님이 이스라엘의 왕이라고 말한 것입니다. 이스라엘은 신정정치 제도입니다. 하나님이 왕이시며 이스라엘은 그의 백성입니다.

하지만 인간 왕이 없음으로 이스라엘 사회는 혼란에 빠져 들어갔습니다. 사사기 저자의 마지막 평가는 이 사실을 말하고 있습니다. "그 때에 이스라엘에 왕이 없으므로 사람이 각각 그 소견에 옳은 대로 행하였더라"(삿 21:25). 그 이후 이스라엘 역사에서 왕정에 대한 요구는 사무엘 시대에 다시 출현합니다.

사무엘은 장로들이 인간 왕을 세워달라는 요구를 불쾌하게 여겼습니다. 사무엘은 이스라엘이 자신을 버린 것으로 생각합니다. 그러나 하나님은 이스라엘이 사무엘을 버린 것이 아니라 하나님을 버렸다고 말씀하십니다. "여호와께서 사무엘에게 이르시되 백성이 네게 한 말을 다 들으라 이는 그들이 너를 버림이 아니요 나를 버려 자기들의 왕이 되지 못하게 함이니라"(삼상 8:7). 하나님은 이스라엘의 왕이었습니다. 그런데 이제 이스라엘은 여호와 대신에 인간 왕을 요구한 것입니다. 이스라엘이 여호와 대신에 인간 왕을 요구함으로 하나님과 이스라엘 사이의 관계가 위협을 받고 있습니다.

이스라엘 장로들은 사무엘에게 "모든 나라와 같이 우리에게 왕을 세워 우리를 다스리게 하소서"(삼상 8:5) 하고 요구합니다. 이러한 이스라엘의 요구는 다시 나타납니다. "우리도 다른 나라들 같이 되어 우리의 왕이 우리를 다스리며 우리 앞에 나가서 우리의 싸움을 싸워야 할 것이니이다"(삼상 8:20). 이스라엘의 왕정 요구는 "다른 나라들 같이" 되는 것입니다. 이스라엘 주변의 다른 나라들의 국가 제도는 왕정이었습니다. 그러나 이스라엘은 하나님이 이스라엘을 다스리는 신정정치 제도를 갖고 있습니다(삼상 8:7). 이러한 하나님과 이스라엘의 특별한 관계는 출애굽 사건과 시내 산에서 맺은 언약을 통해서 구체적으로 형성되었습니다. 그래서 이스라엘은 독특한 자기이해, 즉 이스라엘은 여호와에 의해 선택된 거룩한 백성(신 4:37; 7:6-8; 10:14-15; 14:2) 이라는 사상을 가지고 있었습니다. 따라서 이스라엘이 인간 왕정을 요구한 것은 여호와 하나님과 맺은 이스라엘의 특별한 지위를 포기하려는 것입니다. 이스라엘은 언약을 통하여 "제사장 나라"와 "거룩한 백성"이 될 것이었습니다(출 19:6). 그런데 이스라엘은 왕정 제도를 통해서 하나님의 거룩한 백성이라는 신분에서 다른 나라들과 같이 되고 싶었던 것입니다. 이러한 요구는 이스라엘과 그들의 하나님 여호와 사이의 언약 관계에 위기를 가져왔습니다.

왕의 임무

하나님과 이스라엘 사이에 위기를 가져왔던 왕정 제도의 중심은 인간 왕입니다. 이 왕은 이제 여호와를 대신하여 이스라엘을 다스려야 했습니다. 왕의 임무는 두 가지로 나타납니다.

첫째, 왕은 나라를 지키기 위한 방어 전쟁을 수행해야 합니다. 왕은 이스라엘을 위해서 싸움을 해야 합니다(삼상 8:20). 이전에는 하나님이 전쟁을 수행하셨으며 하나님이 이스라엘의 구원자였습니다(참고. 신 20:4). 하나님이 구원자를 세워서 이스라엘을 구원하셨습니다. 그러나 이제 인간 왕이 전쟁을 수행합니다. 왕이 수행해야 할 전쟁은 나라의 영토를 지키기 위한 방어 전쟁입니다. 왕의 임무는 이스라엘의 첫째 왕 사울의 경우에서 잘 볼 수 있습니다. 하나님이 사울을 사무엘에게 보낼 것인데, 그가 하나님의 백성을 블레셋 사람의 손에서 구원해 낼 것 이라고 말씀하십니다(삼상 9:15-16). 사울의 전쟁 성격은 가나안 땅을 적으로부터 지키기 위한 방어 전쟁입니다.

둘째, 왕은 이스라엘을 다스려야 했습니다. "우리의 왕이 우리를 다스리며"(삼상 8:20, 5). 동사 '다스리다'는 두 번이나 사용되었는데, '재판하다', '다스리다', '통치하다'의 의미를 담고 있습니다. 이 동사는 특히 사사들이 이스라엘을 다스릴 때 사용되었습니다. 제사장 엘리(삼상 4:18)와 선지자 사무엘(삼상 7:6,15-17)에게도 사용되기도 했습니다. 이것은 왕이 사사의 역할을 이어 받았음을 보여줍니다. 왕은 이제 이스라엘을 통치해야 합니다. 사회에 정의를 세워야하는데, 특히 재판을 통해서 정의로운 사회를 건설해야 합니다.

왕정이 이스라엘 사회에 끼친 영향

이스라엘의 역사 속에서 왕정의 출현은 이스라엘의 사회, 경제, 정치 구조와 이스라엘의 신앙의 뿌리를 흔드는 사건입니다. 왕정이 출현하기 전에는 이스라엘을 이집트에서 출애굽 시키신 그들의 하나님 여호와는 이스라엘의 사회, 정치 구조의 중심이었습니다. 정치적으로 이스라엘의 하나님 여호와는 이스라엘을 다스리는 왕이었습니다(삿 8:22-23; 삼상 8:7). 하나님은 대리인 사사를 세워 이스라엘을 통치했습니다. 신정정치입니다. 이러한 정치 구조는 시내 산 언약에 뿌리를 두고 있습니다. 언약을 통해서 여호와는 이스라엘의 하나님이 되고 이스라엘은 하나님의 백성이 되었습니다.

사회 구조는 가족을 중심으로 하는 형제 지파들의 공동체입니다. 이 지파들은 그들의 하나님 여호와만을 섬기기로 언약을 맺은 언약 공동체이었습니다. 경제적으로도 이스라엘은 그들의 하나님 여호와의 약속에 따라서 가나안 땅을 점령하여 각 가정대로 그 땅을 기업으로 받았습니다. 그러므로 이스라엘 사람들은 정치적으로 하나님 앞에서 모두 평등한 자유인이며 경제적으로도 각 가정마다 땅을 소유하고 있었기 때문에 경제적인 독립을 누리는 시민들이었습니다.

하지만 백성들이 왕을 요구함으로 하나님 중심의 사회는 이제 인간 왕 중심의 사회로 바뀌게 되었습니다. 왕에게 주어진 임무와 권한들은 언약 공동체인 이스라엘 사회에 큰 변화를 줄 수 있었던 요인들로 작용했습니다. 왕에게 주어진 일들은 내부적으로는 이스라엘을 통치하는 것과 외부적으로는 방어 전쟁을 수행하는 것입니다(삼상 8:20). 이스라엘의 국가 경영과 전쟁 수행을 위해 왕은 여러 권한들을 가지게 됩니다(삼상 8:10-22).

왕은 막강한 권한을 소유합니다. 사무엘은 이스라엘에게 왕의 권한을 설명해줍니다(삼상 8:11-17). 왕은 군사를 징집할 수 있고 군대 장관 즉 천부장, 백부장, 오십부장을 임명할 수 있습니다. 백성의 딸과 노비와 소년을 데려다가 노동을 시킬 권한이 있습니다. 왕은 백성의 각종 과실과 양의 십일조를 세금으로 취할 수 있습니다. 더 나아가 백성의 땅을 취해 왕의 신하와 관리에게 줄 것입니다. 사무엘이 이스라엘에게 왕의 권한을 설명하는 본문에서 "취하다"라는 동사가 4번이나 나옵니다(삼상 8:11,13,14,16). 왕은 "취하는 자"로서 막강한 권한을 갖고 있습니다.

왕의 권한 가운데 가장 중요한 것은 땅을 취할 수 있다는 것입니다. 이것은 여호와께서 기업의 땅을 나눠주신 이스라엘의 질서에 가장 큰 영향을 미치는 왕의 권한입니다. 하나님은 이스라엘 조상들에게 땅을 기업으로 나눠

주면서 땅의 경계석을 옮기지 말라고 하셨습니다(신 27:17; 잠 22:28). 그러나 왕은 권력을 사용하여 백성의 땅을 취하여 신하들에게 줍니다. 이로 인하여 부자와 가난한 자들이 생겨나게 됩니다. 경제적으로 모든 사람이 평등했던 사회가 변해갑니다. 왕의 권한은 이스라엘의 사회 질서를 무너뜨리는 원인입니다. 왕이 이러한 권력을 남용한 대표적인 사건은 바로 아합이 나봇의 포도원을 빼앗은 일입니다(왕상 21장).

사무엘은 왕을 요구하는 백성에게 왕의 제도를 다 말해 줍니다. 왕정이 들어서면 이스라엘 백성의 신분에 변화가 있을 것입니다. "너희가 그의 종이 될 것이라"(삼상 8:17). 이스라엘 백성이 왕의 종이 될 것입니다. 특히 왕 때문에 이스라엘은 어려움을 당할 것이라고 예고합니다. "그 날에 너희는 너희가 택한 왕으로 말미암아 부르짖되 그 날에 여호와께서 너희에게 응답하지 아니하시리라"(삼상 8:18). 하지만 이스라엘은 사무엘의 말을 듣지 않습니다. "우리도 우리 왕이 있어야 하리니"라고 단호하게 말합니다(삼상 8:19). 이스라엘은 여호와 하나님이 왕 되심을 잊어버리고 인간 왕을 요구합니다. 그러자 하나님은 사무엘에게 백성의 요구를 수용하여 왕을 세우라고 하십니다. 이리하여 이스라엘 역사에 왕정이 등장하게 됩니다. 새로운 질서가 등장한 것입니다.

왕정이 점차 발전하면서 막강한 권력을 가진 왕은 이스라엘 사회의 정치, 경제의 중심적인 인물로 부상됩니다. 따라서 자연히 왕을 중심으로 왕의 군대 장관들과 신하들은 권력을 소유한 지배 계층으로 떠오르게 됩니다(참고. 삼하 8:15-18; 20:23-26; 왕상 4:1-6). 사사 시대에는 내각이 없었습니다. 그러나 왕정이 등장하면서 내각이 존재합니다. 왕의 내각은 지배 계층입니다. 사사 시대에 하나님 앞에서 모든 이스라엘 사람은 평등했습니다. 그러나 왕정이 등장하면서 이스라엘은 평등 사회에서 계층 사회로 점차 변해갑니다.

13

이상적인 왕

읽어야 할 본문: 신명기 17:14-20, 사무엘상 1-31장

사무엘 시대에 백성들이 왕에게 요구한 임무는 통치와 전쟁 수행입니다. 이 요구는 전적으로 백성들이 다른 나라와 같이 왕정을 수립하려는 요구에 의한 것입니다. 사무엘에 의해 왕정이 세워지면서 이스라엘은 이제 본격적인 왕정시대가 도래합니다. 이스라엘에 여러 왕들이 등장합니다.

그렇다면 이스라엘의 하나님은 과연 어떤 왕을 원하시겠습니까? 하나님이 바라는 이상적인 왕은 누구이겠습니까? 하나님이 바라는 왕정은 어떠한 모습을 가져야 하겠습니까? 이러한 질문에 대답을 줄 수 있는 것은 모세가 선언한 왕의 법입니다(신 17:14-20). 왕의 법은 이스라엘과 유다의 왕들을 평가할 수 있는 기준입니다.

13.1 왕의 법

모세는 이스라엘이 가나안 땅에 들어가 살 때에 왕정이 출현할 것을 예고하고 있습니다. 왕의 법으로 불리는 신명기 17:14-20은 모세 오경에서 이상적인 왕권 사상을 다루는 유일한 본문입니다. 이 본문은 이스라엘에서 왕이 되는 조건과 왕이 해서는 안 되는 일들 그리고 왕이 해야 할 임무를 규정하고 있습니다.

먼저 우리가 알 것은 왕정은 이방 나라의 제도입니다. “만일 우리도 우리 주위의 모든 민족들 같이 우리 위에 왕을 세워야겠다는 생각이 나거든”(신 17:14). 이스라엘 주위의 나라들은 왕정 제도를 갖고 있습니다. 이것은 이스라엘이 노예 생활을 했던 이집트의 바로 왕과 이스라엘이 가나안 정복 때에 멸망 시켰던 나라들, 헤스본의 왕 시혼과 바산 왕 옥을 보면 알 수 있습니다. 이스라엘이 인간 왕을 세우려고 하는 것은 이방 나라의 사회, 정치 구조를 본받는 것입니다.

둘째로 우리가 지적해야 할 것은 이스라엘에게 있어서 왕정 제도는 하나의 가능성입니다. 신명기 17:14-15에 따르면, 이스라엘이 가나안 땅을 점령하고 살 때, 그들이 왕을 세우기를 원한다면 그들은 왕을 세울 수 있습니다. 즉 왕을 세우는 것은 의무 또는 필연성이 아니라 하나의 선택적 사항입니다.

이스라엘에게 왕정 제도는 이방 제도를 본받는 것이며 필수적인 것이 아니기 때문에, 왕정 제도의 설립은 조건을 필요로 합니다.

주요 조건

이스라엘이 왕을 세우고 싶다고 해서 아무나 왕으로 세울 수 있는 것은 아닙니다. “반드시 네 하나님 여호와께서 택하신 자를 네 위에 왕으로 세울 것이며”(신 17:15). 하나님이 선택한 사람만이 이스라엘에서 왕이 될 수 있습니다. 이스라엘의 이상적인 왕은 ‘여호와 너의 하나님이 선택한 사람’입니다. 이 선택 사상은 이스라엘 역사 이해에 있어서 매우 중요합니다. 이스라엘의 초기 왕들, 사울과 다윗은 카리스마적인 지도자들로서 하나님이 선택한 왕들이었습니다. 이스라엘이 분열된 뒤 유다 왕국에서 하나님은 자신이 선택한 다윗 왕과 맺은 다윗 언약으로 인해서 왕위가 다윗의 후손에게 세습제로 물려졌었습니다(참고. 삼하 7장). 하지만 이스라엘 왕국에서는 계속되는 반란으로 하나님에 의해서 선택되지 않은 왕들이 왕위에 등극했습니다(참고. 호 8:4). 북왕국 이스라엘에 정통성이 없는 이유입니다.

그렇다면 하나님의 선택은 어떻게 나타나는가 하는 점입니다. 하나님은 그의 선택을 그의 대리자인 선지자를 통해서 드러내십니다. 선택은 선지자의 행위인 기름부음을 통해서 이루어집니다. 사울은 사무엘에 의해서(삼상 9:16–17), 다윗도 사무엘에 의해서(삼상 16:1–13), 솔로몬은 제사장 사독과 선지자 나단에 의해서(왕상 1:39,45), 여로보암은 기름부음 없이 아히야에 의해서(왕상 11:29–39), 예후는 엘리사가 보낸 선지자에 의해서(왕하 9:1–13) 왕으로 선택되었습니다. 기름부음은 그 선택된 사람을 직분을 위해 구별하는 것이며 카리스마적인 지도자로 세우는 의식입니다. 또한 이 선택된 사람은 이스라엘의 자유 시민이어야 합니다. 이스라엘 사람이 아닌 외국인은 이스라엘의 왕이 될 수 없습니다(신 17:15). 확실히 외국인은 여호와의 거룩한 백성이 아닙니다(참고. 신 7:1–8; 14:21). 외국인은 이스라엘의 왕의 후보로서 적절하지 않은 이유로 외국인은 이스라엘 공동체에 결속력이 부족하고 이스라엘 공동체의 예배에 관련이 적기 때문입니다.

왕의 행동 양식

여호와에 의해 선택된 이스라엘 왕은 준수해야 하는 몇 가지 행동 양식들이 있습니다. 이것은 세 가지이며 부정적인 금지 형식 '~안 된다'로 나타납니다.

첫째, 왕은 말을 많이 가져서는 안 됩니다. "그는 병마를 많이 두지 말 것이요"(신 17:16). 말은 고대 전쟁에서 중요한 역할을 했습니다. 잠언은 "싸울 날을 위하여 마병을 예비하거니와"(잠 21:31)라고 말합니다. 즉 말은 전쟁의 날을 위해 준비되었다고 합니다. 특별히 모세는 이스라엘 왕에게 전쟁을 위해 말을 더 모으기 위해서 백성들을 이집트로 보내서는 안 된다고 말합니다. 고대 전쟁에서 말은 기마 부대로 사용되며, 군인들은 말을 전차를 끄는데 사용했습니다. 그래서 말과 전차는 자주 함께 언급됩니다(출 14:9; 신 20:1; 수 11:4). 이스라엘이 이집트에서 출애굽 할 때, 이스라엘을 공포에 몰아넣은 것은 바로의 말들과 전차들이었습니다(출 14:9,23; 15:1,19,21; 신 11:4). 따라서 많은 말들은 그 왕과 왕국의 강력한 군사력을 의미합니다. 그런데 흥미로운 것은 몇 마리의 말이 많은 것인지에 대한 기준이 없다는 점입니다. 아람어 번역 성경인 탈굼 프쉬도 요나단은 두 마리 이상의 말을 가져서는 안 된다고 말하기도 합니다. 하지만 이것은 어디까지나 아람어 번역자의 해설입니다.

그렇다면 왜 많은 말을 가져서는 안 되는가? 구약 신앙의 관점에서 보면, 말은 환영받지 못하는 동물입니다. 왜냐하면 말과 전차는 인간의 권세와 자랑의 상징이기 때문입니다. 그래서 여호수아는 전쟁에서 사로잡은 말 뒷발의 힘줄을 끊고 전차들을 불살랐습니다(수 11:6,9; 참고. 삼하 8:4). 군사력이 강하면 하나님을 신뢰하지 않기 때문입니다.

둘째, 왕은 아내를 많이 두어서는 안 됩니다. "그에게 아내를 많이 두어 그의 마음이 미혹되게 하지 말 것이며"(신 17:17). 이스라엘 왕들도 많은 후궁들과 아내들을 가지고 있었음을 역사 속에서 찾아 볼 수 있습니다. 사울은 한 명의 첩이 있었고(삼하 3:7) 몇 명의 아내들이 있었습니다(삼하 12:8). 다윗도 많은 첩들과 아내들이 있었습니다(삼하 3:2-5; 5:13). 그 중에서 특히 밧세바는 다윗이 사랑하는 아내였습니다. 르호보암은 18명의 아내와 60명의 첩들이 있었고(대하 11:21) 아비야는 14명의 아내가 있었습니다(대하 13:21). 아가서의 왕은 60명의 아내와 80명의 첩들이 있었고(아가 6:8) 솔로몬은 바로의 딸 외에 700명의 왕비들과 300명의 첩들이 있었습니다(왕상 11:3). 이스라엘 주변의 고대 근동의 왕들도 많은 아내들과 첩들을 두었습니다. 아람어 성경인 탈굼 프쉬도 요나단은 18명 이상은 안 된다고 말하기도 합니다.

그렇다면 왜 많은 아내를 두어서는 안 되는가? 그 이유는 왕의 마음이 미혹되지 않기 위함입니다. 즉 아내들이 이스라엘의 하나님을 의지하며 신뢰하는 왕의 마음을 돌이키게 할 것을 막기 위함입니다. 여기에 대해서 일부 학자들은 이스라엘 왕이 외국 여자들과 정략적인 결혼으로 인해 파생되는 위험성을 지적하기도 합니다. 그러나 본문은 여자들의 국적에 관해서는 아무런 언급을 하지 않습니다.

셋째, 왕은 은과 금을 많이 두어서는 안 됩니다. "자기를 위하여 은금을 많이 쌓지 말 것이니라"(신 17:17). 특히 이스라엘에서 은은 돈으로도 사용되었습니다. 은과 금은 재산 가치를 나타내는 부의 상징입니다. 왕이 해서는 안 되는 세 가지의 행동 양식 가운데 은과 금에 대해서는 "많이"는 '매우 많이'라는 뜻으로 '매우'라는 단어가 더 사용되었습니다. 이것은 왕에게 부는 허용되었지만 과도한 부는 허용되지 않는다는 것을 보여줍니다. 과도한 부는 왕이 하나님을 잊어버리게 할 수 있었습니다(참고. 신 8:12-14).

많은 은과 금에 관련해서 우리는 두 가지 경우를 생각할 수 있습니다. 첫째 왕들은 은과 금으로 다른 나라의 군사를 사기도 했습니다. 용병을 고용하는 것입니다(참고. 왕상 15:16-22). 둘째 은과 금은 우상을 만드는 귀금속으로 사용되었습니다. 기드온은 금으로 에봇을 만들었는데, 이는 이스라엘로 우상 숭배를 하게 하는 요인이 되었습니다(삿 8:24-27). 북 왕국의 초대 왕인 여로보암은 금으로 송아지를 만들어 벧엘과 단에 두어 이스라엘로 죄를 범하게 하였습니다(왕상 12:26-33).

왕의 임무

모세는 왕의 임무로 토라 연구를 말합니다(신 17:18-20). 특이하게 모세는 왕의 실질적인 임무인 통치와 전쟁 수행에 대해서는 침묵합니다(삼상 8:5, 20). 왕의 법에 따르면 왕이 보좌에 등극했을 때, 그는 자신을 위해서 토라의 한 복사본을 두루마리 위에 써야 하며 그의 평생에 그것을 읽고 그 말씀을 지켜야 합니다. 왕이 토라를 읽는 것은 공개적인 것이 아니라 개인적으로 읽는 것을 의미합니다.

왕이 이러한 토라 연구를 계속할 때, 그의 마음이 그의 동료들보다 높아지지 않는 민주적인 왕이 될 수 있습니다. 그의 지위는 '동료 중의 제 일 인자' primus inter pares입니다. 더 나아가 그가 토라 연구에 매달리고 토라의 권위 아래에 자신의 삶을 놓아 둘 때, 그와 그의 아들들은 확실한 왕권을 보장받을 수 있습니다.

신명기에 나타나는 왕은 마치 한 명의 율법 학자같이 묘사되며, 그의 주 임무는 토라 연구로 나타납니다. 더욱이 그는 일종의 민주적인 왕의 모습으로 그려집니다. 왜냐하면 그의 마음이 그의 형제들보다 높아져서는 안 되기 때문입니다.

왕의 임무는 이스라엘 왕들을 평가하는 중요한 기준입니다. 여호와의 율법에 즉 여호와의 음성에 순종하는 왕이 이스라엘의 이상적인 왕입니다. 하나님은 이방 나라의 왕들처럼 자기 마음대로 나라를 통치하도록 허락하지 않습니다. 왕은 여호와 하나님께 순종해야 합니다. 이스라엘에서는 인간 왕 역시 신정정치의 대리인이기 때문입니다. 하나님은 왕의 행동 양식과 주요 조건을 규정하시고 왕의 임무를 정하심으로 왕정을 신정정치의 한 기관으로 끌어들이십니다.

13.2 사울 왕의 등극

이스라엘의 첫 왕은 사울입니다. 사울은 베냐민 지파의 유력한 사람 기스의 아들로서 키가 큰 사람입니다(삼상 9:1-2). 아버지의 잃어버린 암나귀를 찾으러 나갔다가 사무엘 선지자를 만납니다.

사울이 사무엘을 찾아오기 이전에 하나님은 사무엘에게 사울이 올 것을 말씀하십니다. "내일 이맘 때에 내가 베냐민 땅에서 한 사람을 네게로 보내리니 너는 그에게 기름을 부어 내 백성 이스라엘의 지도자로 삼으라 그가 내 백성을 블레셋 사람들의 손에서 구원하리라 내 백성의 부르짖음이 내게 상달되었으므로 내가 그들을 돌보았노라"(삼상 9:16). 사울은 하나님이 사무엘에게 보낸 자로 하나님의 백성의 지도자로 예정되었습니다. 그의 임무는 이스라엘을 블레셋의 세력에서 구원해 내는 것입니다.

사무엘이 사울을 만나자 하나님이 사무엘에게 말씀하십니다. "보라 이는 내가 네게 말한 사람이니 이가 내 백성을 다스리리라"(삼상 9:17). 하나님은 사울이 이스라엘의 초대 왕이 될 것을 밝히십니다. 인간 왕이 세워짐에도 불구하고 하나님은 여전히 이스라엘을 "내 백성"이라고 부르고 있습니다. 왕은 하나님의 백성을 위한 지도자이며 신정정치의 대리인입니다.

사울이 세 단계를 거쳐 왕으로 취임함

사울이 왕으로 등극하는 단계가 있습니다. 첫째 사무엘에 의한 비공식적인 기름부음이 있습니다(삼상 10:1). 둘째 사울이 이스라엘 앞에서 왕으로 제비 뽑힙니다(삼상 10:17-24). 셋째 사울이 암몬과의 전쟁에서 승리한 후에 그의 지도력을 인정받아 공식적인 왕으로 취임합니다(삼상 11:12-15).

사무엘은 사울에게 기름을 붓고 하나님이 사울을 이스라엘의 왕으로 선택하셨음을 말합니다(삼상 10:1). 사무엘은 사울에게 하나님이 사울과 함께 하시는 세 가지 징조를 말해줍니다. 사울이 세 차례에 걸쳐 사람들을 만납니다.

1) 사울이 두 사람을 만납니다. 그들은 사울에게 아버지의 암나귀를 찾았다고 아버지가 아들을 걱정한다고 말해 줍니다(삼상 10:2).

2) 사울이 세 사람을 만납니다. 한 사람은 염소 새끼 셋을, 한 사람은 떡 세 덩이를, 한 사람은 포도주 한 부대를 가졌습니다. 그 중에 한 사람이 사울에게 떡 두 덩이를 줍니다.

3) 사울이 선지자의 무리를 만납니다. 그들은 산당에서 비파, 소고, 저와 수금을 앞세우고 예언하며 내려옵니다. 여호와의 영이 사울에게 임하여 그들과 함께 예언합니다(삼상 10:2-6).

사무엘이 말한 것이 사울에게 다 이루어집니다. 사울에게 변화가 일어납니다. "하나님이 새 마음을 주셨고"(삼상 10:9). "새 마음"은 '다른 마음'을 의미합니다. 하나님의 영이 임하자 사울은 "새 사람"(삼상 10:6) 즉 '다른 사람'이 됩니다. 이는 사울이 이스라엘의 왕의 직분을 감당하기 위한 마음일 것입니다.

다음에 사울이 예언을 합니다. "선지자의 무리가 그를 영접하고 하나님의 영이 사울에게 크게 임하므로 그가 그들 중에서 예언을 하니"(삼상 10:10). 선지자들이 예언할 때에 각종 악기를 동원하고 있습니다. 선지자들이 황홀경의 상태에서 노래로 예언을 한 것을 의미할 것입니다. 역대상 25:1-7을 보면 이것을 알 수 있습니다. 아삽, 헤만, 여두둔의 아들들이 수금, 비파, 제금을 잡고 노래합니다. "신령한 노래를 하게 하였으니"(대상 25:1, 2, 3). 3번이나 신령한 노래를 강조합니다. "신령한 노래"는 히브리어 '나바'로 '예언하다'입니다. 즉 악기를 가지고 예언을 한 것으로 찬양을 의미합니다.

사울이 사무엘에 의해 기름부음을 받은 것이 비공식적인 의식이었다면 사울이 왕으로 제비 뽑힌 사건은 공식적입니다.

사무엘은 이스라엘을 미스바로 소집하고 하나님의 말씀을 전합니다. 하나님은 사무엘을 통하여 "내가 구원자"임을 밝히 말씀하십니다. "내가 이스라엘을 애굽에서 인도하여 내고 너희를 애굽인의 손과 너희를 압제하는 모든 나라의 손에서 건져내었느니라"(삼상 10:18). 하나님이 구원자로서 이스라엘을 모든 이방 민족의 군사적 압제와 세력으로부터 구원하셨습니다. 즉 이스라엘의 왕입니다. 그런데 이스라엘은 구원자이신 여호와를 버리고 인간 왕을 요구했습니다(삼상 10:19).

하지만 사무엘은 왕을 요구하는 이스라엘의 태도를 비판하면서도 이스라엘의 요구를 수용합니다. 사무엘이 12지파를 가까이 오라고 한 뒤 제비를 뽑습니다. 12지파 가운데 베냐민 지파가 뽑혔습니다. 베냐민 지파에서 가족별로 오라고 해서 마드리의 기족이 뽑혔고 그 가족에서 기스의 아들 사울이 뽑혔습니다. 사울은 다른 사람보다 월등히 신장이 큰 사람입니다. 사무엘은 하나님이 그를 선택하셨다고 선포합니다(삼상 10:24). 백성들은 사울을 환호합니다.

하나님은 사울을 선택하셨습니다. 하나님은 사울을 선택하여 신정정치의 대리인으로 두기 원하십니다. 사울은 이제 하나님의 선택을 받은 자로서 여호와의 율법에 순종해야 할 의무가 있습니다(신 17:14-20).

사울의 지도력은 암몬과의 전쟁에서 나타납니다. 암몬 사람 나하스가 길르앗 야베스를 침입합니다. 길르앗 사람들이 나하스를 섬긴다고 하여도 그는 길르앗 사람들과 온 이스라엘의 눈을 빼겠다고 위협합니다. 이에 야베스 장로들이 온 이스라엘에 구원을 요청합니다. 야베스의 전령이 사울이 사는 도시에 당도해 이 사실을 전합니다. 이때 여호와의 영이 사울에게 임합니다. "사울이 이 말을 들을 때에 하나님의 영에게 크게 감동되매"(삼상 11:6). 이것은 '하나님의 영이 갑자기 사울 위에 돌진하는 것'을 의미합니다. 하나님의 영이 임하는 것은 사사들과 유사합니다. 여호와의 영이 임함으로 사사들은 군사적인 리더십을 소유했습니다. 군사를 소집하여 전쟁에서 탁월한 리더십으로 승리합니다. 이들은 여호와의 영으로 카리스마적인 지도자가 되었습니다. 초기 왕들 역시 카리스마적인 지도자들입니다.

하나님의 영이 갑자기 쇄도하자 사울이 크게 노를 발합니다. 그가 소를 잡아 각을 떠서 이스라엘 모든 지역에 보내며 “누구든지 나와서 사울과 사무엘을 따르지 아니하면 그의 소들도 이와 같이 하리라”고 선포합니다(삼상 11:7). 그러자 “여호와의 두려움이 백성에게 임하”여 이스라엘 남자들이 군사로 나옵니다. 사울은 성공적으로 군사를 모집합니다. 흥미롭게도 사울에게는 하나님의 영이 임하고 백성에게는 여호와의 두려움이 임하여 사울을 추종하게 합니다. 사울은 전투에 참여하여 암몬을 쳐서 이기고 야베스 사람들을 구원합니다.

전쟁에서 승리하자 사울의 리더십은 온 이스라엘 사람들에게 인정을 받습니다. 사무엘이 길갈에 가서 나라를 새롭게 하자고 제안합니다. 길갈에서 여호와 앞에서 사울을 왕으로 삼고 여호와께 화목제를 드립니다. 사울의 왕 취임식을 거행한 것입니다. 이리하여 사울은 이스라엘의 첫 왕으로서 통치를 시작합니다.

13.3 사울 왕의 실패

성공적으로 이스라엘의 왕으로 취임한 사울의 왕권은 오래 가지 못합니다. 이스라엘의 초대 왕인 사울은 여호와의 목소리를 듣는데 실패하기 때문입니다. 그는 두 차례에 걸쳐서 여호와께 불순종합니다.

블레셋과의 전쟁

사울의 통치 이 년에 블레셋과 전쟁이 일어납니다. 사울의 아들 요나단이 블레셋 사람의 수비대를 공격함으로 전투가 시작되었습니다. 블레셋이 이스라엘과 싸우기 위하여 군대를 소집합니다. 병거가 삼만, 마병이 육천 명이고 셀 수 없이 많은 병사들이 모였습니다. 여기에 반하여 이스라엘은 삼천 명이었습니다. 이천 명은 사울의 휘하에 그리고 천 명은 요나단의 휘하에 있었습니다. 막강한 블레셋의 군대 앞에서 이스라엘은 사기가 꺾이고 군인들이 흩어지기 시작하였습니다.

급박한 상황 속에서 사울은 정한 기한을 따라 사무엘을 기다립니다. 그러나 사무엘이 칠 일을 기다렸어도 오지 않습니다. 사울은 블레셋의 압박을 견디지 못하고 직접 번제를 하나님께 드립니다(삼상 13:8-12). 그런데 번제를 드리자마자 사무엘이 도착합니다. 마치 사울이 약속을 어기기를 기다린 것과 같은 인상을 줍니다. 사무엘이 사울에게 무엇을 행했느냐고 묻습니다. 사울은 백성은 흩어지고 사무엘은 정한 기한에 오지 않았기에 여호와께 은혜를 간구하기 위하여 부득불 번제를 드렸다고 대답합니다.

그러자 마치 사무엘은 기다렸다는 듯이 사울을 비난합니다. "사무엘이 사울에게 이르되 왕이 망령되이 행하였도다 왕이 왕의 하나님 여호와께서 왕에게 내리신 명령을 지키지 아니하였도다"(삼상 13:13). 사무엘의 비난은 윤리적, 도덕적인 데에 있지 않습니다. 또한 왕이 제사장의 임무인 번제를 직접 드렸다는 것도 아닙니다. 사무엘은 사울 왕이 하나님의 명령을 지키지 않았다고 비난합니다. 불순종입니다. 사무엘의 이러한 비난은 그의 고별 설교를 생각나게 합니다. 사무엘은 고별설교에서 이스라엘에게 여호와의 목소리를 들을 것을 강조했습니다. 여호와의 목소리에 순종하지 않고 여호와의 명령에 거역하면 하나님의 심판을 당할 것이라고 선언했습니다(삼상 12:15).

여기에 한 가지 모호한 점이 있습니다. 사울이 여호와께서 왕에게 내리신 명령을 지키지 않았다고 하는데 이 장에서 사울이 직접 여호와의 명령을 받은 이야기는 나타나지 않습니다. 단지 "사울은 사무엘이 정한 기한대로 이레 동안을 기다렸으나 사무엘이 길갈로 오지 아니하매"(삼상 13:8)라고만 기록합니다. 본문은 정확하게 여호와의 명령이 무엇이었는지를 밝히지 않으나 사무엘과 사울 사이에 약속을 통해서 어떤 하나님의 명령이 주어졌다는 것을 짐작할 수 있습니다. 사무엘이 개인적으로 사울에게 어떤 하나님의 말씀을 주었을 것입니다. 그러기에 사울 왕도 사무엘의 비난에 침묵을 지키고 있었던 것입니다.

사무엘은 불순종한 사울에게 하나님의 심판을 선언합니다. "지금은 왕의 나라가 길지 못할 것이라 여호와께서 왕에게 명령하신 바를 왕이 지키지 아니하였으므로 여호와께서 그의 마음에 맞는 사람을 구하여 여호와께서 그를 그의 백성의 지도자로 삼으셨느니라"(삼상 13:14).

사울의 왕권이 망할 것입니다. 하나님은 그의 마음에 맞는 다른 사람을 이스라엘의 왕으로 세울 것입니다. 하나님은 이미 다른 사람을 마음에 두고 있는 것 같이 보입니다. 하지만 사울 입장에서는 억울한 면도 있습니다. 약속한 기한에 오지 않은 것은 사무엘입니다. 사울은 정한 기한을 기다렸습니다. 또한 삼천 명의 군인으로 막강한 블레셋 군대를 대항하여 이스라엘 백성과 기업의 땅을 지키기 위하여 자신의 임무를 다하고 있었습니다. 불리한 여건에서도 왕직을 잘 수행하고 있었습니다.

하지만 이스라엘의 왕은 하나님의 통치 아래 있어야 합니다. 하나님의 목소리에 순종해야 하는 것이 그의 진정한 임무입니다. 이것은 사무엘의 고별 설교에서 그리고 모세의 왕의 법에서 잘 나타나 있습니다. 사울의 실패는 하나님의 목소리에 순종하지 않은 것입니다. 블레셋과의 전쟁에서 사울의 불순종은 약하게 드러납니다. 사울의 실패는 아말렉과의 전투에서 더 선명하게 드러납니다.

아말렉과의 전쟁

사울의 불순종이 더 확실하게 나타난 사건은 아말렉과의 전투입니다. 블레셋과의 전투에서는 사무엘은 늦게 왔고 사울은 정한 기한을 기다렸기 때문에 사울에게 억울한 점이 있다고 말할 수 있습니다. 그러나 아말렉 전투 사건에서는 변명의 여지가 없습니다. 사울의 불순종이 확연히 드러납니다.

사무엘은 사울에게 공식적으로 하나님의 명령을 전합니다. "여호와께서 나를 보내어 왕에게 기름을 부어 그의 백성 이스라엘 위에 왕으로 삼으셨은즉 이제 왕은 여호와의 말씀을 들으소서"(삼상 15:1). 그리고 하나님은 아말렉을 진멸하라는 하나님의 명령을 내립니다. 호흡이 있는 자를 다 멸하고 가축을 모두 진멸하는 헤렘 전쟁을 하라고 하십니다(삼상 15:3). 출애굽 때에 아말렉이 이스라엘을 대적한 일 때문입니다

사울은 아말렉과 전쟁해서 그들을 진멸하고 아각 왕을 사로잡습니다. 그러나 사울은 아말렉의 가장 좋은 소와 양을 남겨 놓고 가치 없는 것들을 다

진멸합니다(삼상 15:9). 하나님은 이러한 사울의 행위에 대하여 사무엘에게 이렇게 말씀하십니다. "내가 사울을 왕으로 세운 것을 후회하노니 그가 돌이켜서 나를 따르지 아니하며 내 명령을 행하지 아니하였음이니라"(삼상 15:11). "후회하다"는 '유감으로 생각하다'입니다. 하나님은 사울에게 순종을 요구하셨으나 사울은 불순종합니다. 하나님의 기대에 부응하지 못합니다. 그래서 하나님은 사울을 왕으로 세운 것을 유감으로 생각하십니다.

사무엘이 사울을 만나러 갑니다. 사울이 사무엘을 만나자 아주 자랑스럽게 "내가 여호와의 명령을 행하였나이다" 하고 말합니다(삼상 15:13). 그러자 사무엘이 묻습니다. 그렇다면 내 귀에 들리는 양과 소의 소리는 어찌 된 것입니까? 사울은 "그것은 무리가 아말렉 사람에게서 끌어 온 것인데 백성이 당신의 하나님 여호와께 제사하려 하여 양들과 소들 중에서 가장 좋은 것을 남김이요. 그 외의 것은 우리가 진멸 하였나이다"하고 대답합니다(삼상 15:15). 사울은 "내가 명령을 지켰다"고 말해 놓고 양과 소를 가져온 자는 "무리"와 "백성"이라고 말합니다. 나는 여호와의 명령을 지켰는데 백성이 양과 소의 좋은 것을 남겼다고 책임을 백성에게 전가합니다.

사무엘은 강하게 사울을 비판합니다. "어찌하여 왕이 여호와의 목소리를 청종하지 아니하고 탈취하기에만 급하여 여호와께서 악하게 여기시는 일을 행하였나이까"(삼상 15:19). 사무엘은 사울 왕이 여호와의 명령을 순종하는 데에는 관심이 없고 탈취에만 관심이 있었다고 지적합니다.

그러자 사울 왕은 다시 자신을 변호합니다. "나는" 여호와의 목소리에 순종하여 아말렉 왕을 포로로 잡아왔고 아말렉 사람들을 다 진멸했습니다. 그러나 "백성"이 가장 좋은 것으로 여호와께 제사 드리러 양과 소를 끌고 왔다고 변명합니다(삼상 15:20-21). 사울은 "나"는 순종하였는데 "백성"이 순종하지 않았다고 다시 백성에게 책임을 전가합니다.

이때 사무엘은 유명한 말을 합니다. "순종이 제사보다 낫고 듣는 것이 숫양의 기름보다 나으니 이는 거역하는 것은 점치는 죄와 같고 완고한 것은 사신 우상에게 절하는 죄와 같음이라"(삼상 15:22-23). 하나님의 말씀에 순종하는 것이 제사보다 낫다는 것입니다. 사울은 하나님의 말씀에 순종하여 다 진멸해야 했다는 것입니다.

사무엘은 명확하게 하나님의 심판의 말을 전합니다. "왕이 여호와의 말씀을 버렸으므로 여호와께서 왕을 버려 이스라엘 왕이 되지 못하게 하셨음이니이다"(삼상 15:26). 우리는 여호와의 말씀에 순종하는 것이 왕권을 유지하는 방법이라는 사실을 여기서 확인할 수 있습니다. 왕의 법에 나타난 사상에 따르면 율법에 순종하는 것입니다.

하나님의 심판의 말씀이 주어지자 사울 왕이 이렇게 말합니다. "내가 여호와의 명령과 당신의 말씀을 어긴 것은 내가 백성을 두려워하여 그들의 말을 청종하였음이니이다"(삼상 15:24). 사울은 백성을 두려워했다고 고백합니다. 백성은 함께 전쟁에 나간 군인들입니다. 사울은 정치적인 사람입니다. 자신의 권력 기반이 자신을 지지하는 군인들에게 있다고 생각한 것입니다. 군인들의 의견을 듣는 것이 자신의 권력 유지에 좋다고 판단한 것입니다. 그래서 사울 왕은 백성의 말을 여호와의 말씀 보다 더 중요하게 간주했습니다.

사울은 윤리적으로 큰 죄를 저지르지 않았습니다. 그러나 하나님께 버림을 받습니다. 여호와의 토라의 권위 아래에 있지 않았기 때문입니다. 여호와의 명령에 순종하지 않았습니다. 하나님이 원하시는 이상적인 왕은 여호와의 말씀 아래에 있는 왕입니다. 이스라엘의 이상적인 왕권은 여호와의 율법 즉 명령에 순종하는 왕입니다.

13.4 다윗의 출현

하나님은 불순종한 사울을 버리시고 새로운 왕을 선택하려고 하십니다. 하나님은 사무엘에게 "너는 뿔에 기름을 채워 가지고 가라 내가 너를 베들레헴 사람 이새에게로 보내리니 이는 내가 그의 아들 중에서 한 왕을 보았느니라"고 말씀하십니다(삼상 16:1). 한글 성경 번역에는 빠진 부분이 있습니다. 히브리어는 "내가 그의 아들들 중에서 한 왕을 나를 위해 보았다"입니다. 하나님은 "나를 위해" 즉, 하나님 자신을 위해 한 왕을 보았다고 말씀하십니다.

사울은 백성이 원해서 세운 왕입니다. 백성의 요구를 듣고 세웠습니다. 하지만 하나님은 자신을 위해서 다윗을 세우십니다.

다윗의 마음

하나님은 사무엘을 이새에게 보냅니다. "이새를 제사에 청하라 내가 네게 행할 일을 가르치리니 내가 네게 알게 하는 자에게 나를 위하여 기름을 부을지니라"(삼상 16:3). 하나님은 다시 "나를 위하여" 하나님이 알려주는 사람에게 기름을 부으라고 하십니다.

사무엘이 이새의 아들 엘리압을 보고 마음에 들었습니다. 사무엘은 엘리압을 하나님이 보았던 사람이라고 생각합니다. 그러나 하나님은 그를 거절하십니다. "그의 용모와 키를 보지 말라 내가 이미 그를 버렸노라 내가 보는 것은 사람과 같지 아니하니 사람은 외모를 보거니와 나 여호와는 중심을 보느니라"(삼상 16:7). 사람이 보는 것과 하나님이 보는 것에 차이가 있습니다. 사람은 겉모습을 보는데 반하여 하나님은 중심 즉, 마음을 보십니다.

하나님은 이미 사무엘에게 하나님의 "마음에 맞는 사람을 구하여 여호와께서 그를 그의 백성의 지도자로 삼으셨느니라"고 말씀하셨습니다(삼상 13:14). 여기서 하나님이 원하시는 지도자의 자질이 나옵니다. "여호와께서 그의 마음에 맞는 사람을 구하여"는 다시 번역해 보면 '여호와께서 그를 위하여 그의 마음에 따라서 한 사람을 찾았다'입니다. 여호와는 "그를 위하여" 즉 자신을 위하여 한 사람을 찾았습니다. 그 사람은 "그의 마음에 따라서" 즉 하나님의 마음을 기준으로 삼고 따르는 사람입니다. 하나님의 마음을 기준으로 삼고 따르는 마음은 사울의 행위에서 비쳐보아 알 수 있습니다. 사울은 여호와의 명령을 지키지 않았습니다. 순종하지 않았습니다. 그러나 하나님이 찾은 사람은 여호와의 명령을 지킬 것입니다.

하나님은 그의 마음에 맞는 사람을 왕으로 선택하실 것입니다. 하나님이 선택하시는 기준은 여호와의 명령을 따르는 마음을 가진 사람입니다. 즉 여호와의 목소리에 순종하는 사람입니다. 왕의 법에 따르면 여호와의 토라에 순종하는 사람입니다(신 17:18-20). 다윗의 마음이 그러했습니다. 후에 다윗의 마음은 이스라엘 왕들을 평가하는 기준이 되었습니다(왕상 11:4, 38).

하나님은 사울을 왕으로 세우실 때에 하나님의 영을 부어주셨습니다. 하나님의 영이 임하자 사울에게 "새 마음"이 주어졌고 사울은 "새 사람"이 되었습니다(삼상 10:6, 9). 새 마음과 새 사람은 다른 마음과 다른 사람을 의미합니다. 하나님은 사울에게 왕의 직분을 감당하게 하기 위해 다른 마음을 주신 것입니다. 하지만 다윗의 경우에는 하나님은 다윗의 마음을 보고 선택하십니다. 다윗은 여호와를 위하여 준비된 마음이 있었습니다.

사무엘이 다윗에게 기름을 붓자 여호와의 영이 임합니다. "다윗이 여호와의 영에게 크게 감동되니라"(삼상 16:13). 기름을 붓자 '여호와의 영이 다윗에게 돌진했습니다.' 이것은 여호와의 영이 다윗에게 강하게 임한 것 또는 붙잡은 것을 의미합니다. 사울이 카리스마적인 지도자였던 것과 같이 다윗 역시 여호와의 영에 의해 카리스마적인 지도자로 세움을 받습니다. 사울과 같이 다윗 역시 개인적이며 비공식적인 기름부음을 받습니다.

다윗과 골리앗

다윗이 이스라엘 사회에 공식적으로 드러나게 된 계기는 골리앗과의 싸움 때문입니다. 블레셋이 이스라엘을 다시 침략해 왔습니다. 블레셋 진영에서 한 사람이 나와서 일 대 일 싸움을 제안합니다. 가드 사람 골리앗입니다. "그의 키는 여섯 규빗 한 뼘"으로 약 2미터 90센티미터의 거인이 나왔습니다. 거인이 완전 무장을 하고 나와서 이스라엘에게 일 대 일로 싸우자고 합니다. 골리앗이 이기면 이스라엘이 블레셋의 종이 되고 이스라엘의 대표가 이기면 블레셋이 이스라엘의 종이 되겠다고 제안합니다. 이 제안에 이스라엘의 모든 용사들이 겁을 먹고 나서지 않습니다.

다윗이 전쟁에 참여한 형들을 위해 식량을 가져왔다가 골리앗이 이스라엘에게 제안하는 것과 모욕하는 말을 듣습니다. 다윗이 나섭니다. "이 블레셋 사람을 죽여 이스라엘의 치욕을 제거하는 사람에게는 어떠한 대우를 하겠느냐 이 할례 받지 않은 블레셋 사람이 누구이기에 살아 계시는 하나님의 군대를 모욕하겠느냐"(삼상 16:26). 다윗은 골리앗을 "할례 받지 않는 블레셋 사람"이라고 부릅니다. 할례는 하나님과 언약을 맺은 하나님의 백성이라는 뜻입니다. 골리앗은 하나님의 백성이 아닙니다. 다윗은 하나님의 선택을 받지 못한 자가 감히 살아 계시는 하나님의 백성을 모욕하는 것에 분개합니다. 다윗은 하나님이 살아 계신다고 믿고 있으며 또한 이스라엘 군인을 "하나님의 군대"라고 부릅니다.

다윗이 나가서 골리앗과 싸우겠다고 합니다. 그러자 사울이 반대합니다. 다윗은 소년이지만 골리앗은 용사라는 것입니다. 그러자 다윗은 자신을 다음과 같이 변호합니다.

1) 다윗은 군인은 아니지만 전투 경험이 많다고 말합니다. 양을 지킬 때에 곰과 사자가 와서 양을 훔쳐 가면 자신이 곰과 사자와 싸워 쳐 죽였다고 말합니다. 다윗은 자신이 잘 준비된 군인이라고 소개하고 있습니다. 다윗은 골리앗을 그가 때려죽인 짐승들 가운데 한 마리 곰으로 생각하고 있는 것 같습니다. "주의 종이 사자와 곰도 쳤은즉 살아 계시는 하나님의 군대를 모욕한 이 할례 받지 않은 블레셋 사람이리이까 그가 그 짐승의 하나와 같이 되리이다"(삼상 17:36). 다윗은 자신의 장단점을 잘 알고 있습니다. 사자와 곰과 맞서 싸운 경험을 통해서 전투에 나갈 준비가 되어 있다고 주장합니다. 다윗에게 이 싸움은 무모한 도전이 아닙니다.

2) 다윗은 사자와 곰과의 싸움에서 전투의 기술을 익혔습니다. 뿐만 아니라 그는 신앙의 사람입니다. 다윗은 계속 이스라엘의 군대를 "살아 계시는 하나님의 군대"라고 부릅니다(삼상 17:26, 36). 이스라엘은 하나님이 함께 하시는 군대입니다. 하지만 골리앗은 할례 받지 못한 백성으로 하나님의 백성이 아닙니다.

다윗은 골리앗과의 싸움에서 하나님이 도와주실 것을 믿습니다. "다윗이 이르되 여호와께서 나를 사자의 발톱과 곰의 발톱에서 건져 내셨은즉 나를 이 블레셋 사람의 손에서도 건져 내시리이다"(삼상 17:37). 다윗은 하나님이 자신을 구원해 주실 것이라는 믿음이 있습니다. 다윗은 믿음의 도전을 합니다.

3) 사울이 다윗의 용기와 도전을 보고 골리앗과의 싸움을 허락합니다. 사울은 자신의 갑옷과 칼을 줍니다. 다윗이 사울의 군복을 입어보고 익숙하지 않다고 벗습니다. 그리고 자신이 평상시에 사용하는 막대기와 물매에 사용할 돌을 준비합니다. 다윗은 자신에게 익숙한 무기를 선택합니다. 자신의 장점을 살릴 수 있는 물매입니다. 아무리 좋은 무기여도 사용할 수 없다면 무용지물이라는 것을 잘 알고 있습니다. 다윗은 지혜로운 사람입니다.

4) 다윗이 이스라엘의 대표로 골리앗과 싸우러 나갑니다. 골리앗이 다윗을 보니 용모가 아름다운 소년입니다. 그래서 골리앗이 다윗을 조롱하며 저주합니다. "블레셋 사람이 다윗에게 이르되 네가 나를 개로 여기고 막대기를 가지고 내게 나아왔느냐 하고 그의 신들의 이름으로 다윗을 저주하고 그 블레셋 사람이 또 다윗에게 이르되 내게로 오라 내가 네 살을 공중의 새들과 들짐승들에게 주리라 하는지라"(삼상 17:43-44). 골리앗은 전투에 능숙한 군인답게 심리전을 펼칩니다. 다윗을 조롱하며 저주하여 다윗의 기를 꺾어놓으려고 합니다. 싸움에서 심리전은 아주 중요합니다. 상대의 기를 꺾어야 승리할 확률이 높기 때문입니다.

하지만 다윗 역시 이러한 심리전에 능합니다. 골리앗의 위협에도 굴하지 않습니다. 다윗은 하나님을 의지한다고 공개적으로 말합니다. "다윗이 블레셋 사람에게 이르되 너는 칼과 창과 단창으로 내게 나아오거니와 나는 만군의 여호와의 이름 곧 네가 모욕하는 이스라엘 군대의 하나님의 이름으로 네게 나아가노라"(삼상 17:45). 다윗은 이 전투에 자신의 명예와 가문의 영광을 위해서 나서지 않습니다. 할례 받지 못한 이방인이 하나님의 군대를 모욕하는 데에 대한 분노가 있기 때문에 하나님의 이름으로 골리앗에게 나아갑니다. 골리앗은 투구를 쓰고 갑옷을 입고 칼과 창과 단창으로 중무장을 했습니다. 그러나 다윗은 갑옷도 입지 않고 투구도 없습니다. 하지만 다윗은 하나님의 이름을 의지하고 나아갑니다.

다윗은 골리앗보다 심리전에 더 능합니다. 골리앗보다 한 술 더 떠서 골리앗을 조롱하며 자극합니다. 골리앗은 다윗을 죽여 다윗의 시체를 새들과 들짐승에게 줄 것이라고 말했습니다. 여기에 대하여 다윗은 골리앗과 블레셋 군대의 시체를 공중의 새와 들짐승에게 줄 것이라고 더 강하게 말합니다. 다윗이 이러한 일을 하는 이유는 단 한가지입니다. "온 땅으로 이스라엘에 하나님이 계신 줄 알게 하겠고 또 여호와의 구원하심이 칼과 창에 있지 아니함을 이 무리에게 알게 하리라 전쟁은 여호와께 속한 것인즉 그가 너희를 우리 손에 넘기시리라"(삼상 17:46-47).

다윗은 여호와 하나님을 신뢰합니다. 다윗은 자신이 예전에 사자와 곰과 싸웠던 전투 경험을 신뢰하지 않습니다. 그때 자신을 구원해 주었던 여호와를 신뢰하고 나아갑니다. 더 나아가 다윗의 말은 사기가 저하된 이스라엘 군인들에게 사기를 진작시키는 역할을 합니다. 이스라엘 군인들에게 여호와 하나님을 바라보라고 설교하고 있는 셈입니다.

5) 다윗이 골리앗과 싸울 때, 다윗의 군사적인 지략이 드러납니다. 다윗은 골리앗을 향하여 빨리 달려갑니다. 다윗은 스피드를 사용하여 골리앗의 시선을 흩어 놓습니다. 골리앗은 거구인데다 완전무장을 했으니 당연히 스피드가 떨어집니다. 헤비급과 경량급의 싸움입니다. 다윗은 자신의 장점인 스피드를 사용하여 골리앗을 순간적으로 당황하게 하여 혼란에 빠지게 합니다.

다윗은 골리앗을 향하여 빨리 달려가면서 물매를 던집니다. 다윗은 움직이면서 물매를 던질 수 있는 실력이 있습니다. 움직이면서 상대를 맞힌다는 것은 놀라운 실력입니다. 특히 다윗은 접근전을 하지 않습니다. 멀리 떨어져서 싸웁니다. 접근전은 몸집이 작은 다윗에게 당연히 불리합니다. 그래서 다윗은 멀리 떨어져서 물매를 사용하여 원거리 포를 날립니다.

또한 다윗은 싸움이 시작되기 전에 물매로 어디를 때릴 것인가를 정하고 나갔습니다. 갑옷을 입고 투구를 썼으니 빈 곳을 찾아야 합니다. 이마를 목표로 삼고 나갔습니다. 한 방으로 골리앗을 보내야 합니다. 다윗은 원샷 원킬 작전으로 나간 것입니다. 다윗의 작전대로 물매가 정확하게 이마를 때렸고 골리앗은 쓰러집니다. 다윗이 골리앗의 칼로 목을 베었습니다. 골리앗이 쓰러짐으로 전쟁의 승기가 이스라엘 쪽으로 급격히 기울어집니다. 이스라엘이 블레셋을 치고 승리합니다.

다윗은 골리앗과 싸움을 시작하기 전에 이미 골리앗을 쳐서 죽일 전략이 있었습니다. 다윗은 그냥 믿음만을 가지고 나간 것이 아니라 골리앗을 쓰러트릴 전략과 실력이 있었습니다.

더 흥미로운 사실은 여호와께서 다윗에게 전쟁에 나가라고 말한 내용이 나오지 않습니다. 다윗이 골리앗의 말을 듣고 분개하여 나선 것입니다. 다윗이 하나님의 이름을 위하여 먼저 행동합니다.

다윗이 골리앗을 죽인 사건으로 인하여 다윗의 이름이 이스라엘 내에 알려집니다. 다윗은 많은 사람들의 사랑을 받습니다. 사울의 아들 요나단이 다윗을 사랑합니다. 사울의 딸 미갈도 다윗을 사랑합니다. 더 나아가 온 이스라엘과 유다가 다윗을 사랑합니다(삼상 18:16). 그리고 사울 왕의 신하들도 다윗을 사랑합니다(삼상 18:22).

이스라엘이 전쟁에서 승리하고 귀환할 때, 여인들이 나와서 승리한 군인들을 환영합니다. 이때 여인들이 "사울이 죽인 자는 천천이요, 다윗은 만만이로다" 하고 노래합니다(삼상 18:7). 이 노래가 사울의 귀에 거슬립니다. 사울은 직감적으로 왕권의 도전자가 생겼다는 것을 압니다. 그래서 사울은 다윗을 주목합니다(삼상 18:8-9). 사울이 다윗을 질투합니다. 사울은 그의 왕위가 심각하게 도전받고 있다고 생각합니다. 결국 사울은 경쟁자인 다윗을 제거하기 위해 계략을 꾸밉니다. 사울이 다윗을 죽이려고 시도함으로 다윗은 도망자가 되어 여기저기를 떠돌아다니게 됩니다.

14

다윗 언약

읽어야 할 본문: 사무엘상 24, 26장. 사무엘하 1-7장

다윗은 사울 왕의 질투로 인하여 도망자 신세가 됩니다. 사울이 다윗을 죽이려고 여러 차례 시도하지만 성공하지 못합니다. 다윗은 사울의 추격을 피해 도망 다닙니다. 다윗이 사무엘과 같이 라마 나욧에 살고 있습니다. 사울이 이 사실을 알고 다윗을 잡으러 사람들을 보냅니다. 사울이 보낸 사람들이 사무엘과 선지자 무리에게 왔을 때, 그들이 예언하고 있었습니다. 갑자기 여호와의 영이 사울의 사람들에게도 임합니다. 그들도 같이 예언합니다. 사울이 다시 사람들을 보내지만 같은 일이 세 번이나 반복됩니다. 하나님의 영이 다윗을 잡으려는 사울의 계획을 번번이 무산시킵니다. 결국 사울 왕이 직접 나섭니다. 사울이 라마 나욧에 도착했을 때, 하나님의 영이 그에게도 임합니다. 사울도 걸어가면서 예언합니다. 옷을 벗고 사무엘 앞에서 예언을 하며 하루 밤낮을 벗은 몸으로 누워 있습니다.

하나님의 영이 강하게 임하자 의지와 이성을 상실한 사울은 벗은 몸으로 하루를 누워 있습니다. 사울은 스스로를 통제할 수 없는 상황에 빠져서 자신의 의지와는 다른 행동을 합니다. 옷을 벗음으로 왕으로서의 권위를 박탈당합니다. 하나님의 영이 사울을 황홀경에 빠뜨려 다윗을 잡으려는 의지를 상실하게 함으로 다윗을 보호합니다(삼상 19:18-24). 다윗은 도망 다니는 신세이지만 하나님이 그를 지켜주십니다.

14.1 사울에 대한 다윗의 마음

하나님은 다윗의 마음을 보셨습니다(삼상 16:7). 다윗은 하나님의 마음에 맞는 사람이었습니다. 다윗의 마음은 그가 어려운 상황에 처해 있을 때, 더 확실하게 드러납니다. 다윗이 사울을 대하는 태도에서 그의 마음을 알 수 있습니다.

사울은 여전히 다윗을 죽이려고 합니다. 그런데 도망 다니는 다윗이 오히려 사울을 죽일 결정적인 기회를 두 번이나 잡습니다. 첫 번째 사건은 엔게디 광야에서 일어났습니다. 사울은 다윗이 엔게디 광야에 있다는 보고를 받고 삼 천 명의 군인을 이끌고 다윗을 잡으러 갑니다. 사울은 다윗을 수색하다가 "뒤를 보러"(히브리어 '발을 가리러') 굴에 들어갑니다. 이것은 대변을 본다는 의미입니다. 대변을 보러 웅크려 앉으면 옷이 발을 가리는 것을 완곡하게 표현한 것입니다. 그런데 그 굴 깊은 곳에 다윗과 그의 일행이 숨어 있었습니다. 다윗의 부하들은 사울을 죽여 원수를 갚자고 합니다. 그러나 다윗은 사울의 옷자락을 잘라냅니다. 다윗은 사울의 옷자락을 베고 마음의 찔림을 받아 이렇게 말합니다. "내가 손을 들어 여호와의 기름 부음을 받은 내 주를 치는 것은 여호와께서 금하시는 것이니 그는 여호와의 기름 부음을 받은 자가 됨이니라"(삼상 24:6). 다윗은 사울을 죽이지 않습니다. 여호와께서 사울에게 기름을 부으셨기 때문입니다.

사울이 굴에서 나가자 다윗이 나와서 사울을 부릅니다. 다윗은 사울을 죽일 기회가 자신에게 있었지만 죽이지 않았다고 말하며 사울의 옷자락을 보여줍니다. 다윗은 사울 왕에게 범한 죄가 없다고 말하며 하나님이 다윗과 사울 사이를 심판해 주시기를 호소합니다(삼상 24:15). 다윗은 원수를 갚을 기회가 있었지만 직접 원수를 갚지 않습니다. 하나님의 심판의 손에 맡깁니다. 그는 하나님의 심판을 믿고 있습니다.

사울은 다윗의 말을 듣고 울며 자신의 잘못을 순간적으로 인정합니다. "나는 너를 학대하되 너는 나를 선대하니 너는 나보다 의롭도다"(삼상 24:17). 사울은 다윗의 의로움을 인정합니다. 더 나아가 사울은 다윗이 왕이 될 것이라고 말합니다. "보라 나는 네가 반드시 왕이 될 것을 알고 이스라엘 나라가 네 손에 견고히 설 것을 아노니"(삼상 24:20).

하지만 사울의 이러한 마음은 금방 변합니다. 다시 다윗을 추격합니다. 십 사람들이 사울 왕에게 다윗이 숨은 곳을 보고합니다. 사울이 십 광야에 와서 진을 칩니다. 이것을 본 다윗이 밤에 아비새와 함께 사울의 진영에 내려갑니다. 다윗이 사울의 진영에 들어가니 모두 잠을 자고 있습니다. 아비새가 "하나님이 오늘 당신의 원수를 당신의 손에 넘기셨나이다."라고 말하며 사울을 찔러 죽이겠다고 합니다(삼상 26:8). 그러나 다윗은 아비새를 말립니다. "여호와의 기름 부음 받은 자를 치면 죄가"(삼상 26:9) 있다고 말합니다. 다윗은 원수를 죽일 기회를 또 잡았지만 하나님이 기름 부으신 사람을 치지 않습니다.

다윗은 하나님 때문에 사울을 죽이지 않습니다. 하나님이 그를 기름 부었기 때문입니다. 하나님이 선택하신 사람이기 때문입니다. 그리고 하나님은 하나님의 사람을 직접 심판하실 것을 말합니다. "여호와께서 살아 계심을 두고 맹세하노니 여호와께서 그를 치시리니 혹은 죽을 날이 이르거나 또는 전장에 나가서 망하리라"(삼상 26:10). 다윗은 하나님의 주권을 인정합니다. 다윗은 하나님이 심판하실 때를 기다릴 줄 아는 사람이었습니다.

다윗은 사울의 창과 물병을 가지고 사울의 진영을 떠납니다. 성경 기자는 다윗이 무사히 사울의 진영에 들어갔다 나올 수 있었던 것을 하나님이 그들을 깊이 잠들게 하셨기 때문이라고 말합니다(삼하 26:12). 사울이 다윗을 잡을 수 없는 이유이기도 합니다. 하나님이 다윗과 함께 하시기 때문에 사울은 다윗을 잡을 수 없었습니다.

다윗이 건너편 산에서 사울의 군대장관 아브넬을 부릅니다. 아브넬의 근무 태만을 꾸짖습니다. 한 사람이 왕을 죽이러 진영에 들어갔어도 사울을 지키지 못했다는 것입니다. 사울의 창과 물병이 어디 있느냐고 묻습니다. 사울 왕이 다윗의 목소리를 알아듣고 말합니다. "내가 범죄하였도다 내 아들 다윗아 돌아오라 네가 오늘 내 생명을 귀하게 여겼은즉 내가 다시는 너를 해하려 하지 아니하리라 내가 어리석은 일을 하였으니 대단히 잘못 되었도다"(삼상

26:21)고 말합니다. 사울은 다윗을 "내 아들"로 부르며 잘못했다고 말합니다.

다윗이 두 번이나 사울을 죽이지 않고 살려 준 사건으로부터 다윗의 마음을 알 수 있습니다. 다윗은 하나님의 주권을 먼저 생각합니다. 그의 마음은 하나님의 마음에 맞습니다(13.4 다윗의 출현에서 '다윗의 마음'을 참고하십시오).

여기서 한 가지 더 지적할 것이 있습니다. 사무엘 저자는 다윗이 두 번이나 사울을 살려 주었다는 것을 기록함으로 다윗이 사울의 왕권을 찬탈하지 않았다는 사실을 명확하게 합니다. 이것은 의미가 있습니다. 왜냐하면 이스라엘 초기 왕정 사에서 베냐민 지파에서 유다 지파로 왕권이 넘어갔기 때문입니다. 유다 지파 출신인 다윗이 왕이 된 것은 전적으로 하나님의 선택이었다는 것을 보여줍니다.

14.2 다윗이 이스라엘의 왕이 됨

다윗은 사무엘 선지자에 의해 기름부음을 받았습니다. 이것은 비공식적인 의식이었습니다. 후에 사울 왕이 죽자 다윗은 유다 지파의 왕으로 기름부음을 받습니다. 그리고 이스라엘과 유다로 나라가 분열됩니다. 후에 이스라엘 왕 이스보셋이 죽자 이스라엘이 다윗을 왕으로 기름을 붓습니다. 다윗이 통일 이스라엘의 왕으로 등극합니다.

다윗이 유다 왕으로 취임 함

하나님이 사울을 심판하실 것이라는 다윗의 말대로 사울은 블레셋과의 전투에서 전사합니다. 사울과 요나단이 블레셋과의 전투에서 죽었습니다. 그러자 다윗은 하나님께 자신이 유다의 한 성읍에 올라가서 살아도 되는지를 묻습니다. 하나님은 올라가라고 합니다. 다시 다윗은 어디로 올라가야 하는지를 묻습니다. 하나님은 헤브론으로 가라고 하십니다. 다윗과 하나님과의 대화에서 동사 "올라가다"가 4번이나 나옵니다(삼하 2:1-3). 지리적으로 블레셋 지역에서 유다 지역으로 올라감과 동시에 망명자 신세에서 유다의 왕으로 올라가는 신분의 상승을 표현합니다. 하나님의 명령에 따라 다윗이 헤브론으로 올라오자 유다 사람들이 와서 다윗에게 기름을 부어 왕을 삼습니다.

사울이 죽자 사울의 군대 장관이었던 아브넬이 이스라엘에서 정권을 잡습니다. 그는 사울의 아들 이스보셋을 마하나임에서 왕으로 삼습니다. 이제 이스라엘은 두 나라로 분열이 되었습니다. 유다와 이스라엘 사이에 계속 전쟁이 있었습니다. 사무엘 기자는 이것을 다윗의 집과 사울의 집 사이의 전쟁이라고 말합니다. "사울의 집과 다윗의 집 사이에 전쟁이 오래매 다윗은 점점 강하여 가고 사울의 집은 점점 약하여 가니라"(삼하 3:1).

이스보셋과 아브넬의 불화

사무엘 기자는 사울의 집이 약해져 간 것을 사울의 집에 일어난 내분을 통해서 보여줍니다. 내분은 권력의 핵심 인물인 이스보셋 왕과 아브넬 군대 장관 사이에 발생했습니다.

왕과 군대 장관 사이에 갈등의 원인은 사울 왕의 첩 때문입니다. "사울에게 첩이 있었으니 이름은 리스바요 아야의 딸이더라 이스보셋이 아브넬에게 이르되 네가 어찌하여 내 아버지의 첩과 통간하였느냐"(삼하 3:7). 아브넬이 사울 왕의 첩을 취한 것입니다. 이것은 고대 근동의 생활 풍습과 관련이 있습니다. 왕은 많은 첩들을 거느렸는데 이를 하렘이라고 부릅니다. 전임 왕이 죽으면 후임 왕이 하렘을 물려받습니다. 왕권을 물려받았다는 것을 의미합니다. 아브넬이 사울 왕의 첩을 취한 것은 아브넬이 왕위에 대한 야심을 보여준 것인지는 명확하지 않습니다. 그러나 그 시대의 문화에서 아브넬의 행동은 야심이 있었다고 해석할 수 있습니다(참고. 삼하 12:8; 16:21; 왕상 2:17).

이스보셋이 아브넬을 비난하고 나섭니다. 그러자 아브넬은 크게 화를 냅니다. 아브넬이 이스보셋을 지켜주어 다윗의 손에 넘겨주지 않았다고 자신의 공로를 말합니다. 그리고 그는 여호와께서 다윗에게 하신 말씀을 이루게 하겠다고 맹세합니다. "여호와께서 다윗에게 맹세하신 대로 내가 이루게 하지 아니하면 하나님이 아브넬에게 벌 위에 벌을 내리심이 마땅하니라. 그 맹세는 곧 이 나라를 사울의 집에서 다윗에게 옮겨서 그의 왕위를 단에서 브엘세바까지 이스라엘과 유다에 세우리라 하신 것이니라"(삼하 3:9-10).

아브넬은 하나님이 다윗에게 한 맹세를 알고 있습니다. 그렇다면 아브넬이 이것을 어떻게 알았느냐 하는 것입니다. 사무엘은 하나님이 사울에게서 왕위를 빼앗아 다른 사람에게 넘겨주실 것이라는 예언을 일찍이 두 번이나 사울에게 했습니다. 1) 사울이 블레셋과 전쟁에서 사무엘을 기다리지 못하고 번제를 드렸을 때, 사무엘은 "여호와께서 왕에게 명령하신 바를 왕이 지키지 아니하였으므로 여호와께서 그의 마음에 맞는 사람을 구하여 여호와께서 그를 그의 백성의 지도자로 삼으셨느니라"(삼상 13:14)고 말했습니다. 2) 아말렉과의 전쟁에서 사울은 여호와의 명령을 지키지 않았습니다. 그때 사무엘은 "여호와께서 오늘 이스라엘 나라를 왕에게서 떼어 왕보다 나은 왕의 이웃에게 주셨나이다"고 말했습니다(삼상 15:28). 따라서 군대 장관으로 사울을 보좌했던 아브넬은 이 사실을 알고 있었을 것입니다.

사무엘이 말한 사울의 다음 왕은 다윗입니다. 요나단과 사울 왕도 이것을 알고 있었습니다(삼상 20:31; 23:17). 특히 다윗이 사울을 살려 주었을 때, 사울은 다음 왕은 다윗이라고 큰 소리로 말했습니다(삼상 24:20). 아브넬은 군대 장관으로 사울 곁에서 사울의 소리를 들었을 것입니다.

아브넬은 하나님이 다윗을 사울의 후계자로 삼았다는 것을 이미 알고 있었습니다. 이스보셋이 사울 왕의 첩을 취한 아브넬을 비난하자 아브넬은 이제 자기가 하나님의 말씀을 성취하게 하겠다고 맹세합니다. 그러자 이스보셋이 아브넬을 두려워하여 한 마디 말도 하지 못합니다.

아브넬은 자신의 맹세를 실행에 옮깁니다. 아브넬은 다윗에게 사람을 보내 언약을 맺자고 합니다. 아브넬이 다윗을 도와 온 이스라엘을 통치하게 하겠다고, 즉 다윗에게 충성하겠다고 말합니다. 다윗도 언약을 맺는 것에 동의합니다. 그리고 자신의 아내인 미갈을 데려 오라고 합니다(삼하 3:14). 아마도 다윗은 아브넬의 말의 진위를 알아보기 위함이었을 것입니다. 또한 미갈과의 재 연합을 통해서 다윗이 이스라엘을 통치할 수 있는 후계자임을 보여주려는 정치적 의도가 깔려 있을 수 있습니다. 미갈은 사울 왕의 딸이며 자신은 사울 왕의 사위였다는 사실을 부각시킬 의도가 있는 것 같습니다.

아브넬의 죽음

아브넬은 자신의 계획을 진행합니다. 이스라엘의 장로들에게 다윗을 왕으로 세울 것을 말합니다. "아브넬이 이스라엘 장로들에게 말하여 이르되 너희가 여러 번 다윗을 너희의 임금으로 세우기를 구하였으니 이제 그대로 하라 여호와께서 이미 다윗에 대하여 말씀하시기를 내가 내 종 다윗의 손으로 내 백성 이스라엘을 구원하여 블레셋 사람의 손과 모든 대적의 손에서 벗어나게 하리라 하셨음이니라"(삼하 3:17-18).

아브넬의 말에서 알 수 있는 것은 이미 이스라엘의 장로들은 다윗의 통치를 바라고 있었습니다. 이스보셋과 아브넬이 그것을 막고 있었을 뿐입니다. 사실 이스보셋은 아브넬이 세운 왕입니다. 실권은 아브넬이 쥐고 있습니다. 이스보셋은 허수아비입니다. 이 사실은 그의 이름의 뜻인 '수치의 사람'이 잘 보여주고 있습니다. 이러한 상황은 아브넬이 이스라엘을 다윗에게 복종시키려는데 장애물이 없었다는 사실을 보여줍니다.

아브넬은 이스라엘을 다윗에게 복종시키려고 하는 근거로 여호와의 말씀을 거론합니다. 여호와께서 다윗의 손을 통하여 블레셋과 모든 대적의 손에서 구원하실 것을 약속했기 때문이라고 말합니다.

아브넬의 계획에 이스라엘 사람들이 찬성합니다. "아브넬이 또 베냐민 사람의 귀에 말하고 아브넬이 이스라엘과 베냐민의 온 집이 선하게 여기는 모든 것을 다윗의 귀에 말하려고 헤브론으로 가니라"(삼하 3:19). 아브넬은 베냐민 집에 자신의 계획을 말합니다. 왜냐하면 사울 왕이 베냐민 지파 출신이기 때문에 베냐민 지파의 지지를 받아야 하기 때문입니다.

아브넬은 다윗에게 이스라엘을 다윗의 휘하에 두게 하겠다고 말합니다(삼하 3:21). 아브넬은 이스라엘 사람들을 다윗과 언약을 맺게 하겠다고 합니다. 이스라엘이 다윗에게 충성을 다짐하게 하는 언약입니다. 이로써 다윗과 아브넬 사이에 언약이 세워집니다.

하지만 아브넬의 계획은 다른 곳에서 암초를 만납니다. 다윗과 아브넬 사이의 일을 알게 된 요압이 전령들을 보내 아브넬을 다시 헤브론으로 돌아오게 합니다. 사무엘 기자는 이 사실을 다윗이 몰랐다고 기록합니다(삼하 3:26). 아브넬은 요압의 계략에 빠져 헤브론으로 돌아옵니다. 요압이 아브넬과 조용히 말하려고 하듯이 그를 성문 안으로 데리고 들어가서 찔러 죽입니다. 사무엘 기자는 요압이 아브넬을 죽인 이유를 "자기의 동생 아사헬의 피로 말미암음이더라"고 설명하며(삼하 3:27) 이 사실을 다시 한 번 더 언급합니다(삼하 3:30). 요압의 살인은 친족의 피 값을 갚아주는 것입니다. 가족이나 친척이 살인을 당하면 그 형제들은 살인 당한 자의 피 값을 갚아야 할 의무가 있습니다. 형제들이 피의 보수자가 되어야 할 의무와 책임입니다. 또 다른 이유는 정치적입니다. 이스라엘이 통일이 되면 아브넬은 군대장관 경쟁자가 될 것이며 요압이 상대적으로 낮은 지위를 차지할 것이기 때문입니다.

다윗이 아브넬의 살해 소식을 듣고 아브넬의 죽음과 자신은 무관하다고 선언합니다. "넬의 아들 아브넬의 피에 대하여 나와 내 나라는 여호와 앞에 영원히 무죄하니 그 죄가 요압의 머리와 그의 아버지의 온 집으로 돌아갈지어다"(삼하 3:28-29). 다윗은 아브넬의 피의 책임이 요압에게 있음을 말하고 아브넬의 장례를 치러줍니다. 다윗은 아브넬의 무덤에서 울고 애가를 지어 애도의 뜻을 밝힙니다. 백성이 다윗에게 음식을 먹을 것을 권하자 다윗은 금식할 것을 맹세합니다. 다윗이 아브넬의 죽음을 애도하는 것을 정치적인 이유만이 아니라는 것을 백성들이 알게 됩니다. 사실 아브넬의 죽음에는 다윗의 책임이 어느 정도 있습니다. 아브넬이 다윗에게 충성을 다짐하기로 하고 찾아왔고 유다와 이스라엘이 통합할 것을 같이 논의하고 돌아가다가 아브넬이 죽었기 때문입니다. 아브넬이 다윗을 만나고 돌아가는 길에 죽었으니 백성들이 볼 때는 아브넬의 죽음과 다윗이 무관하지 않다고 생각할 것입니다. 이러한 사실을 잘 알고 있는 다윗은 아브넬의 죽음과 자신이 무관하다는 것을 최대한 보여주어야 합니다. 다윗이 아브넬의 죽음을 애도하자 백성들은 다윗 왕의 행동을 지지합니다. 백성들은 다윗의 행동을 통해 다윗이 무죄함을 알게 됩니다

아브넬의 죽음은 이스라엘에 큰 영향을 미칩니다. 기회주의자들이 발 빠

른 행동을 취합니다. 두 지휘관 바아나와 레갑이 대낮에 낮잠을 자고 있던 이스보셋을 살해하고 목을 베어 다윗에게 가져옵니다. 이들은 다윗에게 이스보셋의 머리를 바치며 "왕의 생명을 해하려 하던 원수 사울의 아들 이스보셋의 머리가 여기 있나이다. 여호와께서 오늘 우리 주되신 왕의 원수를 사울과 그의 자손에게 갚으셨나이다" 하고 말합니다(삼하 4:8).

바아나와 레갑은 이스보셋을 죽인 행위를 다윗 왕을 위한 행동이라고 미화하며 정당화합니다. 이들은 다윗 왕의 원수 사울의 아들을 죽임으로 다윗의 편이라는 것을 강조합니다. 더 나아가 이들은 여호와의 이름을 언급함으로 자신들이 여호와를 위해 행동했다고 포장합니다. 하지만 다윗은 이들의 행위를 칭찬하지 않고 이들에게 동조하지도 않습니다. 다윗은 이들을 악인으로 정죄하고 자신들의 미래를 위하여 정치적인 암살을 한 이 두 사람을 처형하라고 명령합니다. 다윗은 자신들의 야망을 위해 행동한 기회주의자들을 처형함으로 공의를 실행합니다. 또한 다윗은 이스보셋을 아브넬의 무덤에 매장해 주는 자비를 베풉니다.

다윗은 지혜롭게 행동합니다. 아브넬의 죽음과 자신이 무관하다는 것을 금식하며 애도함으로 백성들에게 알립니다. 또한 이스보셋의 죽음과도 관련이 없다는 사실을 이스보셋을 죽인 두 암살자를 죽임으로 백성들에게 보여 줍니다.

다윗이 이스라엘의 왕이 됨

이스라엘의 왕 이스보셋이 죽자 이스라엘의 모든 지파가 다윗을 찾아와서 다윗에게 왕이 되기를 요청합니다. 이스라엘은 다윗에게 이스라엘의 왕이 되어야 할 이유를 세 가지로 말합니다.

1) 이스라엘 지파는 다윗과 한 형제임을 말합니다. "보소서 우리는 왕의 한 골육이니이다"(삼하 5:1). 신명기의 왕의 법에 따르면 이스라엘의 왕은 "네 형제 중에서 한 사람"으로 세우라고 했습니다(신 17:15). 다윗은 순수한 이스라엘 사람으로서 왕의 자격이 있습니다.

2) 이스라엘은 다윗과 이전의 관계를 말합니다. "전에 곧 사울이 우리의

왕이 되었을 때에도 이스라엘을 거느려 출입하게 하신 분은 왕이시었고"(삼하 5:2). 사울이 왕이었을 때에도 다윗이 이스라엘의 지도자였다고 말합니다(참고. 삼상 18:5, 13-16).

3) 이스라엘은 여호와의 말씀을 언급합니다. "여호와께서도 왕에게 말씀하시기를 네가 내 백성 이스라엘의 목자가 되며 네가 이스라엘의 주권자가 되리라 하셨나이다"(삼하 5:2). 이스라엘과 다윗과의 관계를 양과 목자 사이로 비유합니다. 구약에서 목자는 때때로 왕을 지칭하는 명칭가운데 하나였습니다. 이스라엘은 다윗을 이스라엘의 목자와 주권자라고 말하며 다윗이 왕이 되는 것은 하나님의 약속이라고 주장합니다.

이스라엘의 장로들이 헤브론에서 다윗과 언약을 맺습니다. 여호와 앞에서 다윗을 이스라엘의 왕으로 세우며 충성을 다짐합니다. 이스라엘이 다윗에게 기름을 부어 왕으로 세웁니다. 이제 다윗은 통일 이스라엘의 왕이 되었습니다.

14.3 다윗의 번영과 다윗 언약

예루살렘 정복

다윗이 통일 이스라엘의 왕위에 오른 후에 가장 먼저 한 일은 새로운 수도를 정하는 것입니다. 헤브론은 유다 지파의 도시로 통일 이스라엘의 수도로는 적합하지 않기 때문에 다윗은 예루살렘을 정복하러 갑니다. 예루살렘은 베냐민 지파의 땅에 있었지만 아직도 여부스 사람들이 점령하여 살고 있습니다. 따라서 베냐민 사람들이 예루살렘의 지배권을 주장할 수 없었습니다(삿 1:21).

다윗은 예루살렘을 정복하여 통일 이스라엘의 수도로 삼습니다. 예루살렘은 시온 성 또는 다윗 성으로도 불립니다. 다윗은 예루살렘에 집을 짓고 나라를 다스립니다. 예루살렘 성이 정치적, 군사적, 사회적인 수도로 부상합니다. 예루살렘이 베냐민 지역에 있기 때문에 이스라엘의 초대 왕 사울을 배출한 베냐민 사람들의 마음을 얻는데도 일조했을 것입니다.

사무엘 기자는 다윗의 성공을 이렇게 평가합니다. "만군의 하나님 여호와께서 함께 계시니 다윗이 점점 강성하여 가니라"(삼하 5:10). 다윗의 성공과 번영은 다윗의 군사력과 지도력에 있지 않고 하나님이 함께 하셨기 때문입니다. 사무엘 기자는 하나님이 함께 하셔서 다윗이 강해졌다고 말합니다.

블레셋과의 전쟁에서 승리

다윗이 통일 이스라엘의 왕이 되자 블레셋이 침입해 옵니다. 다윗이 유다의 왕이었을 때에는 블레셋이 큰 위협으로 생각하지 않았습니다. 이전에 다윗이 블레셋의 아기스 왕에게 망명해 있었기 때문에 다윗이 다스리는 유다는 블레셋의 속국으로 여겼을 수 있습니다. 또한 유다와 이스라엘이 분열되어 있는 것이 블레셋에게 유리하다고 판단했을 것입니다.

하지만 이제 다윗이 통일 이스라엘의 왕이 되었습니다. 블레셋은 다윗이 더 큰 세력을 잡기 전에 꺾어 놓아야 할 필요성을 느낀 것입니다. 블레셋 사람들이 "다윗을 찾으러 다 올라오매"라고 설명합니다(삼하 5:17). 블레셋의 대군이 이스라엘을 침입하자 다윗은 여호와께 기도합니다. "다윗이 여호와께 여쭈어 이르되 내가 블레셋 사람에게로 올라가리이까 여호와께서 그들을 내 손에 넘기시겠나이까"(삼하 5:19). 다윗은 여호와께 전쟁을 해야 하는지, 전쟁의 승리를 주실 것인지를 묻습니다. 그러자 하나님은 "올라가라 내가 반드시 블레셋 사람을 네 손에 넘기리라"고 확답하십니다(삼하 5:19). 승리의 약속을 받은 다윗은 블레셋을 쳐서 승리합니다. 다윗은 블레셋과의 전투에서 승리한 것을 여호와의 도우심이라고 말하며 승리의 영광을 하나님께 돌립니다(삼하 5:20).

블레셋이 다시 전열을 가다듬고 두 번째 침입을 시도합니다. 다윗이 다시 하나님께 묻습니다. 그러자 하나님은 새로운 작전을 말씀하십니다. "올라가지 말고 그들 뒤로 돌아서 뽕나무 수풀 맞은편에서 그들을 기습하되 뽕나무 꼭대기에서 걸음 걷는 소리가 들리거든 곧 공격하라 그때에 여호와가 너보다 앞서 나아가서 블레셋 군대를 치리라"(삼하 5:23-24).

첫 번째 전투는 다윗에게 올라가라고 하셨는데, 두 번째 전투는 올라가지 말라고 하십니다. 기습작전을 감행하라고 합니다. 여호와께서 다윗보다 앞서 나가서 블레셋을 칠 것이라고 하십니다. 이 전쟁은 하나님이 이스라엘을 위하여 싸우시는 여호와의 전쟁입니다. 다윗은 두 번째 전투에서 여호와의 명령을 시행하여 승리를 거둡니다. 다윗은 블레셋과의 전쟁에서 여호와께 기도하며 여호와의 말씀을 듣고 그대로 순종하는 모범적인 왕입니다.

다윗이 법궤를 시온 성으로 옮김

다윗은 통일 이스라엘 국가에 예루살렘을 새로운 수도로 삼았습니다. 예루살렘은 이제 이스라엘의 정치, 군사, 경제 그리고 사회의 중심지입니다. 다윗은 이곳에 법궤를 가져올 새로운 계획을 세웁니다. 법궤는 이스라엘 신앙의 상징입니다. 다윗은 법궤를 예루살렘으로 가져 옴으로 예루살렘을 이스라엘의 여호와 신앙의 중심지로 만들 계획입니다.

다윗이 삼만 명을 뽑아서 바알레유다로 보내 하나님의 궤를 옮기려고 합니다. 하지만 다윗은 법궤를 옮기는 정확한 방법을 알지 못합니다. 법궤를 새 수레에 싣고 옮깁니다. 하나님의 궤를 새 수레에 싣고 웃사와 아효가 수레를 몹니다. 궤를 옮길 때 다윗과 이스라엘은 각종 악기를 동원해서 여호와를 찬양합니다.

그러나 돌발 상황이 발생합니다. 수레가 나곤의 타작마당에 이르렀을 때, 소들이 뜁니다. 소들이 뛰자 웃사가 손으로 법궤를 잡습니다. 이 일로 인하여 하나님이 웃사를 치십니다. "여호와 하나님이 웃사가 잘못함으로 말미암아 진노하사 그를 그 곳에서 치시니 그가 거기 하나님의 궤 곁에서 죽으니라"(삼하 6:7).

사무엘 기자는 웃사가 잘못했다고 밝힙니다. 웃사는 소들이 뛰기 때문에 법궤가 떨어질 것을 염려해서 붙잡은 것입니다. 선한 의도로 했을 것입니다. 하지만 이것이 잘못입니다. 의도가 선하다고 해서 방법까지 옳은 것은 아닙니다. 법궤는 여호와께서 임재하시는 처소로서 함부로 만지거나 들여다 볼 수 없습니다. 모세는 이것을 확실하게 말했습니다. "진영을 떠날 때에 아론과 그의 아들들이 성소와 성소의 모든 기구 덮는 일을 마치거든 고핫 자손들이 와서 멜 것이니라 그러나 성물은 만지지 말라 그들이 죽으리라"(민 4:15).

법궤를 만진 것은 여호와의 거룩한 영역을 침범한 행위입니다. 여호와께서 임재하시는 곳에는 함부로 나아갈 수 없습니다. 시내 산에서 하나님이 임재 하셨을 때에도 경계선을 그어 놓았습니다. 경계선을 넘어 오는 자는 죽임을 당할 것이라고 예고했습니다. 하나님의 거룩한 영역이 있는 것입니다. 웃사는 이러한 지식이 없었습니다(참고. 호 4:6). 비록 선한 의도로 법궤를 잡았다할지라도 방법이 잘못 되었던 것입니다. 법궤가 추락하는 것을 인간이 염려할 필요가 없습니다. 또한 다윗이 법궤를 옮기는 방법도 잘못 되었습니다. 수레로 옮기는 것이 아니라 레위 인들이 어깨에 메고 옮겨야 했습니다.

웃사의 죽음으로 다윗은 법궤를 다윗 성에 옮기는 계획을 수정합니다. "다윗이 그 날에 여호와를 두려워하여 이르되 여호와의 궤가 어찌 내게로 오리요"하고 말합니다(삼하 6:9). 다윗이 법궤를 오벧에돔 집으로 메어 갑니다. 하나님이 오벧에돔 집에 복을 주시자 다윗의 마음이 다시 움직입니다. 법궤를 옮길 계획을 다시 실행합니다. 다윗은 법궤를 옮기는 방법을 정확하게 배웠습니다. 수레에 싣고 가지 않고 이제 메고 갑니다.

다윗은 자신이 다윗 성에 쳐 놓은 장막에 법궤를 모십니다. 다윗은 베 에봇을 입고 번제와 화목제를 여호와께 드리고 여호와의 이름으로 백성을 축복합니다. 다윗은 마치 제사장처럼 에봇을 입고 제사를 드리며 백성을 축복합니다(삼하 6:14, 18). 왕으로서 제사장의 기능을 행합니다. 하지만 사무엘기자는 다윗의 이러한 태도에 아무런 비난을 가하지 않습니다.

다윗이 법궤를 예루살렘에 가져옴으로 이제 예루살렘은 이스라엘 신앙의 중심지가 됩니다. 예루살렘을 중심으로 이스라엘은 여호와 신앙의 통일성을 이룹니다.

다윗이 기쁨으로 궤를 옮길 때 한 사건이 발생합니다. "여호와의 궤가 다윗 성으로 들어 올 때에 사울의 딸 미갈이 창으로 내다보다가 다윗 왕이 여호와 앞에서 뛰놀며 춤추는 것을 보고 심중에 그를 업신여기니라"(삼하 6:16). 미갈이 다윗의 행동을 보고 있었습니다. 다윗이 백성 앞에서 춤추는 것을 못마땅하게 생각합니다. 미갈은 다윗이 대중 앞에서 품위 없는 행동을 했다고 비난합니다. 온 백성이 축제의 기쁨을 누리는데 미갈 혼자만 기쁘지 않습니다. 미갈이 다윗을 비난하자 다윗은 자신의 행동의 정당성을 변호합니다. "이는 여호와 앞에서 한 것이니라 그가 네 아버지와 그의 온 집을 버리시고 나를 택하사 나를 여호와의 백성 이스라엘의 주권자로 삼으셨으니 내가 여호와 앞에서 뛰놀리라"(삼하 6:21). 다윗은 자신이 춤을 춘 행위를 여호와를 위한 것이라고 합니다. 하나님이 다윗을 선택하여 왕을 삼았기 때문입니다. 더 나아가 그는 이렇게 말합니다. "내가 이보다 더 낮아져서 스스로 천하게 보일지라도 네가 말한바 계집종에게는 내가 높임을 받으리라"(삼하 6:22). 다윗은 자신을 하나님 앞에서 낮추고 있습니다. 하나님 앞에서는 낮아지지만 사람 앞에서는 높임을 받을 것이라고 말합니다. 다윗의 겸손이 나타납니다.

이 사건은 미갈에게 영향을 미칩니다. 사무엘 기자는 "사울의 딸 미갈이 죽는 날까지 그에게 자식이 없으니라"고 말합니다(삼하 6:23). 다윗과 미갈이 서로 이혼한 것인지, 다윗이 미갈과 잠자리를 피한 것인지, 왕을 비판한 미갈에 대한 하나님의 심판인지에 대한 설명이 없습니다. 단지 미갈은 아들이 없었다고 말합니다. 미갈에게 아들이 없었다는 것은 큰 의미가 있습니다. 만일 미갈에게 아들이 있었다면 사울 왕의 딸인 미갈의 아들은 왕권 경쟁에서 우위를 점했을 것이기 때문입니다.

다윗 언약

사무엘 기자는 하나님이 다윗에게 모든 대적으로부터 '쉼,' '평안'을 주셨다고 강조합니다(삼하 7:1). 다윗은 궁에 평안히 앉아서 하나님의 궤를 위한 집을 지을 계획을 나단에게 상의합니다. 처음에 나단은 이 계획에 동의합니다(삼하 7:3). 하지만 나단의 동의와는 달리 하나님의 대답은 '아니오'입니다. 선지자들도 자신의 생각이 틀릴 수 있다는 것을 보여줍니다(참고. 삼상 16:6).

하나님은 다윗에게 "네가 나를 위하여 나의 거할 집을 건축하겠느냐?"고 반문하십니다(삼하 7:5). 그리고 하나님은 출애굽 이후 "장막과 성막"에서 거했지 집에서 거하지 않았다고 말합니다(삼하 7:6). 여기서 집과 장막이 대조를 이룹니다. 장막은 집에 비해 이동이 자유롭습니다. 하나님은 장막에 거하시면서 이스라엘과 함께 출애굽 이후 계속 여행하시면서 동행하셨습니다. 하나님은 자유롭게 이스라엘과 함께 광야와 가나안 땅에서 여행하셨습니다. 그리고 여호와는 이스라엘 지파의 지도자에게 왜 나를 위하여 집을 건축하지 않았느냐고 질책하지도 않으셨습니다.

그리고 하나님은 다윗을 위해 과거에 행하신 일들과 미래에 행하실 일들을 말씀하십니다. 1) 여호와는 다윗이 어디를 가든지 함께 하셔서 다윗의 대적들을 끊어주셨습니다. 2) 하나님은 다윗의 이름을 크게 만들어 주실 것입니다. 3) 하나님의 백성 이스라엘을 위하여 한 장소를 마련하여 그곳에 거하게 하고 평안을 주실 것입니다. 4) 여호와는 다윗을 위하여 집을 세워주실 것입니다. 그리고 다윗이 죽으면 그 뒤에 날 아들을 세워 나라를 견고하게 하실 것입니다(삼하 7:8-12). 하나님이 먼저 다윗을 위하여 집(왕조)을 세워주신 후에 5) 다윗의 아들이 여호와의 이름을 위하여 집을 건축 할 것입니다. 여호와는 그 나라의 위를 견고하게 하실 것입니다. 6) 여호와는 다윗의 아들과 부자 관계를—"나는 그 아비가 되고 그는 내 아들이 되리니"(삼하 7:14)—맺을 것입니다. 다윗의 아들이 잘못해도 사울과 같이 은총을 빼앗지 않을 것입니다(삼하 7:15). 그리고 하나님은 다윗에게 이렇게 약속하십니다. "네 집과 네 나라가 내 앞에서 영원히 보전되고 네 위가 영원히 견고하리라"(삼하 7:16).

하나님은 선지자 나단을 통하여 다윗에게 약속하십니다. 이 신탁에서 핵심 내용은 집입니다. "집"이라는 단어가 이 장에서 15회나 사용되었습니다. 다윗이 여호와를 위하여 지으려고 하는 집은 성전입니다. 그러나 하나님은 이를 허락하지 않습니다. 하나님이 이를 허락하지 않으시는 이유는 하나님이 다윗을 위해서 먼저 하실 일이 있기 때문입니다. "너를 모든 원수에게서 벗어나 편히 쉬게 하리라"(삼하 7:11; 참고. 신 12:10). 하나님은 다윗에게 먼저 평안을 주시기 원합니다. 그리고 이 본문에 나타나지 않은 다른 이유로 역대기 기자는 다윗이 전쟁에서 피를 많이 흘렸기 때문이라고 밝힙니다(대상 22:6-8).

다윗보다는 다윗의 아들이 여호와의 이름을 위하여 집을 지을 것입니다. 다윗의 아들 이름은 명확하게 언급되지 않았습니다. 그런데 특이한 것은 여호와는 다윗의 아들과 부자관계를 형성합니다. 여호와는 다윗의 아들을 양자로 입양합니다. "나는 그 아비가 되고 그는 내 아들이 되리니"(삼하 7:14).

하나님이 다윗을 위해 행하실 일은 다윗을 위해서 집을 지으실 계획입니다. 그 집은 왕조입니다. 하나님은 다윗의 나라와 왕조를 굳건히 세우시기를 원합니다. 특이한 것은 다윗의 왕조가 영원할 것입니다. "네 집과 네 나라가 내 앞에서 영원히 보전되고 네 위가 영원히 견고하리라"(삼하 7:16). 다윗의 나라와 왕위는 "영원히" 있을 것입니다. "영원히"라는 단어는 삼하 7장에서 8번 나오는데(7:13, 16, 24, 25, 26, 29) 다윗의 나라와 왕위에, 하나님의 백성 이스라엘에, 주의 이름에 그리고 하나님이 다윗에게 하신 약속에 나타납니다. 다윗의 후손은 영원한 하나님의 백성인 이스라엘의 왕이 될 것입니다.

나단을 통하여 하나님의 약속을 들은 다윗은 하나님께 기도합니다. 하나님께서 다윗에게 하신 말씀은 다윗 집안의 장래 일입니다. "주 여호와여 주께서 이것을 오히려 적게 여기시고 또 종의 집에 있을 먼 장래의 일까지도 말씀하셨나이다. 주 여호와여 이것이 사람의 법이니이다"(삼하 7:19). 다윗은 나단을 통하여 주신 하나님의 약속을 미래에 일어날 일로 이해합니다. 나단을 통하여 주신 하나님의 말씀이 이스라엘의 역사와 관련이 있다는 것입니다. 더 나아가 다윗은 하나님의 약속을 "법"(토라)이라고 말합니다. 하나님의 약속은 이스라엘 왕조에 "사람의 법"으로 세워질 것입니다.

다윗 나라의 미래를 말씀하신 하나님은 역사 속에서 행동하시는 하나님입니다. 다윗은 하나님을 유일하신 분으로 고백합니다. "주와 같은 이가 없고 주 외에는 신이 없음이니이다"(삼하 7:22). 하나님은 다른 신과 비교될 수 없는 유일하신 분입니다. 왜냐하면 하나님은 역사 속에서 행동하시는 분이기 때문입니다. 하나님은 이스라엘을 찾아가셨습니다. 이집트에서 고난 받는 이스라엘을 구원하여 하나님의 백성을 삼았습니다. "주께서 주의 백성 이스라엘을 세우사 영원히 주의 백성으로 삼으셨사오니 여호와여 주께서 그들의 하나님이 되셨나이다"(삼하 7:24). 하나님은 이스라엘을 구원하셔서 하나님의 백성을 삼으시고 이스라엘의 하나님이 되셨습니다. 이것은 전형적인 언약 공식입니다(참고. 창 17:7-8; 레 26:12; 신 26:17-19; 29:12; 삼하 7:24; 렘 7:23; 11:4; 32:38). 다윗은 하나님의 약속이 언약이라는 것을 알았습니다. 하나님이 다윗의 집안에 이루실 약속은 하나님의 백성 이스라엘을 위하여 행하실 것입니다.

다윗의 약속은 영원한 하나님의 백성과 관련이 있습니다. 다윗 집안이 영원한 하나님의 백성인 이스라엘 위에서 영원히 왕이 될 것을 약속하신 것입니다. 이 사실은 후에 예레미야(23:5-6; 30:9; 33:14-18)와 에스겔(34:23-24; 37:24-28)의 예언에서 반영되어 나옵니다.

나단의 신탁을 하나님의 언약으로 이해한 다윗은 하나님께 그 약속을 이루어주시기를 기도합니다. "이제 주의 종과 종의 집에 대하여 말씀하신 것을 영원히 세우셨사오며 말씀하신대로 행하사"(삼하 7:25). 하나님이 약속하셨다 할지라도 그 약속이 이루어지기를 기도해야 합니다. 다윗은 "주의 종의 집이 영원히 복을 받게 하옵소서"라고 기도하면서 끝맺습니다.

하나님이 선지자 나단을 통하여 다윗에게 하신 약속에는 "언약"이라는 단어는 나오지 않습니다. 후대에 이 약속을 언약이라고 부릅니다(시 89편). 그래서 우리는 이 약속을 다윗 언약이라고 부릅니다.

하나님은 왕정이 처음 시작할 때에 왕정에 대하여 부정적이셨습니다. 백성이 인간 왕을 요구했을 때에 하나님은 사무엘에게 "그들이 너를 버림이 아니요 나를 버려 자기들의 왕이 되지 못하게 함이니라"(삼상 8:7)고 하셨습니다. 왕정에 부정적이셨던 하나님은 다윗에게는 호의적이시며 다윗의 왕권을 인정하십니다. 하나님이 다윗의 왕권을 축복하시며 다윗의 나라를 영원히 세워주시겠다고 하십니다.

다윗의 언약은(다윗의 후손이 왕위에 올라 나라가 영원히 견고히 될 것이라는 약속)은 메시야 예언의 뿌리가 됩니다. 이사야 선지자는 다윗의 집안에서 한 이상적인 왕이 올 것을 예언합니다. 이사야 9:1-6과 11:1-9은 장차 올 이상적인 왕을 예언합니다. 이상적인 왕은 이새의 집안에서 와서 다윗의 보좌 위에 앉습니다. 그는 공평과 정의로 통치하여 평화의 나라를 건설합니다. 평안과 구원을 가져옵니다. 다윗의 집안에서 한 이상적인 왕이 올 것이라는 예언은 예레미야(23:5-6)와 에스겔(34:23-24)에서도 발견할 수 있습니다. 장차 올 이상적인 왕은 구약이 기다리는 메시야입니다.

하나님이 다윗에게 한 약속은 유다 나라에 큰 영향을 미칩니다. 솔로몬 이후 나라가 분열되고 북 왕국 이스라엘은 계속 왕조가 바뀝니다. 그러나 유다 나라는 다윗 왕조가 계속 통치합니다. 하나님의 약속으로 인하여 다윗의 집은 약 400년 동안 존재합니다. 고대근동에서 이집트나 메소포타미아의 왕조도 약 100년이었던 사실과 비교하면 다윗 왕조는 아주 긴 세월을 통치했습니다. 하나님의 언약이 실제 역사 속에서 이루어진 것입니다.

하지만 다윗의 나라는 역사 속에서 망했습니다. 바벨론에 의해 주전 586년에 망합니다. 유다의 멸망은 다윗 언약의 영원성에 문제를 제기합니다. 하나님은 다윗에게 "네 집과 네 나라가 내 앞에서 영원히 보전되고 네 위가 영원히 견고하리라"(삼하 7:16)고 약속하셨습니다. 그렇다면 이 약속은 어떻게 될 것인가? 하나님의 약속이 폐기되었는가? 하는 질문들이 생깁니다(참고. 시 89:34-46).

다윗의 언약은 예수 그리스도에 의해 성취됩니다. 예수 그리스도는 다윗의 집안에서 오셨습니다. 예수의 칭호가운데 하나는 다윗의 자손입니다(마 9:27). 예수는 다윗의 후손으로 오신 분이며 유대인의 왕입니다(마 27:37). 또한 예수는 하나님의 아들로서 하나님과 부자관계를 형성합니다(막 1:1, 11) 하나님의 아들로서 예수는 하나님의 나라를 이 땅에 임하게 하십니다. 예수는 이 땅에 계시는 동안 하나님의 나라를 선포하셨습니다. 더 나아가 예수 그리스도는 메시야로서 성전 짓는 자입니다. "이 성전을 헐라 내가 사흘 동안에 일으키리라"(요 2:19). 예수는 십자가에서 죽으심으로 성전의 모퉁이 돌이 되셨습니다. 그 위에 하나님의 성전을 짓습니다(엡 2:20-22).

15

다윗 왕권의 위기

읽어야 할 본문: 사무엘하 8–24장

다윗은 통일 이스라엘의 왕이 된 후에 예루살렘을 정복하여 사회적, 군사적, 경제적인 새로운 수도를 삼았습니다. 그 곳에 법궤를 가져옴으로 예루살렘은 이제 이스라엘 신앙의 중심지가 됩니다. 예루살렘을 중심으로 이스라엘은 하나가 되어갑니다. 다윗은 법궤를 위하여 성전을 건축할 계획을 세워 하나님께 복을 받습니다. 다윗의 집이 영원히 이스라엘을 통치할 것이라고 약속하십니다. 다윗 왕권이 든든히 세워졌습니다. 그러나 이때 밧세바 스캔들이 일어나 다윗 왕권에 위기가 찾아옵니다.

15.1 다윗 나라의 확장

다윗 언약 이후에 다윗은 나라의 영토를 계속 확장합니다. 먼저 최대 위협국가인 블레셋을 굴복시킵니다. 사사 시대 이후 계속 이스라엘을 괴롭혀 온 블레셋을 쳐서 항복을 받습니다(삼하 8:1). 그리고 다윗은 모압을 쳐서 굴복시킵니다. 모압은 다윗의 종이 되어 조공을 바칩니다(8:2).

다윗은 소바 왕 하닷에셀을 쳐서 많은 병거를 포획합니다. 그러나 다윗은 "병거 일백 대의 말만 남기고 다윗이 그 외의 병거의 말은 다 발의 힘줄을" 끊어 버립니다(삼하 8:4). 말은 전쟁용 무기로서 병거를 끄는데 사용하며 기마부대를 구성할 수 있습니다. 말이 많으면 군사력이 증가됩니다. 그런데 다윗은 군사력을 증강시킬 생각은 하지 않고 오히려 말의 힘줄을 끊어 버립니다. 이것은 다윗의 신앙을 보여줍니다. 왕의 법에 따르면 왕은 말을 많이 가질 수 없기 때문입니다. "그는 병마를 많이 두지 말 것이요"(신 17:16). 다윗은 말의 힘줄을 끊어 버림으로 군사력을 의지하지 않고 하나님을 신뢰합니다. 다윗은 율법에 순종하는 왕입니다.

또한 다윗은 다메섹의 아람 사람들을 정복하여 그곳에 수비대를 둡니다. 아람 사람들이 다윗에게 복종하여 조공을 바칩니다. 사무엘 기자는 다윗의 성공을 여호와께서 함께 하셨기 때문이라고 지적합니다. "다윗이 어디로 가든지 여호와께서 이기게 하시니라"(삼하 8:6).

다윗은 각 나라에서 빼앗은 전리품을 예루살렘으로 가져와 여호와께 드립니다. 또한 하맛 왕 도이가 예물로 가져온 은, 금, 놋그릇을 여호와께 드립니다. 다윗은 전리품을 자신의 부를 위해서 사용하지 않고 여호와께 예물로 드립니다. 다시 다윗은 에돔과 전쟁을 벌여 승리합니다. 에돔에 수비대를 두어 복종시킵니다. 사무엘 기자는 다시 다윗의 승리를 언급합니다. "다윗이 어디로 가든지 여호와께서 이기게 하셨더라"(삼하 8:14).

다윗은 통일 이스라엘의 왕이 된 후에 블레셋과 두 차례의 전쟁을 해서 승리합니다. 이 전쟁은 약속의 땅을 지키기 위한 방어 전쟁입니다(삼하 5:17-25). 하지만 다윗 언약 이후의 전쟁들은 모두 정복 전쟁입니다(삼하 8장). 다윗은 영토를 계속 확장합니다.

사무엘 기자는 다윗의 통치 성격을 이렇게 언급합니다. "다윗이 온 이스라엘을 다스려 다윗이 모든 백성에게 정의와 공의를 행할새"(삼하 8:15). 다윗의 통치 방법은 "정의와 공의"입니다. 이것은 이상적인 왕의 성격을 갖습니다. 그는 하나님의 법을 따라 공의를 행합니다.

암몬 나라에 나하스 왕이 죽고 그의 아들 하눈이 왕이 됩니다. 다윗이 나하스의 죽음을 조문하기 위하여 신하들을 보냅니다. 하지만 암몬의 신하들은 다윗의 부하들이 암몬을 정탐하기 위하여 왔다고 왕에게 말합니다. 암몬 왕은 신하들의 말을 듣습니다. 암몬의 신하들은 아마도 다윗이 주위의 나라들, 모압, 에돔, 아람, 블레셋을 정복한 것을 보고(삼하 8장) 그렇게 생각한 것 같습니다. 이에 암몬 왕이 다윗의 신하들을 붙잡아 수염의 반을 깎고 의복의 중동볼기까지 자릅니다. 양쪽 엉덩이가 보이도록 옷을 자른 것입니다. 암몬 왕은 다윗의 신하들에게 모욕을 주어 돌려보냅니다.

이 일로 인하여 이스라엘과 암몬 사이에 전쟁이 일어납니다. 암몬은 아람 사람과 마아가 사람과 돕 사람을 용병으로 고용하여 전쟁을 준비합니다. 다윗도 요압과 군인들을 보냅니다. 요압은 이스라엘 군인들 가운데 용사를 선발하여 아람을 상대하게 합니다. 남은 군인들을 아비새에게 맡겨 암몬과 싸우도록 합니다. 요압이 아람과의 싸움에서 승리합니다. 그러자 암몬도 아비새 앞에서 도망합니다. 암몬이 전쟁에 지자 다시 아람을 불러서 싸웁니다. 두 번째 전쟁에서도 아람은 이스라엘에게 패배합니다(삼하 10장). 이제 다윗의 나라는 근동지역에서 패권을 차지하는 제국이 되어갑니다.

15.2 밧세바 스캔들

하나님이 다윗의 나라를 굳게 세워주시겠다고 약속한 후에, 다윗은 어디를 가든지 전쟁에서 이겼습니다. 그는 큰 제국을 세웠습니다. 그의 영토는 이집트 강에서 유프라테스 강까지입니다. 다윗은 제국을 다스리는 큰 왕입니다. 또한 다윗이 점령한 땅의 경계는 하나님이 아브라함에게 약속하셨던 약속의 땅의 경계입니다(창 15:18). 하나님이 아브라함에게 하셨던 약속을 다윗이 성취합니다. 그는 언약의 땅을 다 점령한 이상적인 왕입니다.

다윗의 왕권이 이렇게 절정에 이르렀을 때에 다윗이 넘어집니다. 다윗이 유부녀인 밧세바와 성관계를 갖습니다(삼하 11장). 이 일로 인하여 나라가 큰 위기를 맞습니다.

이 사건은 성경 문학에서 백미로 꼽는 이야기입니다. 일반 문학은 남녀가 하룻밤을 보내면 언제, 어디서, 무엇을 하면서 사랑을 나누었는지 자세하게 밝힙니다. 그러나 사무엘 기자는 단순하고 간결한 문장으로 다윗과 밧세바가 하룻밤을 보낸 것을 기록합니다. 따라서 이 본문을 읽는 독자들은 스스로 상상을 합니다. 밧세바는 왜 남들이 볼 수 있는 장소에서 목욕을 했는가? 밧세바에게 의도가 있었는가 아니면 우연히 일어난 일인가? 밧세바는 다윗의 요구를 기쁜 마음으로 들어주었는가 아니면 내키지 않았지만 왕의 명령이라 어쩔 수 없이 들어주었는가? 이런 질문들이 생깁니다. 하지만 본문은 이러한 질문들에 대하여 자세한 설명을 하지 않습니다. 단순히 일어난 사건만을 간결하게 보도하고 있습니다. 그래서 이 본문을 읽는 독자들은 스스로 상상하며 해석하게 됩니다. 성경 저자는 독자들에게 스스로 해석하게 하는 기법을 사용하고 있는 것입니다.

성경 저자가 이 사건을 아주 간결하게 기술하기 때문에 여기에 나오는 등장인물들은 모두 의도를 숨기고 있습니다. 이것이 큰 특징입니다. 사무엘 기자는 겉으로 드러난 사건만을 기술하고 등장인물들의 생각을 말하지 않습니다. 독자들은 등장인물들이 왜 이러한 행동을 하는지 그 의도를 알 수 없기 때문에 문맥을 읽으며 스스로 해석하게 됩니다. 빙산의 일각처럼 드러난 것에 비해 숨어 있는 의도들이 아주 많이 있는 것이 특징입니다.

이 이야기에서 밧세바는 왜 남들이 볼 수 있는 공개된 장소에서 목욕을 했는가 하는 것이 쟁점입니다. 즉 밧세바가 다윗을 유혹하려고 일부러 다윗이 볼 수 있는 곳에서 목욕을 했는가 하는 점입니다. 밧세바가 불순한 의도를 가지고 의도적으로 접근했는지 아니면 다윗이 우연히 밧세바가 목욕을 하고 있는 것을 보았는지 하는 점이 토론거리입니다. 이 사실이 중요하게 부각되는 이유가 있습니다. 다윗이 밧세바에게 그녀의 아들이 왕위에 오를 것을 약속했고(왕상 1:17, 30) 후에 밧세바의 아들 솔로몬이 다윗의 뒤를 이어 왕위에 오르기 때문입니다. 밧세바 스캔들은 후에 밧세바의 아들 솔로몬이 왕위에 오름으로 더 조명을 받게 됩니다.

하지만 본문은 밧세바의 의도를 철저하게 감추고 있습니다. 성경은 밧세바가 왜 오픈된 장소에서 목욕을 했는지에 대하여 말하지 않습니다. 단지 일어난 사건만을 보도합니다.

목욕을 하고 있는 밧세바를 본 다윗은 사람을 보내 그녀의 신분을 알아봅니다. 그녀는 엘리암의 딸이며 헷 사람 우리아의 아내입니다. 다윗은 밧세바가 우리아의 아내라는 사실을 알고도 그녀를 불러 같이 동침합니다. 사무엘 기자는 다윗과 밧세바의 동침을 아주 절제된 언어로 묘사합니다. "다윗이 전령을 보내어 그 여자를 자기에게로 데려오게 하고 그 여자가 그 부정함을 깨끗하게 하였으므로 더불어 동침하매 그 여자가 자기 집으로 돌아가니라"(삼하 11:4). 여기서도 밧세바의 반응에 대한 기록이 없습니다. 밧세바가 왕의 부름을 받고 왜 순순히 잠자리에 응했는지에 대한 설명이 없습니다.

밧세바가 다윗과 잠자리를 한 후 임신을 합니다. 임신이 없었다면 다윗과 밧세바의 동침은 하룻밤의 외도로 끝났을 것입니다. 그러나 밧세바의 임신이 사건을 다른 방향으로 전개해 나갑니다. 밧세바는 사람을 보내 임신한 사실을 다윗에게 알립니다. 밧세바가 어떤 의도로 다윗에게 사람을 보냈는지 본문은 알려 주지 않습니다. 하지만 다윗은 임신 사실을 알고 행동에 들어갑니다. 전쟁에 나가있는 우리아에게 군사 휴가를 줍니다. 우리아만을 따로 왕궁으로 불러들입니다. 다윗은 우리아에게 전쟁의 상황을 묻습니다. "우리아가 다윗에게 이르매 다윗이 요압의 안부와 군사의 안부와 싸움이 어떠했는지를 묻고 그가 또 우리아에게 이르되 네 집으로 내려가서 발을 씻으라 하니"(삼하 11:6-7). 다윗은 전쟁의 평안을 묻습니다. 그러나 사실은 전쟁이 관심사가 아닙니다. 다윗의 관심은 전쟁의 상황에 있지 않습니다. 전쟁에 나가있는 요압은 잘 있는데 궁에서 쉬고 있는 다윗은 평안하지 않습니다. 다윗에게 실제 관심사는 전쟁의 상황보다는 우리아가 집에 가서 쉬는 것입니다. "네 집으로 내려가서 발을 씻으라" 하는 말에 많은 의미가 함축되어 있습니다.

하지만 우리아는 집에서 쉬지 않고 다윗의 부하들과 함께 잡니다. 다윗이 이 소식을 듣고 우리아에게 왜 집에 내려가지 않느냐고 묻습니다. 그러자 우리아는 이렇게 답변합니다. "언약궤와 이스라엘과 유다가 야영 중에 있고 내 주 요압과 내 왕의 부하들이 바깥들에 진 치고 있거늘 내가 어찌 내 집으로 가서 먹고 마시고 내 처와 같이 자리이까 내가 이 일을 행하지 아니하기로 왕의 살아 계심과 왕의 혼의 살아 계심을 두고 맹세하나이다"(삼하 11:11).

우리아의 말은 충성심을 나타냅니다. 전쟁 중에 있는 군인은 지켜야 할 전쟁 법들이 있습니다. 진영 중에 있던 군인이 밤에 몽설을 하면 진 밖으로 나가서 해 질 때까지 기다려야 합니다. 해가 지면 목욕을 하고 진에 들어올 수 있습니다(신 23:9-14). 전쟁 중에 있는 군인은 성적인 성결을 유지해야 하기 때문입니다(참고. 삼상 21:4-5). 왜냐하면 여호와께서 이스라엘의 진영가운데 함께 하시기 때문입니다. 여호와의 법궤가 군사들과 함께 있다는 우리아의 말을 염두에 두어야 합니다. 우리아는 이러한 전쟁 법을 충실하게 이행하기 위하여 밧세바와 잠자리를 같이 하지 않습니다.

다른 한편으로 우리아의 말은 우리아가 밧세바의 부정을 알았는지 의문을 품게 합니다. "내가 어찌 내 집으로 가서 먹고 마시고 내 처와 같이 자리이까" 하고 다윗에게 반문하기 때문입니다. 만일 우리아가 "먹고 마시고 내 처와 같이 자리이까"를 강조했다면 마치 우리아가 밧세바의 부정을 알고 있는 것 같은 인상을 줍니다. 우리아는 칫닐범을 다윗의 신하들과 같이 잤습니다. 다윗의 신하들 가운데 다윗의 부정을 알고 있는 사람이 있었을 것입니다. 우리아는 그들에게서 밧세바의 부정을 들었을 수 있습니다. 또한 자기 집 사람들로부터 이러한 사실을 알았을 가능성도 있습니다. 만일 우리아가 밧세바의 부정을 알고 있었다면 이 말은 다윗을 비난하는 말입니다. 남편인 우리아는 아내와 같이 자지 않는데 다윗은 다른 남자의 아내와 같이 잤기 때문입니다. 그러나 본문은 우리아가 밧세바의 부정을 알았는지에 대한 설명이 없습니다.

다윗은 첫 번째 계획이 실패로 돌아가자 두 번째 계획을 실행에 옮깁니다. 우리아에게 술을 먹이고 술에 취해서 집에 들어가게 하려고 합니다. 하지만 술에 취한 우리아는 집에 가지 않고 부하들과 같이 잔을 삽니다. 술 취한 우리아의 정신이 맨 정신의 다윗보다 더 낫습니다.

특별 군사 휴가를 준 다윗의 계획은 실패로 돌아갑니다. 그래서 결국 요압에게 작전 명령을 내립니다. 전투가 맹렬한 곳에 우리아를 배치해서 작전상 후퇴를 하여 적군의 칼에 우리아를 죽게 하라는 편지를 써서 우리아를 통해 요압에게 보냅니다. 우리아는 아이러니하게도 죽음의 편지를 배달하는 우편

배달부가 됩니다. 편지를 받아 본 요압은 이 명령을 이행하여 우리아를 적군의 칼에 죽게 합니다.

우리아가 죽자 다윗은 밧세바를 취하여 아내를 삼습니다. 겉으로 보면 전쟁 중에 죽은 부하의 아내를 거두어 주는 성군입니다. 사건이 일단락되었습니다. 다윗의 완전범죄로 끝난 것 같이 보입니다. 하지만 하나님이 그 사건을 보고 계셨습니다. 사무엘 기자는 이 사건의 마지막에 "다윗이 행한 그 일이 여호와 보시기에 악하였더라"(삼하 11:27)고 간단한 평가를 합니다. 이 간결한 논평은 사건이 다윗의 완전범죄로 끝나지 않을 것임을 시사합니다.

하나님이 다윗의 행위를 보고 계셨다는 평가는 밧세바 스캔들을 새로운 양상으로 전개합니다. 하나님이 이 사건에 개입하시기 때문입니다. 하나님은 선지자 나단을 다윗에게 보냅니다. 다윗이 사람을 보내어 밧세바의 신분을 알아보게 했습니다. 밧세바가 임신을 하자 밧세바도 사람을 다윗에게 보냈습니다. 그러자 하나님도 다윗에게 나단을 보냅니다.

하나님은 나단을 보내 다윗에게 한 사건을 재판하도록 합니다. 한 성에 부자와 가난한 사람이 살고 있었습니다. 하루는 양과 소가 많은 부자에게 손님이 찾아옵니다. 그러자 부자는 자신의 양을 잡아 손님을 대접하지 않고 가난한 사람이 키우는 하나밖에 없는 암양 새끼를 빼앗아 자기 손님에게 잡아 주었습니다. 나단은 이 사건을 심판해 달라고 다윗에게 찾아옵니다.

나단의 이야기는 의도를 숨기고 있습니다. 이 이야기는 밧세바 스캔들과 아무런 상관이 없는 것처럼 들리기 때문입니다. 다윗과 밧세바 사건은 간음과 살인 사건입니다. 그러나 부자와 가난한 자의 이야기는 도둑과 강탈 사건입니다. 두 사건이 전혀 상관이 없는 것 같습니다. 하지만 사무엘 기자는 가난한 사람이 키우는 암양에 대하여 이렇게 표현합니다. "가난한 사람은 아무것도 없고 자기가 사서 기르는 작은 암양 새끼 한 마리뿐이라 그 암양 새끼는 그와 그의 자식과 함께 자라며 그가 먹는 것을 먹으며 그의 잔으로 마시며 그의 품에 누우므로 그에게는 딸처럼 되었거늘"(삼하 12:3). 암양 새끼는 먹고 마시며 주인의 품에 눕습니다. 이 표현은 우리아가 다윗에게 했던 말을 연상하게 합니다. "내가 어찌 내 집으로 가서 먹고 마시고 내 처와 같이 자리이까"(삼하 11:11). 나단의 이야기는 결국 다윗을 목표로 하고 있습니다. 나단은 의도를 숨긴 채 다윗의 심판을 기다립니다.

이 사건을 들은 다윗은 화를 내며 "이 일을 행한 그 사람은 마땅히 죽을 자라"고 판결을 내립니다(삼하 12:5). '이 일을 행한 사람은 죽음의 아들이다'는 뜻입니다. 다분히 감정적인 판결입니다. 율법에 따르면 4배를 갚아주면 되기 때문입니다(출 22:1). 다윗도 이것을 알고 있습니다. 그래서 4배를 갚으라고 판결을 내립니다(삼하 12:6). 하지만 흥미롭게도 네 배를 갚으라는 판결은 다윗의 아들들과 관련이 있습니다. 이 사건 후에 다윗의 아들들이 4명이나 죽기 때문입니다. 밧세바가 낳은 첫째 아들, 암논, 압살롬 그리고 아도니야가 죽습니다.

다윗의 판결을 들은 나단은 당신이 바로 그 사람이라고 직격탄을 날립니다. 다윗이 우리아에게서 암양 밧세바를 빼앗은 것입니다 나단은 하나님의 말씀을 선언합니다. 하나님이 다윗에게 기름을 부으셨고 사울의 손에서 다윗을 구원하여 왕의 자리에 오르게 하였습니다. "그러한데 어찌하여 네가 여호와의 말씀을 업신여기고 나 보기에 악을 행하였느냐 네가 칼로 헷 사람 우리아를 치되 암몬 자손의 칼로 죽이고 그의 아내를 빼앗아 네 아내로 삼았도다"고 선언하십니다(삼하 12:9). 다윗의 행위는 여호와의 말씀을 경멸한 것입니다. 하나님은 다시 "이제 네가 나를 업신여기고 헷 사람 우리아의 아내를 빼앗아 네 아내로 삼았은즉 칼이 네 집에서 영원토록 떠나지 아니하리라"고 심판을 선언하십니다(삼하 12:10). 하나님은 다윗의 행위를 "여호와의 말씀을 업신여기"는 것과 "나를 업신여기"는 것으로 간주합니다.

다윗은 권력을 남용했습니다. 자신의 힘을 사용하여 부자가 가난한 사람의 양을 빼앗은 것처럼 다른 사람의 아내를 빼앗았습니다. 권력 남용에 대하여 하나님은 "칼이 네 집에서 영원토록 떠나지 않을 것"을 선언하십니다. 이 심판의 말씀은 다윗에게 약속하신 "네 왕위가 영원히 견고하리라"(삼하 7:16)와 대조를 이룹니다

하나님의 심판의 말씀은 계속 주어집니다. 하나님은 다윗의 행위대로 갚

아주실 것입니다. "내가 네 눈앞에서 네 아내를 빼앗아 네 이웃들에게 주리니 그 사람들이 네 아내들과 더불어 백주에 동침하리라 너는 은밀히 행하였으나 나는 온 이스라엘 앞에서 백주에 이 일을 행하리라"(삼하 12:11-12). 결국 이 예언은 압살롬의 반역 때에 이루어집니다. 예언과 성취 구도를 여기서도 볼 수 있습니다.

하나님의 심판의 말씀을 들은 다윗은 회개합니다. "내가 여호와께 죄를 범하였노라"(삼하 12:13). 그러자 나단은 죄의 용서를 선언합니다. "여호와께서도 당신의 죄를 사하셨나니 당신이 죽지 아니하려니와 이 일로 말미암아 여호와의 원수가 크게 비방할 거리를 얻게 하였으니 당신이 낳은 아이가 반드시 죽으리이다"(삼하 12:13-14). 율법에 따르면 유부녀와 간음을 저지른 다윗은 죽어야 합니다(신 22:22-24). 하지만 다윗의 회개는 다윗을 구원합니다. 대신 다윗이 낳은 아이가 죽습니다. 죄는 용서를 받았지만 징계가 남아 있습니다. 다윗은 철저하게 회개합니다. 다윗의 회개는 시편 51편에 잘 나타납니다.

하나님이 다윗의 아이를 치십니다. 아이가 병을 앓습니다. 그러자 다윗이 금식하며 기도합니다. 신하들이 다윗에게 음식을 권하여도 먹지 않습니다. 이레 만에 아이가 죽자 신하들이 다윗에게 아이의 죽음을 알리기를 꺼려합니다. 신하들이 수군거리는 것을 듣고 다윗이 아이가 죽었느냐고 묻습니다. 신하들이 죽었다고 대답하자 땅에서 일어나 몸을 씻고 기름을 바르고 여호와 앞에 들어가 경배하고 와서 음식을 먹습니다. 신하들이 의아해 하며 아이가 살아 있을 때는 금식하더니 아이가 죽은 후에는 어찌하여 음식을 먹느냐고 묻습니다. 다윗이 이렇게 대답합니다. "아이가 살았을 때에 내가 금식하고 운 것은 혹시 여호와께서 나를 불쌍히 여기사 아이를 살려 주실는지 누가 알까 생각함이거니와 지금은 죽었으니 내가 어찌 금식하랴 내가 다시 돌아오게 할 수 있느냐 나는 그에게로 가려니와 그는 내게로 돌아오지 아니하리라"(삼하 12:22-23). 다윗은 하나님의 은혜를 구하는 사람입니다. 심판의 말씀을 듣고도 하나님의 은혜를 베푸실지 모른다는 생각에 금식하며 기도합니다. 그러나 아이가 죽은 후에는 하나님의 심판을 받아들입니다. 이성적인 사람입니다. 다윗이 밧세바와 동침하여 다시 아들을 낳고 솔로몬이라고 부릅니다.

15.3 압살롬의 반역

다윗과 밧세바 스캔들 후에 다윗 집안에 문제가 발생합니다. 다윗의 큰 아들 암논이 셋째 아들 압살롬의 여동생 다말을 강간한 사건이 일어납니다. 부전자전입니다. 아버지 다윗과 아들 암논의 사건이 유사합니다.

압살롬의 망명

암논이 압살롬의 동생 다말을 짝사랑하여 병이 납니다. 암논이 병이 든 척하며 다말에게 음식을 만들어 달라고 합니다. 다말이 아픈 척하고 있는 암논을 위하여 음식을 가지고 오자 암논이 "그를 붙잡고 그에게 이르되 나의 누이야 와서 나와 동침하자"고 요구합니다(삼하 13:11). 그러나 다말은 "아니라 내 오라버니여 나를 욕되게 하지 말라 이런 일은 이스라엘에서 마땅히 행하지 못할 것이니 이 어리석은 일을 행하지 말라"고 거절합니다(삼하 13:11-12).

다말은 명확하게 거절 의사를 밝힙니다. 율법에 따르면 이런 경우에 여자는 무죄입니다. 성안에서 성폭행을 당할 경우 소리를 지르면 무죄입니다(신 22:23-24). 다말은 밧세바와 대조를 이룹니다. 밧세바는 궁에서 다윗에게 거절 의사를 밝히지 않았습니다. 율법에 따르면 밧세바는 유죄입니다.

다말이 거절 의사를 밝혔음에도 불구하고 암논은 강제로 성관계를 갖습니다. 암논은 성관계를 갖고 난 후 다말을 쫓아냅니다. 다말은 자신을 쫓아내는 것이 더 큰 악이라고 항의하지만 암논은 종들을 시켜 다말을 쫓아버립니다. 다말은 머리에 재를 덮어 쓰고 옷을 찢고 울면서 집으로 갑니다. 이 사실을 안 오빠 압살롬이 지금은 잠잠히 있으라며 다말을 위로합니다. 다윗이 이 모든 일을 듣고 분노하지만 적절한 조치를 취하지는 않습니다. 다윗의 자녀 교육에 문제가 있습니다. 압살롬이 이 일로 암논을 미워합니다.

2년 후에 압살롬이 양 털을 깎는다고 왕의 모든 아들을 초청합니다. 술을 마시고 취해서 즐거울 때에 압살롬의 종들이 암논을 죽입니다. 다른 아들들은 노새를 타고 도망합니다. 압살롬은 암논을 죽인 후에 그술 왕 달매에게로 망명을 갑니다. 그술 왕 달매는 압살롬의 어머니의 아버지이기 때문입니다. 그술로 도망하여 3년을 지냅니다. 다윗 왕이 압살롬으로 인하여 마음이 간절해집니다.

다윗이 압살롬을 그리워합니다. 요압이 이 사실을 알고 계획을 세웁니다. 한 지혜로운 드고아 여인을 다윗에게 보냅니다. 드고아 여인은 다윗을 찾아가 도움을 요청합니다. 자신은 과부이며 두 아들을 두었는데 두 아들이 들에서 싸워서 형이 동생을 죽였습니다. 그러자 온 족속이 일어나서 동생을 죽인 형을 내 놓으라고 합니다. 동생을 죽인 죄를 갚겠다고 합니다. 만일 남아 있는 아들마저 죽으면 자신은 두 아들을 모두 잃게 됩니다. 남편의 이름이 세상에서 없어집니다. 이러한 사연을 들은 다윗은 여인을 위하여 명령을 내려줄 것을 약속하며 여인의 아들이 살도록 하겠다고 합니다.

다윗이 드고아 여인에게 이러한 판결을 내리자 드고아 여인은 알쏭달쏭한 말을 합니다. "여인이 이르되 그러면 어찌하여 왕께서 하나님의 백성에게 대하여 이같은 생각을 하셨나이까 이 말씀을 하심으로 왕께서 죄 있는 사람같이 되심은 그 내쫓긴 자를 왕께서 집으로 돌아오게 하지 아니 하심이니이다" (삼하 14:13).

드고아 여인은 다윗에게 죄 있는 사람같이 되었다고 말합니다. 왜냐하면 왕이 내쫓긴 자를 집으로 돌아오게 하지 않았기 때문입니다. 더 나아가 드고아 여인은 "하나님은 생명을 빼앗지 아니하시고 방책을 베푸사 내쫓긴 자가 하나님께 버린 자가 되지 아니하게 하시나이다"(삼하 14:14)고 말합니다. 드고아 여인은 계속 내쫓긴 자를 말합니다. 이 말을 들은 다윗은 여인의 의도를 알아차립니다. 요압이 이 일에 함께 하였느냐고 묻습니다. 그러자 여인이 요압이 이 모든 말을 여인의 입에 넣어 주었다고 대답합니다.

또한 여인은 다윗의 지혜를 칭송합니다. "내 주 왕의 지혜는 하나님의 사자의 지혜와 같아서 땅에 있는 일을 다 아시나이다"(삼하 14:20). 여인의 이 말은 단순한 아첨의 말이 아닙니다. 다윗은 지혜의 사람입니다(참고. 삼상 18장). 지혜는 나라를 다스리는 왕의 필요조건입니다. 지혜로운 왕이 백성을 잘 통치할 수 있습니다. 다윗은 나라의 최고 재판장으로서 백성의 모든 소송을 판결할 지혜로운 사람이었습니다.

요압의 계획은 성공입니다. 다윗은 요압에게 압살롬을 데려 오라고 명령합니다. 요압이 그술로 가서 압살롬을 데리고 예루살렘으로 돌아옵니다. 하지만 다윗은 압살롬을 만나지 않습니다.

압살롬의 재판

압살롬은 이스라엘에서 칭송받는 아름다운 사람입니다. 성경 기자는 압살롬의 외모가 아름답다고 강조하여 기술합니다. 특히 그의 머리에 대하여 이렇게 표현합니다. "그의 머리털이 무거우므로 연말마다 깎았으며 그의 머리털을 깎을 때에 그것을 달아본즉 그의 머리털이 왕의 저울로 이백 세겔이었더라"(삼하 14:26). 성경 이야기의 기술 방법 중에 하나는 후에 일어나는 이야기와 연결되는 것을 미리 기록합니다. 압살롬의 머리털은 후에 일어날 압살롬의 반역 사건과 연결되어 있기 때문에 미리 기록하고 있습니다. 압살롬은 머리털이 아름다웠지만 후에 이 머리로 인하여 죽음을 당하게 됩니다.

압살롬이 2년 동안 예루살렘에 머물렀지만 다윗은 압살롬의 얼굴을 보지 않습니다. 그러자 압살롬은 요압에게 다윗 왕을 보게 해 달라고 요청합니다. 요압의 중재로 압살롬은 다윗 왕을 만납니다.

압살롬이 반역을 계획합니다. 자기를 위하여 말과 병거와 호위병을 준비합니다. 그리고 백성들의 송사를 들어줍니다 백성들이 왕에게 재판을 청하러 성에 들이오면 압살롬이 성문 곁에서 그를 불러 세우고 그 사람의 사정을 듣고 재판을 해 줍니다.

왕은 최고 재판장입니다. 백성들이 성중에서 판결하기 어려운 사건이 있으면 중앙 성소가 있는 예루살렘으로 나아옵니다. 이때 왕은 백성의 송사를 공정하게 판결하여 백성에게 정의를 행합니다. 압살롬은 다윗이 해야 할 일을 자신이 가로채서 재판을 해 줍니다. 사무엘 기자는 압살롬의 행위를 이렇게 말합니다. "이스라엘 무리 중에 왕께 재판을 청하러 오는 자들마다 압살롬의 행함이 이와 같아서 이스라엘 사람의 마음을 압살롬이 훔치니라"(삼상 15:6). 압살롬이 민심을 가져가고 있습니다.

압살롬의 행위에서 그의 야망이 드러납니다. 압살롬은 최고 재판장이 되기를 원합니다. 즉 그는 왕이 되기를 원합니다. "내가 이 땅에서 재판관이 되고 누구든지 송사나 재판할 일이 있어 내게로 오는 자에게 내가 정의 베풀기를 원하노라"(삼하 15:4).

4년 후에 압살롬은 다윗에게 헤브론에 가서 서원한 것을 이루게 해 달라고 요청합니다. 압살롬은 헤브론에서 반역을 일으킵니다. 다윗이 유다의 왕이 되었을 때, 헤브론은 유다의 수도였습니다. 통일 이스라엘이 된 후에 헤브론은 다윗으로부터 소외 되었던 도시입니다. 압살롬은 아버지 다윗의 전철을 밟기를 원한 것 같습니다. 압살롬은 특별히 아히도벨을 길로에서 초청해 옵니다.

압살롬이 오랜 세월동안 백성의 재판을 해 준 것이 효력을 발생합니다. 민심이 압살롬에게 기울어집니다. "전령이 다윗에게 와서 말하되 이스라엘의 인심이 다 압살롬에게로 돌아갔나이다"고 보고합니다(삼하 15:13). 이 보고를 들은 다윗은 예루살렘을 떠나자고 명령합니다. 다윗은 예루살렘을 떠나면서 후궁 열 명을 남겨 두어 왕궁을 지키게 합니다. 다윗이 예루살렘을 떠날 때, 그렛 사람, 블레셋 사람, 가드 사람 육백 명이 다윗을 보호하며 충성합니다. 외국인으로 구성된 부대가 다윗과 함께 합니다.

다윗이 예루살렘을 떠나자 사독과 레위 사람들이 여호와의 궤를 메어 오고 아비아달도 함께 합니다. 다윗은 사독에게 여호와의 법궤를 다시 예루살렘에 메어 가라고 합니다. 여호와께서 은혜를 주시면 다시 예루살렘에 와서 법궤를 볼 것이라고 말합니다. 그리고 사독에게 아히마아스와 요나단을 데리고 성으로 들어가라고 합니다. 다윗에게 예루살렘의 정보를 알려 줄 것을 명령합니다.

나단은 밧세바의 일로 다윗의 집에 칼이 떠나지 않을 것이라고 예언했습니다. 이 예언은 결국 다윗의 아들 압살롬의 반역으로 성취됩니다. 특별히 압살롬은 반역에 아히도벨을 가담시킵니다(삼하 15:12). 아히도벨이 가세하면서 그 기세가 더 커집니다. 아히도벨이 다윗을 대적한 이유는 밧세바 때문입니다. 밧세바는 그의 손녀였습니다(삼하 11:3; 23:34). 압살롬은 이러한 관계를 알고 아히도벨을 초청한 것입니다.

다윗은 아히도벨이 압살롬의 편에 가담했다는 소식을 듣고 기도합니다. 아히도벨의 존재가 그에게 큰 두려움이 되었던 것입니다. "여호와여 원하옵건대 아히도벨의 모략을 어리석게 하옵소서"(삼하 15:31). 아히도벨의 지혜를 막을 사람은 아무도 없고 하나님만이 그를 제지할 수 있기 때문에 다윗은 하나님께 구원을 요청합니다.

아렉 사람 후새가 다윗과 함께 하려고 하자 다윗은 후새에게 예루살렘 성으로 들어가라고 합니다. 예루살렘 성에서 아히도벨을 견제하라는 임무를 부여합니다. "네가 나를 위하여 아히도벨의 모략을 폐하게 하리라"(삼하 15:34). 다윗은 전략가 아히도벨의 지혜가 큰 위협 요소라는 것을 인식하고 후새를 압살롬의 신하로 위장잠입 시키면서 위급한 일이 생기면 사독의 아들과 아비아달의 아들에게 소식을 전하라고 합니다.

다윗이 피난할 때, 사울의 친족 중에 시므이가 나와서 다윗을 향하여 돌을 던지며 저주합니다. "피를 흘린 자여 사악한 자여 가거라 가거라. 사울의 족속의 모든 피를 여호와께서 네게로 돌리셨도다 그를 이어서 네가 왕이 되었으나 여호와께서 나라를 네 아들 압살롬의 손에 넘기셨도다 보라 너는 피를 흘린 자이므로 화를 자초하였느니라"(삼하 16:8). 시므이는 사울의 친족입니다. 그는 압살롬의 반역 사건을 사울의 피와 연관을 시켜서 다윗에 대한 하나님의 심판으로 생각합니다. 이 말을 들은 아비새가 시므이를 죽이게 해 달라고 합니다. 그러나 다윗은 그를 살려 주라고 합니다. 아들 압살롬도 다윗을 죽이려고 반역을 일으켰는데 베냐민 사람이 저주하는 것은 당연하다고 합니다.

아히도벨과 후새의 지략 대결

다윗이 예루살렘을 떠나자 압살롬이 아히도벨과 함께 입성합니다. 후새가 나가서 압살롬을 찬양하며 맞이하합니다. 그리고 압살롬을 섬길 것이라고 말합니다. 후새는 압살롬의 신하로 위장 전향하는데 성공합니다.

압살롬이 아히도벨에게 이제 어떻게 해야 하는지를 묻습니다. 아히도벨은 다윗이 예루살렘에 남겨 놓은 후궁 열 명과 동침하라고 합니다. 압살롬이 궁의 옥상에 장막을 치고 백성들 앞에서 아버지의 후궁과 동침합니다(삼하 16:22). 이것은 압살롬이 이제 다윗의 처첩들(하렘)을 물려받은 왕이 되었다는 것을 백성에게 보여주는 것입니다. 이로써 나단의 예언이 성취됩니다(삼하 12:11-12).

밧세바의 일로 나단은 하나님의 심판의 말씀을 선언했습니다. 밧세바 일이 일어난 지 약 11년 또는 그 이상의 세월이 지난 후에 심판의 예언이 성취되었습니다. 이 사건에서 우리는 회개를 한 후에 죄에 대한 징계가 있다는 사실을 알 수 있습니다.

압살롬은 아히도벨의 지혜를 존중합니다. 아히도벨의 지혜는 하나님의 말씀과 동일시 될 정도로 인정을 받았습니다. "그 때에 아히도벨이 베푸는 계략은 사람이 하나님께 물어서 받은 말씀과 같은 것이라 아히도벨의 모든 계략은 다윗에게나 압살롬에게나 그와 같이 여겨졌더라"(삼하 16:23). 고대 이스라엘에서 지혜가 얼마나 높이 평가되고 있는지를 볼 수 있습니다. 구약 성경은 일반적으로 율법, 말씀 그리고 지혜로 구분합니다(렘 18:18). 지혜가 계시의 수단으로 인정이 됩니다.

아히도벨은 또 다른 의견을 제시합니다. 자신에게 만 이천 명의 군사를 주면 오늘 밤에 다윗을 좇아가서 기습을 하겠다고 합니다. 다윗이 지금 약해 있을 때, 기습하면 다윗의 군대가 놀라서 다 흩어질 것입니다. 이때 다윗 왕만 죽이면 백성은 압살롬에게 돌아올 것이라고 말합니다. 압살롬과 이스라엘 장로들이 좋은 의견이라고 동의합니다. 압살롬이 아히도벨의 의견을 좋게 여기면서도 신중을 기합니다. 아렉 사람 후새의 의견도 들어보자고 합니다. 압살롬은 후새를 불러서 아히도벨의 계략을 말해주며 후새의 의견을 묻습니다.

후새는 아히도벨의 계략이 좋지 못하다고 반대합니다. 다윗과 그의 신하들은 용사라는 점을 생각하라고 합니다. 그들은 지금 새끼를 빼앗긴 곰처럼 격분해 있을 것입니다. 그들은 전쟁에 능숙한 사람들이라 지금 자지 않고 매복해 있을 것입니다. 만일 압살롬의 군인들 가운데 몇 사람이 다윗의 용사들에게 죽는다면 압살롬의 군대가 패했다는 소문이 돌 것입니다. 이렇게 되면 압살롬의 군사의 사기가 꺾이게 됩니다. 이스라엘 백성들도 다윗과 그의 군사들이 영웅이라는 것을 알고 있기 때문에 그들의 용맹성을 인정한다는 것입니다.

그리고 후새는 다른 전략을 내세웁니다. 온 이스라엘에서 군사를 모집하여 다윗을 치자고 합니다. 압살롬과 이스라엘 사람들이 후새의 전략이 아히도벨의 전략보다 더 낫다고 생각하며 후새의 의견을 지지합니다. "압살롬과 온 이스라엘 사람들이 이르되 아렉 사람 후새의 계략은 아히도벨의 계략보다 낫다 하니 이는 여호와께서 압살롬에게 화를 내리려 하사 아히도벨의 좋은 계략을 물리치라고 명령하셨음이더라"(삼하 17:14).

결정적인 순간에 하나님이 개입하십니다. 하나님이 아히도벨의 좋은 계략을 무효화시킵니다. 하나님은 아히도벨의 모략을 어리석게 해 달라는 다윗의 기도를 들어 주십니다(삼하 15:31). 또한 다윗에게 하신 언약을 기억하십니다. 비록 다윗이 죄를 범하여 징계를 당하지만 하나님은 다윗에게 "네 집과 네 나라가 내 앞에서 영원히 보존되고 네 왕위가 영원히 견고하리라"고 약속하셨습니다(삼하 7:16).

아히도벨은 자신의 계략이 채택되지 못한 것을 보고 전쟁에 질 것이라고 예견합니다. 그는 고향에 내려가 집을 정리하고 스스로 목을 매어 자살합니다(삼하 17:23). 그는 전쟁의 승패를 미리 내다 볼 줄 아는 지혜로운 사람이었습니다. 그는 미래를 내다보는 지혜를 갖고 있었지만 그는 미래를 변화시킬 능력이 없었습니다.

압살롬과의 전쟁

다윗은 예루살렘을 떠나 마하나임에 진을 칩니다. 후새의 제안을 선택한 압살롬은 다윗과 결전을 치릅니다. 다윗은 세 부대로 나눠서 요압과 아비새와 잇대를 장군으로 세워 보냅니다. 다윗은 이들을 전쟁에 보내면서 압살롬을 너그럽게 대하라고 권합니다. 이 말을 모든 백성이 들었습니다.

전투는 에브라임 수풀에서 이뤄집니다. 전투 경험이 많은 다윗의 용사들이 이곳을 택한 것 같습니다. 전투는 이스라엘의 패배로 끝납니다. 이스라엘의 전사자는 이만 명인데 전쟁에서 죽은 숫자보다 수풀에서 죽은 이스라엘 군인들이 더 많았다고 보고합니다(삼하 18:6-8).

압살롬은 다윗의 군사를 피하다가 상수리나무에 머리가 걸려 매달립니다. 이것을 본 사람이 요압에게 보고합니다. 요압은 즉시 창을 가지고 가서 압살롬을 찌르자 요압의 군인들이 그를 쳐 죽입니다. 압살롬의 머리는 아름다웠지만 머리로 인해 죽임을 당합니다. 압살롬은 나무에 달려 죽임을 맞이합니다. 이것은 율법에 따르면 저주입니다(참고. 신 21:23). 또한 압살롬은 조상들의 무덤에 들어가지 못하는 저주를 받습니다. 흥미롭게 사무엘 저자는 전쟁에 대한 자세한 설명보다 압살롬의 죽음에 대한 묘사를 더 생생하게 기록합니다. 그리고 압살롬을 죽인 자는 요압이라는 사실을 말합니다.

다윗의 귀환

반란이 진압되자 이스라엘 내부에서 왕을 도로 모셔 오자는 의견이 분분합니다. 이때 다윗은 유다 장로들에게 사람을 보내서 이스라엘이 왕을 모셔 오자고 하는데 왜 유다는 잠잠히 있느냐고 말합니다. 유다는 다윗의 형제라는 사실을 거론하면서 왕을 모셔오는데 열심을 내라고 합니다.

다윗의 말을 들은 유다 사람들이 왕에게 돌아오라고 전갈을 보냅니다. 다윗은 요단을 건너 귀환하려 할 때 시므이가 베냐민 사람 천 명과 함께 옵니다. 시므이는 다윗에게 용서를 구합니다. 다윗이 피난할 때 자신이 했던 저주의 말을 마음에 두지 말라고 합니다. 시므이는 다윗 왕에게 범죄 했다는 것을 알기 때문에 요셉 족속 중에서 가장 먼저 내려와 왕을 영접한다고 말합니다. 이때 아비새가 여호와의 기름 부음을 받은 자를 저주했기 때문에 죽어야 한다고 합니다. 하지만 다윗은 시므이를 죽이지 않습니다. 아마도 다윗은 시므이와 함께 한 천 명의 베냐민 사람들을 염두에 두었을 것입니다. 시므이를 죽이면 다윗은 베냐민 사람들의 지지를 받지 못할 것입니다.

다윗 왕이 요단강을 건너 예루살렘으로 귀환합니다. 이때 이스라엘 사람과 유다 사람 사이에 논쟁이 일어납니다. 이스라엘 백성이 다윗 왕에게 왜 유다 사람이 왕을 도둑질하여 왕과 왕의 집 사람들을 인도하느냐고 묻습니다. 그러자 유다 사람들은 다윗 왕과 같은 지파임을 강조합니다. 하지만 이스라엘 사람들의 태도도 강경합니다. 다윗 왕에 대하여 열 몫이 있다고 주장합니다. 이스라엘은 유다 사람들이 왕을 모셔오는데 의논하지 않고 독단적인 행동을 한데 강한 불만을 표시합니다. 유다 사람과 이스라엘 사람 사이의 논쟁은 아직도 유다와 이스라엘 사이에 분열의 조짐이 남아있다는 사실을 보여줍니다.

사무엘 기자는 시므이 사건과 이스라엘과 유다 사이의 논쟁을 나열함으로서 다윗의 통치 시기에도 분열의 조짐이 있었다는 사실을 보여주고 있습니다.

15.4 인구조사

다윗 왕권의 또 다른 위기는 인구조사입니다. "여호와께서 다시 이스라엘을 향하여 진노하사 그들을 치시려고 다윗을 격동시키사 가서 이스라엘과 유다의 인구를 조사하라 하신지라"(삼하 24:1). 열왕기는 하나님이 다윗을 격동하여 인구 조사를 하게 하는데 반하여 역대기는 사탄이라고 말합니다. "사탄이 일어나 이스라엘을 대적하고 다윗을 충동하여 이스라엘을 계수하게 하니라"(대상 21:1). 이러한 차이점은 미가야 선지자가 본 어전 회의를 통해서 설명할 수 있습니다. 아합을 길르앗 라못으로 올라가서 죽이게 하는 일에 하나님의 허락을 받은 거짓말 하는 영이 나서기 때문입니다(왕상 22:19-23). 사탄 역시 하나님의 허락을 받아 다윗을 충동합니다(욥의 시험도 유사)

사무엘의 기록에 따르면 하나님은 다윗이 아니라 이스라엘을 향하여 진노하십니다. 이스라엘을 치시기 위하여 다윗을 격동시킵니다. 다윗이 이스라엘과 유다의 인구 조사를 실시하라고 명령합니다. 인구 조사는 두 가지 목적, 세금 징수와 군사 파악을 위하여 실시합니다. 다윗이 요압에게 인구조사를 명하자 요압은 다윗의 명령을 불편해 하며 이렇게 말합니다. "이 백성이 얼마든지 왕의 하나님 여호와께서 백배나 더하게 하사 내 주 왕의 눈으로 보게 하시기를 원하나이다. 그런데 내 주 왕은 어찌하여 이런 일을 기뻐하시나이까"(삼하 24:3). 요압은 왕의 명령이 어딘가 잘못되었다는 것을 느끼고 있습니다. 요압의 말에 따르면 다윗은 백성의 수를 보기 원합니다. 즉 나라의 강성함을 확인해 보려고 합니다. 다윗은 하나님이 이 모든 것을 주신 것이라는 사실을 잊고 있습니다. 요압이 인구조사를 반대하지만 왕의 명령이 엄합니다.

요압과 군대 장관들이 이스라엘의 모든 동네를 다니면서 인구 조사를 실시합니다. 이스라엘에서 칼을 빼는 자가 80만 명이며 유다에서 50만 명입니다. 다윗은 인구조사를 감행한 후에 스스로 잘못했다는 것을 느끼고 여호와께 죄를 범했다고 고백합니다. "내가 이 일을 행함으로 큰 죄를 범하였나이다 여호와여 이제 간구하옵나니 종의 죄를 사하여 주옵소서 내가 심히 미련하게 행하였나이다"(삼하 24:10).

다윗의 죄가 구체적으로 무엇인지 나오지 않습니다. 인구 조사는 모세 때에도 실시했고 여호사밧(대하 17:13-18), 아마샤(대하 25:5), 웃시야(대하 26:11-13)도 실시했습니다.

인구조사의 목적은 20세 이상 전쟁에 나갈 수 있는 군인의 수를 파악하는 것입니다. 그래서 요압도 칼을 빼는 군인의 숫자를 보고했습니다(삼하 24:9). 다윗이 인구 조사를 한 것은 군사력을 알아보기 위한 것입니다. 그의 마음이 여호와 하나님을 신뢰하지 않고 군사력을 신뢰한 것입니다. 이러한 다윗의 마음을 알아차리고 요압이 여호와께서 백성을 백배나 더 할 수 있다고 말한 것입니다. 다윗은 군사력을 의지하는 마음의 교만함이 있었습니다. 이것은 또한 이스라엘 백성들에게도 있었던 것 같습니다. 다윗의 통치 하에 이스라엘은 최고로 부강했기 때문에 마음에 숨겨진 교만이 있었습니다. 그래서 하나님이 이스라엘에게 진노하십니다(삼하 24:1).

하나님은 갓 선지자를 다윗에게 보내어 세 가지 벌 중에 하나를 택하라고 합니다. 7년 기근이 있던가, 왕이 대적에게 석 달 동안 쫓겨 다니던가, 땅에 삼 일 동안 전염병이 있던가. 다윗은 하나님의 손에 빠지기를 원한다며 삼 일 동안 전염병을 선택합니다. 이 일로 인하여 이스라엘에서 7만 명이 죽습니다. 갓 선지자가 다윗에게 아라우나의 타작마당에서 번제를 드리라고 권합니다. 다윗이 아라우나의 타작마당을 오십 세겔에 사서 번제를 드리자 전염병이 그칩니다. 역대기 기자는 이 사건을 더 자세하게 기록합니다. 다윗이 번제를 드리자 하나님이 하늘에서 불로 응답하십니다(대상 21:26). 그러자 다윗이 이 장소를 성전 터로 삼습니다(대상 22:1).

16

성전 건축

읽어야 할 본문: 열왕기상 1-9장

이스라엘 왕정 역사는 초기의 왕들 사울, 다윗 그리고 솔로몬에 대한 이야기가 핵심을 차지합니다. 특별히 다윗은 사무엘의 주요 주제입니다. 열왕기의 주제는 솔로몬(11장)과 분열 왕국의 역사입니다. 솔로몬의 대표적인 업적은 성전 건축입니다. 다윗이 성전을 지으려고 계획했지만 여호와의 반대로 건축하지 못하고 솔로몬이 성전을 완공합니다. 성전을 완공한 후에 솔로몬은 봉헌 기도를 드립니다. 솔로몬의 성전 봉헌 기도는 신명기 28-30장을 반영하고 있습니다. 흥미롭게도 솔로몬은 긍정과 부정의 모습을 함께 보여줍니다. 성전을 지었지만 우상을 위한 산당도 지었기 때문입니다. 솔로몬은 이중적입니다.

16.1 솔로몬의 왕위 계승

이스라엘의 영웅인 다윗이 늙었습니다. 다윗이 늙자 누가 왕위를 계승할 것인가에 관심이 모아집니다. 다윗이 왕의 후계자가 누구인지 아직 선포하지 않았습니다. 그러자 넷째인 학깃의 아들 아도니야가 먼저 왕위에 대한 욕심을 드러냅니다(삼하 3:2-5).

아도니야는 다윗의 후계자 임명을 기다리지 못하고 자신을 위하여 병거와 기병과 호위병 50명을 준비하고 스스로 왕위 계승을 계획합니다. 제사장 아비아달과 군대장관 요압의 지지를 받아 동생들과 유다의 신하들을 초청하여 에느로겔에서 잔치를 베풉니다. 이 잔치에 솔로몬과 나단, 사독, 브나야와 다윗의 용사들을 초청하지 않습니다.

아도니야의 움직임에 빠르게 대처하는 자는 선지자 나단입니다. 나단이 밧세바를 찾아가서 정치 상황을 말해주며 다윗에게 들어가서 현재 상황을 말하라고 권합니다. 나단이 밧세바에게 다윗의 맹세를 상기 시켜줍니다. "당신은 다윗 왕 앞에 들어가서 아뢰기를 내 주 왕이여 전에 왕이 여종에게 맹세하여 이르시기를 네 아들 솔로몬이 반드시 나를 이어 왕이 되어 내 왕위에 앉으리라 하지 아니하셨나이까 그런데 아도니야가 무슨 이유로 왕이 되었나이까 하소서"(왕상 1:13).

다윗이 밧세바에게 이런 맹세를 언제 했는지 확실하지 않습니다. 하지만 나단이 그 맹세를 알고 있고 밧세바도 침묵으로 동의합니다. 밧세바 역시 다윗 왕에게 들어가 이 맹세를 언급한(왕상 1:17) 후에 아도니야가 왕이 되었는데도 다윗 왕은 알지 못한다고 말합니다. 그러면서 누가 왕의 후계자인지를 공포해 달라고 요청합니다. 이때 나단 선지자도 들어와서 아도니야가 왕이 된 것이 다윗 왕의 명령인지를 확인하려고 다윗 왕에게 묻습니다. 선지자 나단은 현실 정치에 아주 적극적입니다.

밧세바와 나단의 말을 들은 다윗 왕이 후계자로 솔로몬을 공포합니다. 솔로몬이 왕이 되는 이유로 다윗은 밧세바에게 한 맹세를 언급합니다. "내가 이전에 이스라엘의 하나님 여호와를 가리켜 네게 맹세하여 이르기를 네 아들 솔로몬이 반드시 나를 이어 왕이 되고 나를 대신하여 내 왕위에 앉으리라 하였으니 내가 오늘 그대로 행하리라"(왕상 1:30).

다윗 왕이 사독과 나단과 브나야를 부릅니다. 솔로몬을 기혼으로 인도하여 기름을 부어 왕으로 삼으라고 명령합니다. 신하들이 다윗의 명령대로 행하여 솔로몬을 왕으로 세웁니다. 모든 백성이 솔로몬 왕을 축하하자 그 소리가 아도니야 편에 이릅니다. 아도니야와 함께 한 사람들이 솔로몬이 왕으로 세움을 받았다는 소식을 듣고 다 흩어집니다.

솔로몬이 다윗 왕의 후계자가 된 데에는 다윗의 맹세가 결정적입니다. 이것은 세 차례나 언급되었습니다(왕상 1:13, 17, 30). 다윗은 여호와를 가리켜 맹세했다고 말합니다. 다윗이 왜 밧세바에게 이런 맹세를 하였는지는 의문으로 남습니다. 솔로몬 위로 형들이 있었습니다. 사무엘의 기록에 따르면 예루살렘 성에 오기 전에 낳은 아들이 6명 그리고 예루살렘에서 낳은 아들이 11명입니다. 예루살렘에서 낳은 아들들 가운데서도 솔로몬은 네 번째로 기록되었습니다(삼하 3:2-5; 5:14-16; 참고. 대상 3:1-9). 밧세바의 남편 우리아를 죽인 죄책감이 작용했는지? 우리아의 아내였던 밧세바를 강제로 취한 대가인지? 여기에 대하여 본문은 침묵합니다. 솔로몬이 다윗 왕을 이어 왕위에 오르기 때문에 밧세바 스캔들은 더욱 의미를 갖습니다. 과연 밧세바가 의도를 갖고 다윗에게 접근했을까 하는 점은 여전히 미스터리입니다.

다윗의 유언

다윗이 죽기 전에 솔로몬에게 유언을 남깁니다. 먼저 용기를 가질 것을 당부합니다. "너는 힘써 대장부가 되고"(왕상 2:2). 이 말은 "너는 강해져야 한다 그리고 너는 남자가 되어야한다"입니다. 왕은 전쟁과 통치의 임무를 수행해야 하기 때문에 강해져야 합니다. 그리고 다윗은 율법을 지킬 것을 명령합니다. "네 하나님 여호와의 명령을 지켜 그 길로 행하여 그 법률과 계명과 율례와 증거를 모세의 율법에 기록된 대로 지키라 그리하면 네가 무엇을 하든지 어디로 가든지 형통하리라"(왕상 2:3). 이 구절을 다시 번역해 보면 다음과 같습니다. "그리고 너는 너의 하나님 여호와의 명령을 지켜야 한다, 그의 길들 안에 걷도록, 그의 법규들, 그의 계명들 그리고 그의 법령들과 그의 증거들을 지키도록, 모세의 율법에 기록된 것같이, 네가 행하는 모든 것을 그리고 네가 거기서 돌이키는 모든 것을, 네가 형통하게 하기 위하여."

주동사는 "너는 지켜야 한다"입니다. 이 동사는 문맥상 '지켜라'의 의미를 갖습니다. 그래서 명령형으로 번역하는 역본들이 있습니다. 이 주동사에 두 개의 부정사구 "걷도록"과 "지키도록"이 걸립니다. 여호와의 명령을 지키는 것은 목적이 있습니다. "네가 형통하게 하기 위하여"입니다(참고. 수 1:7). 솔로몬이 형통하기를 원한다면 그는 율법에 순종해야 합니다.

"법규들," "계명들," "법령들," "증거들"은 모두 "모세의 율법(안)에 기록된 것"들입니다. 이 단어들은 모두 율법의 조항들을 설명하는 유사 단어어군입니다.

다윗이 솔로몬에게 유언으로 남긴 이 명령은 신명기에서 모든 이스라엘 백성에게 주어진 명령입니다(신 4:40; 6:3; 7:11; 8:6; 11:1; 29:9). 솔로몬은 왕이지만 그 역시 하나님 백성의 한 사람으로서 하나님의 법에 순종해야 한다는 것을 보여줍니다(신 17:18-20). 왕도 토라의 권위 아래에 있어야 합니다.

그리고 다윗은 이제 다윗 가문에 대한 말을 합니다. "여호와께서 내 일에 대하여 말씀하시기를 만일 네 자손들이 그들의 길을 삼가 마음을 다하고 성품을 다하여 진실히 내 앞에서 행하면 이스라엘 왕위에 오를 사람이 네게서 끊어지지 아니하리라 하신 말씀을 확실히 이루게 하시리라"(왕상 2:4).

이 구절을 다시 번역해 보면 다음과 같습니다. "여호와께서 그가 나에게 말씀하신 그의 말을 세우기 위하여, 말하기를, 만일 너의 아들들이 내 앞에서 걷도록 그들의 길을 지킨다면, 진리 안에서, 그들의 온 마음으로 그리고 그들의 온 영혼으로, 말하기를, 너에게 사람이 이스라엘 왕위에서 끊어지지 않을 것이다."

이 구절은 문장 서두에 접속사 '~위하여'가 나와 3절의 주동사와 연결되어 있습니다. "그리고 너는 너의 하나님 여호와의 명령을 지켜야 한다 … 네가 형통하게 하기 위하여, 여호와께서 그가 나에게 말씀하신 그의 말을 세우기 위하여."

"그가 나에게 말씀하신 그의 말"은 두 개의 칼 부정사 "말하기를"로 설명합니다. 첫 번째 "말하기를"은 신명기의 말씀을 자유롭게 인용한 것이며 두 번째 "말하기를"은 하나님이 나단을 통하여 약속하신 다윗 언약을 의미합니다(삼하 7:12). 다윗은 나단을 통해 주어진 하나님의 약속에 신명기의 말씀을 덧붙여 말하고 있습니다(신 4:29; 5:33; 6:5; 10:12). 다윗은 자신에게 주어진 약속(다윗 언약)을 모세 언약 위에서 이해하고 있습니다.

하나님은 다윗에게 왕위에 오를 아들을 주시겠다고 약속했습니다(삼하 7:12). 이제 그 약속은 다윗의 후손들이 온 마음으로 하나님의 율법을 잘 지켜 행할 때, 계속 이어질 것입니다. 다윗은 솔로몬에게 다윗의 후손이 계속 왕위를 유지하기 위하여 율법을 잘 준수할 것을 당부합니다.

다윗은 솔로몬에게 율법에 순종할 것을 말한 후에 솔로몬이 처리해야 할 세 가지 정치적 문제를 거론합니다. 첫째는 요압을 제거하라고 합니다. 요압을 죽이라는 이유는 요압이 두 군대장관 아브넬과 아마사를 죽였기 때문입니다(왕상 2:5-6). 요압이 두 군대 장관을 살해함으로 유다와 이스라엘이 연합하는데 큰 걸림돌이 되었기 때문입니다. 둘째는 바르실래 아들들에게 은총을 베풀어 선대할 것을 당부합니다(왕상 2:7). 바르실래는 다윗이 피난할 때 도움을 주었습니다. 셋째는 베냐민 사람 시므이를 제거할 것을 말합니다(왕상 2:8-9).

요압과 시므이를 제거하는 것은 솔로몬의 지혜 즉, 정치적인 역량을 시험하는 일입니다(왕상 2:6, 9). 이 두 일은 다윗의 생전에 관련되어 있는 일이었지만 또한 솔로몬의 왕권을 강화하는 일이기도 합니다. 왜냐하면 요압은 아도니야를 도와 반역에 참여했고 시므이는 베냐민 지파 출신이기 때문입니다. 압살롬이 반역을 일으켰을 때 베냐민 사람인 시므이는 다윗을 저주했습니다. 왕권이 베냐민 지파에서 유다 지파로 옮겨 갔기 때문입니다(삼하 16:7-8). 이제 다윗에게서 솔로몬에게 왕권이 이양되는 시점에 베냐민 지파 사람들이 무슨 일을 계획할지 모르기 때문입니다. 다윗이 예루살렘에 귀환했을 때, 시므이는 베냐민 사람 천 명을 동원해서 다윗을 맞았던 것을 기억해야 합니다(삼하 19:16-17).

다윗은 하나님의 율법에 잘 순종하라고 솔로몬에게 권면한 후에 두 명의 정적을 제거하라고 유언합니다. 이 두 명령에 다윗의 인간적인 면모가 드러납니다. 또한 현실 정치의 냉정함을 볼 수 있기도 합니다.

정적 제거

다윗이 죽자 솔로몬은 그의 정적들을 제거하기 시작합니다. 첫 대상은 아도니야입니다. 아도니야는 어리석게도 솔로몬에게 제거의 빌미를 제공합니다. 아도니야는 밧세바를 통하여 수넴 여자 아비삭을 요구합니다. 밧세바는 이 요구에 동의하여 솔로몬에게 이 사실을 말합니다. 하지만 이 말을 들은 솔로몬은 아도니야를 제거할 구실로 삼습니다. "어찌하여 아도니야를 위하여 수넴 여자 아비삭을 구하시나이까 그는 나의 형이오니 그를 위하여 왕권도 구하시옵소서 그뿐 아니라 제사장 아비아달과 스루야의 아들 요압을 위해서도 구하옵소서"(왕상 2:22). 솔로몬은 아도니야의 요구를 왕권에 대한 도전으로 간주합니다. 왜냐하면 그 당시 관습으로 전왕의 하렘을 후임 왕이 물려받았기 때문입니다. 아도니야는 아비삭을 아내로 삼음으로 백성들에게 자신이 왕이 되어야 한다는 사실을 선전하려는 의도를 품은 것 같습니다. 그래서 솔로몬은 밧세바에게 화를 내며 "그를 위하여 왕권도 구하옵소서" 하고 말합니다. 솔로몬은 브나야를 보내 아도니야를 죽입니다.

솔로몬은 그 후에 제사장 아비아달을 죽이지 않고 파면합니다. 아도니야를 지지해 반역을 계획했기 때문입니다. 열왕기 기자는 이 사건을 엘리 집안에 무명의 선지자에 의해 선포된 말씀이 성취된 것으로 해석합니다(왕상 2:27; 삼상 2:35). 사독은 엘르아살 자손이며 아비아달은 이다말의 자손입니다. 여기서 우리는 왕이 제사장을 임명하며 파면할 권한을 가지고 있었음을 알 수 있습니다. 왕정이 출현한 후로 제사장은 이제 왕의 내각가운데 일원이 되었습니다(참고. 삼하 8:15-18).

이러한 소식을 들은 요압은 여호와의 장막으로 도피하여 제단 뿔을 잡습니다. 요압 역시 아도니야를 따라 반역했기 때문입니다. 하지만 솔로몬은 브나야를 보내 요압을 죽입니다(왕상 2: 28-35). 여호와의 장막의 제단은 두 명의 군대 장관을 살인한 요압에게 피난처가 되지 못했습니다(참고. 출 21:14).

솔로몬은 베냐민 사람 시므이를 가택연금을 시킵니다. 예루살렘을 벗어나면 죽이겠다고 말합니다. 시므이도 이 제안을 받아들입니다. 삼 년이 지난 후에 시므이가 도망친 두 명의 종을 잡으러 아기스를 다녀옵니다. 이 소식을 들은 솔로몬은 브나야를 보내 시므이를 죽입니다(왕상 2:36-45).

솔로몬은 정적들을 제거하는데 성공합니다. 잠재적 위험 요소들을 없앤 것입니다. 이 모든 일들은 솔로몬의 정치적 역량을 보여주며 솔로몬이 나라의 정권을 잘 장악했음을 보여줍니다. 열왕기 기자는 "나라가 솔로몬의 손에 견고하여지니라"고 평가합니다(왕상 2:46).

16.2 솔로몬의 지혜

솔로몬은 기브온 산당에서 "일천 번제를" 드립니다(왕상 3:4). 솔로몬이 기브온 산당에 간 이유로 열왕기 기자는 기브온 산당이 크다고 말하는(왕상 3:4) 반면 역대기 기자는 거기에 하나님의 회막이 있었다고 밝힙니다(대하 1:3). 이것을 보면 그 당시에 법궤와 회막이 분리되어 보관되고 있었음을 알 수 있습니다. 다윗이 법궤를 위하여 친 장막이 예루살렘에 있었음에도 불구하고(삼하 6:17) 솔로몬은 산당에 가서 제사를 드립니다. 열왕기 기자는 산당 예배를 어느 정도 수긍합니다. "그때까지 여호와의 이름을 위하여 성전을 아직 건축하지 아니하였으므로 백성들이 산당에서 제사하며"(왕상 3:2). 성전이 지어지지 않았기 때문에 산당 예배를 인정하고 있습니다. 이러한 분위기에 따라 솔로몬도 산당에서 제사를 드립니다. "솔로몬이 여호와를 사랑하고 그의 아버지 다윗의 법도를 행하였으나 산당에서 제사하며 분향하더라"(왕상 3:3). 열왕기 기자는 솔로몬이 여호와를 사랑한 것과 산당에서 제사 드린 것을 대조합니다. 그러나 산당 제사에 대하여 어떠한 논평도 하지 않습니다.

솔로몬은 천 마리의 짐승으로 번제를 드립니다. 이것은 날마다 천 일 동안에 드린 것이 아니라 한꺼번에 드린 것을 의미합니다. 천 마리의 희생을 한꺼번에 드렸다는 것은 희생 번제를 드린 그 날 밤에 하나님이 나타나셨다는 것을 통해 확인할 수 있습니다(왕상 3:5).

솔로몬이 희생 번제를 드린 날 밤에 하나님이 그에게 나타나십니다. 신현입니다. 하나님이 그에게 말씀하십니다. "내가 네게 무엇을 줄꼬 너는 구하라"(왕상 3:5). 이것은 하나님이 그의 제사를 받으셨다는 것을 의미합니다. 솔로몬의 제사를 받으신 하나님은 그에게 선물을 주시려고 합니다.

하나님 앞에서 솔로몬은 겸손합니다. 먼저 아버지 다윗에게 주신 하나님의 은혜를 말합니다. 하나님의 은혜로 자신이 아버지 다윗을 이어 왕이 될 수 있었습니다(왕상 3:6-7). 그리고 솔로몬은 자신의 겸손과 미숙함을 말합니다. "종은 작은 아이라 출입할 줄을 알지 못하고 주께서 택하신 백성 가운데 있나이다 그들은 큰 백성이라 수효가 많아서 셀 수도 없고 기록할 수도 없사오니"(왕상 3:7-8). 솔로몬은 겸손하게 하나님 앞에서 자신을 "작은 종"으로 낮춥니다. 그리고 그는 이스라엘을 하나님이 "택하신 백성"과 "큰 백성"으로 부릅니다.

솔로몬은 하나님에게 그의 백성을 잘 재판할 수 있도록 "듣는 마음"을 구합니다. "누가 주의 이 많은 백성을 재판할 수 있사오리이까 듣는 마음을 종에게 주사 주의 백성을 재판하여 선악을 분별하게 하옵소서"(왕상 3:9). "듣는 마음"은 '이해력'을 뜻합니다. 왕은 최고 재판관입니다. 재판을 할 때, 양쪽의 말을 잘 듣고 누가 옳고 그른지를 분별해야 합니다(참고. 잠 18:17). 따라서 "듣는 마음"은 양쪽의 말을 듣고 이해하며 분별하는 마음을 뜻합니다. 즉 재판에 필요한 사법적 지혜입니다.

솔로몬은 이스라엘을 잘 통치하기 위한 지혜를 구합니다. 왕의 임무는 백성을 다스리는 것입니다. 백성을 잘 다스리기 위해서 정의를 행해야 합니다. 정의가 잘 실행되어야 할 곳이 재판입니다. 백성들 사이에 문제가 생겨서 소송이 제기되면 왕은 재판 석에 앉아서 그 재판을 공정하게 처리해 주어야 합니다. 왕은 최고 재판관이기 때문입니다. 따라서 솔로몬이 하나님께 요구한 지혜는 사법적인 면에 우선 강조점이 있다고 말할 수 있습니다.

솔로몬이 하나님께 지혜를 구할 때, "주의 백성을 재판하여"라고 말합니다. "주의 백성"은 '당신의 백성'으로 하나님의 백성을 의미합니다. 솔로몬은 하나님의 백성에게 재판을 통하여 공의를 행하기 위하여 지혜를 구합니다. 이것이 하나님의 마음에 맞은 것입니다(왕상 3:10). 하나님이 주신 지혜로 솔로몬은 지혜에 있어서 비교할 수 없는 탁월한 위치를 점합니다. "네 앞에도 너와 같은 자가 없었거니와 네 뒤에도 너와 같은 자가 일어남이 없으리라" (왕상 3:12), "네 평생에 왕들 중에 너와 같은 자가 없을 것이라"(왕상 3:13). 또한 하나님은 솔로몬이 구하지 않은 부귀와 영광도 주십니다(왕상 3:13).

하지만 솔로몬이 하나님께 지혜를 받았다고 해서 모든 것이 완전한 것은 아닙니다. 솔로몬도 이스라엘의 한 사람으로서 하나님의 율법에 순종해야 할 의무와 책임이 있습니다. 하나님은 솔로몬에게 지혜와 부와 영광을 주시겠다고 말한 후에 율법에 순종할 것을 당부합니다. "네가 만일 네 아버지 다윗이 행함 같이 내 길로 행하며 내 법도와 명령을 지키면 내가 또 네 날을 길게 하리라"(왕상 3:14). 솔로몬도 율법에 순종해야 합니다. 그의 아버지 다윗은 율법에 잘 순종한 왕으로 솔로몬의 모델입니다.

솔로몬의 지혜는 두 창기 여인의 재판에서 탁월함이 드러납니다. 두 여인이 와서 살아 있는 아들이 자기 아들이며 죽은 아들이 상대방의 아들이라고 주장합니다. 이 말을 들은 솔로몬이 칼을 가져와서 아이를 반으로 쪼개서 나누어 주라고 명령합니다. 그러자 진짜 어머니가 이 명령에 반대하여 자기주장을 포기합니다. 그러나 다른 여인은 그렇게 하자고 동의합니다. 솔로몬은 모성애를 자극하여 재판을 해서 진짜 어머니를 찾아 주는데 성공합니다. 열왕기 기자는 이 사건을 이렇게 기술합니다. "온 이스라엘이 왕이 심리하여 판결함을 듣고 왕을 두려워하였으니 이는 하나님의 지혜가 그의 속에 있어 판결함을 봄이더라"(왕상 3:28). 열왕기 기자는 솔로몬의 지혜를 "하나님의 지혜"라고 부르고 있습니다. 하나님이 백성을 잘 판결할 수 있도록 솔로몬에게 사법적인 지혜를 주신 것입니다.

열왕기 기자는 초창기의 솔로몬의 통치를 성공적으로 평가합니다. 솔로몬 시대의 인구는 "유다와 이스라엘의 인구가 바닷가의 모래 같이 많게 되매" 라고 기술합니다(왕상 4:20). 이는 하나님이 아브라함에게 하신 약속을 연상하게 합니다(창 15:5; 22:17). 또한 솔로몬이 다스리는 영토는 "그 강에서부터 블레셋 사람의 땅에 이르기까지와 애굽 지경에 미치기까지의 모든 나라를 다스리므로"라고 언급합니다(왕상 4:21). 물론 이 영토는 다윗 왕이 물려준 것입니다. "그 강"은 유브라데 강을 의미합니다. 솔로몬이 통치하는 영토는 하나님께서 아브라함에게 약속하신 땅의 경계입니다. “내가 이 땅을 애굽 강에서부터 그 큰 강 유브라데까지 네 자손에게 주노니”(창 15:18).

다시 열왕기 기자는 “하나님이 솔로몬에게 지혜와 총명을 심히 많이 주시고 또 넓은 마음을 주시되 바닷가의 모래 같이 하시니”라고 말합니다(왕상 4:29). 하나님은 솔로몬에게 “듣는 마음”(왕상 3:9)과 “넓은 마음”을 주셨습니다. “듣는 마음”이 재판에서 양 편의 주장을 잘 들을 수 있는 마음이라면 “넓은 마음”은 지혜의 결과로 백성들을 잘 이해하고 통치할 수 있는 마음입니다. 솔로몬의 지혜는 주위 국가들의 지혜자들보다 뛰어나서 그 소문이 국제적으로 퍼져 나갑니다(왕상 4:30-31). 신명기는 이스라엘 백성이 율법을 잘 지킬 때 주변 민족들에게 “지혜와 지식이 있는 백성”이라고 칭송을 받을 것이라고 했습니다(신 4:6). 솔로몬이 아버지 다윗같이 여호와의 법에 순종할 때, 그의 지혜는 주변 국가들로부터 인정을 받았습니다. 그의 지혜는 잠언과 노래 그리고 동식물에 대해서도 해박하였습니다(왕상 4:32-33).

열왕기 기자는 솔로몬의 초기 시대를 성공적으로 기술합니다. 솔로몬 시대의 평안과 풍요로움 그리고 그의 뛰어난 지혜를 언급합니다. 이 모든 것은 하나님이 주신 지혜와 부의 결과입니다.

16.3 성전 건축

솔로몬의 가장 큰 업적은 성전을 지은 것입니다. 솔로몬이 성전을 건축하는데 두로 왕 히람의 도움이 컸습니다. 그는 히람과 무역 거래를 통하여 성전의 재목을 조달합니다. 히람은 백향목과 잣나무 재목을 보내고 밀과 기름을 받습니다(왕상 5:10-11). 성전을 짓는데 “솔로몬의 건축자와 히람의 건축자와 그발 사람”이 성전 돌을 다듬었고 재목과 돌들을 준비했습니다(5:18; 7:13-14).

열왕기 기자는 성전 건축이 이스라엘 역사에 갖는 의미를 이렇게 표현합니다. “이스라엘 자손이 애굽 땅에서 나온지 사백팔십 년이요 솔로몬이 이스라엘 왕이 된지 사년 시브월 곧 둘째 달에 솔로몬이 여호와를 위하여 성전 건축하기를 시작하였더라"(왕상 6:1). 열왕기 기자는 이스라엘 역사에 출애굽과 성전건축이 중요한 사건들임을 거론합니다. 특별히 이 구절은 출애굽의 연대를 정하는데 기준이 됩니다. 솔로몬이 왕위에 오른 연대는 B.C 966/960/957년으로 추정하기 때문에 480년을 더하면 출애굽의 연대는 B.C 1446/1440/1437년입니다(이른 연대설에 따르면. 늦은 연대설을 주장하는 사람은 480년이라는 숫자를 상징적으로 해석하여 B.C 1350/1290/1280/1275/1225년을 제안합니다).

출애굽과 성전이 이스라엘 역사에 중심입니다. 성전 건축은 하나님이 다윗 집안을 선택하셨다는 것을 확증하는 것입니다. 다윗 왕조의 정통성을 보장하는 것입니다.

성전의 사이즈는 길이가 60규빗(약 30m), 너비가 20규빗(약 10m), 높이가 30규빗(약 15m)로 삼층입니다(왕상 6:2-6). 특별히 성전을 건축하는 동안에 "돌을 그 뜨는 곳에서 다듬고 가져다가 건축하였으므로 건축하는 동안에 성전 속에서는 방망이나 도끼나 모든 철 연장 소리가 들리지 아니하였으며"라고 합니다(왕상 6:7). 고대 이스라엘에서 제단은 다듬은 돌로 쌓지 않았습니다. 정으로 다듬은 돌은 부정하기 때문입니다(출 20:25; 신 27:5; 수 8:31). 고대 이스라엘은 쇠 연장으로 다듬는 것을 부정하게 여겼기 때문에 솔로몬은 성전 안에서 철 연장 소리를 들리지 않게 했습니다.

성전은 성소 앞 주랑과 성소와 지성소로 구성되었습니다. 지성소는 길이가 20규빗, 너비가 20규빗, 높이가 20규빗이다. 금으로 입혔습니다. 감람(올리브)나무로 두 그룹을 만들어 금으로 입혀 지성소 가운데 두었습니다. 그룹은 높이가 10규빗으로 한 날개가 5규빗이며 다른 날개도 5규빗입니다. 두 그룹은 크기가 같습니다. 지성소 앞에 성소의 길이는 40규빗이며 성소에서 지성소로 들어가는 곳에 감람나무로 두 문을 만들어 놓았습니다. 그 문 위에 그룹과 종려(야자)와 핀 꽃을 새겨 놓았습니다. 주랑은 길이 20규빗, 너비 10규빗입니다. 성전 벽에 붙여서 삼면에 다락을 만들었습니다. 삼층으로 방들이 있습니다.

솔로몬은 7년 동안 성전을 지어 완공하였습니다. 솔로몬이 이렇게 성전을 빨리 완공할 수 있었던 것은 다윗 왕이 성전 설계도와 성전을 지을 수 있는 재료를 많이 준비해 두었기 때문입니다(대상 28:2, 11-12, 19; 29:1-9).

성전 건축을 묘사하는데 있어서 열왕기 기자는 성전의 크기와 구조(왕상 6:1-10)와 실내의 성소와 지성소(왕상 6:14-38) 사이에 여호와의 말씀을 끼워 두었습니다(왕상 6:11-13). "네가 지금 이 성전을 건축하니 네가 만일 내 법도를 따르며 내 율례를 행하며 내 모든 계명을 지켜 그대로 행하면 내가 네 아버지 다윗에게 한 말을 네게 확실히 이룰 것이요 내가 또한 이스라엘 자손 가운데에 거하며 내 백성 이스라엘을 버리지 아니하리라."

하나님은 솔로몬에게 율법을 지킬 것을 말씀하십니다. 이것은 성전이 무엇을 위한 집인가를 명확하게 합니다. 성전은 법궤를 위한 집입니다. 법궤 안에는 십계명의 두 돌 판이 보관되어 있습니다. 십계명은 율법의 핵심이며 요약입니다. 따라서 성전은 율법을 위한 집입니다. 왕이 율법에 순종하는 것은 성전의 의미를 더 확실하게 합니다.

율법을 지킬 때 하나님은 이스라엘 가운데 거할 것을 약속하십니다. 성전은 여호와 하나님이 거주하시는 집입니다. 율법을 지킬 때, 하나님이 그들과 함께 하시며 이스라엘을 버리지 않습니다. 이스라엘이 여호와께 버림을 받지 않으려면 율법의 권위에 순종해야 합니다.

그런데 특이하게도 이 말씀의 구조는 성전 건축과 성전 내부 건축 사이에 샌드위치처럼 끼여 있습니다. 성전은 결국 말씀을 위한 집이라는 것을 구조에서도 알 수 있습니다.

더 특이한 것은 열왕기상 7장의 구조입니다. 열왕기상 7:1-12은 솔로몬이 자기 궁전을 지은 것을 말하고 열왕기상 7:13-51은 성전 기둥과 놋 바다와 물두멍과 성전 기구들을 만든 이야기입니다. 열왕기상 6장과 연결해서 보면 6장의 성전 건축과 7장의 성전 기구들 사이에 솔로몬의 왕궁 건축이 샌드위치처럼 끼어 있습니다.

솔로몬의 왕궁의 크기는 성전보다 훨씬 큽니다. 길이가 100규빗, 너비가 50규빗, 높이가 30규빗입니다. 왕궁 건축 기사가 성전 건축 기사 사이에 끼여 있어서 크기가 한 눈에 비교됩니다. 왕궁은 성전보다 크고 건축 기간도 더 걸렸습니다.

더 나아가 열왕기 기자는 아무런 논평이 없이 솔로몬의 왕궁의 실내 인테리어가 어떠했는지 다음과 같이 기술합니다. "또 큰 뜰 주위에는 다듬은 돌 세 켜와 백향목 두꺼운 판자 한 켜를 놓았으니 마치 여호와의 성전 안뜰과 주랑에 놓은 것 같더라"(왕상 7:12). 솔로몬은 자기 왕궁의 실내 인테리어를 여호와의 성전 인테리어와 같이 해 놓았습니다. 인테리어는 집주인의 의도를 나타냅니다. 열왕기 기자는 솔로몬 왕궁의 마지막 절에 이것을 기술해 놓음으로 무엇인가를 독자들에게 생각하기를 원하고 있습니다.

16.4 성전 봉헌 기도

솔로몬이 성전을 완공한 후에 여호와의 언약궤를 다윗 성에서 성전으로 옮깁니다. 제사장들이 언약궤와 성막의 모든 기구들을 메고 옮깁니다. 이로서 성전은 언약궤를 위한 집이 되었습니다.

성전이 완공되어 언약궤가 안치됩니다. 솔로몬이 제사를 지냅니다. 제사장이 성소에서 나오자 여호와의 영광의 구름이 성전에 가득 찹니다. 여호와께서 성전에 임재하십니다. 이것은 모세가 이스라엘을 인도할 때 광야에서 함께 했던 구름 기둥을 생각나게 합니다. 또한 모세가 성막을 지었을 때 나타났던 현상(출 40:34; 레 9:22-24)과 같습니다. 성전이 이제 성막을 대체하는 것을 보여줍니다.

솔로몬은 성전을 짓고 이렇게 말합니다. "내가 참으로 주를 위하여 계실 성전을 건축하였사오니 주께서 영원히 계실 처소로소이다"(왕상 8:13). "계실 처소"는 '당신의 거주를 위한 고정된 장소'입니다. 솔로몬은 예루살렘 성전이 여호와께서 영원히 계실 수 있는 장소라고 밝힙니다. 이것은 법궤가 그동안 가나안 땅에 들어와서 유랑을 했던 것을 기억하면 쉽게 이해할 수 있습니다. 법궤는 시내 산에서 계속 이스라엘과 함께 여행했습니다. 가나안 땅에 들어온 뒤에도 계속 방랑했습니다. 그러나 다윗이 법궤를 예루살렘에 가져왔고 이제 법궤는 솔로몬이 지은 고정된 장소에 안착하게 되었습니다. 법궤는 시내 산에서 출발하여 시온 산에 정착하였습니다.

이어서 솔로몬은 백성에게 성전을 건축한 이유를 설명합니다. 다윗에게 하신 여호와의 약속의 성취 때문입니다. "여호와께서 그의 입으로 내 아버지 다윗에게 말씀하신 것을 이제 그의 손으로 이루셨도다"(왕상 8:15).

성전이 완공되었습니다. 이는 이스라엘 역사에서 큰 의미를 차지합니다. 이제 아무 장소에서나 하나님께 제사를 드릴 수 없습니다. 하나님이 선택하신 한 장소 예루살렘에서만 제사를 드려야 합니다. 이는 신명기의 중앙 성소법을 성취한 것입니다(신 12장). 성전은 하나님이 선택한 곳에 세워짐으로 여호와께서 머무는 곳이며 그의 이름이 있는 곳입니다. 여호와께서 이스라엘과 언약을 맺은 언약궤를 위한 집입니다. 이곳에서 하나님께 예배를 드리며 하나님의 말씀이 주어지며 죄사함이 이루어졌습니다. 성전은 이스라엘 예배의 중심지가 되었습니다.

솔로몬의 기도

솔로몬은 하늘을 향하여 손을 들고 기도합니다(왕상 8장). 그는 "여호와여 위로 하늘과 아래로 땅에 주와 같은 신이 없나이다"라고 고백합니다(왕상 8:23). 이스라엘의 하나님은 다른 신과 비교할 수 없는 유일하신 분이라고 선언합니다. 솔로몬은 여호와는 언약을 지키시는 분이심을 강조하며(왕상 8:23-24) 다윗 언약을 지켜 주시기를 간구합니다(왕상 8:25-26). 솔로몬은 하나님이 다윗에게 했던 말을 인용하여 기도합니다. "네 자손이 자기 길을 삼가서 네가 내 앞에서 행한 것 같이 내 앞에서 행하기만 하면 네게서 나서 이스라엘의 왕위에 앉을 사람이 내 앞에서 끊어지지 아니하리라 하셨사오니 이제 다윗을 위하여 그 하신 말씀을 지키시옵소서"(왕상 8:25). 이스라엘의 다윗 왕조가 계속 지속되기 위해서는 다윗의 후손들은 다윗과 같이 살아야 합니다. 다윗이 율법을 준행하며 하나님을 사랑한 것 같이 후손들이 행할 때, 다윗 왕조는 계속 유지될 수 있습니다.

하나님은 다윗에게 다윗 후손이 계속 왕위에 오를 것을 약속했습니다. 그렇지만 다윗의 후손들도 언약의 백성으로 율법에 순종해야 합니다. 하나님은 성전을 짓는 솔로몬에게 이렇게 말씀하십니다. '네가 하나님의 율법을 지키면 다윗에게 한 약속을 확실하게 이룰 것이다. 하나님이 이스라엘 자손 가운데 거하며 이스라엘을 버리지 않을 것이다' (왕상 6:12-13). 하나님을 섬기며 다른 신을 따라가지 않을 때 즉, 왕이 율법에 순종할 때, 다윗 왕조는 계속 번영할 수 있습니다. 다윗의 후손들도 모세 언약을 지켜야 합니다.

솔로몬은 하나님의 이름이 계신 성전을 향하여 주의 종과 주의 백성이 기도할 때 들어주시기를 간청합니다. 솔로몬은 이스라엘이 성전에 나와서 기도할 수 있는 다양한 상황(7개의 상황)을 전제하고 기도합니다.

1) 성전에서 맹세할 때 하늘에서 판단하시기를: 31-32.
2) 전쟁에 져서 성전에서 기도할 때 들어주시기를: 33-34.
3) 범죄하여 비가 오지 않을 때의 기도를 들어주기를: 35-36.
4) 재앙이나 질병이 있을 때 이 전을 향한 기도를 들어주기를: 37-40.
5) 이방인이 이 전을 향하여 기도하는 것을 들어주기를: 41-43.
6) 전쟁에 나가기 전에 하는 (승리의)기도를 들어주시기를: 44-45.
7) 전쟁 포로로 잡혀가서 하는 기도를 들어주시기를:46-50.

솔로몬은 다양한 상황에서 회개하고 기도하면 용서해달라고 합니다. 용서를 강조합니다. 2)는 이스라엘이 범죄하여 전쟁에서 져서 성전에서 기도하는 상황입니다. 이때 하나님은 그들의 죄를 용서해 주시고 그들을 기업의 땅으로 돌아오게 해 달라고 요청합니다. 3)은 이스라엘이 범죄하여 비가 내리지 않을 때입니다. 그때 하나님은 회개의 기도를 들으시고 용서해 주시며 비를 달라고 요청합니다. 4)는 기근, 전염병, 곡식이 시들 때, 메뚜기 재앙, 적에 의해 포위당할 때, 재앙이나 질병이 있을 때, 이 성전을 향하여 기도하면 하나님은 들으시고 그들의 행위대로 갚아 달라고 합니다. 7)은 적군에 포로로 잡혀 갔을 때, 회개하고 기도하면 용서해 주시기를 요청합니다.

2), 3), 4), 7)은 다양한 심판들을 언급하고 있습니다. 이러한 심판들은 신명기의 언약의 저주와 관련이 있습니다(신 28장). 이스라엘이 하나님과 맺은 언약을 어길 때 임하는 저주들입니다. 솔로몬은 이스라엘이 범죄하여 심판을 당할 때, 성전을 향하여 기도하면 들어주시기를 간구하고 있습니다. 여기서 언약의 저주를 돌이킬 수 있는 것은 성전에서 또는 성전을 향하여 하는 회개의 기도입니다. 특별히 흥미로운 것은 포로로 잡혀가는 상황입니다. 포로로 잡혀가는 것은 이스라엘이 언약을 어겼을 때 하나님의 심판으로 인해서입니다(신 28:36-37). 포로지에 있을 때, 그들은 "온 마음과 온 뜻"으로 하나님께 돌아와야 합니다. 돌아온다는 것은 회개를 의미합니다(왕상 8:48). 회개는 하나님이 선택한 성 즉, 하나님의 이름을 위하여 건축한 성전이 있는 곳을 향한 기도를 동반합니다. 성전을 향하여 기도할 때, 하나님이 들으시고 용서해 주시기를 간청합니다. 하지만 포로지에서 귀환을 말하지는 않습니다. 단지 출애굽 사건을 언급합니다. "그들은 주께서 철 풀무 같은 애굽에서 인도하여 내신 주의 백성, 주의 소유가 됨이니이다"(왕상 8:51; 참고. 8:53). 이는 곧 출애굽과 같은 긍휼하심이 있기를 바라는 것입니다. 출애굽과 같이 포로 상태에서 해방과 자유를 달라는 것입니다.

솔로몬의 기도에서 성전은 기도하는 집으로서 기능합니다. 가장 특이한 점은 성전이 꼭 이스라엘만을 위한 기도의 집이 아니라는 사실입니다. 이방인들이 주의 이름을 인정하고 성전을 향하여 기도하면 들어주시기를 간청합니다. 성전은 이제 이스라엘의 민족적 경계를 넘어 이방인들에게로 나아가고 있습니다.

열왕기는 성전이 세워진 장소를 말하지 않지만 역대기는 모리아 산이라고 밝힙니다(대하 3:1). 이곳은 아브라함이 이삭을 번제로 드리려고 했던 장소입니다. 하나님이 이삭을 번제로 바치라고 명령했던 장소(창 22장)에 성전이 세워졌습니다. 또한 이곳은 다윗이 인구조사 후에 범죄함을 뉘우치고 아라우나 타작 마당에서 번제를 드렸던 장소이기도 합니다(삼하 24:18-25). 역대기 기자는 다윗이 이 장소에서 번제를 드렸을 때에 하늘에서 불이 내려왔다고 보도합니다(대상 21:26). 이것을 본 다윗은 "이는 여호와 하나님의 성전이요 이는 이스라엘의 번제단이라"고 말했습니다(대상 22:1). 성전은 이제 이스라엘 사회에 중심적인 위치를 차지합니다. 하나님이 임재하시는 처소로서 이스라엘의 예배의 중심지입니다. 하나님이 선택한 장소임이 분명합니다(왕상 8:48; 신 12:5, 14).

신현

기브온에서 솔로몬의 꿈(왕상 3장)에 하나님이 나타나신 것처럼 다시 하나님이 솔로몬에게 나타나십니다(왕상 9:2). 기브온의 꿈 이야기는 긍정적이지만 여기서의 신현 이야기는 부정적입니다. 기브온의 꿈은 하나님이 솔로몬에게 주실 것, 지혜에 강조가 있었던 반면에 여기서는 하나님이 솔로몬에게 요구하는 것, 율법의 순종에 강조점이 있습니다(왕상 9:1-9).

하나님은 솔로몬의 기도를 들으셨다고 말하며 하나님의 이름을 성전에 두시며 성전에 마음을 두시겠다고 하십니다. 그 후에 하나님은 솔로몬에게 율법에 순종할 것을 말합니다.

하나님은 솔로몬이 "만일" 율법을 지키면 다윗에게 한 하나님의 약속을 - "이스라엘의 왕위에 오를 사람이 네게서 끊어지지 아니하리라" - 지킬 것입니다(왕상 9:4-5). 하나님이 다윗에게 한 약속에는 율법에 순종해야 한다는 조건은 나타나지 않습니다(삼하 7:5-16). 그러나 왕이 율법에 순종해야 하는 것은 모세의 명령이며(신 17:14-20) 가나안 땅에서 율법을 지켜야 하는 것은 온 이스라엘에게 주어진 명령이었습니다(신 27-28장; 수 8:30-35). 열왕기 기자는 다윗의 언약에 시내 산 언약을 더해서 지금 솔로몬에게 적용하고 있습니다.

다윗이 솔로몬에게 모델입니다. 다윗은 하나님의 율법의 권위 아래에 있었던 왕입니다. 하나님은 솔로몬에게 다윗같이 행할 것을 주문하십니다(왕상 9:4). 솔로몬이 율법에 순종할 때, 이스라엘의 왕위는 견고할 것입니다(왕상

9:5). 솔로몬이 율법에 순종하기 위해서는 그의 마음이 중요합니다. "마음을 온전히 하고 바르게" 할 때, 율법을 지킬 수 있습니다(왕상 9:4).

하지만 솔로몬이 율법의 권위 아래 있기를 거부할 때는 상황이 달라집니다. 하나님은 다시 솔로몬에게 "만일" 율법을 순종하지 않으면 일어날 일에 대해서 설명하십니다. 그런데 율법에 불순종할 때 생기는 결과가 더 길고 자세합니다(왕상 9:6-9). 강조점이 불순종의 결과에 있습니다.

솔로몬이 다른 신을 숭배하면(왕상 9:6), 다른 신을 숭배하는 것은 1-2계명을 어기는 행위로 율법에 불순종하는 것입니다, 먼저 이스라엘은 가나안 땅에서 끊어지고 성전도 멸망하며 이스라엘은 모든 민족에게 비웃음거리가 될 것입니다(왕상 9:7). 이스라엘 국가의 존폐와 성전의 존속은 솔로몬의 정치적인 역량에 달려 있는 것이 아니라 전적으로 솔로몬이 율법을 순종하느냐, 순종하지 않느냐에 달려있습니다.

솔로몬이 성전을 봉헌한 후에 하나님이 다시 나타나셔서 하신 말씀은 암울한 분위기를 드리웁니다. 율법에 순종할 때 받는 복보다는 불순종할 때 받는 재앙에 더 무게가 있기 때문입니다. 마치 이스라엘 역사에 닥칠 미래의 재앙을 예시하는 것 같습니다. 이것은 신명기의 28장의 복과 저주를 반영합니다. 신명기 28장은 율법에 순종할 때, 이스라엘이 복을 받습니다(28:1-14). 하지만 불순종할 때, 저주를 받습니다(28:15-68). 복에 대한 강조보다 저주에 대한 강조가 더 깁니다.

17

나라의 분열: 우상숭배의 결과

읽어야 할 본문: 열왕기상 9-14장

성전 건축 후에 솔로몬의 통치는 상당히 부정적입니다. 솔로몬은 부를 자신의 영화를 위하여 사용하며 지나친 건축 사업에 열중합니다. 더 나아가 솔로몬은 많은 이방 여인들과 결혼합니다. 국제 결혼을 통하여 우상숭배가 이스라엘에 들어옵니다. 솔로몬은 노년에 이방 여인들의 유혹을 받아 산당을 짓고 우상숭배를 합니다. 이러한 솔로몬의 실정과 배교는 왕국의 분열의 씨앗을 뿌립니다. 결국 솔로몬의 아들 르호보암 때에 나라가 분열됩니다. 그 이후 유다와 이스라엘은 급속도로 타락해져 갑니다.

17.1 솔로몬의 실정

솔로몬은 통치 후반부에 여러 면에서 잘못을 저지릅니다. 먼저 외국과의 무역을 말할 수 있습니다. 솔로몬과 두로 왕 히람과의 첫 번째 교역은 성공적이었습니다(왕상 5:1-18). 그러나 두 번째 거래는 히람이 불만을 표현합니다. 히람이 성전과 왕궁을 건축하도록 솔로몬에게 백향목과 잣나무와 금을 제공합니다. 이에 대한 대가로 솔로몬은 갈릴리 땅의 성 20곳을 히람에게 줍니다. 하지만 히람은 이 성들을 보고 만족하지 못하고 "내 형제여 내게 준 이 성읍들이 이러한가 하고 이름하여 가불(כבול) 땅이라" 불렀습니다(왕상 9:13).

열왕기 기자는 히람의 불평만을 기록하며 구체적인 논평을 하지 않습니다. 그러나 이 단어는 묘한 뉘앙스를 풍깁니다. 왜냐하면 모세는 "그의 이웃의 경계표를 옮기는 자는 저주를 받을 것이라 할 것이요 모든 백성은 아멘 할지니라"(신 27:17; 참고. 신 19:14; 잠 23:10)고 말하기 때문입니다. 여기서 "경계표"는 '게불'(גבול)로 발음합니다. 히람이 말한 "가불"과 "게불"은 앞 자음 하나만 다릅니다. 열왕기 기자는 아무런 논평 없이 묘한 말장난으로 독자들에게 솔로몬이 여호와께서 이스라엘에게 기업으로 주신 갈릴리 땅을 이방인에게 넘겨주는 죄를 지었다는 사실을 인식시키고 있습니다. 기업의 경계표를 옮기는 자는 저주를 받을 것이라는 말씀을 기억해야 합니다.

솔로몬은 건축가입니다. 그는 평생을 건축 사업에 매진합니다. 성전과 왕궁을 짓는데 20년이 걸렸습니다. 또한 이방 아내들을 위한 신전들도 지었습니다. 그 외에도 예루살렘 성, 하솔, 므깃도, 게셀, 벧호론, 바알랏, 다드몰 그리고 밀로를 건설하였고 그 외에도 국고성과 병거성과 마병성을 건축했습니다. 이렇게 많은 건축 사업을 위해 가나안 땅에 남아 있던 아모리, 헷, 브리스, 히위, 여부스 사람들을 역군으로 동원했습니다(왕상 9:20-21). 계속되는 건축은 이스라엘 백성에게 과도한 세금과 노동을 착취했습니다. 후에 나라가 분열될 때 노동이 주요 주제로 등장합니다.

솔로몬의 지혜는 이웃 나라들의 관심을 끌었습니다. 스바(남서쪽 아라비아) 여왕이 솔로몬의 지혜를 직접 듣고자 120 달란트의 금과 많은 향품을 가지고 와서 바쳤습니다. 스바 여왕은 솔로몬의 지혜를 직접 듣고 그의 왕궁의 화려함을 보고 놀랍니다. "스바의 여왕이 솔로몬의 모든 지혜와 그 건축한 왕궁과 그 상의 식물과 그의 신하들의 좌석과 그의 시종들이 시립한 것과 그들의 관복과 술 관원들과 여호와의 성전에 올라가는 층계를 보고 크게 감동하여"(왕상 10:4-5). 스바 여왕이 본 것은 왕궁과 왕의 식탁 위의 음식과 신하들의 좌석과 예복 그리고 성전입니다. 왕궁의 외형적 화려함에 강조를 두고 있습니다. 스바 여왕이 이것을 보고 솔로몬의 지혜와 부를 찬양합니다.

스바 여왕이 보고 놀란 솔로몬 왕궁의 화려함은 독자들에게 묘한 뉘앙스를 풍깁니다. 왜냐하면 솔로몬은 부를 자신의 영화를 위해서 사용했기 때문입니다. 이후에 열왕기 기자는 계속 솔로몬의 부의 사용을 말합니다. 솔로몬은 왕궁을 지키는 시위대를 위해 금으로 방패를 만듭니다. "솔로몬 왕이 쳐서 늘인 금으로 큰 방패 이백 개를 만들었으니 매 방패에 든 금이 육백 세겔이며 또 쳐서 늘인 금으로 작은 방패 삼백 개를 만들었으니 매 방패에 든 금이 삼 마네(150세겔)라"(왕상 10:16-17). 시위대 군인들이 드는 방패를 금으로 만듭니다. 자신의 위엄과 영광을 드러내기 위한 것입니다. 이것은 보좌를 장식한 것에서 더 드러납니다. "왕이 또 상아로 큰 보좌를 만들고 정금으로 입혔으니 그 보좌에는 여섯 층계가 있고 보좌 뒤에 둥근 머리가 있고 앉는 자리 양쪽에는 팔걸이가 있고 팔걸이 곁에는 사자가 하나씩 서 있으며 또 열두 사자가 있어 그 여섯 층계 좌우편에 서 있으니 어느 나라에도 이같이 만든 것이 없었더라"(왕상 10:18-20). 솔로몬의 보좌가 화려합니다. 다른 나라에서 찾아볼 수 없는 장식들로 치장되어 있습니다.

더 나아가 열왕기 기자는 솔로몬의 부를 이렇게 표현합니다. "솔로몬 왕이 마시는 그릇은 다 금이요 레바논 나무 궁의 그릇들도 다 정금이라 은 기물이 없으니 솔로몬의 시대에 은을 귀히 여기지 아니함은"(왕상 10:21). 왕궁에서 사용하는 그릇들이 다 금으로 만들었습니다. 엄청난 부를 누렸습니다. 왕의 법에 따르면 왕은 "자기를 위하여 은금을 많이 쌓지 말 것이니라"(신 17:17)고 말합니다. "많이"는 '매우 많이'라는 말로 과도한 부를 갖지 말라는 것입니다. 하지만 솔로몬은 과도한 부를 축적하고 있습니다.

솔로몬의 이러한 부와 지혜는 물론 하나님이 주신 것입니다(왕상 3:13). 하지만 문제는 부의 사용입니다. 솔로몬은 이렇게 막대한 부를 자신을 치장하는데 사용하고 있습니다. 다윗은 많은 부를 여호와의 성전을 짓도록 다 희사하였습니다. 다윗의 부의 사용과 솔로몬의 부의 사용이 서로 대조를 이룹니다. 일찍이 모세는 부해질 때 조심하라고 경고했습니다. "네가 먹어서 배부르고 아름다운 집을 짓고 거주하게 되며 또 네 소와 양이 번성하며 네 은금이 증식되며 네 소유가 다 풍부하게 될 때에 네 마음이 교만하여 네 하나님 여호와를 잊어버릴까 염려하노라”(신 8:12-14). 솔로몬의 부는 칼의 양날입니다. 부는 하나님이 주신 복입니다. 하지만 이 복을 잘못 사용하는 사람에게는 독이 됩니다.

솔로몬은 부를 잘못 사용합니다. 하나님의 법을 어기는데 돈을 씁니다. 솔로몬이 말을 많이 사 모았기 때문입니다. 병거가 1,400대 그리고 마병이 12,000명입니다. 솔로몬은 말을 이집트에서 들여왔습니다(왕상 10:28). 모세는 일찍이 왕의 법에서 왕은 말을 많이 가져서는 안 된다고 경고했습니다. 특히 왕이 말을 얻으려고 이집트로 돌아가서는 안 된다고 명확하게 했습니다(신 17:16). 하지만 솔로몬은 율법을 어겨가면서 국방력을 증강할 뿐만 아니라 이집트로 돌아가지 말라는 명령을 어기며 이집트에서 말을 가져왔습니다. 하나님이 주신 부를 잘못 사용하고 있습니다.

17.2 솔로몬의 배교

솔로몬 통치의 후반부는 부정적으로 묘사됩니다. 그렇지만 이러한 부정적인 씨앗은 이미 솔로몬 통치 초창기부터 잠재해 있었습니다. 솔로몬이 하나님께 지혜를 받기 전부터 열왕기 기자는 솔로몬이 이집트의 공주와 결혼한 사실을 먼저 언급합니다(왕상 3:1). 열왕기 기자는 솔로몬이 바로의 딸과 결혼한 것에 대해 어떠한 논평도 남기지 않습니다. 하지만 무엇인가 여운을 남깁니다. 율법은 이스라엘에게 이방 사람들과 통혼하지 말 것을 말합니다(출 34:10-16; 신 7:1-5). 또한 여호수아도 그의 고별설교에서 이방인들과 결혼하지 말 것을 촉구했습니다(수 23:12-13).

또한 열왕기 기자는 솔로몬 통치의 초기 시대에 평안과 풍요함을 기술하면서 특이하게 논평이 없이 한 가지를 덧붙입니다. “솔로몬의 병거의 말 외양간이 사만이요 마병이 만 이천 명이며”(왕상 4:26). 솔로몬은 처음부터 말이 많았습니다.

열왕기 기자는 솔로몬의 초기 성공과 번영을 기록하면서 작은 것이지만 계속 솔로몬이 이방인인 바로의 딸과 결혼한 것, 말이 많은 것 그리고 솔로몬의 왕궁의 실내 인테리어를 지적하고 있습니다. 무엇인가 계속 쌓여가는 듯한 인상을 독자들에게 주고 있습니다. 하지만 열왕기 기자는 이 사건들에 대하여 어떠한 논평을 가하지 않습니다.

이제까지 열왕기 기자는 솔로몬의 불순종들을 하나씩 기록해 왔습니다. 이제 솔로몬의 결정적인 잘못을 기록합니다. 솔로몬의 가장 큰 약점은 여인과의 관계에 있었습니다. 솔로몬에게 1,000명의 여인들과 바로의 딸이 있었습니다(왕상 11:1-3). 물론 이전의 왕들, 사울도 여러 명의 아내들이 있었고(삼하 3:7; 12:8) 다윗도 많은 첩들과 아내들이 있었습니다(삼하 3:2-5; 5:13). 하지만 솔로몬의 하렘의 규모는 단연 큽니다.

열왕기 기자는 이제까지 솔로몬의 행동에 대한 구체적인 논평이 없이 기술해 왔습니다. 그러나 이제 솔로몬의 여자 문제에 대해서는 구체적인 논평을 가합니다. "솔로몬 왕이 바로의 딸 외에 이방의 많은 여인을 사랑하였으니 곧 모압과 암몬과 에돔과 시돈과 헷 여인이라. 여호와께서 일찍이 이 여러 백성에 대하여 이스라엘 자손에게 말씀하시기를 너희는 그들과 서로 통혼하지 말며 그들도 너희와 서로 통혼하게 하지 말라 그들이 반드시 너희의 마음을 돌려 그들의 신들을 따르게 하리라 하셨으나 솔로몬이 그들을 사랑하였더라"(왕상 11:1-2).

열왕기 기자는 솔로몬이 이방 여인을 사랑한 행위를 옛날에 여호와께서 하신 말씀을 어긴 것이라고 지적합니다.

모세는 일찍이 왕의 법에서 왕은 많은 아내를 두지 말라고 경고했습니다. "그에게 아내를 많이 두어 그의 마음이 미혹되게 하지 말 것이며"(신 17:17). 많은 아내를 두지 말라는 이유는 아내들이 왕의 마음을 미혹하기 때문입니다. 왕의 마음을 여호와께로부터 떠나게 할 것을 염려하여 많은 아내를 두지 말라고 경고합니다.

하지만 솔로몬은 많은 여인들을 두었습니다. 특히 이방 여인을 사랑하여 국제결혼을 하였습니다. 이는 율법을 어기는 행위입니다(출 34:15-16; 신 7:1-4). 이방 여인들은 솔로몬의 마음을 돌이키는 역할을 합니다. "그의 여인들이 왕의 마음을 돌아서게 하였더라"(왕상 11:3). 여인들이 솔로몬의 마음을 여호와께로부터 이방 신으로 돌아서게 만들었습니다. 솔로몬의 "마음"이 여호와께로부터 돌아섰다는 것을 계속 지적합니다(왕상 11:3, 4, 9). 솔로몬은 성전을 지었던 경험을 살려 이방 여인들이 섬기는 우상을 위해 산당을 지어 줍니다(왕상 11:7-8).

솔로몬은 그의 아버지 다윗과 같이 행하지 않습니다. "솔로몬의 나이가 많을 때에 그의 여인들이 그의 마음을 돌려 다른 신들을 따르게 하였으므로 왕의 마음이 그의 아버지 다윗의 마음과 같지 아니하여 그의 하나님 여호와 앞에 온전하지 못하였으니"(왕상 11:4). 솔로몬의 마음을 다윗의 마음과 비교합니다. 하나님은 다윗을 기름 부으실 때 다윗의 마음을 보셨습니다(삼상 16:7). 다윗의 마음은 여호와를 섬기는 마음입니다. 왜냐하면 솔로몬의 마음이 여호와를 떠나 다른 신에게 향했기 때문입니다. 솔로몬의 마음이 다윗의 마음과 같지 않았습니다. 물론 다윗도 밧세바 스캔들로 인하여 죄를 범했습니다. 하지만 그는 하나님께 회개하며 나아왔습니다(삼하 12:13; 시 51편). 그러나 솔로몬은 여호와의 경고에도 불구하고 회개하지 않습니다.

하나님은 솔로몬에게 나타나셔서 "다른 신을 따르지 말라"고 경고하십니다(왕상 11:10). 하지만 솔로몬은 하나님의 명령을 무시합니다. 하나님은 솔로몬에게 진노하시며 심판을 결정하십니다. 하나님은 나라의 분열을 말씀하십니다. "내가 반드시 이 나라를 네게서 빼앗아 네 신하에게 주리라"(왕상 11:11). 솔로몬의 우상숭배는 나라의 분열에 직접적인 원인이 되었습니다. 하지만 하나님은 다윗을 기억하십니다. 다윗을 위하여 솔로몬 때에 이 일을 행하지 않으실 것입니다. 또한 하나님은 "내 종 다윗과 내가 택한 예루살렘을 위하여" 나라를 다 빼앗지 않으시고 한 지파를 다윗 집안에 붙이실 것입니다(왕상 11:12-13). 하나님은 다윗에게 하신 약속을 기억하고 계십니다. 비록 솔로몬이 범죄하지만 하나님은 다윗에게 하신 약속, 사울과 같이 다루지 않으실 것이라는 약속을 지키기 위하여(삼하 7:14-16) 범죄한 솔로몬에게 계속 나라를 다스리게 하십니다.

솔로몬이 하나님을 떠나 다른 신을 섬깁니다. 그러자 하나님도 솔로몬에게 세 명의 대적자를 일으키십니다. 에돔 사람 하닷과 수리아 왕 르손이 대표적인 사람입니다. 그러나 가장 큰 적은 이스라엘 내부에서 일어난 에브라임 사람 여로보암입니다. 솔로몬의 집권 초기에 세 사람 아도니야, 요압, 아비아달이 솔로몬을 대적하였던 것과 유사합니다.

솔로몬의 가장 큰 대적은 여로보암입니다. 무엇보다도 그는 선지자의 지지를 받습니다. 하나님의 사람 아히야 선지자가 여로보암을 만나서 하나님의 말씀을 전합니다. 아히야 선지자는 입고 있던 새 옷을 12조각으로 찢어 10조각을 여로보암에게 줍니다. 이것은 여로보암이 북왕국 이스라엘의 왕이 될 것을 상징적으로 보여준 행위입니다. 여로보암이 왕이 되는 것은 하나님의 결정입니다. 하나님은 이러한 일이 발생한 원인으로 솔로몬의 배교를 지적합니다. 솔로몬은 다윗과 같이 행동하지 않았고 그는 율법에 순종하지 않았습니다(왕상 11:33). 그 결과로 나라가 분열될 것이며 솔로몬의 아들에게는 한 지파만을 주실 것입니다.

하나님은 북왕국의 왕이 될 여로보암에게 율법에 순종할 것을 말씀하십니다. "네가 만일 내가 명령한 모든 일에 순종하고 내 길로 행하며 내 눈에 합당한 일을 하며 내 종 다윗이 행함같이 내 율례와 명령을 지키면 내가 너와 함께 있어 내가 다윗을 위하여 세운 것 같이 너를 위하여 견고한 집을 세우고 이스라엘을 네게 주리라"(왕상 11:38).

여로보암에게 조건과 결과가 주어집니다. "만일" 율법을 잘 지키면 그의 나라는 굳건하게 설 수 있습니다. 여로보암이 이스라엘의 왕이 되어 견고한 나라를 세울 수 있는 비결은 정치, 경제, 군사적인 역량이 아니라 여호와의 율법에 순종하는 것입니다. 다윗이 여호와께 순종한 것과 같이 여로보암이 여호와께 순종하면 그는 견고한 나라를 세울 수 있습니다. 하나님은 여로보암이 신정정치의 대리인이 되어 토라의 권위 아래에 있기를 원합니다. 그 기준이 다윗입니다. 다윗은 토라의 권위 아래 있었습니다. 그러나 솔로몬은 그렇지 못했습니다. 하나님은 다윗의 후손에게 율법에 순종하라고 하신 것처럼 여로보암에게도 같은 말씀을 하십니다. 이 말씀은 솔로몬에게도 계속 주어졌었다는 사실을 기억해야 합니다(왕상 3:14; 6:12-13; 9:4-9).

하나님은 솔로몬의 범죄에 대한 결과로 나라가 분열될 것을 말씀하십니다. 그렇지만 다윗에게 하신 약속을 기억하여 솔로몬의 아들에게 나라를 계속 맡기십니다. 또한 성전이 서 있는 예루살렘 성에 대해서도 계속 "택한 성읍 예루살렘"이라고 말씀하십니다(왕상 11:32, 36). 열왕기 기자는 성전이 서 있는 예루살렘은 하나님이 선택하신 장소였다는 사실을 명확하게 밝힙니다. 모세는 계속 약속의 땅에 여호와께서 선택하실 한 장소가 있을 것이라고 했습니다(신 12장). 그 장소가 바로 예루살렘입니다. 예루살렘은 하나님이 선택한 장소로 하나님의 이름이 계신 곳이며 하나님이 거주하시는 곳입니다.

17.3 왕국의 분열

솔로몬 이후 나라는 북왕국 이스라엘과 남왕국 유다로 갈라집니다. 북 이스라엘에서는 약 200년 동안 20명의 왕들이 통치합니다. 이 왕들은 다윗 가문에 속하지 않았습니다. 반면 유다에서는 다윗의 아들들이 계속 왕위에 오릅니다. 약 350년 동안 솔로몬 이후 20명의 왕들이 통치합니다. 이스라엘 왕들은 여로보암의 길 또는 여로보암의 죄를 따라 백성들을 여호와 신앙으로부터 멀어지게 합니다.

이스라엘이 분열하는데 있어서 현실적인 문제는 노동입니다. 솔로몬이 죽자 이스라엘 백성들이 그 아들 르호보암에게 와서 솔로몬 왕이 부과한 노동을 가볍게 해 달라고 요청합니다. "왕의 아버지가 우리의 멍에를 무겁게 하였으나 왕은 이제 왕의 아버지가 우리에게 시킨 고역과 메운 무거운 멍에를 가볍게 하소서 그리하시면 우리가 왕을 섬기겠나이다"(왕상 12:4). 솔로몬은 수많은 건축 사업을 진행하기 위하여 백성에게 무거운 노동을 시켰습니다. 백성들은 무거운 노동을 "멍에"로 표현합니다.

르호보암은 먼저 노인들에게 자문을 구합니다. 노인들은 백성의 요구를 들어달라고 권면합니다. 그러나 왕은 노인들의 권면을 듣지 않고 왕과 같이 자라난 젊은 사람들의 조언을 구합니다. 젊은 사람들은 백성들에게 "메운 멍에"를 더 무겁게 해야 한다고 말합니다(왕상 11:9, 10). 더 심하게 백성들을 다룰 것을 조언합니다. 르호보암이 젊은 사람들의 교훈을 좇아 백성들에게 혹독하게 말합니다. "내 아버지는 너희의 멍에를 무겁게 하였으나 나는 너희의 멍에를 더욱 무겁게 할지라 내 아버지는 채찍으로 너희를 징계하였으나 나는 전갈 채찍으로 너희를 징치하리라"(왕상 12:14). 계속 "멍에"라는 단어가 등장하는 것에 주목하십시오. 백성들이 르호보암에게 반역하는 실제적인 문제는 노동이었습니다.

이스라엘에게 무거운 노동을 시키는 것은 출애굽 정신과 맞지 않습니다. 이집트에서 이스라엘은 노예였습니다. 혹독한 노동에 시달렸습니다. 이에 이스라엘이 여호와께 부르짖었고 여호와께서 큰 능력으로 이스라엘을 애굽에게 해방시켰습니다. 하나님이 이스라엘에게 자유를 주십니다. 그래서 여호와는 이스라엘을 "나의 품군"(나의 종)이라고 말합니다(레 25:42, 55; 26:13). 이스라엘은 자유인입니다. 그러나 솔로몬은 자신의 건축 사업을 위하여 이스라엘을 노예와 같이 만든 것입니다. 솔로몬의 건축 업적은 반 출애굽 정서입니다.

사무엘은 왕의 제도를 설명하면서 왕 때문에 이스라엘이 부르짖을 때가 있을 것이라고 예고했습니다. 왕은 백성들을 노동시킬 수 있는 권한이 있기 때문입니다(삼상 8:12-13, 16, 18). 사무엘은 이스라엘 백성이 "왕의 종"이 될 것이라고 말했습니다(삼상 8:17). 사무엘의 경고대로 이스라엘은 솔로몬의 시대에 왕의 종이 되었습니다.

노동 문제로 유다와 이스라엘이 분열되었습니다. 하지만 이것은 표면적이 이유입니다. 더 근본적인 이유는 솔로몬의 우상 숭배입니다. 겉으로는 경제 문제이지만 심층의 문제는 신앙입니다. 열왕기 기자는 르호보암의 실정을 이렇게 설명합니다. "왕의 이같이 백성의 말을 듣지 아니하였으니 이 일은 여호와께로 말미암아 난 것이라 여호와께서 전에 실로 사람 아히야로 느밧의 아들 여로보암에게 하신 말씀을 이루게 하심이더라"(왕상 12:15). 르호보암의 고집스런 태도는 선지자 아히야의 예언이 성취된 것입니다.

이스라엘 백성이 여로보암을 왕으로 세우고 르호보암을 떠납니다. 그러자 르호보암이 군사를 일으켜 전쟁을 해서 이스라엘을 다시 지배하려고 합니다. 이때 하나님의 사람 스마야에게 하나님의 말씀이 임합니다. 스마야 선지자는 모인 유다의 백성들에게 전쟁하지 말 것을 예언합니다. 이 일이 여호와께로 난 것이라고 주장합니다. "여호와의 말씀이 너희는 올라가지 말라 너희 형제 이스라엘 자손과 싸우지 말고 각기 집으로 돌아가라 이 일이 나로 말미암아 난 것이라"(왕상 12:24). 그러자 백성들이 여호와의 말씀을 듣고 집으로 돌아갑니다. 특이한 점은 유다 왕 르호보암의 권위보다 선지자 스마야의 말이 더 권위가 있습니다. 유다 백성들은 왕의 말보다 선지자의 말을 더 중요하게 생각합니다. 선지자와 왕은 신정정치의 대리인들입니다. 그렇지만 왕보다 선지자가 더 권위가 있습니다. 하나님은 선지자를 통하여 이스라엘의 현실 정치에 개입하셔서 자신의 뜻대로 이스라엘의 역사를 이끌어 가십니다. 선지자는 하나님의 말씀의 통로입니다. 결국 나라는 분열되고 분열 왕국 시내를 맞이합니다.

17.4 여로보암의 금송아지

북 이스라엘의 왕이 된 여로보암에게 고민이 있습니다. 유다에는 예루살렘 성전이 있다는 것입니다. 여로보암은 백성들이 성전에 가서 예배를 드리고 유다 왕 르호보암에게 돌아갈 것을 염려합니다. "그의 마음에 스스로 이르기를 나라가 이제 다윗의 집으로 돌아가리로다 만일 이 백성이 예루살렘에 있는 여호와의 성전에 제사를 드리고자 하여 올라가면 이 백성의 마음이 유다 왕 된 그들의 주 르호보암에게 돌아가서 나를 죽이고 유다의 왕 르호보암에게로 돌아가리로다"(왕상 12:26-27). 여로보암은 실제 일어나지도 않은 일을 염려합니다. 그는 유다와 같은 성전이 없다는 사실이 자신의 정치적 생명을 위협한다고 판단합니다. 여로보암은 자신의 왕권이 백성의 종교적인 민심에 달려 있다고 생각합니다. 그리하여 그는 예루살렘 성전의 라이벌 성소를 만듭니다. 금송아지를 만들어 벧엘과 단에 둡니다. 이 라이벌 성소들은 신명기의 중앙성소 법을 어기는 것입니다. 모세는 약속의 땅 가나안에서는 아무 장소에서나 예배드리지 말고 여호와께서 선택하신 장소에서 예배를 드릴 것을 명령했습니다(신 12장). 더 나아가 여로보암은 우상을 만들어 숭배하지 말라는 십계명의 1-2계명을 어긴 것입니다. 여로보암은 혼자 생각하고 혼자 결정하고 혼자 행동합니다.

여로보암이 금송아지를 만든 이유는 1) 하나님의 말씀을 믿기보다 상황을 고려했기 때문입니다. 아히야 선지자는 다윗과 같이 율법에 순종하면 하나님이 집을 견고히 세워주시기로 약속했습니다(왕상 11:38). 그러나 여로보암은 "그 마음에 스스로 이르기를 나라가 이제 다윗의 집으로 돌아가리로다"(왕상 12:26) 하고 정치적 현실을 걱정합니다. 여로보암은 하나님의 말씀을 따라 행동한 것이 아니라 자신의 마음에서 나온 생각을 따라 행동합니다.

2) 여로보암이 걱정하는 현실은 절기입니다. 율법에 따르면 이스라엘 사람들은 1년에 3번, 즉 3대 절기 때에 여호와 앞에 얼굴을 보여야 합니다. 여호와께 보이기 위해서는 예루살렘의 성전에 올라가야 합니다. 이로 인해 백성이 여로보암을 배반할 것이라고 예측한 것입니다. 그래서 여로보암은 금송아지를 만든 후에 "너희가 다시는 예루살렘에 올라갈 것이 없도다"라고 말합니다(왕상 12:28). 그러나 하나님은 아히야 선지자를 통하여 여로보암이 왕이 될 것을 말씀하실 때에, 성전에 대한 언급이 없었습니다. 다만 다윗같이 율법에 순종할 것을, 여호와의 목소리를 따를 것을 말씀하셨습니다. 여로보암은 눈에 보이는 성전보다 말씀의 권위에 복종하는 것이 더 중요하다는 것을 잊어 버렸습니다.

3) 여로보암이 만든 금송아지는 아론이 시내 산에서 만들었던 금송아지를 상기시킵니다. 금송아지를 어떻게 만들었는지 궁금합니다. 여로보암은 솔로몬이 살아 있을 때에 이집트에 망명해 있었습니다. 그때 이집트의 아피스 신을 본 따서 만들었는지도 모릅니다. 아니면 금송아지를 여호와의 발등상으로 여겼는지 알 수 없습니다(성전의 놋 바다와 받침 수레가 소였다는 사실을 기억하십시오. 왕상 7:25, 29). 또한 금송아지를 여호와를 태우고 다니는 그룹들로 여겼는지(겔 1:10) 그 기원을 알 수 없습니다. 본문은 금송아지의 기원에 대하여 침묵합니다.

4) 금송아지는 혼합주의 신앙의 상징입니다. 여로보암이 금송아지를 만들고 "너희를 애굽 땅에서 인도하여 올린 너희 신"이라고 선언하기 때문입니다(왕상 12:28). 금송아지를 이스라엘을 출애굽 시킨 신이라고 소개합니다. 여로보암은 금송아지를 이스라엘 하나님 여호와를 비겨서 만든 것입니다(참고. 출 20:23). 이것은 아론이 선언한 것을 상기시킵니다. "이스라엘아 이는 너희를 애굽 땅에서 인도하여 낸 너희 신이로다"(출 32:4). 그리고 아론은 "내일은 여호와의 절일"(출 32:5)로 선포합니다. 아론은 금송아지를 여호와 하나님의 형상으로 만든 것입니다. 아마도 여로보암은 이스라엘의 대제사장이었던 아론을 본받아 금송아지를 만들었던 것 같습니다.

5) 여로보암은 절기를 유다와 비슷하게 하고 레위 사람이 아닌 보통 사람으로 제사장을 삼습니다. 여로보암은 절기를 8월 15일로 정합니다. 유다에서 7월 10일은 속죄일이며 7월 15일은 초막절이기 때문입니다(레 23:27, 34).

6) 금송아지를 두는 장소인 벧엘과 단은 일찍부터 성소로 여겨졌던 곳입니다. 벧엘은 야곱이 꿈을 꾸었던 장소로 일찍부터 "하나님의 집"으로 여겨졌습니다(창 28:10-22). 그리고 단은 사사시대부터 미가의 신상이 있었던 곳입니다(삿 18장).

여로보암의 죄

여로보암이 만든 금송아지는 여로보암 자신은 물론 북왕국 이스라엘도 범죄하게 만듭니다. "여호와께서 여로보암의 죄로 말미암아 이스라엘을 버리시니 이는 그도 범죄하고 이스라엘로 범죄하게 하였음이니라"(왕상 14:16). 여로보암은 이스라엘의 왕들에게 나쁜 왕의 모델입니다. 그는 "이스라엘에게 범죄하게 하였기" 때문입니다(왕상 15:26, 30, 34; 16:26; 22:52; 왕하 3:3, 10:29, 31; 13:2, 6, 11; 14:24; 15:9, 18, 24, 28; 23:15). 왕이 중요합니다. 왕은 나라 전체의 방향을 결정지을 수 있기 때문입니다. 여로보암이 우상숭배 정책을 펼치자 이스라엘이 다 따라갑니다. 나라 전체가 하나님께 죄를 짓습니다.

이스라엘 왕들과 백성이 여로보암이 만든 금송아지를 숭배했습니다. 열왕기 기자는 이스라엘의 왕들을 평가할 때, 여로보암의 길 또는 여로보암의 죄를 따라갔다고 기술합니다. 여로보암의 나쁜 행실이 이스라엘의 왕들을 평가하는 기준이 됩니다. 19명 가운데 15명이 여로보암의 길 또는 여로보암의 죄를 따랐다고 평가합니다. 이들은 나쁜 왕들입니다. 여로보암의 행위를 본받았던 왕들은 나답(왕상 15:26), 바아사(왕상 15:34; 16:2), 시므리(왕상 16:19), 오므리(왕상 16:26), 아하시아(왕상 22:52), 아합(왕상 16:31), 예후(왕하 10:29, 31), 여호아하스(왕하 13:6), 요아스(왕하 13:11), 요아스의 아들 여로보암(왕하 14:24), 스가랴(왕하 15:9), 므나헴(왕하 15:18), 브가히야(왕하 15:24), 베가(왕하 15:28), 여호람(왕하 3:3)입니다.

더 나아가 열왕기 저자는 이스라엘이 망한 이유로 여로보암의 죄를 거론합니다. "여로보암이 이스라엘을 몰아 여호와를 떠나고 큰 죄를 범하게 하매 이스라엘 자손이 여로보암이 행한 모든 죄를 따라 행하여 거기서 떠나지 아니하므로"(왕하 17:21-22). 여로보암을 따라갔던 북왕국 이스라엘은 결국 하나님의 심판을 받아 앗수르에 의해 망합니다.

여로보암은 다윗과 대조를 이룹니다. 다윗은 여호와의 길을 걸어간 왕입니다. 여호와의 율법을 사랑하며 순종했던 왕입니다. 그러나 북왕국 초대 왕 여로보암은 여호와를 떠나 우상숭배를 한 왕입니다. 특히 금송아지를 만들어 자신과 이스라엘 전체를 잘못 가게 만든 왕으로 서로 대조를 이룹니다.

벧엘의 제단

여로보암이 벧엘과 단에 성소를 만들었습니다. 여로보암 자신도 벧엘의 제단에서 제사를 드립니다. 여로보암이 벧엘에 세운 제단에서 분향하고 있을 때에 유다로부터 하나님의 사람이 옵니다. 하나님의 사람이 벧엘의 제단을 향하여 외칩니다. "제단아 제단아 여호와께서 이와 같이 말씀하시기를 다윗의 집에 요시야라 이름하는 아들을 낳으리니 그가 네 위에 분향하는 산당 제사장을 네 위에서 제물로 바칠 것이요 또 사람의 뼈를 네 위에서 사르리라"(왕상 13:2).

하나님의 사람은 벧엘의 제단에 대해 예언한 말씀의 진정성을 위해 또 한 징조를 말합니다. "제단이 갈라지고 그 위에 있는 재가 쏟아지리라"(왕상

13:3). 그러자 하나님의 사람의 말대로 제단이 갈라지고 재가 제단에서 쏟아졌습니다(왕상 13:5). 예언이 실제 이루어질 것을 보여주는 징조입니다. 유다 왕 요시야 때에 일어날 개혁의 전조로 미리 성취된 징조입니다.

하나님의 사람이 이러한 예언을 할 때, 여로보암이 손을 펴서 그를 잡으라고 명령합니다. 그러나 여로보암의 편 손이 말라서 굳어져버립니다. 팔이 굳어져서 팔을 다시 접을 수가 없습니다. 그러자 여로보암이 하나님의 사람에게 손이 다시 원상태로 돌아올 수 있도록 여호와께 간구해 주기를 간청합니다. 하나님의 사람이 기도하자 그 팔이 다시 온전해집니다.

여로보암은 하나님의 사람의 예언도 듣고 징조도 보았습니다. 그리고 자신의 팔이 굳어졌다가 다시 회복되는 이적도 체험했습니다. 분명히 여로보암에게 회개할 기회가 주어졌습니다. 그럼에도 불구하고 여로보암은 회개하지 않습니다.

여로보암이 유다에서 온 하나님의 사람에게 함께 가서 쉬자고 청합니다. 예물을 주겠다고 말합니다. 그러나 그는 왕의 제안을 거절합니다. 여호와께서 하나님의 사람에게 "떡도 먹지 말며 물도 마시지 말고 왔던 길로 되돌아가지 말라"고 하셨기 때문입니다(왕상 13:9). 그리고 하나님의 사람은 다른 길로 갑니다.

벧엘에 사는 한 늙은 선지자가 이 모든 일들을 듣습니다. 그가 나귀를 타고 하나님의 사람을 뒤쫓아 갑니다. 늙은 선지자는 유다에서 온 하나님의 사람에게 "나와 함께 집으로 가서 떡을 먹으라"고 초청합니다(왕상 13:15). 그러자 하나님의 사람은 여로보암에게 했던 말을 그대로 벧엘의 늙은 선지자에게 하면서 그 초청을 거절합니다(왕상 13:16 17).

이때 벧엘의 늙은 선지자는 "나도 그대와 같은 선지자라 천사가 여호와의 말씀으로 내게 이르기를 그를 네 집으로 데리고 돌아가서 그에게 떡을 먹이고 물을 마시게 하라"고 했다고 거짓말을 합니다(왕상 13:18). 하나님의 사람이 이 말을 믿고 늙은 선지자를 따라가 먹고 마십니다. 그들이 상에 있을 때에 여호와의 말씀이 늙은 선지자에게 임합니다. "네가 여호와의 말씀을 어기며 네 하나님 여호와께서 네게 내리신 명령을 지키지 아니하고" 먹고 마셨다고 비난합니다(왕상 13:21). 그리고 유다에서 온 하나님의 사람에게 "네 시체가 네 조상들의 묘실에 들어가지 못하리라"고 선포합니다(왕상 13:22).

하나님의 사람이 돌아가는 길에 사자가 나타나 그를 물어 죽입니다. 늙은 선지자가 이 일을 듣고 "이는 여호와의 말씀을 어긴 하나님의 사람이로다. 여호와께서 그에게 하신 말씀과 같이 여호와께서 그를 사자에게 넘기시매 사자가 그를 찢어 죽였도다"고 말합니다(왕상 13:26). 늙은 선지자는 유다에서 온 하나님의 사람의 시체를 가져다가 자기 묘실에 장사지냅니다. 늙은 선지자는 아들들에게 자신이 죽거든 하나님의 사람을 장사한 묘실에 장사지낼 것을 유언합니다. 그리고 늙은 선지자는 유다에서 온 선지자가 벧엘에 대하여 한 예언이 다 이루어질 것이라고 선포합니다(왕상 13:32).

이 이야기는 수수께끼와 같이 이해하기 어렵습니다. 벧엘의 늙은 선지자는 왜 유다에서 온 하나님의 사람을 속였는지 그 동기가 불분명합니다. 또한 벧엘의 늙은 선지자가 유다의 하나님의 사람을 속여서 데려 왔음에도 불구하고 여호와의 말씀은 늙은 선지자에게 임하여 하나님의 사람이 죽을 것을 선포합니다. 특이하게도 벧엘의 늙은 선지자는 참 예언(왕상 13:20-22)과 거짓 예언(왕상 13:18)을 모두 말합니다. 신명기의 선지자 법에 참 선지자와 거짓 선지자를 구별하는 기준이 나옵니다(신 18:20-22). 하나님이 명령하지 않은 것을 하나님의 이름으로 예언한 선지자는 죽임을 당할 것입니다(신 18:20). 하지만 늙은 선지자는 죽임을 당하지 않고 반대로 유대에서 온 선지자가 죽임을 당했습니다.

이러한 의문점들이 이 본문을 해석하기 어렵게 만듭니다. 그럼에도 불구하고 이 본문이 말하고자 하는 메시지는 분명합니다. 유다에서 온 하나님의 사람이 벧엘의 제단에 대하여 한 예언이 확실히 이루어질 것을 말합니다. 유다에서 온 하나님의 사람은 예언을 하고 징조를 보여주었습니다(왕상 13:3, 5). 또한 여로보암의 팔도 고쳐주었습니다(왕상 13:4, 6). 이렇게 징조와 기도가 성취된 것은 그 하나님의 사람의 예언이 참이며 그 예언대로 이루어질 것을 보여줍니다. 더 확실한 것은 유다에서 온 선지자는 그 곳에서 떡을 먹지 말고 물을 마시지 말라는 하나님의 말씀을 계속 말한다는 점입니다(왕상 13:8, 9, 16, 17). 하나님은 무명의 선지자에게 벧엘에서 먹고 마시지 말라고 하셨습니다. 그러나 벧엘의 늙은 선지자는 먹고 마시자고 그를 속입니다(왕상 13:18). 늙은 선지자의 거짓말에 속아서 유다에서 온 하나님의 사람은 먹고 마십니다. 선지자의 이러한 행위는 자신이 선포한 말씀을 어긴 것을 보여줍니다. 이 일로 인하여 여호와의 심판이 임해서 하나님의 사람은 죽습니다. 유다에서 온 하나님의 사람의 죽음은 그가 말한 예언이 진실이라는 사실을 입증합니다(왕상 13:20-22, 26). 하나님의 사람의 죽음은 그가 벧엘에 대하여 예언한 것이 이루어질 것을(왕상 13:32) 미리 보여주는 전조의 역할을 합니다.

하나님은 무명의 선지자의 죽음을 통해서 우상을 숭배하는 벧엘의 제단들에 대한 예언이 성취될 것을 미리 보여준 것입니다(왕하 23:15-18).

여로보암의 아들과 여로보암의 죽음

여로보암의 아들 아비야가 병이 들자 여로보암이 아내를 아히야 선지자에게 보냅니다. 아이가 어떻게 될지를 알기 위해서입니다. 아히야 선지자는 늙어서 앞을 볼 수 없습니다. 하지만 하나님이 아히야 선지자에게 여로보암의 아내가 변장하고 찾아올 것과 어떻게 그녀에게 예언할 것인지를 가르쳐 주십니다.

아히야 선지자는 여로보암의 아내에게 흉한 예언을 합니다. 여로보암의 아내에게 가서 여로보암에게 하나님의 말씀을 전하라고 합니다. 하나님이 여로보암을 이스라엘의 왕으로 세워주셨음을 먼저 상기시켜줍니다. 하나님이 그에게 은혜를 주신 것입니다. 그러나 여로보암은 "내 종 다윗이 내 명령을 지켜 전심으로 나를 따르며 나 보기에 정직한 일만 행하였음과 같지" 않았다고 책망합니다(왕상 14:8). 하나님은 여로보암을 다윗과 비교하고 있습니다. 다윗이 비교의 기준입니다. 하나님은 분명히 이전에 아히야 선지자를 통해서 여로보암이 다윗과 같이 율법에 순종하면 나라를 든든하게 세워주실 것을 약속했습니다(왕상 11:38). 여로보암에게 기회가 있었습니다. 그러나 그는 다윗과 같이 여호와께 순종하지 않았습니다. 여로보암은 "너를 위하여 다른 신을 만들며 우상을 부어 만들어 나를 노엽게 하고 나를 네 등 뒤에 버렸도다"고 책망을 받습니다(왕상 14:9). 여로보암은 다른 신을 섬기기 위해 여호와를 던져버렸습니다. 여로보암은 신정정치의 대리인으로서 토라의 권위 아래 있지 않았습니다. 그는 자신의 욕심을 따라 이스라엘을 통치했습니다.

하나님은 여로보암의 우상숭배에 대하여 진노하시며 심판을 선언하십니다(왕상 14:10). 여로보암의 집은 멸망할 것이며 그에게 속한 남자는 다 죽임을 당할 것입니다.

아히야 선지자는 여로보암 집에 대한 예언을 한 후에 이스라엘 나라에 대한 예언을 합니다. "여호와께서 이스라엘을 쳐서 물에서 흔들리는 갈대 같이 되게 하시고 이스라엘을 그의 조상들에게 주신 이 좋은 땅에서 뽑아 그들을 강 너머로 흩으시리니 그들이 아세라 상을 만들어 여호와를 진노하게 하였음이니라"(왕상 14:15). 이스라엘이 좋은 땅 즉, 가나안 땅에서 쫓겨나 유브라데 강 너머 포로로 잡혀갈 것을 말합니다. 이것은 여호수아의 고별 설교에서도 이미 예언되었습니다(수 23:16). 이스라엘 나라가 망하고 포로로 잡혀가는 이유는 "여호와께서 여로보암의 죄로 말미암아 이스라엘을 버리시리니 이는 그도 범죄하고 이스라엘로 범죄하게 하였음이니라"고 밝히십니다(왕상 14:16; 참고. 신 4:25-28; 왕하 17:20-22). "버리시리니"는 '버리다,' '포기하다'입니다. 여로보암이 여호와를 등 뒤로 던지자(왕상 14:9) 여호와께서도 여로보암의 집을 망하게 하시고 이스라엘을 버리십니다(왕상 14:16). 아히야 선지자는 이스라엘이 멸망하고 포로로 잡혀갈 것을 분명히 합니다.

하지만 여로보암의 병든 아들 아비야는 여로보암의 집에 속한 다른 남자들의 운명과 다릅니다. 그만 묘실에 들어갈 것입니다. 이 아이만 여호와를 향하여 선한 뜻을 품었기 때문입니다(왕상 14:13). 아히야 선지자는 여로보암의 아내가 성의 집으로 들어갈 때 아이가 죽을 것이라고 예언합니다. 아히야의 예언대로 여로보암의 아내가 성에 있는 집에 들어섰을 때 아이가 죽습니다(왕상 14:17-18). 여로보암의 아들 아비야의 죽음은 아히야 선지자의 예언이 사실이라는 것을 입증합니다. 하지만 여로보암은 마음을 돌이키지 않습니다.

여로보암의 아들 아비야는 여로보암과 다른 평가를 받습니다. 여기서 우리는 하나님이 부모의 죄를 자녀에게 자동적으로 벌하지 않는다는 것을 알 수 있습니다. 십계명의 2계명은 우상을 만들지 말고 숭배하지도 말 것을 명령합니다. "그것들에게 절하지 말며 그것들을 섬기지 말라 나 네 하나님 여호와는 질투하는 하나님인즉 나를 미워하는 자의 죄를 갚되 아버지로부터 아들에게로 삼사 대까지 이르게 하거니와"(신 5:9). 하나님은 우상 숭배하는 자의 죄를 아버지와 아들 그리고 삼대와 사대에까지 벌하겠다고 하십니다. 이 구절의 뒷부분을 다시 번역해 보면 다음과 같습니다. "조상들의 죄를 아들들 위에, 그리고 삼대 위에 그리고 사대 위에, 나를 미워하는 자들에게 벌하시는 자이기 때문이다." 이 말씀에서 "조상들의 죄를 아들들 위에"라는 표현은 "나를 미워하는 자들에게"와 병행을 이룹니다. 아들들 가운데 아버지를 본받아 여호와를 미워하며 우상숭배를 하는 자들입니다. 이들에게 하나님의 심판이 임합니다. 하나님은 무조건 자동으로 아버지의 죄를 아들에게 묻지 않습니다. 아버지의 죄로 인하여 자동으로 아들이 재앙을 당하지 않습니다.

아들이 아버지처럼 우상을 숭배하며 여호와를 미워하면 아버지의 죄가 아들에게도 나아갑니다. 그래서 하나님은 여로보암의 죄로 인해 여로보암의 집에 속한 모든 남자를 벌하셨습니다(왕상 14:10-11). 이들은 아버지를 본받아 우상숭배를 한 자들입니다.

그러나 여로보암의 아들들 가운데 아비야는 다릅니다. 아비야는 하나님을 향하여 선한 뜻을 품었습니다. 그가 비록 병이 들었지만 하나님께 인정을 받습니다. 아비야만 조상들이 묘에 들어갑니다. 이것은 저주를 받지 않는다는 것입니다. 이것을 보면 아버지의 죄가 아들에게 기계적으로 임하지 않습니다. "아버지는 그 자식들로 말미암아 죽임을 당하지 않을 것이요 자식들은 그 아버지로 말미암아 죽임을 당하지 않을 것이니 각 사람은 자기 죄로 말미암아 죽임을 당할 것이니라"(신 24:16). 이 말씀이 아비야에게 해당됩니다.

18

나라의 멸망: 언약의 성취

읽어야 할 본문: 열왕기상 15-16장, 21장, 열왕기하 9-25장

왕국이 분열된(왕상 12-16장) 이후에 역사는 1) 이스라엘과 유다의 분열왕국 시대(왕상 17-왕하 10장), 2) 이스라엘의 마지막 시대(왕하 11-17장) 그리고 3) 유다의 마지막 시대(왕하 18-25장)로 나눠집니다. 이스라엘이 앗수르에 의해 망하고 유다는 약 136년간 더 지속하다가 결국 바벨론에 의해 망합니다. 이스라엘과 유다의 멸망 원인은 언약에 불순종하며 율법을 어겼기 때문입니다.

18.1 이스라엘과 유다의 분열왕국 시대

열왕기 기자는 두 왕국의 왕들을 연대순으로 배열하지 않습니다. 이스라엘 또는 유다에 즉위한 왕의 모습을 다 설명한 후에, 다른 왕국의 왕들의 역사를 기술합니다. 역사를 지그재그 순서로 기록합니다. 이 시대에 이스라엘은 여로보암, 나답, 바아사, 엘라, 시므리, 오므리, 아합, 아하시야, 요람(여호람) 그리고 예후가 등장합니다. 그리고 유다에는 르호보암, 아비얌, 아사, 여호사밧, 여호람 그리고 아하시야가 나옵니다.

유다 왕 르호보암

르호보암은 "여호와께서 자기 이름을 두시려고 이스라엘 모든 지파 가운데에서 택하신 성읍 예루살렘"에서 통치합니다(왕상 14:21). 르호보암은 하나님이 선택하신 장소에서 통치했지만 그의 행적은 부정적입니다. 우상을 만들어 세우고 숭배합니다. 여호와 보시기에 악을 행했으며 가나안 사람들의 행위를 본받습니다.

가장 흥미로운 언급은 솔로몬의 금 방패입니다. 이집트 군대가 쳐들어와서 솔로몬 왕이 만들었던 금 방패와 성전과 왕궁의 보물을 다 빼앗아 갔습니다. 르호보암은 금 방패 대신에 놋 방패를 만들어 시위하는 자들에게 주었습니다(왕상 14:25-28). 솔로몬의 부는 오래가지 못하고 다음 세대에 다 사라져 버렸습니다.

유다 왕 아비얌과 아사

르호보암을 이어 유다에서 아비얌이 왕위에 오릅니다. 그는 아버지 르호보암의 죄를 따라갑니다. "그의 마음이 그의 조상 다윗의 마음과 같지 아니하여"(왕상 15:3)라는 평가를 받습니다. 다윗의 마음이 아비얌을 평가하는 기준입니다. 다윗의 후손은 여호와를 섬기는데 실패합니다. 그러나 하나님은 다윗에게 하신 약속을 기억합니다(삼하 7:1-17).

열왕기 기자는 다윗을 이렇게 평가합니다. "그의 하나님 여호와께서 다윗을 위하여 예루살렘에서 그에게 등불을 주시되 그의 아들을 세워 뒤를 잇게 하사 예루살렘을 견고하게 하셨으니 이는 다윗이 헷 사람 우리아의 일 외에는 평생에 여호와 보시기에 정직하게 행하고 자기에게 명령하신 모든 일을 어기지 아니하였음이라"(왕상 15:4-5). 하나님이 다윗에게 하신 약속을 지키기 위하여 예루살렘을 보호합니다. 다윗이 율법에 순종했기 때문입니다.

아비얌에 이어 유다에 아사가 왕위에 오릅니다. 아사는 아버지 아비얌과 다릅니다. 그는 종교적으로 좋은 평가를 받습니다. "다윗같이 여호와 보시기에 정직하게 행하여"(왕상 15:11). 다윗이 그의 행적을 평가하는 기준입니다. 아사는 먼저 동성애자들을 그 땅에서 내쫓고 조상들이 만들어 세운 우상을 없애버립니다. 특히 어머니 마아가가 만든 아세라 상을 철폐해 버리고 마아가의 태후의 자리를 폐해버립니다. 과감한 종교개혁을 단행합니다.

아사가 종교적으로 좋은 평가를 받았음에도 불구하고 그는 산당을 철폐하지 않습니다. “다만 산당은 없애지 아니하니라 그러나 아사의 마음이 일평생 여호와 앞에 온전하였으며”(왕상 15:14)라고 말합니다. 역사적으로 보면 산당은 두 종류입니다. 여호와를 섬긴 산당도 있는가(사무엘과 솔로몬이 제사를 드린 산당) 하면 우상을 섬긴 산당도 있습니다. 그러나 솔로몬이 성전을 지은 이후에 산당은 여호와를 섬긴 산당일지라도 부정적입니다. 예루살렘 성전이 중앙 성소이었기 때문에 다른 곳에서의 제사는 허용되지 않습니다(신 12장).

이스라엘의 왕들, 바아사, 엘라, 시므리, 오므리

바아사가 여로보암의 길을 따르자 하나님의 말씀이 예후에게 임합니다. 예후가 바아사에게 심판의 말씀을 선언합니다. 하나님이 바아사에게 이스라엘의 왕이 되게 하셨습니다. 그러나 바아사가 여로보암의 길로 행하여 백성을 범죄하게 합니다. 이 일로 하나님이 바아사의 집을 쓸어버릴 것을 말씀하십니다. 바아사가 죽고 그의 아들 엘라가 왕이 됩니다. 엘라가 디르사에서 잔치에 참여하여 술에 취했을 때, 군대장관 시므리가 반역을 일으킵니다. 시므리가 엘라를 죽이고 왕이 될 때, 엘라의 친척과 친구를 다 죽였습니다. 열왕기 기자는 이 일을 “선지자 예후를 통하여 바아사를 꾸짖어 하신 여호와의 말씀 같이” 되었다고 밝힙니다(왕상 16:12). 선지자를 통하여 주어진 여호와의 말씀이 역사 속에서 성취되었음을 말합니다. 이스라엘 왕정에 대한 주권이 하나님께 있음을 보여주고 있습니다.

시므리의 통치는 7일 천하입니다. 백성들이 시므리가 왕을 죽였다는 말을 듣고 오므리를 왕으로 세웁니다. 오므리가 백성을 이끌고 디르사에 도착하여 성을 함락시킵니다. 시므리가 이것을 보고 왕궁에 불을 지르고 죽습니다. 시므리의 통치가 비극적으로 끝난 것에 대하여 열왕기 기자는 그가 여호와 보시기에 악을 행하였고 여로보암의 길을 따랐기 때문이라고 설명합니다(왕상 16:19).

오므리가 시므리를 죽인 후에 이스라엘 상황은 더 악화됩니다. 백성의 반은 디브니를 그리고 반은 오므리를 왕으로 세우려고 했기 때문입니다. 오므리가 디브니를 제압하고 왕이 되었습니다. 그는 사마리아를 건축하고 이스라엘의 새로운 수도로 삼습니다.

오므리 역시 종교적으로 부정적인 평가를 받습니다. "여호와 보시기에 악을 행하고"라고 말합니다(왕상 16:25). 그도 "여로보암의 모든 길"로 행합니다(왕상 16:26).

옛 전통과 새로운 질서의 충돌

아합 시대에 엘리야 선지자가 활동합니다. 오므리의 아들 아합은 이스라엘 역사에서 악한 왕들 가운데 한 사람으로 악명을 떨칩니다. 열왕기 기자는 "아합이 그의 이전의 모든 사람보다 여호와 보시기에 악을 더욱 행하여"라고 평가합니다(왕상 16:30). 아합은 이방 여인 이세벨과 결혼하여 그녀에 의해 크게 충동을 받은 왕입니다. 하나님은 주위 이방 민족들과 통혼하지 말라고 명령하셨습니다(출 34:15-16; 신 7:1-4; 17:17). 그러나 아합은 이러한 하나님의 명령을 어깁니다. 이스라엘의 역사에서 솔로몬은 이방 여인들에게 마음을 빼앗겨 여호와 신앙을 떠나 배교했습니다. 아합은 솔로몬과 같은 전철을 밟고 있습니다.

아합은 나봇의 포도원을 강제로 빼앗음으로 더욱 유명해집니다. 아합이 나봇의 포도원을 보고 마음에 들었습니다. 아합은 나봇에게 포도원을 팔던가 아니면 다른 땅으로 바꿔 주겠다고 제안합니다. 하지만 나봇은 "내 조상의 유산을 왕에게 주기를 여호와께서 금하실지로다"(왕상 21:3)하고 거절합니다. 나봇은 옛 전통에 머물러 있기를 원합니다. 하나님이 주신 기업의 땅을 지키려고 합니다(레 25:23-24; 신 19:14; 27:17; 잠 22:28; 참고. 미 2:2; 사 5:8). 아합 역시 이스라엘 사람이기에 여호와 신앙의 전통을 잘 알고 있었습니다. 답답하지만 어쩔 수가 없습니다.

하지만 그의 아내 이세벨은 외국인입니다. 페니키아 사람인 이세벨은 이스라엘의 신앙 전통에 대한 선이해가 없습니다. 이세벨은 침상에 누워 금식하고 있는 아합에게 왜 그런지를 묻습니다. 그러자 아합은 나봇이 포도원을 주지 않는다고 말합니다. 아합은 이세벨에게 나봇이 신앙적인 이유 때문에 포도원을 주지 않는 것을 이야기 하지 않습니다. 단지 나봇이 포도원을 팔지 않고 다른 포도원으로도 바꿔주지 않기 때문이라고 말합니다(왕상 21:6). 이세벨은 아합에게 "왕이 지금 이스라엘 나라를 다스리시나이까"(왕상 21:7) 하면서 나봇의 포도원을 빼앗아 주겠다고 합니다. 이세벨은 아합의 나약한 왕권을 책망합니다. 왕은 땅을 취할 수 있는 권한을 가지고 있기 때문입니다(삼상 8:14). 여호와 신앙의 옛 전통과 새로운 왕의 권한 사이에 충돌이 일어납니다.

이세벨이 나서서 나봇을 죽이기 위한 계략을 꾸밉니다. 아합의 이름으로 편지를 써서 이스르엘 성의 장로와 귀족에게 보냅니다. 나봇이 하나님과 왕을 저주했다는 거짓 증인을 세워 나봇을 돌로 쳐 죽이게 합니다. 이세벨은 아합에게 나봇의 죽음을 알려줍니다. 하지만 이세벨은 나봇이 어떻게 죽었는지 말하지 않습니다(왕상 21:15). 아합은 나봇이 죽었다는 소식을 듣자 곧바로 나봇의 포도원을 차지하러 내려갑니다(왕상 21:16). 아합 역시 나봇이 어떻게 죽었는지 관심이 없습니다. 오로지 포도원에만 관심이 있을 뿐입니다.

아합이 나봇의 포도원을 빼앗은 사건은 왕권을 남용하여 하나님이 기업으로 주신 땅을 빼앗은 것입니다. 왕권의 대표적인 권력 남용 사건입니다. 왕의 권한을 남용하여 하나님이 이스라엘 사회에 정해주신 질서를 파괴한 것입니다. 하나님이 이스라엘의 각 가정에 기업의 땅을 주신 옛 질서가 왕정이라는 새로운 질서에 의해 무너지는 것을 보여줍니다.

여호와께서 엘리야를 아합에게 보내십니다. 아합이 엘리야를 보자 "내 대적자"라고 부릅니다(왕상 21:20). 엘리야는 아합에게 여호와의 말씀을 선포합니다. 여호와의 말씀은 두 부분으로 먼저 엘리야는 아합에게 말합니다. "네가 죽이고 또 빼앗았느냐…개들이 나봇의 피를 핥은 곳에서 개들이 네 피 곧 네 몸의 피도 핥으리라"(왕상 21:19). 아합 개인의 죽음을 예언합니다. 두 번째는 아합 집에 임할 재앙을 선언합니다. 아합의 집에 속한 모든 남자들은 다 죽임을 당할 것입니다. 또한 개들이 이세벨을 이스르엘에서 먹을 것이라고 예언합니다(왕상 21:21, 23).

열왕기 기자는 아합을 이렇게 평가합니다. "예로부터 아합과 같이 그 자신을 팔아 여호와 앞에서 악을 행한 자가 없음은 그를 그의 아내 이세벨이 충동하였음이라"(왕상 21:25). 이 구절을 다시 번역하면 이렇습니다. "확실히 아합과 같은 자가 없었다, 그는 여호와 눈에 악을 행하도록 자신을 팔았다, 그의 아내 이세벨이 그를 유혹했다." 여기서 "그는 자신을 팔았다"는 히트파엘 형(재귀형)입니다. 아합 스스로가 자신을 판 것입니다. 비록 아합이 아내 이세벨의 유혹을 받았지만 아합의 행동은 자신에게 책임이 있다는 것을 보여줍니다. "이세벨이 그를 유혹했다"는 '부추기다,' '선동하다'의 뜻입니다. 이세벨이 옆에서 아합을 자극하며 선동한 것입니다.

아합은 심판의 말씀을 듣고 옷을 찢고 굵은 베옷을 입습니다. 금식하며 하나님 앞에서 겸비합니다. 하나님 앞에서 자신을 낮추며 겸손하게 행동합니다. 조심성 있게 다닙니다. 하나님이 아합의 겸비함을 보십니다. 하나님이 아합 시대에 재앙을 내리지 않고 그의 아들 시대에 임하게 할 것이라고 심판을 연기하십니다(왕상 21:29).

유다 왕 여호람과 아하시야

열왕기 기자는 유다의 왕 여호람과 아하시야의 행적을 기록하고 있습니다. 여호람이 아버지 여호사밧의 뒤를 이어 유다 왕이 되었습니다. 여호람은 "이스라엘 왕들의 길"과 "아합의 집"과 같이 행동합니다. 그 이유는 "아합의 딸이 그의 아내"였기 때문입니다(왕하 8:18). 유다도 이스라엘을 본받아 우상숭배를 합니다. 여호람이 하나님 앞에서 악을 행하지만 하나님은 유다 집을 멸하지 않으십니다. 왜냐하면 하나님이 다윗에게 "그와 그의 자손에게 항상 등불을 주겠다"고(왕상 8:19) 하신 약속을 기억하셨기 때문입니다.

여호람 후에 아하시야가 유다의 왕이 되었습니다. 그의 어머니는 아합의 딸 아달랴입니다. 아하시야 역시 "아합의 집 길"로 행하여 "여호와 보시기에 악"을 행합니다(왕하 8:27). 왜냐하면 그는 아합 집의 사위였기 때문입니다. 아하시야는 이스라엘 왕 요람과 같이 길르앗 라못에서 아람 왕 하사엘과 전쟁을 합니다. 이때 이스라엘 왕 요람이 부상을 당합니다. 이에 아하시야가 요람에게 병문안을 갑니다.

예후의 개혁

엘리사는 선지자의 제자 가운데 한 명에게 길르앗 라못에 가서 예후에게 기름을 부어 이스라엘 왕으로 세우라고 명령합니다. 무명의 선지자가 예후를 찾아가 기름을 붓고 여호와의 말씀을 전합니다. 예후에게 주어지는 사명은 "네 주 아합의 집을 치라"입니다(왕하 9:7). 여호와께서 아합의 집을 치시는 이유로 "내가 나의 종 곧 선지자들의 피와 여호와의 종들의 피를 이세벨에게 갚아 주리라"고 하십니다(왕하 9:7). 여호와는 선지자들의 피를 보수하시는 자입니다. 예후는 아합의 집의 모든 남자를 다 죽여야 합니다. 특히 이스르엘에서 개들이 이세벨을 먹을 것을 선언합니다. 이스르엘은 나봇의 포도원이 있는 지역입니다. 나봇의 피 값을 갚아주시는 것입니다.

사실 예후를 왕으로 세우라는 명령은 엘리야가 받았습니다(왕상 19:16). 엘리야가 엘리사를 세워 선지자 직분을 승계함으로 그 사명 역시 승계되었습니다. 그래서 엘리사는 한 선지자를 시켜 이 일을 감당합니다.

아합이 이스르엘 사람 나봇의 포도원을 빼앗았습니다. 물론 그의 아내 이세벨이 이 모든 일을 주도하였습니다. 그때 엘리야는 아합을 찾아가 여호와의 말씀을 전합니다. 여호와께서 아합의 집에 재앙을 내려 모든 남자를 다 멸하실 것입니다. 개들이 이스르엘에서 이세벨을 먹을 것을 예언했습니다(왕상 21:21-23). 하지만 아합이 엘리야의 예언을 듣고 겸비하여 금식합니다. 그러자 여호와께서 아합의 아들 시대에 재앙을 내릴 것을 말씀하셨습니다(왕상 21:29). 이 예언이 예후에 의해서 성취됩니다.

무명의 선지자에게 기름 부음을 받은 예후는 쿠데타를 일으킵니다. 예후가 이스르엘로 나아갑니다. 아람과의 전투에서 부상을 당한 이스라엘 왕 요람이 치료하기 위해 머물러 있었기 때문입니다. 이때 유다의 아하시야 왕이 요람을 문안 왔습니다. 예후가 요람을 죽여 이스르엘 사람 나봇의 포도원에 던집니다. 예후는 그의 장관에게 요람을 죽이는 이유로 여호와의 예언의 말씀을 듭니다. 예후는 자신의 반역이 여호와의 말씀을 성취하기 위함이라고 말합니다(왕하 9:25-26). 예후는 자신의 반역의 정당성을 여호와의 말씀에서 찾고 있습니다. 예후는 또한 이스라엘 왕 요람을 병문안 온 유다 왕 아하시야도 살해합니다. 신하들이 아하시야의 시신을 예루살렘으로 가져가 장사합니다.

예후는 이스르엘로 돌아와 내시들에게 이세벨을 던져 죽이라고 말합니다. 이세벨이 죽자 개들이 그 시체를 먹어 치웁니다. 엘리야를 통하여 예언하신 여호와의 말씀이 성취된 것입니다(왕하 9:36-37).

예후는 아합의 집에 속한 자를 다 죽이라는 여호와의 명령을 계속 시행합니다. 아합의 아들 70명이 살고 있는 도시에 편지를 보내 아합의 아들 가운데 한 명을 왕으로 세워 싸우라고 합니다. 성읍의 장로들과 책임자들은 예후와 싸우지 않고 예후의 편이 되겠다고 합니다. 예후는 그들에게 아합의 아들 70명을 죽여 머리를 이스르엘로 보내라고 합니다. 성읍 사람들이 예후의 말대로 시행하여 아합의 아들들을 다 죽입니다. 예후는 아합의 아들들의 죽음을 여호와의 말씀의 성취라고 말합니다. "여호와께서 아합의 집에 대하여 하신 말씀은 하나도 땅에 떨어지지 아니하리라 여호와께서 그의 종 엘리야를 통하여 하신 말씀을 이제 이루셨도다"(왕하 10:10). 열왕기 기자는 예후의 개혁을 길게 기술하고 있는데 이 사건들은 여호와의 말씀을 이루기 위함이라는 사실을 강조합니다.

예후의 살인 행위는 계속됩니다. 예후는 사마리아로 가다가 이스라엘 왕자들을 문안 온 유다 왕 아하시야의 형제들을 만나서 죽입니다. 사마리아에 도착하여 아합의 집에 남아 있는 자들을 다 죽입니다. 예후는 이러한 일들을 "여호와를 위한 나의 열심"이라고 표현합니다(왕하 10:16). 열왕기 기자는 예후가 아합의 집 사람들을 멸한 것을 "여호와께서 엘리야에게 이르신 말씀과 같이 되었더라"고 다시 강조합니다(왕하 10:17).

예후는 더 나아가 바알을 섬기는 자들을 멸절시킬 계획을 세웁니다. 예후는 바알을 위해 큰 제사를 드린다고 공포하고 바알의 선지자와 제사장 그리고 바알 섬기는 자들을 초청합니다. 바알을 섬기는 자들이 바알 산당에 몰려듭니다. 예후가 바알 숭배자들에게 예복을 나눠주고 난 후에 군인들에게 예복을 입은 자들을 다 죽이라고 명령을 내립니다. 군인들이 바알 숭배자를 다 죽이고 바알 산당을 훼파하며 바알 숭배를 척결합니다. 그러나 예후 역시 여로보암의 죄에서는 떠나지 않았습니다(왕하 10:29). 예후는 여호와를 위한 열심을 품고 있으면서도 여로보암의 금송아지를 섬긴 것을 보면 혼합주의 신앙을 갖고 있었습니다.

하나님은 예후의 개혁 행동을 칭찬합니다. "네가 나보기에 정직한 일을 행하되 잘 행하여 내 마음에 있는 대로 아합 집에 다 행하였은즉"(왕하 10:30). 예후가 행한 정직한 일은 아합 집을 멸절시킨 것과 바알 숭배자들을 척결한 것입니다. 하나님은 예후의 자손이 사대를 이어 왕위에 오를 것을 약속하십니다. 하지만 예후는 전심으로 여호와의 율법을 지키지 않습니다. 예후는 여로보암의 죄를 답습합니다(왕하 10:31). 여로보암의 죄가 이스라엘 내에 얼마나 깊이 뿌리 내리고 있었는지를 볼 수 있습니다.

18.2 이스라엘의 마지막 시대

예후의 개혁으로 인하여 이스라엘에서는 그의 자손들, 여호아하스, 요아스, 여로보암 2세, 스가랴가 왕위에 오릅니다. 그러나 스가랴는 6개월을 통치합니다. 이때 살룸이 반역을 일으킵니다. 살룸 후에 므나헴, 브가히야, 베가 그리고 호세아가 왕위에 오릅니다. 그러나 살룸 이후에 이스라엘은 급격한 쇠퇴기를 맞이합니다. 결국 호세아 때에 앗수르에 의해 망합니다. 열왕기 기자는 이스라엘이 왜 망했는지 그 이유를 신학적으로 설명합니다(왕하 17장). 이 시기에 유다 왕들은 아달랴, 요아스, 아마샤, 아사랴(웃시야), 요담 그리고 아하스입니다.

아달랴의 쿠데타와 요아스

유다 왕 아하시야는 이스라엘 왕 요람을 병문안 갔다가 예후의 쿠데타에 죽임을 당했습니다. 아하시야가 죽자 그의 어머니 아달랴가 나서서 왕의 자손을 다 죽이고 스스로 왕이 됩니다. 이때 아하시야의 누이 여호세바가 아하시야의 아들 요아스를 숨겨 살립니다. 요아스가 성전에서 6년을 숨어 지냅니다. 이때 아달랴가 유다를 통치합니다. 유다의 최초 여왕이 된 셈입니다. 아달랴는 이스라엘 아합의 딸로 유다에 시집왔습니다.

요아스가 일곱 살이 되자 제사장 여호야다가 백부장과 군인들에게 성전에서 맹세를 시키고 왕자 요아스를 보이며 아달랴를 몰아낼 준비를 합니다. 제사장 여호야다의 지휘 아래 요아스를 왕위에 오르게 합니다. 백부장과 호위병들이 호위하여 서고 여호야다가 왕자에게 왕관을 씌우고 "율법책을 주고 기름을 부어" 왕으로 세웁니다(왕하 11:12). "율법책"은 '증거'를 의미합니다. 이것은 율법의 복사본입니다. 왕은 율법 책을 옆에 두고 읽고 여호와를 경외하는 법을 배우며 지켜야 할 의무를 갖습니다. 왕으로서 여호와께서 주신 율법의 권위 아래 있어야 한다는 것을 의미합니다(신 17:18-20). 왕도 율법에 순종하며 언약에 머물러 있어야 합니다. 백성이 왕을 환영합니다. 여호야다는 아달랴를 성전에서 몰아내어 길에서 죽입니다. 여호야다는 왕과 백성에게 여호와와 언약을 맺게 하여 "여호와의 백성"이 되게 합니다(왕하 11:17). 여호와만을 섬기며 여호와께 충성하는 백성이 되도록 한 것입니다. 그리하여 백성이 바알의 신당을 파괴하며 바알의 제사장 맛단을 죽입니다. 여호와의 백성은 다른 신을 섬기지 않는 종교 개혁을 단행합니다.

유다 왕 요아스는 제사장 여호야다가 살아있는 동안 여호와 앞에서 정직하게 행합니다. 하지만 그는 산당을 없애지 않았다는 부정적인 비판을 받습니다(왕하 12:3). 요아스의 가장 큰 업적은 성전 수리입니다. 요아스가 제사장들에게 성전 수리를 명령합니다.

유다 왕 아마사

유다 왕 요아스의 아들 아마사는 긍정적인 평가를 받습니다. "아마사가 여호와 보시기에 정직히 행하였으나 그의 조상 다윗과는 같지 아니하였으며 그의 아버지 요아스가 행한 대로 다 행하였어도"(왕하 14:3). 아마사는 정직한 왕이었으나 다윗에게는 미치지 못합니다. 아마사는 아버지 요아스의 행위를 따랐기 때문입니다. 아마사 역시 산당을 제거하지 않았다는 지적을 받습니다.

아마사는 에돔과의 전쟁에서도 승리합니다. 셀라를 정복하여 욕드엘이라고 명명합니다. 아마사가 다시 이스라엘 왕 요아스에게 전쟁을 하자고 합니다. 그러자 이스라엘 왕 요아스가 에돔을 쳐서 이겨서 마음이 교만해졌다고 말하면서 유다로 돌아가라고 합니다. 하지만 아마사가 이스라엘 왕의 말을 듣지 않고 전쟁을 합니다. 이스라엘의 요아스가 유다의 아마사를 쳐서 파하고 아마사를 사로잡고 예루살렘 성을 헐고 성전과 왕궁의 금은을 탈취해 갑니다.

이스라엘 여로보암 2세

이스라엘에서 요아스의 아들 여로보암이 왕이 되었습니다. 여로보암 2세입니다. 이도 역시 여호와 보시기에 악을 행했다는 부정적인 평가를 받습니다. 여로보암의 죄를 떠나지 않았기 때문입니다. 신앙적으로는 부정적인 평가를 받았지만 정치적, 군사적인 면에서 여로보암 2세는 큰 성공을 거두었습니다. 그는 선지자 요나가 전한 대로 "이스라엘 영토를 회복하되 하맛 어귀에서부터 아라바 바다까지" 넓은 지역을 다스렸습니다(왕하 14:25). 여로보암 2세는 정치, 군사적인 면에서 유능하며 큰 성공을 한 왕이었지만 열왕기 기자는 그의 행적을 짧게 서술합니다. 오히려 여로보암의 군사적인 성공을 여호와 하나님의 구원으로 설명합니다(왕하 14:26-27). 이것을 보면 열왕기 기자는 신학적인 관점에서 역사를 기술합니다.

아사랴

아사랴(또는 웃시야)는 예루살렘에서 52년간 통치했습니다. 그는 긍정적인 평가를 받습니다. 아버지 아마샤와 같이 "여호와 보시기에 정직히" 행했습니다(왕하 15:3). 하지만 그 역시 산당을 제거하지 않았다는 지적을 받습니다(왕하 15:4). 열왕기 기자는 갑자기 "여호와께서 왕을 치셨으므로 그가 죽는 날까지 나병환자가 되어 별궁에" 거했다고 말합니다(왕하 15:5). 왜 하나님이 그를 치셨는지 열왕기에 설명이 없습니다. 그러나 역대기 기자는 그 이유를 교만이라고 밝힙니다. 아사랴가 군사적인 성공으로 인하여 교만해집니다. 그래서 성선에 들어가 향단에서 분향하려고 합니다. 제사장들이 아사랴 왕을 제지합니다. 왕이 들어갈 수 있는 장소가 아니라 제사장이 들어가 분향하는 성소라고 말합니다. 왕은 제사장만이 들어갈 수 있는 거룩한 영역을 침범한 것입니다. 그러나 아사랴는 화를 내며 제사장의 말을 듣지 않습니다. 이러한 이유로 여호와께서 그를 치셨습니다(역대하 26:16-23). 아사랴는 여호와의 거룩한 영역을 침범한 죄를 범합니다(참고. 민 3:36). 그래서 나병에 걸립니다. 나병에 걸린 사람은 부정합니다. 사람들과의 접근이 금지됩니다. 아사랴는 부정한 자가 되어 여호와와 사람에게서 멀리 떨어진 별궁에 거합니다(참고. 레 13:45-46; 민 5:2).

이스라엘의 계속되는 반란

유다 왕 아사랴 통치 기간에 이스라엘 역사는 급격히 기울어집니다. 계속되는 반란 때문입니다. 여로보암 2세의 아들 스가랴는 사마리아에서 6달 동안 통치합니다. "여호와 보시기에 악을" 행했고 "여로보암의 죄"에서 떠나지 않았습니다(왕하 15:9). 살룸이 반역하여 그를 죽이고 왕이 됩니다. 이 사건을 열왕기 기자는 예후에게 하신 말씀의 성취라고 밝힙니다(왕하 15:12). 예후가 아합의 집에 여호와의 심판을 행했습니다. 이 일로 예후의 자손이 사대에 걸쳐 이스라엘을 통치할 것이라는 말씀을 들었습니다(왕하 10:30). 열왕기는 계속 여호와의 말씀의 성취를 강조합니다. 열왕기 기자는 무엇인가 더 큰 성취(이스라엘의 멸망)를 앞두고 있는 것 같습니다.

살룸은 1달 동안 사마리아를 통치했습니다. 곧이어 므나헴이 군사를 이끌고 와서 살룸을 죽이고 왕이 되었습니다.

므나헴은 사마리아에서 10년을 통치합니다. 하지만 그 역시 신앙의 평가는 부정적입니다. "여호와 보시기에 악을" 행했고 "여로보암의 죄"에서 떠나지 않았습니다(왕하 15:18). 이때 앗수르의 왕 불이 이스라엘을 침공합니다. 므나헴이 은 천 달란트를 불에게 줍니다. 므나헴은 이스라엘의 부자들에게 은 50세겔을 걷어서 앗수르 왕에게 바쳤습니다. 이로 인해 이스라엘의 국력은 더 약해져 갑니다.

므나헴의 아들 브가히야가 왕이 되어 2년을 다스립니다. 그 역시 "여호와 보시기에 악을" 행하고 "여로보암의 죄"에서 떠나지 않습니다(왕하 15:24). 군대장관 베가가 반역하여 왕이 됩니다.

베가가 왕이 되어 20년간 이스라엘을 다스립니다. 하지만 그 역시 "여호와 보시기에 악을" 행하고 "여로보암의 죄"에서 떠나지 않습니다(왕하 15:28). 다시 앗수르 왕 디글랏 빌레셋이 와서 이스라엘의 많은 영토를 점령하고 백성을 포로로 잡아 앗수르로 잡아갑니다(왕하 15:29). 이때 호세아가 반역하여 베가를 쳐 죽이고 왕이 됩니다. 계속되는 반란과 앗수르의 침입이 이스라엘을 급격하게 쇠퇴하게 만듭니다.

유다 왕 요담과 아하스

유다의 요담은 16년 동안 예루살렘에서 통치합니다. 요담은 아버지 웃시야처럼 "여호와 보시기에 정직히" 행하지만 산당은 제거하지 않습니다(왕하 15:34-35).

요담의 아들 아하스가 유다의 왕이 되어 16년간 통치합니다. 그는 부정적인 평가를 받습니다. "다윗과 같지" 않고 "여호와 보시기에 정직히 행하지" 않고 이스라엘의 왕들 같이 행합니다(왕하 16:2-3). 우상을 섬기며 산당에서 제사를 드립니다.

아하스 때에 이스라엘의 베가와 아람의 르신이 예루살렘을 침입합니다. 아하스는 앗수르에 은금을 바치며 도움을 청합니다. 이에 앗수르가 다메섹을 쳐서 아람 왕 르신을 죽입니다. 이때 이사야 선지자는 아하스에게 여호와께 한 징조를 구하라고 합니다. 그렇지만 아하스 왕은 여호와를 시험하지 않겠다고 말하며 징조를 구하지 않습니다. 이사야 선지자는 아하스 왕의 불신앙을 책망하며 여호와 하나님이 친히 징조를 주신다고 말합니다. 이 징조가 바로 그 유명한 임마누엘 예언입니다(사 7장). 아하스는 여호와를 신뢰하지 않고 앗수르의 군사력을 신뢰합니다.

앗수르의 개입으로 유다가 구원을 받습니다. 그런데 특이하게 열왕기 기자는 군사적인 상황에는 5절을 할애하여 기록하지만 아하스 왕이 다메섹에서 보고 유다에 와서 만든 제단에 대해서는 7절로 더 길게 기술합니다. 열왕기 기자는 아하스 왕의 배교적인 행위를 드러내는데 더 관심이 있습니다. 다메섹에 간 아하스 왕이 제단을 보고 설계도를 그려 제사장 우리아에게 보냅니다. 우리아가 설계도대로 제단을 만들자 그 제단에서 아하스 왕이 제사를 드립니다. 아하스는 성전의 놋 제단을 옮겨 놓고 놋 바다도 놋소 위에서 내려놓습니다.

열왕기 기자는 여기에 대한 논평을 하지 않지만 이것은 왕이 임의대로 성전의 제사 제도를 변경시킨 행위입니다.

이스라엘의 멸망

이스라엘에서 또 반역이 일어나서 호세아가 베가를 죽이고 왕이 됩니다. 호세아는 9년을 다스립니다. 그 역시 "여호와 보시기에 악을" 행합니다(왕하 17:2). 앗수르 왕 살만에셀이 침공하자 조공을 바칩니다. 호세아가 이집트를 의지하고 앗수르에 조공을 바치지 않자 앗수르가 올라와 이스라엘을 함락시킵니다.

하나님은 아히야 선지자를 통해서 이스라엘의 초대 왕 여로보암에게 이스라엘의 멸망을 예언하셨습니다. 여호와께서 이스라엘을 쳐서 가나안 땅에서 쫓아내고 유브라데 강 너머로 옮겨 가실 것을 예고하셨습니다. 하나님이 이스라엘을 버리시는 이유도 명확하게 말씀하셨습니다. "여호와께서 여로보암의 죄로 말미암아 이스라엘을 버리시리니"(왕상 14:16).

결국 북 왕국 이스라엘은 호세아 왕 때에 앗수르에 멸망당하고 백성들은 포로로 잡혀갑니다. 열왕기 기자는 이스라엘이 망한 이유를 종교적인 면에서 길게 설명합니다. 이스라엘을 이집트에서 해방하여 인도하신 여호와 하나님을 떠나 다른 신을 섬긴 것이 가장 큰 이유였습니다(왕하 17:7). 다른 신을 섬긴 것은 십계명의 제 일 계명을 어긴 것입니다. 여호와께서 이스라엘에게 시내 산에서 주신 율법을 어기며 언약을 파기한 것입니다.

우상을 섬기며 여호와를 떠난 이스라엘에게 하나님은 계속 선지자를 보내셨습니다. 선지자들은 이스라엘에게 악한 길을 떠나 율법을 지켜 행하라고 권면하였습니다. 하지만 이스라엘은 선지자의 말에 분순종하며 목을 곧게 하였습니다(왕하 17:13-14).

열왕기 기자는 이스라엘의 멸망을 여호와의 말씀이 성취된 사건으로 기술합니다. "여호와께서 그의 종 모든 선지자를 통하여 하신 말씀대로 드디어 이스라엘을 그 앞에서 내쫓으신지라 이스라엘이 고향에서 앗수르에 사로잡혀 가서 오늘까지 이르렀더라"(왕하 17:23). 이 설명에서 우리가 알 수 있는 것은 여호와께서 능력이 없어서 이스라엘을 구원하지 않은 것이 아닙니다. 여호와는 범죄한 이스라엘을 심판하십니다. 그의 선지자들을 통하여 예언한 말씀이 이루어진 것입니다. 또한 이스라엘이 망하여 가나안 땅에서 쫓겨 날 것을 이미 모세의 율법에서도 예고했습니다. 모세는 이스라엘이 요단을 건너 가나안 땅에서 살 때, 여호와를 떠나 다른 신을 섬기면 망할 것이며 포로로 잡혀 갈 것을 예언했습니다(신 4:22-31; 28:36-37). 이스라엘이 망한 것은 결국 언약의 성취입니다. 언약의 저주가 임한 것입니다(왕하 17:8, 15, 37-40).

18.3 유다의 마지막 시대

북 왕국 이스라엘은 앗수르에 의해 망했습니다. 이제 남 왕국 유다가 남았습니다. 이 시대는 히스기야 왕 때부터 바벨론에 의해 멸망할 때까지의 역사입니다. 이 시대에 히스기야와 요시야 왕이 중요한 역할을 합니다. 열왕기 기자는 히스기야 왕을 더 길게 기록합니다. 이 시기의 유다 왕들은 히스기야, 므낫세, 아몬, 요시야, 여호아하스, 엘리야김(여호야김), 여호야긴 그리고 시드기야(맛다니야)입니다.

히스기야의 개혁과 앗수르의 침입

이스라엘이 망할 때, 호세아 왕 제 삼년에 히스기야는 유다의 왕에 오릅니다. 히스기야는 북 왕국 이스라엘이 망한 것을 옆에서 다 지켜보았습니다(왕하 18:9-12). 열왕기 기자는 북 왕국 이스라엘의 멸망의 원인을 언약의 파기와 율법의 불순종으로 설명합니다(왕하 18:12). 히스기야는 이스라엘의 파국을 지켜보았습니다. 그는 우상 숭배 척결에 앞장을 섭니다. 북왕국의 멸망 이유와 히스기야의 우상숭배 제거는 대조를 이룹니다. 열왕기 기자는 그를 다윗과 같이 좋은 왕으로 평가합니다. "히스기야가 그의 조상 다윗의 모든 행위와 같이 여호와 보시기에 정직하게 행하여"(왕하 18:3).

히스기야는 과감하게 종교적인 개혁을 단행합니다. 특히 그는 이제까지 유다의 선한 왕들도 제거하지 않았던 산당을 제거합니다. 그리고 히스기야는 모세가 만들었던 놋뱀도 부수어 버립니다(왕하 18:4; 참고. 민 20:4-9). 모세의 때에 만들어진 놋뱀을 히스기야 시대까지 이스라엘이 분향하며 섬겼던 것입니다. 더 나아가 그는 주상을 깨뜨리고 아세라 목상을 찍어 버립니다.

히스기야는 모세의 율법을 지킵니다(왕하 18:6). 그리하여 "여호와께서 그와 함께 하시매 그가 어디로 가든지 형통하였더라"고 말합니다(왕하 18:7). 히스기야는 또한 정치적으로 아버지 아하스와 다른 길을 걷습니다. 아하스는 친앗수르 정책을 지지하는데 반하여 히스기야는 반앗수르 정책을 유지합니다. 그는 블레셋과의 전투에서도 성공을 거둡니다.

모든 것이 순조롭게 진행됩니다. 하지만 앗수르의 침입으로 히스기야는 큰 곤경에 처합니다. 히스기야 14년에 앗수르의 산헤립이 유다에 침공했습니다. 여러 성을 점령한 후에 예루살렘으로 나아왔습니다. 히스기야는 먼저 앗수르에게 조공을 바칩니다. 은 300달란트와 금 30달란트를 요구하자 히스기야는 성전과 왕궁에 입힌 금을 다 벗겨서 줍니다(왕하 18:15-16). 하지만 앗수르는 물러가지 않았고 군대장관 랍사게가 예루살렘에 올라왔습니다. 랍사게는 예루살렘을 모욕합니다. 이집트와의 정치적인 연합은 아무런 의미가 없다고 말합니다. 더 나아가 유다의 군사적 연약함을 모욕합니다. 유다에 말을 탈 군인만 있으면 말 2,000마리를 주겠다고 비웃습니다(왕하 18:23).

랍사게는 히스기야가 여호와를 의지하는데 이것 역시 도움이 되지 않는다고 말합니다(왕하 18:30). 앗수르에게 항복하는 것이 평안을 얻는 방법이며 항복하면 포도와 무화과를 먹고 각기 자기의 우물에서 물을 마실 수 있는 평안을 누릴 것을 약속합니다. 물론 이 유혹은 유다를 가나안 땅에서 앗수르 땅으로 이주시킬 것을 전제로 합니다(왕하 18:31-32).

랍사게의 말은 한층 더 나아가 여호와의 무능을 말합니다. 여호와 역시 앗수르가 멸망시킨 나라들의 신과 다를 바가 없다고 말합니다. "민족의 모든 신들 중에 누가 그의 땅을 내 손에서 건졌기에 여호와가 예루살렘을 내 손에서 건지겠느냐"(왕하 18:35). 랍사게는 군사적인 힘을 믿고 여호와 하나님을 무시합니다.

히스기야는 랍사게의 말을 듣고 여호와의 전에 들어가 기도합니다. 히스기야가 성전에 들어가 기도한 것은 솔로몬의 성전 봉헌기도를 생각나게 합니다. 솔로몬은 주의 백성이 전쟁에서 지거나 또는 적과 전쟁에 나가기 전에 성전이나 성전을 향하여 기도하면 들어주시기를 간청했습니다(왕상 8:33-34, 44-45). 더 나아가 히스기야는 선지자 이사야에게 사람을 보내 기도해 달라고 요청합니다. 히스기야는 이사야에게 "오늘은 환난과 징벌과 모욕의 날이라 아이를 낳을 때가 되었으나 해산할 힘이 없도다"고 말합니다(왕하 19:3). 히스기야는 앗수르의 침입을 "환난과 징벌과 모욕의 날"이라고 말합니다.

랍사게는 계속 유다를 조롱합니다. 특별히 동사 '신뢰하다'는 앗수르의 침입에서 10번이나 사용되었습니다(왕하 18:5, 19, 20, 21, 22, 24, 30; 19:10). 18:5절을 제외하고 모두 랍사게의 말에서 나옵니다. 랍사게의 말에 의하면, 앗수르의 군대 앞에서 유다가 누구를 신뢰할 것이냐 하는 것이 문제입니다. 이집트를 의뢰할 것인가(18:21, 24) 또는 여호와를 의지할 것인가?(18:22, 30; 19:10). 앗수르의 침입 앞에서 히스기야는 먼저 조공을 바침으로 문제를 해결할 수 있다고 생각했습니다. 또한 이집트의 군사력을 의지했을 수도 있습니다. 이집트 역시 반 앗수르 정책을 유지했기 때문입니다. 히스기야는 이러한 태도를 회개하는 말로 "오늘은 환난과 징벌과 모욕의 날"이라는 표현을 사용한 것 같습니다.

히스기야는 이사야 선지자에게 "이 남아 있는 자들을 위하여" 기도해 달라고 부탁합니다(왕하 19:4). 북 왕국 이스라엘은 다 망하여 앗수르로 끌려가고 이제 유다가 남았기 때문입니다. 그러나 예루살렘 역시 앗수르에 의해 포위당해 있습니다.

이때 이사야 선지자를 통하여 구원의 신탁이 전해집니다. "여호와의 말씀이 너는 앗수르 왕의 신복에게 들은 바 나를 모욕하는 말 때문에 두려워하지 말라"(왕하 19:6). "두려워하지 말라"는 말씀은 전쟁 법에 의하면 하나님의 군사 개입을 선언하는 말이기도 합니다(신 20:1, 3). 하나님은 랍사게의 교만한 말을—"민족의 모든 신들 중에 누가 그의 땅을 내 손에서 건졌기에 여호와가 예루살렘을 내 손에서 건지겠느냐"(왕하 18:35)—듣고 보고 계십니다. 하나님은 "한 영을 그의 속에 두어 그로 소문을 듣고 그의 본국으로 돌아가게" 할 것이라고 말합니다(왕하 19:7). 흥미롭게도 소문을 내는 영이 있습니다.

여호와의 말씀대로 랍사게가 철군합니다. 랍사게는 앗수르 왕이 라기스에서 떠났다 함을 듣고 립나로 가서 앗수르 왕을 만납니다. 앗수르 왕은 "구스 왕 디르하가가 당신과 싸우고자 나왔다 함을" 듣습니다(왕하 19:9). 이러한 소문을 듣고 앗수르 왕은 다시 히스기야에게 사자를 보냅니다. 이번에는 편지로 히스기야를 위협합니다. 그 편지 내용은 이전의 랍사게의 말과 유사합니다. 유다의 하나님 여호와를 신뢰하지 말라는 것과 앗수르 왕이 여러 나라들을 멸망시켰는데 그 나라들의 신들도 앗수르로부터 그 나라들을 구원하지 못했다는 내용입니다(왕하 19:10-13).

히스기야가 앗수르 왕의 편지를 가지고 성전에 올라가 여호와 앞에 펴 놓고 기도합니다. 히스기야는 앗수르 왕의 편지는 여호와의 이름을 훼방하는 것이라고 주장합니다. 앗수르 왕이 행한 여러 나라의 정복을 말합니다. 그들의 신들은 그 나라들을 앗수르의 손에서 구원하지 못했습니다. 하지만 히스기야는 그 나라들의 신들은 참 신이 아니라고 말합니다(왕하 19:18). 이방 신들은 돌과 나무이지만 히스기야가 섬기는 하나님은 이 세상의 창조주입니다. 그리고 히스기야는 구원을 간청합니다. "이제 우리를 그의 손에서 구원하시옵소서 그리하시면 천하만국이 주 여호와가 홀로 하나님이신 줄 알리이다"(왕하 19:19). 히스기야는 여호와의 명성을 거론합니다. 천하에 여호와의 이름을 알게 해 달라는 것입니다.

하나님이 히스기야의 기도를 듣고 이사야 선지자를 보냅니다. 하나님이 앗수르를 조롱합니다. 앗수르의 비방은 "이스라엘의 거룩한 자"를 향한 비난이라고 이해합니다(왕하 19:22). 앗수르가 과연 여러 나라를 침략하여 정복하였지만 앗수르의 정복은 여호와의 계획 아래 있었던 것입니다. "이 일은 내가 태초부터 행하였고 옛날부터 정한 바라"(왕하 19:25). 하나님은 앗수르의 군사 정복 활동이 하나님의 계획이었다고 주장하십니다.

하나님이 히스기야의 기도를 들으시고 다윗을 기억하여 예루살렘 성을 구원하실 것을 약속합니다. "내가 나와 나의 종 다윗을 위하여 이 성을 보호하여 구원하리라"(왕하 19:34). 밤에 여호와의 사자가 나와서 앗수르 군대 185,000명을 쳐 죽입니다. 히스기야는 기적적인 방법으로 구원을 받습니다. 앗수르의 군대장관 랍사게의 비방과 앗수르 왕의 편지 협박이 길고 자세한 것에 반하여 여호와의 구원은 너무나도 간단합니다.

므낫세

선한 왕 히스기야가 죽고 그의 아들 므낫세가 예루살렘에서 55년을 통치합니다. 아이러니하게 므낫세는 가장 악한 왕 가운데 한 명으로 이름을 남깁니다. 아버지 히스기야가 헐어버린 산당을 다시 세우고 바알을 섬기며 아세라 목상을 세웁니다. 선한 왕이었던 아버지 히스기야를 본받지 않고 악한 왕이었던 이스라엘의 아합을 본받습니다. 무엇보다도 므낫세는 예루살렘 성전에 제단들을 쌓고 성전의 두 마당에 하늘의 일월성신을 위한 제단을 쌓습니다. 열왕기 기자는 이러한 므낫세의 행위에 대하여 이렇게 평가합니다. "여호와께서 전에 이르시기를 내가 내 이름을 예루살렘에 두리라 하신 여호와의 성전에 제단들을 쌓고"(왕하 21:4). 성전은 여호와의 이름을 두는 곳입니다. 하지만 므낫세는 여호와의 이름이 있는 성전을 더럽힙니다.

십계명의 1계명은 "나 외에는 다른 신들을 네게 두지 말지니라"(신 5:7)입니다. "나 외에는"은 '내 앞에서'입니다. 이는 장소적인 의미도 있습니다. "내 앞에" 즉 여호와께서 머무시는 성소 앞에 다른 신들을 두지 말라는 뜻이 기도 합니다. 하지만 므낫세는 이 계명을 무시합니다. 자기가 만든 아세라 목상을 성전에 세웁니다. 하나님은 이전에 이스라엘이 율법에 순종하면 가나안 땅을 떠나 유리하지 않게 해 주실 것을 약속했습니다(왕하 21:8). 하지만 유다 백성은 므낫세의 유혹에 빠져 악을 행합니다(왕하 21:9). 우상숭배는 므낫세를 포함한 유다 백성 전체의 죄입니다. 가나안 땅은 윤리적, 도덕적 성결을 요구하는 언약의 땅입니다. 하지만 유다는 언약의 요구에 충실하지 못합니다. 이제 언약의 장소는 그 백성을 토하여 낼 것입니다(참고. 레 18:24-30).

하나님은 선지자를 통해 유다의 범죄를 심판하실 것을 말씀합니다. "이스라엘의 하나님 여호와가 말하노라 내가 이제 예루살렘과 유다에 재앙을 내리리니 듣는 자마다 두 귀가 울리리라"(왕하 21:12). 북왕국 이스라엘과 아합의 집을 심판하셨던 것처럼 예루살렘을 심판하실 것을 선언합니다(왕하 21:13). 하나님은 북 왕국의 수도 사마리아와 이스라엘의 아합 왕의 집을 심판하셨던 심판 기준을 예루살렘에 똑같이 적용하실 것입니다(참고. 암 7:8).

므낫세가 죽고 그의 아들 아몬이 왕위에 오릅니다. 아몬이 아버지 므낫세를 본받아 "여호와 보시기에 악을" 행합니다(왕하 21:20). 그의 신하들이 반역을 일으켜 아몬을 죽이자 백성들이 반역자들을 죽이고 아몬의 아들 요시야를 왕으로 세웁니다.

요시야의 성전 수리와 율법 발견

요시야는 "여호와 보시기에 정직히 행하여 그의 조상 다윗의 모든 길로 행하고 좌우로 치우치지 아니하였더라"는 긍정적인 평가를 받습니다(왕하 22:2). 요시야의 업적에서 두드러진 것은 성전 수리입니다. 대제사장 힐기야가 성전을 수리하다가 율법 책을 발견하여 왕에게 가져다줍니다. 요시야 왕이 율법을 듣다가 옷을 찢습니다. 왕은 유다 국가에 위기가 닥쳤음을 인식합니다. 유다에 임한 환난은 하나님의 법을 지키지 않았기 때문이라는 것을 깨닫고 신하들을 여선지자 훌다에게 보내 여호와의 말씀을 묻습니다. 훌다는 율법의 저주대로 예루살렘에 재앙이 임할 것이라고 예언합니다(왕하 22:16).

이것은 율법에 불순종할 때 임하는 저주와 재앙을 의미합니다(신 28:15-68). 유다와 예루살렘이 망할 것입니다.

저주의 말을 듣고 여호와 앞에서 겸비한 요시야 왕은 재앙을 보지 않고 평안히 조상의 묘에 들어갈 것입니다(왕하 22:20).

재앙이 임할 것이라는 여 선지자 훌다의 예언을 듣고 요시야 왕은 백성을 모으고 율법을 읽어줍니다. 백성에게 율법을 지키겠다는 언약을 맺게 합니다. 그리고 철저하게 이방 우상과 제의 장소를 제거합니다. 여호와의 성전에서 바알과 아세라와 일월성신의 그릇들을 내어 버리고 성전에서 남창의 집을 헐어 버립니다. 예루살렘 주위의 산당들을 철거합니다. 요시야 왕은 유다와 이스라엘의 선왕들이 만들어 놓았던 이방 제의 장소들을 철저하게 부숩니다. 유다의 여러 왕들이 태양을 위해 드린 말들을 없애고(왕하 23:11) 유다의 왕들이 아하스의 다락 지붕에 세운 제단들을 부수고 므낫세가 성전 두 마당에 세운 제단들도 헐어 버립니다(왕하 23:12). 솔로몬이 이방 여인들을 위해 세운 산당들도 제거할 뿐만 아니라(왕하 23:13) 이스라엘 초대 왕 여로보암이 세운 벧엘의 제단과 산당도 헐어버립니다. 요시야는 무덤의 해골을 가져다가 벧엘의 제단을 더럽게 합니다. 열왕기 기자는 "이 일을 하나님의 사람이 전하였더니 그 전한 여호와의 말씀대로 되었더라"고 기록합니다(왕하 23:16; 왕상 13:2).

요시야 왕의 종교 개혁을 읽어 보면 왜 예루살렘에 재앙이 임했는지를 알 수 있습니다. 유다는 여호와를 완전히 떠나 우상 숭배에 절어 있었습니다. 하지만 요시야의 철저한 종교 개혁도 여호와의 진노를 막지 못했습니다.

더 나아가 요시야는 "언약 책에 기록된 대로" 유월절을 지킵니다(왕하 23:21). 요시야 왕은 유다 내에서 신접한 자, 점쟁이, 드라빔과 모든 가증한 것을 몰아냅니다. 요시야의 이러한 노력에 대하여 열왕기 기자는 다음과 같이 설명합니다. "여호와의 성전에서 발견한 책에 기록된 율법의 말씀을 이루려 함이라"(왕하 23:24). 끝으로 열왕기 기자는 요시야를 이렇게 평가합니다.

"요시야와 같이 마음을 다하며 뜻을 다하며 힘을 다하여 모세의 모든 율법을 따라 여호와께로 돌이킨 왕은 요시야 전에도 없었고 후에도 그와 같은 자가 없었더라"(23:25). 확실히 요시야 왕은 다윗의 모범을 따른 이상적인 왕이었습니다.

하지만 요시야 왕의 이러한 철저한 종교 개혁도 유다의 멸망을 막지는 못합니다. 아쉽게도 요시야 왕은 므깃도에서 이집트의 바로 느고와 전투를 하다가 갑자기 사망함으로 유다의 종교 개혁은 막을 내립니다(왕하 23:29-30).

유다의 멸망

요시야 왕이 죽고 난 후 유다는 급속도로 기울어갑니다.

여호아하스 – 백성이 왕으로 세우지만 이집트의 바로 느고가 포로로 잡아갑니다.

여호야김 – 바로 느고가 왕으로 세우지만 일찍 죽습니다.

여호야긴 – 바벨론에 포로로 잡혀갑니다.

시드기야 – 바벨론이 왕으로 세우지만 바벨론에 반역하여 포로로 잡혀갑니다.

시드기야가 바벨론을 배신하자 바벨론의 느부갓네살의 군대가 예루살렘을 공격합니다. 시드기야의 아들들은 살해당하고 시드기야는 두 눈이 뽑힌 채 바벨론의 포로로 끌려갑니다.

바벨론의 시위대장 느부사라단이 성전과 왕궁을 불사르고 예루살렘 성벽을 파괴합니다. 성전의 놋 기둥과 놋 바다를 깨뜨려 바벨론으로 옮겨가고 성전의 기구들도 모두 가져갑니다(왕하 25장).

열왕기 기자는 유다의 멸망은 하나님이 하신 일이라고 강조합니다(왕하 24:2, 3, 13). 유다가 포로로 잡혀간 것은 율법을 지키지 않았기 때문입니다. 모세는 이스라엘이 가나안 땅에서 율법을 지키지 않으면 포로로 잡혀갈 것을 이미 예고했습니다. 또한 여호수아는 에발 산과 그리심 산에서 복과 저주를 선언했습니다. 이것은 약속의 땅에서 율법을 지킬 때 복을 받아 번영하지만 율법을 지키지 않으면 저주를 받아 가나안 땅에서 쫓겨날 것을 의미합니다. 따라서 유다의 멸망은 언약의 저주가 성취된 것입니다. 유다가 전쟁에 져서 포로로 잡혀간 것은 바벨론의 신 마르둑이 이스라엘의 여호와보다 강해서가 아니라 여호와의 율법의 말씀 즉 언약의 저주대로 이루어진 것입니다. 여호와께서 바벨론을 사용하여 유다를 멸망시킨 것입니다. 열왕기 기자는 이 일을 통해 여호와 하나님이 유다의 역사뿐만이 아니라 세계 역사를 주관하시는 분이심을 드러냅니다.

하지만 특이하게도 열왕기의 마지막 본문(왕하 25:27-30)은 묘한 암시를 남깁니다. 바벨론에 포로로 잡혀갔던 여호야긴이 포로에서 놓여 왕의 의복을 입고 바벨론 왕의 상에서 음식을 먹기 때문입니다. 유다의 포로 생활이 해방될 것을 암시하고 있습니다. 다윗 자손의 왕이 감옥에서 놓여 자유를 누리고 있다는 사실은 하나님께서 다윗에게 하신 약속이 아직 남아 있다는 사실을 기억하게 합니다.

18.4 왕들의 평가 기준

열왕기 기자는 나쁜 왕의 행실이나 좋은 왕의 행실을 여호와께서 다 보고 계신다고 기록합니다. “여호와 보시기에 정직하게 행하여”(왕상 15:11; 22:43; 왕하 15:3) 또는 “여호와 보시기에 악을 행하여”(왕상 15:26, 34; 16:19, 25, 30; 왕하 3:2; 13:2)라는 표현이 계속 나옵니다. 이 표현의 히브리어는 ‘여호와의 눈 안에 옳은 것을(또는 악을) 행하다’입니다. 여호와의 눈이 왕들의 행실을 평가하는 객관적인 표현입니다.

여호와께서 유다와 이스라엘의 왕들을 보고 계십니다. 보고 판단을 하시는데 더 구체적인 판단 기준은 여로보암과 다윗입니다.

이스라엘은 5왕조에서 여로보암을 시작으로 20명의 왕이 나와서 통치했습니다. 특이하게도 20명의 왕들 가운데 그 어떤 왕도 선하다는 평가를 받지 못했습니다. 이스라엘 왕들 가운데 15명이 여로보암의 길 또는 여로보암의 죄를 따라갔습니다. 무엇보다도 호세아 선지자는 이스라엘의 왕들의 근본적인 문제를 이렇게 지적합니다. "그들이 왕들을 세웠으나 내게서 난 것이 아니며"(호 8:4). 즉 이스라엘의 왕들은 여호와께서 선택한 왕이 아닙니다(신 17:15).

이스라엘과는 대조적으로 유다는 다윗의 집이 계속 다스립니다. 솔로몬부터 모두 21명의 왕이 나왔습니다. 열왕기 기자는 유다의 왕들을 다윗과 비교합니다. 다윗과 같았느냐 같지 않았느냐에 따라 평가를 합니다. 여호와 보시기에 정직하게 행하여 다윗의 길로 행한 왕은 히스기야와 요시야 두 명입니다. 그 외에 여호와 보시기에 정직히 행한 왕들은 아사, 여호사밧, 요아스, 아마샤, 아사랴 그리고 요담입니다. 이들은 여호와 보시기에 정직히 행했으나 5명은 산당을 제거하지 않아서 비난을 받았습니다.

열왕기 기자는 여로보암과 다윗을 왕들의 평가 기준으로 내세웁니다. 여로보암은 나쁜 왕의 모델로 우상숭배를 한 왕이었고 다윗은 좋은 왕의 모델로 여호와의 율법에 잘 순종한 왕이있습니다. 다윗은 왕의 법(신 17:14-20)에 순종한 이상적인 왕이었습니다.

19

왕정 시대의 선지자들

읽어야 할 본문: 열왕기상 17-20장, 열왕기상 22장-열왕기하 8장

왕정 시대에 왕들 못지않게 중요한 사람은 선지자들입니다. 하나님의 대변인으로서 선지자들은 왕의 개인적인 문제나 왕의 신앙, 정치 현안과 전쟁 그리고 국제외교에 적극적으로 개입하여 하나님의 말씀을 전합니다. 하나님은 선지자를 통하여 이스라엘의 현실 정치에 개입하여 역사를 이끌어 가십니다. 제사장은 왕의 내각 가운데 한 직분이 되어 영향력을 상실한 반면에 선지자는 자유롭게 하나님의 말씀을 왕에게 전합니다. 선지자는 하나님의 계시의 통로입니다.

19.1 예언과 성취

왕정 시대에 활동한 선지자들은 다음과 같이 나타납니다.

나단	다윗과 솔로몬	왕상 1.
아히야	솔로몬, 여로보암, 아비야	왕상 11:26-40; 14:1-16.
하나님의 사람	여로보암	왕상 13:1-10,20-32.
벧엘의 늙은 선지자	여로보암	왕상 13:11-19.
예후	바사, 엘라	왕상 16:1-4, 12-13.
엘리야	아합, 아하시야, 여호람	왕상 16:29-19:21; 왕하 1-2.

엘리사	아하시야, 여호람,예후, 여호아하스, 여호아스	왕하 2–8, 13.
미가야	시드기야, 여호사밧, 아합	왕상 22.
요나	여로보암 2세	왕하 14:25.
이사야	히스기야	왕하 19–20.
훌다	요시야	왕하 22:14–20.

선지자들의 활동에서 가장 중요한 것은 여호와의 말씀이 임하는 것과 그 말씀이 성취되었는가 하는 점입니다. 말씀의 성취 여부는 참 선지자인지를 분별하는 시금석이기 때문입니다(신 18:22). 열왕기는 예언의 성취를 계속 강조하고 있습니다. 예를 들면 다음과 같습니다.

1) 르호보암이 멍에를 가볍게 해 달라는 백성의 요구를 듣지 않음으로 나라가 분열: 아히야 선지자의 예언 성취(왕상 12:15).
2) 여로보암의 아들의 죽음: 아히야 선지자의 예언 성취(왕상 14:17–18).
3) 여로보암 집안의 멸망: 아히야 선지자의 예언 성취(왕상 15:29–30).
4) 아합 왕의 죽음: 엘리야와 미가야의 예언 성취(왕상 21:19; 22:17, 38).
5) 이세벨의 죽음: 엘리야 선지자의 예언 성취(왕하 9:30–37).
6) 아합의 집의 멸망: 엘리야 선지자의 예언 성취(왕하 10:10–11).
7) 이스라엘의 멸망: 모든 선지자의 예언 성취(왕하 17:21–23).

여기서 우리는 이스라엘의 역사를 예언과 성취라는 구도로 볼 수 있는 안목을 얻을 수 있습니다. 하나님은 선지자들이 선포하는 말씀에 순종하는 사람에게는 복을 수시며 불순종하는 자들에게는 저주를 내리십니다. 또한 선지자의 말을 들은 사람은 순종해야 할 의무가 따라 옵니다. 불순종 때에 벌이 임합니다(신 18:19). 왕 역시 이스라엘 백성의 한 사람으로써 왕도 선지자가 전하는 여호와의 말씀에 순종해야 합니다. 여호와의 말씀에 순종할 때 왕은 복을 받습니다. 하지만 불순종할 때 심판을 받습니다. 왕은 이스라엘 백성의 대표자이기 때문에 왕의 순종 여부는 국가적인 복과 재난을 가져옵니다.

선지자는 왕의 권위보다 더 높은 신적 권위를 가지고 있습니다. 백성들은 여호와의 말씀을 전하는 선지자의 권위를 인정하며 순종합니다.

19.2 엘리야

왕정 시대의 선지자들 가운데 가장 흥미로운 점은 엘리야와 엘리사의 활동 기록입니다. 열왕기 저자는 열왕기상 17장부터 열왕기하 10장까지의 대부분의 지면을 엘리야와 엘리사 선지자의 활동에 할애합니다. 이들은 오므리 왕조가 바알 숭배 정책을 펴서 이스라엘 내에 우상 숭배를 부흥시키자 여기에 맞서 싸운 선지자들입니다. 특히 아합이 페니키아 여인 이세벨을 아내로 맞아 바알 숭배를 장려하자 이들은 여호와 신앙을 위해 싸웁니다. 엘리사가 엘리야 선지자 직분을 계승한 것은 더 각별합니다. 왕위 계승과 제사장 직분의 계승은 일반적인데 반하여 선지자 계승은 엘리야와 엘리사에게서만 볼 수 있기 때문입니다. 엘리야는 여호와 신앙을 위해 열심을 내었던 선지자이며 모세 전통에 서 있던 선지자입니다.

가뭄 예언

엘리야 선지자는 요단 동편의 길르앗 지역 출신입니다. 엘리야는 아합 왕에게 여호와의 이름으로 가뭄을 예언합니다. "내 말이 없으면 수 년 동안 비도 이슬도 있지 아니하리라"(왕상 17:1). 엘리야가 여호와의 이름으로 가뭄을 예언한 것은 종교적인 의미가 있습니다. 아합 왕은 시돈(페니키아)의 왕비 이세벨의 유혹을 받아 이스라엘에 바알 숭배를 조장한 왕이기 때문입니다. 가나안 신화에 따르면 바알은 비를 주관하는 신으로 손에 번개를 잡고 있습니다. 구름을 타고 다니며 농업과 목축에 풍요를 주는 절대적인 신입니다. 따라서 엘리야가 여호와의 이름으로 가뭄을 예언한 것은 바알을 섬기는 아합 왕과 전면전을 선언한 것입니다.

엘리야는 가뭄을 예언하고 "여호와의 말씀"을 따라 요단 앞 그릿 시냇가에 숨습니다(왕상 17:2). 그러자 까마귀들이 엘리야에게 떡과 고기를 가져다 줍니다. 이것은 광야에서 만나를 주셨던 하나님을 기억하게 합니다. 그릿 시냇가의 물이 마르자 다시 "여호와의 말씀"이 임하여 엘리야에게 시돈의 사르밧으로 가라고 명령하십니다(왕상 17:8). 열왕기 기자는 엘리야가 "여호와의 말씀"을 따라 움직이고 있다고 밝힙니다. 이세벨은 시돈 출신입니다. 아이러니하게 엘리야는 시돈에 속한 사르밧에 가서 몸을 숨깁니다.

엘리야는 사르밧에 가서 한 과부에게 물과 떡을 달라고 요청합니다. 그러자 여인은 가루 한 움큼과 기름이 조금 있어서 마지막 떡을 만들어 먹고 아들과 죽으려고 한다고 대답합니다. 엘리야는 두려워하지 말고 먼저 나를 위하여 떡을 만들고 그 후에 너와 네 아들을 위하여 떡을 만들라고 합니다. "이스라엘의 하나님 여호와의 말씀이 나 여호와가 비를 지면에 내리는 날까지 그 통의 가루가 떨어지지 아니하고 그 병의 기름이 없어지지 아니하리라"(왕상 17:14). 여인은 신앙을 해야 합니다. 먼저 자신과 아들을 위해서 떡을 만들어 먹고 죽을 것인가 아니면 하나님의 말씀을 따를 것인가?

하나님은 흥미롭게 엘리야를 사르밧 과부에게 보내시는데 마지막 순간에 보내십니다. 여인이 엘리야의 말에 순종합니다. 그러자 기적이 일어납니다. 밀가루와 기름이 떨어지지 않습니다. 열왕기 기자는 "여호와께서 엘리야를 통하여 하신 말씀 같이 통의 가루가 떨어지지 아니하고 병의 기름이 없어지지 아니하니라"고 기록합니다(왕상 17:16). 선지자를 통하여 주어진 여호와의 말씀이 이루어졌다는 것을 강조합니다. 사르밧 과부가 여호와의 말씀에 순종할 때, 기적이 일어났습니다.

그 후에 여인의 아들이 병들어 죽습니다. 엘리야는 여인의 아들을 다락에 뉘여 놓고 기도합니다. 하나님이 엘리야의 기도를 들으시고 아들을 살려 주십니다. 여인이 이때 "내가 이제야 당신은 하나님의 사람이시요 당신의 입에 있는 여호와의 말씀이 진실한 줄 아노라"고 고백합니다(왕상 17:24). 이 사건은 엘리야에게 있는 여호와의 말씀이 진리라는 것을 보여줍니다. 엘리야가 선언한 가뭄이 여호와의 말씀으로부터 왔다는 사실을 보충해 줍니다.

여호와의 불

다시 "여호와의 말씀"이 엘리야에게 임합니다. "너는 가서 아합에게 보이라 내가 비를 지면에 내리리라"(왕상 18:1). 아합이 엘리야를 보자 "이스라엘을 괴롭게 하는 자여 너냐"고 외칩니다(왕상 18:17). 엘리야의 예언대로 비가 오지 않자 아합은 엘리야를 원망합니다. 가뭄과 기근의 책임이 엘리야에게 있다고 말합니다. 그러나 엘리야는 오히려 아합에게 그 책임이 있으며 이스라엘을 괴롭게 한다고 주장합니다. "이는 여호와의 명령을 버렸고 당신이 바알들을 따랐음이라"(왕상 18:18). 아합은 여호와의 명령을 떠나 바알들을 따라 걸었습니다. 왕이 율법의 권위 아래에 있어야 하는데 여호와의 명령을 듣지 않습니다. 이것으로 인하여 이스라엘에 가뭄과 기근이 왔습니다. 가뭄과 기근은 눈에 보이는 현상입니다. 그러나 가뭄의 실제 원인은 신앙에 있습니다. 아합이 여호와 신앙에 바로 서 있지 못함으로 가뭄과 기근 재앙이 왔습니다. 이는 신명기의 저주 말씀을 기억나게 합니다(신 28:23-24). 이러한 기근이 왔을 때, 이스라엘은 회개하고 성전을 향하여 기도해야 하나님이 들으시고 용서하십니다(왕상 8:35-36). 하지만 아합은 여호와를 떠나 바알을 섬깁니다.

엘리야는 아합 왕에게 갈멜 산에서 바알 선지자 450명과 아세라 선지자 400명과 대결을 하자고 제안합니다. 바알의 선지자들이 모이고 백성들이 모였습니다. 그러자 엘리야는 백성에게 바알을 섬길 것인지 여호와를 섬길 것인지를 선택하라고 촉구합니다. "너희가 어느 때까지 둘 사이에서 머뭇머뭇 하려느냐 여호와가 만일 하나님이면 그를 따르고 바알이 만일 하나님이면 그를 따를지니라 하니 백성이 말 한마디도 대답하지 아니하는지라"(왕상 18:21). 백성들은 기회주의자입니다. 바알과 여호와 사이에서 갈등하고 있습니다.

엘리야는 바알 선지자에게 대결을 제안합니다. 송아지 한 마리씩 잡아서 각을 뜨고 제단 위에 올려놓고 각자 섬기는 신의 이름을 불러 불로 응답하는 신이 진짜 하나님이라는 것입니다. 엘리야의 제안에 백성이 동의합니다(왕상 18:24). 이 제안은 바알 선지자에게 유리합니다. 바알은 구름을 타고 다니며 번개를 손에 잡고 있는 신이기 때문입니다.

엘리야는 바알 선지자들이 많으니 먼저 시도하라고 권합니다. 이에 바알 선지자들이 먼저 송아지를 잡고 바알의 이름을 부릅니다. 아침부터 낮까지 바알의 이름을 부르며 제단 주위를 뛰놉니다. 그러나 응답이 없습니다. 두 번의 부정어 '없다'를 사용합니다. "아침부터 낮까지 바알의 이름을 불러 이르되 바알이여 우리에게 응답하소서 하나 아무 소리도 없고 아무 응답하는 자도 없으므로"(왕상 18:26).

바알 선지자들은 바알의 이름을 부르고, 제단 주위를 뛰놉니다. 이것은 절뚝거리며 또는 껑충껑충 뛰면서 춤을 춘 것입니다. 그러나 아무 응답이 없습니다. 그러자 엘리야가 조롱합니다. "큰 소리로 부르라 그는 신인즉 묵상하고 있는지 혹은 그가 잠깐 나갔는지 혹은 그가 길을 행하는지 혹은 그가 잠이 들어서 깨워야 할 것인지 하매"(왕상 18:27). 엘리야의 조롱에 바알 선지자들은 큰 소리로 바알의 이름을 부르고 그들의 규례를 따라 칼과 창으로 몸을 상하게 합니다. 그러나 아무 응답이 없습니다. 열왕기 기자는 세 번이나 부정어 '없다'(אין)를 사용합니다(개역 개정은 두 번만 번역). "아무 소리도 없고 응답하는 자나 돌아보는 자가 아무도 없더라"(왕상 18:29). 바알은 신적 존재로서 가치가 없다는 것입니다.

바알 선지자들이 저녁 소제 드릴 때까지 바알의 이름을 불렀지만 아무 응답이 없습니다. 이제 엘리야가 나섭니다.

1) 엘리야가 백성을 부릅니다. 여호와의 무너진 제단을 쌓는데 야곱의 12 아들 숫자에 맞게 돌을 취합니다. 12돌을 취하는 것은 시내 산에서 모세가 여호와와 계약을 맺을 때 이스라엘의 12지파를 따라 12기둥을 세운 것(출 24:4)과 여호수아가 요단강을 건너고 강바닥에서 12돌을 증거로 취한 것(수 4:3-6)을 기억나게 합니다. 엘리야는 여호와 신앙의 정통 노선에 서 있음을 보여줍니다.

2) 엘리야는 이스라엘의 하나님의 이름을 다음과 같이 부릅니다. "아브라함과 이삭과 이스라엘의 하나님 여호와여"(왕상 18:36). 이스라엘은 야곱의 다른 이름입니다. "야곱은 옛적에 여호와의 말씀이 임하여 이르시기를 네 이름을 이스라엘이라 하리라 하신 자더라"(왕상 18:31). 엘리야가 부른 하나님

의 이름은 "아브라함과 이삭과 야곱의 하나님"으로 보아도 무방합니다. 이 명칭은 아브라함과 이삭과 야곱에게 하셨던 언약과 관련이 있습니다(창 12:1-3; 26:2-5, 24; 28:13-15). 하나님은 모세에게 자신의 이름을 "여호와 너희 조상들의 하나님 아브라함의 하나님 이삭의 하나님 그리고 야곱의 하나님"(출 3:15)이라고 소개하셨습니다. 하나님은 모세에게 이것을 영원한 하나님의 이름이라고 하셨습니다. 엘리야는 이스라엘의 하나님 여호와의 이름을 정확하게 부름으로 자신이 모세 전통에 서있는 선지자임을 밝힙니다.

3) 엘리야는 12돌로 제단을 쌓은 후에 송아지를 놓고 물을 붓습니다. 물에 젖은 나무에 불은 붙기 어렵습니다. 엘리야는 여호와의 이름을 부르고 기도합니다. 엘리야는 여호와가 이스라엘의 하나님인 것과 엘리야가 주의 종인 것과 엘리야가 주의 말씀대로 이 일을 행하는 것을 알게 해 달라고 기도합니다. 더 나아가 백성들이 여호와가 하나님이신 것과 여호와께서 백성의 마음을 돌이키게 하신다는 것을 알게 해 달라고 기도합니다(왕상 18:36-37). 여호와께서 불로 응답하십니다. 여호와의 불이 임하자 모든 것을 태워 버립니다(왕상 18:38).

4) 엘리야의 기도에 하나님이 불로 응답하시자 백성이 "여호와 그는 하나님이다"고 고백합니다(왕상 18:39). 바알이 참 신이 아니라 여호와가 참 신이라는 것을 경험한 것입니다. 바알이 불을 내린 것이 아니라 여호와께서 불을 내리셨습니다.

바알 선지자들과 대결이 끝난 후에 엘리야가 무릎을 꿇고 비를 주시기를 기도합니다. 엘리야의 기도에 하나님이 응답하십니다. 큰 비가 쏟아집니다. 결국 비를 주시는 분은 바알이 아니라 여호와입니다. 여호와께서 땅에 비를 주심으로 오랜 가뭄이 끝나고 풍요가 옵니다. 풍요를 주는 분은 바알이 아니라 여호와입니다.

하나님의 산에서의 신현

갈멜 산의 전투에서 엘리야는 승리합니다. 엘리야가 바알 선지자 450명을 잡아 죽입니다. 그러자 이세벨이 엘리야에게 사신을 보내 엘리야를 죽일 것이라고 위협합니다(왕상 19:2). 만일 이세벨이 엘리야를 죽이면 백성의 반발에 부딪힐 것입니다. 엘리야는 백성들에게 여호와의 신앙을 지킨 갈멜 산의 영웅이기 때문입니다. 하지만 이세벨의 입장에서는 엘리야를 그냥 내버려 둘 수가 없습니다. 그래서 아마도 엘리야에게 사신을 보내 위협을 하는 것 같습니다. 이세벨은 엘리야를 이스라엘에서 내쫓아 버리기 원한 것 같습니다. 그렇지 않으면 이세벨은 엘리야에게 알리지 않고 직접 엘리야를 찾아 죽이려고 했을 것입니다.

이세벨의 위협에 엘리야는 이스라엘을 벗어나 도망갑니다. 엘리야가 이세벨을 피해 광야의 로뎀 나무 아래에 앉아서 죽기를 구합니다. 갈멜 산에서의 모습과 너무나도 대조적입니다. 엘리야 역시 "우리와 성정이 같은" 사람임이 틀림없습니다(약 5:17). 천사가 나타나 먹을 것을 줍니다. 엘리야가 떡과 물을 먹은 후에 40일을 가서 "하나님의 산 호렙"에 도착합니다(왕상 19:8). 이 표현은 모세를 기억나게 합니다(출 3:1). 엘리야는 모세가 하나님을 직면했던 그 산으로 왔습니다.

엘리야가 호렙 산의 굴에 있을 때, "여호와의 말씀"이 임하여 "엘리야야 네가 어찌하여 여기 있느냐"고 묻습니다(왕상 19:9). 그러자 엘리야는 "내가 만군의 하나님 여호와께 열심이 유별하오니"라고 대답합니다(왕상 19:10, 14). "열심이 유별"하다는 말은 '내가 확실히 질투했다'입니다. 질투를 강조합니다. 질투는 하나님이 자신을 소개하실 때, "네 하나님 여호와는 소멸하는 불이시오 질투하시는 하나님이시니라"(신 4:24)에서 사용되었습니다. 하나님은 우상을 제조하여 숭배하는 자에게 질투하십니다. 엘리야의 열심은 '내가 만군의 하나님 여호와를 위하여 확실히 질투하였다'라는 의미입니다(우상 숭배에 대한 질투는 비느하스의 경우에서도 볼 수 있습니다. 민 25:11). 엘리야는 여호와를 위하여 질투한 이유를 다음과 같이 밝힙니다. "이는 이스라엘 자손이 주의 언약을 버리고 주의 제단을 헐며 칼로 주의 선지자들을 죽였음이오며 오직 나만 남았거늘 그들이 내 생명을 찾아 빼앗으려 하나이다"(왕상 19:10). 엘리야가 여호와를 위하여 질투한 이유는 다섯 가지로 제시합니다. 엘리야는 이스라엘이 하나님의 제단을 헐어 버리고 선지자들을 집아 죽이고 자기 혼자 남은 상황을 설명합니다. 엘리야는 혼자 여호와를 위하여 질투합니다. 즉 여호와를 위한 열정 또는 열심을 낸 것입니다.

엘리야의 말을 들은 하나님이 나타나십니다. 여호와께서 현현하시는데 크고 강한 바람, 지진(진동, 흔들림) 그리고 불이 함께 나타납니다(참고. 출 19:18-19). 그러나 바람, 지진, 불 가운데 여호와께서 계시지 않았습니다. 이 일들 후에 "세미한 소리(음성)"이 있습니다. 여호와께서 다시 "네가 어찌하여 여기 있느냐"고 물으십니다(왕상 19:13). 엘리야는 다시 "여호와께 열심이 유별하오니"라고 대답합니다(왕상 19:14, 10). 여호와를 위한 열정을 말합니다. 이 열정은 갈멜산 전투에서 나타났었습니다. 그러자 하나님이 엘리야에게 다시 사명을 주십니다. 1) 하사엘에게 기름을 부어 아람 왕으로 세울 것과 2) 예후에게 기름을 부어 이스라엘 왕을 세울 것과 3) 엘리사에게 기름을 부어 엘리야를 대신하여 선지자로 세울 것을 말씀하십니다(왕상 19:15-16). 하나님이 엘리야에게 주신 사명을 보면 하나님은 선지자를 통하여 현실 정치에 적극적으로 개입하십니다. 하나님은 이스라엘과 세상의 역사를 자신의 목적과 계획에 맞게 운행해 가십니다. 그리고 엘리야가 "나만 남았거늘"이라고 말한 부분에 대하여 이스라엘에 바알을 숭배하지 않는 사람 7,000명을 남겨 놓았다고 응답하십니다.

엘리야에게 맡겨 주신 사명가운데 특이한 것은 엘리사 선지자를 세우는 것입니다. 선지자의 계보를 잇는 사건이 여기서 유일하게 나타납니다. 하사엘을 아람 왕으로, 예후를 이스라엘 왕으로 기름 부으라는 사명은 엘리사가 감당합니다(왕하 8:7-15; 9:1-10). 모세가 여호수아를 후계자로 세운 것과 유사합니다.

아하시야의 죽음을 예언하는 엘리야

이스라엘 왕 아하시야가 다락에서 낙상해서 병들었습니다. 아하시야가 에그론의 신 바알세붑에게 신하들을 보내 이 병이 낫겠는지를 묻습니다. 에그론은 블레셋의 5대 도시가운데 하나입니다. 그러자 하나님은 그 신하들에게 엘리야를 보내 이렇게 말하라고 하십니다. "이스라엘에 하나님이 없어서 너희가 에그론의 신 바알세붑에게 물으러 가느냐"(왕하 1:3). 바알세붑은 "파리들의 주"라는 뜻으로 여기서만 나타나는 이름입니다. 아하시야가 병들었을 때, 여호와를 찾지 않고 우상을 찾은 일로 인하여 심판의 말씀을 받습니다. "여호와의 말씀이 네가 올라간 침상에서 내려오지 못할지라 네가 반드시 죽으리라"(왕하 1:4).

엘리야가 신하들을 만나 이 말씀을 전합니다. 신하들이 왕에게 돌아가 이 예언의 말씀을 전해 줍니다. 신하들은 이 예언을 한 자가 누구인지 알지 못합니다. 신하들이 선지자의 용모를, 털이 많고 가죽 띠를 띤 사람으로 알려 주자 아하시야가 엘리야임을 알아챕니다.

아하시야가 엘리야를 데려오라고 오십 부장과 군사 오십을 보냅니다. 오십 부장이 엘리야가 있는 산에 도착하여 말합니다. "하나님의 사람이여 왕의 말씀이 내려오라 하셨나이다"(왕하 1:9). 그러자 엘리야는 "내가 만일 하나님의 사람이면 불이 하늘에서 내려와 너와 너의 오십 명을 사를지로다"고 대답합니다. 그러자 하늘에서 불이 "내려와" 군인들을 불살랐습니다(왕하 1:10). 이러한 일이 한 번 더 일어납니다. 아하시야가 다시 오십 부장과 오십 명을 보냅니다. 이들도 엘리야에게 똑같이 말합니다. 엘리야 역시 똑같이 대답하여 불로 심판을 받습니다. 세 번째 오십 부장은 군사들을 이끌고 와서 엘리야에게 간청합니다. 자신의 생명과 오십 명의 생명을 귀히 봐달라고 간구합니다. 이들은 불로 사름을 받지 않습니다.

이 이야기에서 동사 "내려오다"가 자주 사용되었습니다. 엘리야는 먼저 아하시야 왕에게 "올라간 침상에서 내려오지 못할지라"고 예언합니다(왕하 1:4, 6, 16). 그러자 아하시야가 군사들을 보내어 엘리야를 산에서 내려오라고 합니다. 오십 부장은 엘리야에게 "내려오라"고 명령합니다(왕하 1:9, 11). 아하시야는 올라간 침상에서 내려오지도 못하는 주제에 하나님의 사람에게 "내려오라"고 명령합니다. 오십 부장은 또한 "여호와의 말씀"을 전하는 엘리야에게 "왕의 말씀"임을 내세워 명령합니다(왕하 1:9, 11). 그러자 엘리야는 불이 하늘에서 "내려와" 사를 것을 말합니다. 엘리야의 말대로 불이 하늘에서 "내려와" 오십 명을 사릅니다(왕하 1:10, 12). 그러나 세 번째 오십 부장은 겸손하게 간청합니다. 그러자 여호와의 사자가 엘리야에게 "내려가라" 고 명령합니다(왕하 1:15). 결국 하나님의 사람 엘리야에게 명령할 수 있는 분은 아하시야 왕도 오십 부장도 아니라 여호와입니다. 엘리야가 산에서 내려와 아하시야 왕에게 가서 다시 여호와의 말씀을 전합니다. 하나님을 찾지 않은 아하시야는 침상에서 내려오지 못할 것입니다. 엘리야의 예언대로 아하시야는 죽습니다.

엘리야의 승천

엘리야는 엘리사에게 선지자 직을 계승합니다. 엘리야는 엘리사에게 길갈에 머물라고 합니다. 하나님이 엘리야를 벧엘로 보내시기 때문입니다. 엘리사는 엘리야를 떠나지 않겠다고 말하고 벧엘로 동행합니다. 선지자의 제자들이 엘리사에게 여호와께서 엘리야를 취해 가실 것이라고 알려줍니다. 그러자 엘리사도 안다고 대답합니다.

엘리야가 다시 엘리사에게 벧엘에 머물라고 합니다. 여호와께서 엘리야를 여리고로 보내시기 때문입니다. 그러나 엘리사는 다시 엘리야를 떠나지 않을 것이라고 여호와의 이름으로 맹세합니다. 그들이 여리고에 도달하자 선지자의 제자들이 엘리사에게 여호와께서 엘리야를 취해가실 것이라고 알려줍니다. 엘리사도 안다고 대답합니다.

엘리야가 다시 엘리사에게 여리고에 머물라고 합니다. 여호와께서 엘리야를 요단으로 보내시기 때문입니다. 엘리사가 다시 엘리야를 떠나지 않을 것을 여호와의 이름으로 맹세합니다. 두 사람이 요단에 섰을 때에 엘리야가 겉옷을 벗어 말아서 물을 치자 물이 갈라집니다. 두 사람이 요단을 건넙니다.

요단을 건넌 후에 엘리야가 엘리사에게 여호와께서 자신을 데려가기 전에 "내가 네게 어떻게 할지를 구하라" 고 합니다(왕하 2:9). 그러자 엘리사가 "당신의 성령이 하시는 역사가 갑절이나 내게 있게 하소서"라고 구합니다(왕하 2:9). 이것은 다시 번역하면 "비노니, 당신의 영의 두 몫이 내 위에 있게 하소서"입니다. "두 몫"은 '두 부분'입니다. 이 표현은 장자의 상속권에서 나타납니다. 장자에게 "두 몫"을 줄 것을 말합니다(신 21:15-17). 두 몫은 장자의 권리입니다. 엘리사가 "두 몫"을 구하는 것은 선지자의 많은 제자들 가운데 장자의 권리를 인정해 달라는 것입니다. 엘리야는 엘리사가 구하는 것이 어려운 것이라고 합니다. 하지만 "나를 네게서 데려가시는 것을 네가 보면 그 일이 네게 이루어"질 것이라고 합니다(왕하 2:10). 하나님이 데려가시는 것을 보지 못하면 이 요구는 이루어지지 않을 것입니다. 우리는 여기서 엘리사가 왜 그동안 엘리야를 떠나지 않고 동행했는지 그 이유를 알 수 있습니다.

두 사람이 길을 가며 말하고 있을 때에 "불 수레와 불 말들이 두 사람을 갈라놓고 엘리야가 회오리 바람으로 하늘로 올라" 갑니다(왕하 2:11). 하나님의 불 수레와 불 말이 엘리야를 취해갑니다. 하나님이 엘리야를 데려가실 것(취해가실 것)이 엘리사와 다른 제자들의 주요 관심사였습니다(왕하 2:3, 5, 9, 10). 엘리사는 엘리야의 승천을 봅니다. 엘리사가 엘리야의 승천을 보는 것은 선지자가 소명을 받을 때, 이상을 보는 것과 관련이 있습니다(사 6장; 렘 1장; 겔 1장). 선지자들은 하나님의 부르심을 받을 때, 이상을 봅니다. 엘리사가 엘리야의 승천을 본 것은, 엘리야의 선지자 직분을 엘리사가 승계하는 것입니다.

엘리사는 엘리야의 승천을 보고 "내 아버지여, 내 아버지여, 이스라엘의 병거와 그 마병이여"라고 외칩니다(왕하 2:12). 엘리사가 엘리야를 "아버지"라고 부르는 것은 영적 아버지라는 의미인 것 같습니다. 엘리사는 지금 하나님의 불 수레와 불 말을 보았습니다. 이것을 본 후에 엘리야를 향하여 "이스라엘의 병거와 마병"이라고 합니다. 엘리야의 능력을 이스라엘의 군사력에 비유합니다.

흥미롭게도 엘리야는 불 수레와 불 말을 타고 하늘로 올라갑니다. 엘리야는 오십부장에게 "내가 만일 하나님의 사람이면 불이 하늘에서 내려와 너와 너의 오십 명을 사를지로다"(왕상 1:10)하고 말했습니다. 정말 엘리야의 말대로 "하나님의 불이 곧 하늘에서 내려와" 오십 명을 살랐습니다(왕상 1:12). 엘리야는 불이 내려온 하늘로 불 수레와 불 말을 타고 올라갑니다. 또한 이스라엘의 아하시야 왕은 올라간 침상에서 내려오지 못하는데 반하여 엘리야는 하늘로 올라갑니다. 이스라엘 왕의 권위와 선지자 엘리야의 권위가 너무나도 큰 차이를 보입니다. 왕은 정치 군사적인 권력을 잡고 있지만 선지자는 하늘의 권세를 잡고 계신 왕 여호와의 대리인입니다.

엘리사는 엘리야의 몸에서 떨어진 겉옷을 취합니다. 그 옷을 둘둘 말아서 "엘리야의 하나님 여호와는 어디 계시나이까"하고 요단을 칩니다(왕하 2:14). 그러자 요단 물이 갈라집니다. 엘리사가 그 강을 건넙니다. 엘리사가 엘리야와 같은 능력을 행한 것은 선지자 직분을 승계했다는 사실을 보여줍니다. 선지자의 제자들도 그 사실을 인정하고 "엘리야의 성령이 하시는 역사가 엘리사 위에 머물렀다"고 말합니다(왕하 2:15). 이 말은 '엘리야의 영이 엘리사 위에 머물렀다'입니다. 영이 엘리야에게서 엘리사에게로 옮겨간 것입니다(참고. 신 34:9).

19.3 천상회의

엘리야와 엘리사 선지자 못지 않게 흥미로운 선지자는 미가야입니다. 그는 천상 어전 회의에 참석하여 아합 왕의 죽음을 예언하기 때문입니다.

이스라엘 아합 왕이 유다 여호사밧 왕과 동맹을 맺습니다. 아합이 여호사밧에게 길르앗 라못을 아람의 손에서 다시 빼앗아 오는 전쟁을 하자고 제안합니다. 여호사밧이 동의하며 먼저 여호와의 말씀을 들어보자고 합니다. 이에 이스라엘 왕이 선지자 400명을 모아 길르앗 라못에 가서 전쟁을 해야 하는지를 묻습니다. 이들은 여호와의 이름으로 예언하는 선지자들입니다(갈멜산 전투 때에 바알 선지자 450명과 아세라 선지자 400명이 거론되었던 것과 대조를 이룹니다). 선지자들이 하나같이 전쟁해서 승리를 취하라고 예언합니다. 그런데 여호사밧은 이들을 믿지 못하고 다른 선지자를 찾습니다. 아합이 이믈라의 아들 미가야가 있다고 대답합니다. 하지만 "그는 내게 대하여 길한(선) 일은 예언하지 아니하고 흉한(악) 일만 예언하기로 내가 그를 미워"한다고 말합니다(왕상 22:8).

여호사밧의 요청으로 미가야를 데리러 사람들을 보냅니다. 신하들이 미가야에게 다른 선지자들의 예언 내용을 말해주면서 그들의 예언에 동의해 줄 것을 요청합니다. 신하들은 미가야 선지자의 입에 미리 예언의 말을 넣어주려고 시도합니다. 하지만 미가야는 여호와께서 말씀하시는 것만을 말할 것을 맹세합니다. "여호와께서 내게 말씀하시는 것 곧 그것을 내가 말하리라" (왕상 22:14). 미가야는 여호와의 선지자로서 단호하며 용기가 있습니다.

아합 왕이 미가야에게 길르앗 라못에 가서 전쟁을 해야 할지를 묻습니다. "미가야야 우리가 길르앗 라못으로 싸우러 가랴 또는 말랴 그가 왕께 이르되 올라가서 승리를 얻으소서 여호와께서 그 성읍을 왕의 손에 넘기시리이다" (왕상 22:15). 미가야는 전쟁하러 가서 승리하기를 원한다는 소망을 말합니다. 왕에 대한 인사 정도로 말합니다. 이미 왕의 신하로부터 모든 선지자들의 예언 내용과 왕의 소망을 전해 들었기 때문입니다. 그러자 아합이 미가야가 한 말의 의미를 알고 다시 "여호와의 이름으로 진실한 것(진리)"을 말하라고 다그칩니다(왕상 22:16).

그러자 미가야는 자기가 본 환상을 말해줍니다. "내가 보니 온 이스라엘이 목자 없는 양 같이 산에 흩어졌는데 여호와의 말씀이 이 무리에게 주인이 없으니 각각 평안히 자기의 집으로 돌아갈 것이니라" (왕상 22:17). 미가야는 "내가 보니"라고 말합니다. 선지자는 이상을 보는 자이며 본 것을 예언합니다. 미가야가 본 이상에는 목자만 없을 것입니다. 양들은 평안히 집으로 돌아갑니다. 즉 아합 왕의 죽음을 말하고 있습니다. 미가야는 자신이 본 것을 "여호와의 말씀"이라고 말해줍니다. "왕은 여호와의 말씀을 들으소서 내가 보니 여호와께서 그의 보좌에 앉으셨고 하늘의 만군이 그의 좌우편에 모시고 서 있는데" (왕상 22:19). 미가야가 본 것은 천상 어전회의입니다. 여호와께서 어전 회의를 주도하고 있습니다. 회의의 주제는 "누가 아합을 꾀어 그를 길르앗 라못에 올라가서 죽게 할꼬"입니다(왕상 22:20). 여기에 대하여 다양한 의견들이 나옵니다. 이때 한 영이 나아와 아합을 꾀이겠다고 말합니다. 그 영은 거짓말 하는 영이 되어 모든 선지자들의 입에 있겠다고 말합니다. 여호와는 그 영에게 그렇게 하라고 허락합니다. 그래서 모든 선지자들이 길르앗 라못의 전쟁에서 승리할 것이라고 지금 거짓을 예언하고 있다고 설명합니다. 아합 왕에게 임할 심판입니다. "여호와께서 왕에 대하여 화를 말씀하셨나이다"(왕상 22:23).

미가야의 예언에 시드기야가 강력하게 반발합니다. 그는 철로 뿔을 만들어 왕이 이 뿔로 아람 사람을 진멸할 것이라고 하나님의 말씀을 전했습니다(왕상 22:11). 시드기야가 미가야의 뺨을 치며 강하게 반박합니다. "여호와의 영이 나를 떠나 어디로 가서 네게 말씀하시더냐"(왕상 22:24). 시드기야는 자신에게 "거짓말 하는 영"이 아니라 "여호와의 영"이 있다고 주장합니다. 그러나 미가야는 "네가 골방에 들어가서 숨는 그 날에 보리라"고 답변합니다(왕상 22:25).

여기서 우리는 참 선지자와 거짓 선지자의 대결을 볼 수 있습니다. 미가야와 시드기야는 똑같이 "여호와의 말씀"을 전합니다(왕상 22:11, 19). 여호와의 이름으로 예언합니다. 시드기야는 또한 자신에게 여호와의 영이 있다고 주장합니다. 참 선지자의 표징은 "여호와의 말씀"과 "여호와의 영"입니다. 시드기야는 이 두 가지 모두 있다고 주장합니다. 하지만 시드기야와 미가야의 결정적인 차이는 다른 곳에 있습니다. 미가야는 천상 어전회의의 내용을 아는데 시드기야는 모릅니다. 미가야는 이상을 보는데 시드기야는 본 것이 없습니다.

참 선지자는 하나님의 회의에 참석해서 회의를 보고 듣는 자입니다. "누가 여호와의 회의에 참예하여 그 말을 알아들었으며 누가 귀를 기울여 그 말을 들었느뇨"(렘 23:18; 참고. 렘 23:22). "참예하여"는 '서있다'입니다. 즉 '누가 여호와의 회의(논의, 상담, 비밀) 안에 서 있었으며 누가 그의 말씀을 보고 들었는가? '입니다. 선지자는 여호와의 회의 안에 참석해서 그의 말을 듣고 보았던 자입니다. 회의 안에서 이루어진 결론(비밀)을 아는 것입니다(욥기의 천상 어전 회의를 기억하십시오. 욥 1-2장).

이사야 선지자는 부르심을 받을 때에 보좌에 앉으신 하나님을 보았습니다. 그때 "누가 우리를 위해 갈꼬"(사 6:8)하는 회의 내용도 들었습니다. 이사야는 하나님을 보고 하나님의 말씀을 들었습니다. 여호와의 말씀을 들었다는 것은 하나님의 비밀을 알았다는 것을 의미합니다.

미가야는 천상회의를 보고 들었습니다. 그 본 것을 예언합니다. 하지만 아합 왕은 미가야의 말을 믿지 않습니다. 미가야를 옥에 가두고 자신이 돌아올 때까지 고생의 떡과 고생의 물을 주라고 합니다. 그러자 미가야는 아합 왕이 평안히 돌아오지 못할 것이라고 대답합니다. 아합은 미가야 선지자의 예언을 무시하고 전쟁을 감행합니다. 그는 거짓 선지자들의 말에 더 무게를 두었습니다. 그는 자기가 믿고 싶었던 것을 믿은 사람입니다. 자기의 계획을 인준해준 거짓 선지자들을 더 좋아합니다. 그는 참 선지자를 통하여 주어진 여호와의 말씀에 불순종합니다. 아합은 처음부터 미가야를 좋아하지 않았습니다. 미가야 선지자가 여호와의 말씀을 전하기 때문입니다. 아합은 여호와의 목소리에 순종하기를 싫어합니다.

이스라엘과 유다의 연합군이 길르앗 라못으로 갑니다. 아합 왕은 미가야의 예언이 마음에 걸렸는지 변장을 하고 전쟁터에 나아갑니다. 아람의 한 병사가 우연히 활을 쏜 것이 아합 왕에게 맞았습니다. 부상을 당해 병거 모는 자에게 빠져 나가자고 합니다. 그러나 전투가 맹렬하여 병거가 빠져나가지 못하고 저녁에 죽습니다. 해가 지자 이스라엘과 유다 군사가 집으로 돌아갑니다. 왕을 사마리아에 장사합니다. 왕이 탔던 병거의 피를 사마리아 못에서 씻자 개들이 와서 그의 피를 핥습니다. 열왕기 기자는 이것을 "여호와께서 하신 말씀과 같이 되었더라"(왕상 22:38)고 말합니다. 이는 엘리야의 예언이 성취된 것입니다(왕상 21:19).

19.4 엘리사

엘리사가 엘리야의 능력을 이어 받았습니다. 엘리사의 능력은 전쟁의 승리를 예언하는데서 나타납니다. 이스라엘 여호람 왕 때, 모압 왕이 이스라엘을 배신합니다. 이에 여호람이 유다의 여호사밧에게 모압을 치러 가자고 제안합니다. 여호사밧은 이 제안을 받아들입니다. 유다의 여호사밧은 여호람의 아버지 아합과도 동맹을 맺었습니다. 그 때에도 길르앗 라못을 되찾기 위해서 이스라엘과 연합하여 아람과의 전투에 참여했었습니다.

이스라엘 여호람 왕의 주도하에 유다 왕과 에돔 왕 연합군이 모압을 치러 나섭니다. 하지만 에돔 광야 길로 가던 중에 연합군은 물 부족으로 위기를 당합니다. 이때 여호사밧이 "여호와께 물을 만한 여호와의 선지자"를 찾습니다. 이스라엘의 신하들이 엘리사가 이쪽에 있다고 말합니다. 여호사밧은 "여호와의 말씀이 그에게 있도다"라고 말합니다(왕하 3:12). 여호사밧은 여호와의 말씀을 구하는 자입니다.

세 왕이 엘리사를 찾아갑니다. 엘리사는 이스라엘 왕과 아무 상관이 없다고 말합니다. 하지만 유다 왕 여호사밧을 보고 예언을 해 줍니다. 엘리사가 예언하는 방법이 아주 흥미롭습니다. 음악과 함께 말씀이 임하기 때문입니다. "거문고를 탈 때에 여호와의 손이 엘리사 위에 있더니"(왕하 3:15). 연주자가 거문고를 연주할 때 여호와의 손이 임하며 여호와의 말씀 "이 골짜기에 개천을 많이 파라"고 주어집니다(왕하 3:16). 하나님의 말씀이 음악과 함께 주어집니다. 이것은 선지서의 기록들이 왜 시의 형태로 많이 남아 있는지에 대한 설명이 될 수 있습니다. 예언은 음악과 함께 주어지는 경우가 있었습니다(참고. 삼상 10:5-12). 엘리사는 여호와께서 물을 주실 뿐만 아니라 모압과의 전투에서 승리도 주실 것을 예언합니다. 골짜기에 개천을 파자 엘리사의 예언대로 아침에 물이 에돔 쪽에서 흘러나와 골짜기를 다 채웁니다. 그리고 해가 물에 비칠 때에 모압 쪽에서 보고 착각합니다. 모압 사람들은 해가 물에 비쳐서 붉어진 것을 보고 피라고 생각하고 연합군 사이에 내전이 일어나 서로 죽였다고 오해합니다. 모압 군대가 일어나서 노략하러 갑니다. 연합군이 모압 군인들을 맞아 싸워 승리합니다.

나아만의 나병을 고쳐 줌

아람을 구원한 나아만 장군은 나병환자입니다. 그의 집에 이스라엘에서 잡혀 온 한 소녀가 나아만의 나병은 사마리아에 있는 선지자에게 가면 나을 것이라고 말합니다. 이 말을 들은 나아만이 아람 왕에게 말합니다. 아람 왕이 이스라엘 왕에게 나아만을 고쳐 달라는 편지를 써서 보냅니다. 이스라엘 왕이 그 편지를 읽고 격분하여 옷을 찢으며 이렇게 말합니다. "내가 사람을 죽이고 살리는 하나님이냐 그가 어찌하여 사람을 내게로 보내 그의 나병을 고치라 하느냐"(왕하 5:7). 이스라엘 왕은 아람 왕이 이 일로 침략할 구실을 찾으려고 한다고 생각합니다.

이때 엘리사가 왕이 옷을 찢었다는 소식을 듣고 그 사람을 보내라고 합니다. "그가 이스라엘 중에 선지자가 있는 줄을 알리이다"(왕하 5:8)고 말합니다. "이스라엘 중에 선지자"는 이스라엘 왕이 나아만의 나병을 고칠 수 없다고 말한 것을 고칠 수 있는 사람입니다. 이스라엘 왕은 "내가 사람을 죽이고 살리는 하나님이냐"고 말했습니다. 왕에게는 나병을 고칠 수 있는 능력이 없습니다. 그러나 "이스라엘 중에 선지자"는 사람을 죽이고 살릴 수 있는 능력이 있습니다.

나아만이 엘리사의 집에 도착하자 엘리사는 나와 보지도 않고 사람을 보내서 "너는 가서 요단 강에 몸을 일곱 번 씻으라 네 살이 회복되어 깨끗하리라"고 말합니다(왕하 5:10). 일곱 번이라는 숫자는 엘리야 선지자가 갈멜 산에서 종에게 비가 오는 지를 보라고 일곱 번 가라고 말한 것을 연상케 합니다(왕상 18:43-44).

엘리사의 말을 들은 나아만은 불같이 화를 내며 이렇게 말합니다. "내 생각에는 그가 내게로 나와 서서 그의 하나님 여호와의 이름을 부르고 그의 손을 그 부위 위에 흔들어 나병을 고칠까 하였도다"(왕하 5:11). 나아만은 자기 생각이 강합니다. 자기 생각이 강하니 다른 사람의 말에 순종하지 않습니다. 또한 나아만은 엘리사 선지자가 나와서 자신을 영접하기를 원합니다. 아람 군대의 장관이라는 신분에 맞는 예우를 바라고 있습니다. 더 나아가 그는 주술적인 치료 방법을 생각하고 있습니다. 엘리사 선지자가 여호와의 이름을 부르고 상처 부위 위에 손을 흔들어 나병을 고칠 것이라고 생각합니다. 그는 자신이 속한 사회의 주술가나 선지자가 행하는 방법대로 엘리사가 할 것이라고 기대했습니다. 자신이 기대한 것에서 어긋나자 화를 냅니다.

하지만 나아만에게 지혜로운 참모들이 있었습니다. 신하들이 화를 내며 가려는 나아만을 말립니다. 엘리사 선지자가 더 큰 일을 하라고 해도 했을 판인데 요단 강에 몸을 씻으라고 하는 것을 왜 하지 못하겠느냐고 말합니다. 이에 나아만이 신하들의 말을 듣고 요단 강에 들어가 몸을 씻고 몸이 회복됩니다.

나아만이 나병에서 회복되고 나자 엘리사에게 와서 "내가 이제 이스라엘 외에는 온 천하에 신이 없는 줄을 아나이다"라고 고백하며 예물을 줍니다(왕하 5:15). 엘리사가 "이스라엘 중에 선지자가 있는 줄을 알리이다"라고 말한 것이 정확하게 이루어진 것입니다. 나아만이 예물을 받으라고 강권합니다. 그러나 엘리사는 여호와의 이름으로 맹세하며 받지 않습니다. 아마도 엘리사는 돈을 받고 병을 고쳐 주었다는 소리를 듣고 싶지 않았던 것 같습니다. 엘리사는 돈보다는 여호와의 이름을 알게 하는데 그 목적이 있었습니다. 여호와의 능력이 돈에 의해 가려지는 것을 원하지 않았습니다. 나아만은 고향에 돌아가서도 여호와께만 번제를 드릴 것을 약속합니다. 그리고 한 가지 양해를 구합니다. 아람 왕이 림몬 신당에 들어가서 자기 손을 의지하고 경배하는데, 이때 나아만도 어쩔 수 없이 몸을 숙인다는 것입니다. 이것을 양해해 달라고 요청합니다. 엘리사는 이 말을 인정합니다. 나아만이 림몬을 경배하는 것이 아니라 주인을 섬기는 태도라는 것을 받아들입니다.

엘리사가 나아만에게서 아무 것도 받지 않는 것을 본 엘리사의 종 게하시가 엉뚱한 생각을 합니다. 게하시는 엘리사가 받지 않은 예물이 못내 아까웠습니다. 그래서 혼자 이렇게 말합니다. "여호와께서 살아 계심을 두고 맹세하노니 내가 그를 쫓아가서 무엇이든지 그에게서 받으리라"(왕하 5:20). 게하시는 하나님의 이름으로 맹세하면서 욕심을 냅니다. 그는 나아만을 쫓아가서 주인이 자기를 보냈다고 말하면서 선지자의 제자 두 사람을 위해서 은 한 달란트와 옷 두 벌을 요구합니다. 나아만은 은 두 달란트와 옷 두 벌을 줍니다. 게하시가 이것을 숨겨 놓고 엘리사에 와서 거짓말을 합니다. 하지만 엘리사는 게하시가 한 일을 알고 그를 책망합니다. 나아만의 나병이 게하시에게로 옮겨질 것을 예언하자 게하시에게 나병이 발병합니다. 이방인인 나아만은 선지자의 말에 순종함으로 나병에서 치유를 받습니다. 그러나 하나님의 사람 엘리사의 소년은 탐심으로 인하여 심판을 받아 나병에 걸립니다. 운명이 서로 교차합니다.

아람과의 전쟁

엘리사의 능력은 아람과의 전쟁에서 더 두드러지게 나타납니다. 아람과 이스라엘이 전쟁을 할 때, 엘리사는 아람의 군사 작전을 알고 이스라엘 왕에게 알려줍니다. 엘리사로부터 정보를 입수한 이스라엘 왕은 아람 군대를 잘 방어합니다. 이 같은 일이 계속 반복되자 아람 왕은 이스라엘과 내통하는 스파이가 있다고 단언합니다. 그러자 신하들은 스파이가 있는 것이 아니라 엘리사 때문이라고 보고합니다. 엘리사가 왕의 침실에서 나눈 이야기도 다 이스라엘 왕에게 알려준다는 것입니다. 이리하여 아람 왕이 엘리사를 사로잡기 위하여 도단에 군사를 파견합니다. 아람의 군대가 도단 성을 포위합니다. 엘리사의 종이 아람 군대를 보고 두려움에 서로 잡혀 탄식합니다(왕하 6:15). 그러나 엘리사는 두려워하지 않습니다. 종을 안심시키며 이렇게 말합니다. "두려워하지 말라 우리와 함께 한 자가 그들과 함께 한 자보다 많으니라"(왕하 6:16). 엘리사는 여호와께 종의 눈을 열어 달라고 기도합니다. 여호와께서 종의 눈을 열어 주시자 종이 "불 말과 불 병거가 산에 가득하여 엘리사를 둘러" 선 것을 봅니다(왕하 6:17). 일찍이 엘리사는 엘리야가 "불 말과 불 병거"를 타고 승천하는 것을 보았습니다(왕하 2:11). 하나님의 "불 말과 불 병거"는 아람의 "군사와 말과 병거"와 대조를 이룹니다. 아람 군대가 엘리사를 향하여 포위를 좁혀 오자 엘리사가 여호와께 아람 군대의 눈을 어둡게 해 달라고 요청합니다(왕하 6:18).

이 기도는 또한 종의 눈을 열어달라고 기도한 것과 대조를 이룹니다. 하나님이 엘리사의 기도를 듣고 아람 군대의 눈을 멀게 하십니다. 엘리사가 그들을 인도하여 사마리아로 들어갑니다. 아람 군대는 사마리아 한 가운데 포로로 잡혀 온 것입니다. 엘리사가 다시 아람 군대의 눈을 뜨게 해 달라고 기도합니다. 이스라엘 왕이 아람 군대를 공격해야 하느냐고 묻습니다. 엘리사는 그들을 잘 먹여서 돌려보내라고 합니다.

이 일 후에 다시 아람의 벤하닷이 이스라엘을 포위했습니다. 이스라엘이 식량난을 겪습니다. 식량이 부족하여 곡물의 값이 크게 오릅니다. "나귀 머리 하나에 은 팔십 세겔이요 비둘기 똥 사분의 일 갑(1과 1/2 리터)에 은 다섯 세겔이라"(왕하 6:25). "비둘기 똥"이 무엇인지 명확하지 않습니다. 요셉푸스는 비둘기 똥을 소금 대신(*Ant.* IX, 4-4) 또는 연료 대신으로 사용되었을 것이라고 합니다. 어떤 학자들은 쥐엄나무 비슷한 식물 또는 구운 이집트 콩으로 해석하기도 합니다. 어떤 이는 야생 양파와 같은 채소라고 추측하기도 합니다. 사마리아 성에 식량이 부족하여 자식을 잡아먹는 상황까지 이르렀습니다.

이스라엘 왕은 이 일이 엘리사 때문이라고 생각하고 그를 죽일 것을 맹세하며 그를 죽이려고 사람들을 보냅니다(왕하 6:31-32). 이스라엘 왕은 아마도 엘리사가 이전에 사로잡은 아람 군대를 다시 아람으로 돌려보냈기 때문이라고 생각하는 것 같습니다(왕하 6:21-23).

이때 엘리사가 이스라엘 왕에게 내일 곡식이 있을 것이며 곡식 값이 크게 떨어질 것이라고 예언합니다. "여호와께서 이르시되 내일 이맘때에 사마리아 성문에서 고운 밀가루 한 스아를 한 세겔로 매매하고 보리 두 스아를 한 세겔로 매매하리라"(왕하 7:1). 엘리사는 내일 사마리아의 굶주림이 해결될 것이라고 선언합니다. 그러자 왕의 군대장관이 이 예언을 믿지 않습니다. "여호와께서 하늘에 창을 내신들 어찌 이런 일이 있으리요"(왕하 7:2). 장관은 여호와의 능력에 대하여 회의하며 불신합니다. 그러자 엘리사가 "네가 네 눈으로 보리라 그러나 그것을 먹지는 못하리라"고 대답합니다(왕하 7:2).

구원의 소식은 엉뚱하게 네 명의 나병 환자들로부터 왔습니다. 나병환자들이 식량난이 극심한 사마리아를 떠나 아람 군대에 항복하러 갑니다. 그런데 아람 군대 진영에 병사들이 한 사람도 없었습니다. 열왕기 기자는 이것을 환청 때문이라고 설명합니다. 하나님이 아람 군대로 큰 군대 소리를 듣게 하여 이스라엘이 용병을 고용했다고 착각하게 만들었습니다(왕하 7:6). 아람 군대는 생명을 보존하기 위하여 모든 것을 놓아두고 도망쳤습니다.

나병 환자들이 아람 군대의 진에서 먹고 마시고 은과 금을 숨겨 둡니다.

그리고 이 좋은 소식을 이스라엘에 알립니다. 왕이 정탐꾼을 보내어 나병 환자들의 말이 사실임을 확인합니다. 이스라엘 백성이 아람 군대를 노략하자 곡식 값이 크게 떨어집니다. "고운 밀가루 한 스아에 한 세겔이 되고 보리 두 스아가 한 세겔이 되니 여호와의 말씀과 같이 되었고"(왕하 7:16). 열왕기 기자는 엘리사가 전한 하나님의 말씀이 이루어졌음을 강조합니다.

곡식 값은 떨어졌습니다. 열왕기 기자는 이제 여호와의 말씀을 믿지 않은 군대 장관에 대한 이야기를 기술합니다. 군대 장관이 성문을 지키고 있습니다. 백성들이 아람 진영을 노략하러 나가면서 군대장관을 밟아 죽입니다. 여호와의 말씀을 불신한 장관에게 곡식 값이 떨어지는 것을 보긴 하지만 먹지 못할 것이라는 엘리사의 예언이 그대로 이루어집니다(왕하 7:20).

엘리사의 죽음

요아스 왕 때에 엘리사가 병에 걸렸습니다. 요아스가 엘리사를 병문안하여 "내 아버지여 내 아버지여 이스라엘의 병거와 마병이여"라고 말합니다(왕하 13:14). 엘리사가 엘리야의 승천을 보고 한 말과 같습니다(왕하 2:12). 엘리사는 죽기 전에 마지막 예언을 합니다. 왕에게 동쪽 창을 열고 활을 쏘라고 합니다. 왕이 쏘자 이것은 아람에 대한 구원의 화살이라고 말합니다. 아벡에서 아람을 멸절하도록 칠 것이라고 예언합니다.

또한 화살을 잡고 땅을 치라고 합니다. 왕이 세 번을 칩니다. 엘리사가 왕에게 더 치지 않은 것에 대하여 화를 냅니다. 왕이 다섯, 여섯 번을 쳤으면 아람을 진멸하기까지 쳤을 것이라고 아쉬움을 표현합니다. 엘리사는 아람을 세 번 칠 것이라고 말해줍니다. 후에 이스라엘 요아스 왕이 아람의 벤하닷과 전쟁을 해서 성읍들을 빼앗고 세 번을 이깁니다(왕하 13:25). 엘리사의 예언이 성취되었음을 보여줍니다. 엘리사는 병들어 죽습니다. 안타깝게도 그의 후계자가 없습니다. 엘리야는 후계자 엘리사를 남겨 놓았는데 엘리사는 후계자 없이 죽습니다. 이스라엘의 병거와 마병이 사라져갑니다. 이스라엘에 희망이 사라져 갑니다

20

이사야: 심판과 회복

읽어야 할 본문: 이사야 1장, 3-6장, 12-39장, 41장, 43-48장, 51장, 54-66장

이스라엘의 멸망은 언약의 저주의 성취이자 예언의 성취이기도 합니다. 하나님은 계속 유다와 이스라엘에게 선지자들을 보내서 멸망과 포로를 예언했습니다. 그러나 유다와 이스라엘은 하나님의 목소리를 듣지 않았습니다. 선지자들이 유다와 이스라엘의 멸망을 예언한 것은 언약에 근거한 것이었습니다. 선지자들은 나라가 망할 것이라고 예언한 것은 선지자들의 큰 주제입니다. 또한 선지자들은 나라의 회복을 예언합니다. 심판 후에 회복이 있을 것을 선언합니다. 더 나아가 선지자들은 새로운 시대, 종말의 시대를 예언합니다.

20.1 범죄한 나라

이사야 선지자는 유다의 웃시야 때부터 히스기야 때까지 예언 활동을 했습니다. 이사야 선지자는 하나님이 유다를 심판하실 것을 예언합니다. 심판의 이유는 다양합니다. 그 가운데 공평과 정의가 없다는 것이 두드러집니다.

먼저 이사야는 그 당시의 유다를 범죄한 나라로 규정합니다. "슬프다 범죄한 나라요 허물 진 백성이요 행악의 종자요 행위가 부패한 자식이로다 그들이 여호와를 버리며 이스라엘의 거룩하신 이를 만홀히 여겨 멀리하고 물러갔도다"(사 1:4). 이사야는 나라의 상태를 탄식으로 표현합니다. "슬프다"

는 또한 '화가 있도다'라는 의미입니다. 이사야는 유다를 "범죄한 나라"로 말합니다. 이사야의 유다에 대한 이러한 선언은 모세가 시내 산 언약을 맺을 때에 추구했던 백성의 신분 상태와 너무나 대조를 이룹니다. 이스라엘은 하나님의 말씀과 언약을 잘 순종하며 지킬 때, "제사장 나라"와 "거룩한 백성"이 될 수 있었습니다(출 19:6). 하나님이 그들을 출애굽 시켜서 택하신 이유는 하나님의 "거룩한 백성"을 삼기 위한 것이었습니다(신 7:6). 또한 하나님은 모세를 불러 바로에게 가서 이스라엘을 구원하라고 하셨을 때 이스라엘을 "내 백성"이라고 부르셨습니다(출 5:1). 이스라엘과 유다는 한 민족으로서 하나님의 백성이었습니다. 그러나 이사야 시대에 유다는 거룩한 백성이 아니라 죄를 짓는 나라이며 악을 행하는 백성이 되었습니다. 시내 산에서 목표로 했던 나라와는 정 반대입니다.

더 나아가 이사야는 유다와 하나님 사이의 관계를 부자 관계로 비유합니다. 하나님이 자식을 양육했습니다. 그런데 자식이 아버지를 거역합니다(사 1:2). 하나님과 이스라엘 사이는 출애굽 때부터 부자관계로 말합니다. 더 나아가 하나님은 이스라엘을 아들로 부릅니다. "너는 바로에게 이르기를 여호와의 말씀에 이스라엘은 내 아들, 내 장자라. 내가 네게 이르기를 내 아들을 보내 주어 나를 섬기게 하라 하여도 네가 보내주기를 거절하니 내가 네 아들 네 장자를 죽이리라 하셨다 하라 하시니라"(출 4:22-23). 그런데 아들이 아버지를 부인하며 모른다고 합니다. 이스라엘이 하나님의 아들임에도 불구하고 그들은 아버지를 알지 못합니다. 이사야는 이를 짐승에다 비유합니다. 소와 나귀도 그 주인을 알아보는데 이스라엘은 그들의 주인인 하나님을 알지 못한다고 선언합니다(사 1:3). '안다'는 말은 경험적인 지식을 뜻합니다. 유다가 여호와를 알지 못한다는 것은 유다가 여호와 하나님과의 교제를 통해서 얻는 지식을 경험하지 못했다는 것입니다.

이사야는 유다를 "범죄한 나라"와 "허물 진 백성"으로 규정한 후에 그들을 소돔과 고모라에 비유합니다. 소돔과 고모라는 죄악과 성적인 타락이 극심했던 곳으로 롯이 거하던 성이었습니다. 하나님의 심판으로 멸망당한 성들입니다(창 19:24). 하나님이 남은 자를 남겨두지 않았으면 심판으로 유다는 소돔과 고모라 같이 멸망했을 것입니다(1:9). 이사야는 소돔과 고모라 같은 유다를 향하여 '여호와의 말씀을 들으라' 그리고 '하나님의 법에 귀를 기울이라'고 명령합니다(1:10). 유다는 겉으로는 하나님의 법을 잘 지키는 것 같습니다.

1) 그들은 하나님께 잘 예배드렸습니다. "여호와께서 말씀하시되 너희의 무수한 제물이 내게 무엇이 유익하뇨 나는 수양의 번제와 살진 짐승의 기름에 배불렀고 나는 수송아지나 어린양이나 수염소의 피를 기뻐하지 아니하노라"(1:11). 유다 사람들은 하나님께 제사 드리는데 아주 열심입니다. "무수한 제물"과 "살진 짐승"이라는 표현에서 알 수 있듯이 유다 사람들은 많은 예물들과 좋은 것으로 예배를 드렸습니다.

2) 그들은 또한 절기를 잘 지켰습니다. "너희가 내 앞에 보이러 오니 그것을 누가 너희에게 요구하였느뇨 내 마당만 밟을 뿐이니라 헛된 제물을 다시 가져오지 말라 분향은 내가 가증히 여기는 바요 월삭과 안식일과 대회로 모이는 것도 그러하니 성회와 아울러 악을 행하는 것을 내가 견디지 못하겠노라"(1:12-13). 율법에 따르면 이스라엘의 남자들은 일 년에 세 번씩 하나님 앞에 보이러 나아가야 합니다(출 23:17). 여기서 세 번은 무교절(애굽에서 나온 것을 기념), 맥추절(첫 열매를 거둔 것을 기념), 수장절(수확을 하고 나서 곡식과 열매를 저장하는 것을 기념)을 의미합니다. 이스라엘은 여호와의 법궤가 있는 성전으로 가서 절기를 지키며 예배를 드렸습니다.

3) 그들은 많이 기도했습니다. "너희가 손을 펼 때에 내가 눈을 가리우고 너희가 많이 기도할지라도 내가 듣지 아니하리니 이는 너희의 손에 피가 가득함이니라"(1:15). 그들은 율법의 참 정신을 알지 못했습니다. 겉으로는 경건하고 기도를 많이 하지만 그들의 삶은 악하고 피를 흘렸습니다.

하나님은 형식적인 종교 의식에 가득 차 있는 유다에게 율법에 순종할 것을 요구합니다. 율법을 지키는 것은 정의를 행하는 것과 관련이 있습니다. "너희는 스스로 씻으며 스스로 깨끗케 하여 내 목전에서 너희 악한 행실을 버리며 행악을 그치고 선행을 배우며 정의를 구하며(미쉬파트) 학대받는 자를 도와주며 고아를 위하여 신원하며 과부를 위하여 변호하라 하셨느니라"(1:16-17). 정의를 행하는 것은 율법을 지키는 것입니다. 이것은 다음 구절에서 잘 알 수 있습니다. "신실하던 성읍이 어찌하여 창기가 되었는고 정의(미쉬파트)가 거기에 충만하였고 공의(체덱)가 그 가운데에 거하였더니 이제는 살인자들뿐이로다"(1:21). 신실한 성읍은 정의와 공의가 가득한 도시입니다. 그러나 정의와 공의는 사라지고 창기와 살인자가 가득합니다. 창기는 "간음하지 말라"는 십계명의 말씀과 살인자는 "살인하지 말라"는 십계명의 말씀과 관련이 있습니다. 간음하고 살인하는 자들로 가득 찬 성읍에 정의와 공의가 없습니다. 하나님의 법을 잘 지킬 때에 정의와 공의가 충만합니다. 정의와 공의가 행해져야 할 성읍에 음란한 행실과 살인이 횡행하였습니다. 이는 율법의 말씀을 제대로 지키지 않은 결과입니다.

하지만 타락한 유다에게 그 죄를 해결할 구원의 문은 열려있습니다. 여호와는 소돔과 고모라와 같은 그의 백성에게 "오라"고 초청하십니다. "오라 우리가 서로 변론하자 너희의 죄가 주홍 같을지라도 눈과 같이 희어질 것이요 진홍 같이 붉을지라도 양털 같이 희게 되리라"(사 1:18). 유다의 죄가 '주홍'과 '진홍'같을지라도 '눈'과 '양털'과 같이 될 것입니다. 이 말씀에 순종하는 사람은 '땅의 아름다운 소산'을 먹을 수 있지만 불순종하는 자들은 '칼'에 삼켜질 것입니다.

더 나아가 하나님이 친히 유다와 예루살렘을 회복시킬 것을 약속하고 있습니다(1:24-26). '내가 네 재판관들을 처음과 같이, 네 모사들을 본래와 같이 회복할 것이라 그리한 후에야 네가 의(체데)의 성읍이라 신실한 고을이라 불리리라 하셨나니...시온은 정의(미쉬파트)로 구속함을 받고 그 돌아 온 자들은 공의(체다카)로 구속함을 받으리라"(1:26-27). 하나님은 유다와 예루살렘을 다시 회복시키고 포로로 잡혀간 자들을 다시 돌아오게 하실 것을 말합니다. 시온의 회복은 이사야 후반부(40-66장)에 가서 중요한 주제가 됩니다.

20.2 여호와의 날

이사야 선지자는 하나님이 범죄한 나라 유다를 심판하실 것을 선언합니다. 하나님이 그들을 심판하시는 이유는 다음과 같습니다.

1) "그들에게 동방 풍속이 가득하며"(2:6), '그들이 동쪽으로부터 가득 찼다'입니다. 이것은 유다가 외국의 종교생활과 생활양식을 본받은 것입니다. 왜냐하면 '가득 찼다'라는 단어가 7절의 '은금이 가득 찼다'와 8절의 '우상이 가득 찼다'에도 사용되었기 때문입니다. 이어 나오는 설명은 "그들이 블레셋 사람 같이 점을 치며(술객-마법사 또는 마술사-이 되며) 이방인과 더불어 손을 잡아 언약하였음이라"(2:6)입니다. 히브리어에는 '언약하였음'은 나오지 않고 '손을 쳤다'고 합니다. 손을 치며 약속을 하는 관습은 이스라엘에게서도 있었습니다. 다른 사람을 위해 보증을 설 때 손을 쳤습니다(잠 6:1).

2) "그 땅에는 은금이 가득하고 보화가 무한하며 그 땅에는 마필이 가득하고 병거가 무수하며"(2:7)입니다. '은금과 말이 가득한 것'이 심판의 이유입니다. 왕의 법에 의하면 왕은 '은금을 많이 쌓지 말 것'(신 17:17)과 '말을 많이 두지 말 것'(신 17:16)을 명령받습니다. '은금'은 경제적 부를 그리고 '말'과 '병거'는 군사적 힘을 의미합니다. 왕이 부와 군사력이 강하면 하나님을 신뢰하지 않기 때문입니다. 이사야 시대에 유다는 경제적, 군사적 힘을 의지하고 율법을 지키지 않았습니다.

3) "그 땅에는 우상도 가득하므로 그들이 자기 손으로 짓고 자기 손가락으로 만든 것을 경배하여"입니다(2:8). 우상 숭배는 하나님이 가장 싫어하시는 것으로 십계명의 1-2계명을 어기는 것입니다. 유다는 여호와 하나님만을 섬기며 그의 법을 따르기로 언약한 백성입니다. 그러나 그들은 하나님의 법과 규례를 버리고 이방인들의 생활양식을 따라 갔습니다. 이것이 하나님이 그들을 버리시며 심판하는 이유입니다.

하나님이 범죄한 유다를 심판하시는 날은 여호와의 날로 묘사됩니다. 여호와께서 행동하시는 날로 "만군의 여호와의 한 날"(2:12)이며 여호와께서 일어나사 땅을 진동시키는 날이며(2:19, 21) "여호와께서 변론하러 일어나시며 백성들을 심판하려고 서시"는 날입니다(3:13). 여호와는 마치 전쟁터의 용사처럼 행동하십니다.

하나님의 심판은 "모든 교만한 자와 거만한 자(높은 자)와 자고한 자(자신을 높이 들어 올린 자)에게" 임합니다(2:12). 자기 자신을 자랑하며 위대하다고 생각하며 상대방을 무시하는 자들입니다. 특이하게도 높은 것, 나무, 산, 망대와 성벽은 낮아집니다(2:13-16). 이렇게 하나님이 심판하시는 날에는 교만한 자는 낮아지며 여호와 하나님이 홀로 높임을 받으십니다(2:11).

하나님의 심판은 우상과 우상 숭배자에게도 임합니다(2:18-21). 우상은 사람의 손으로 만든 것입니다. 하나님의 심판은 포괄적입니다. 유다와 예루살렘이 의지하는 모든 것에 심판이 임합니다. 여기에 식량과 물, 군인들, 유다의 지도층들, 재능 있는 모든 사람들이 포함되어 있습니다(3:1-3). 특히 시온의 교만한 딸들을 향한 하나님의 심판이 생생하게 기록되었습니다(3:16-24). 하나님이 심판하시는 날은 유다와 예루살렘의 모든 것들을 포함합니다. 시온의 멸망을 선언합니다(3:26).

심판의 날에 시온은 멸망할 것이지만 그 가운데서도 피한 자들과 남은 자들이 있습니다(1:9). 이들은 예루살렘에 남아 있는 자들이며 하나님의 책에 이름이 기록된 자들로(참고. 말 3:16) 거룩한 자들입니다(4:3). 하나님께서 심판의 영과 소멸하는 영으로 그들의 더러움을 씻어 주십니다(4:4). 하나님이 친히 낮에는 구름으로 밤에는 불로 함께 하셔서 그들의 피난처가 되어 주실 것입니다(4:5-6). 이것은 출애굽 때에 하나님이 함께 하신 것을 기억나게 합니다.

포도원의 노래

하나님의 심판을 아주 선명하게 요약해서 드러내는 것은 포도원의 노래(사 5:1-7)입니다. 이 포도원의 노래는 유다와 이스라엘을 향한 하나님의 관심과 심판 의지를 담고 있습니다. 포도원의 노래의 내용은 아주 단순합니다. 주인의 노력에 비해 수확이 없다는 것입니다. 한 포도원 농부가 비옥한 산지에 포도원을 만들었습니다. 땅을 파고 돌을 제하고 포도원을 만든 후에 아주 좋은 포도나무를 심었습니다. 포도가 맺힐 것을 기대하면서 망대를 세우고 술틀도 만들었습니다. 하지만 좋은 포도를 수확하기를 기대했던 주인의 바람과는 달리 "들 포도"(쓸모없는 포도)가 열렸습니다. 그래서 주인이 이 포도원을 없애버릴 것을 다짐합니다.

이 노래의 강조점은 주인의 노력입니다(사 5:2, 4). 4절은 "내가 내 포도원을 위하여 행한 것 외에 무엇을 더할 것이 있으랴" 하면서 주인의 노력과 포도원을 위해서 쏟아 부은 심혈을 말합니다. 주인은 노력에 맞게 수확을 기대하고 있습니다. 그러나 주인의 기대와 포도원의 수확은 대조적입니다. 이것을 두 번이나 기록하고 있습니다. "좋은 포도 맺기를 바랐더니 들 포도를 맺었도다"(5:2, 4). 그래서 주인은 포도원을 없애버릴 것을 결심합니다.

이 노래는 비유로서 독자들로 하여금 그 상황을 상상하게 만들어 주는 그림 언어의 역할을 합니다. 이 노래가 비유라는 것은 이 노래에 대한 설명에서 알 수 있습니다. "만군의 여호와의 포도원은 이스라엘 족속이요 그가 기뻐하시는 나무는 유다 사람이라 그들에게 정의를 바라셨더니 도리어 포학이요 그들에게 공의를 바라셨더니 도리어 부르짖음이었도다"(5:7).

하나님이 이스라엘과 유다 사람들에게 바라시는 열매는 "정의"와 "공의"입니다. 하지만 그들은 이 열매들을 맺은 것이 아니라 "포학"(피 흘림)과 "부르짖음"이었습니다. 여기에 언어유희Word-Play가 있습니다. "정의"(미쉬파트)과 "포학"(미쉬파흐)은 비슷합니다. 끝에 자음 하나가 다릅니다. 그리고 "공의"(체다카)와 "부르짖음"(체아카) 역시 히브리어로 보면 단지 두 번째 자음 하나만 다르고 나머지는 같습니다. 이것은 시적 표현으로 이스라엘이 맺은 열매를 잘 드러냅니다. 겉으로 보면 비슷한 것 같습니다. 이스라엘은 하나님의 뜻을 따라 잘 사는 것 같습니다. 그러나 실제 내용은 백팔십도 다릅니다. 정의와 공의가 아니라 포학과 부르짖음입니다. 범법 행위들과 원성과 울부짖음만이 있습니다.

이스라엘과 유다의 행위는 겉으로 아무 문제가 없어 보입니다. 그러나 하나님은 그들의 종교 생활을 질타하십니다. 종교 생활은 있었지만 사회 속에서 하나님의 말씀을 잘 실천해 나갈 정의와 공의가 없었습니다. 유다 사람들은 "선행을 배우며 공의를 구해"야 했습니다(사 1:17).

"정의"와 "공의" 두 단어는 서로 상호 보완적인 의미를 담고 있습니다. 옛 개역은 "공평"과 "의로움"으로 번역했습니다. 이것은 하나님이 정하신 사회 질서입니다.

"정의"는 주로 '규례,' '법도,' '재판,' '공의,' '공평'으로 번역되며 그 외에도 문맥에 맞게 다양하게 번역될 수 있습니다. '규례'로 번역될 때, 하나님의 법의 세부적인 조항들을 의미합니다. 하나님의 법에 따라 살아갈 때 정의와 공평이 이뤄지는 것입니다. 이 단어는 '재판'이라는 의미도 있습니다. 이스라엘 사회에서 재판의 기준은 모세의 법입니다. 따라서 '정의'(또는 공평)라고 했을 때, 일반적으로 세속적 기준을 따르는 경제, 사회 정의를 뜻하는 것이 아니라 하나님의 법에 기초한 '사회 정의'를 말합니다. 고대 근동의 다른 나라들 역시 법을 가지고 있었습니다. 이 법들은 왕이 제정, 선포한 것입니다(예: 함무라비 법전). 하지만 이스라엘에서 법의 기원은 하나님입니다. 하나님이 직접 법을 제정, 선포했습니다. 왕은 법을 제정, 선포할 권한이 없었습니다. 따라서 이스라엘의 사회 정의는 하나님이 선포한 율법에 근거한 사회 정의입니다.

"공의"는 '의,' '의로움'으로도 번역이 됩니다. 이 단어는 주로 행위와 관련해서 윤리적, 도덕적 기준을 말합니다. "여호와께서는 그 모든 행위에 의로우시며"(시 145:17). 윤리적, 도덕적 기준은 하나님의 뜻과 관련이 있습니다. 율법을 지키는 것은 의로움입니다. "우리가 그 명령하신 대로 이 모든 명령을 우리 하나님 여호와 앞에서 삼가 지키면 그것이 곧 우리의 의로움이니라"(신 6:25). 또한 다른 사람의 행위와 비교해서 더 의롭다고 말하기도 합니다. 유다가 다말의 임신 사실을 알고 심판하려고 했을 때, 다말이 도장과 끈과 지팡이를 보여줍니다. 그러자 유다는 "그는 나보다 옳도다(의롭다)" 하고 말합니다(창 38:26). 다말의 행위(시아버지 유다를 통하여 임신한 것)가 유다의 행위(막내 아들 셀라를 다말에게 주지 않은 것)보다 더 의롭다는 것입니다. 다말의 행위와 유다의 행위가 비교되고 있습니다. 다른 예로는 사울 왕이 다윗을 추격하여 죽이려고 했을 때에, 다윗이 사울을 죽일 기회가 있었습니다. 그때 다윗이 사울 왕을 죽이지 않고 살려 줍니다. 그러자 사울이 "너는 나보다 의롭도다" 하고 말합니다(삼상 24:17). "공의"(의)는 옳은 행위에 강조를 둡니다.

이사야 선지자가 이스라엘과 유다에 '정의와 공의'가 없다고 지적했을 때, 이스라엘 사회에 하나님의 법을 따라서 사는 사람들이 적다는 것입니다. 하나님의 법이 사회를 지배하며 통치해야 합니다. 재판하는 곳에서도 하나님의 법이 기준이 되어야 합니다. 그런데 이 법이 무시되고 있습니다. 이사야가 지적하는 공평과 공의는 사회적인 것입니다. 사회 정의는 특별히 사회의 약자를 보호하고 돌봐주는 것으로 드러나야 합니다(1:16-17).

6개의 화

유다와 이스라엘이 맺은 열매는 "포학"과 "부르짖음"입니다. 하나님의 법을 따라 살아가지 않는 사람들에게 재앙이 6개의 "화 있을진저"로 선언됩니다(5:8-23).

1) 땅과 집을 계속 사들여서 자기 혼자 살려는 탐욕적인 사람들에게 화가 선언됩니다(5:8-10). 원래 이스라엘 내에서 땅은 가족의 분배 몫(기업의 땅)이 있었습니다. 자신의 땅을 소유한 사람은 경제적, 정치적으로 자유민으로 살아갈 수 있었습니다. 만일 자연 재해나 빚으로 인해 땅을 팔아 넘겼을 경우 희년에 되찾을 수 있었습니다. 그런데 부자들이 땅을 사서 희년이 되어도 되돌려주지 않습니다. 이사야는 이런 자들에게 임할 재앙을 선포합니다. 재앙은 아주 적은 양의 포도주와 곡식입니다. "열흘 갈이 포도원에 겨우 포도주 한 바트가 나겠고 한 호멜의 종자를 뿌려도 간신히 한 에바가 나리라"(사 5:10). "열흘 갈이"는 10에이커(1에이커는 약 4046.8 m²로 사람이 소와 함께 하루에 갈수 있는 범위)로 약 40,000평방미터에서 "한 바트"(22리터)의 포도주를 생산합니다. "한 호멜지기"(한 말)의 씨를 뿌려도 "한 에바"(한 되)의 곡식을 거둡니다. 적은 소출입니다.

2) 포도주와 독주에 빠진 방탕한 사람들에게 재앙이 임합니다(5:11-17). 술에 빠져 하나님의 일에 관심을 두지 않거나 하나님이 행하신 일을 생각하

지 않는 사람들입니다. 자신들의 쾌락과 일락을 위해서 많은 것들을 준비하는 자들입니다. 그러나 하나님의 일에는 관심이 없습니다. 이들 역시 심판을 당합니다.

3) 거짓과 죄악을 일삼는 자들에게 재앙이 임합니다(5:18-19). "그들이 이르기를 그는 자기의 일을 속속히 이루어 우리에게 보게 할 것이며 이스라엘의 거룩한 이는 자기의 계획을 속히 이루어 우리가 알게 할 것이라"(사 5:19). 그들은 하나님께 대하여 하나님이 일을 빨리 행하셔서 그 일의 성취를 보도록 해 주십시오 하고 요청합니다. 자신들의 범죄에 대한 심판이 임하는가 하는 것입니다. 여호와의 날이 빨리 임하는지를 보고 싶어 합니다. 하나님의 심판을 비웃는 것입니다.

4) 윤리적 기준을 뒤엎는 사람들에게 재앙이 임합니다(5:20). 하나님이 정하신 윤리의 기준과 체계를 뒤엎는 사람들이 있습니다. 악과 선, 흑암과 광명, 단 것과 쓴 것을 바꿔 말합니다.

5) 스스로 지혜롭다고 인정하는 사람들에게 재앙이 임합니다(5:21).

6) 알콜 중독자들에 재앙이 임합니다(5:22-23). 이들은 남을 판단할 수 있는 높은 지위에 있습니다. 그러나 뇌물을 받고 의인을 악인으로 판결합니다. 사회 정의를 실행해야 할 사람이 행치 않는 것입니다.

이런 일들로 인해 하나님의 심판이 혹독하게 임합니다(5:24-30). 이 심판은 하나님이 "자기 백성"에게 내리는 것입니다(사 5:25). 하나님의 심판은 외국 군대가 침입하는 것으로 나타납니다(사 5:26-30). 이 모든 것들은 여호와의 율법을 버리고 이스라엘의 거룩한 자의 말을 무시한 결과입니다(사 5:24).

20.3 여호와의 경영

하나님의 심판을 비웃는 자들이 있습니다. "이스라엘의 거룩한 이는 자기의 계획을 속히 이루어 우리가 알게 할 것이라"(사 5:19). "계획"(에차)은 '목적,' '의도'의 뜻입니다. 사람들이 하나님께 대하여 하나님의 일을 빨리 하셔서 그 일이 성취되는지 보도록 해 달라고 말합니다. 자신들이 범죄한 일에 대하여 심판이 임하는지를 보게 해 달라는 것입니다. 하나님의 심판을 비웃습니다.

하나님의 계획은 범죄한 유다와 이스라엘을 심판하시는 것입니다. 심판의 날이 있을 것입니다. 하나님의 심판은 유다와 이스라엘에게만 국한되지 않습니다. 이스라엘을 넘어 전 세계로 나아갑니다. 이사야 선지자는 이스라엘 주변의 국가들과 온 땅에 대한 종말론적 심판이 있을 것을 예언합니다.

바벨론의 멸망

이사야 선지자는 13장부터 27장까지 각 나라들과 온 땅에 임할 하나님의 심판을 열거합니다. 13장은 바벨론에 임할 심판의 신탁입니다. 여호와께서 군대를 소집하십니다(13:2-5). 이 군대는 여호와의 진노를 풀게 할 용사이며 진노의 병기입니다. 여호와의 이미지는 전쟁의 군대장관 같이 나타납니다. 그는 군대를 소집하고 검열합니다. 여호와는 역사의 전쟁을 결정하시며 이행하시는 분입니다. 바벨론을 심판하는 날은 여호와의 날입니다(13:6). 멸망의 날로서 여호와께서 진노하시며 땅을 황무케 하며 죄인을 벌하시는 날입니다. 무엇보다도 인간의 교만을 벌하시는 날이며(13:11) 하늘과 땅에도 그 징조가 나타납니다(13:9, 13).

여호와의 날은 심판의 날을 의미하며 선지서에서 중요한 주제가운데 하나입니다. 그렇지만 누가 심판의 대상인가 하는 것은 문맥에 따라 다릅니다. 유다에 대한 심판이기도 하며(사 2:5-12) 바벨론을 심판하는 날이기도 하며(사 13장) 임박한 심판의 날로 메뚜기 재앙이 다가오는 날이며(욜 1:15-20) 시온의 백성이 두려움에 사로잡히는 날이며(욜 2:1) 캄캄하고 어둡고 구름이 낀 날입니다(욜 2:2). 여호와의 날은 해와 달이 캄캄해지며 별이 빛을 잃어버리는 날이기 때문에 우주적이며 종말론적인 날입니다(욜 3:15). 이 날에 하나님이 열국을 심판하시며(욜 3:1-15) 이스라엘을 보호하시며 구원하십니다(욜 3:16-17). 만국은 심판을 당하는 날이며 이스라엘은 회복되는 날입니다. 아모스 역시 여호와의 날을 심판과 파멸의 날로 묘사합니다. 이스라엘이 사모하는 여호와의 날은 '빛'이었습니다. 빛은 밝고 좋은 것으로 구원을 의미합니다. 하지만 이스라엘의 기대와는 달리 아모스가 말하는 여호와의 날은 '어두움'이었습니다. 어두움은 구원이 아니라 심판을 의미합니다. 여호와의 날은 심판과 멸망의 날이었습니다(암 5:18-20).

바벨론은 메대 사람에 의해 멸망할 것입니다. 메대는 현재의 중앙 이란에 해당합니다. 주전 609년에 메대는 바벨론과 함께 앗수르를 멸망시켰고 주전 539년에 메대는 페르시아(개역 성경은 바사)와 함께 바벨론을 멸망시켰습니다.

이사야 선지자는 바벨론의 멸망(13장)과 함께 바벨론 왕의 멸망(14장)을 예언합니다. 바벨론의 멸망과 바벨론 왕의 멸망 사이에 막간처럼 이스라엘의 회복과 구원의 약속이 삽입되었습니다(사 14:1-2). 여호와께서 야곱을 긍휼히 여기셔서 회복해 주실 것입니다. 구원받은 그들이 바벨론 왕의 멸망을 보면서 애가를 부릅니다. 바벨론 왕이 멸망하는 가장 큰 이유는 교만입니다. 바벨론 왕의 교만에 관한 묘사 중에 흥미로운 부분이 14:12-14입니다. 초대 교부들 가운데 일부는 이 본문을 신약의 누가복음 10:18과 요한 계시록 12:8의 사탄이 하늘에서 떨어진 것과 연결해서 해석했습니다. 바벨론의 왕은 "아침의 아들 계명성"이라고 칭해집니다. '계명성'은 하늘의 빛나는 물체로서 '아침의 별'morning star입니다. 이 단어를 라틴어 번역 성경(벌게이트)와 영어 흠정역(KJV, NKJV 역시)이 "루시퍼"Lucifer로 번역했습니다. 루시퍼를 타락한 천사장으로 해석해서 사탄이라고 해석합니다. 하지만 이 본문에서 계명성은 바벨론 왕이며 그는 하늘에서 떨어진 자입니다. 떨어진 이유는 교만입니다.

바벨론 왕은 "내가 하늘에 올라 하나님의 뭇별 위에 내 자리를 높이리라 내가 북극 집회의 산 위에 앉으리라 가장 높은 구름에 올라가 지극히 높은 이와 같아지리라"(14:13-14)고 말합니다. 바벨론 왕이 하나님께 도전합니다. 이렇게 교만한 바벨론 왕은 "스올 곧 구덩이 맨 밑에"(14:15) 빠지게 됩니다. 스올(음부)은 죽은 자들이 묻힌 무덤을 뜻하기도 하며 죽은 자들이 가는 지하세계를 의미하기도 합니다

세계를 향한 여호와의 경영

바벨론의 멸망을 예고한 후에(사 13-14장) 여호와는 세계를 향한 자신의 경영을 말합니다. "내가 생각한 것이 반드시 되며 내가 경영한 것(의도하다, 계획하다)을 반드시 이루리라"(14:24). 열방을 향한 여호와의 생각과 계획이 이 땅 위에서 실현될 것입니다. 이 계획은 메소포타미아 지역의 권력 이동에 관한 것입니다. 바벨론과 앗수르의 멸망을 선언한 후에 이스라엘과 유다를 포함한 주변국가들, 바벨론, 앗수르, 블레셋, 모압, 다메섹, 구스, 애굽 등의 나라들에게 여호와의 말씀을 선언합니다. 여호와께서 이렇게 말씀하십니다. "이것이 온 세계를 향하여 정한(의도하다, 계획하다) 경영(계획, 목적)이며 이것이 열방을 향하여 편 손이라 하셨나니 만군의 여호와께서 경영하셨은즉(의도하다, 계획하다) 누가 능히 그것을 폐하며 그의 손을 펴셨은즉 누가 능히 그것을 돌이키랴"(14:26-27). 이 구절에서 주요 단어는 "경영"과 "손"입니다. 경영은 '계획', '목적'을 말하고 '손'은 '능력'을 뜻합니다. 세계를 향한 여호와의 계획은 반드시 실현됩니다. 하나님은 그 목적을 실현할 수 있는 능력이 있는 분입니다. 여호와의 계획을 폐할 자가 없습니다. 여호와 외에는 이 세계를 경영하실 분이 없습니다.

열방을 향한 심판의 신탁 가운데 특이한 것이 이집트에 대한 신탁입니다(사 19-20장). 여호와는 구름을 타고 이집트에 임하십니다(19:1). 여호와의 신현입니다. 신현은 여호와 하나님이 이집트의 역사에 간섭하신다는 것을 보여줍니다. 신현의 결과로 이집트의 환란이 닥칩니다. 여호와께서 이집트에 자중지란을 일으키십니다. 이집트에 내분이 일어나서 서로 공격합니다(19:2-3). 그래서 이집트 사람들의 도모(계획, 목적)가 파해집니다(19:3). 여호와의 간섭으로 인간의 계획이 변경되고 이뤄지지 않습니다. 바로의 가장 지혜로운 모사의 모략(계획, 목적)은 어리석은 것으로 드러납니다(19:11). 왜냐하면 여호와께서 이집트에게 정하신 뜻(의도하다, 계획하다)이 있었기 때문입니다(19:12).

여호와는 자신의 뜻을 이집트에 실현시키십니다. 자신의 계획을 이루기 위해 여호와는 이집트의 지도자들인 소안의 방백과 놉의 방백이 미혹되게 하십니다. 그들에게 "어지러운 마음"(왜곡된 영, 일그러진 영, 현기증 나는 영)을 섞어 놓았습니다(19:14). 그 결과 그들이 매사에 일을 잘못 판단합니다(19:13-14). 여호와께서 이집트의 가장 지혜로운 자들의 정신을 혼미케 하여 잘못된 결정을 하게 합니다. 여호와께서 이집트에 "정하신 계획"(모략, 목적)이 있었기 때문입니다(19:17).

흥미롭게도 여호와는 이집트를 치셨으나 다시 고쳐주실 것을 말씀하십니다. 또한 이집트인들도 여호와께 돌아와서 그를 경배할 것을 말하고 있습니다. 더 나아가 이집트는 "내 백성"으로 불리며 이스라엘은 "나의 기업"으로, 앗수르는 "내 손으로 지은" 것으로 불립니다(사 19:25). 이 세 나라가 세계 중에 복이 될 것입니다. 이방인들도 하나님의 백성이 될 때가 있을 것을 예언하고 있습니다.

두로와 시돈에 대한 신탁도 나옵니다(23:1-18). 두로는 고대 지중해 무역의 패권을 잡고 있었던 도시 국가입니다. 두로의 선박은 멀리 스페인까지 왕래하였습니다. 이 막강한 해상 국가에게도 멸망이 선언됩니다. 이 일을 정하신 분 역시 하나님입니다. "두로에 대하여 누가 이 일을 정하였느냐(의도하다, 계획하다) 만군의 여호와께서 그것을 정하신 것이라 모든 누리던 영화를 욕되게 하시며 세상의 모든 교만하던 자가 멸시를 받게 하려 하심이라"(23:8-9).

두로에 대한 신탁으로 열방에 대한 경고가 끝나고 있습니다. 열방에 대한 신탁에서 가장 중요한 신학 사상은 열방을 향한 하나님의 경영입니다. 하나님이 열방의 민족들의 운명을 정하십니다. 역사에 개입하시는 하나님의 주권을 볼 수 있습니다. 열방을 심판하시는 주된 이유는 인간의 교만입니다. 하나님은 교만한 자를 낮추십니다. 인간의 교만은 낮아지고 하나님이 홀로 영광을 받으십니다.

세상의 종말

이사야는 세상의 종말을 예언합니다. 온 땅이 파괴될 것을 말합니다(사 24-27장). 이사야의 묵시로 불리는 본문이기도 합니다. 땅과 도시의 파괴와 시온의 구원이 대조를 이루며 나옵니다.

여호와는 온 땅을 황폐하게 하실 것입니다. 온 땅은 전 세계를 포함합니다(24:1-4). 땅이 황폐함으로 곡식과 포도의 소출이 없어집니다. 특별히 포도주는 인간에게 큰 기쁨을 주는데 포도의 소출이 없으니 기쁨이 사라집니다(24:7-11). 포도주가 없으므로 희락의 잔치가 사라지고 노래가 그치고 백성이 쇠약해져 갑니다.

온 땅이 황무하게 된 원인은 백성이 여호와의 언약을 어겼기 때문입니다. "땅이 또한 그 주민 아래서 더럽게 되었으니 이는 그들이 율법을 범하며 율례를 어기며 영원한 언약을 깨뜨렸음이라"(24:5). 땅이 더럽게 된 것은 백성이 율법을 지키지 않았기 때문입니다. 이것은 이스라엘의 율법을 말합니다. 이사야는 율법을 전 세계에 확장해서 적용하고 있습니다. 백성들이 언약을 파기하고 율법을 지키지 않았기 때문에 이 땅에 저주가 찾아 왔다고 설명합니다. "그러므로 저주가 땅을 삼켰고 그 중에 사는 자들이 정죄함을 당하였고"(24:6). 언약을 어겼을 때, 언약의 저주가 찾아옵니다(신 28:15-68). 세상에 종말이 오는 이유는 백성이 언약을 어겼기 때문입니다. 이사야는 이스라엘의 언약을 온 세계에 확대 적용하고 있습니다.

언약의 저주는 약탈과 성의 파괴로 나타납니다. 성의 파괴는 온 세계에 적용됩니다(24:6, 10-14). 세계의 성읍의 파괴는 이사야 13-23장의 열방을 향한 하나님의 경영에서도 나타났었습니다.

온 땅이 저주를 받아서 흔들리고 깨어집니다. 이때 여호와는 높은 곳의 군대와 땅의 왕들을 벌하십니다(24:21). 이러한 사건은 종말론적이며 우주적인 모습을 띱니다. "달이 수치를 당하고 해가 부끄러워" 하기 때문입니다(24:23). 열방과 세상을 심판하시는 여호와는 시온 산과 예루살렘에서 왕이 되십니다(24:23). 여호와는 땅의 왕들을 벌하시고 자신이 시온의 왕으로 등극하십니다.

여호와께서 땅을 황무케 하시며 성읍을 파괴하신 것은 "옛적에 정하신 뜻"(계획, 목적)대로 행한 것입니다(25:1). 하나님은 이 세상을 향한 자신의 계획을 갖고 계십니다. 하나님의 이러한 기사를 통하여 강한 민족이 주를 경외하며 경배할 것입니다(25:3). 하나님은 심판하시는 분이지만 또한 환란 때에 빈궁한 자와 빈핍한 자의 보장이 되시며 피난처가 되십니다(25:4).

더 나아가 하나님은 종말에 잔치를 베푸십니다. 하나님은 "이 산에서 만민을 위하여 기름진 것과 오래 저장하였던 포도주로 연회를 베푸시리니"(25:6). 세상은 황폐해져서 포도의 소출이 없고 기름진 것도 없습니다(24:9-11). 그런데 여호와는 세상 만민을 위하여 시온 산에서 시온의 왕으로 등극하셨기 때문에(24:23) 풍성한 잔치를 베푸십니다. 또한 시온 산에서 여호와는 세상 사람의 면박을 제하시며 사망을 멸하시며 얼굴에서 눈물과 수치를 제거하십니다(25:7-8). 여호와 하나님을 기다린 자들은 구원을 받고 큰 기쁨을 누립니다(25:9).

여호와께서 한 편으로 세상의 도시들을 파괴하시지만 다른 한 편으로 견고한 성을 세우십니다. 그 성의 성곽은 구원으로 세워집니다(26:1). 그 성은 "신의를 지키는 의로운 나라"(진리를 지키는 의로운 백성)에게 성문을 열고 들어오게 합니다(26:2). 여호와는 그 성에 들어온 자에게, 여호와를 의뢰하는 자에게 평강(샬롬)을 주십니다(26:3, 12). 그 나라는 크게 번영할 것이며 커질 것입니다.

여호와께서 심판하시는 중에 그의 백성은 여호와를 신뢰하며 사모합니다(26:8, 16). 하나님은 그의 진노가 나타나는 심판 중에 그의 백성에게 밀실에 들어가서 피하라고 권합니다(26:20). 하나님이 세상을 심판하시는 목적이 있습니다. 세계의 거민은 여호와의 심판에서 '의'(체덱)를 배우게 됩니다(26:9). 하지만 악인은 '의'(체덱)를 배우지 않습니다(26:10). 세상을 위해 계획된 여호와의 심판은 '의'를 가르치기 위함입니다.

20.4 회복

이사야 선지자는 심판의 메시지와 함께 회복의 메시지도 전합니다. 하나님이 범죄한 유다와 이스라엘을 심판하십니다. 그러나 또한 그들을 회복시키십니다. 예루살렘은 회복될 것이며 포로로 잡혀간 남은 자들이 다시 예루살렘으로 돌아 올 것입니다.

회복의 주제는 이사야 11장에 잘 나타납니다. 먼저 메시야가 오심으로 회복될 종말의 상태를 말합니다(11:1-9). 육식 동물과 초식 동물 사이에 긴장이 없어지고 평화가 임합니다(11:6-9). 메시야 예언에 관해서는 다음 과에서 자세하게 다루겠습니다.

하나님의 백성의 회복

10절과 11절에 모두 "그 날에"라는 표현이 있지만 두 구절은 구별이 됩니다. "그 날에 이새의 뿌리에서 한 싹이 나서 만민의 기치로 설 것이요 열방이 그에게로 돌아오리니 그가 거한 곳이 영화로우리라"(11:10). "이새의 뿌리에서 만민의 기치"가 나오며 그 기치 아래 열방이 돌아옵니다. 이는 장차 올 메시야로 인하여 이방인들이 모여들 것을 예고하고 있습니다. 메시야 시대를 예언합니다.

그러나 11절은 "그 날에 주께서 다시 그의 손을 펴사 그의 남은 백성을 앗수르와 애굽과 바드로스와 구스와 엘람과 시날과 하맛과 바다 섬들에서 돌아오게 하실 것이라"고 말합니다. "다시"라는 표현이 11절을 10절과 구분해 줍니다. 여기서 "그의 남은 백성"은 다시 12절과 관련이 있습니다. "여호와께서 열방을 향하여 기치를 세우시고 이스라엘의 쫓긴 자들을 모으시며 땅 사방에서 유다의 흩어진 자들을 모으시리니." 10절에서는 이새의 뿌리에서 만민의 기치가 나오는데 반하여 여기 12절에서는 여호와께서 "열방을 향하여 기치"를 세웁니다. 기치가 무엇인지 구체적으로 나오지 않습니다. 그 기치로 인하여 "이스라엘의 쫓긴 자들"과 "유다의 흩어진 자들"이 돌아옵니다.

이새의 집안에서 나오는 통치자가 없이 여호와께서 세우는 기치 아래로 이스라엘과 유다의 쫓겨난 자, 흩어진 자들이 돌아옵니다. 이들의 귀환은 세계 각처에서 이루어집니다.

10절과 11-12절은 확연히 구분이 됩니다. 10절은 이방인들이 돌아오고 11-12절은 유다와 이스라엘의 남은 자들이 돌아옵니다. 그런데 문제는 유다와 이스라엘의 남은 자들이(11-12절) 언제 돌아오는가 하는 점입니다. 하나님이 이스라엘과 유다를 회복시키실 때 그들 사이에 있던 분열과 분쟁은 사라집니다. 이스라엘과 유다는 다시 하나가 될 것입니다(11:13).

하나님의 백성의 남은 자들이 그 흩어졌던 각국으로부터 돌아옵니다. 이 회복은 출애굽과 비교되고 있습니다. "그의 남아 있는 백성 곧 앗수르에서 남은 자들을 위하여 큰 길이 있게 하시되 이스라엘이 애굽 땅에서 나오던 날과 같게 하시리라"(11:16). 이것은 바벨론으로부터의 회복을 말하는 것 같습니다. 바벨론으로부터의 회복을 출애굽 사건과 비교하고 있습니다.

그런데 여기서 한 가지 문제가 발생합니다. 유다와 이스라엘의 남은 자들의 회복이 전 세계에서부터 이루어진다는 사실입니다. 바벨론으로부터의 회복은 역대기와 에스라-느헤미야에 잘 나타납니다. 이들은 세 차례에 걸쳐서 바벨론 포로 지역으로부터 예루살렘으로 올라 왔습니다. 그런데 이사야는 유다와 이스라엘의 남은 자들은 "땅 사방"에서도 돌아올 것을 예언하고 있습니다(11:12).

선지자들의 예언 방법 가운데 하나는 예언적 원근법입니다. 사람이 산을 정면으로 바라볼 때, 앞산과 뒷산은 겹쳐 보일 수 있습니다. 그러나 실제 앞산과 뒷산의 거리가 상당히 떨어져 있는 경우가 있습니다. 이와 마찬가지로 선지자들이 미래의 사건을 예언할 때 종말의 사건을 한꺼번에 보고 예언합니다. 이사야 선지자는 바벨론의 포로 회복 사건과 함께 미래의 또 다른 회복 사건을 한꺼번에 예언하고 있는 것입니다. 바벨론의 포로 회복 사건을 통하여 미래의 이스라엘 회복 사건을 보고 있습니다.

그렇다면 유다와 이스라엘의 남은 자들이 온 세계에서 돌아올 때가 언제인가 하는 것입니다. 이것은 분명히 신약 시대의 새로운 이스라엘, 이방인의 교회를 말하는 것은 아닙니다. 신약 시대의 이방인 회복은 메시야의 기치 아래 모일 것이기 때문입니다(사 11:10). 유다와 이스라엘의 남은 자들이 온 땅에서 돌아오는 사건은 2차 세계 대전 이후 시오니즘으로 인하여 새롭게 탄생한 이스라엘을 의미할 것입니다. 21세기에 사는 우리들이 이스라엘의 역사를 돌아본다면 아마도 시오니즘으로 회복된 이스라엘이 이 예언과 가장 유사할 것입니다. 바벨론 포로에서의 회복은 바벨론에 살았던 유대인 공동체의 회귀였기 때문입니다.

회복된 하나님의 백성, 만국에서 돌아온 백성(11:10-16)은 여호와의 진노가 지나가고 여호와께서 그들을 위로하심을 감사하며 찬양합니다. "주께서 전에는 내게 노하셨사오나 이제는 주의 진노가 돌아섰고 또 주께서 나를 안위하시오니 내가 주께 감사하겠나이다"(12:1). 여기서 "전에는"과 "이제" 그리고 "진노"와 "위로하심"이 대조를 이룹니다. 하나님의 심판은 지나가고 회복된 공동체는 위로를 받습니다(참고. 40:1). 회복된 남은 자는 여호와 하나님을 찬양하며 고백합니다. "보라 하나님은 나의 구원이시라 내가 신뢰하고 두려움이 없으리니 주 여호와는 나의 힘이시며 나의 노래시며 나의 구원이심이라"(12:2). 여호와 하나님께 강조가 있습니다. 그가 신뢰의 대상이며 구원자입니다. 세상의 힘 있는 열강이 신뢰의 대상이 아니라 여호와 하나님이 신뢰의 대상입니다.

이스라엘이 다시 회복될 것이 포도원의 노래로 나옵니다. 온 땅을 심판하는 본문 가운데(24-27장) 포도원의 노래가 다시 나옵니다(27:2-6). 여호와는 포도원지기입니다. 그는 포도원을 위하여 물도 주며 노력을 아끼지 않습니다. 이러한 노력과 관심으로 포도나무는 무성해지며 결실을 맺게 됩니다(27:6). 좋은 포도열매를 맺지 못했던 이사야 5장과는 대조를 이룹니다.

하나님은 이스라엘을 심판하셨지만 다시 회복시키실 것입니다. 여호와는 흩어져 있는 그의 백성을 일일이 모으십니다. 이들은 예루살렘 성산에 와서 여호와를 경배할 것입니다(27:13). 왜냐하면 여호와는 예루살렘의 왕이시기 때문입니다(24:23).

시온의 회복

이사야 선지자는 하나님이 이스라엘을 위로하실 때가 있음을 선포합니다. 이는 더 구체적으로 이스라엘이 포로 시대를 끝내고 회복할 것을 의미합니다. "너희는 위로하라 내 백성을 위로하라 너희는 예루살렘의 마음에 닿도록 말하며 그것에게 외치라 그 노역의 때가 끝났고 그 죄악이 사함을 받았느니라 그의 모든 죄로 말미암아 여호와의 손에서 벌을 배나 받았느니라"(40:1-2). 이스라엘이 바벨론에 포로로 잡혀 있던 때가 끝날 것을 말합니다.

이러한 하나님의 계획은 더 구체적으로 고레스를 통하여 이루어집니다. "여호와께서 그의 기름 부음을 받은 고레스에게 이같이 말씀하시되 내가 그의 오른손을 붙들고 그 앞에 열국을 항복하게 하며 내가 왕들의 허리를 풀어 그 앞에 문들을 열고 성문들이 닫히지 못하게 하리라"(사 45:1). 하나님이 역사 속에서 고레스를 부르시며 세우십니다. 고레스는 정복자가 되어 열국을 지배합니다. 페르시아 왕 고레스는 바벨론을 멸망시킵니다(주전 539년). 그리고 다음 해(주전 538)에 바벨론에 잡혀 와 있는 유대인들에게 예루살렘에 올라가 성전을 건축해도 좋다고 허락합니다(대하 36:22-23; 스 1:1-4).

여호와는 시온을 잊지 않으십니다. 하나님의 백성은 회복되어 시온으로 돌아올 것입니다(49:17-18). 많은 사람들이 시온으로 돌아오기 때문에 시온은 좁아서 더 넓은 거처가 필요하게 될 것입니다(49:20). 이들은 세계 각처에서 오는 자들로서(49:22) 여호와를 바라보는 자들입니다(49:23).

여호와는 '의'(체덱)를 추구하며 여호와를 찾는 자들에게(51:1) 시온을 위로하실 것을 말씀하십니다(51:2). 황폐해진 시온을 에덴과 여호와의 동산 같이 회복하실 것입니다. 그 결과 그 가운데 기쁨과 즐거움이 있을 것입니다(51:3).

여호와는 다시 하나님의 백성에게 말합니다. 율법이 여호와로부터 나오며 공의(미쉬파트)를 만민의 빛으로 세울 것입니다(사 51:4). 여호와께로부터 의와 구원이 나옵니다(51:5, 6, 8). 여호와의 구원 행위는 새로운 출애굽 사건입니다(51:10). 여호와께 구원받은 자들이 시온으로 돌아옵니다 "여호와께 구속 받은 자들이 돌아와 노래하며 시온으로 돌아오니 영원한 기쁨이 그들의 머리 위에 있고 슬픔과 탄식이 달아나리이다"(51:11). 시온을 회복하며 시온을 위로하는 자는 여호와입니다(51:3, 12).

여호와께서 시온에 임하십니다(59:19-21). 그러자 새롭게 회복된 시온이 영화롭게 됩니다. "일어나라 빛을 발하라 이는 네 빛이 이르렀고 여호와의 영광이 네 위에 임하였음이니라"(60:1). 여호와의 영광이 시온에 임합니다. 땅과 만민의 위에는 어두움이 있지만 시온의 위에는 여호와와 그의 영광이 임합니다(60:2). 그러자 열방이 시온으로 다 모여듭니다. "나라들은 네 빛으로 왕들은 비치는 네 광명으로 나아오리라"(60:3). 시온은 이스라엘을 넘어 이제 세계 만민을 위하는 장소가 됩니다.

시온의 회복은 단지 이스라엘만을 위한 것이 아닙니다. 이스라엘을 넘어 온 세계를 위한 것이 됩니다.

21

이사야: 메시야 예언

읽어야 할 본문: 이사야 2장, 7-11장, 40장, 42장, 49장, 50장, 52-53장

이사야 선지자는 회복의 때를 예언합니다. 이 회복의 때에는 유다가 바벨론 포로기 시대를 마치고 고토로 올라와 시온이 회복될 것을 의미합니다. 더 나아가 이 회복의 메시지에는 새로운 미래, 마지막 때가 있습니다. 이사야 선지자는 종말의 때를 바라보며 장차 메시야가 올 것을 예고합니다. 메시야 예언은 크게 두 가지 상으로 나타납니다. 이상적인 왕으로 오실 메시야 상과 고난 받는 종의 모습으로 오실 메시야 상입니다.

21.1 종말론적 토라와 샬롬

이사야 선지자는 자신이 살고 있는 시대를 넘어 역사의 마지막 날들을 바라보며 예언을 합니다. "말일에 여호와의 전의 산이 모든 산 꼭대기에 굳게 설 것이요 모든 작은 산 위에 뛰어나리니 만방이 그리로 모여들 것이라"(사 2:2). "말일에"는 '마지막 날들'을 의미합니다. 마지막 때는 종말의 시대입니다. 이때 여호와의 전이 있는 산은 다른 모든 산들과 비교됩니다. 여호와의 전은 성전을 의미하며 여호와의 성전이 있는 산은 시온 산입니다. 시온 산이 모든 산들보다 뛰어날 것입니다. 이것은 산의 고도가 높다는 말이 아니라 마지막 때에 "만방" 즉, '모든 민족들'이 찾는 산으로서 뛰어날 것입니다.

그렇다면 왜 모든 이방 민족들이 시온 산을 찾는가 하는 점입니다. "많은 백성이 가며 이르기를 오라 우리가 여호와의 산에 오르며 야곱의 하나님의 전에 이르자 그가 그의 길을 우리에게 가르치실 것이라 우리가 그 길로 행하리라 하리니 이는 율법이 시온에서부터 나올 것이요 여호와의 말씀이 예루살렘에서부터 나올 것임이니라"(사 2:3). 많은 이방 민족들이 서로를 격려하며 시온 산을 찾아 나아갑니다. 시온 산으로 순례의 길을 떠나는 것입니다. 여호와의 산에 즉 하나님의 성전이 있는 곳에 나아갑니다. 이방 민족들이 여호와의 산을 찾는 이유는 그 곳에서 율법과 여호와의 말씀이 나오기 때문입니다. 이 말씀은 이방 민족들이 배우고 싶은 삶의 길입니다. 이방 민족들은 하나님의 길을 알기를 원합니다. 그래서 시온 산으로 나아갑니다. 예루살렘은 이방 민족들을 위한 하나님의 뜻과 계시의 발원지가 됩니다.

그런데 여기서 특이한 점이 있습니다. 율법에 관한 것입니다. 율법(토라)은 하나님이 원래 시내 산에서 이스라엘 민족에게 주었습니다(출 19-24장). 율법은 이스라엘 민족이 약속의 땅에서 지켜야 할 언약으로 이스라엘 민족과 긴밀한 관련이 있습니다. 그런데 이사야 선지자는 마지막 때에는 시온 산에서 율법이 나온다고 합니다. 그리고 이방 민족들이 이 율법을 추구합니다. 이방인들을 위한 율법입니다. 이방 민족들이 이 율법을 배우고 따르기를 원합니다. 분명한 사실은 "그가 그의 길을 우리에게 가르치실 것이라"고 말하고 있다는 점입니다. 하나님이 이방 민족에게 가르쳐 주기를 원하는 율법입니다.

이것은 종말론적 토라입니다. 이스라엘 민족이 시내 산에서 받았던 토라와 대조됩니다. 모든 이방 민족들을 위한 토라이기 때문입니다. 이사야 선지자는 하나님이 이방 민족들에게도 새로운 율법, 여호와의 말씀을 주실 마지막 날들이 있음을 예언하고 있습니다(참고. 미 4:1-3).

또한 이 마지막 날들은 여호와께서 이방 민족들을 심판하실 때입니다. "그가 열방 사이에 판단하시며 많은 백성을 판결하시리니 무리가 그들의 칼을 쳐서 보습을 만들고 그들의 창을 쳐서 낫을 만들 것이며 이 나라와 저 나라가 다시는 칼을 들고 서로 치지 아니하며 다시는 전쟁을 연습하지 아니하리라"(사 2:4). 여호와께서 이방 민족들을 판단하실 마지막 때에는 샬롬이 있습니다. 이방 민족들이 전쟁용 무기인 칼과 창을 쳐서 농업용 도구인 보습과 낫을 만듭니다. 이방 나라들이 군비확장을 하지 않고 군사 훈련을 실시하지 않습니다. 나라들 사이에 긴장과 위협과 전쟁이 떠나고 평화가 임합니다.

이것은 종말론적 샬롬입니다. 샬롬이 실현될 때는 종말의 때입니다. 예수 그리스도께서 재림하실 때에 이러한 일들이 일어날 것입니다.

이사야 선지자는 '마지막 날들'을 예언합니다. 이 날들은 종말의 때입니다. 여기에 예언적 원근법이 있습니다. 이사야 선지자는 종말의 때에 일어날 일들을 한꺼번에 보고서 예언을 합니다. 앞산과 뒷산을 한꺼번에 봅니다. 그러나 실제 앞산과 뒷산은 거리가 있습니다. 종말론적 토라가 임할 때는 예수 그리스도의 초림 때 일어날 일입니다. 그리고 종말론적 샬롬이 임할 때는 예수 그리스도가 재림하실 때 일어날 일입니다. 이사야 선지자는 이 두 사건들을 한꺼번에 앞산과 뒷산으로 보고 예언을 하고 있습니다.

21.2 임마누엘

이사야의 메시야 사상은 임마누엘 예언으로 먼저 나타납니다. 임마누엘 예언은 구체적인 역사적 상황과 함께 합니다. 역사적 배경 상황은 유다의 아하스 왕의 시대입니다. 아하스는 친 앗수르 정책을 폈습니다. 그러자 반 앗수르 정책을 지지하는 이스라엘 왕 베가와 아람 왕 르신이 유다를 침입하여 아하스를 폐하고 반 앗수르 정책에 동조할 자를 왕으로 세우려고 합니다. "아람과 에브라임과 르말리야의 아들이 악한 꾀로 너를 대적하여 이르기를 우리가 올라가 유다를 쳐서 그것을 쓰러뜨리고 우리를 위하여 그것을 무너뜨리고 다브엘의 아들을 그 중에 세워 왕으로 삼자 하였으나 주 여호와의 말씀이 그 일은 서지 못하며 이루어지지 못하리라"(사 7:5-7). 두 왕들이 유다를 침입하는 목적을 설명합니다. "꾀로"는 '계획하다', '음모를 꾸미다'로 두 왕의 계획을 의미합니다.

유다를 향한 이 두 왕의 계획에 대하여 이사야 선지자는 "두려워하지 말며 낙심하지 말라"(사 7:4)고 권면하며 그들의 계획이 이뤄지지 않을 것이라고 예언합니다. 유다를 향한 두 왕의 계획이 실패할 것입니다. 그리고 이사야는 에브라임이 망할 것을 예언합니다(사 7:8-9).

이스라엘과 아람의 침입 앞에서 두려워하는 아하스 왕에게 이사야 선지자는 여호와께 징조를 구하라고 합니다(7:11). 징조는 두 왕의 공격이 성공하지 못할 것이라는 예언에 대한 어떤 확증을 구하라는 것입니다. 그러나 아하스는 여호와를 시험하지 않겠다고 말하면서 징조를 구하지 않습니다(7:12). 이것은 여호와를 신뢰하라는 것입니다. 하지만 아하스는 여호와를 신뢰하지 않습니다. 이사야서에는 구체적으로 나오지 않지만 아하스는 앗수르의 디글랏빌레셀 3세에게 아람과 이스라엘을 공격하도록 도움을 요청했습니다(참고. 왕하 16장, 대하 28장). 아하스는 하나님을 의지하지 않고 앗수르의 군사력을 의지합니다.

아하스의 위선적인 신앙과 불순종과는 반대로 하나님이 친히 징조를 주십니다. "보라 처녀가 잉태하여 아들을 낳을 것이요 그의 이름을 임마누엘이라 하리라"(사 7:14). "처녀"는 '젊은 여자,' '막 결혼한 여자'를 뜻할 수도 있습니다. 70인경은 이 단어를 '결혼하지 않은 처녀'(παρθενος)로 번역합니다. 이 예언에 대한 두 가지 논쟁이 있습니다. 1) 임마누엘이 누구인가 하는 것입니다. 임마누엘이 아하스 왕의 아들인가, 이사야의 아들인가, 특별한 아이인가, 아니면 메시야인가 하는 것입니다. 2) 징조로 아이가 출생할 것이라는 예언이 아하스 왕 당대의 일인가 아니면 그 시기를 넘어선 먼 시대를 예고하는 것인가 하는 것 역시 문제입니다.

위의 질문들에 대한 답변은 일차적으로 문맥에서 드러납니다. 아이가 출생해서 "악을 버리고 선을 택할 줄 알 때"에 유다를 침입한 두 왕의 땅이 황폐해질 것이기 때문입니다(사 7:15-16). 그렇다면 태어날 아이 임마누엘은 아하스 당시에 출생한 아이를 말합니다. 아마도 아하스와 이사야가 아는 처녀일 것입니다. 그럼에도 불구하고 본문은 이 아기가 태어나서 예언이 성취되었는지 또한 임마누엘이 구체적으로 누구인지 그 신분을 밝히고 있지 않습니다. 분명한 사실은 유다를 침입한 두 왕의 땅이 망할 것입니다.

이사야 선지자는 임마누엘이 누구인지 구체적으로 밝히지 않습니다. 그런데 후에 신약에서 마태가 이 예언을 인용하고 있습니다(마 1:23). 마리아에 의해 태어난 예수에게 이 예언을 적용하고 있습니다. 아마도 이사야의 임마누엘 예언은 이중으로 성취되었을 것입니다. 이사야 시대에 한 아이가 태어남으로 이 예언이 성취되었을 것이며 후에 마리아를 통하여 그리스도가 태어남으로 이 예언이 성취되었을 것입니다.

다메섹과 사마리아의 멸망은 이사야의 아들 이름과도 관련이 있습니다. 이사야 선지자가 아들을 낳는데 그 이름이 마헬살랄하스바스(노략이 속함)입니다. 이사야는 '여호와는 구원이시다'이며 그의 아들 스알야숩은 '남은 자가 돌아오리라'입니다. 이사야와 아들들의 이름은 유다의 역사적인 상황과 관련하여 의미가 있습니다. 특별히 마헬살랄하스바스가 태어나는 것과 관련하여 이렇게 말합니다. "이는 이 아이가 내 아빠, 내 엄마라 부를 줄 알기 전에 다메섹의 재물과 사마리아의 노략물이 앗수르 왕 앞에 옮겨질 것임이라"라는 예언이 주어집니다(사 8:4).

이사야 선지자는 임마누엘 예언과 아들 마헬살랄하스바스를 통하여 아람과 이스라엘이 멸망할 것을 확실하게 합니다. 그럼에도 불구하고 유다 사람들 가운데 아람과 이스라엘을 지지하는 세력이 있습니다. "이 백성이 천천히 흐르는 실로아 물을 버리고 르신과 르말리야의 아들을 기뻐하느니라"(사 8:6). "천천히 흐르는 실로아 물"은 아마도 다윗 왕조를 의미할 것입니다. 그렇다면 유다 사람들이 왜 실로아 물을 버리고 르신(아람 왕)과 베가(이스라엘 왕)를 좋아하는 것일까요? 이것은 아마도 유다 왕 아하스의 친 앗수르 정책에 반대하는 유다 사람들을 의미할 수 있습니다. 아람과 이스라엘이 아하스를 폐하고 다브엘의 아들을 왕으로 세우고자 했습니다(사 7:6). 다브엘은 반 앗수르 지지자였을 것입니다. 따라서 반 앗수르의 정책을 지지하는 자들이 아람과 이스라엘을 좋아할 것입니다.

그러나 앗수르가 창일한 물처럼 두 나라를 뒤덮을 것입니다(사 8:7). 그렇지만 이 창일한 물은 유다에도 넘쳐흐를 것입니다. 즉 앗수르가 유다를 박해할 것입니다. 유다의 아하스가 앗수르를 의지했음에도 불구하고 앗수르는 유다를 도와주지 않고 오히려 박해했습니다(대하 28:20-21). 이러한 정치 상황에서 임마누엘이 다시 나옵니다. 앗수르가 유다를 침입하지만 하나님이 유다와 함께 하십니다. 앗수르가 유다를 핍박하지만 아주 멸하지는 못합니다. "내가 흉용하고 창일한 큰 하수 곧 앗수르 왕과 그의 모든 위력으로 그들을 뒤덮을 것이라 그 모든 골짜기에 차고 모든 언덕에 넘쳐흘러 유다에 들어와서 가득하여 목에까지 미치리라 임마누엘이여 그가 펴는 날개가 네 땅에 가득하리라 하셨느니라"(사 8:7-8). 앗수르의 창일한 물이 유다의 목에까지 미칩니다. 이때 하나님이 우리와 함께 하십니다(임마누엘).

유다를 향하여 아람과 이스라엘의 연합군의 침략이 있고 앗수르의 침략이 있어도 그들의 계획은 성공하지 못합니다. "너희는 함께 계획(도모, 목적)하라 그러나 끝내 이루지 못하리라 말을 해 보아라 끝내 시행되지 못하리라 이는 하나님이 우리와 함께 계심이니라"(사 8:10). 유다를 향한 아람, 이스라엘 그리고 앗수르의 계획은 성공하지 못합니다. 왜냐하면 "하나님이 우리와 함께 계시"기 때문입니다(8:10). 즉 임마누엘이 유다와 함께 하십니다.

21.3 이상적인 왕

이사야는 두 명의 아들, 스알야숩(남은 자가 돌아오리라)과 마헬살랄하스바스(노략이 속함)가 있습니다. 이 아들들의 이름은 유다의 정치적인 상황과 밀접한 관련이 있습니다. 그러나 이사야는 자신의 아들이 아닌 처녀에게 태어나는 다른 아들 임마누엘(하나님이 우리와 함께 하신다)이 올 것을 예언합니다(7:14). 이와 유사하게 이사야는 다시 아들이 올 것을 예고합니다(9:6-7). 임마누엘 예언은 아하스 왕의 시대에 주어진 징조인 반면에 이 아들(9:6-7)에 대한 구체적인 상황은 결여되었습니다.

이사야는 놀라운 이름을 가진 한 아들이 올 것을 예언합니다(9:1-6). 장차 올 아이의 이름은 놀랍습니다. "이는 한 아기가 우리에게 났고 한 아들을 우리에게 주신 바 되었는데 그의 어깨에는 정사를 메었고 그의 이름은 기묘자라 모사라 전능하신 하나님이라 영존하시는 아버지라 평강의 왕이라 할 것임이라"(9:6). 아람어 성경(탈굼)은 이 아기를 메시야로 해석합니다. 아람어를 번역해 보면 다음과 같습니다. "놀라운 조언자, 강한 하나님, 영원히 사는 분, 그 메시야, 그의 날에 평화가 우리 위에 넘칠 것이다." 이 아이가 신기하고 놀라운 이름을 가지고 있기 때문에 학자들은 이 아기가 누구인지에 대해서 많은 토론을 해 왔습니다. 하지만 본문 자체는 이 아이가 누구인지를 말하고 있지 않습니다. 이 아이는 학자들이 말하는 히스기야도 아니며 하나님의 아들도 아니며 왕위 즉위식 때 입양된 하나님의 양자도 아닙니다(참고. 삼하 7:14; 시 2:7). 왜냐하면 본문 자체는 이 아이의 이름을 "전능하신 하나님"으로 말하고 있기 때문입니다. 따라서 이 아기를 아람어 성경(탈굼)의 해석을 따라서 메시야로 해석하는 것이 가장 무난합니다. 더 나아가서 우리는 이 아이를 이상적인 왕으로 간주할 수 있습니다. 이 아이의 이름과 임무에 이상적인 왕권 사상이 표현되어 있기 때문입니다.

장차 올 메시야는 왕으로서 놀라운 이름을 가지고 있습니다. 개역 개정 성경은 아기의 이름을 다섯 개로 번역합니다. 그러나 이 본문의 히브리어는 상당히 어렵습니다. 그래서 번역하는 성경마다 이름이 다릅니다. 히브리어를 어떻게 끊어 읽느냐에 따라 이름이 세 개가 되기도 하며 네 개가 되기도 하며 다섯 개 그리고 여섯 개가 되기도 합니다.

장차 올 왕은 일반적으로 네 개의 이름을 가지고 있습니다. 히브리어 단어가 두 개씩 끊어지기 때문입니다. 첫 번째 명칭 "기묘자라 모사라"는 끊어 읽기도 하고 붙여 읽기도 합니다. 끊어 읽으면 이름이 다섯 개 그리고 붙여 읽으면 이름이 네 개입니다. 붙여 읽으면 '놀라운 조언자'Wonderful Counsellor이며 끊어 읽으면 '놀라운 자,' '조언자'(개역 개정 '기묘자라, 모사라')로 번역될 수 있습니다. 우리는 이 두 단어를 '놀라운 자-조언자'Wonder-Counsellor로 번역할 수 있을 것입니다. "모사라"(조언자, 상담자, 고문)은 메시야의 지혜를 암시합니다.

두 번째 이름 "전능하신 하나님이라"는 '강한 하나님'입니다. "하나님"(엘)

이 힘 있는 사람에게 적용될 수도 있기 때문에(겔 32:21) "하나님-용사"(영어 성경 NAB) 그리고 "신적 전사"(네덜란드 성경 LEI)로 번역 할 수도 있습니다. 하지만 일반적으로 '강한 하나님'으로 읽습니다. "하나님"(엘)은 대부분의 경우 '하나님'을 의미합니다(구약에서 238회 가운데 약 200회). 이스라엘 사람들은 하나님의 이름을 동사나 형용사 또는 명사와 함께 사용하여 이름을 짓기 때문입니다theophoric.

세 번째 이름 "영존하시는 아버지라"는 '영원하신 아버지'로 번역할 수 있습니다. 이 이름의 히브리어 '아비아드'는 한 단어로 붙어 있습니다. 그렇지만 '아비'(아버지)와 '아드'(영원한)의 합성어로 두 단어로 볼 수 있습니다. 이 합성어를 두 단어로 보면 왕의 이름이 두 단어씩 네 개로 끊어집니다.

마지막 이름 "평강의 왕"은 '평화의 왕자'(또는 군주)로도 번역할 수 있습니다. 그 단어 '평화'는 왕의 임무를 매우 특별하게 표현하고 있습니다.

장차 올 왕을 이상적인 왕으로 보는 이유는 그의 이름 "평화의 왕"에 그의 임무가 나타나기 때문입니다. '평화'라는 말이 잘 보여주듯이 이 왕의 통치 목표는 평화 또는 평강의 상태입니다. '평화'라는 단어는 7절에 다시 등장합니다. "그 정사와 평강의 더함이 무궁하며"는 '통치와 평화의 증진에 끝이 없고'라는 의미입니다. 장차 올 왕의 통치와 평화가 증진됩니다. 증진되는 것이 끝이 없습니다. 왕의 통치와 평화가 풍성해지는 것입니다. 즉 이상적인 환경, 안정적인 정치적, 군사적, 경제적인 사회 환경이 증진되는 것입니다.

이상적인 평화의 상태는 장차 올 왕의 통치 수단인 "정의와 공의"를 통해서 실현됩니다. "또 다윗의 왕좌와 그의 나라에 군림하여 그 나라를 굳게 세우고 지금 이후로 영원히 정의와 공의로 그것을 보전하실 것이라"(사 9:7). 이상적인 왕은 다윗의 보좌 위에 앉아서 그의 나라를 세우는데, 그 나라를 견실히 세우는 수단으로 "정의와 공의"(미쉬파트 우체다카)를 행합니다. 유다와 이스라엘은 공의와 정의가 없어서 하나님께 심판을 받았습니다. 유다와 이스라엘에 정의와 공의를 행하는 왕과 백성이 없습니다(포도원의 노래를 기억하십시오). 그러나 장차 올 이상적인 왕은 정의와 공의를 이행합니다. 이 한

쌍의 구는 이상적인 왕의 왕권 사상을 잘 표현해 주고 있습니다.

장차 올 이상적인 왕은 새로운 다윗의 왕국을 세울 것입니다. 그 왕국은 이상적인 상태인 평화를 목표로 합니다. 그는 이 이상적인 왕국을 "정의와 공의"로서 굳게 세우고 다스릴 것입니다. 역사적 유다와 이스라엘은 정의와 공의를 시행하지 못했습니다. 그래서 하나님께 심판을 받았습니다. 그러나 장차 올 이상적인 왕은 공의와 정의를 실행합니다. 이상적인 왕은 그의 왕국 내에서 사회 정의를 실현할 것입니다. 한 국가 내에서 사회 정의의 실현은 최고 통치자인 왕에게 달려있습니다. 왕이 지혜롭고 강한 지도력이 있으며 그의 백성에게 아버지와 같은 존재일 때, 사회 정의는 실현 될 수 있습니다.

우리가 한 가지 잊지 말아야 할 점은 장차 올 이상적인 왕은 하나님이라는 사실입니다. 곧 메시야 예언은 하나님이 이 세상에 온다는 것입니다. 이사야 선지자는 하나님의 오심을 예언하고 있습니다.

이사야는 이상적인 왕정을 실현할 통치자가 올 것을 또 예언합니다. "이새의 줄기에서 한 싹이 나며 그 뿌리에서 한 가지가 나서 결실할 것이요" (11:1). 아람어 성경(탈굼)은 이 구절을 "한 왕"이 이새의 아들들에서 올 것이며 이 왕이 "메시야"라고 설명하고 있습니다. 이새는 다윗의 아버지입니다. 따라서 다윗의 집에서 "한 싹"과 "한 가지"가 날 것입니다.

이것은 은유적인 표현입니다. "싹"과 "가지"는 "줄기"와 "뿌리"라는 단어들과 대조를 이룹니다. 싹과 가지가 새로운 왕조를 상징한다면(싹과 가지가 왕과 통치자를 가리키는 본문으로 다음을 참고하십시오. 렘 23:5; 33:15; 슥 3:8; 6:12), 줄기와 뿌리는 옛 왕조를 상징한다고 말할 수 있습니다. 은유적인 표현인 줄기와 뿌리는 찍혀진 다윗 왕조에서 새로운 왕이 나올 것을 암시합니다.

아주 특이한 점으로 이 새로운 왕의 임무 수행을 위해 여호와의 영이 왕위에 머무른다는 사실입니다. 물론 이 여호와의 영은 사사들, 왕들 그리고 선지자들 위에 임하기도 했습니다. 하지만 이상적인 왕 위에 머무르는 여호와의 영은 특이합니다. 왜냐하면 이 여호와의 영의 속성은 3쌍으로서 6가지 요소로 구성되어 있기 때문입니다. "그의 위에 여호와의 영 곧 지혜와 총명의 영이요 모략과 재능의 영이요 지식과 여호와를 경외하는 영이 강림하시리니"(사 11:2).

첫 번째 쌍은 "지혜와 총명의 영"입니다. 지혜의 영은 여호수아와 관련해서 발견됩니다. 모세가 여호수아에게 안수했을 때에 지혜의 영이 그에게 충만히 임했습니다(신 34:9). 다른 곳에서 하나님의 영이 브살렐에게 충만히 임하자 그는 지혜와 총명과 지식으로 회막과 다른 기구들을 만들었습니다(출 31:3).

두 번째 쌍은 "모략과 재능의 영"입니다. 이 이름은 장차 올 아기(사 9:6)의 이름과 밀접한 관련이 있습니다. 여호와의 영은 "모략"의 영 즉 계획하고 조언하는 영입니다. 그 단어 "모략"(조언, 권고, 상담)은 "놀라운 자-조언자"와 "재능"(힘, 권력)은 "강한 하나님"과 관련이 있습니다. 메시야 위에 임할 여호와의 영과 장차 올 아기는 계획을 세우며 경영하며 그것을 실행할 수 있는 능력이 있는 분입니다.

세 번째 쌍은 "지식과 여호와를 경외하는 영"입니다. 뒤이어 "여호와를 경외하는" 것이 다시 반복해서 나옵니다(11:3). 이것은 첫 번째 쌍과 밀접하게 관련이 있습니다. 왜냐하면 "지혜"와 "여호와를 경외"하는 것 사이에는 뗄 수 없는 관련이 있기 때문입니다(욥 28:28; 잠 1:7). 위의 분석을 통해 알 수 있는 것은 "여호와의 영"의 속성은 "지혜"에 많은 강조가 있습니다. 지혜와 유사 동의어로 총명, 모략, 지식이 나오기 때문입니다. 여호와의 영이 이상적인 왕 위에 머물러서 그의 사역을 돕기 때문에 이 왕은 "지혜로운 왕"의 모습을 갖습니다.

이 이상적인 왕의 지혜는 "사법적인 지혜" 또는 "재판의 지혜"로 정의 할 수 있습니다. 이 지혜는 그의 사역에서 나타나는데, 그의 임무는 동사들 '심판하다'와 '판단하다'에 잘 나타납니다. 이 동사들은 11장 3절과 4절에 두 번씩 사용되었습니다. 이 이상적인 왕은 세상의 통치자들과 다릅니다. 왜냐하면 그의 재판 기준은 "그의 눈에 보이는 대로 심판하지 아니하며 그의 귀에 들리는 대로 판단하지 아니"하기 때문입니다(11:3). 그는 외적인 판단 기준

'듣는 것과 보는 것'에 의지하지 않습니다. 오히려 그의 판단 기준은 더 깊이 나아갑니다.

"공의로 가난한 자를 심판하며 정직으로 세상의 겸손한 자를 판단할 것이며 그의 입의 막대기로 세상을 치며 그의 입술의 기운으로 악인을 죽일 것이며 공의로 그의 허리띠를 삼으며 성실로 그의 몸의 띠를 삼으리라"(11:4-5). 그의 사법적인 판단 기준은 "공의"와 "정직"(11:4)그리고 "공의"와 "성실"(11:5)입니다. 여기서 "공의"(체데)에 강조가 있습니다. 이것은 5절에 다시 나타납니다. 이상적인 왕의 통치 행적은 "공의" 또는 "정의"에 근거하고 있습니다(참고. 사 16:5; 32:1).

이상적인 왕의 심판 범위는 모든 인간을 포함합니다. 그는 "가난한 자"와 "겸손한 자"를 재판하며, "세상"과 "악인"도 심판하며 벌주십니다. 여기서 중요한 점은 "세상"과 "악인"뿐만이 아니라 "가난한 자"와 "겸손한 자"도 심판의 대상이 된다는 것입니다. 예언서들에서 "가난한 자"들에 대한 선지자들의 태도는 대부분이 긍정적입니다. 왜냐하면 그들은 강한 자와 부자들의 착취의 대상이기 때문입니다(참고. 암 4:1; 5:11; 8:6). 또한 여호와께서 가난한 자와 궁핍한 자에게 피난처가 되기 때문에(사 25:4) 그들은 여호와의 이름 안에서 피난처를 찾을 수 있습니다(습 3:12). 가난한 자들은 여호와의 특별한 관심의 대상입니다(사 10:2). 하지만 이상적인 왕은 "가난한 자"도 "공의" 또는 "정의"로 그리고 땅의 "겸손한 자"도 "정직"으로 심판할 것입니다. 이것은 이상적인 왕의 재판은 모든 사람들에게 공정하고 옳다는 것을 보여주고 있습니다. 그러나 악한 자들에게는 혹독한 심판이 준비되어 있습니다.

이상적인 왕이 심판할 때는 완전한 평화(샬롬)가 이루어집니다(11:6-9). 샬롬의 상태는 지상의 유토피아로 묘사되었습니다. 육식 동물과 초식 동물 사이에 긴장이 없습니다. 이리와 어린 양, 표범과 어린 염소, 어린 사자와 송아지, 암소와 곰이 함께 어울립니다. 현 세상의 질서에서 이 짐승들 사이에는 긴장이 있습니다. 하지만 다가올 세상에서는 이러한 긴장이 사라지고 완전한 샬롬이 이루어집니다. 그래서 사자가 소처럼 풀을 먹고 어린 아이가 독사

굴에 손을 집어넣고 놀 수 있습니다. 이때는 상함과 해됨도 없고 여호와의 산에 평화가 있으며 여호와를 아는 지식이 온 세상에 가득하게 됩니다. 종말론적 샬롬의 상태입니다.

이상적인 왕의 통치 목표인 샬롬의 상태를 설명하고 있습니다. 이 세상의 기존 질서와는 다른 질서의 세계가 올 것을 예언하고 있습니다.

21.4 하나님의 오심

신현은 이사야 선지자에게 중요한 주제입니다. 이사야는 이상적인 왕이 한 아기로 올 것을 예언했습니다. 그런데 이 아기가 바로 "전능하신 하나님"입니다. 이사야는 하나님이 오실 것을 계속 말합니다. 하나님의 오심은 종말의 시대에 이루어질 것입니다.

여호와의 오심은 이사야 40:3-5과 40:9-11에 서로 쌍을 이루고 있습니다. 먼저 "너희는 광야에서 여호와의 길을 예비하라"(40:3)고 선언합니다. 마태는 이 구절을 인용하여 세례 요한이 나타나서 설교한 것을 이사야의 예언이 성취되었다고 설명합니다(마 3:3). 이사야의 예언은 종말의 시대를 바라보고 있습니다. 이사야는 "여호와의 길"과 "하나님의 대로"를 준비하라고 합니다(40:3). 왜냐하면 여호와께서 오실 것이기 때문입니다. "여호와의 영광이 나타나고 모든 육체가 그것을 함께 보리라"(40:5). 인간의 눈으로 여호와의 영광을 볼 수 있도록 하나님이 나타날 것입니다. 하나님의 오심 즉, 신현을 말합니다.

신현의 소식은 다시 "아름다운 소식"으로 시온과 예루살렘에 전파됩니다. "아름다운 소식을 시온에 전하는 자여 너는 높은 산에 오르라 아름다운 소식을 예루살렘에 전하는 자여 너는 힘써 소리를 높이라 두려워하지 말고 소리를 높여 유다의 성읍들에게 이르기를 너희의 하나님을 보라 하라, 보라 주 여호와께서 장차 강한 자로 임하실 것이요 친히 그의 팔로 다스리실 것이라 보라 상급이 그에게 있고 보응이 그의 앞에 있으며 그는 목자 같이 양 떼를 먹이시며 어린 양을 그 팔로 모아 품에 안으시며 젖먹이는 암컷들을 온순히 인도하시리로다”(40:9-11). 아름다운 소식은 여호와의 현현입니다. 여호와께서 이 땅에 나타나셔서 통치하실 것입니다. 양을 돌보는 목자처럼 양 무리를 먹이시며 인도하실 것입니다. 여호와가 목자로서 다스린다는 사상은 구약에서 자주 찾아볼 수 있습니다(시 23편; 겔 34장). 특히 장차 올 하나님은 이상적인 목자로 소개됩니다(겔 34장).

하나님의 오심은 수사학적인 질문과 답변 형식으로 기록되어 오시는 하나님이 누구인가를 설명합니다. “누가 손바닥으로 바닷물을 헤아렸으며 뼘으로 하늘을 쟀으며 땅의 티끌을 되에 담아 보았으며 접시 저울로 산들을, 막대 저울로 언덕들을 달아 보았으랴”(사 40:12). 손바닥으로 물을 헤아린 사람은 아무도 없습니다. 또한 뼘으로 하늘을 재 본 사람도 아무도 없습니다. 더 나아가 접시 저울로 산들을 달아 본 사람도 아무도 없습니다. 창조주 하나님 외에는 이러한 일을 행하실 분이 없습니다. 이 질문에 대한 답변을 들어 보십시오. “보라 그에게는 열방이 통의 한 방울 물과 같고 저울의 작은 티끌 같으며 섬들은 떠오르는 먼지 같으리니”(사 40:15). 하나님은 나라들을 물통의 한 방울 물과 같이 여기시며 섬들을 먼지 같이 여기십니다.

다시 이사야는 질문합니다. “누가 여호와의 영을 지도하였으며 그의 모사가 되어 그를 가르쳤으랴 그가 누구와 더불어 의논하셨으며 누가 그를 교훈하였으며 그에게 정의의 길로 가르쳤으며 지식을 가르쳤으며 통달의 도를 보여 주었느냐”(사 40:13-14). 여호와의 영을 지도하며 가르칠 만한 사람은 아무도 없습니다. 오히려 여호와의 영이 왕에게 지혜와 총명을 줍니다(사 11:2). 하나님께 정의(미쉬파트)의 길을 가르친 사람은 아무도 없습니다. 오히려 유다와 이스라엘은 정의와 공의가 없어서 하나님께 심판을 당했습니다.

다시 이사야는 질문합니다. “거룩하신 이가 이르시되 그런즉 너희가 나를 누구에게 비교하여 나를 그와 동등하게 하겠느냐 하시니라”(사 40:25). 하나님과 비교할 자가 이 세상에 아무도 없습니다. 하나님과 같은 분은 이 세상에 존재하지 않습니다. 하나님은 이 세상을 창조하신 분입니다. “너희는 눈을 높이 들어 누가 이 모든 것을 창조하였나 보라 주께서는 수효대로 만상을 이끌어 내시고 그들의 모든 이름을 부르시나니 그의 권세가 크고 그의 능력이 강하므로 하나도 빠짐이 없느니라"(사 40:26).

질문(사 40:12-14, 18, 21, 25, 27-28a)과 답변(사 40:15-17, 19-20, 22-24, 26, 28b-31) 가운데서 가장 두드러지는 것은 여호와는 비교할 수 없는 분이라는 사상입니다. 여호와는 이 세상의 창조를 계획하셨을 뿐만 아니라 이 세상의 일들을 경영해 나가십니다. 장차 오실 하나님은 창조주이며 능력의 하나님입니다.

21.5 고난 받는 종

이사야의 메시야 예언은 다시 고난 받는 종의 상으로 나옵니다. 이 예언은 노래로 표현되어 있습니다. 그래서 고난 받는 종의 노래라고 부릅니다. 네 개의 노래가 나옵니다.

첫 번째 종의 노래(사 42:1-7)

이사야 선지자는 이방 민족들에게 정의를 실현할 자가 온다고 말합니다. "내가 붙드는 나의 종, 내 마음에 기뻐하는 자 곧 내가 택한 사람을 보라 내가 나의 영을 그에게 주었은즉 그가 이방에 정의를 베풀리라"(사 42:1).

여기서 "나의 종"이 누구인지를 구체적으로 밝히지 않습니다. 이사야서에서 "나의 종"은 '이사야'(20:3), "엘리야김"(22:20), "다윗"(37:35), "이스라엘" 또는 "야곱"(41:8, 9), "야곱"(44:1, 2, 21; 45:4), "이스라엘"(49:3)을 지칭할 때 사용되었습니다. 또한 "나의 종"이 누구인지 구체적으로 밝히지 않는 경우도 있습니다(42:1; 52:13; 53:11).

"나의 종"이 누구인지 구체적으로 밝히지 않지만 그는 하나님의 선택을 받은 자입니다. 구약에서 하나님께 선택받은 자들은 개인(예를 들면, 아브라함, 다윗, 솔로몬)과 레위 지파와 제사장 그리고 왕이 있습니다. 특히 이스라엘에서 왕이 될 수 있는 사람은 하나님께 선택받은 자이어야 합니다(신 17:15). 하나님의 선택은 하나님의 특별한 목적과 사역을 위해 사람을 구별하여 세우는 것입니다.

더 나아가 "나의 종"은 "나의 영"을 받은 자입니다. 즉 하나님의 영이 하나님의 종 위에 있을 것입니다. 여호와의 영이 임하는 사람들은 사사, 왕, 선지자와 제사장이 있습니다. 이사야의 예언에서 이와 유사한 본문으로 다윗의 가문에서 올 이상적인 왕위에 임할 여호와의 영이 있으며(11:1–5) 그리고 가난한 자에게 복음을 전할 사람에게 여호와의 영이 임합니다(61:1).

특별히 여호와의 종은 이방에 정의(미쉬파트)를 행합니다. 여호와의 종은 여호와께 선택받은 자이며 여호와의 영이 임한 자이며 이방에 정의를 베푸는 자입니다. 이것을 고려해 보면 앞에 나오는 이상적인 왕과 관련이 있는 인물입니다(참고. 9:7; 11:3–4).

여호와의 종의 하는 일은 다음과 같습니다. "그는 외치지 아니하며 목소리를 높이지 아니하며 그 소리를 거리에 들리게 하지 아니하며 상한 갈대를 꺾지 아니하며 꺼져가는 등불을 끄지 아니하고 진실로 정의를 시행할 것이며 그는 쇠하지 아니하며 낙담하지 아니하고 세상에 정의를 세우기에 이르리니 섬들이 그 교훈을 앙망하리라"(사 42:2–4).

여기서 "나의 종"의 자비로운 성품이 나타납니다. 그는 연약한 상태에 있는 것들을 참으며 보시는 분입니다. 그는 연약한 자들에게 억압과 압제를 하지 않습니다.

"진실로 정의(미쉬파트)를 시행할 것이며"(42:3)는 '그가 진리를 위하여 심판을 가져올 것이다'로도 번역할 수 있습니다. 이렇게 번역하면 그는 '진리를 위하여 심판을' 행하는 분입니다. "나의 종"의 하는 일이 더 구체적으로 나타납니다. 그는 재판자이며 심판자로 오실 것입니다. 즉 통치자, 왕의 신분으로 오십니다.

"나의 종"은 세상에 정의를 세우는 자입니다(42:1, 3). "나의 종"의 사역은 온 세상에 영향을 끼칠 것입니다. "세상에 정의를 세우기에 이르리니 섬들이 그 교훈을 앙망하리라"(42:4).

"세상"과 "정의"는 뒤에 나오는 "섬들"과 "교훈"과 평행을 이룹니다. "교훈"(토라)은 또한 "법"으로도 번역합니다. 특이한 것은 "그의 교훈"(그의 법)

이라는 표현입니다. 즉 "나의 종의 법"입니다. 이것은 "나의 종"이 "법"을 선언하거나 아니면 "법"의 기원과 밀접한 관련이 있음을 암시합니다. "섬들이 그의 교훈(법)을" 기다린다는 것은 이사야 2:2-4의 종말론적 토라와 밀접한 관련이 있습니다.

신약에서 마태는 이 고난 받는 종의 노래를 인용하고 있습니다. 예수는 이 땅에 오셔서 병든 자들을 고쳐주시자 이사야의 이 예언이 성취되었다고 보도합니다(마 12:17-21). 이 예언이 메시야 예언으로 간주되는 이유입니다.

이 노래의 두 번째 부분 42:5-7은 여호와께서 하신 말씀으로 나의 종을 세운 목적을 말합니다. "나 여호와가 의로 너를 불렀은즉 내가 네 손을 잡아 너를 보호하며 너를 세워 백성의 언약과 이방의 빛이 되게 하리니"(42:6). 흥미롭게도 여기서 다시 하나님의 자기소개 형식을 볼 수 있습니다.

"나, 여호와"(아니 아도나이)는 동사를 넣어서 "나는 여호와이다"로도 번역할 수 있습니다. 이 이름은 이스라엘이 이집트에서 탈출할 때 자주 계시되었습니다. 출애굽기에서 이 이름은 출애굽을 통해서 약속을 성취시키는 하나님의 능력을 드러냈습니다. 레위기에서 이 이름은 이스라엘을 거룩하게 하시는 하나님의 이름입니다. 에스겔서에서 이 이름은 우상 숭배를 한 이스라엘을 심판하시는 하나님의 이름입니다.

여호와는 나의 종을 "의"로 불렀습니다. 이것은 나의 종의 소명을 말합니다. "나의 종"의 특성은 "정의"(미쉬파트. 4절)와 "의"(체덱. 6절)로 규정지어집니다. '정의'와 '의'는 이상적인 왕의 통치 행위였습니다(사 9:7; 11:4-5).

여호와는 나의 종의 지지자이며 후견인입니다. 여호와는 나의 종을 부르신 목적을 "너를 세워 백성의 언약과 이방의 빛이 되게 하리니"로 말합니다. 이것을 다시 번역해 보면 '내가 너를 줄 것이다, 백성의 언약을 위하여, 민족들의 빛을 위하여'입니다. 이것은 '내가 너를 한 백성의 언약을 위하여(으로), 민족들의 빛을 위하여(으로) 줄 것이다'는 의미입니다. 특이한 사실은 '한 백성'과 '민족들'입니다. '한 백성'은 단수이고 '민족들'은 복수입니다. 또한 '언약'과 '빛'도 대조를 이룹니다. '한 백성의 언약'은 많은 민족들 가운데서 하나님이 선택하고 부르실 하나님의 백성과 맺은 언약을 의미하는 것 같습니다. 그런데 특이한 것은 "나의 종"을 '한 백성의 언약을 위하여' 또는 '한 백성의 언약으로' 주신다는 사실입니다. "나의 종"은 '한 백성의 언약'이 될 것입니다. 이 '언약'이 어떤 종류의 것인지 자세한 설명이 없습니다. 하지만 이 "언약"은 '민족들의 빛'이 될 것입니다. 어두움 가운데 있는 많은 민족들에게 밝은 빛을 비출 것입니다.

이방 민족들의 빛이 될 나의 종의 사역이 계속 나옵니다. "네가 눈먼 자들의 눈을 밝히며 갇힌 자를 감옥에서 이끌어 내며 흑암에 앉은 자를 감방에서 나오게 하리라"(42:7). 눈먼 자들과 감옥에 갇힌 자와 흑암에 앉은 자에게 빛이 비칠 것입니다. 시각 장애인이 보는 것은 전형적인 메시야 시대의 표징입니다(참고. 요 9장).

나의 종에 대한 예언은 역사 속에서 이루어질 것입니다. 왜냐하면 과거의 예언이 다 이루어졌기 때문입니다. 나의 종의 예언은 여호와께서 행하실 "새 일"입니다(사 42:9).

두 번째 종의 노래(사 49:1-6)

여호와의 종은 어머니의 태에서부터 부름을 받았습니다. "여호와께서 태에서부터 나를 부르셨고 내 어머니의 복중에서부터 내 이름을 기억하셨으며"(49:1). 여호와의 종은 선지자처럼 소명을 받았습니다. 마치 하나님이 예레미야를 선지자로 부르신 것과 유사합니다(렘 1:5).

하나님은 "나의 종"을 "칼"과 "화살"로 비유합니다. 이것들은 공격용 무기입니다. 특이하게도 여호와는 "나의 종"을 무기로 만드시고 그것을 숨겨두십니다(49:2). "나의 종"은 여호와의 감춰진 무기입니다. 이것은 하나님의 정하신 때를 위해 숨겨두는 것입니다. 특히 "내 입을 날카로운 칼 같이 만드시고"라고 말합니다. 그의 입에서 나오는 말씀을 "날카로운 칼"에 비유합니다. "나의 종"의 입술에서 나오는 말씀은 칼과 같은 권력과 권세가 있습니다(참고. 계 1:16; 히 4:12).

하나님은 "나의 종"을 "이스라엘"이라고 하십니다. "네게 이르시되 너는 나의 종이요 내 영광을 네 속에 나타낼 이스라엘이라 하셨느니라"(49:3). 나의 종과 이스라엘이 밀접하게 관련이 있습니다.

여호와의 종은 노력하며 수고합니다. 그러나 그는 자신의 모든 노력과 수고가 허사로 돌아갔다고 말합니다. 하지만 그의 일에 대한 판단과 보상은 하나님께 있다고 밝힙니다(49:4). 여호와의 종의 수고와 사역은 철저하게 헛수고로 보여집니다. 그러나 이 일에 대한 판단은 유보되었습니다. 하나님이 최종 판결을 내리실 것이기 때문입니다.

하나님이 나의 종을 지으신 목적은 야곱과 이스라엘을 불러 모으기 위해서입니다. "야곱을 그에게로 돌아오게 하시는 이시니 이스라엘이 그에게로 모이는도다"(49:5). "야곱"과 "이스라엘"은 서로 평행을 이루며 이스라엘의 전체를 표현하고 있습니다. "나의 종"은 새로운 이스라엘의 지도자입니다. 이러한 하나님의 계획은 우발적이 아니라 오래 전부터 계획되었던 일입니다.

이스라엘과 야곱을 다시 돌아오게 하는 사역을 통해서 "나의 종"은 여호와 앞에서 영광을 얻습니다. '돌아오는' 야곱과 이스라엘은 새로운 하나님의 백성을 의미합니다. 이 백성은 "나의 종"의 사역을 통해서 하나님께 돌아오게 됩니다. 동사 '돌아오다'는 구약에서 회개의 의미를 담고 있습니다. 바알과 우상에게 향했던 사람이 이스라엘의 하나님께 돌아올 때, 이것은 회개와 회심을 의미합니다. "나의 종"은 이스라엘을 하나님께 돌아오게 하는 사역을 감당하는데, 이것은 이스라엘을 새롭게 만드는 일입니다.

그러나 나의 종의 사역은 여기서 그치지 않습니다. 이스라엘을 넘어 이방민족에게로 나아갑니다. "네가 나의 종이 되어 야곱의 지파들을 일으키며 이스라엘 중에 보전된 자를 돌아오게 할 것은 쉬운 일이라 내가 또 너를 이방의 빛으로 삼아 너의 구원을 베풀어서 땅 끝까지 이르게 하리라"(49:6). 이스라엘을 돌아오게 하는 일은 "쉬운 일"입니다. 이 "쉬운 일"은 '경한 일' 또는 '작은 일'입니다. 야곱의 지파들을 세우며 이스라엘의 보존된 자들을 돌아오게 하는 일은 작은 일입니다. 더 큰 일이 있습니다.

"나의 종"은 이제 이스라엘의 영역을 넘어서 온 세계의 민족들에게 나아갑니다. "나의 종"은 "이방의 빛으로" 즉 '민족들의 빛으로' 주어집니다. "빛으로"는 '빛을 위하여'로도 번역할 수 있습니다. "나의 종"은 '민족들의 빛'이 되는데 이것은 그들의 "구원"을 위한 것입니다. "빛"과 "구원"이 상호 보완적인 설명을 해줍니다. "빛"은 어두움과 대조를 이루며 흑암에 있는 자들을 위해 꼭 필요합니다. 이와 같이 모든 민족들은 하나님의 구원을 필요로 합니다. 이 구원은 이제 땅 끝까지 이르게 됩니다.

1절의 "섬들"과 "먼 곳 백성들"은 6절의 "이방"과 "땅 끝"과 잘 어울립니다. 하나님의 계획은 이제 이스라엘 국가에게만 한정된 것이 아닙니다. 땅의 모든 백성들에게 "나의 종"을 통하여 하나님의 구원을 전파하실 것입니다.

"나의 종"의 사역은 마치 화살통 안의 화살과 같이 감춰져 있기 때문에 비록 겉으로 보기에는 공허와 무익을 위해서 한 것 같습니다. 그래서 "나의 종"의 힘이 무익한 일을 위해 소신된 것 같습니다. 하지만 "나의 종"의 사역에 하나님이 판단하시며 보답하실 때, 그리고 하나님이 "나의 종"의 힘이 되실 때, 그의 일은 많은 민족들의 빛이 되며 땅 끝까지 구원이 되는 것입니다. 이 일을 통해서 하나님이 영광을 받으실 것입니다.

세 번째 종의 노래(사 50:4-9)

이 본문에서 "나"가 누구인지에 대한 구체적인 설명이 없습니다. "주 여호와께서 학자들의 혀를 내게 주사 나로 곤고한 자를 말로 어떻게 도와 줄 줄을 알게 하시고"(50:4). "나"는 학자(교사, 선생)로 "곤고한 자"(지친 자)를 말씀으로 돕습니다. "나"는 선생으로 사람들을 가르치지만 그는 먼저 여호와께 듣는 자입니다. 여호와께 먼저 배우고 난 후에 사람들을 가르칩니다(50:4-5). 그는 여호와께 가르침을 받고 "거역하지도 아니하며 뒤로 물러가지도 아니" 합니다(50:5). 여호와의 말씀을 듣고 뒤로 물러서지 않았다는 것은 순종을 뜻합니다.

"내"가 물러서지 않는 상황은 고난을 당하는 상황입니다. "나를 때리는 자들에게 내 등을 맡기며 나의 수염을 뽑는 자들에게 나의 뺨을 맡기며 모욕과

침 뱉음을 당하여도 내 얼굴을 가리지 아니하였느니라"(50:6). "나"는 질책과 조롱의 대상입니다. 하나님의 교훈에 순종함으로 당하는 고난이 실로 엄청납니다. 여호와께서 말씀을 듣는 귀와 가르치는 혀를 주신 사람은 온 몸으로 여호와의 말씀을 실행하고 있습니다. 그는 실로 현실의 고난에 맞서서 순종하는 사람입니다.

고난당하는 사람은 하나님의 도우심을 알고 확신하고 있습니다. 그래서 그는 많은 사람들로부터 당하는 조롱과 비난을 부끄러워하지 않습니다. 더 나아가 그는 그의 얼굴을 부싯돌 같이 세웁니다. 즉 그의 얼굴을 아주 단단하게 합니다. 갖은 모욕과 비난과 수욕을 견딜 수 있게 합니다.

고난당하는 자는 자신을 의롭다고 인정하시는 여호와께서 자신의 편이라는 것을 알고 있습니다. 고난당하는 사람은 자신의 진실함을 하나님이 입증하실 것을 확신합니다. 하나님의 뜻을 따라 순종하며 고난을 당하는 자는 철저하게 하나님을 신뢰하고 있습니다.

네 번째 종의 노래(52:13–53:12)

전형적인 메시야 예언인 이 본문은 고난 주간에 많이 묵상합니다. 고난 받는 "나의 종"은 많은 사람들의 죄악을 담당하기 위하여 사람들에게 멸시를 받고 배척당하여 죽음의 자리로 나아갑니다. 그러나 그의 죽음은 큰 열매를 맺는데, 그의 죽음을 통하여 많은 사람들이 의롭게 되는 것입니다. 또한 그는 죽음에서 승리할 것입니다.

여호와의 종은 지극히 존귀한 자입니다. 그러나 그는 고난을 당합니다. 그의 고난당한 외모는 아주 비참하여 많은 사람들을 놀라게 합니다(52:13-14). 특히 고난당한 종의 모습은 나라들과 왕들을 놀라게 합니다. "그가 나라들을 놀라게 할 것이며 왕들은 그로 말미암아 그들의 입을 봉하리니"(사 52:15). 우리 성경은 70인경의 번역 "많은 민족들이 그에 대해 놀랄 것이다"에서 취해온 것 같습니다(영어성경 RSV, NRS, NJB. 유대인 영어성경 JPS, TNK). 하지만 히브리어는 '그가 많은 민족들에게 뿌릴 것이다'입니다. "나의 종"의 상한 모습이(52:14) 많은 민족들에게 무엇인가를 뿌리고 있는 것입니다. 이것은 "나의 종"의 수난과 고난이 많은 민족들에게 영향을 미치고 있음을 보여줍니다.

"나의 종"의 사역에 대해 많은 왕들이 입을 다물고 침묵합니다. 그들은 "나의 종"의 사역에 놀라며 충격을 받은 것입니다. 왜냐하면 "나의 종"의 상한 모습이 주는 메시지가 새롭기 때문입니다.

"나의 종"의 모습은 사람들이 보기에 형편없습니다. "그는 주 앞에서 자라나기를 연한 순 같고 마른 땅에서 나온 뿌리 같아서 고운 모양도 없고 풍채도 없은즉 우리가 보기에 흠모할 만한 아름다운 것이 없도다"(사 53:2).

"나의 종"을 "연한 순"(어린 가지)과 "뿌리"에 비유합니다(참고. 사 11:1). "연한 순"과 "뿌리"는 서로 대조를 이루지만 여기서는 둘 다 유약한 생명력을 가졌습니다. "연한 순"은 금방이라도 꺾일 것 같이 연약하며 "마른 땅에서 나온 뿌리"는 금방이라도 타들어 가서 말라비틀어질 것 같습니다. 연약한 생명력을 가진 "연한 순"과 "뿌리"는 "고운 모양도 없고 풍채도 없은즉 우리가 보기에 흠모할 만한 아름다운 것이" 없습니다(사 53:2). "나의 종"의 모습은 사람들이 볼 때 형편없습니다. 이러한 모습은 다른 사람들보다 더 상한 모습입니다(사 52:14). 다른 사람들보다 더 상한 "나의 종"의 모습에서 어떠한 영예를 찾아 볼 수 없습니다. 그는 철저하게 사람들에게 무시당하며 배척당한 사람입니다(사 53:3). "나의 종"은 사람들의 경멸과 거절의 대상입니다.

'멸시를 당하다'라는 표현이 두 번이나 사용되어 강조되었습니다(53:3). 사람들에게 멸시와 천대를 받은 그는 사람들에게서 얼굴을 돌립니다. "우리" 역시 이 슬픔의 사람에 관심을 기울이지 않고 그를 귀하게 생각하지도 않습니다(53:3).

멸시를 당하는 "나의 종"은 슬픔의 사람이요 병을 아는 자입니다. 그렇다면 이 '슬픔'과 '병'은 누구의 것인가 하는 질문이 생깁니다. "그는 실로 우리의 질고를 지고 우리의 슬픔을 당하였거늘"(사 53:4). "실로"는 '확실히,' '정말로'라는 뜻으로 강조의 의미를 담고 있습니다. 그는 "우리의 질고(병)"과 "우리의 슬픔"을 치우시며 옮기신 것입니다. "나의 종"의 수난은 "우리"를 위한 것입니다. 그러나 우리는 그렇게 생각하지 않습니다. "우리"는 그를 맞은 자로, 하나님이 치신 자로 생각합니다.

그러나 그의 고난은 다 우리를 위한 것입니다. "그가 찔림은 우리의 허물 때문이요 그가 상함은 우리의 죄악 때문이라 그가 징계를 받음으로 우리는 평화를 누리고 그가 채찍에 맞음으로 우리는 나음을 받았도다"(53:5). "우리"에 대한 강조에 주목해야 합니다. '우리의 범죄 때문에 찔렸다, 우리의 죄악 때문에 상하셨다'라는 의미입니다. 여기서 "나의 종"의 고난이 대속적인 수난이라는 사상이 나옵니다. 우리의 평화를 위하여 그가 징벌을 당하셨습니다. 우리가 누리는 평화의 근원을 밝히고 있습니다. "나의 종"의 수난이 없이는 "우리의 평화"도 없습니다. '평화'는 전쟁, 자연 재해, 질병 등이 없는 상태로서 '안녕'을 의미하지만 여기서는 "우리의 허물"과 "우리의 죄악"으로부터의 평화를 말합니다. "나의 종"이 받는 수난은 "우리 모두의 죄악" 때문에 고난과 모욕을 당합니다(53:6). 나의 종의 고난의 끝은 죽음입니다. 그는 도살장에 끌려가는 어린 양과 같이 잠잠합니다.

"나의 종"은 어떤 폭력이나 속임을 행하지 않았습니다. 그렇지만 그는 죽임을 당합니다. 그의 시신은 이제 "악인들과 함께" 놓이게 되었습니다(사 53:9). 하지만 이러한 고난과 죽음은 여호와께서 원하시는 것입니다. "여호와께서 그에게 상함을 받게 하시기를 원하사 질고를 당하게 하셨은즉 그의 영혼을 속건 제물로 드리기에 이르면 그가 씨를 보게 되며 그의 날은 길 것이요 또 그의 손으로 여호와께서 기뻐하시는 뜻을 성취하리로다"(53:10).

여호와는 "나의 종"의 수난을 기획하시고 의도하셨습니다. 여기에 조건과 결과가 있습니다. 조건은 "그의 영혼을 속건 제물로 드리기에 이르면"으로 이것은 '그의 영혼이 죄를 위한 제물로 드려진다면'입니다. '속건제'(레 19:21-22)는 하나님과 사람에게 지은 죄를 속하기 위해서 드리는 제사입니다. "그의 영혼"은 '그의 생명' 또는 '그의 목숨'입니다. 나의 종이 그의 생명을 속건 제물로 드린다면 다음 세 가지 결과를 가져 올 것입니다. 1) 그가 씨(후손)를 볼 것이며, 2) 그가 날들을 길게 할 것이며, 3) 여호와의 기쁨이 그의 손 안에서 번영할 것입니다.

"나의 종"의 일은 죄를 위한 제물로 자신의 생명을 바친 것입니다. 이 일의 결과가 있습니다. "나의 종"은 그의 일의 결과에 대하여 만족합니다. 그 결실은 "나의 의로운 종이 자기 지식으로 많은 사람을 의롭게 하며 또 그들의 죄악을 친히 담당하리로다"(53:11).

"나의 종"의 사역에 대한 지식으로 즉, "나의 종"의 일을 통해서 많은 사람들이 "의롭게" 될 것입니다. "의롭게" 되는 것과 뒤에 나오는 "그들의 죄악"이 서로 대조를 이룹니다. 고난 받는 여호와의 종이 많은 사람들의 죄악을 지심으로 그들을 의롭게 합니다. 여기서 '속죄'와 '칭의' 사상이 나옵니다.

"나의 종"이 고난을 당하지만 결국 그가 승리할 것입니다. 이 사상은 그가 강한 자들과 함께 탈취한 것 즉, 전쟁의 전리품을 나누는 것에서 나타납니다(53:12). 전쟁의 전리품을 분배하는 것은 승리한 자들의 몫입니다. 그는 많은 사람들의 죄악을 위하여 자신의 생명을 내놓아 죽음에 이르지만 결국 그는 승리한 자가 될 것입니다. 죽음을 이기는 부활 사상은 전쟁에서 승리해서 전리품을 나누는 것으로 표현되었습니다.

22

예레미야: 언약의 파기

읽어야 할 본문: 예레미야 1–52장

예레미야는 유다의 마지막 선지자입니다. 유다와 예루살렘의 멸망을 예언하고 그 멸망을 경험한 선지자입니다. 예레미야는 유다가 멸망할 것을 계속 주장합니다. 유다의 멸망은 북방으로부터 오는 재앙으로 표현되었습니다.

예레미야가 소명을 받을 때에 그는 두 가지 이상을 봅니다. 하나는 '살구나무'이며 다른 하나는 '끓는 가마'입니다(렘 1:11-19). 살구나무는 아몬드 나무입니다. 살구나무는 히브리어로 샤케드입니다. 이 발음은 12절의 "내가 내 말을 지켜 그대로 이루려 함이라"에서 "지켜"의 소케드와 유사합니다. 즉 예레미야가 살구나무를 본 것은 하나님의 말씀이 이루어지는지를 지켜보는 것입니다.

두 번째는 '끓는 가마'인데 이 가마는 북쪽에서부터 기울어져 있습니다. 이것은 유다에 미칠 재앙을 의미합니다. 북쪽에서 이방 민족들이 와서 유다를 멸망시킬 것입니다. 하나님이 예레미야를 부르실 때부터 그의 사명은 북쪽에서 오는 재앙을 유다 사람들에게 전하는 것입니다(1:17). 그래서 그의 메시지는 심판과 재앙에 관한 메시지가 주를 이루고 있습니다. 북에서 오는 재앙과 심판에 관한 본문이 여러 곳에 기술되어 있습니다(렘 1:13-16; 4:4-8, 13-22, 27-31; 5:15-17; 6:1-8, 22-26; 8:14-17).

22.1 유다의 죄

우상 숭배

유다의 심각한 죄는 여호와의 신앙을 떠나 배교한 것입니다. 예레미야는 유다가 이집트에서 구원하시고 광야에서 인도하신 여호와 하나님을 배반했다고 주장합니다(2:5-6). 그들은 하나님을 버리고(렘 2:13) 허탄한 것을 따라 갑니다. "너희 조상들이 내게서 무슨 불의함을 보았기에 나를 멀리하고 가서 헛된 것을 따라 헛되이 행하였느냐"(2:5). 여기서 "헛된 것"은 명사로서 쉽게 사라지는 '증기'를 뜻하기도 하며 '허무,' '무익'의 뜻을 갖고 있습니다.

그렇다면 헛된 것은 무엇입니까? 우상 숭배와 관련하여 우상을 만들고 숭배하는 행위를 죄로 말하며 헛된 일이라고 합니다. 예레미야는 '조각한 신상' 즉 새긴 우상과 '이방의 헛된 것들'이 여호와를 격노하게 한다고 말합니다(8:19). 부어 만든 우상은 '거짓'이며 '그 속에 생기가 없고' '헛것'입니다(렘 10:14-15). '헛된 것'은 우상 숭배입니다. 우상은 아무 것도 아니며 듣지도 못하고 말하지도 못합니다. 우상 숭배 금지는 십계명의 1-2계명에 잘 나타납니다. 신명기는 이스라엘이 여호와를 떠나 우상 숭배를 한다면 이스라엘의 미래는 포로로 잡혀 갈 것을 이미 예고했습니다(신 4:25-30).

예레미야는 유다의 심판은 우상 숭배로 인한 것이라는 사실을 명확하게 밝힙니다. "그들이 만일 이르기를 우리 하나님 여호와께서 어찌하여 이 모든 일을 우리에게 행하셨느냐 하거든 너는 그들에게 이르기를 너희가 여호와를 버리고 너희 땅에서 이방 신들을 섬겼은즉 이와 같이 너희 것이 아닌 땅에서 이방인들을 섬기리라 하라"(렘 5:19).

행음

우상 숭배는 행음으로 표현됩니다. 예레미야는 유다가 행음했다고 선포합니다(2:20-25; 3:1-10). 하나님과 유다 사이는 부부 관계로 설명되었습니다(렘 2:2; 3:14, 20; 31:32). 여호와 하나님을 남편으로 그리고 유다를 아내로 묘사합니다. 아내는 그녀의 남편을 사랑하며 따라야 합니다. 그런데 유다는 다른 남편을 따라갑니다. 이것은 음란한 행위입니다.

이스라엘은 여호와 하나님만을 섬기기로 언약을 맺었습니다. 그러나 이스라엘과 유다는 여호와 하나님을 떠나서 바알과 우상을 따라 가서 섬깁니다. 유다는 행음하며 남편을 배반한 것입니다. "네가 옛적부터 네 멍에를 꺾고 네 결박을 끊으며 말하기를 나는 순종하지 아니하리라 하고 모든 높은 산 위에서와 모든 푸른 나무 아래에서 너는 몸을 굽혀 행음하도다"(2:20). 유다는 자유로워지기를 원합니다. 그래서 멍에를 끊고 순종하지 않겠다고 말합니다. 이것은 비유적인 표현으로 유다가 여호와 하나님과 관계를 끊는다는 것을 의미합니다. 여호와 하나님을 섬기지 않고 자유롭게 살려고 합니다. 그리고는 높은 산 위에서 음란한 행위를 합니다. 산당에 올라가서 바알을 섬깁니다. 바알은 다산의 복을 주는 신으로 인식되었습니다. 그래서 바알을 섬기는 의식 가운데 실제적인 매춘 행위가 있습니다.

성 관계가 바알을 섬기는 의식 가운데 하나였다는 사실은 바알 브올 사건에서 잘 볼 수 있습니다. 이스라엘이 싯딤에 도착했을 때, 모압 여인들이 이스라엘 사람들을 그 신의 제사에 초청합니다. 우상의 제사에 참여한 이스라엘 사람들이 모압 여인들과 성관계를 갖고 그 신들에게 절합니다(민 25:1-9).

성 관계는 바알을 섬기는 의식 가운데 하나입니다. 그래서 예레미야는 유다를 성욕에 헐떡이는 암나귀에 비유합니다. "너는 광야에 익숙한 들 암나귀들이 그들의 성욕이 일어나므로 헐떡거림 같았도다. 그 발정기에 누가 그것을 막으리요 그것을 찾는 것들이 수고하지 아니하고 그 발정기에 만나리라"(렘 2:24). 성적 부패에 대한 묘사는 아주 자세하고 적나라합니다. "내가 어찌 너를 용서하겠느냐 네 자녀가 나를 버리고 신이 아닌 것들로 맹세하였으며 내가 그들을 배불리 먹인즉 그들이 간음하며 창기의 집에 허다히 모이며 그들은 두루 다니는 살진 수말 같이 각기 이웃의 아내를 따르며 소리지르는도다"(렘 5:7-8).

사회 정의가 없음

유다의 죄는 종교적인 우상 숭배뿐만이 아니라 사회적인 부정도 포함하고 있습니다. 예레미야는 유다를 향하여 놀라운 제안을 하는데, 예루살렘 성에서 정의를 행하는 한 사람을 발견하면 이 성의 심판을 면하게 해주겠다고 합니다. "너희는 예루살렘 거리로 빨리 다니며 그 넓은 거리에서 찾아보고 알라 너희가 만일 정의를 행하며 진리를 구하는 자를 한 사람이라도 찾으면 내가 이 성읍을 용서하리라"(렘 5:1). 이 제안은 예루살렘 시민들의 부패의 정도를 말해줍니다. 정의(미쉬파트)를 행하는 사람이 한 사람도 없다는 뜻입니다. 여기서 말하는 "정의"는 하나님의 법에 근거한 것입니다. 하나님의 법을 행하며 그 법에서 제시하는 길을 따라 살아가는 것을 의미합니다. 그래서 예레미야는 백성을 향하여 "하나님의 법을 알지 못"한다로 지적합니다. "내가 말하기를 이 무리는 비천하고 어리석은 것뿐이라 여호와의 길, 자기 하나님의 법을 알지 못하니"(5:4). 여기서 "하나님의 법"은 1절의 "정의"와 같은 단어인 '미쉬파트'입니다.

정의는 하나님의 법에 기초하고 있습니다. 율법의 근간이며 요약이라고 불리는 십계명을 생각해 보면 1-4계명은 하나님에 관한 법을 말하고 있고 5-10계명은 인간에 관한 법입니다. 여호와 하나님을 잘 섬기는 것은 사회 속에서 윤리적, 도덕적인 삶을 동반합니다. 살인, 간음, 도적질, 거짓 증거는 사회적인 성격을 띱니다. 이러한 법들을 잘 지킬 때, 사회가 밝아지며 건강해질 수 있습니다. 십계명은 종교적인 계명과 사회적인 계명이 밀접하게 결합되어 있습니다.

여호와 하나님을 떠나서 다른 신을 섬기며 우상을 숭배하는 것은 음행으로 나타납니다. 다른 신을 섬기는 것은 윤리적인 요소가 결여되어 있지만 여호와 신앙은 윤리적인 요소가 강합니다.

지도층의 부패

유다 사회는 백성들뿐만이 아니라 지도자들 역시 부패했습니다. 예레미야는 사회 지도층의 부패와 타락을 계속 지적합니다. "제사장들은 여호와께서 어디 계시냐 말하지 아니하였으며 율법을 다루는 자들은 나를 알지 못하며 관리들도 나에게 반역하며 선지자들은 바알의 이름으로 예언하고 무익한 것들을 따랐느니라"(렘 2:8). 사회 지도층들이 거론되는 데, 제사장, 율법 다루는 자, 관리(히브리어는 목자들), 선지자입니다. "제사장"은 백성들의 제사에 책임이 있고 율법을 해석하며 가르치고 또는 우림과 둠밈으로 하나님의 뜻을 전달하기도 했습니다. "법 다루는 자"는 아마도 중앙 성소에 있는 제사장과 재판관들을 의미할 수 있습니다. 하나님이 선택한 장소에 있는 예배 처소에는 제사장과 재판관이 있어서 각 성에서 판결하기 어려운 문제들을 처리하는 고등 재판소 역할을 했습니다(신 17:8-13). "관리"는 '목자들'을 의미합니다. 이스라엘이나 고대 근동에서 '목자'는 통치자나 왕에게 자주 비유되었습니다(삼하 5:2; 왕상 22:17; 대상 11:2; 대하 18:16; 사 44:28; 겔 34:23-24). "선지자"는 하나님의 말씀을 받아 백성들에게 전달하는 자입니다. 이러한 사회 지도층들이 부패했습니다. 흥미로운 것은 이 지도층들이 모두 하나님께 대하여 반항하고 있다는 사실입니다. 하나님께 제사를 주관하여 드리는 제사장이 "여호와께서 어디 계시냐"고 말하지 않습니다. 하나님의 법을 잘 알고 백성들을 재판하며 판결해 주어야 할 법 잡은 자가 하나님을 "알지 못"합니다. 통치자는 하나님의 뜻을 따라 통치해야 하는데, 그렇지가 않습니다. "나에게 반역하며"는 '나를 어기며 또는 위반하며'의 뜻입니다. 하나님이 정해주신 법률이나 뜻을 어기는 것입니다. 하나님이 정해주신 통치의 원리를 어기는 것입니다. 하나님의 법을 따라 통치하지 않습니다. "선지자"는 하나님의 이상을 보며 하나님의 영에 의해 하나님의 이름으로 예언을 해야 하는데 "바알의 이름으로 예언"을 합니다. 예레미야는 사회 지도층의 전적 부패를 고발하고 있습니다. 지도층이 부패하고 타락했다는 사실과 이들이 심판을 받을 것이라는 사실을 계속 말하고 있습니다(2:26; 4:9; 5:31; 6:13; 8:1; 13:13; 14:18).

돌아오라

여호와를 떠나 다른 신을 섬기며 범죄한 유다를 향하여 예레미야는 회개를 촉구합니다. 회개의 의미를 담고 있는 말은 동사 '돌아오다'입니다. 구약에서 이 동사는 다양하게 사용되는데 전치사를 주목해야 합니다. 언약으로부터 또는 하나님으로부터 돌아서면 이것은 배교와 타락을 의미합니다. 반대로 우상으로부터, 악으로부터 돌아서면 이것은 회개를 의미합니다. 따라서 이스라엘이 어디서 어디로 돌아서는지를 살펴보아야 합니다.

예레미야는 부패한 이스라엘을 향하여 하나님께 돌아오라고 권면합니다. "여호와께서 이르시되 이스라엘아 네가 돌아오려거든 내게로 돌아오라 네가 만일 나의 목전에서 가증한 것을 버리고"(렘 4:1). 돌아오는 방향이 하나님으로 제시되었습니다. 돌아오기 전에 먼저 떠나야 할 것이 있는데 그것은 "가증한 것"입니다. "가증한 것"은 싫어하는 것 또는 미워하는 것입니다. 하나님이 미워하고 싫어하는 것은 우상 숭배입니다. 이스라엘은 하나님께 돌아오기 전에 먼저 우상을 섬기는 삶을 청산하고 돌아와야 합니다(참고. 3:6-10).

부패한 백성을 향하여 반복해서 돌아오라는 권면이 주어지고 있습니다(3:12, 14, 22). 하나님은 범죄한 이스라엘이 다시 돌아올 때 그들을 용서하시며 받아 주실 것입니다. 왜냐하면 하나님은 긍휼이 있는 분이기 때문입니다. 하나님은 자신을 이렇게 소개하십니다. "나는 긍휼이 있는 자라"(3:12). 이것은 하나님이 자신의 성품을 소개하시는 표현입니다. '나는 자비롭다' 또는 '나는 동정심이 있다'라는 뜻입니다. 하나님은 인간과 같지 않으십니다. 인간은 자신을 배신하고 떠난 사람을 다시 용서하고 받아 주기가 어렵습니다. 하지만 하나님은 배교한 이스라엘을 다시 맞아 주십니다.

22.2 참 선지자와 거짓 선지자

일반적으로 선지자들은 하나님의 대변자입니다. 하나님의 백성들을 향하여 하나님의 뜻과 계획을 말하는 자입니다. 예레미야는 북방에서 오는 재앙 즉 유다는 바벨론에 의해 멸망할 것이라고 예언합니다. 하지만 예레미야의 시대에 다른 선지자들도 있습니다. 같은 선지자임에도 불구하고 예레미야는 다른 선지자들을 향하여 하나님의 심판을 선언합니다. 다른 선지자들은 왕, 족장, 제사장과 함께 수치를 당할 것이며(2:26) 칼로 멸망당할 것입니다(2:30). 선지자들 역시 북방에서 오는 재앙의 희생자들이 될 것입니다(4:5-

9). 예레미야는 이렇게 하나님의 심판을 받을 선지자를 가리켜 거짓 선지자라고 규정합니다. 예레미야에 따르면 거짓 선지자들의 특징은 다음과 같습니다.

1) 선지자들 가운데 바알의 이름으로 예언하는 자들이 있었습니다(2:8). 그들은 하나님의 백성 이스라엘에게 길을 잃게 만들었습니다(23:13). 이들은 확실하게 구별이 되는 거짓 선지자입니다.

2) 재앙을 당하는 선지자들은 말씀이 없었습니다. "선지자들은 바람이라 말씀이 그들의 속에 있지 아니한즉 그같이 그들이 당하리라"(5:13). "바람"은 '루아흐'로 '바람' 또는 '영'으로 번역됩니다. 여기에 묘한 말장난Word Play이 있습니다. 참된 선지자는 "여호와의 영"(루아흐)이 임한 자입니다. 여호와의 영이 임해서 하나님의 선지자로 세움을 받습니다. 그런데 재앙을 당하는 선지자들도 '루아흐'가 있습니다. 이들의 '루아흐'는 '영'이 아니라 '바람'입니다. 같은 '루아흐'를 소유하고 있는데, 한 사람은 '영'이고 다른 사람은 '바람'입니다. 어디서 와서 어디로 가는지를 모르는 바람입니다. 바람을 소유한 자는 거짓 선지자입니다. 이들에게는 "말씀"이 없기 때문입니다. 참된 선지자의 다른 표징은 "여호와의 말씀"이 임한 자입니다. 그런데 선지자에게 말씀이 없습니다. "말씀"이 없는 선지자는 참 선지자가 아닙니다. 말씀이 없는 선지자는 진리를 선언할 수 없습니다. 그들은 거짓을 예언합니다. 그런데 신기한 것은 백성들이 그것을 좋게 여깁니다(5:31). 기이한 현상이 일어납니다.

3) 윤리적으로 타락한 예루살렘의 선지자들이 있습니다. 간음을 행하며 거짓 안에 걸으며 악한 자의 손을 강하게 해주는 자들입니다(23:14). 그들은 악인의 편에 서 있습니다. 이들의 행위는 소돔과 고모라 거민의 행위와 비교됩니다.

4) 윤리적으로 타락한 선지자들은 백성들을 회개하게 하는 사역의 열매가 없습니다. "사람으로 그 악에서 돌이킴이 없게 하였은즉"(23:14). 백성들을 악에서 '돌아오게' 하는 사역이 없습니다. 위에서 살펴보았듯이 돌아오는 것은 회개입니다. 거짓 선지자들은 회개가 없습니다.

5) 예레미야는 칼과 기근과 재앙이 임할 것이라고 선언합니다. 그러나 다른 선지자들은 하나님의 이름으로 이 땅에 칼과 기근이 임하지 않고 평강이 있을 것이라고 예언합니다. 재앙과 평강은 정 반대입니다. 평강을 예언하는 그들을 향하여 하나님은 이렇게 말씀하십니다. "선지자들이 내 이름으로 거짓 예언을 하도다 나는 그들을 보내지 아니하였고 그들에게 명령하거나 이르지 아니하였거늘 그들이 거짓 계시와 점술과 헛된 것과 자기 마음의 거짓으로 너희에게 예언하는도다"(14:14). 하나님의 이름으로 말하는 그들의 말은 거짓 예언으로 규정됩니다. 바알의 이름으로 예언하는 선지자는 백성들이 쉽게 분별할 수 있었을 것입니다. 그러나 하나님의 이름으로 예언을 하는 선지자는 쉽게 분별하기가 어렵습니다. 하나님의 이름으로 예언을 한다면 그들의 예언 내용을 듣고 분별해야 합니다. 예레미야는 '재앙'을 선언하고 하나님의 이름으로 예언하는 다른 선지자들은 '평강'을 선언합니다. 똑같이 하나님의 이름으로 예언을 합니다. 그러나 내용은 정 반대입니다. 하나님은 평강을 예언하는 자들을 보내지 않았다고 강조하십니다. 히브리어는 '-않다'는 부정어가 세 번이나 강조되었습니다. '내가 그들을 보내지 않았다 그리고 내가 그들에게 명령하지 않았다 그리고 내가 그들에게 말하지 않았다.' 하나님은 거짓 선지자들의 예언에 대하여 강하게 부정하십니다. 그렇다면 그들의 예언은 어디에서 나온 것인가? 그들의 예언은 '거짓 이상, 점, 헛됨, 그들 마음의 거짓'에서 나왔습니다. 선지자는 이상을 보는 자입니다. 그런데 그들은 거짓 이상을 보았던 것입니다. 이러한 거짓 이상은 헛된 것이며 무익한 것입니다. 이것은 그들의 마음을 속이는 것입니다. 거짓 이상으로 자기 자신을 스스로 속이며 백성들을 속입니다

평안을 선언하는 선지자들의 예언은 하나님의 입에서 나온 것이 아니라 그들의 마음에서 나온 것입니다(23:16-17). 하나님은 이들을 보내지 않았으나 그들은 하나님의 이름으로 거짓을 예언하며 내가 꿈을 꾸었다고 주장합니다(23:21, 25). 하나님이 보내지 않았어도 그들은 열심히 예언합니다

거짓 선지자들은 예레미야의 예언과 상반되는 주장을 합니다. 거짓 선지

자들은 그 시대의 상황에서 시드기야 왕에게 바벨론 왕을 섬기지 않을 것이라고 말하며, 바벨론으로 옮겨간 여호와의 집 기구들을 속히 돌아오게 할 것이라고 예언합니다(27:14, 16).

거짓 선지자들 중에 하나냐는 예레미야를 정면으로 대적한 사람입니다. 예레미야는 목에 멍에를 매고(상징적인 행위로) 유다가 바벨론의 멍에를 맬 것을 선언합니다. 그런데 하나냐는 예레미야의 목에서 멍에를 꺾어 버리며 하나님이 바벨론의 멍에를 꺾어 버리셨으며 여호와의 전의 기구들도 두 해가 차기 전에 돌아오게 할 것이라고 평화를 예언합니다(28:2-9).

예레미야는 하나냐의 예언에 대하여 말씀이 성취되어야 한다고 주장합니다. "평화를 예언하는 선지자는 그 예언자의 말이 응한 후에야 그가 진실로 여호와께서 보내신 선지자로 인정 받게 되리라"(28:9).

신명기의 법에 따르면 예언자의 예언이 참이냐 거짓이냐는 예언이 성취되느냐 아니냐에 달려 있습니다(신 18:21-22). 말씀의 성취 여부가 참 선지자인지 거짓 선지자인지를 구별해 줍니다. 따라서 선지자의 말이 응하는지를 기다려야 합니다.

그렇다면 선지자의 말이 이루어진다고 해서 다 참된 선지자인가 하는 것도 생각해 보아야 합니다. 왜냐하면 선지자의 말이 성취되어도 거짓 선지자들이 있기 때문입니다(신 13:1-4). 선지자의 말이 성취되고 기적이 일어나도 그들이 여호와를 섬기는 법에서 떠나면 그들은 거짓 선지자입니다. 여호와의 법이 참 선지자인지 거짓 선지자인지를 판단하는 기준입니다(신 13:3-4). 이사야 선지자도 이것을 말합니다. "마땅히 율법과 증거의 말씀을 따를지니 그들이 말하는 바가 이 말씀에 맞지 아니하면 그들이 정녕 아침 빛을 보지 못하고"(사 8:20).

하나냐는 예레미야의 목에 있는 멍에를 꺾었습니다. 여기에 대하여 하나님은 나무 멍에 대신 쇠 멍에를 만들었다고 말씀하십니다. 그리고 모든 나라들이 바벨론 왕을 섬길 것이라고 말씀하십니다. 예레미야는 하나냐에게 와서 "여호와께서 너를 보내지 아니하셨거늘 네가 이 백성에게 거짓을 믿게 하는도다"고 선언합니다(렘 28:15). 그리고 하나냐가 금년에 죽을 것이라고 예언합니다. 예레미야의 예언대로 하나냐는 그 해에 죽었습니다(렘 28:16-17).

거짓 선지자와 반대되는 참 선지자는 예레미야입니다. 예레미야는 하나님의 부르심을 받았고 여호와의 말씀을 받은 선지자입니다. 참된 선지자의 특징은 하나님의 말씀을 받은 사람입니다. 하나님은 예레미야의 입에 하나님의 말씀을 두셨습니다(1:9).

참 선지자는 성실함으로 하나님의 말씀을 전하는 자입니다. "꿈을 꾼 선지자는 꿈을 말할 것이요 내 말을 받은 자는 성실함으로 내 말을 말할 것이라 겨가 어찌 알곡과 같겠느냐"(23:28). "성실함"은 '성실,' '충실,' '진리'의 뜻이 있습니다.

참 선지자가 전하는 그 말씀은 "불"과 같은 능력이 있습니다. "내 말이 불 같지 아니하냐 바위를 쳐서 부스러뜨리는 방망이 같지 아니하냐"(23:29). 여호와의 말씀을 불에 비유합니다(5:14). 시내 산에 임하여 말씀하신 하나님은 불 가운데서 말씀하셨다는 사실을 우리는 기억해야 합니다(신 4:12, 24, 33, 36; 5:4, 25, 26).

하나님의 말씀을 전하는 참 선지자는 말씀으로 인하여 오는 고통을 감내하는 자입니다. 그는 유다와 예루살렘이 멸망할 것이라고 외쳤기 때문에 사람들의 모욕과 조롱을 받습니다. 매를 맞고 옥에 갇힙니다(20:2). 백성들의 반대로 인해 그는 다시는 하나님의 이름으로 예언하지 않으리라고 다짐하며 번민합니다. 이러한 번민과 갈등 속에 휩싸일 때 그의 마음은 불붙는 것같이 타오릅니다. 예언을 하지 않고는 견딜 수 없는 마음을 갖게 됩니다. 그는 하나님의 말씀을 받아서 먹은 사람입니다. 하나님의 말씀이 그 사람의 기쁨과 즐거움이기 때문에(15:16-17) 그는 갖은 고난을 참고 인내합니다(20:7-9). 말씀이 주는 기쁨이 현실의 삶의 고통을 이기게 합니다.

또한 참 선지자는 하나님의 회의에 참석해서 회의를 보고 듣고 한 자입니다(여기에 대한 자세한 설명은 "19.3 천상회의"를 참고하십시오).

22.3. 백성의 반응

성전

백성들은 예레미야의 예언에 귀를 기울이기보다 거짓 선지자들의 예언에 더 귀를 기울입니다. 선지자들이 거짓을 예언해도 백성은 그것을 좋아합니다(5:30-31; 6:13). 백성들은 거짓말을 신뢰했는데 그것은 성전이 그들에게 있다는 것입니다. "너희는 이것이 여호와의 성전이라, 여호와의 성전이라, 여호와의 성전이라 하는 거짓말을 믿지 말라"(7:4). "여호와의 성전"이 세 번이나 사용되어 강조하고 있습니다. 성전은 하나님의 이름을 두는 곳이며 하나님이 임재하는 곳입니다(왕상 8:13, 29). 성전에는 하나님의 언약 궤가 있으며 하나님의 말씀이 선언되는 곳이기도 합니다.

유다 사람들은 이 성전에서 하나님 앞에 서서 "구원"을 받았다고 말합니다(렘 7:10). 성전이 존재함으로 유다 왕위에 앉을 왕이 끊어지지 않는다고 생각하기 때문입니다(다윗 언약을 기억하십시오). 백성들은 성전을 신뢰하며 하나님의 성전으로 인하여 구원을 보장받는다고 생각합니다.

하지만 외형적인 건물인 성전이 그들의 구원을 보장하는 것은 아닙니다. 성전을 지을 때부터 솔로몬에게 한 경고가 주어졌습니다. 그것은 하나님의 법에 순종하라는 것입니다. "네가 지금 이 성전을 건축하니 네가 만일 내 법도를 따르며 내 율례를 행하며 내 모든 계명을 지켜 그대로 행하면 내가 네 아버지 다윗에게 한 말을 네게 확실히 이룰 것이요 내가 또한 이스라엘 자손 가운데에 거하며 내 백성 이스라엘을 버리지 아니하리라"(왕상 6:12-13). 솔로몬이 성전을 지을 때, 하나님은 성전보다는 하나님의 법에 순종할 것을 더 강조합니다. '율례'는 '정의'로도 번역될 수 있는 '미쉬파트'입니다(렘 5:1 참고). 하나님은 조건적으로 말씀하십니다. "만일…행하면, 내가 이스라엘 가운데 거하며"입니다. 이스라엘이 하나님의 말씀과 법을 지킬 때 하나님이 이스라엘 가운데 거주하시며 이스라엘을 버리시지 않습니다.

솔로몬이 성전을 완공한 후에 다시 하나님의 말씀이 주어지는 데 거기는 성전의 멸망이 예고되어 있습니다. 솔로몬이 하나님의 법을 잘 지키면 왕정을 든든히 해 줄 것을 약속하십니다. 하지만 솔로몬이 법을 지키지 않으면 성전을 던져버릴 것이라고 예고하십니다(왕상 9:6-7). 성전이 계속 존재할 것인가 아니면 성전이 망할 것인가는 유다가 하나님의 법을 잘 지키느냐 지키지 않느냐에 달려 있었습니다.

그러나 유다 백성은 하나님의 법을 지키는 것에 관심이 없습니다. 그들은 단지 성전이 있다는 사실에 위로를 얻고 구원을 확신하고 있습니다. 예레미야는 그들의 이중적인 태도를 정죄합니다. "보라 너희가 무익한 거짓말을 의존 하는도다 너희가 도적질하며 살인하며 간음하며 거짓 맹세하며 바알에게 분향하며 너희가 알지 못하는 다른 신들을 따르면서 내 이름으로 일컬음을 받는 이 집에 들어와서 내 앞에 서서 말하기를 우리가 구원을 얻었나이다 하느냐"(렘 7:8-10). 예레미야는 유다 사람들이 성전을 신뢰하는 것에 대하여 "무익한 거짓말"을 신뢰한다고 단언합니다. 그리고 유다 백성의 죄들을 지적합니다. 죄악의 목록들은 십계명의 말씀을 어긴 것입니다. 도적질, 살인, 간음, 거짓 맹세, 바알 숭배는 십계명의 말씀들을 위반한 죄악들입니다. 그들은 하나님의 법을 지키지 않으면서 성전이 있다는 이유만으로 구원을 보장받고 확신합니다. 성전은 법궤를 위한 집입니다. 궤안에는 십계명이 있었다는 사실을 기억해야 합니다.

여기에 대하여 예레미야는 이스라엘의 첫 중앙 성소인 "실로"의 멸망을 언급합니다. 실로가 망한 것같이 예루살렘 성전도 망할 것입니다. 실로가 파괴될 때, 제사장인 홉니와 비느하스는 언약 궤를 전쟁터로 가져갑니다. 하지만 하나님은 이스라엘을 블레셋으로부터 구원하지 않습니다. 언약 궤가 이스라엘을 자동적으로, 무조건적으로 구원해 주지 않습니다. 이스라엘은 블레셋과의 전쟁에서 패배했고 제사장 홉니와 비느하스 둘 다 죽습니다(삼상 4:3-11). 하나님의 언약 궤는 부패한 이스라엘 백성의 승리를 보장하지 않습니다. 예레미야는 실로의 멸망을 예로 들면서 유다 사람들이 신뢰하는 성전도 파괴될 것이라고 선언합니다.

율법

성전을 신뢰한 것과 같이 백성들은 또한 율법을 갖고 있다는 것을 자랑합니다. 백성들은 "우리는 지혜가 있고 우리에게는 여호와의 율법이 있다"(8:8)고 말합니다. 지혜는 율법에서 나옵니다(신 4:6). 율법을 따라 살아갈 때 그들은 참된 지혜를 소유할 수 있습니다. 법은 이스라엘을 다른 백성들과 구별시켜 줍니다. 이스라엘이 법을 지킬 때 그들은 다른 나라 백성들에 의해 지혜와 지식을 소유한 민족으로 인식되었습니다(신 4:6). 하나님의 법을 갖고 지킬 때 이스라엘은 큰 나라가 될 수 있습니다.

백성이 법을 소유하고 있다는 주장에 대해 예레미야는 "내 백성은 여호와의 규례(미쉬파트)를 알지 못하도다"(렘 8:7)고 지적합니다. '율법'과 '규례'는 다 같이 법을 표현하는 유사 단어들입니다. 백성들은 법은 소유하고 있었지만 그 뜻과 의미를 알지 못합니다. 그 법대로 살아가야 하는데 그들은 그렇게 살지 못합니다. 그들은 하나님을 알지 못합니다(렘 9:3). 더 나아가 하나님을 알기를 싫어합니다. "네가 사는 곳이 속이는 일 가운데 있도다 그들은 속이는 일로 말미암아 나를 알기를 싫어하느니라"(렘 9:6). 유다 사람들은 '속임' 또는 '사기' 가운데 살고 있습니다. 이러한 속임을 통하여 그들은 하나님을 알기를 거절합니다. 하나님을 아는 지식은 하나님의 말씀을 통해서 옵니다. 하나님의 법을 읽고 지킬 때 하나님을 아는 지식을 소유할 수 있습니다. 그래서 예레미야는 하나님을 아는 것을 자랑하라고 권하고 있습니다(렘 9:23-24).

하나님의 법을 알지 못하는 유다에게 심판이 올 것입니다(9:13-14). 백성들이 여호와의 법을 버리고 바알을 좇아갔기 때문입니다. 또한 예레미야는 유다 백성들이 지혜가 없다고 선언합니다. "그들이 여호와의 말을 버렸으니 그들에게 무슨 지혜가 있으랴"(8:9). 더 나아가 "선지자로부터 제사장까지 다 거짓을 행함이라"(8:10)고 말합니다. 선지자는 하나님의 말씀을 받아서 말하는 자이며 제사장은 하나님의 법을 가르치는 자입니다. 그런데 이들도 거짓을 행하고 있습니다.

유다 백성은 성전과 율법을 신뢰하며 거짓 선지자의 말을 듣습니다. 이러한 거짓 신뢰는 그들에게 평강이 있을 것을 기대하게 합니다. 백성들의 기대에 맞게 선지자들과 제사장들은 평강을 예언하고 백성들은 그 말을 믿습니다(8:15). 하지만 예레미야는 이 땅에 평강이 없고 심판이 올 것을 예언합니다(8:13-17).

22.4. 언약의 파기

언약의 말씀

우리는 위에서 백성들이 신뢰하고 있는 것은 율법과 성전이라는 것을 살펴보았습니다. 성전은 왕이 하나님의 율법을 잘 지킬 때 보존될 수 있었지만 왕이 율법을 지키지 않을 때 멸망이 예고되었습니다. 결국 이스라엘의 신앙은 율법에 정초하고 있었습니다. 율법이 여호와 신앙의 핵심 위치를 차지하고 있습니다.

이 법의 핵심은 십계명이며 이 십계명은 언약으로도 불립니다. 하나님은 시내 산에 강림하셔서 직접 십계명을 말씀하셨습니다. 십계명은 열 개의 말씀들로 하나님이 이스라엘에게 직접 선포하신 언약입니다(신 4:13). 그래서 이것을 "언약의 말씀"으로 부르기도 합니다(출 34:28). 두 돌판 위에 기록된 십계명은 율법과 계명으로도 불렸습니다(출 24:12). 이 두 돌판은 법 궤 또는 언약 궤에 보관되었습니다.

예레미야는 그의 설교에서 '언약의 말씀'을 언급합니다. "이스라엘의 하나님 여호와께서 이와 같이 말씀하시되 이 언약의 말을 따르지 않는 자는 저주를 받을 것이니라"(11:3). "이 언약의 말"은 '이 언약의 말씀들'입니다. '언약의 말씀들'은 위에서 언급했듯이 '십계명'을 의미합니다(출 34:28). 이 십계명은 출애굽 세대가 시내 산에서 하나님과 언약을 맺을 때 핵심 내용이었습니다. 모압 언약을 맺을 때에도 이 표현 '언약의 말씀들'이 나타납니다. "호렙에서 이스라엘 자손과 세우신 언약 외에 여호와께서 모세에게 명령하여 모압 땅에서 그들과 세우신 언약의 말씀이 이러하니라"(신 29:1). 여기서 호렙 즉 시내 산에서 세운 언약과 모압 땅에서 세운 언약이 등장합니다. 모압 언약을 말할 때도 "언약의 말씀"(말씀들)이라는 표현이 나옵니다. 따라서 예레미야가 언급하는 "이 언약의 말(들)"은 시내 산 언약 또는 모압 언약을 의미합니다.

이스라엘은 하나님과 언약을 맺음으로 특별한 백성이 되었습니다. 언약은 이스라엘의 신분 상태를 규정합니다. "이 언약은 내가 너희 조상들을 쇠풀무 애굽 땅에서 이끌어 내던 날에 그들에게 명령한 것이라 곧 내가 이르기를 너희는 내 목소리를 순종하고 나의 모든 명령을 따라 행하라 그리하면 너희는 내 백성이 되겠고 나는 너희의 하나님이 되리라"(렘 11:4). 이스라엘은 시내 산에서 언약을 맺음으로 하나님의 백성이 되고 하나님은 이스라엘의 하나님 여호와가 되었습니다. 이스라엘은 하나님의 백성 즉, 선택된 백성이 되었습니다. 거룩한 백성으로 세상의 다른 민족들과 구별되었습니다.

언약의 저주

언약의 말씀은 복과 저주가 있습니다. 언약에는 이스라엘이 지켜야 할 조건이 있는데, 그것은 언약의 말씀을 좇아 살아가는 것입니다. 순종을 의미합니다. 이스라엘이 순종하면 복을 받습니다. 하지만 순종하지 않으면 저주를 받습니다. 약속의 땅에서 저주를 받아 쫓겨나갈 것입니다. 언약의 복과 저주는 신명기 27-28장에 잘 기록되어 있습니다. 특별히 약속의 땅 안에서 복과 저주를 선언할 것을 말합니다. "보라 내가 오늘 생명과 복과 사망과 화를 네 앞에 두었나니"(신 30:15). 언약의 말씀에 순종할 것인가 아니면 불순종할 것인가? 이스라엘은 복과 저주 사이에서 하나를 선택해야 합니다.

예레미야는 자신의 설교에서 이 말씀을 상기시킵니다. "이 언약의 말을 따르지 않는 자는 저주를 받을 것이니라"(렘 11:3). 하나님은 유다와 예루살렘 백성들에게 계속 선지자들을 보내어 하나님의 목소리에 순종할 것을 말씀하셨습니다. 하지만 그들은 귀를 기울이지 않았고 그들의 마음의 강퍅함을 따라서 생활했습니다. 그들은 저주를 선택합니다. 그래서 예레미야는 이제 이 언약의 말씀이 성취될 것이라고 선언합니다(렘 11:8, 11). 언약의 저주, 재앙이 임할 것입니다.

언약의 파기

언약의 저주가 유다에게 임한다는 것은 그들이 언약을 지키지 않았다는 것을 입증해 줍니다. 언약의 말씀이 유다에게 저주로 성취됩니다. 이제 유다는 하나님의 심판으로 저주를 받아 유다 나라가 멸망하는 재앙을 당합니다.

예레미야는 이스라엘이 시내 산 언약을 지키지 않았음을 지적합니다. 유다는 여호와 하나님을 버리고 다른 신을 좇아갔습니다. 이것은 곧장 언약의 파기로 이어집니다. 예레미야는 이제 옛 언약이 파기되었음을 선언합니다. "유다인과 예루살렘 주민 중에 반역이 있도다 그들이 내 말 듣기를 거절한 자기들의 선조의 죄악으로 돌아가서 다른 신들을 따라 섬겼은즉 이스라엘 집과 유다 집이 내가 그 조상들과 맺은 언약을 깨뜨렸도다"(11:10). 하나님과 이스라엘 사이에 맺었던 언약이 깨어진 것입니다.

예레미야는 언약 파기를 선언합니다. 그리고 더 나아가 언약 궤의 소실도 예언합니다. 언약의 상징이었던 언약 궤는 소실될 것이며 사람들의 기억 속에서 사라질 것입니다. 언약 궤를 만드는 사람도 찾는 사람도 없을 것입니다(렘 3:16). 예루살렘의 멸망과 함께 광야에서 이스라엘을 인도하던 언약 궤는 이제 역사 속에서 사라지게 되었습니다.

새 언약

옛 언약이 파기되었습니다. 유다는 이제 더 이상 하나님의 성민이 아닙니다. 하지만 여기서 모든 것이 끝난 것은 아닙니다. 옛 언약은 깨어졌지만 곧 새 언약이 올 것입니다. 예레미야는 새로운 언약을 예언합니다. 새 언약은 옛 언약과 같지 않습니다. 옛 언약은 돌 판에 새겨졌으나 이 새 언약은 사람의 마음에 새겨질 것이며, 많은 사람들이 여호와 하나님을 알 것이며, 하나님이 인간의 죄악을 사하시며 다시는 기억하지 않을 것입니다(31:33-34).

구약에는 하나님과 사람 사이에 맺은 다양한 언약들이 있습니다. 노아 언약, 아브라함 언약, 레위 언약, 시내 산 언약, 다윗 언약 그리고 새 언약입니다. 새 언약을 제외한 다른 언약들은 구약 역사 속에서 실제로 맺어졌습니다. 하지만 새 언약은 구약 시대에 어떤 의식이나 맹세를 통하여 맺어진 언약이 아닙니다. 새 언약은 신약 시대를 내다봅니다. 예수 그리스도에 의해 맺어질 언약입니다. 예레미야는 새 언약을 예언으로 주고 있습니다.

22.5 예레미야의 고백록

예레미야 예언의 핵심 메시지는 하나님의 심판과 유다의 멸망입니다. 바벨론이 하나님의 심판의 도구가 되어 유다를 멸망시킵니다. 이 메시지에 대하여 유다 백성들은 거부 반응을 일으킵니다. 유다 백성의 입장에서 본다면 예레미야는 매국노요 친 바벨론 파였기 때문에 백성들은 그를 핍박하고 박해합니다. 고향 사람들, 친구들, 관리들, 제사장, 선지자, 왕 등 다양한 사람들이 예레미야를 반대합니다. 이러한 반대 목소리에 예레미야는 괴로워하며 많은 좌절을 경험합니다. 그는 고독한 사람입니다. 그의 마음과 생각을 나눌 수 있는 사람이 거의 없습니다. 따라서 예레미야는 하나님께 자신의 심경을 토론하는 기도를 드립니다. 예레미야에는 이러한 부분이 다섯 본문이 나옵니다(11:18-12:6; 15:10-21; 17:12-18; 18:18-23; 20:7-18). 하나님께 기도하기도 하며 불평하기도 하며 혼자서 말하기도 하고 하나님과 대화하며 논쟁하기도 하면서 그는 하나님의 뜻과 씨름합니다. 자신의 사명에 대한 깊은 고민과 갈등을 표현하며 더 나아가 선지자 직에 대한 포기까지도 고려합니다. 물론 그는 그의 선지자적 사명에 기쁨을 나타내기도 하였습니다. 그래서 이런 본문들을 예레미야의 고백록이라고 부릅니다. 고백록에는 민족적인 재앙 앞에 서 있는 감수성이 예민한 한 인간적인 선지자의 내적 투쟁과 인격의 모습이 나타납니다.

예레미야의 고백록에는 선지자 직분을 감당하려는 한 인간의 깊은 고뇌가 담겨있습니다. 선지자는 유다의 멸망을 외쳐야 합니다. 자신의 고국이 망한다는 것을 외쳐야 하니 그의 심정은 이루 말할 수 없이 복잡합니다. 하나님이 그의 택한 백성을 심판하신다는 것을 받아들이기 어려웠을 것입니다.

유다는 하나님이 이스라엘을 이집트에서 구원해 낼 때, 시내 산에서 하나님과 언약을 맺지 않았는가? 언약을 통하여 그들은 하나님의 백성이라고 인정받지 않았는가?(렘 11:4). 그들에게는 하나님의 뜻이 담긴 율법과 하나님의 임재의 처소인 성소가 있지 않는가?(렘 8:8; 7:4). 율법과 성전은 유다의 자랑이요 하나님의 백성이라는 표지가 아닌가? 그런데 하나님이 유다를 심판하신다니! 이 사실을 어떻게 받아 들여야 하는가?

하나님의 언약을 배반한 자신의 친척들, 친구들, 고향 사람들, 동료들 그리고 백성이 바벨론에 의해 멸망당할 것입니다. 칼에 살육당하고 포로로 사로잡혀 갈 것입니다. 자신의 고국이 황폐화 되며 망할 것입니다. 이 사실을 알고도 예레미야는 하나님의 말씀을 전해야 합니다.

하나님의 심판이 가까웠다는 메시지가 주는 중압감과 그 심판의 메시지를 전해야 한다는 사명감이 그를 무겁게 만듭니다. 또한 그 메시지를 듣는 백성들이 회개하며 하나님 앞에 나아가면 좋았을 텐데 그들은 강한 마음으로 하나님을 대적합니다. 심지어 하나님의 말씀을 전하는 예레미야를 핍박하며 조롱하며 죽이려고 시도합니다. 친구와 동료들, 백성과 왕에게 조롱을 받습니다.

하나님의 심판과 공의가 그의 마음을 무겁게 하며 백성들의 강퍅한 마음이 그를 슬프게 합니다. 유다 사람들이 그를 죽이려고 하니 생존의 위협을 느낍니다. 그렇지만 그는 메시지를 계속 전해야 합니다. 하나님의 심판의 말씀을 계속 전했지만 말씀이 즉시 성취되지 않습니다. 예언의 말씀과 그 말씀이 성취되기까지 시간적인 간격이 있었습니다. 말씀이 즉시 성취되지 않는데서 오는 갈등이 그를 사로잡습니다. 이러한 때에 거짓 선지자들은 평강을 외치며 예레미야를 대적합니다. 같은 하나님의 이름으로 예언을 하는데, 예레미야는 심판을 전하고 거짓 선지자들은 평강을 전합니다. 예언의 내용이 서로 상반됩니다.

모든 상황이 예레미야를 힘들게 만듭니다. 그는 육체적, 영적, 심리적, 감정적인 면에서 충격을 받습니다. 하지만 그는 사명의 길을 가야합니다. 말씀이 주는 기쁨이 있었기 때문입니다. 하나님이 그를 부추기며 예언의 말씀을 전하게 하십니다. 예레미야가 자신의 심경을 토로하는 말을 들어보십시오.

슬프고 아프다 내 마음 속이 아프고 내 마음이 답답하여 잠잠할 수 없으니 이는 나의 심령이 나팔 소리와 전쟁의 경보를 들음이로다(4:19).

슬프다 나의 근심이여 어떻게 위로를 받을 수 있을까 내 마음이 병들었도다(8:18).

슬프다 내 상처여 내가 중상을 당하였도다 그러나 내가 말하노라 이는 참으로 고난이라 내가 참아야 하리로다(10:19).

내 생일이 저주를 받았더면 나의 어머니가 나를 낳던 날이 복이 없었더면(20:14).

얼마나 고통스러웠으면 자신의 생일을 저주하겠는가? 그는 고뇌의 사람이며 슬픔의 사람입니다. 하나님이 자신을 속이는 것 같기도 합니다(15:18). 왜 하필이면 이러한 위기의 때에 태어났단 말인가? 모든 것이 회의적이며 사명의 짐을 벗어 버리고 싶은 것입니다. 선지자 직을 그만두고 싶습니다. 예레미야의 고백에는 인간적인 예레미야와 선지자 예레미야 사이에 긴장이 있습니다.

사면초가의 상황 속에서 예레미야는 하나님께 자신의 처지를 말하는 것이 그의 고백록입니다. 하나님의 사람 선지자가 그의 현실에 맞서서 하나님의 메시지를 전할 때 당하는 어려움을 토로한 것입니다.

22.6 예언의 성취: 예루살렘의 멸망

예레미야는 유다의 마지막 상황을 세세하게 설명하고 있습니다. 유다의 마지막 왕 시드기야의 실정은 바벨론 왕을 배반한 것입니다. 그의 배반으로 인하여 바벨론이 침입해 왔습니다. 시드기야 9년에 예루살렘이 포위되어 11년까지 포위당합니다. 성에 기근이 심하여 양식이 떨어졌고 시드기야와 그의 군사들은 바벨론 군대의 포위망을 뚫고 탈출합니다. 그러나 갈대아 군대가 그들을 추격하여 사로잡아 옵니다. 그의 아들들과 부하들이 살해당하고 시드기야는 두 눈이 뽑힌 채로 바벨론으로 끌려가서 감옥에서 생을 마감합니다. 예레미야의 예언에 불순종한 왕의 최후 모습입니다.

예루살렘 성전은 파괴당합니다(52:12-23). 바벨론 느부갓네살 왕의 사령관 느부사라단이 예루살렘에 침공하여 왕궁과 성전을 불살랐습니다. 바벨론에게 항복한 자들을 사로잡아 가고 가난한 자들을 남겨 두어 포도원을 관리하게 합니다.

바벨론 군대는 여호와의 성전에서 놋기둥과 놋대야를 깨뜨려 놋을 가져갑니다. 성전 기구들, 가마, 부삽, 부집게, 주발, 숟가락, 화로, 잔, 주발, 솥, 촛대, 바리 등의 물건을 가져갑니다. 놋비디를 받치고 있던 놋소들도 가져갑니다(52:12-23).

거짓 선지자 하나냐는 먼저 바벨론이 가져간 성전 기구들을 이년 만에 돌아 올 것이라고 예언했지만(28:3) 그 반대로 성전에 남아 있는 기구들마저 바벨론에 빼앗겼습니다. 예레미야의 예언대로 이루어진 것입니다.

백성들은 포로로 잡혀갑니다(52:24-30). 세 차례에 걸쳐서 포로로 잡혀갔는데, 첫 번째는 느부갓네살 통치 7년에 3,023명이며, 두 번째는 느부갓네살 통치 18년에 832명이며, 세 번째는 느부갓네살 통치 23년에 745명으로 총 4,600명이 잡혀갑니다.

먼저 포로로 잡혀간 유다 왕 여호야긴에 대한 설명도 있습니다(52:31-34; 왕하 24:8-17). 여호야긴이 포로로 잡혀간 후 37년 만에 바벨론 왕 에윌므로닥이 그를 감옥에서 풀어줍니다. 포로의 옷을 벗기고 바벨론 왕의 식탁에 먹게 하였고 죽는 날까지 쓸 것을 공급해 줍니다. 에윌므로닥이 왜 여호야긴 왕에게 호의를 베풀었는지에 대한 설명은 나오지 않습니다(왕하 25:27-30).

예루살렘 성은 망하고 성전도 파괴되었습니다. 유다의 백성은 포로로 잡혀와 있는 상황에서 유다의 포로로 잡혀 온 왕이 죄수의 옷을 벗었다는 것은 긍정적인 메시지를 담고 있습니다. 왜냐하면 예레미야는 포로의 기간 70년이 차면 돌아올 것이라고 예언했기 때문입니다.

예레미야는 열방에 임할 하나님의 심판을 예언합니다. 그 가운데서 유다를 멸망시킨 바벨론에 대한 심판이 두드러집니다. 하나님은 앗수르를 벌한 것처럼 바벨론을 벌할 것입니다. 바벨론의 멸망이 가까웠으니 하나님은 포로민들에게 바벨론 땅에서 도망할 것을 말합니다(50:8). 바벨론은 하나님의 소유를 노략하며 즐거워했습니다. 그러나 이제 그들이 노략을 당할 것이며 수치를 당할 것입니다.

하나님은 바벨론에게 보복하시는 분입니다. "여호와께서 그가 행한 대로 그에게 내리시는 보복이라 그가 행한 대로 그에게 갚으시는도다"(50:15). 하나님은 그의 백성을 위하여 복수하십니다. 하나님은 바벨론이 하나님의 성전을 파괴한 것을 잊지 않으시며 그 성전을 위해 복수하십니다(50:28; 51:11). 바벨론이 하나님을 향하여 교만하였기 때문입니다(50:29, 31, 32; 참고. 사 13-14장).

하나님은 요단 숲에서 나오는 사자에 비유됩니다. 하나님이 행하시는 일이기 때문에 이 일을 막아 설 자가 없습니다. 사자가 양을 움키면 목자들이 맞서서 양을 구하려고 합니다. 하지만 하나님이 행하시는 일에는 막아 설 목자가 없습니다. 하나님이 역사 속에서 행하시는 일에 제동을 걸 신이나 사람이 없습니다(렘 50:44). 하나님이 바벨론을 심판하시는 것은 즉흥적인 것이 아닙니다. 하나님이 역사 속에서 계획하신 일입니다(렘 50:45). 역사를 주관하시는 분이 하나님이십니다. 하나님은 강대국들의 국운을 주장하시는 분입니다. 하나님은 예레미야에게 나라들을 심고 뽑을 수 있는 능력이 있는 분임을 알려주셨습니다(1:10). 역사 속에서 하나님이 바벨론을 뽑고 페르시아를 세우시려는 계획을 품고 계십니다. 이러한 일은 이미 하나님께서 선지자들을 통하여 말씀하셨고 때가 되자 이루시는 것입니다(렘 51:12, 28-29; 참고. 사 45-47장).

여호와의 보복은 포로민들에게 자유와 해방을 가져다 줄 것입니다. 바벨론이 망할 때 포로민들은 도망쳐야 합니다. 여호와께서 이스라엘을 위하여 보복하시는 때이기 때문입니다(렘 51:6). 칼을 피한 포로민은 여호와를 생각하며 예루살렘을 마음에 두어야 합니다(51:50). 이스라엘과 유다의 남은 자들은 다시 고토로 돌아와서 거할 것이며(50:19) 하나님은 그들의 죄악을 용서하실 것입니다(50:20). 포로민들은 시온에서 여호와께서 그들을 위하여 하신 일을 찬양할 것입니다(51:10).

23

에스겔: 여호와의 영광

읽어야 할 본문: 에스겔 1-48장

신현은 성경의 중요한 신학적 주제입니다. 우리는 이스라엘 역사 속에서 나타난 많은 신현 사건들을 살펴보았습니다. 가장 장엄한 신현은 시내 산 사건입니다. 하나님이 온 이스라엘 백성 앞에 직접 나타나셨습니다. 그렇지만 가장 자세한 신현은 에스겔이 갈대아 땅 그발 강가에서 체험한 사건입니다.

에스겔이 선지자로 소명을 받을 때 신현을 경험합니다. 그가 경험한 하나님의 신현은 구약의 다른 신현 사건들과 차이가 나며 아주 독특합니다. 무엇보다도 하나님의 모습이 아주 자세하게 나옵니다. 현대인들이 읽으면 잘 이해할 수 없는 여호와의 모습입니다.

23.1 여호와의 영광의 형상

에스겔 선지자는 갈대아 땅의 그발 강가에서 여호야긴 왕이 사로잡힌 지 오년에 신현 사건을 체험합니다. 에스겔 선지자는 여호야긴 왕이 사로잡혀 갈 때(주전 597년) 같이 잡혀 갔습니다. "하늘이 열리며 하나님의 모습이 내게 보이니"(겔 1:1)의 히브리어는 '하늘들이 열렸다. 그리고 내가 하나님의 환상들을 보았다'입니다. "열렸다"는 니팔형으로 수동의 의미입니다. 즉 신현을 경험하는 것은 하나님이 보여주실 때 가능한 일입니다. 사람이 하나님의 모습을 보고 싶다고 해서 볼 수 있는 것이 아닙니다.

개역 개정은 "하나님의 모습이"가 주어이지만 히브리어는 "내가 보았다"라는 동사가 먼저 나오며 목적어 "하나님의 환상을"이 나옵니다. "환상"은 복수형으로 '환상들' 또는 '모양들'입니다. 이 단어는 겉으로 드러난 외형을 의미합니다. 그래서 에스겔은 '내가 보았다'는 동사를 사용합니다. 하나님의 모습은 사람의 눈으로 볼 수 있게 나타났습니다. 신적 광경입니다. 하나님은 사람이 볼 수 있도록 나타나셨습니다.

에스겔이 하나님의 환상을 볼 때, "여호와의 말씀"이 임할 뿐만 아니라 "여호와의 권능"(손)이 임했습니다(겔 1:3). "여호와의 말씀이 … 임하고"는 '말씀이 있었다' 또는 '발생했다'입니다. 이것은 사건이 일어났다는 의미입니다. 말씀이 사건이 되어 현상으로 나타난 것입니다. 지금 에스겔은 말씀이 임함으로 하나님의 환상을 보고 있습니다. 선지자들은 이상과 환상을 보고 예언합니다. 여호와의 능력(손)이 에스겔 위에 임함으로 그가 신적 광경을 목격한 것입니다.

에스겔은 본 것을 다시 강조합니다. "내가 보니"(1:4)는 '내가 보았다 그리고 보라'입니다. 그가 본 것은 북쪽에서 오는 폭풍, 큰 구름, 불입니다. "북쪽에서부터 폭풍과 큰 구름이 오는데 그 속에서 불이 번쩍번쩍하여 빛이 그 사방에 비치며 그 불 가운데 단 쇠 같은 것이 나타나 보이고"(1:4). "단 쇠 같은 것"은 '호박색(황갈색) 같은 섬광'을 의미합니다.

이것은 전형적인 신현 현상입니다. 시내 산에서 하나님이 이스라엘 백성에게 불과 구름 가운데 나타나셨고 하나님은 광야에서 불기둥과 구름 기둥으로 이스라엘과 동행하셨습니다(출 19장). 또한 하나님은 엘리야에게 크고 강한 바람, 지진과 불을 보인 후에 나타나셨습니다(왕상 19장). 솔로몬의 성전 봉헌식 때에 하나님은 구름으로 임하셨습니다(왕상 8장).

네 생물

특이하게도 폭풍과 구름 그리고 불 가운데 네 생물이 있습니다. 네 생물은 각각 네 얼굴과 네 날개가 있습니다(1:6). 다리는 곧은 다리이며 발바닥은 송아지의 발바닥과 같고 닦아서 빛나는 구리 같습니다(1:7). 날개 밑에는 사람의 손이 있습니다(1:8).

네 생물의 날개들이 서로 연결되어 있어서 그들이 갈 때는 돌아설 필요가 없이 그냥 앞으로 나아갈 수 있습니다. 네 생물의 얼굴은 사람의 얼굴이 있고 오른쪽은 사자의 얼굴이며 왼쪽은 소의 얼굴이며 독수리의 얼굴입니다(1:10). 네 생물의 얼굴은 의미가 있습니다. 사람은 만물의 영장이며 사자는 모든 육식동물의 왕입니다. 소는 가축의 대표이며 독수리는 새 중에서 가장 강합니다. 이 네 얼굴을 가진 네 생물이 하나님의 보좌를 떠받치고 있습니다. 또한 이들은 네 날개를 들어 펴서 둘씩 연결되어 있고 둘은 몸을 가리고 있습니다(1:11).

네 생물의 이동은 영이 움직이는 곳으로 나아갑니다. "영이 어떤 쪽으로 가면 그 생물들도 그대로 가되 돌이키지 아니하고 일제히 앞으로 곧게 행하며"(1:12). 여기서 "영"은 정관사가 있기 때문에 네 생물과 구별됩니다. "그 영"으로 아마도 여호와의 영을 의미하는 것 같습니다. 이것은 1:20을 보면 알 수 있습니다. "영이 어떤 쪽으로 가면 생물들도 영이 가려 하는 곳으로 가고 바퀴들도 그 곁에서 들리니 이는 생물의 영이 그 바퀴들 가운데에 있음이니라"(1:20)에서 "영"과 "생물의 영"이 구별됩니다. "영"에는 정관사가 있지만 "생물의 영"에는 정관사가 없습니다. 여호와의 영이 네 생물의 움직임을 지시하며 관여합니다. 네 생물은 네 방향으로 몸이 있기 때문에 움직일 때 몸을 돌이킬 필요가 없이 그대로 앞으로 나아가면 어느 방향으로든지 나아갈 수 있습니다. 네 생물의 모양을 타는 불로 묘사합니다. 불은 광채가 있고 그 가운데 번개가 있습니다. 네 생물의 움직임은 번개같이 빠릅니다(1:13-14. 참고. 출 3:1-4).

에스겔의 묘사에 따르면 하나님은 네 생물 위의 보좌에 앉아 계시며 하나님은 네 생물과 함께 움직입니다. 네 생물과 보좌 위에 앉으신 하나님을 묘사하는데 불이 두드러집니다. 네 생물은 요한 계시록에도 나옵니다(계 4:6-8). 에스겔의 네 생물은 보좌의 기초 부분을 형성하는데 반하여 요한 계시록의 네 생물은 보좌 가운데와 보좌 주위에 있습니다. 그리고 에스겔의 네 생물은 날개가 네 개인데 반하여 계시록의 네 생물은 여섯 날개입니다. 이것을 보면 에스겔의 네 생물과 계시록의 네 생물이 유사하지만 다른 영적 존재라는 것을 알 수 있습니다. 에스겔의 네 생물은 이사야가 본 스랍과도 차이가 있습니다. 스랍은 여섯 날개를 가지고 있는데 둘로는 얼굴을 가리고 둘로는 발을 가리고 둘로는 날고 있습니다(사 6:2).

네 바퀴

네 생물 곁에는 바퀴가 있습니다. 네 얼굴을 따라 바퀴가 하나씩 있습니다. 바퀴의 모양과 구조는 같습니다. 황옥같이 빛납니다. 바퀴 안에 바퀴가 있는 것 같다는 설명은 이해하기 어렵습니다. 바퀴가 움직일 때 바퀴 역시 돌이킬 필요가 없습니다. 바퀴의 둘레는 높고 바퀴의 테에는 눈이 가득합니다. 네 생물이 움직이면 바퀴도 움직입니다. 여호와의 영이 움직이면 네 생물이 움직이며 바퀴도 그 곁에서 움직입니다. 생물의 영이 그 바퀴 안에 있기 때문입니다(1:15-21). 네 바퀴가 있다는 것은 수레와 병거를 연상시킵니다. 하나님은 병거를 타고 임하시기 때문입니다(사 66:15; 합 3:8).

보좌 위에 앉으신 여호와

네 생물의 머리 위에 수정(또는 얼음)과 같은 궁창이 뻗어 있습니다. 궁창 밑에 생물들이 그들의 날개들을 서로 향하여 펴 있습니다. 두 날개로는 그들의 몸을 가리고 있습니다. 그들이 움직일 때, 날개 소리는 많은 물소리와 같고 군대의 소리와 같습니다. 생물들이 설 때는 날개를 내립니다(1:22-24).

궁창 위에 보좌가 있습니다. 보좌 위에 한 형상이 있는데 "사람의 모양 같더라"(1:26)고 기록합니다. "사람의 모양"에서 "모양"(남성 단수)과 1장 1절의 "하나님의 환상"에서 "환상"(여성 복수)은 같은 단어입니다.

보좌 위에 앉으신 이는 하나님입니다. 그런데 그의 모양은 사람과 같습니다. 여기서 우리는 "사람의 모양 같더라"는 말에 주목해야 합니다. 사람의 모양과 유사하지만 똑같은 것이 아닙니다. 하나님은 사람이 아닙니다. 하나님의 모양은 다음과 같이 묘사되었습니다. "내가 보니 그 허리 위의 모양은 단

쇠 같아서 그 속과 주위가 불같고 내가 보니 그 허리 아래의 모양도 불 같아서 사방으로 광채가 나며"(1:27). "허리"라는 단어가 사람의 모양이라는 것을 느끼게 해 줍니다. 에스겔의 눈에 보이는(두 번이나 "내가 보니"라는 단어를 사용함에 주목하십시오) 하나님의 모습은 "사람의 모양"과 "불"이 큰 특징을 이룹니다. 시내 산에 임하신 하나님을 직접 본 모세는 후에 "네 하나님 여호와는 소멸하는 불이시요"(신 4:24)라고 말했습니다.

궁창 위의 보좌에 앉으신 하나님은 사람과 같은 모양을 하고 계시는데 그 특징은 불과 같습니다. 이는 이스라엘 백성이 시내 산에서 언약을 맺고 언약 식사를 할 때 보았던 하나님의 모습과 유사합니다. "이스라엘의 하나님을 보니 그의 발 아래에는 청옥을 편 듯하고 하늘 같이 청명하더라"(출 24:10). "산 위의 여호와의 영광이 이스라엘 자손의 눈에 맹렬한 불 같이 보였고"(출 24:17). 또한 하나님의 모습에서 나오는 광채는 "비오는 날 구름에 있는 무지개 같으니"로 말합니다(1:28). 무지개는 하나님과 노아 사이에 맺은 언약의 증표였습니다(창 9:13-16).

에스겔은 자신이 본 것을 "여호와의 영광의 형상의 모양"이라고 설명합니다. "형상"은 하나님께서 사람을 창조하실 때, "우리의 형상을 따라, 우리의 모양대로 우리가 사람을 만들고"에서 "모양"과 같은 단어입니다(창 1:26). 이것을 보면 사람의 모양이 어디에서 왔는가를 잘 알 수 있습니다. 하지만 하나님의 영광의 형상과 사람의 형상은 같은 것은 아닙니다. 하나님은 영이시기 때문입니다(요 4:24). 그래서 사람은 하나님을 육안으로 볼 수 없습니다(딤전 6:16). 하나님이 자신을 나타내실 때에만 사람은 하나님을 볼 수 있습니다. 모세가 하나님의 영광을 보여 달라고 할 때, 하나님은 모세에게 등을 보여 주셨습니다. 하나님의 얼굴을 보고 살 사람이 없었기 때문입니다(출 33:23). 하나님의 얼굴과 등을 묘사한 것을 보면 영 역시 모양이 있습니다(고전 15:44).

에스겔은 하나님의 영광의 형상을 눈으로 보았는데 가장 큰 특징은 "불"입니다(참고. 겔 8:2). 사방으로 광채가 납니다(딤전 6:16).

에스겔이 본 여호와의 영광은 그발 강가에서 나타났습니다. 여호와의 영광은 이동이 자유롭습니다. 들에서 에스겔과 만나기도 합니다(3:23). 여호와의 영광이 그의 처소에서 나오는데 생물들의 날개와 바퀴의 소리가 납니다(3:12-13).

여호와의 영광과 성전

여호와의 영광은 성전에 거하십니다. 지성소에 법궤가 있는데, 여호와께서 임하시는 곳은 법궤 위입니다. 즉 법궤의 뚜껑인 속죄소(시은좌) 위입니다. 법궤 위는 여호와의 영광이 임하는 장소입니다. 법궤의 속죄소에는 두 개의 그룹이 있습니다. 속죄소 한 끝에 한 그룹 그리고 다른 한 끝에 한 그룹이 있습니다. 그룹들은 서로 얼굴을 마주 보고 있으며 날개는 높이 펴서 속죄소 위에서 서로 닿아 있습니다(출 25:18-20). 속죄소는 하나님의 영광이 임하는 장소이며 하나님이 대제사장을 만나는 장소입니다. 또한 하나님의 말씀이 주어지는 장소입니다(출 25:22).

법궤 위에 있는 그룹은 네 생물과 정확하게 일치하지 않지만 관련이 있습니다. 왜냐하면 네 생물 역시 그룹으로 부르기 때문입니다(겔 10:15, 20). 하지만 네 생물의 모습은 법궤 위의 그룹과 다릅니다. 그룹들은 다양하게 존재합니다.

여호와는 그룹에 머무십니다. "그룹에 머물러 있던 이스라엘 하나님의 영광이 성전 문지방에 이르더니"(겔 9:3). 시편 기자도 여호와는 "그룹을 타고 다니심이여 바람 날개를 타고 높이 솟아 오르셨도다"(시 18:10)고 설명합니다(시 80:1; 99:1). 에스겔에 따르면 그룹들 머리 위에 궁창이 있고 궁창 위에 보좌가 있습니다(겔 10:1). 여호와의 영광은 그룹과 함께 움직이며 성전에 이를 때 구름과 광채가 가득하였습니다(10:4)

에스겔은 여호와의 영광이 성전에 있다고 증언합니다(8:2-6). 그러나 여호와의 영광은 성전에 머무르지 않습니다. 여호와께서 에스겔을 환상 중에 예루살렘으로 인도합니다(겔 8장). 예루살렘 동쪽 성문의 안뜰에 보니 "거기에는 질투의 우상 곧 질투를 일어나게 하는 우상의 자리가 있는 곳"입니다

(8:3). 성전은 여호와의 집이며 법궤가 있습니다. 법궤 안에는 하나님이 직접 써 주신 십계명이 있습니다. 즉 여호와의 집은 십계명을 위한 집입니다. 십계명의 1-2계명은 다른 신을 섬기지 말고 우상을 만들지 말라고 강조합니다. 그런데 성전에 우상이 서 있습니다. 이것은 십계명의 1-2계명과 정면으로 충돌하는 것입니다. 여호와 하나님은 이스라엘과 언약을 맺으시면서 이스라엘에게 다른 신들을 섬기지 말고 우상을 만들지 말라고 명령했습니다. 그런데 이스라엘은 우상을 만들어 여호와의 집인 성전에 두었습니다.

하나님은 에스겔을 성전으로 인도하여 이스라엘의 우상숭배를 보여주십니다. 우상숭배는 가증한 일입니다. "그들이 여기에서 크게 가증한 일을 행하여 나로 내 성소를 멀리 떠나게 하느니라 너는 다시 다른 큰 가증한 일을 보리라"(겔 8:6). "가증한"은 '혐오스러운' 또는 '싫은'으로 지긋지긋하게 싫은 행위를 말합니다. 하나님은 에스겔에게 하나님이 혐오하시는 우상숭배를 계속 보이십니다(8:9, 13, 15). 성전의 한 담에 각양 곤충과 짐승, 우상을 그려 놓고 장로 70인이 분향하고 있었습니다(8:10-11). 북문에서는 여인들이 담무스(식물을 위한 수메르의 신, 풍요의 상징)를 위하여 애곡하고 있었습니다(8:14). 또한 성전 문, 현관과 제단 사이에서 25명이 태양에게 절하고 있었습니다(8:16). 하나님은 가증한 우상 숭배에 대하여 분노하시며 긍휼을 베풀지 아니하실 것을 말씀하십니다(8:18). 성전은 여호와의 영광이 거하는 곳인데 이 성전이 우상숭배로 더러워짐으로 여호와의 영광이 성전에 머물지 않으시고 성전을 떠나십니다(8:6). 이스라엘의 우상숭배와 불법으로 인하여 하나님은 약속의 땅을 버리시며 돌보지 않으십니다(9:9).

결국 여호와의 영광은 성소를 떠나가고 예루살렘은 망해서 백성이 포로로 잡혀갑니다. 유다의 남은 자들이 먼 이방인 가운데 가서 거하지만 하나님은 그 포로들 가운데 잠깐 성소가 되어주실 것을 약속하십니다(겔 11:16).

23.2 선지자 에스겔

선지자 에스겔은 포로로 잡혀 있는 백성에게 가라는 명령을 받습니다

(3:11, 15). 이스라엘 자손은 패역한 백성입니다. "패역한 백성"(겔 2:3)은 하나님께 불순종하는 '반역하는 백성'입니다. 하나님은 이스라엘 백성에게 에스겔을 보내시면서 그들이 "듣든지 아니 듣든지 너는 내 말로 고할지어다"라고 말합니다(겔 2:7). "그들 가운데서 선지자가 있음을" 알게 하기 위해서입니다(2:5). 패역한 이스라엘이 하나님의 말씀을 듣고 회개할 것인가 아니면 그대로 그들의 길을 갈 것인가는 이스라엘이 결정할 것입니다. 그들이 하나님의 음성을 듣고 회개할 것인지 아닌지는 그들의 몫이지만 하나님은 그들에게 하나님의 음성을 들려주십니다. 이것은 하나님의 몫입니다. 왜냐하면 하나님과 이스라엘은 언약을 맺음으로 하나님은 이스라엘의 하나님이 되었고 이스라엘은 하나님의 백성이 되었기 때문입니다.

하나님은 에스겔에게 이스라엘 백성처럼 반역하지 말 것을 명령하십니다. 그리고 에스겔에게 하나님이 주시는 두루마리 책을 먹으라고 하십니다. 두루마리 책에는 "애가와 애곡과 재앙의 말"이 기록되어 있습니다(겔 2:10). 애가와 애곡은 극단적인 고통에 대한 반응입니다. 에스겔이 패역한 백성 이스라엘에게 전해야 하는 메시지입니다. 이제 하나님이 그들을 심판하십니다. 그들에게 재앙이 닥칠 것이며 그들은 애곡할 것입니다. 예루살렘이 포위당할 것이며 멸망할 것입니다. 그리하여 그들은 포로로 사로잡혀 갈 것입니다. 에스겔은 이러한 심판의 신탁을 전해야 할 사명을 받은 것입니다. 신기하게도 애곡과 재앙이 기록된 두루마리인데도 선지자의 입에서는 꿀같이 달았습니다(겔 3:3. 참고. 시 19:10; 119:103; 렘 15:16). 하지만 에스겔이 그 말씀을 전할 때에 많은 반대를 받을 것입니다. 그래서 하나님은 에스겔에게 "너는 비록 가시와 찔레와 함께 있으며 전갈 가운데에 거주할지라도 그들을 두려워하지 말고 그들의 말을 두려워하지 말지어다"(겔 2:6)고 하십니다.

23.3 여호와의 자기소개

하나님이 자기소개 "나는 여호와이다"(아니 아도나이) 형식은 에스겔에서(86회) 대부분 심판의 문맥 가운데 나옵니다. 출애굽기에서는 구원자 하나님의 이름으로 사용되었지만 에스겔에서는 심판자 하나님의 이름으로 사용되었습니다.

하나님은 이스라엘의 우상 숭배를 벌하십니다. 칼을 보내서 산당을 멸하십니다. 제단과 분향 단을 파괴하며 우상을 깨뜨리십니다. 이스라엘 백성은 여러 나라로 흩어집니다. 칼을 피하여 살아남은 자들은 포로로 사로잡혀 갑니다. 그들은 이러한 재앙을 내리시는 분이 "내가 여호와이다"는 것을 알아야 합니다(겔 6:7, 10, 14; 14:8). 이 재앙은 언약을 어긴 이스라엘에게 임합니다. 언약의 저주가 성취되는 것입니다.

하나님은 예루살렘 성이 멸망할 것을 말씀하십니다. 에스겔에게 포로로 잡혀가는 행장을 꾸리고 이스라엘 족속이 보는 앞에서 끌려가라고 명령하십니다. 이스라엘과 예루살렘 성이 망해서 포로로 잡혀갈 것을 상징적인 행동을 통해서 보여주는 것입니다. 바벨론의 군대가 예루살렘에 와서 그 성을 멸망시킬 것입니다. 유다 백성은 이방 나라에 흩어질 것이며 포로로 잡혀 갈 것입니다. 이 일이 이루어진 후에 "내가 여호와인 줄을 그들이 알리라"고 말씀하십니다(겔 12:15, 16, 20).

이스라엘은 역사적인 심판을 통하여 이 일을 행하시는 분이 여호와이심을 알아야 합니다. 하나님은 심판하시는 분이시며 또한 구원하시는 분입니다. 여호와 하나님은 이스라엘의 회복을 말씀하십니다. 포로로 사로잡혀간 곳에서 이스라엘을 이끌어 내실 것입니다. 그리고 그들을 조상들에게 주기로 약속한 가나안 땅으로 돌아오게 하실 것입니다. 이러한 회복을 통하여 "내가 여호와인 줄 너희가 알리라"고 말씀하십니다(20:42, 44). 여호와 하나님은 역사의 주인이십니다. 역사 속에 들어오셔서 이스라엘을 심판하실 뿐만 아니라 또한 그들을 구원하시며 회복시키십니다. 하나님은 심판과 회복을 통하여 그의 거룩한 이름 "내가 여호와인 것"을 알리십니다. 이스라엘 백성이 올바른 신적 지식을 소유하기를 바라고 있습니다.

23.4 이스라엘의 회복

이스라엘의 회복에 관한 주제는 에스겔 34-37장에 주로 나타납니다. 이스라엘의 회복은 더 먼 종말론적 시대를 내다보며 두 번째 다윗이 올 것을 예언하고 있습니다.

이상적인 목자 다윗

에스겔 34장의 주요 관심은 누가 양들을 먹일 것이냐, 즉 누가 좋은 목자인가 하는 것입니다. 먼저 에스겔은 자기 자신들만을 돌보는 이스라엘의 목자들을 비판하고 있습니다(겔 34:1-6). 그들은 나쁜 또는 거짓 목자들로 간주됩니다. 그들은 양떼들을 돌보지 않으면서 양의 젖을 먹고 양털로 옷을 해 입으며 살찐 양을 잡아먹기 때문입니다. 나쁜 목자들의 특징은 그들의 임무에 게으르며 나태합니다. 그들은 약하고 병든 양들을 돌보지 않습니다. 그래서 양들이 흩어집니다.

이 비유는 과거 이스라엘의 부패한 왕정을 향하고 있습니다. 에스겔은 왕을 목자로 비유하며 왕들의 이기적이고 탐욕적인 모습을 비판합니다. 자신들의 유익을 위해 착취를 일삼으며 폭정을 행했습니다. 하나님은 이들이 학대하고 착취한 양 떼를 "내 양"으로 말합니다(34:6, "내 양"의 반복적인 사용에 주목하십시오). 이 표현은 양 떼의 소유권이 누구에게 있는가를 잘 밝혀주고 있습니다. 목자들이 양떼를 소유한 것이 아닙니다. 그들은 임시적으로 고용된 자들입니다. "내 양"이라는 표현에서 하나님의 백성에 대한 하나님의 개인적인 관심이 나타납니다

여호와는 이러한 상황을 선한 목사가 없기 때문이라고 판단하십니다(34:7-8) 양떼를 돌볼 선한 목자가 없어서 양떼가 흩어지고 노략거리가 되었습니다. 이스라엘의 양떼가 흩어진 상황을 보시고 여호와는 이스라엘의 목자들을 대적하십니다. 그들은 더 이상 양떼를 돌보지 못할 것입니다. 더 나아가 여호와는 목자의 임무를 친히 담당하십니다(34:9-16). 여호와께서 친히 흩어진 모든 곳에서 양떼들을 찾으시며 그들의 땅에 데리고 오시며 먹이십

니다. 그는 약하고 병들고 상한 양들을 돌보십니다. 좋은 꼴을 먹이고 안전한 곳에 그들을 두십니다. 여호와는 양과 염소 사이를, 살찐 양과 마른 양 사이를 심판하십니다. 공동체 내의 갈등과 분쟁을 제거하십니다(34:17-22). 그는 양들을 축복하며 악한 짐승들로부터 보호하며 수풀 속에서 안전하게 살게 하십니다(34:25-29).

하나님이 이스라엘을 포로에서 회복시킬 것입니다. 흩어진 모든 백성을 그 나라에서 끌어내어 이스라엘 땅에 돌아오게 하실 것입니다. 회복된 공동체에 복을 주시며 평안히 거하게 하실 것입니다. 하나님은 회복된 공동체와 "화평의 언약"을 맺으십니다(34:25). 샬롬은 이상적인 평화의 상태, 사회적, 정치적, 군사적, 경제적 그리고 자연적인 긴장과 위협이 없는 안녕의 상태입니다. 회복된 공동체에 평화와 안녕이 있을 것입니다(34:25, 27, 28).

여호와는 자신을 이상적인 목자 즉, 이상적인 왕의 한 모형으로 제시하십니다. 선한 목자의 이미지 속에서 여호와는 심판자(34:20, 22)와 구속자(34:22)이며 이스라엘을 회복시키시는 자입니다. 이스라엘의 회복은 특별히 다윗과 관련이 있습니다. 여호와는 회복된 이스라엘의 공동체 위에 다윗을 왕으로 세우십니다. 다윗이 회복된 이스라엘의 왕이 될 것이라는 것은 메시야 사상과도 관련이 있습니다. "내가 한 목자를 그들 위에 세워 먹이게 하리니 그는 내 종 다윗이라 그가 그들을 먹이고 그들의 목자가 될지라 나 여호와는 그들의 하나님이 되고 내 종 다윗은 그들 중에 왕이 되리라"(겔 34:23-24).

여호와는 한 목자를 그의 양떼 위에 세울 것이며 다윗을 그 목자로 지명합니다. 여기서 다윗은 역사적인 다윗이 아니라 두 번째 다윗입니다. 다윗은 미래의 통치자로서의 "한 목자"로 나타납니다(참고. 렘 3:15; 23:4-5). 여호와는 이 구절에서 2번이나 다윗을 "내 종 다윗"으로 부릅니다. 다윗은 좋은 목자로서 나쁜 목자들로 묘사된 이스라엘의 목자들과 대조를 이룹니다.

중요한 점은 다윗이 여호와와 병행을 이루고 있다는 것입니다. 24절에서 다윗은 여호와와 나란히 놓여졌습니다. 즉 여호와 = 하나님 그리고 다윗 = 목자 또는 왕입니다. "나 여호와는 그들의 하나님이 되고 내 종 다윗은 그들

중에 왕이 되리라." 여기서 하나님의 자기소개 형식인 "나, 여호와" 또는 "나는 여호와이다"가 나옵니다. 그 표현 "나, 여호와는 그들의 하나님이 될 것이다"는 여호와께서 그의 백성을 회복시키실 것이라는 하나의 긍정적인 약속을 제시합니다(참고. 겔 34:27, 30). 또한 새로운 다윗은 회복된 이스라엘 위에 통치자가 될 것입니다.

23절의 "나의 종 다윗이…그들의 목자가 될 것이다"라는 표현은 24절의 "나 여호와는 그들의 하나님이 되고 내 종 다윗은 그들 중에 왕이 되리라"라는 구절 가운데 확장되었습니다. "여호와 - 다윗"의 병행은 다른 예언서 안에서도 발견됩니다. 여호와 = 하나님 그리고 다윗 = 왕이라는 도식이 예레미야 30:9과 호세아 3:5에서 나타납니다. 위의 사실들을 고려해 볼 때, 다윗은 여호와와 동등한 자로 간주할 수 있을 것입니다(위에서 하나님이 친히 목자가 되실 것을 기억하십시오. 겔 34:15).

하나님은 쫓겨난 이스라엘을 회복시킬 것입니다. 그들은 가나안 땅으로 돌아올 것이며 평안히 거할 것입니다. 이 회복된 공동체 위에 하나님은 다윗을 왕으로 주십니다. 이스라엘의 회복은 또한 목자 다윗이 올 것을 예기하고 있습니다. 마치 앞산과 뒷산이 한꺼번에 보이는 것과 같습니다. 이러한 회복의 메시지는 예수께서 이 땅에 오셔서 자신을 "나는 선한 목자라"(요 10:11, 14)고 소개하신 것과 관련이 있습니다. 예수는 "나는 내 양을" 안다고 말씀하십니다. 예수는 에스겔의 선한 목자의 메시지를 성취하는 분입니다. 양들을 모으고 돌보시기 때문입니다. "또 이 우리에 들지 아니한 다른 양들이 내게 있어 내가 인도하여야 할 터이니 그들도 내 음성을 듣고 한 무리가 되어 한 목자에게 있으리라"(요 10:16). 예수는 자신을 "한 목자"라고 말합니다. 이것은 여호와께서 회복된 이스라엘 공동체 위에 "한 목자"를 세우실 것이라는 예언을 기억나게 합니다(겔 34:23).

자신을 한 목자로 제시하는 예수는 에스겔이 선포한 종말론적 한 목자입니다. 이스라엘의 양떼뿐만 아니라 다른 양 즉, 이방인들을 불러 모으실 이상적인 목자, 신정정치의 진정한 통치자입니다.

더러움에서 정결로

이스라엘의 회복은 포로로부터 귀환뿐만이 아니라 백성이 정결하게 되는 것을 포함합니다. 하나님이 다시 이스라엘을 회복시킬 것입니다. 이스라엘은 고토로 돌아올 것이며 그 땅에서 번성하며 집을 건축하며 살 것입니다(겔 36:8-11). 이스라엘의 회복은 고토로 돌아옴과 더불어 백성이 깨끗하게 될 것을 필요로 합니다.

가나안 땅은 이스라엘의 범죄로 더럽혀졌었습니다. 마치 월경 중에 여인의 부정함 같았습니다(겔 36:17). 이스라엘의 범죄는 우상 숭배와 살인이 주를 이룹니다(36:18). 그래서 하나님이 이들을 심판하여 여러 나라로 흩으셨습니다. 이스라엘이 포로로 잡혀감으로 인하여 여호와의 이름이 더럽혀졌습니다. 점령지의 백성이 이스라엘을 가리켜 "여호와의 백성이라도 여호와의 땅에서 떠난 자라"고 말했습니다(36:20). 여호와의 백성이 포로가 됨으로 여호와의 이름이 더럽혀지며 무시당하며 경홀히 여김을 받았습니다.

여호와는 이제 자신의 더럽혀진 이름을 거룩하게 하기 위하여 행동하십니다. 이스라엘을 회복시키는 것입니다. 그들을 포로지에서 이끌어 내어 가나안 땅으로 돌아오게 하십니다(36:24). 그리고 그 백성을 정결하게 하십니다. 포로에서 돌아온 백성을 정결케 하는데 먼저 물을 사용합니다. 정결은 죄로부터의 씻음을 의미합니다. "맑은 물을 너희에게 뿌려서 너희로 정결하게 하되 곧 너희 모든 더러운 것에서와 모든 우상 숭배에서 너희를 정결하게 할 것이며"(겔 36:25). 이스라엘의 제의에서 더러운 것과 부정을 씻는 물이 있었습니다(민 19장). 암송아지를 불에 다 태운 후에 그 재를 거두어서 진 밖의 정결한 곳에 두었습니다. 그 재는 부정을 씻는 물을 만들 때에 사용되었습니다. 재를 흐르는 물과 함께 그릇에 담아서 정결한 자가 우슬초로 부정한 자에게 뿌립니다(참고. 시 51:7). 이 물을 "부정을 씻는 물"(히브리어는 "부정의 물")이라고 부릅니다(민 19:9). 즉 부정을 옮기는, 부정을 깨끗하게 하는 물입니다(민 19:20). 에스겔이 말하는 "맑은 물"은 제사장들이 부정을 깨끗하게 씻던 물을 염두에 둔 것이지만 부정의 물은 아닙니다. "맑은 물"은 하나님이 부어주실 "내 영"(겔 36:27)과 병행을 이루어 나타나기 때문입니다. 이 물이 구체적으로 어떻게 만들어졌는지 밝히지는 않지만 기능만큼은 분명합니다. 이 물을 뿌림으로 더러운 것과 부정에서 깨끗하게 됩니다.

맑은 물을 뿌려서 더러운 것에서 정결하게 하는 것은 새 영과 새 마음을 주어서 굳은 마음을 제거하는 것과 병행을 이루어 나옵니다. "또 새 영을 너희 속에 두고 새 마음을 너희에게 주되 너희 육신에서 굳은 마음을 제거하고 부드러운 마음을 줄 것이며"(겔 36:26). "새 영"과 "새 마음"은 하나님이 주시는 것입니다. 동사 "주다"가 세 번이나 사용되었습니다(두고…주되…줄 것이며). 하나님이 포로에서 돌아오는 백성에게 새 영과 새 마음을 주십니다. 그래서 "굳은 마음"(돌의 마음)을 제거하고 "부드러운 마음"(살의 마음)을 주십니다. 이스라엘의 정결은 전적으로 여호와 하나님의 새로운 사역입니다.

포로에서 돌아온 이스라엘이 새롭게 되는 것은 전적으로 여호와의 영의 역사입니다. "또 내 영을 너희 속에 두어 너희로 내 율례를 행하게 하리니 너희가 내 규례를 지켜 행할지라"(겔 37:27). "내 영을 두어"는 "내 영을 주어"로 미완료 형(줄 것이다)입니다. 여호와께서 여호와의 영을 부어 주실 때, 새로운 영과 새로운 마음을 가질 수 있습니다. 사울의 경우를 생각해 보십시오. 여호와의 영이 임할 때, 사울은 새 사람이 되었고 새 마음을 받았습니다(삼상 10:6,9).

여호와의 영이 임하시는 목적은 이스라엘 백성으로 하여금 "내 율례"를 행하게 하며 "내 규례"를 지키게 하기 위함입니다. 하나님이 "내 영"을 주시는 이유입니다. 회복된 이스라엘은 맑은 물로 부정을 씻음 받습니다. 그리고 여호와의 영으로 충만하게 됩니다. 그 결과 여호와의 법을 따라 살아갑니다. 하나님의 백성이 되는 것입니다. 하나님과 이스라엘 사이의 관계가 다시 회복됩니다. "내가 너희 조상들에게 준 땅에서 너희가 거주하면서 내 백성이 되고 나는 너희 하나님이 되리라"(36:28). 이것은 언약 공식입니다. 하나님과 회복된 이스라엘 백성 사이에 언약관계가 회복된 것입니다. 하나님의 백성은 하나님의 법을 따름으로 거룩한 백성이 됩니다.

이러한 사상은 새로운 시대, 종말론적 시대를 바라봅니다. 영이 하나님의 백성 모두에게 임하는 것은 종말에 일어날 일입니다. 에스겔은 계속 "너희"

라고 말함으로 회복된 이스라엘 백성 모두를 염두에 두고 말하고 있습니다. 요엘 선지자는 종말에 하나님의 영이 모든 사람에게 내려 올 것을 예언했습니다(욜 2:28; 행 2:17).

에스겔은 물과 영으로 새롭게 된다고 선언합니다. 이것은 예수의 말씀을 상기시킵니다. 물과 성령으로 거듭나야 하나님의 나라를 볼 수 있고 들어갈 수 있습니다(요 3:3,5; 참고. 히 10:22). 물과 성령이 병행을 이루어 나옵니다. 하나님의 나라에 들어가는 자는 죄가 없는 의인입니다. 물과 성령으로 정결함을 받은 자가 하나님 나라의 백성이 될 수 있습니다.

마른 뼈

이스라엘의 회복은 마른 뼈들이 살아나는 환상으로 절정을 이룹니다. 뼈들이 매장되지 못하고 골짜기에 널려 있다는 것은 죽은 시신이 들짐승들과 새들의 먹이가 되었다는 것을 의미합니다(렘 34:20). 이것은 저주를 받은 것이며 굴욕과 수치스러운 죽음입니다(신 28:26; 왕상 21:22-24). 하나님은 에스겔에게 마른 뼈들을 보여주시며 질문을 하십니다. "이 뼈들이 능히 살 수 있겠느냐"(겔 37:3). 에스겔은 "여호와여 주께서 아시나이다"하고 답변합니다(겔 37:3).

하나님은 에스겔에게 마른 뼈들을 향하여 예언하여 말하라고 하십니다. "너희 마른 뼈들아 여호와의 말씀을 들을지어다"(겔 37:4). 어떻게 마른 뼈들이 들을 수 있겠는가? 그런데 하나님은 에스겔에게 마른 뼈들을 향하여 말하라고 하십니다. "내가 생기를 너희에게 들어가게 하리니 너희가 살아나리라"(겔 37:5).

에스겔이 하나님의 말씀대로 말을 하자 마른 뼈들이 움직이며 서로 맞아 일어섭니다. 힘줄이 생기고 살이 오르며 가죽이 덮입니다. 하지만 생기가 없습니다. 다시 에스겔이 생기가 불어서 죽은 자들에게 들어가라고 하자 그들이 살아나서 큰 군대가 되었습니다. 생기는 영(루아흐)을 의미합니다(하나님이 흙으로 사람을 만드시고 코에 생기를 불어 넣으셨습니다. 이때의 생기는 "생명의 호흡 또는 숨"을 의미합니다. 창 2:7).

하나님은 이 살아난 큰 군대를 이스라엘의 온 족속이라고 하십니다. 이스라엘 백성은 "우리의 뼈들이 말랐고 우리의 소망이 없어졌으니 우리는 다 멸절되었다"고 말합니다(겔 37:11). 이 소리는 포로로 잡혀간 자들이 한 말입니다. 포로로 사로 잡혀간 자들은 숫자도 적었습니다. 예루살렘 성은 파멸되었고 그들의 땅에서 쫓겨난 자들입니다. 그들은 돌아갈 나라가 없습니다. 소망이 다 사라진 상태입니다. 이들의 말을 들으신 하나님은 "내 백성들아 내가 너희 무덤을 열고 너희로 거기에서 나오게 하고 이스라엘 땅으로 들어가게 하리라"고 답변하십니다(겔 37:12). 하나님은 포로로 잡혀 있는 자들을 "내 백성"이라고 부릅니다. 하나님의 관심이 아직도 그들에게 있습니다. 마른 뼈에게 "대언하여" 말한(37:4) 에스겔은 다시 포로민들에게 "대언하여" 말합니다(37:12). 이것은 "예언하라"(니팔 명령형)입니다. 하나님은 포로의 상태를 "무덤"이라고 표현하십니다. 무덤은 마른 뼈들이 있는 곳입니다. 하나님은 무덤을 열고 그들을 나오게 하시며 이스라엘 땅으로 돌아오게 하십니다. 이스라엘의 회복을 말합니다.

이스라엘의 회복은 여호와의 영의 사역을 통해서 일어납니다. "내가 또 내 영을 너희 속에 두어 너희가 살아나게 하고 내가 또 너희를 너희 고국 땅에 두리니 나 여호와가 이 일을 말하고 이룬 줄을 너희가 알리라"(37:14). "내가 내 영을 너희 속에 두어"(내가 나의 영을 너희 안에 줄 것이다)는 묘한 여운을 남깁니다. 이 예언은 분명히 바벨론 포로에서의 회복을 의미합니다. 그렇지만 바벨론 포로에서의 회복을 넘어 더 큰 무엇인가를 의미하는 것 같습니다. 또한 여호와의 영을 준다는 것은 종말론적 예언임을 앞에서 살펴보았습니다(겔 36:27).

이렇게 회복된 이스라엘 위에 하나님은 다윗을 한 목자, 한 왕으로 세우십니다. "내 종 다윗이 그들의 왕이 되리니 그들 모두에게 한 목자가 있을 것이라 그들이 내 규례를 준수하고 내 율례를 지켜 행하며"(겔 37:24). 하나님은 다윗을 "다윗 나의 종"으로 부릅니다. 그는 그들의 "왕"이 되고(37:24) 그들의 "군주"(또는 '통치자' 겔 37:25. 새역 개정은 "왕")가 될 것입니다. 그리고 다윗은 재 연합된 유다와 이스라엘의 왕국 위에 "한 목자"가 될 것입니다(겔

37:15-23). 즉 미래에 한 통치자가 여호와의 회복된 백성을 다스릴 것입니다. 여기서 다시 "여호와 - 다윗"의 병행 관계가 나오고 있습니다(37:24, 27). 특히 27절에서 언약 공식 "나는 그들의 하나님이 되고 그들은 내 백성이 되리라"가 등장합니다(참고. 겔 11:20; 14:11; 36:28; 37:23,27). 이스라엘 백성이 여호와를 따르고 여호와의 계명과 율례를 지킬 때(겔 11:20; 36:28), 그들이 그 자신들을 우상으로 더 이상 더럽히지 않을 때(겔 14:11; 37:23), 여호와의 성소가 그들 가운데 있을 때에(겔 37:27), 여호와는 이스라엘 백성을 그의 백성으로 선언하십니다.

여호와는 그의 백성을 회복시킬 것입니다. 그리고 다윗은 여호와의 대리자로서 그 회복된 백성의 왕이 될 것입니다. 이 왕의 임무는 은유적인 표현 "목자"로서 표현되었습니다. 그의 임무는 양떼들을 돌보고 지키고 인도하는 것입니다. 여호와는 주도권을 가지고 이스라엘 백성을 다시 세울 것입니다. 여호와에 의해 회복되어진 사회는 여호와와 완전한 관계를 갖게 됩니다. 그 백성은 여호와의 법도들을 준수할 것이며(37:24), 그들은 여호와께서 그들의 조상들에게 주었던 그 땅 안에 거할 것이며(37:25), 그들은 여호와와 화평의 언약을 맺을 것이며(37:26), 그들은 여호와의 백성이 될 것이며(37:27), 여호와의 성소는 그들 가운데 있게 될 것입니다(37:26-28). 두 가지 사실, 여호와께 그 백성의 순종과 그들 가운데 여호와의 현존이 두드러집니다. 여호와는 "화평의 언약" 또는 "영원한 언약"을 그들과 맺으십니다(37:26). 이 언약은 여호와의 구원의 행위에서 시작하며 하나님의 평화를 전제하고 있습니다. 이것은 안전과 번영의 약속 또는 우정과 조화의 약속을 포함합니다. 따라서 우리는 회복된 이스라엘은 이상적인 사회로서 그들의 하나님 여호와와 이상적인 관계를 갖는다고 결론 지울 수 있습니다. 다윗은 이 새로운 이스라엘에 이상적인 왕이 될 것입니다. 하나님과 회복된 이스라엘 사이에 세우는 언약은 "영원한 언약"입니다(겔 37:26). 하나님은 회복된 이스라엘 가운데 거하십니다. "내 성소를 그 가운데에 세워서 영원히 이르게 하리니"(37:26). "내 성소가 영원토록 그들 가운데에 있으리니"(37:28). 이 약속은 에스겔 40-48장에 나오는 새로운 성전과 자연스럽게 연결이 됩니다.

23.5 예루살렘 성전 환상

에스겔은 이스라엘의 높은 산에서 성전을 봅니다. 하나님은 에스겔이 본 것을 이스라엘에게 전하라고 하십니다. "내가 이것을 네게 보이려고 이리로 데리고 왔나니 너는 본 것을 다 이스라엘 족속에게 전할지어다"(겔 40:4). 에스겔이 보는 것은 하나님이 거하시는 성전입니다. 에스겔이 보는 성전 환상은 이스라엘의 회복과 관련이 있습니다.

이스라엘을 회복시키실 것이며 그들은 다시 약속의 땅에 돌아올 것입니다. 회복된 이스라엘 공동체 위에 다윗 왕이 왕으로 세워질 것입니다. 하나님은 이스라엘과 영원한 화평의 언약을 맺으시며 하나님의 성소를 그들 가운데 세우십니다. 하나님의 성전이 세워짐으로 하나님과 이스라엘 사이의 언약관계가 다시 회복됩니다. "내 처소가 그들 가운데에 있을 것이며 나는 그들의 하나님이 되고 그들은 내 백성이 되리라. 내 성소가 영원토록 그들 가운데에 있으리니 내가 이스라엘을 거룩하게 하는 여호와인 줄을 열국이 알리라 하셨다 하라"(37:27-28).

에스겔이 본 것은 한 사람이 줄과 자를 가지고 성을 측량하는 것입니다. 성전은 현관, 성소 그리고 지성소로 나누어집니다. 현관으로 올라가는 계단이 있습니다. 안뜰과 바깥뜰보다 더 높은 위치에 있습니다. 현관 옆에는 두 개의 기둥이 있습니다. 성소는 길이가 40규빗이며 너비는 20규빗입니다. 지성소는 길이와 너비가 모두 20규빗입니다(정방형). 성전 삼면에 골방이 있는데 골방은 삼층으로 30개입니다(40:48-41).

성전을 다 측량하고 난 후에 여호와의 영광이 동쪽에서 옵니다. 에스겔이 그발 강가에서 본 여호와의 영광의 형상이 동문을 통하여 성전으로 들어갑니다. 여호와의 영광이 성전에 가득 찹니다. 성막에 영광의 구름이 가득 찼던 것처럼, 솔로몬의 성전에 영광의 구름이 가득 찼던 것처럼 에스겔이 본 성전에 여호와의 영광이 가득 찹니다. 이스라엘의 죄악으로 인하여 성전을 떠났던 여호와의 영광(겔 8:6)은 에스겔이 환상가운데 본 성전에 들어옵니다. 하나님은 이 성전을 가리켜 "이는 내 보좌의 처소, 내 발을 두는 처소, 내가 이스라엘 족속 가운데에 영원히 있을 곳이라"(겔 43:7)고 말씀하십니다. 하나님이 성전에 임하시기 위해서는 이스라엘이 정결해져야 합니다. 이스라엘 가운데 음란을 제거하고 왕들의 죽은 시체를 치워서 여호와의 거룩한 이름을 더럽히지 않아야 합니다. 부정을 제거함으로 하나님께서 이스라엘 가운데 영원히 살 수 있는 환경이 조성됩니다(43:9).

에스겔이 본 성전 환상은 특이합니다. 하나님은 에스겔에게 이러한 성전을 지으라고 명령하지 않았고 에스겔도 포로 귀환 후에 이러한 성전을 지으라고 말하지도 않았습니다. 후에 포로에서 귀환한 백성은 가난안 땅에 성전을 짓습니다. 이 성전의 규모는 고레스 왕 칙령에 나타납니다. 높이 60규빗, 너비 60규빗입니다(스 6:3). 특이한 것은 길이가 나오지 않습니다. 이 규모는 에스겔이 본 성전의 규모와 차이가 납니다. 에스겔은 길이 60규빗, 너비 20규빗입니다(겔 41:2, 4). 솔로몬 성전은 너비 20규빗, 높이 30규빗, 길이 60규빗입니다(왕상 6:2).

하나님은 단지 에스겔이 본 환상을 이스라엘에게 보이라고 하십니다. "인자야 너는 이 성전을 이스라엘 족속에게 보여서 그들이 자기의 죄악을 부끄러워하고 그 형상을 측량하게 하라"(겔 43:10). 하나님이 에스겔에게 이러한 성전을 보이라고 하시는 목적은 무엇인가? 에스겔에게 보여준 성전 환상은 이스라엘 백성의 죄를 깨닫게 하기 위한 것입니다. 이 구절이 에스겔 성전 환상의 목적을 설명하고 있습니다. 왜냐하면 하나님의 영광이 머무는 거룩한 성전은 각종 더러운 우상 숭배로 더럽혀졌기 때문입니다(겔 8장). 이스라엘은 그 죄를 부끄러워 할 때 성전의 형상을 보이고 성전의 모든 규례를 지키라고 하십니다(겔 43:11). 왜냐하면 이스라엘은 성전의 규례를 지키지 않았기 때문입니다. "내가 또 내 얼굴을 그들에게서 돌이키리니 그들이 내 은밀한 처소를 더럽히고 포악한 자도 거기 들어와서 더럽히리라"(겔 7:22).

예루살렘 성전은 하나님의 거처로서 이스라엘의 경외의 장소가 되어야 하는데 오히려 이스라엘의 죄악으로 더럽혀졌습니다(겔 43:7). 그래서 여호와의 영광이 성전을 떠나셨습니다. 하나님이 에스겔에게 성전의 환상을 보이시는 것은 이러한 이스라엘의 죄악을 깨우치기 위함입니다. 더러운 것들을 치워 버릴 때 하나님이 그들 가운데 영원히 거하십니다(겔 43:9).

이 성전은 손으로 지은 것이 아닙니다. 지으라고 명령을 내리는 것도 아닙니다. 환상 가운데 에스겔이 본 성전입니다.

어떤 이는 이 성전이 천년왕국 때에 문자적으로 지어질 것이라고 주장하기도 하나 이 주장은 설득력이 없는 것 같습니다. 성전에서 번제를 드릴 것을 명령하고 있기 때문입니다(겔 43:13-27). 에스겔이 보는 성전에서는 희생제사가 드려지고 있습니다. 그러나 신약의 히브리서 기자는 예수 그리스도의 속죄로 인하여 다시는 제사를 드릴 필요가 없다고 주장하고 있습니다(히 10:1-18).

지성소가 비어 있는 것도 특이합니다. 지성소에는 언약궤가 있어야 합니다. 그런데 에스겔이 환상 가운데 본 성전의 지성소에는 언약궤에 대한 언급이 없습니다. 모세가 만든 회막과 솔로몬이 지은 성전에는 언약궤가 있었습니다. 성막과 성전에서 언약궤가 중요한 위치를 차지합니다. 하지만 에스겔이 본 성전에는 언약궤에 대한 언급을 찾아 볼 수 없습니다. 에스겔은 언약궤 대신 성전에서 여호와의 영광의 형상을 봅니다. "영이 나를 들어 데리고 안뜰에 들어가시기로 내가 보니 여호와의 영광이 성전에 가득하더라"(겔 43:5).

에스겔이 본 성전의 앞면은 동쪽을 향해 있습니다. 성전 문지방에서 물이 흘러나옵니다. 그 물은 제단 남쪽으로 흐릅니다. 측량하는 사람이 천 규빗(약 500m)을 측량한 후에 에스겔 선지자로 건너게 합니다. 물이 발목에 찹니다. 다시 천 규빗을 측량하고 선지자를 건너게 합니다. 물이 이번에는 무릎에 찹니다. 다시 천 규빗을 측량하고 건너게 하니 물이 허리에 찹니다. 다시 천 규빗을 측량하니 선지자가 건너지 못할 강이 되었습니다. 물이 깊어서 헤엄칠 수 있은 강이 되어 사람이 건널 수 없습니다.

강 좌우편은 나무가 많이 있습니다. 이 물이 동쪽으로 흘러 아라바로 들어가 바다 물을 살립니다. 이 물이 흘러가는 곳에는 모든 생물이 살고 고기가 많아집니다. 이 강에 어부가 있고 엔게디에서 에네글라임까지 그물 치는 곳이 됩니다. 하지만 진펄과 개펄은 살아나지 못합니다. 강 좌우에 각종 유실수가 잘 자라고 있고 달마다 새 열매를 맺습니다. 그 열매는 먹을 수 있고 잎사귀는 치료하는 약 재료가 됩니다(겔 47:1-12).

하나님은 자신을 "생수의 근원"이라고 소개하셨습니다(렘 2:13; 17:13). 살아 있는 물의 근원입니다. 이러한 하나님의 자기소개에 맞게 에스겔의 환상에서 살리는 물은 성전에서 흘러나옵니다(참고. 슥 14:8). 물의 근원은 하나님이 계신 성전입니다. 이 물은 처음에는 스며 나옵니다(똑똑 떨어진다). 처음에는 아주 적게 나오는 물이 나중에는 사람이 건너지 못할 큰 강이 됩니다. 이 물이 바다로 흐르자 바다 물이 살아납니다(47:8절과 9절의 "되살아나리라"의 히브리어는 '치료된다'). 성전에서 나온 물이 닿는 곳마다 소성되며 살아납니다. 특히 두 곳의 지명 엔게디와 에네글라임은 사해 근처에 있는 곳입니다. 사해는 죽은 바다입니다. 그렇지만 성전에서 나오는 물이 흘러가는 곳은 되살아납니다. 이 환상은 하나님이 치료자이심을 말합니다. 죽은 자를 살리시는 분입니다. 포로 상황에 있는 이스라엘의 중한 병을 고치시며 치료하시는 분입니다. 그들을 다시 살리시는 분입니다. 다시 살린다는 점에서 마른 뼈 환상과 유사합니다.

신약은 에스겔의 이 환상을 더 발전시킵니다. 사도 요한의 계시록에 따르면 하나님과 어린양의 보좌에서 생명수가 나옵니다. 이 생명수는 강이 되어 흐르는데 강 좌우편에 생명나무가 있어 열두 가지 열매를 달마다 맺습니다. 또한 이 나무의 잎사귀는 치료하는데 사용됩니다(계 22:1-2).

24

다니엘: 예언과 역사

읽어야 할 본문: 다니엘 1-12장

하나님은 역사를 주관하십니다. 역사의 시작과 종말을 계획하시며 역사 속에서 자신의 뜻과 계획을 드러내십니다. 하나님은 자신을 "나는 처음이요, 나는 마지막이라. 나 외에는 다른 신이 없느니라"고 선언하십니다(사 44:6). 하나님은 나와 같은 이가 없다고, 나와 비교할 자가 없다고 주장하십니다. 하나님의 이러한 자기주장은 역사 속에서 드러납니다. 역사 가운데 하나님은 종말을 알리십니다. 미래에 일어날 일을 옛날부터 말씀하십니다. 하나님은 역사를 미리 말씀하시고 그 일을 성취해 나가십니다. 하나님은 자신의 계획을 역사 속에서 이루어 가시는 것입니다. 하나님은 역사 속에서 자신의 뜻을 행하시기를 기뻐하십니다(참고. 사 46:9-110).

24.1 큰 신상

하나님은 이스라엘 역사뿐만이 아니라 세상의 역사도 다스리십니다. 포로기 시대는 세상 역사에 대한 하나님의 주권을 잘 드러냅니다. 특히 다니엘은 세상 역사에 대한 하나님의 섭리와 주권을 말합니다. 다니엘은 바벨론의 느부갓네살 왕에게 포로로 잡혀간 유대인입니다. 그는 바벨론 궁정에서 언어와 학문을 배워서 느부갓네살의 신하로 섬깁니다. 이때 느부갓네살 왕이 꿈을 꿉니다. 꿈을 꾸고 나서 그 꿈을 잊어버립니다. 이에 왕은 바벨론의 지혜자, 박수, 술객과 점쟁이를 불러서 자신이 꾼 꿈의 내용과 해석을 알게 하라고 명령합니다(바로의 꿈과 유사합니다. 하지만 바로 왕은 자신이 꾼 꿈을 기억하고 있었습니다. 창 41장). 느부갓네살은 자신이 꾼 꿈의 내용과 그 해석을 알게 하면 상과 영광을 줄 것이지만 꿈과 해석을 알게 하지 않으면 다 멸망시키겠다고 말합니다. 이에 갈대아의 지혜자들은 꿈을 알려주면 해석을 드리겠다고 말합니다. 그러나 왕은 꿈과 해석을 말하라고 다그칩니다. 지혜자들은 왕이 말하는 것을 해석할 사람이 없다고 합니다. 오직 신들만이 그 꿈과 해석을 안다고 주장합니다(단 2:11). 다른 사람이 꾼 꿈과 그 해석을 말하는 것은 신의 영역에 속하는 것이라고 말합니다. 이 말을 들은 왕은 진노하여 모든 지혜자들을 죽이라고 명령합니다. 이 명령에 다니엘과 세 친구들도 죽을 운명에 처합니다. 이에 다니엘이 기한을 주시면 꿈의 내용과 그 해석을 주겠다고 왕께 말합니다. 그러자 왕은 다니엘의 요구를 받아들입니다.

다니엘은 하나님께 이 "은밀한 일"을 알게 해달라고 세 친구와 함께 간구합니다(단 2:17-18, 23). 기도가 은밀한 것을 열 수 있는 방법입니다(참고. 창 41:16). "이에 이 은밀한 것이 밤에 환상으로 다니엘에게 나타나 보이매"(단 2:19). 왕의 꿈은 "은밀한 것"입니다. 꿈을 꾼 사람 외에 다른 사람이 어떻게 그 꿈을 알겠는가? "은밀한 일"은 왕 자신만이 아는 '비밀'입니다. 하지만 왕 역시 그 꿈의 내용을 잊어버렸습니다. 본인이 꾼 꿈을 다른 사람은 알 수 없습니다. 하지만 하나님이 다니엘에게 "환상"으로 왕의 꿈을 보여주십니다. 환상은 하나님이 보여주실 때 볼 수 있습니다. 하나님은 은밀한 것을 보여주십니다.

다니엘이 환상을 본 후에 하나님의 지혜와 능력을 찬양합니다. "그는 때와 계절을 바꾸시며 왕들을 폐하시고 왕들을 세우시며 지혜자에게 지혜를 주시고 총명한 자에게 지식을 주시는도다"(단 2:21). 다니엘이 본 환상은 왕의 꿈으로 역사에 관한 일입니다. "때와 계절을 바꾸시며 왕들을 폐하시고 왕들을 세우시며"라는 표현은 역사의 진행을 말합니다. 역사가 흘러가면서 왕권이 교체될 것입니다. 왕권이 바뀌며 나라가 망하고 새로운 나라가 일어날 것입니다.

하나님은 역사 속에서 왕조를 변하게 하시며 한 나라를 망하게 하시고 새로운 나라를 일으키십니다. 하나님이 역사의 주권을 갖고 계십니다. 더 나아가 하나님은 그의 종에게 이러한 역사 진행을 알 수 있도록 지혜를 주십니다. 역사의 진행은 미래의 일입니다. 이것은 사람이 알 수 없는 하나님의 영역입니다. 하지만 하나님은 자신의 뜻과 계획을 역사 속에서 이루시기 위하여 미래의 일을 그의 종에게 알게 하십니다. 하나님이 이상과 환상을 통하여 선지자에게 알려주십니다. "그는 깊고 은밀한 일을 나타내시고 어두운 데에 있는 것을 아시며 또 빛이 그와 함께 있도다"(단 2:22). 미래의 일은 역사 속에 감추어져 있습니다. 하나님이 그것을 알려주실 때에만 사람은 미래의 일을 알 수 있습니다.

다니엘은 바벨론 왕궁에 속한 지혜자입니다. 그러나 하나님이 그에게 지혜를 주십니다. 특히 다니엘은 "모든 환상과 꿈을 깨달아" 알았습니다(단 1:17). 하나님이 다니엘에게 지혜를 주시고 환상과 꿈을 알 수 있도록 하십니다. 그렇다면 다니엘이 환상과 꿈을 해석하는 그 지혜는 어떤 지혜인가? 다니엘은 환상과 꿈을 해석하는 지혜를 소유했습니다. 이 환상과 꿈은 은밀한 일로서 역사의 미래를 말합니다. 쉽게 말하면 다니엘은 미래 역사학자입니다.

다니엘이 왕의 꿈을 해석하기 위하여 왕 앞에 섭니다. 사람은 역사의 미래를 알 수 없습니다. 미래 역사는 신의 영역으로 오직 하나님만이 알 수 있다고 말합니다. "오직 은밀한 것을 나타내실 이는 하늘에 계신 하나님이시라 그가 느부갓네살 왕에게 후일에 될 일을 알게 하셨나이다"(단 2:28). 다니엘은 하나님만이 느부갓네살 왕이 꾼 꿈, 은밀한 일을 보일 수 있다는 점을 분명히 합니다.

왕이 꾼 꿈은 이러합니다. 왕이 큰 신상을 보았습니다. 그 머리는 금이며 가슴과 두 팔은 은입니다. 배와 넓적다리는 놋이며 종아리는 쇠이며 발은 쇠와 진흙입니다. 이때 한 돌이 나와서 신상의 발을 칩니다. 신상이 부서져 바람에 다 날아 가버립니다. 그러나 신상을 친 돌은 태산을 이루어 세상에 가득 찹니다(단 2:31-35).

다니엘은 왕이 꾼 꿈의 내용을 말한 후에 그 꿈을 해석해 줍니다. 금 머리는 바벨론의 느부갓네살 왕입니다. 왕 뒤에 왕보다 못한 다른 나라가 일어날 것이며 은과 같은 나라입니다. 그 후에 놋 같은 나라가 일어나서 온 세상을 다스릴 것입니다. 네 번째는 쇠같이 강한 나라가 일어날 것입니다. 그러나 네 번째 나라는 진흙과 쇠가 섞인 나라로서 다른 민족과 섞인 나라입니다. 강하지만 약점이 있습니다. 다섯째 나라는 하나님이 세우시는 나라입니다. 이 나라가 세상의 모든 나라를 멸하고 섭니다(단 2:37-45).

세상의 네 나라는 금속, 금, 은, 놋, 쇠로 상징되었습니다. 특이한 것은 세상 역사가 진행 될수록 금속의 가치가 점점 감소한다는 점입니다. 다니엘은 금 머리는 바벨론의 느부갓네살 왕이라고 명확히 밝힙니다. 금 머리는 왕으로 한 개인을 말한 후에 두 번째, 세 번째, 네 번째는 개인보다는 한 나라라고 말합니다. "왕을 뒤이어 왕보다 못한 다른 나라가 일어날 것이요. 셋째로 또 놋 같은 나라가 일어나서 온 세계를 다스릴 것이며 넷째 나라는 강하기가 쇠 같으리니"(단 2:39-40). "다른 나라"는 왕으로 대표되는 나라가 아니라 한 제국을 의미합니다. 다니엘이 이 환상을 받고 나서 "때와 계절을 바꾸시며 왕들을 폐하시고 왕들을 세우시며"(단 2:21)라고 말한 것에 비취어 보면 느부갓네살 후에 일어날 제국들을 의미합니다. 그렇다면 이 네 나라들은 어떤 나라들인가?

네 나라는 인간이 통치하는 제국을 의미합니다. 이 네 나라 가운데 마지막 나라가 인상적입니다. 설명이 가장 길기 때문입니다. 또한 네 번째 나라는 하나님이 세우시는 나라와 밀접한 관련이 있습니다. 다섯 번째 나라는 하나님이 세우시는 나라입니다. 이 나라는 망하지 않고 영원히 서 있습니다. 또한 권력이 다른 백성에게 넘어가지 않습니다. 하나님이 세우시는 나라는 이 땅의 인간들이 세운 나라들을 쳐서 멸망시키고 영원히 서 있습니다(단 2:44). 이 나라는 돌로 묘사됩니다. "손대지 아니한 돌"이 나와서 신상의 쇠와 진흙의 발을 쳐서 부서뜨립니다(단 2:45). 흥미롭게도 금, 은, 놋, 쇠와 진흙 다음에 돌이 옵니다. 돌은 다른 금속에 비해 가치가 가장 떨어집니다. 하지만 쇠를 쳐서 멸망시킵니다.

다섯째 나라를 옳게 해석하려면 돌이 무엇을 의미하는지 살펴보아야 합니다. 우선 돌은 하나님이 세우시는 나라를 상징합니다. 하나님과 관련하여 이사야 8:14-15을 생각해 볼 수 있습니다. 여기서 하나님은 이스라엘과 유다에 "걸림 돌"이 되십니다. 유다와 예루살렘은 현실 정치 상황에서 최강대국인 앗수르를 의지하고 그들의 하나님을 신뢰하지 않습니다. 그래서 여호와 하나님이 그들에게 거치는 돌, 걸리는 반석이 되시며 예루살렘 거민에게 함정과 올무가 되십니다(사 8:14-15).

다른 구절에서 하나님은 심판가운데서 시온에 한 돌을 피난처로 두십니다. "보라 내가 한 돌을 시온에 두어 기초를 삼았노니 곧 시험한 돌이요 귀하고 견고한 기촛돌이라 그것을 믿는 이는 다급하게 되지 아니하리로다"(사 28:16). 이 돌이 무엇인지 정확하지 않지만 이 돌을 믿는 사람은 "다급하게 되지"(허둥대지, 급하게 행동하지) 않습니다. 헬라어 구약 성경(70인경)은 이것을 "수치를 당하지 않는다"로 해석합니다.

그런데 신약은 이 구절을 예수를 믿는 것으로 적용합니다. 예수를 믿는 자는 부끄러움을 당하지 않는다는 것입니다(롬 10:11). 더 나아가서 복음을 받아들이지 않는 사람들, 예수를 믿지 않는 사람들은 "걸림돌"에 부딪힌 것으로 해석합니다(롬 9:32-33). 사도 베드로 역시 예수 그리스도를 돌로 해석합니다. 예수를 믿는 자는 수치를 당하지 않지만 믿지 않는 자는 돌에 걸려 넘어진다고 말합니다(벧전 2:4-8). 바울과 베드로는 이사야의 돌을 예수 그리스도로 해석합니다.

위의 해석을 다니엘에 적용할 수 있다면, 다섯 번째 나라는 예수 그리스도에 의해서 세워질 하나님의 나라를 의미할 것입니다. 그렇다면 네 번째 나라는 로마로 해석하는 것이 적절합니다. 첫 번째는 바벨론이며 네 번째는 로마입니다. 그렇다면 큰 신상의 네 나라는 바벨론, 페르시아, 헬라, 로마를 의미합니다.

24.2 네 짐승

느부갓네살 왕의 큰 신상 꿈(단 2장)은 다니엘의 네 짐승 꿈(단 7장)과 밀접한 관련이 있습니다. 다니엘이 꿈을 꾸면서 환상을 받습니다. 다니엘은 환상을 보았다고 진술합니다. 동사 '보다'를 강조합니다(7:2, 4, 6, 7, 8, 11, 13). 다니엘은 네 짐승, 사자, 곰, 표범 그리고 알 수 없는 짐승을 봅니다(참고. 호 13:7-8). 네 짐승은 바다에서 나옵니다(참고. 계 13:1).

사자 같은 첫째 짐승은 독수리 날개를 가졌습니다. 둘째는 곰 같은 짐승으로 몸 한 쪽을 들고 있고 입에 세 갈빗대를 물고 있습니다. 셋째는 표범 같은 짐승으로 새의 날개 넷이 있고 머리 넷이 있습니다. 네 번째 짐승의 이름은 나오지 않습니다. 무섭고 쇠처럼 강인합니다. 다른 세 짐승들과 다르고 열 뿔이 있습니다. 그 뿔 가운데 작은 뿔이 나와서 세 개의 뿔을 뽑아 버립니다. 작은 뿔에 사람의 눈과 입이 있어 큰 말을 합니다(7:2-8).

다니엘은 다시 보좌 위에 앉으신 하나님의 환상을 봅니다. "내가 보니 왕좌가 놓이고 옛적부터 항상 계신 이가 좌정하셨는데 그의 옷은 희기가 눈 같고 그의 머리털은 깨끗한 양의 털 같고 그의 보좌는 불꽃이요 그의 바퀴는 타오르는 불이며 불이 강처럼 흘러 그의 앞에서 나오며 그를 섬기는 자는 천천이요 그 앞에서 모셔 선 자는 만만이며 심판을 베푸는데 책들이 펴 놓였더라"(단 7:9-10).

옛적부터 항상 계신 분은 옷을 입고 계시며 머리털이 있습니다. 보좌에 앉으셨고 바퀴가 있습니다. 보좌는 불이며 바퀴 역시 불입니다. 불이 중요한 주제입니다. 이는 에스겔이 본 여호와의 영광의 형상을 기억나게 합니다. 에스겔은 폭풍 가운데 오는 불을 보았습니다. 네 생물의 모양은 불같고(겔 1:13) 네 생물은 그룹으로 불리는데 그룹들 사이에는 불이 있습니다(겔 10:6). 또한 네 생물의 옆에는 네 바퀴가 있습니다(겔1:15-21).

다니엘이 다시 환상을 봅니다. "인자 같은 이가 하늘 구름을 타고 와서 옛적부터 항상 계신 이에게 나아가 그 앞으로 인도되매"(단 7:13). 인자는 사람의 아들을 의미합니다. "인자 같은"에 주목해야 합니다. 사람의 모양을 했지만 정확하게 사람이라고 말할 수 없습니다. 인자가 구름과 함께 하나님 앞으로 나아옵니다. 구름은 하나님이 현현하실 때, 나타나는 동반 현상입니다(참고. 사 19:1). 구름을 타고 임하는 인자는 사람의 아들이지만 사람과 같지 않은 분입니다. 하나님은 인자 같은 이에게 권세와 나라를 주십니다. 모든 백성이 인자 같은 이를 섬깁니다. 그가 받은 권세는 영원한 권세이며 그의 나라는 멸망하지 않습니다(단 7:14). 인자 같은 이가 다스리는 나라는 느부갓네살의 꿈에서 돌이 나와서 신상을 부수고 세운 영원한 나라와 유사합니다(단 2:44). 다니엘이 본 인자의 모습은 신약의 예수를 기억나게 합니다. 예수는 자신을 인자로 말씀하시며 종말에 구름을 타고 다시 오실 것을 약속하십니다(마 24:30).

다니엘은 자신이 본 환상의 뜻이 무엇인지를 알지 못해서 번민합니다. 그래서 하나님을 보시고 선 자들 중에 하나에게 가서 그 뜻을 물어 봅니다. 그러자 그가 다니엘에게 "그 네 짐승은 세상에 일어날 네 왕이라"(단 7:17)고 말해줍니다. 그리고 마지막 나라는 성도들이 얻을 영원한 나라입니다. "지극히 높으신 이의 성도들이 나라를 얻으리니 그 누림이 영원하고 영원하고 영원하리라"(단 7:18).

다니엘이 본 환상은 세상 역사에 나타날 나라들입니다. 하지만 위에서 언급한 사자와 곰은 어떤 나라를 상징하는지 이해하기 어렵습니다. 그렇지만 셋째 짐승 표범은 헬라의 알렉산더 대왕에게 잘 어울리는 상징입니다. 날개 넷과 머리 넷이라는 숫자는 알렉산더가 죽고 난 후에 그의 나라는 그의 후계자들에 의해 네 왕국(트라케, 마케도니아, 프톨레마이오스, 셀레우코스)으로 나누어진 것을 상징합니다.

다니엘에게 설명을 해주는 해설자는 앞의 세 짐승에게는 관심이 없습니다. 네 번째 짐승에 관하여 자세한 설명을 해줍니다(느부갓네살 왕의 꿈에서도 넷째 나라에 많은 지면을 할애했음을 기억하십시오). "곧 그것은 모든 짐승과 달라서 심히 무섭더라 그 이는 쇠요 그 발톱은 놋이니 먹고 부서뜨리고 나머지는 발로 밟았으며"(단 7:19). 이는 "쇠"이며 그는 "먹고 부서뜨리고" 밟는 무서운 짐승입니다. 이 표현은 느부갓네살 왕의 꿈(단 2장)의 넷째 나라와 유사합니다. 넷째 나라는 "강하기가 쇠 같으리니 쇠는 모든 물건을 부서뜨리고 이기는 것이라"(단 2:40)고 설명했기 때문입니다.

넷째 나라는 다른 세 나라와 다릅니다. "온 천하를 삼키고 밟아 부서뜨릴 것"(단 7:23)이라고 말합니다. 넷째 짐승의 머리에는 열 개의 뿔이 있습니다(큰 신상의 발에 열 개의 발가락을 기억하십시오). 그 가운데 작은 뿔이 나오자 세 뿔이 빠집니다. 이 뿔이 성도들과 싸워서 성도들을 이깁니다. 이 뿔은 아주 교만하여 하나님을 대적합니다. 특히 말로 하나님을 대적하는 큰 입을 가지고 있습니다. "그가 장차 지극히 높으신 이를 말로 대적하며 또 지극히 높으신 이의 성도를 괴롭게 할 것이며 그가 또 때와 법을 고치고자 할 것이며 성도들은 그의 손에 붙인 바 되어 한 때와 두 때와 반 때를 지내리라"(단 7:25). 그러자 하나님이 오셔서 성도들을 위하여 심판하십니다. 그 권세를 빼앗고 멸망시키시며 영원한 나라를 세워 성도들에게 주십니다.

네 번째 짐승(단 7장)은 느부갓네살 왕의 꿈(단 2장)에 나오는 네 번째 나라와 유사합니다. 그리고 7장의 성도들에게 주어지는 영원한 나라는 2장의 하나님이 세우시는 영원한 나라와 유사합니다. 이렇게 보면 7장의 나라들 역시 바벨론, 페르시아, 헬라, 로마로 보는 것이 타당합니다. 넷째 짐승을 로마로 본다면 이것은 로마 시대에 성장한 기독교와 충돌을 묘사하는 것입니다. 로마 제국은 기독교를 몹시 핍박했습니다. 로마 시대에 많은 성도들이 순교를 당했습니다.

넷째 나라는 아주 강하고 두려운 나라입니다. 다른 나라들을 점령하며 다스릴 것입니다. 특히 넷째 나라에서 나오는 뿔은 하나님을 대적합니다. 하나님을 섬기는 성도들과 싸우며 핍박합니다. 성도들은 넷째 나라를 대적할 능력이 없습니다. 그래서 넷째 나라의 작은 뿔이 누구인지에 대한 관심이 많습니다.

어떤 학자는 넷째 나라를 헬라로 해석합니다(대표적 학자로 골딩게이). 그리고 이 뿔을 안티오쿠스 4세 에피파네스로 봅니다. 또한 그는 이 뿔을 8장의 작은 뿔(단 8:8-12)과 동일시합니다(존 골딩게이, 『다니엘』, 솔로몬, 2008, 328).

이러한 해석은 마카베오서의 기록과 잘 어울립니다. 안티오쿠스 4세가 율법을 저버리고 규칙을 바꾸고 예루살렘과 유다의 유대인들을 학대했기 때문입니다(마카베오 상 1:41-51). 하지만 7장의 뿔은 알 수 없는 넷째 짐승의 뿔인 반면에 8장의 작은 뿔은 숫염소에서 나온 뿔입니다. 또한 7장의 뿔은 "성도들"과 싸우는데 반하여(7:21) 8장의 뿔은 "하늘 군대"를 대적합니다(8:10). 그리고 이 뿔이 안티오쿠스 4세라면 이후에 하나님이 세우시는 영원한 나라와 어떻게 관련을 맺는지 설명하기 어렵습니다.

본문은 넷째 나라와 작은 뿔이 어떤 왕인지 밝히지 않습니다. 나라와 통치자는 밝히지 않지만 하는 행위는 분명합니다. 성도들을 핍박하며 박해하는 나라의 통치자입니다. 이는 묵시적이며 종말론적인 나라입니다. 역사의 미래에 올 나라입니다.

더 나아가 다니엘의 꿈은 종말론적입니다. 넷째 나라인 로마 제국을 통하여 종말에 일어날 한 나라가 성도들을 핍박할 것을 보여줍니다. 로마 제국이 초기 기독교를 핍박했던 이미지를 통해서 종말의 때에 일어날 나라가 하나님의 성도들을 핍박할 것을 겹쳐서 보여주고 있습니다. 이러한 해석이 가능한 이유는 요한 계시록에 나오는 짐승 때문입니다. 계시록에 한 짐승이 바다에서 나옵니다. 이 짐승은 뿔이 열이며 머리가 일곱입니다. 이 짐승은 표범과 비슷하고 발은 곰의 발 같고 그 입은 사자의 입 같습니다. 이 짐승은 다니엘 7장의 첫째 짐승(사자), 둘째 짐승(곰) 그리고 셋째 짐승(표범)의 특징을 다 갖고 있습니다. 이 짐승은 하나님을 비방하며 42달(3년 반, 한 때와 두 때와 반 때(?) - 단 7:25) 동안 일할 권세를 가지고 있습니다. 이 짐승은 성도들과 싸워 이깁니다(계 13장). 후에 백마를 탄 만왕의 왕이 와서 이 짐승을 사로잡습니다(계 19:20). 다니엘의 꿈에 나타난 짐승 역시 하나님이 역사에 개입하심으로 짐승의 권세는 빼앗기고 심판을 받을 것입니다(단 7:26).

24.3 역사의 주권은 하나님께

하나님이 역사의 주권자입니다. 하나님이 한 나라를 파멸하기도 하시며 다른 나라를 세우기도 합니다. 유다가 망한 후에 바벨론이 일어납니다. 바벨론이 망한 후에 메대 바사가 흥왕합니다. 페르시아가 망한 후에는 헬라가 강해집니다. 헬라 후에는 로마가 최강대국이 됩니다. 하나님은 이러한 역사 흐름에 개입하십니다.

그렇다면 구체적으로 하나님은 어떻게 권력의 변화에 개입하시는가? 이 질문에 대한 답변으로 우리는 다니엘 4장과 5장을 생각해 볼 수 있습니다.

다니엘 4장은 느부갓네살 왕의 꿈 이야기입니다. 느부갓네살 왕이 꿈을 꾸고 그 꿈을 해석하기를 원합니다. 다행히 이번 꿈의 내용은 기억하고 있습니다. 그 꿈을 지혜자들에게 말하였으나 지혜자들이 해석하지 못합니다. 그래서 왕은 벨드사살(다니엘)을 부릅니다. 다니엘을 "거룩한 신들의 영이 있는 자"라고 부릅니다(단 4:8). 왕은 다니엘에게 이렇게 말합니다. "박수장 벨드사살아 네 안에는 거룩한 신들의 영이 있은즉 어떤 은밀한 것이라도 네게는 어려울 것이 없는 줄을 내가 아노니 내 꿈에 본 환상의 해석을 내게 말하라" (단 4:9). 다니엘은 다시 "은밀한 것"(왕의 꿈)을 해석하라는 명을 받습니다.

왕의 꿈은 한 나무에 관한 이야기입니다. 땅의 중앙에 한 나무가 높이 자라 하늘에 닿았습니다. 만민이 그 나무의 열매를 먹습니다. 들짐승도 그 그늘에 있고 새도 가지에 깃들입니다. 하늘에서 한 순찰자, 한 거룩한 자가 내려와서 나무를 베고 가지를 자르고 열매를 헤치고 짐승들을 떠나게 하라고 말합니다. 하지만 뿌리의 그루터기는 남겨두어 이슬에 젖게 합니다. 그 마음은 사람의 마음 같지 않게 되며 짐승의 마음과 같이 되어 일곱 때를 지나게 됩니다(단 4:10-17).

다니엘은 꿈을 들은 후에 그 꿈을 해석합니다. 그 나무는 느부갓네살 왕입니다. 왕의 권세는 땅 끝까지 미칩니다. 그러나 나무는 베임을 당하고 그루터기는 이슬에 젖고 들짐승들과 함께 일곱 때를 지냅니다. 이것은 왕이 쫓겨나서 들짐승과 함께 살며 일곱 때를 지낸다는 것입니다. 그 후에 다시 왕이 정신을 차리고 왕위에 복귀하고 나라는 견고해 집니다(단 4:22-26).

이 꿈은 일 년이 지난 후에 성취되었습니다. 왕이 왕궁을 거닐다가 마음에 이렇게 생각합니다. “이 큰 바벨론은 내가 능력과 권세로 건설하여 나의 도성으로 삼고 이것으로 내 위엄의 영광을 나타낸 것이 아니냐”(단 4:30). 마음이 교만해 진 것입니다(단 4:37; 참고. 사 14:3-20). 그러자 음성이 하늘에서 들립니다. “나라의 왕위가 네게서 떠났느니라. 내가 사람에게서 쫓겨나서 들짐승과 함께 살면서 소처럼 풀을 먹을 것이요. 이와 같이 일곱 때를 지내서 지극히 높으신 이가 사람의 나라를 다스리시며 자기의 뜻대로 그것을 누구에게든지 주시는 줄을 알기까지 이르리라”(단 4:31-32). 이 말씀이 느부갓네살 왕에게 성취됩니다. 사람에게 쫓겨나서 들짐승들과 7년을 머뭅니다. 후에 총명이 돌아와서 왕위에 복귀합니다.

이 이야기에서 강조하는 것은 하나님이 세상 역사를 통치하신다는 사실입니다. 하나님이 한 나라의 왕을 폐하며 왕권을 다른 사람에게 넘기실 수 있다는 것을 보여줍니다. 이러한 하나님의 주권은 먼저 순찰자의 입에서 말해진 것을 느부갓네살 왕이 꿈으로 꾸었습니다(단 4:17). 다시 다니엘이 그 꿈을 해석하면서 이 말을 말해 줍니다(단 4:25). 또 다시 이 말은 하늘의 음성으로 들립니다(단 4:32). 이 이야기의 핵심이 여기에 있습니다. 당시의 최강대국인 바벨론의 왕을 폐하시는 분이 누구냐 하는 것입니다. 하나님은 세상의 최강대국인 바벨론의 왕을 그의 뜻대로 바꿀 수 있는 분입니다.

왕은 다시 정신을 차린 후에 하나님의 나라를 찬양합니다. “내가 지극히 높으신 이에게 감사하며 영생하시는 이를 찬양하고 경배하였나니 그 권세는 영원한 권세요 그 나라는 대대에 이르리로다”(단 4:34). 느부갓네살 왕은 역사의 주권이 하나님께 있음을 인정합니다. 하나님이 다스리는 나라가 영원하다고 말합니다. 바벨론의 권세와 하나님의 권세가 대조를 이룹니다.

이번에는 벨사살 왕의 이야기가 나옵니다(단 5장). 벨사살 왕이 궁전에서 큰 잔치를 베풉니다. 왕이 예루살렘 성전에서 가져온 금그릇과 은그릇을 가져오라고 명령합니다. 귀족들과 왕후들 그리고 후궁들이 성전에서 가져온 그릇으로 술을 마시면서 우상을 찬양합니다. 이때 사람의 손가락이 나타나서 궁궐 벽에 글자를 씁니다. 왕이 겁에 질려 모든 지혜자들을 부릅니다. 벽에 써 있는 글자를 해석하는 사람에게 나라의 셋째 통치자로 삼을 것이라고 선언합니다. 그러나 지혜자들이 그 글을 해석하지 못합니다. 다시 다니엘이 부름을 받습니다. 다니엘은 궁전 사람들에 의해 "거룩한 신들의 영이 있는 사람" 그리고 "명철과 총명과 지혜가 신들의 지혜와 같은 자"로 불립니다(단 5:11). 궁궐 사람들은 다니엘을 인간들이 알 수 없는 영역의 것을 해석하고 알아내는 지혜자로 생각합니다. 다니엘은 신이 아는 것을 알 수 있는 사람입니다. 다니엘에게 벽의 글을 해석하라는 명령이 내립니다.

다니엘은 먼저 벨사살의 아버지 느부갓네살 왕에게 일어났던 일을 상기시켜 줍니다. 느부갓네살 왕에게 큰 권세가 주어져 모든 나라와 백성을 통치하게 되었습니다. 하지만 그의 마음이 교만해져서 그의 왕위가 폐해졌습니다(단 5:20). 왕의 마음이 짐승의 마음과 같이 되어 사람들 가운데서 쫓겨났습니다. 느부갓네살이 왕위에서 쫓겨난 이유는 하나님의 주권을 알게 하기 위함이었습니다. "지극히 높으신 하나님이 사람 나라를 다스리시며 자기의 뜻대로 누구든지 그 자리에 세우시는 줄을 알기에 이르렀나이다"(단 5:21).

벨사살은 그의 아들이 되어서 이 모든 일을 알고 있었습니다. 그런데도 마음을 낮추지 않고 성전에서 가져온 그릇으로 술을 마시고 우상을 찬양했습니다. 이에 이 손가락이 나와서 글을 썼다고 말합니다. 그 글은 "메네 메네 데겔 우바르신"입니다. 하나님이 왕을 저울에 달아 보니 부족함이 보여서 왕의 나라를 메대와 바사 사람에게 주었다는 뜻입니다(단 5:25-28). 다니엘의 해석대로 그 날 밤에 벨사살은 죽임을 당하고 메대 사람 다리오가 통치자가 되었습니다(단 5:3-31).

위의 두 사건은 세상 역사를 다스리는 분이 하나님이라는 것을 강조합니다. 하나님은 세상 역사를 통치하시며 한 나라를 망하게 하며 다른 나라를 세우십니다. 하나님이 한 나라의 왕을 폐하고 바꾸시는 구체적인 방법을 보여줍니다. 하나님은 한 나라의 통치자의 마음을 변하게 하실 수 있는 분입니다(참고. 잠 21:1; 사 19:3-17).

24.4 70이레

다리오 왕 첫해(주전 539-538년)에 다니엘이 예레미야 예언의 책을 읽습니다. 예루살렘의 황폐함이 70년 만에 그칠 것을 깨닫습니다(렘 25:11-12). 유대의 남은 자는 바벨론에서 70년이 차면 다시 회복되어 고토로 돌아 올 것입니다(렘 29:10). 다니엘은 여호야김 3년에 바벨론으로 잡혀 왔습니다(단 1:1). 이때 약 주전 606년입니다. 그렇다면 다니엘이 바벨론으로 포로로 잡혀 온지 약 67년이 지난 것입니다. 이제 예루살렘이 회복될 시점에 이르렀다고 생각한 다니엘은 하나님께 엎드려 기도합니다(단 9:4-19).

다니엘은 먼저 하나님의 성품을 "크시고 두려워할 주 하나님, 주를 사랑하고 주의 계명을 지키는 자를 위하여 언약(베리트)을 지키시고 그에게 인자(헤세드)를 베푸시는 이시여"라고 고백합니다(단 9:4). 그는 하나님의 법에 순종하는 자에게 약속을 지키시며 인자를 베푸시는 하나님을 말합니다. 바벨론 포로기의 세월이 70년이 차가는 것을 전제로 한 고백입니다.

다니엘은 유다의 범죄를 인정합니다. 유다는 율법을 어기며 하나님의 선지자들의 예언에 불순종했습니다. 그래서 하나님이 유대 사람들을 쫓아내셔서 포로지에서 수치를 당하게 하였습니다. 이것은 하나님이 율법에서 이미 말한 저주가 성취된 것입니다(단 9:11). 예루살렘이 망하고 유대인들이 포로로 잡혀간 일은 하나님의 공의가 나타난 것입니다(단 9:14).

다니엘은 죄를 고백하고 나서 하나님의 인자를 구합니다. 하나님의 인자는 유다의 회복입니다. 먼저 예루살렘 성과 백성을 위해서 구합니다. "주여 구하옵나니 주는 주의 공의를 따라 주의 분노를 주의 성 예루살렘, 주의 거룩한 산에서 떠나게 하옵소서 이는 우리의 죄와 우리 조상들이 죄악으로 말미암아 예루살렘과 주의 백성이 사면에 있는 자들에게 수치를 당함이니이다"(단 9:16). 그리고 더 구체적으로 성소를 위하여 기도합니다. "주를 위하여 주의 얼굴 빛을 주의 황폐한 성소에 비추시옵소서"(단 9:17). 다니엘은 예루살렘 성과 주의 성소의 회복을 위해 기도합니다. 그가 이렇게 기도할 수 있는 이유는 하나님의 큰 긍휼을 의지하기 때문입니다(단 9:18). 마지막으로 다니엘은 하나님께서 자신의 기도를 들으시고 지체하지 말고 응답해 주시기를 간청합니다.

다니엘의 기도에 대한 응답이 가브리엘을 통하여 나타납니다. "네 백성과 네 거룩한 성을 위하여 일흔 이레를 기한으로 정하였나니"(단 9:24). 가브리엘은 유다의 회복과 예루살렘 성의 회복에 관하여 70이레를 정했다고 말합니다.

다니엘의 기도에 대한 하나님의 응답은 9:24-27에 나타납니다. 24절은 70이레에 대한 전체적인 개관입니다. 70이레 동안에 죄악이 용서되고 영원한 의가 드러납니다. 25절은 7이레와 62이레를 말하고 26절은 62이레 후의 일을 말합니다. 27절은 마지막 한 이레에 일어날 일을 자세히 설명합니다.

70이레는 세 부분으로 나누어집니다. 7이레와 62이레 그리고 마지막 1이레입니다. 그런데 7이레와 62이레 사이가 불명확합니다. "예루살렘을 중건하라는 영이 날 때부터 기름 부음을 받은 자 곧 왕이 일어나기까지 일곱 이레와 예순두 이레가 지날 것이요 그 곤란한 동안에 성이 중건되어 광장과 거리가 세워질 것이며"(단 9:25). 개역 성경은 7이레와 62이레를 붙여 읽었습니다. 그러나 이것을 뛰어 읽을 수 있습니다. 예루살렘 성을 건축하라는 명령이 날 때부터 기름 부음을 받은 왕이 날 때까지 7이레입니다. 그리고 62이레 동안에 성이 건축되고 광장과 거리가 세워집니다. 62이레 후에 기름부음을 받은 자가 끊어져 없어집니다. 그리고 장차 한 통치자가 백성들과 함께 와서 성읍과 성소를 무너뜨립니다. 전쟁이 있고 황폐화됩니다. 그가 마지막 1이레 동안 많은 사람과 언약을 맺습니다. 1이레의 중간에 그가 제사와 예물을 금지합니다. 가증한 것이 날개를 의지하여 섭니다.

70이레 동안에 이루어질 중요한 사건들은 유다의 회복, 예루살렘의 회복, 기름부음 받은 자(메시야)의 출현과 죽음, 예루살렘의 멸망과 가증한 것입니다.

70이레는 문자적으로 "70의 일곱"입니다. "일곱"은 '일곱의 기간'으로 날 또는 년을 의미할 수 있습니다. 이레를 날들 즉, 주로 보면 70주를 의미합니다. 대부분의 현대 번역들은 이렇게 번역합니다. 이레를 한 주(7일)로 볼 수 있는 것은 다니엘의 금식입니다. 다니엘은 큰 전쟁에 관한 환상을 깨닫고 세 이레를 금식합니다(단 10:2-3). 세 이레는 다니엘이 금식한 3주간으로 해석으로 하는 것이 자연스럽습니다. 하지만 이레를 년으로 해석하는 학자들도 있습니다. 70의 7년으로 계산하여 490년을 산출합니다. 다니엘은 예루살렘 성이 황폐화 되는 기간이 예레미야의 예언에 따라 70년이라는 것을 깨달았습니다(9:2). 여기에 레위기 26:28에 의하면 "내가 진노로 너희에게 대항하되 너희의 죄로 말미암아 칠 배나 더 징벌하리니"라고 말합니다. 이래서 70이레를 490년으로 보는 것입니다.

70이레를 70주로 보던지 아니면 490년으로 보던지 간에 70이레가 어느 시대를 의미하는지 산술적으로 명확하지 않습니다.

먼저 70주로 계산해 보면 70주 동안에 예루살렘 성을 세울 수 있는지 의심스럽습니다. 70주 동안에 예루살렘을 중건하라는 명이 나고 성이 세워지기 때문입니다. 70주 동안에 성전 완공이 이루어지기에는 너무 짧은 기간입니다. 포로지에서 돌아온 공동체는 스룹바벨과 예수아의 지도 아래 귀향 2년에 성전을 재건하기 시작했습니다(스 3:8-13). 하지만 이 성전은 반대자들로 인하여 15년간 중단되었다가(스 4:1-5) 다리오 왕 육년에 완공되었습니다(스 6:15).

70이레를 490년으로 해석해도 많은 문제가 남아 있습니다. "예루살렘을 중건하라는 영이 날 때부터"가 정확하게 성전을 의미하는지 아니면 예루살렘 성을 의미하는지 명확하지 않기 때문에 정확한 연대를 결정하기 어렵습니다. 바사 왕 고레스가 성전을 건축하라는 칙령을 내린 때(스 1:1-2. 주전 538년)를 의미하는가? 아니면 다리오 왕의 칙령을 의미하는가? 유대인들은 고레스의 칙령이 내린 후에 성전 건축을 시작하였습니다. 그러나 반대 세력에 의해 성전 건축이 중단 되었다가 후에 다시 다리오 왕의 칙령으로 성전 건축이 다시 시작되었습니다(스 6:6-12. 주전 519년). 예루살렘 성과 성벽을 건축하라는 명령은 아닥사스다 왕이 내렸습니다(주전 444년). 아닥사스다는 느헤미야가 예루살렘 성을 건축하도록 해 달라는 요구를 수락하였습니다.

고레스의 칙령(주전 538년)을 기점으로 삼아도 490년과 연대적으로 맞지 않습니다. 아닥사스다 왕의 명령(주전 444년)을 시작점으로 삼아도 정확한 연대기적 일치를 볼 수 없습니다.

위의 문제들로 인하여 70이레는 다양하게 해석되어 왔습니다.

1) 몽고메리는 7이레를 예루살렘의 멸망부터(주전 586년) 바벨론에서의 귀환까지, 62이레를 귀환으로부터 대제사장 오니아스 3세(주전 170년)까지, 그리고 마지막 1이레를 안티오쿠스 통치 시대로 봅니다(J.A. Montgomery, *Daniel*, Clark, 1979, 373-390).

2) 영은 7이레를 고레스 원년부터 에스라-느헤미야의 사역 기간으로, 62이레를 에스라-느헤미야의 사역이 완성된 때로부터 그리스도의 초림까지, 이후에 그리스도의 죽음으로부터 종말의 때까지를 마지막 1이레로 봅니다(에드워즈 영, 『다니엘 주석』, CLC, 1999, 293-320).

3) 맥코미스키는 7이레를 예레미야의 70이레 계시부터 고레스까지 즉 이스라엘의 바벨론 포로생활 기간으로, 62이레는 고레스로부터 안티오쿠스 에피파네스까지로, 그리고 가증한 것과 파괴에 관련된 시대로 최고의 멸망자 즉 적그리스도가 멸망될 때까지로 해석합니다(Thomas E. McComiskey, "The Seventy Weeks of Daniel against the Background of Ancient Near Eastern Literature," *WTJ* 47(1985), 18-45)

4) 골딩게이는 70이레를 490년으로 봅니다. 하지만 이는 상징적인 숫자로서 명확한 연대를 말하기 어렵다고 고백합니다. 그는 먼저 7이레를 이스라엘의 회복에 대한 약속으로 시작하여 약속의 성취까지 즉, 바벨론 포로 기간으로 봅니다. 그는 또한 62이레를 예루살렘 성이 재건된 후부터 주전 2세기 후반까지 즉, 포로후 시대로 간주합니다. 마지막 1이레를 안티오쿠스 시대로 생각합니다(존 골딩게이, 『다니엘』, 솔로몬, 2008, 457-466, 472-473).

5) 칼은 70이레를 상징적으로 봅니다. 7이레는 예루살렘을 재건하라는 명령부터 메시야의 등장까지입니다. 62이레는 성읍이 회복되는 시기입니다. 마지막 이레는 메시야가 끊어지고 적그리스도가 옵니다. 적그리스도는 교회에 대하여 승리합니다. 하나님의 나라는 박해의 긴 시간을 보냅니다. 메시야가 그를 진멸하며 종말을 맞습니다. 하나님의 나라가 완성됩니다(C.F. Keil, *Daniel*, Eerdmans, 1983, 373-376).

6) 레온 우드는 이레를 문자적 7년으로 봅니다. 70이레는 490년입니다. 7이레는 에스라와 느헤미야 시대입니다. 62이레는 에스라에게 주어진 아닥사스다 칙령부터 예수님의 세례 받은 때까지입니다. 불명확한 시간 공백 이후에 70이레가 도래합니다. 이 기간에 이스라엘은 적그리스도에게 핍박을 받습니다. 그리스도는 적그리스도의 군대에 승리를 거둡니다(레온 우드, 『다니엘』, CLC, 1995, 352-381).

가장 큰 문제는 70이레를 문자적으로 볼 수 없다는 사실입니다. 예루살렘성의 재건과 멸망이라는 역사적 사건은 70주나 490년에 맞지 않습니다. 70이레는 상징적인 기간으로(골딩게이는 연대기가 아니라 역사 도식이라는 의미로 크로노그래피〔chronography〕로 부릅니다) 정확한 연대기보다는 사건이 중심이 되는 기간입니다. 사건 중심의 역사 흐름을 설명하는 "70의 7"이라는 상징적인 시기입니다(반 게메렌은 "이레의 정확한 의미는 해석의 여지가 있다. 그것의 강조점은 시간의 길이에 보다 사건들과 구속의 진전의 확실성에 있다"고 말합니다. 『예언서 연구』, 솔로몬, 1990, 611-612).

"예루살렘을 중건하라는 영이 날 때부터"(9:25)는 예루살렘 성읍을 의미하는지 성전을 의미하는지 명확하게 알 수 없지만 고레스의 칙령이 일어난 것으로 해석하는 것이 적절합니다. 고레스의 칙령으로 유다의 남은 자들이 바벨론에서 돌아왔기 때문입니다.

7이레와 62이레 동안에 예루살렘 성이 재건되고 메시야가 출현합니다. 그 후에 메시야가 끊어집니다. "기름 부음 받은 자"가 누구이냐 하는 것이 중요합니다. 어떤 이는 9:25절의 기름 부음을 받은 자를 페르시아의 고레스 왕(사 45:1)으로 해석합니다. 하지만 이 해석은 맞지 않습니다. 고레스는 성전을 재건하라는 칙령을 내렸기 때문입니다. 다른 이는 9:26절의 "기름 부음 받은 자"를 안티오쿠스 시대에 죽은 대제사장 오니아스를 말한다고 생각합니다(마카베오서 하 4:33-36. 주전 171년). 하지만 오니아스는 성경에서 뚜렷한 흔적을 남기지 않았습니다. 오니아스가 70이레에서 메시야의 출현과 끊어짐이라고 해석하기에는 너무나 약합니다. 전통적인 해석은 "기름부음을 받은 자"를 메시야로 보는 것입니다.

"기름부음을 받은 자"는 예수 그리스도의 출현과 죽음을 의미합니다. 메시야의 출현은 구약과 신약에서 모두 강조하고 있는 사건이며 메시야의 죽음 역시 역사적인 사건으로 신약 성경의 핵심 주제입니다.

"장차 한 왕의 백성이 와서 그 성읍과 성소를 무너뜨리려니와"(9:26)에서 한 왕이 누구인가? 어떤 학자들은 예루살렘 성과 성소를 무너뜨리는 왕을 안티오쿠스로 간주합니다. 예루살렘을 짓밟는 왕은 다음과 같은 행동을 합니다. "제사와 예물을 금지할 것이며 또 포악하여 가증한 것이 날개를 의지하여 설 것이며"(9:27). 안티오쿠스는 성소에서 희생 제사를 금지했고(마카베오서 상 1:45) 또한 "번제 제단 위에 가증스러운 파멸의 우상을" 세웠기 때문입니다(마카베오서 상 1:54). 하지만 안티오쿠스가 예루살렘을 박해하며 제사 제도에 변화를 가져 온 것이 사실입니다. 하지만 예루살렘 성과 성전은 로마에 의해 망할 때까지 서 있었습니다. 역사적으로 예루살렘 성을 멸망시킨 것은 로마의 군대였습니다(주후 70년). 안티오쿠스의 만행은 장차 올 예루살렘의 멸망의 전조였습니다.

"그가 장차 많은 사람들과 더불어 한 이레 동안의 언약을 굳게 맺고 그가 그 이레의 절반에 제사와 예물을 금지할 것이며 또 포악하여 가증한 것이 날개를 의지하여 설 것이며"(9:27). 여기서 두 가지 질문이 생깁니다. 첫째는 한 이레의 기간은 언제인가? 두 번째는 "그"가 누구인가?

어떤 학자들은 69이레와 1이레 사이에 간격이 있다고 생각합니다. 25절의 7이레와 62이레는 합하여 69이레입니다. 26절은 불확실한 삽입기간입니다. 이 기간에 메시야가 끊어지고 성과 성소가 파괴됩니다. 삽입기간이 끝나고 마지막 1이레가 옵니다. 이 기간은 먼 미래로 간주됩니다. 삽입기간이 교회 시대를 의미한다고 해석하기도 합니다. 하지만 이 해석은 만족스럽지 못합니다. 본문 어디에서도 그러한 삽입기간을 말하고 있지 않기 때문입니다. 위에서 언급했듯이 70이레는 사건 중심의 역사 기간이라는 사실을 염두에 두어야 합니다.

많은 백성들과 언약을 맺는 "그"는 누구인가? 어떤 이는 안티오쿠스로 해석합니다. 하지만 위에서 살펴보았듯이 안티오쿠스는 예루살렘 성을 멸망시키지 못했습니다. 영은 메시야로 해석합니다. 메시야가 자신의 죽음으로 제사 제도를 그치게 했기 때문입니다. 영은 그 근거들로 히브리서를 인용합니다(히 8:13; 9:25-26; 10:8-9). 하지만 이 해석은 본문의 흐름과 맞지 않습니다. 26절과 27절의 자연스러운 흐름은 예루살렘 성을 멸망시키는 자입니다. 어떤 이들은 "그"가 적그리스도를 의미한다고 주장하기도 합니다. 하지만 일단 이 본문에서는 예루살렘 성의 역사적 파괴에 관련이 있기 때문에 로마의 디도 베스파시안으로 보는 것이 옳습니다. 하지만 다음 표현들은 묘한 여운을 남깁니다. "끝까지 전쟁이 있으리니 황폐할 것이 작정되었느니라"(26절). "이미 정한 종말까지 진노가 황폐하게 하는 자에게 쏟아지리라"(27절)에서 "끝까지"와 "종말까지"라는 표현이 인상적입니다. 이 표현들이 로마의 군대를 넘어 무엇인가를 말하고 있는 것 같습니다. 로마 시대를 통하여 종말의 한 인물을 바라보고 있는 것 같습니다. 예루살렘 성의 멸망을 통하여 장차 올 종말의 때를 묘사하고 있는 것이 보입니다.

이러한 해석은 "가증한 것"(9:27) 때문입니다. "가증한 것"은 '몹시 혐오스러운 것', '몹시 미운 물건'입니다. 일반적으로 우상과 관련하여 쓰입니다. 어떤 이들은 가증한 것을 안티오쿠스와 연관시킵니다.

54 백사십오년 기슬레우월 십오일에 안티오쿠스 왕은 번제 제단 위에 가증스러운 파멸의 우상을 세웠다. 그러자 사람들은 유다의 근방 여러 도시에 이교 제단을 세우고 55 집 대문 앞에나 거리에서 향을 피웠다. … 59 매달 이십오일에는 옛 제단 위에 새로 세운 제단에 희생제물을 바쳤다(마카베오서 1:54-59).

안티오쿠스의 악한 행위는 이 본문을 해석하는데 유용하지만 역사적 연대가 훨씬 이전이라는 것을 기억해야 합니다(기원전 167년).

"가증한 것이 날개를 의지하여"는 '날개 위에'입니다. "날개"가 정확하게 무엇을 의미하는지 명확하지 않습니다. 성전의 꼭대기 또는 성전 옆면을 뜻한다고 말하는 학자들도 있고 제단의 뿔처럼 생긴 돌출부를 지칭한다고 생각하는 학자도 있습니다. 헬라어 구약 성경인 70인경은 "성전 위"로 번역합니다. 성전의 자리에 가증한 것, 혐오스러운 것이 설 것을 말합니다. 마지막 한 이레에 성전의 자리에 하나님이 혐오스러워 하는 것이 설 것을 예언합니다. "가증한 것"은 마지막 한 이레에 설 것입니다. 예수는 이것을 종말론 교훈에서 말씀하십니다.

예수는 종말론 강화에서 다니엘의 "가증한 것"을 언급합니다. "그러므로 너희가 선지자 다니엘이 말한 바 멸망의 가증한 것이 거룩한 곳에 선 것을 보거든(읽는 자는 깨달을진저) 그때에 유대에 있는 자들은 산으로 도망할지어다"(마 24:15-16. 마가는 "멸망의 가증한 것" 막 13:14). 예수가 말하는 "가증한 것"(단수)은 다니엘의 9:27의 "가증한 것"(히브리어는 복수, 70인경은 단수)을 뜻합니다(단 11:31; 12:11). 예수님의 이 말씀은 성전의 파괴와 관련해서 주어졌습니다. 알렌은 안티오쿠스 때에 행해진 일을 언급하면서(마카베오서 상 1:54, 59) 가증한 것을 우상 제단으로 이해합니다(W.C. Allen, *Matthew*, Edinburgh). 요세푸스는 "가증한 것"을 열심당원이 성전을 더럽힌 것이라고 합니다(주후 67-68년 겨울). 그들은 오염된 발로 성소를 침범하였고 성전을 그들의 요새와 피난처로 삼았습니다. 더 나아가 지성소를 그들의 본부로 사용하였습니다(*War* IV. 150-157). 헨드릭슨은 로마 군대가 예루살렘을 포위했을 때, 황제의 형상이 새겨진 깃발을 가지고 온 것이라고 생각합니다(윌리엄 헨드릭슨, 『마태복음 · 하』).

헨드릭슨의 해석이 흥미롭습니다. 마태복음의 병행 본문을 제공하는 누가는 "너희가 예루살렘이 군대들에게 에워싸이는 것을 보거든 그 멸망이 가까운 줄을 알라"(눅 21:20)고 말하기 때문입니다. 하지만 본문은 구체적으로 어떤 것인지를 밝히지 않습니다. 로마 군대의 깃발이 거룩한 곳에 선 가증한 것이라고 말하기에는 만족스럽지 못합니다. 그럼에도 불구하고 로마 군대가 예루살렘을 멸망시켰다는 사실은 분명합니다.

예수의 말씀이 예루살렘이 멸망할 당시를 설명하고 있다는 것을 의심할 여지가 없습니다(마 24:15-20). 그럼에도 불구하고 이 사건은 종말과 관련이 있습니다. 왜냐하면 제자들의 질문이 이중적이기 때문입니다. "어느 때에 이런 일이(성전 파괴) 있겠사오며 또 주의 임하심과 세상 끝에는 무슨 징조가 있사오리이까"(마 24:3). 제자들은 성전 파괴가 일어날 때와 재림의 때를 같이 묻고 있습니다. 예언적 원근법이 여기서도 나타납니다. 앞산과 뒷산을 한꺼번에 보고 있습니다. 예수는 제자들의 이중적 질문에 답변하신 것입니다. 예수의 대답은 예루살렘 성전파괴의 사건을 들어 종말을 말씀하십니다.

따라서 "너희가 선지자 다니엘이 말한바 멸망의 가증한 것이 거룩한 곳에 선 것을 보거든"(마 24:15)은 예루살렘 성이 망할 때를 가리킴과 동시에 종말의 때를 말할 수 있습니다. 현재 이스라엘 성전 자리에 이방종교의 사원이 서 있는 것을 생각해 보십시오. 이것을 생각해 보면 다니엘이 "끝까지"(단 9:26) 그리고 "정한 종말까지"(단 9:27)라고 말하는 것을 이해할 수 있을 것입니다. 또한 예수께서 다니엘의 "가증한 것"을 명확하게 밝히지 않으신 이유도 알 수 있을 것입니다.

25

지혜

읽어야 할 본문: 잠언, 욥기, 전도서

성경의 역사 흐름과 가장 동떨어진 책들이 있다면 바로 시가서입니다. 시가서는 역사 흐름의 틀과 상관없이 기록되었습니다. 그렇지만 시가서 역시 이스라엘의 역사 속에서 나온 책임에는 분명합니다.

특별히 지혜는 계시의 한 수단입니다. 요셉은 바로의 꿈에 나타난 역사를 이해할 수 있는 지혜가 있었습니다(창 41장). 솔로몬은 하나님이 주신 지혜로 일상생활의 잠언들을 남길 수 있었습니다(잠 1:1). 다니엘은 환상을 통하여 준 하나님의 역사 섭리를 볼 수 있는 지혜가 있었습니다. 그래서 이스라엘 사람들은 일찍부터 뛰어난 지혜를 하나님이 주신 말씀과 동일시하였습니다(삼하 16:23). 이스라엘은 율법과 예언의 말씀 그리고 지혜를 하나님의 계시의 수단으로 이해했습니다(렘 18:18; 겔 7:26).

25.1 지혜와 율법

지혜의 근원은 신기합니다. 지혜가 어디서 오는지 어디에서 얻을 수 있는지를 아는 사람이 없습니다. 그러나 하나님은 그 지혜의 길과 근원을 아십니다(욥 28:12-23).

하나님이 지혜를 주십니다. 그래서 잠언은 "여호와를 경외하는 것이 지식의 근본"이라고 말합니다(잠 1:7). "경외하는 것"은 '두려움'을 그리고 "지식의 근본"은 '지식의 시작'이라는 뜻입니다. 즉 여호와를 두려워하는 것이 참된 지식의 시작입니다. 여호와를 경외하며 섬기는 방법은 율법과 밀접한 관련이 있습니다. 율법은 여호와 경외를 가르쳐 주고 있습니다. 율법을 지킴으로 여호와를 경외하는 방법을 배울 수 있습니다(참고. 신 6:2; 8:6). 그리고 율법을 지킴으로 지혜를 얻을 수 있기 때문입니다(신 4:5-6).

가정에서 아버지는 자녀들에게 율법을 가르쳐야 할 책임이 있습니다(출 12:26이하; 13:14-15; 신 6:7, 20-21). 그래서 잠언은 아버지가 아들에게 주는 교훈의 성격을 띱니다. "내 아들아 네 아비의 훈계를 들으며 네 어미의 법을 떠나지 말라"(잠 1:8). 아들이 부모의 훈계와 법을 잘 지킬 때 그것은 "머리의 아름다운 관"과 "목의 금 사슬"(잠 1:9)과 같이 영예를 가져다줍니다.

지혜는 추상적이거나 이상적인 교훈이 아니라 실제적인 가르침입니다. 그래서 아들에게 악인들이 유혹을 해도 따라가지 말 것을 권합니다. 죄인들과 함께 어울리지 말 것을 권면합니다. 악한 자들은 같이 강도질을 하자고 유혹합니다. 지나가는 행인들을 살해하고 그들의 재물을 강탈하자고 합니다(잠 1:10-14). 악한 자들의 유혹은 십계명의 '살인하지 말라', '도적질하지 말라', '네 이웃의 소유를 탐내지 말라'를 어기는 것입니다. 악한 자들은 행인들에게서 "온갖 보화"를 빼앗으려고 합니다. 이들은 땀을 흘려 노동하지 않고 손쉽게 값진 재물을 얻으려고 합니다. 마음에 탐욕을 품고 있습니다. 그러나 지혜가 있는 아들은 이들의 유혹에 넘어가지 않습니다. 아버지와 어머니의 교훈과 법을 잘 지키는 것이 "아름다운 관"과 "금 사슬"이라는 것을 알기 때문입니다(잠 1:9).

다른 사람을 살해하여 값진 재물을 빼앗는 것은 반드시 보응을 받게 되어 있습니다. 이러한 자들은 '자기의 생명을 해하는 것'입니다(잠 1:18-19).

지혜를 추구하며 찾는 자는 또한 음녀와 이방 여인을 경계합니다. 잠언은 음녀를 피하라고 권하고 있습니다. 음녀는 '이상한'strange을 뜻합니다. 정상적인 생활을 하지 못하고 사회의 질서를 어기는 사람을 의미합니다(잠 2:16;

5:3, 20; 7:5; 22:14). "음녀"(5:3, 20)는 정상적인 가정생활을 하는 "아내"와 대조되어(잠 5:18-19) '이상한 여인'으로 나옵니다. 정상적인 부부 생활을 무시하며, 자신의 남편보다는 다른 남자를 찾는 부도덕한 여인입니다.

음녀의 유혹은 말로 남자를 호립니다(잠 2:16). "음녀의 입술은 꿀을 떨어뜨리며 그의 입은 기름보다 미끄러우나"(잠 5:3)로 묘사되었습니다. 음녀의 말은 젊은 남자의 정욕을 자극할 수 있는 매혹적인 말입니다. 이것은 지혜의 교훈인 "내 명철에 네 귀를 기울여서", "네 입술로 지식을 지키도록 하라"(잠 5:1-2)와 대조를 이룹니다. 음녀의 말은 부드럽지만 그 결과는 치명적입니다. "나중은 쑥 같이 쓰고 두 날 가진 칼 같이 날카로우며"(잠 5:4). 쓴 쑥은 심판의 상징입니다(참고. 렘 9:15; 23:15). 여기서 음녀의 말을 듣고 따라갈 때 그 결과는 재앙입니다(잠 5:5).

음녀와의 순간적인 성적 쾌락의 대가는 엄청납니다. 음녀를 따라 부도덕한 성관계를 했을 경우 잃을 수 있는 것들은 다음과 같습니다.

1) "네 존영(명예, 품위)이 남에게 잃어버리게 되며 네 수한('년들,' 70인경은 '목숨')이 잔인한 자에게 빼앗기게 될까 하노라"(잠 5:9). 여기서 "잔인한 자"는 음녀의 남편으로 해석할 수 있습니다. 남편이 나타나서 부도덕한 행실을 한 남자를 모욕하며 심지어 죽이려고 할 수 있습니다.

2) "타인이 네 재물로 충족하게 되며 네 수고한 것이 외인의 집에 있게 될까 하노라"(잠 5:10). 음녀와 부도덕한 행실을 한 사람은 부와 재산을 빼앗길 처지에 놓입니다.

3) "네 몸, 네 육체가 쇠약할 때"(잠 5:11). 성의 탐닉으로 몸이 쇠한 것인지 아니면 단순히 부도덕한 성관계의 결말을 말한 것이지 불분명합니다. 아마도 불법적이고 부도덕한 성관계로 인하여 사회적인 지위와 생명을 잃는 것을 의미할 수 있습니다. 음녀와의 불법적인 성관계의 대가는 너무 엄청납니다. 이러한 결과에 이르러서 후회하기(잠 5:13) 전에 지혜의 교사의 말에 주의를 기울여야 합니다.

4) "많은 무리들이 모인 중에서 큰 악에 빠지게 되었노라 하게 될까"(잠 5:14). 이스라엘 공동체 안에서 불행을 당할 수 있습니다. 부도덕한 성관계는

이스라엘 공동체에서 비정상적인 행위로 인정되기 때문입니다.

음녀를 주의하라는 교훈(잠 7장)은 십계명의 '간음하지 말라'는 계명의 실제적인 설명입니다. 또한 음녀와 더불어서 이방 여인을 주의하라는 교훈(잠 5:20) 역시 이방인들과 통혼하지 말라는 율법과 관련이 있습니다(신 7:3; 수 23:12). 지혜는 율법과 관련이 있습니다(잠 7:1-5). 지혜는 삶에 구체적으로 적용되어야 합니다. 이 세상에 일어나는 악에 관여하지 않는 것이 지혜입니다. "보라 주를 경외함이 지혜요 악을 떠남이 명철이니라"(욥 28:28).

25.2 지혜와 창조

잠언은 지혜가 어디서, 언제 기원했는지를 다룹니다. 지혜는 모든 피조물보다 먼저 존재하고 있었습니다. "여호와께서 그 조화의 시작 곧 태초에 일하시기 전에 나를 가지셨으며"(잠 8:22). 이 구절을 다시 번역해 보면 "여호와는 그의 길의 시작에 나를 가지셨다, 그때로부터 그의 일들의 전에"입니다. "가지셨으며"는 '소유하다', '손에 넣다', '창조하다'의 뜻이 있습니다. 즉 하나님이 일을 시작하기 전에 지혜를 가지고 있었습니다. 지혜는 "나"로 의인화 되었습니다. 지혜는 의인화되어 계속 "나"로 등장합니다(잠 8:22-30). 지혜는 이 세상이 창조되기 전부터 존재해 있었습니다. 창조주 하나님이 지혜를 먼저 세워주셨습니다.

하나님이 일을 시작하기 전이 언제인지를 다음 구절에서 설명합니다. "만세 전부터, 태초부터, 땅이 생기기 전부터 내가 세움을 받았나니 아직 바다가 생기지 아니하였고 큰 샘들이 있기 전에 내가 이미 났으며 산이 세워지기 전에 언덕이 생기기 전에 내가 이미 났으니 하나님이 아직 땅도, 들도, 세상 진토의 근원도 짓지 아니하셨을 때에라"(잠 8:23-26).

지혜의 존재에 대한 설명이 이어집니다. "내가 세움을 받았나니"는 '임명되었다'이며 "내가 이미 났으니"는 '생겨졌다, 낳아졌다'입니다. 지혜는 창조물 보다 먼저 존재해 있었습니다, 지혜의 선재성이 강조되었습니다.

"나"로 의인화된 지혜는 창조 전부터 존재해 있었으며 창조에 관여했습니다. 지혜는 하나님이 하늘을 놓으실 때에 거기 있었고(잠 8:27) 또한 하나님이 천지의 다른 것들을 창조할 때 "내가 그 곁에 있어서 창조자가 되어 날마다 그의 기뻐하신 바가 되었으며"(잠 8:30)라고 말합니다. 여기서 중요한 표현이 "창조자"입니다. 이는 두 가지로 해석이 가능합니다. 첫째는 '젖먹이', '양육한 아이'입니다. 둘째 해석은 남성 명사로 '기술공', '숙련공', '기술자' 입니다. 개역 개정은 "창조자"로 번역하는데 이것은 '기술공'을 의미합니다. 그래서 각주에 "장인"이라고 설명해 놓았습니다. 이러한 해석이 옳습니다. 흥미롭게도 유대인 번역 성경[TNK]은 이것을 "막역한 친구"[a confidant]로 번역합니다. 하지만 이는 옳지 않은 번역입니다.

지혜의 선재성과 창조의 관여로 인하여 이 지혜가 누구인가에 대하여 토론이 많았습니다. 4세기에 알렉산드리아의 아리우스는 이 본문을 가지고 그리스도의 본성을 설명했습니다. 아리우스는 그리스도는 하나님의 지혜(고전 1:24)이기 때문에 그는 창조된 존재로, 하나님께 종속된 존재로 말해진다고 주장했습니다. 그러나 이 교리는 325년 니케아 공의회에서 이단으로 정죄되었습니다.

많은 사람들이 이 의인화된 지혜를 그리스도로 말하고 싶은 유혹을 받습니다. 그러나 잠언에서 지혜는 하나님의 창조의 도구로 나타납니다. "여호와께서는 지혜로 땅에 터를 놓으셨으며 명철로 하늘을 견고히 세우셨고 그의 지식으로 깊은 바다를 갈라지게 하셨으며 공중에서 이슬이 내리게 하셨느니라"(잠 3:19-20).

지혜는 창조 전에 존재했고 하나님의 창조의 도구로 사용되었으며 하나님의 기쁨이 되었습니다. 이러한 지혜에 대하여 폰 라드는 이 지혜를 세계 내 존재이며 '원 질서', '질서 비밀', '세계 이성'으로 이해합니다. 그는 다음과 같이 말합니다. "이 세계 이성은 모든 피조물들 이전에 아이처럼 땅 위에서 놀며 있었다. 그는 '사랑하는 자'로서 신의 기쁨이었으며…태초로부터 쾌활하게, 유희적으로 인간을 향해 있었다." 그는 지혜는 '창조의 자기 계시'라고 규정합니다(폰 라드, 『구약성서신학 3권』, 분도, 1980, 182). 머피는 폰 라드와는 다르게 다음과 같이 말합니다. "하나님의 계시로서의 그녀는 단순한 창조의 자기 계시가 아니다. 그녀는 창조를 통하여 그리고 창조로 나온, 창조된 세계의 광대한 영역을 통하여 울리는 그리고 인간 경험의 차원에서 들리는 신적 설교이다. 그래서 그녀는 인간 존재와 함께 그녀의 기능을 실행한다." R. E. Murphy, "Wisdom and Creation," *JBL* 104(1985), 9-10. 침멀리는 지혜를 이렇게 설명합니다. "지혜는 결국 창조 때에 이미 야웨와 동석했던 존재—분명 제 2의 창조자는 아니고 아마도 첫 번째 피조물인—가 된다."(발터 침멀리, 『구약신학』, 한국신학연구소, 1992, 209).

의인화된 이 지혜는 인격이 있는 존재입니다. 제 생각에는 단순하게 "신적 지혜"로 보는 것이 좋습니다. 하나님이 소유한 지혜입니다. 하나님은 이 지혜로 세상을 창조하셨으며 그 창조된 것을 보며 즐거워하셨습니다. 이 "신적 지혜"는 사람들을 여호와의 경외의 자리로 초청하며 삶에서 악을 떠날 것을 설교합니다.

25.3 지혜의 설교

잠언에서 지혜는 의인화되어 설교자로 나타납니다. 지혜는 마치 선지자처럼 길거리에서, 성문 어귀에서 공개적으로 설교합니다. 지혜의 설교 톤은 비난조이며 듣는 청중에게 회개하고 돌아올 것을 촉구합니다. "나의 책망을 듣고 돌이키라 보라 내가 나의 영을 너희에게 부어주며 내 말을 너희에게 보이리라"(잠 1:23). 특이한 것은 지혜가 '나의 영을 부어줄 것이다'라고 선언하는 점입니다. 지혜는 영적인 활동입니다. 따라서 지혜의 영은 사람의 지성과 이성에 작용을 합니다.

더 나아가 지혜는 그녀의 설교를 무시하는 사들이 환난을 당할 때를 말합니다. 지혜를 무시할 때 그들은 환란을 당할 것입니다(잠 1:26-27). 환난 가운데 있는 사람들은 지혜를 찾는데, 마치 하나님을 찾는 것처럼 표현되었습니다. "그때에 너희가 나를 부르리라 그래도 내가 대답하지 아니하겠고 부지런히 나를 찾으리라 그래도 나를 만나지 못하리니"(잠 1:28). 지혜는 신적 존재처럼 묘사되어 찾는 자에게 응답하지 않으며 지혜의 초청을 거절했던 사람들의 환난을 비웃습니다.

지혜가 응답하지 않는 이유는 청중들이 "지식을 미워하며 여호와 경외하기를 즐거워하지 아니" 하였기 때문입니다(잠 1:29). "즐거워하지"는 '선택하지' 입니다. 고난을 당하는 사람들은 여호와 경외를 선택하지 않았습니다. 그래서 지혜가 그들의 부르짖음에 응답하지 않는 것입니다. 그들은 지식을 미워했습니다. 그러나 여호와를 경외하는 것을 선택하는 사람은 지식을 사랑하는 것입니다.

지혜는 그녀(지혜는 여성명사이기 때문에 그녀로 표현)의 설교를 듣는 사람에게 재앙의 두려움이 없고 안전하게 살 수 있다고 선언합니다(잠 1:33). 지혜는 인간의 일상적인 삶에 깊숙이 관여한다는 것을 알 수 있습니다.

지혜는 마치 잔치집의 여주인처럼 사람들을 초청합니다. 지혜는 7개의 기둥으로 집을 짓고 고기와 포도주로 만찬을 준비합니다. 만찬이 준비된 후에 여종을 보내어 손님을 초청합니다. 여종은 성의 높은 곳에서 "어리석은 자" (단순한 자)와 "지혜 없는 자" ('부족한 마음'으로 '이해가 부족한' 또는 '센스가 부족한 자')를 부릅니다(잠 9:4). 지혜가 제공하는 음식을 먹고 "어리석음"을 버리면 "생명"을 얻을 수 있다고 말합니다(잠 9:6).

사람들이 지혜를 찾으면 다음과 같은 결과를 누릴 수 있습니다(잠 2:5-22). 1) 여호와 경외를 깨달으며 하나님을 아는 지식을 소유합니다(2:5-9). 2) 지혜가 그 사람의 마음에 들어갑니다(2:10-11). 그 결과 지혜는 영혼의 기쁨이 되며 "근신"(신중, 사려)과 "명철"이 그 사람을 지켜줍니다. 3) 지혜는 그 사람을 악의 길로부터 구원해 줍니다(2:12-15). 지혜를 찾은 구체적인 결과입니다. 지혜는 실제 삶 속에서 악을 떠나게 합니다. 4) 음란한 여인과 이방 여인에게서 구원합니다(2:16-19). 이들을 따라가는 것은 사망으로 가는 길입니다. 5) 지혜는 의인의 길로 인도합니다(2:20-22). 지혜는 선한 길, 의인의 길로 인도하며 이 땅에서 잘 살 수 있게 합니다. 그러나 악인은 땅에서 끊어집니다.

지혜는 다음과 같은 유익과 가치가 있습니다. 1) 지혜를 발견한 자는 복이 있습니다(3:13). 2) 지혜는 '은, 금, 진주'보다 더 가치가 있습니다(3:14-15). 3) 지혜의 오른손에는 장수가 있고 왼손에는 부귀가 있습니다(3:16). 4) 지혜의 길은 기쁨과 평강의 길입니다(3:17). 지혜는 사람들을 평강의 길로 인도합니다. 5) 지혜의 유익에 대하여 가장 특이한 표현이 나타납니다. "지혜는 그 얻은 자에게 생명나무라"(3:18). 비유적인 표현입니다. 생명나무는 에덴 동산에 있었던 생명나무를 기억나게 합니다. 창세기의 생명나무는 죄를 지은 후에도 그 나무의 열매를 따 먹으면 영생할 수 있었습니다(창 3:22; 참고. 겔 47:12; 계 22:2). 하지만 여기서는 지혜가 생명나무에 비유되고 있습니다. 여기서 생명나무는 16절의 "장수"와 관련이 있는 육체적인 생명을 의미할 것입니다. 지혜를 소유하면 장수를 누릴 것입니다. 6) 하나님은 천지를 창조하실 때에 지혜를 사용하셨습니다(3:19-20).7) "완전한 지혜"(유효한, 효과적인 지혜)는 영혼의 생명이 되며 안전하게 길 수 있습니다(3:21-25).

25.4 지혜와 고난

사람들은 고난에 처했을 때 지혜를 찾습니다(잠 1:26-28). 여기에 대표적인 사람이 바로 욥입니다. 욥은 죄를 짓지 않았음에도 불구하고 고난을 당합니다. 이것은 의인도 고난을 당할 수 있다는 사실을 보여줍니다. 고난은 모든 사람들이 겪는 문제이기 때문에 고난의 문제는 보편적인 호소력을 갖고 있습니다.

욥은 고난 가운데서 하나님께 내가 왜 이런 고난을 당하는지 질문합니다. 이 질문은 자연스럽게 신학의 문제로 이어집니다. 욥에게 고난을 주시는 하나님은 정의로우신가? 이것이 신정론神正論의 문제입니다.

천상 회의

천상에서 하나님의 어전회의가 있습니다. 하나님은 사탄 앞에서 욥을 인정합니다. 욥은 온전한 자로 여호와를 잘 경외하는 자라고 칭찬합니다. 사탄은 이 점에 대하여 "욥이 어찌 까닭 없이(공짜로, 무료로) 하나님을 경외하리이까"(욥 1:9)하면서 욥을 고소합니다. 사탄은 고소자입니다. 대가가 있으니까 욥이 하나님을 예배한다는 의미입니다. 하나님이 욥에게 복을 주셨으니까 욥이 하나님을 섬긴다고 하면서 욥에게서 그 모든 소유를 빼앗으면 하나님을 욕할 것이라고 주장합니다. 이에 하나님이 사탄에게 욥의 소유물을 빼앗으라고 허락합니다. 천상에서 있었던 하나님과 사탄의 대화가 욥이 당한 고난의 원인을 설명합니다. 그러나 욥은 이러한 사실을 모르고 고난을 당합니다.

천상의 대화 후에 욥에게 이상한 일들이 일어납니다. 스바 사람과 갈대아 사람의 침입이 일어나고 하늘에서 불이 떨어지며 대풍이 몰아닥쳐 집이 무너지는 사건이 발생합니다. 이러한 일로 인하여 욥의 모든 소유는 없어지고 자녀들도 죽임을 당합니다. 이 모든 일의 보고를 들은 욥은 옷을 찢고 머리털을 밀고 땅에 엎드려 하나님을 예배합니다. 그는 "주신 이도 여호와시요 거두신 이도 여호와시오니 여호와의 이름이 찬송을 받으실지니이다"(욥 1:21)하며 하나님을 향하여 불평하지 않습니다.

다시 천상의 대화가 나타납니다. 하나님이 다시 욥을 칭찬합니다. 그는 모든 소유와 자녀들을 잃었음에도 불구하고 그의 순전함을 유지하고 있습니다. 그러자 다시 사탄이 욥을 고소합니다. 소유물보다 생명이 더 중요하기 때문에 뼈와 살을 치면 하나님을 욕할 것이라고 주장합니다. 하나님이 사탄에게 욥의 생명을 건드리지 말고 칠 것을 허락합니다. 사탄이 욥을 치자 머리부터 발끝까지 종기가 납니다. 가려움 때문에 질그릇으로 몸을 긁습니다. 이때 욥의 아내가 "당신이 그래도 자기의 온전함을 굳게 지키느냐 하나님을 욕하고 죽으라"고 말합니다(욥 2:9). 하지만 욥은 아내에게 "그대의 말이 한 어리석은 여자의 말 같도다 우리가 하나님께 복을 받았은즉 화도 받지 아니하겠느냐"고 말합니다(욥 2:10). 욥은 고난에 대한 아내의 태도를 어리석다고 말합니다.

천상에서 하나님과 사탄 사이의 대화가 욥의 고난의 배경입니다. 사탄은 욥을 대적합니다. 사탄이 하나님을 충동하여 아무 이유 없이 욥을 치게 합니다. 하나님은 마치 사탄의 조종을 받는 분처럼 보이지만 사탄은 하나님의 허락을 받아 욥을 칩니다. 욥의 고난에 대한 주권이 하나님께 있습니다. 하나님이 욥에게 고난을 허락하시는 이유가 무엇인지 나오지 않습니다.

욥은 고난 가운데서도 하나님을 신뢰하면서 자신의 순전함을 유지합니다. 천상의 대화를 모르는 욥과 세 친구는 욥이 왜 고난을 받는지 길게 토론하며 변론합니다.

세 친구와의 논쟁

욥과 세 친구간의 논쟁은 누가 지혜로운가 하는 질문이 있습니다. 누가 욥의 고난에 대한 올바른 시각을 가지고 있는가? 욥과 세 친구들은 자신의 견해가 옳다고 생각하고 다른 사람의 지혜를 비웃습니다. 욥과 세 친구는 세 차례에 걸쳐 논쟁을 합니다.

첫 번째 대화는 욥기 4-14장에 걸쳐 나옵니다. 욥의 친구들이 먼저 말하고 그 말에 대하여 욥이 답변하는 식의 대화가 진행됩니다. 말하는 순서는 엘리바스-욥, 빌닷-욥, 소발-욥입니다. 욥은 고난 때문에 자신이 태어난 날을 저주합니다. 애가의 형태로 독백을 시작합니다. 그는 태어나지 않았더라면 이러한 고난을 당하지 않았을 것이라고 말합니다(욥 3장).

욥의 탄식을 들은 엘리바스가 입을 열어 말합니다. 그의 말은 다른 두 친구의 말 보다 길며 뛰어납니다. 엘리바스는 욥의 고난에는 이유가 있다고 말합니다. 엘리바스는 욥이 죄 때문에 고난을 당한다고 주장합니다. 하나님은 죄를 지은 욥에게 심판하신 것입니다(욥 4:8-9).

그의 주장은 고난에 대한 정통적인 이해입니다. 의인은 번영하고 악인은 고난을 당한다는 것입니다. 그는 하나님의 위대하심과 긍휼하심을 기리며 욥에게 하나님의 긍휼을 구하라고 권고합니다. 인간의 고난이 마지막 단계는 아닙니다. 왜냐하면 하나님은 회개하고 돌아오는 자를 구원하시며 복을 주시기 때문입니다(욥 4:18). 하나님의 징계는 숨은 죄를 발견하고 회개를 통하여 하나님의 긍휼을 찾는 기회입니다(욥 4:17).

엘리바스의 말에 욥이 답변합니다. 하나님이 자신을 치셔서 뼈를 깎는 고통이 임했습니다. 하나님이 욥을 치는 것을 기뻐하시지만 욥은 하나님의 말씀을 거역하지 않았다고 말합니다(욥 6:9-10). 욥은 자신의 순결함을 주장합니다. 욥의 말을 들어보면 순결한 욥을 치시는 하나님이 불의 한 것 같습니다.

욥의 말을 들은 빌닷은 하나님을 변호합니다. 하나님은 정의로운 분입니다. 욥의 자녀들이 죽은 것은 죄를 범했기 때문이라고 말합니다(욥 8:3-4). 욥 역시 하나님을 찾고 간구하며 정직하면 하나님이 욥을 평안하게 하실 것이라고 주장합니다(욥 8:5-6). 하나님은 정의롭기 때문에 죄인을 심판합니다. 즉 욥은 죄를 지은 것이 있다는 말입니다.

욥은 사람이 하나님보다 의롭지 않다는 것을 인정합니다(욥 9:2). 사람이 죄가 있음도 인정합니다(욥 7:21; 9:20; 10:6-7). 하지만 하나님이 자신을 아무 이유 없이 치셨다고 말합니다(욥 9:17). 그리고 욥은 자신의 결백을 주장합니다(욥 9:21). 더 나아가 그는 무슨 이유로 하나님이 자신을 심판하시는지 알기 원합니다(욥 10:2).

소발은 욥의 말을 자랑으로 간주합니다(11:3). 욥이 깨끗하다고 말한 것을 논박합니다. 하나님은 지혜로우시며 광대하시기 때문에 사람을 다 보고 계십니다(욥 11:11). 만일 욥이 하나님을 향하여 기도하며 죄악을 멀리 버리면 환난이 떠나갈 것입니다(욥 11:13-16).

소발의 말을 들은 욥이 응답합니다. 욥의 친구들이 말한 것은 자신도 알고 있다고 말합니다. 친구들에게 조용히 있는 것이 지혜라고 말합니다(욥 13:5). "의롭고 온전한 자"인 자신이 지금 조롱거리가 되었다고 주장합니다(욥 12:4). 욥은 자신을 의롭다고 합니다. "보라 내가 내 사정을 진술하였거니와 내가 정의롭다 함을 얻을 줄 아노라"(욥 13:18). 더 나아가 욥은 사람이 아니라 전능하신 하나님과 변론하기를 원합니다(욥 13:3). 욥은 하나님을 법정으로 불러내고 있습니다. 하나님께 자신의 허물과 죄를 알려 달라고 간청합니다.

첫 번째 논쟁에서 세 친구의 말보다 욥의 응답이 더 길게 나옵니다. 욥이 자신을 변호하는데 열정적입니다. 친구들은 욥이 죄를 지었다고 주장합니다. 그러나 그들은 욥의 구체적인 죄악이 무엇인지를 말하지 못합니다. 그들은 심은 대로 거둔다는 사상에 근거하여 욥이 환난을 당하는 것은 죄가 있기 때문이라고 해석합니다. 인과응보의 신학입니다. 하나님은 의로운 자를 축복하시며 악한 자를 심판하신다는 것입니다. 욥은 자신의 순결과 의를 주장합니다. 욥은 친구들과 변론하기보다는 하나님과 변론하기를 원합니다.

두 번째 논쟁은 욥기 15-21장에 나옵니다. 두 번째 논쟁 역시 말하는 순서는 엘리바스-욥, 빌닷-욥, 소발-욥입니다. 엘리바스의 말이 첫 번째보다 짧아졌습니다. 엘리바스는 욥의 변론이 무익하며 욥이 입술로 범죄한다고 잘라 말합니다(욥 15:5-6). 욥이 친구들이 말하는 내용을 다 알고 있다고 말하자 엘리바스도 자신도 안다고 말합니다. 오히려 욥보다 더 나이가 많다고 합니다(욥 15:9-10). 다시 원론적인 이야기로 돌아가서 사람은 하나님 앞에서 부패했으며 의롭지 않다고 주장합니다(욥 15:14-16).

엘리바스의 말을 들은 욥은 조롱을 받는다고 합니다. 친구들이 하는 말은 자신도 할 수 있는 말입니다. 하나님이 욥을 치셨으므로 욥이 고통을 받습니다. 하지만 욥은 "내 손에는 포학이 없고 나의 기도는 정결"하다고 주장합니다(욥 16:17). 그리고 하늘을 증인으로 내세웁니다. "지금 나의 증인이 하늘에 계시고 나의 중보자가 높은데 계시니라"(욥 16:19). 하나님이 증인이시라는 것입니다. 또한 욥은 하나님의 중재를 요청합니다(욥 16:21).

빌닷이 두 번째로 말합니다. 그의 요지는 악인의 집은 망한다는 것입니다. 불의한 자의 집은 황폐하되며 하나님을 알지 못하는 자 역시 망할 것입니다.

욥은 친구들이 바로 자신을 괴롭힌다고 합니다. 친구들은 욥을 향하여 자만하여 욥이 수치스러운 행위를 했다고 증언합니다(욥 19:5). 하지만 욥은 억울하다고 항변합니다(욥 19:6). 하나님이 치심으로 욥이 비록 고난을 받고 모든 사람이 조롱거리가 되었지만 그는 하나님을 볼 것이라고 말합니다. 욥은 그의 구원자가 살아 계시다고 말하며 자신이 죽어도 하나님을 볼 것이라고 주장합니다(욥 19:25-26).

소발이 두 번째 말을 합니다. 악인과 경건하지 않은 자의 자랑은 잠시입니다. 그의 형통과 존귀가 하늘에 닿을지라도 그는 똥처럼 망할 것입니다. 하나님이 그들 위에 진노를 내리실 것이기 때문입니다. 하늘이 그의 죄악을 드러내며 땅이 그를 대항하여 일어날 것입니다. 이것이 악인의 운명이라고 말합니다.

욥도 악인은 형통하다가 스올에 내려갈 것이라고 소발의 말에 동의합니다. 하지만 욥은 악인의 계획과 자신은 상관없다고 주장합니다(욥 21:16). 욥은 친구들이 자신을 해한다고 말합니다(21:28). 친구들은 욥이 악인처럼 잠시 동안 형통했다고 주장합니다. 결국 욥의 악이 드러나서 하나님께 재앙을 당하고 있다는 것입니다. 여기에 대하여 욥은 친구들의 말이 거짓이며 친구들이 자기를 헛되이 위로한다고 말합니다(욥 21:34).

세 번째 논쟁은 욥기 22–27장에 나옵니다. 엘리바스–욥, 빌닷–욥 순으로 말합니다. 친구들의 말이 짧아지고 소발의 말은 아예 나오지 않습니다. 친구들의 열기가 떨어졌습니다.

엘리바스가 세 번째 말합니다. 하나님이 욥을 책망하시는 것은 욥의 악 때문입니다. 이제 그는 욥의 구체적인 악을 말합니다. 형제를 볼모로 잡고 헐벗은 자의 의복을 벗기며 목마른 자에게 물을 주지 않고 배고픈 자에게 음식을 주지 않았습니다. 과부를 빈손으로 돌려보내며 고아의 팔을 꺾었다고 말합니다(욥 22:5–9). 욥에게 하나님과 화목하라고 충고합니다. 하나님의 말씀을 받고 하나님께 돌아가면 하나님이 그를 건지실 것입니다(욥 22:21–30).

욥은 자신의 답답함을 토로합니다. 하나님을 발견할 수만 있으면 그 앞에 나아가 변론할 것입니다. 그러나 욥은 하나님을 볼 수 없다고 말합니다(욥 23:3–8). 하지만 이 모든 일은 욥을 단련하시는 하나님의 일이라고 생각합니다. "그러나 내가 가는 길을 그가 아시나니 그가 나를 단련하신 후에는 내가 순금같이 되어 나오리라"(욥 23:10). 하나님은 욥에게 계획하신 일을 다 이루실 것입니다(욥 23:14). 욥은 이러한 하나님을 두려워합니다.

빌닷의 말은 아주 짧습니다. 사람은 하나님 앞에서 의롭지 않다는 것이 그의 주장입니다(욥 25:4). 욥은 빌닷의 말을 조롱합니다(욥 26:2-3). 욥은 빌닷의 말이 자신에게 해당하지 않는다고 합니다. 욥은 세 친구를 향하여 자신의 정당함을 끝까지 밀고 나갑니다. "나는 결코 너희를 옳다 하지 아니하겠고 내가 죽기 전에는 나의 온전함을 버리지 아니할 것이라 내가 내 공의를 굳게 잡고 놓지 아니하리니"(욥 27:5-6).

욥은 고난 가운데 있지만 자신의 결백을 주장합니다. 그는 거짓을 행하지 않았으며 타인의 아내를 탐하지 않았습니다. 종들의 권리를 저버리지 않았고 가난한 자와 고아와 과부에게 양식을 주며 옷을 주며 그들을 돌보았습니다. 욥은 하나님을 두려워하여 악을 행하지 않았고 재물에 헛된 소망을 두지 않았습니다. 해와 달과 별을 숭배하지도 않았고 길가는 나그네를 대접하였습니다. 욥은 자신의 무죄를 주장하며 하나님의 답변을 구합니다(욥 31:35).

엘리후의 말

욥이 자신의 무죄를 주장하며 자신을 의인으로 간주하자 세 친구가 말을 그칩니다(욥 32:1). 그러자 옆에 있던 엘리후가 화를 발합니다. "그가 욥에게 화를 냄은 욥이 하나님보다 자기가 의롭다 함이요. 또 세 친구에게 화를 냄은 그들이 능히 대답하지 못하면서도 욥을 정죄함이라"(욥 32:2-3).

엘리후는 욥의 세 친구보다 나이가 어립니다. 그래서 옆에서 논쟁을 지켜보고 있었습니다 하지만 세 친구가 욥의 말을 꺾지 못함을 보고 입을 엽니다. 나이가 많다고 지혜로운 것이 아니라며 엘리후는 욥의 세 친구에게 지혜가 없다고 말합니다.

먼저 엘리후는 욥의 말을 요약합니다. 욥은 잘못이 없음에도 불구하고 하나님이 욥을 원수처럼 여기셨다고 말했습니다(욥 33:9-10). 여기에 대하여 엘리후는 이렇게 지적합니다. "이 말에 그대가 의롭지 못하니 하나님은 사람보다 크심이라. 하나님께서 사람의 말에 대답하지 않으신다 하여 어찌 하나님과 논쟁하겠느냐"(33:12-13).

그리고 엘리후는 하나님이 사람에게 말씀하시는 이유와 하나님이 사람에게 병을 주시는 이유를 이렇게 설명합니다. 사람의 교만을 막기 위함이며(욥 33:17) 그들의 영혼을 구덩이에 내려가지 않게 하고 생명을 보게 하려 함이라고 설명합니다(욥 33:28-30).

다시 엘리후는 의의 문제를 논합니다(욥 34:4). 엘리후는 다시 욥의 말을 요약합니다. 욥은 의롭지만 하나님이 그의 의를 부인하시며 욥이 정당함에도 하나님이 그를 거짓말쟁이라고 했습니다. 욥은 허물이 없는데도 불구하고 화살을 맞았습니다(욥 34:5-6). 욥의 말에 따르면 "사람이 하나님을 기뻐하나 무익하다"는 결론이 나옵니다(욥 34:9). 이 말에 대하여 엘리후는 하나님의 공의와 정의를 변호합니다. 하나님은 악을 행하지 않으며 불의를 행하지 않습니다. 오히려 하나님은 사람의 행위대로 심판합니다(욥 34:10-12). 엘리후는 욥의 잘못을 정확하게 지적합니다. "정의를 미워하시는 이시라면 어찌 그대를 다스리시겠느냐 의롭고 전능하신 이를 그대가 정죄하겠느냐"(욥 34:17). 엘리후는 욥이 자신의 의를 주장함으로 하나님이 불의한 자가 되었다고 말합니다. 엘리후는 하나님이 심판하시는 분임을 다시 천명합니다(욥 34:23). 또한 하나님이 침묵하신다고 대답하지 않는다고 하나님을 정죄할 수 없다고 말합니다(욥 34:29).

엘리후는 욥의 의를 지적합니다. 욥이 의롭다고 주장하는데 그 의가 과연 어디서 온 의냐고 묻습니다. "그대는 그대의 의가 하나님께로부터 왔다는 말이냐"(욥 35:2). 사람이 범죄한들 또는 의로운들 하나님께 아무 영향을 미칠 수 없다고 합니다. 또한 욥의 공의는 어떤 사람에게도 있다고 말합니다(욥 35:8). 욥의 의는 하나님 앞에 내세울 것이 없습니다.

엘리후는 하나님이 고난당하는 자를 구원하는 분이라고 말합니다. 하나님이 욥을 고난에게 건져내실 것이기 때문에 욥은 분노하지 않도록 조심해야 한다고 충고합니다(욥 36:15-18).

더 나아가 엘리후는 하나님이 창조주라는 사실을 말합니다. 하나님이 비와 눈을 땅에 내리시며 번개를 치게 하시며 우레를 주십니다. 하나님이 이러한 오묘한 일을 행하십니다. 그러나 사람은 이러한 하나님의 지혜와 일을 알지 못합니다. 그래서 엘리후는 욥에게 질문합니다. "그대는 겹겹이 쌓인 구름과 완전한 지식의 경이로움을 아느냐"(욥 37:16). 바람의 변화가 어떻게 일어나는지 아느냐고 묻습니다(욥 37:17). 욥에게 하나님을 도와서 하나님이 하시는 일을 할 수 있느냐고 묻습니다(욥 37:18). 이러한 일을 행하시는 하나님은 크신 분이며 정의로우신 분입니다. 그러므로 사람의 할 일은 하나님을 경외하는 일이라고 결론을 내립니다. 하나님은 스스로 지혜롭다고 하는 사람을 무시합니다(욥 37:23-24).

지혜와 신현

엘리후의 말이 끝나자 하나님이 등장합니다. 하나님은 폭풍우 가운데 나타나며 욥이 하나님과 변론하기 원하였던 대로 말해 줍니다. 하나님은 욥에게 하나님이 묻는 질문에 답변하라고 요구합니다(욥 38:3). 하나님의 질문은 아주 길며 많습니다.

하나님의 질문은 창조에 관한 것입니다. 욥이 우주의 창조와 질서를 이해할 수 있는 지혜가 있는지, 우주를 다스릴 능력이 있는지를 묻습니다. 하나님이 세상을 창조하실 때, 욥이 어디에 있었는지를 질문합니다(욥 38:4). 이 질문에서부터 하나님과 욥의 사이는 벌어집니다. 이 질문에서 하나님은 창조주이시며 욥은 피조물일 뿐이라는 사실을 알아야 합니다. 피조물인 인간은 하나님과 변론할 수 있는 자격이 없습니다.

하나님은 계속하여 욥에게 세상이 어떻게 창조 되었는지를 묻습니다(욥 38:5-7). 인간의 사고 범위를 넘어서는 질문입니다. 인간이 관찰할 수 없는 것입니다. 욥이 답변할 수 없는 질문들입니다. 하나님과 욥 사이에 엄청난 차이가 있음을 볼 수 있습니다.

하나님은 욥에게 "땅의 너비를 네가 측량할 수 있느냐 네가 그 모든 것들을 다 알거든 말할지니라"(욥 38:18)고 묻습니다. 인간은 하나님이 창조해 놓으신 피조 세계조차도 다 이해할 수 없는 존재라는 것을 알게 하는 질문입니다. 하나님은 인간의 지혜가 유한하다는 것을 깨닫게 해 줍니다. 인간의 한계를 인정해야 합니다. 인간은 하나님의 창조 질서를 알 수 없을 뿐만 아니라 창조 세계를 유지할 수 있는 능력도 없습니다(욥 38:32).

하나님께서 창조의 질서와 신비에 관한 질문을 하신 후에 욥에게 이렇게 말합니다. "트집 잡는 자가 전능자와 다투겠느냐 하나님을 탓하는 자는 대답할지니라"(욥 40:2). 하나님은 욥을 "트집 잡는 자"와 "하나님을 탓하는 자"로 묘사합니다. 하나님이 창조하신 피조세계의 질서조차도 이해하지 못하는 자가 하나님이 욥에게 행하시는 일에 대하여 논쟁하려고 한다는 것입니다. 고난을 주시는 하나님의 섭리를 잘 모르는 자가 하나님을 탓합니다. 하나님이 행하시는 신비로운 일들이 있음을 겸손하게 인정해야 하는데 욥은 인정하지 않는 것입니다. 하나님의 질문들은 욥에게 하나님을 향하여 논쟁하며 토론할 것이 아니라 하나님이 창조주이심을 인정하고 받아들이라는 것입니다.

하나님은 폭풍우가운데서 다시 욥에게 답변을 요구합니다(욥 40:6-7). 하나님은 이번에는 공의의 문제를 질문합니다. "네가 내 공의를 부인하려느냐 네 의를 세우려고 나를 악하다 하겠느냐"(욥 40:8). 욥이 하나님의 재판을 폐하고 있는 것입니다. 자신의 의를 주장하기 위하여 하나님을 악하다고 합니다. "악하다 하겠느냐"는 '유죄 판결을 내리겠느냐'입니다. 욥은 지금 하나님을 죄가 있다고 몰아세우고 있는 중입니다.

이 질문에서 하나님은 욥에게 허락하신 모든 상황을 정리하고 있습니다. 지금 욥은 "네 의를 세우려"하고 있습니다. 욥은 하나님이 자신의 의를 빼앗아 갔다고 주장했습니다. "나의 정당함을 물리치신 하나님"(욥 27:2)에서 "정당함"(미쉬파트)은 '공의' 또는 '정의'입니다. 욥은 계속 자신의 무죄를 주장하며 순전함을 굳게 잡고 있습니다. 욥의 잘못은 자신의 의를 내세움으로 심판하시는 하나님을 악하다고 몰아붙이는 것입니다. 비록 욥이 지은 죄가 없다할지라도 욥의 순결함이 하나님의 심판을 유죄로 판결할 수는 없습니다. 단순하게 의인에게는 복을 주시고 악인에게는 재난을 주신다는 신학으로는 하나님이 하시는 모든 일을 다 평가할 수 없습니다.

하나님은 다시 욥의 능력을 말합니다. "네가 하나님처럼 능력이 있느냐"(욥 40:9). 욥이 하나님이 아니라는 사실을 일깨우십니다. 욥은 인간이 이해할 수 없는 하나님의 행동이 있다는 것을 받아들여야 합니다. 이러한 태도가 피조물이 가져야 할 겸손입니다.

다시 하나님은 욥에게 영광과 위엄을 입으라고 말합니다. 그리고 이 세상의 모든 교만한 자들을 찾아서 낮추라고 말씀하십니다(욥 40:10-13). 욥이 이러한 일을 할 수 있다면 하나님이 욥을 인정하실 것입니다. "그리하면 네 오른손이 너를 구원할 수 있다고 내가 인정하리라"(욥 40:14). 하나님은 이 말씀을 하심으로 "자기 의"를 주장하는 욥의 교만을 지적하십니다. 욥은 하나님의 심판 앞에서 자신의 의를 주장함으로 하나님 앞에서 피조물로서 취해야 할 태도를 잊어버리고 심판하시는 하나님께 분노하며 교만한 태도를 취한 것입니다.

창조와 창조 질서에 인간의 지혜로 알 수 없는 신비로움이 존재하듯이 하나님이 하시는 일에는 인간의 지혜로 다 알 수 없는 일들이 있습니다. 이해하려고 하지 말고 인정하며 신뢰하는 것이 피조물이 취해야 할 태도입니다.

하나님의 말을 들은 욥은 자신의 유한성을 인정합니다. 하나님의 일을 이해하지도 못하면서 성급하게 말했음을 고백합니다(욥 42:3). 욥은 자신의 지혜의 한계를 인정하며 스스로를 낮춥니다. "그러므로 내가 스스로 거두어들이고 티끌과 재 가운데서 회개하나이다"(욥 42:6). 욥은 하나님을 향하여 함부로 말했던 자신을 회개합니다. 욥은 자신의 지혜로 이해할 수 없는 하나님의 주권과 섭리를 온 몸으로 체험한 것입니다. 하나님은 욥의 회개를 받아들입니다. 그리고 욥에게 이전의 상태를 회복시켜 주십니다.

25.5 지혜와 인생의 허무

진도서는 먼저 "다윗의 아들 예루살렘 왕 전도자의 말씀이라"고 밝힙니다(선 1:1). "진도자"는 히브리어로 코헬렛입니다. 이 단어는 동사 '불러 모으나,' '소집하다'에서 나온 것 같습니다. 따라서 "전도자"는 '불러 모으는 사람'으로 일반적으로 '설교사,' '교사'로 번역합니다. 이러한 해석은 전도서 12:9-10과 잘 맞습니다. "전도자는 지혜자이어서 여전히 백성에게 지식을 가르쳤고 또 깊이 생각하고 연구하여 잠언을 많이 지었으며 전도자는 힘써 아름다운 말들을 구하였나니 진리의 말씀들을 정직하게 기록하였느니라."

전도자는 마치 회의주의자인 것처럼 보입니다. 그는 "헛되고 헛되며 헛되고 헛되니 모든 것이 헛되도다"라고 선언하기 때문입니다(전 1:2). 이 표현은 전도서 도처에서 발견할 수 있습니다. 그는 해 아래서 하는 모든 일이 헛되어 마치 "바람을 잡으려는 것"과 같다고 합니다(1:14; 2:11). 바람은 잡을 수 없습니다. 인생의 모든 일을 바람으로 즉 다 사라지는 것으로 이해하기 때문에 인생의 모든 일이 괴롭습니다(전 2:17). 인생의 모든 일을 가치 없는 것으로 이해합니다. 전도자는 또한 인생에 있어서 즐거움과 낙도 헛되다고 평가합니다(전 2:1). 사람이 수고한 모든 것을 뒷사람에게 물려줍니다. 그런데 그 사람이 지혜로운 사람인지 어리석은 사람인지 알 수 없습니다. 그 사람이 모든 것을 물려받아 관리하는데 잘 관리를 할지 모르기 때문에 이것 역시 헛되다고 평가합니다(전 2:18-20). 어떤 사람은 아들도 없고 형제도 없이 열심히 일을 합니다. 하지만 그의 수고에는 끝이 없고 행복을 느끼지 못합니다. 이것 역시 헛된 일입니다(전 4:7-8). 또한 사람이 수고하여 일이 잘 될 수 있습니다. 하지만 이 일들이 옆 사람의 시기와 질투를 일으키며 질시의 대상이 되기 때문에 이것 역시 헛됩니다(전 4:4). 왕이 백성들을 통치하지만 다음 세대는 그 왕을 기억하지 못합니다. 이것 역시 헛된 일입니다(전 4:15-16). 사람들은 눈에 보이지 않는 것보다 눈으로 보는 것을 신뢰합니다. 하지만 눈으로 보는 것 역시 헛되다고 말합니다(전 6:9).

전도자는 해 아래서 하는 모든 일들을 헛되다고 평가합니다. 이 헛되다는 것은 무의미와 쓸데없음이라는 의미이며, 비이성적인 것이라는 의미에서 어리석음을 뜻하며, 속히 지나가기 때문에 덧없음을 뜻합니다.

전도서는 시작(전 1:2)과 끝(전 12:8)에 "헛되다"고 말함으로 인생의 모든 일을 평가합니다. 그러면서도 그는 "해 아래에서 수고하는 모든 수고가 사람에게 무엇이 유익한가?"하고 묻습니다(전 1:3). 이러한 질문은 인생의 모든 것이 헛된 것으로만 끝나지 않을 것이라 것을 암시하는 것 같습니다.

그렇다면 전도자가 모든 일을 헛되다고 말하는 이유는 무엇인가? 인생의 끝이 죽음이기 때문입니다. 사람에게 지혜와 부와 명예가 있어도 죽으면 끝입니다. 전도자는 시작부터 이것을 말합니다. "이전 세대들이 기억됨이 없으니 장래 세대도 그 후 세대들과 함께 기억됨이 없으리라"(전 1:11). 한 시대에 있는 위대한 일은 시대가 지나감에 따라 다 묻히기 때문입니다. 사람이 열심히 일을 해서 모든 것을 이루어도 죽을 때 그 모든 것을 가져가지 못합니다. 이래서 전도자는 바람을 잡는 것이라고 말합니다. "내가 해 아래에서 내가 한 모든 수고를 미워하였노니 이는 내 뒤를 이을 이에게 남겨 주게 됨이라"(전 2:18). 사람은 이 땅의 모든 것을 놓고 가야 합니다. 그래서 전도자는 죽음을 전도서의 끝에 둡니다. "사람이 자기의 영원한 집으로 돌아가고 조문객들이 거리로 왕래하게 됨이니라"(전 12:5).

죽음 앞에서 인생은 제한적입니다. 하지만 그 제한적인 삶에도 기쁨이 있고 낙이 있습니다. 사람이 자기의 일을 즐거워하며 먹고 마시는 것입니다. 제한적인 인생이지만 그 인생을 즐기라는 것입니다. "사람이 먹고 마시며 수고하는 것보다 그의 마음을 더 기쁘게 하는 것은 없나니 내가 이것도 본즉 하나님의 손에서 나오는 것이로다"(전 2:24). 인생을 즐거워하는 것이 지혜입니다. 하지만 이 즐거움은 하나님께서 주시는 것입니다. 하나님으로부터 즐거움이 옵니다. 하나님의 선물입니다(전 3:13).

사람은 죽음이라는 큰 문 앞에 서 있습니다. 따라서 시간을 잘 알고 사용해야 합니다. 제한적인 인생을 잘 사는 방법은 시기를 잘 아는 것입니다. 날 때와 죽을 때, 심을 때와 뽑을 때, 죽일 때와 치료할 때, 울 때와 웃을 때, 사랑할 때와 미워할 때, 전쟁할 때와 평화할 때를 아는 것이 지혜입니다.

사람은 시간 안에서 살아갑니다. 시간 속에서 모든 일들이 일어납니다. 그런데 이 모든 시간을 주관하시는 분이 하나님입니다. "하나님이 모든 것을 지으시되 때를 따라 아름답게" 하셨습니다(전 3:11). 하나님은 또한 이 시간 속에서 역사하십니다. 사람의 모든 행위를 주관하시는 것입니다. 그렇지만 사람은 하나님이 하시는 일을 볼 수 없습니다. "그러나 하나님이 하시는 일의 시종을 사람으로 측량할 수 없게 하셨도다"(전 3:11). 하나님이 역사 속에서 모든 일을 행하십니다. 그러나 사람은 하나님의 일을 예측하거나 헤아려볼 지혜가 없습니다. 하나님이 이 모든 일을 이렇게 하시는 이유는 사람으로 하나님을 경외하게 하기 위함입니다. "하나님께서 행하시는 모든 것은 영원히 있을 것이라 그 위에 더 할 수도 없고 그것에서 덜 할 수도 없나니 하나님이 이같이 행하심은 사람들이 그의 앞에서 경외하게 하려 하심인 줄을 내가 알았도다"(전 3:14).

제한된 인생을 살아가는 사람은 죽음을 항상 염두에 두어야 합니다. 이것이 참된 지혜입니다(전 7:4). 왜냐하면 죽음은 모든 사람, 의인이나 악인, 지혜로운 자나 어리석은 자, 부자나 가난한 자에게 일어나기 때문입니다.

참된 지혜자라도 세상에서 일어나는 선과 악의 모든 일들을 다 이해할 수 없습니다. 하나님이 이 세상의 일들에 관여하시기 때문입니다(전 8:17). 다만 사람이 열심히 일을 해서 얻은 것을 아내와 함께 즐거워하는 것입니다(전 9:7, 9). 더 나아가 죽음이 오기 전에 젊었을 때에 창조주 하나님을 기억하는 것(전 12:1), 이것이 가장 가치 있는 일입니다. 하나님을 기억하고 그를 경외하며 그의 말씀을 따라 인생을 살아가는 것이 허무를 극복하는 길입니다(전 12:13). 이것이 인생의 본분입니다. 또한 하나님이 이 세상의 모든 일을 심판할 날이 있기 때문입니다. 인생이 허무하게 느껴지는 사람은 하나님을 발견할 때, 인생의 참된 가치를 깨달을 수 있습니다.

26

찬양 - 인간의 반응(1)

읽어야 할 본문: 시편

찬양은 하나님의 구원에 대한 인간의 반응입니다(참고. 출 15장). 찬양은 시편에 주로 나옵니다. 시편은 '찬양의 노래들'이며 이스라엘 공동체의 예배 시에 자주 사용되었습니다.

시편은 단일 저자의 작품이 아니라 하나의 모음집입니다. 시편이 시의 모음집이라는 것을 1편부터 따라 읽어보면 알 수 있습니다. 1편과 2편 그리고 3편의 시들이 주제나 역사의 연결고리가 없습니다. 따라서 1편부터 150편의 시들은 어떤 주제를 가지고 모아놓은 것이 아닙니다. 시편들이 개별적인 작품들이다 보니 시편들 사이에 역사적인 시간 차이도 많이 납니다.

예를 들면, 90편(표제어는 "하나님의 사람 모세의 기도"입니다)은 모세 시대의 시로 간주됩니다. 그러나 126편은 포로 시대 후의 작품입니다. 1절에 "여호와께서 시온의 포로를 돌려보내실 때에 우리는 꿈꾸는 것 같았도다"라고 노래하기 때문입니다. 90편과 126편 사이의 시간은 거의 천 년 이상 차이가 납니다. 시편 150편 전체는 어떤 주제나 역사의 흐름과 같은 통일성이 없이 한데 모아진 시들입니다.

26.1 시편의 구조

시편은 다섯 권의 책으로 나누어져 있습니다. 시편의 편집자들이 어떤 기준으로 시편을 5권으로 나눴는지는 확실하지 않습니다. 또한 시편의 전체적인 배열이 어떠한 의도나 계획에 따라 이뤄졌는지에 대해서도 명확하지 않습니다. 시편 5권은 각기 완전하고 독립적인 단일 작품으로 간주할 만한 내적 근거도 없습니다. 시편의 편집자들은 이스라엘의 찬송 집을 만들기 위해 다양한 시들을 하나로 결합시켰을 것입니다. 시편 150편은 한 사람의 저자가 다 쓴 것이 아니라 이 시들은 오랜 역사를 통하여 편집되었습니다. 따라서 시 하나 하나는 다양한 내용과 형식을 갖고 있습니다. 학자들은 일반적으로 그 시의 내용과 분위기에 따라 찬양시, 탄식시, 감사시, 신뢰의 시, 지혜시, 제왕 시로 구분합니다.

그럼에도 불구하고 특이한 것은 시편의 각 권들이 송영으로 끝난다는 사실입니다. 1-4권의 맨 마지막은 송영으로 끝이 납니다. 5권 끝에는 송영이 나오지 않지만 시편 150편 전체가 송영의 성격을 갖습니다.

1권: 1-41편. "이스라엘의 하나님 여호와를 영원부터 영원까지 송축할지로다 아멘, 아멘"(41:13).

2권: 42-72편. "그 영화로운 이름을 영원히 찬송할지어다 온 땅에 그의 영광이 충만할지어다 아멘, 아멘. 이새의 아들 다윗의 기도가 끝나니라"(72:19-20).

3권: 73-89편. "여호와를 영원히 찬송할지어다 아멘, 아멘"(89:52).

4권: 90-106편. "여호와 이스라엘의 하나님을 영원부터 영원까지 찬양할지어다 모든 백성들아 아멘 할지어다. 할렐루야"(106:48).

5권: 107-150편. "할렐루야"로 시작해서 "호흡이 있는 자마다 여호와를 찬양할지어다 할렐루야"로 끝나는 150편은 전체를 송영으로 간주할 수 있을 것입니다.

각 권을 마무리하는 절이 여호와를 찬양하는 송영으로 끝나는 점은 시사하는 바가 큽니다. 시편 전체가 여호와를 찬양하고 있는 것입니다. 언약의 파트너인 이스라엘은 그들의 하나님 여호와를 찬양하고 있습니다. 이스라엘은 하나님께 찬양으로 반응합니다.

시인은 여호와를 찬양할 것을 권면합니다. 하나님의 백성은 하나님을 찬양해야 할 이유가 있습니다. 시인은 하나님의 창조를 노래합니다. 하나님의 천지 창조는 찬양의 이유입니다. 시편 104편은 창세기 1장의 창조 순서와 아주 유사합니다(1.4 창조의 신학적 고찰 참고). 시인은 하나님의 창조 사역을 아주 자유롭고 풍부한 시적 언어로 표현합니다.

시인은 여호와의 구원을 노래합니다. 과거에 하나님이 행하신 위대한 구속 행위들을 언급합니다. 자주 언급하는 사건들은 출애굽 사건(77:16)과 다윗 언약을 통해 다윗 왕조가 수립된 사건(89; 132편)입니다. 하나님이 과거에 행하신 구속 행위들을 거론하는 시들은 일련의 하나님의 행위들을 하나씩 열거합니다(78; 105; 106; 135; 136편). 이 시편들의 주제는 하나님의 기사(105:2)입니다. 이스라엘은 하나님의 행위들을 열거하며 하나님을 찬양합니다. 시편 136편은 매 구절마다 하나님이 과거에 이루신 구속 행위를 회상하며 "그 인자하심이 영원함이로다"라는 후렴구가 나옵니다.

하나님이 이스라엘을 이집트에서 구원한 사건을 말합니다(114편). 하나님이 홍해와 요단을 가르신 이적을 이렇게 노래합니다. "바다가 보고 도망하며 요단은 물러갔으니"(114:3). "바다야 네게 도망함은 어찌함이며 요단아 네가 물러감은 어찌함인가"(114:5). 바다와 강을 의인화시켜서 하나님의 이적 앞에서 도망한다고 표현합니다.

이렇게 하나님의 창조와 출애굽 구원 그리고 가나안 땅을 주신 하나님께 감사하며 노래하는 시도 있습니다(136편). 이스라엘은 하나님의 구원을 경험합니다. 이스라엘의 구원자는 왕이 아니라 하나님입니다. 이스라엘은 하나님을 진정한 왕으로 고백합니다. "왕이신 나의 하나님이여 내가 주를 높이고 영원히 주의 이름을 송축하리이다"(145:1). 또한 이스라엘의 왕이신 여호와께서 계시는 왕의 성소를 찬양합니다(46편). 시인은 여호와가 이스라엘의 왕일뿐만 아니라 세계의 왕이심을 밝힙니다. "너희는 가만히 있어 내가 하나님

됨을 알지어다 내가 뭇 나라 중에서 높임을 받으리라 내가 세계 중에서 높임을 받으리라"(46:10).

하나님이 이스라엘의 왕입니다. 이러한 사상은 하나님과 이스라엘이 시내산에서 맺은 언약에 기초합니다. 하나님과 이스라엘이 언약을 맺음으로 여호와는 이스라엘의 하나님이 되고 이스라엘은 하나님의 백성이 되었습니다. 이스라엘이 하나님의 백성입니다. 여기서 하나님이 이스라엘의 왕이라는 사상이 나옵니다. 그래서 이스라엘은 고대 근동의 국가들과 다릅니다. 고대 근동의 국가들은 왕이 법을 제정, 선포하는데 반하여 이스라엘에서는 여호와께서 법을 제정, 선포하십니다. 그래서 이스라엘은 여호와께서 주신 법을 찬양합니다(19편, 119편).

또한 이스라엘은 하나님의 성품을 찬양합니다. "할렐루야 여호와께 감사하라 그는 선하시며 그 인자하심이 영원함이로다"(106:1). 여호와의 선하심과 인자하심이 이스라엘을 구원하는 가장 큰 동기입니다. 여호와의 다함이 없는 사랑이 역사 속에서 이스라엘을 구원하는 행동으로 나타납니다. 이래서 시인은 하나님의 성품을 찬양합니다.

시들은 성전 예배 시에 사용되었습니다. 일명 "성전에 올라가는 노래"(120-134편)는 아마도 절기 때에 예배자들이 예루살렘 성전에 올라가면서 불렀을 것입니다. "지파들 곧 여호와의 지파들이 여호와의 이름에 감사하려고 이스라엘의 전례대로 그리로 올라가는도다"(122:4). 또한 할렐루야 시편들도 발견됩니다. "여호와를 찬양하라"는 뜻을 가진 할렐루야로 시작해서 할렐루야로 끝나는 시편들입니다(146-150편). 이 시들을 시편 끝에 둠으로 시편의 편집자는 시편을 통해서 여호와를 찬양하기 위한 의도를 분명히 밝히고 있습니다.

시편의 1/3을 형성하고 있는 탄식시는 고난과 어려움 가운데서 하나님의 개입과 구원을 요청합니다. 고난 가운데서(전쟁, 질병, 곤궁, 근심) 하나님께 호소하며 불평하기도 하지만 근본적으로 하나님을 신뢰합니다. 그래서 하나님의 구원을 간구하며 하나님께 감사하며 찬양하기도 합니다. 시편 기자는 자주 자신이 하나님의 선하심과 권능을 신뢰한다고 표현합니다.

26.2 찬양과 지혜

시편 1편은 시편을 들어가는 현관문과 같습니다. 시편은 제일 먼저 "복 있는 사람"을 말합니다. 복이 있는 사람이 누구인가, 복은 어디서 기원하는가를 다룹니다. 1편에서 말하는 복은 장수, 물질, 건강 그리고 권력에 있지 않습니다. 복은 하나님의 법에서 기인하며 하나님의 법을 따라 사는 사람이 복 있는 사람임을 밝힙니다. 이것이 성공적인 인생을 사는 방법이며 지혜로운 삶입니다. 이래서 시편 1편은 지혜의 시 또는 율법 찬양시라고 불립니다.

시인은 복 있는 사람에 대하여 부정으로 시작하여(시 1:1) 긍정으로 나아갑니다(시 1:2). 복 있는 사람은 '-하지 않다'라는 부정이 세 번이나 나오고 있습니다(아래 나오는 시편들은 저자의 사역입니다).

> 복 있는 사람은 악인들의 조언 안에 걷지 아니하며,
> 죄인들의 길 안에 서지 아니하며,
> 비웃는 자들의 자리 안에 앉지 않는다(시 1:1).

동사들 '걷다,' '서다,' '앉다'는 유사 동의어를 이루고 있습니다. '걷다'는 진행 중인 동작을, '서다'는 진행 중인 동작에서 잠시 멈추는 것을 그리고 '앉다'는 아예 동작을 멈추고 고정된 것을 보여줍니다.

복 있는 사람과 대조되는 사람은 악인들, 죄인들, 비웃는 자들입니다. 복 있는 사람이 단수인데 반하여 이들은 모두 복수입니다.

이들의 행동은 모두 전치사 '안에' 있는 것이 특징입니다. '조언 안에,' '길 안에' 그리고 '자리 안에' 있습니다. '조언'의 다른 의미는 '회의'입니다. 악인들이 복수이듯이 이 '조언'은 악인들의 '회의'에서 나온 결의, 꾀, 충고를 의미합니다. 그래서 구약 헬라어 성경은(70인경) '계획,' '의도,' '목적'으로 번역합니다. 복 있는 사람은 악인들의 회의에서 나온 계획과 조언을 따르지 않습니다.

'죄인들'에서 '죄'는 목표물을 맞히지 못한 것을 뜻합니다. 따라서 죄인들은 목표물에서 벗어난 사람들입니다. '죄인들의 길'은 어떤 정해진 목표물에

서 벗어난 길입니다. 목표물은 2절을 보면 율법을 의미합니다. 죄인의 길은 하나님의 율법에서 벗어난 길입니다.

'비웃는 자'는 '조롱하는 자,' '경멸하는 자'입니다. 이들은 여호와의 율법을 비웃는 자들로서 율법에서 제시하는 인생의 길을 조롱하면서 딴 길로 가는 자들입니다.

시인은 복 있는 사람에 대하여 2절에서 긍정적으로 제시합니다. 1절과 반대되는 내용입니다. 복 있는 사람의 기쁨은 '여호와의 율법 안에' 있습니다.

> 그러나 그의 기쁨은 여호와의 율법 안에 있다,
> 그리고 그는 그의 율법 안에서 묵상한다, 주야로(시 1:2).

복 있는 사람은 '악인들은 조언 안에', '죄인들의 길 안에', 그리고 '비웃는 자들의 자리 안에' 있지 않고 '여호와의 율법 안에' 있습니다. 전치사 '안에'를 주목하십시오. 율법은 '법'을 의미하기도 하지만 '가르침' 또는 '교훈'으로도 번역합니다. 유대인의 번역 성경은 '가르침', '교훈'으로 번역합니다(JPS, TNK).

'묵상하다'는 목소리를 밖으로 내는 것을 의미합니다. 즉 낮은 목소리로 웅얼거리는 것입니다. 이것은 암송한 율법을(고대에는 책이 귀했기 때문에 암송이 발달) 낮은 목소리로 웅얼거리면서 말하는 것인지 아니면 쓰여 있는 율법을 읽는 것인지 명확하지 않습니다. 쓰여 있는 율법이라면 여러 사람들 앞에서 율법을 읽는 것이 아니라 혼자서 조용히 읽는 것을 의미합니다.

1절에서 '걷다,' '서다,' '앉다'라는 동사들은 행동을 보여주는 반면에 2절의 '묵상하다'와 대조를 이룹니다. 사람은 행동하기 전에 먼저 하나님의 뜻을 발견하기 위해 법을 묵상해야 합니다. 행동보다 선행되어야 할 것이 법을 읽고 묵상하는 것입니다.

여호와의 율법을 읽고 묵상하는 것은 악인들의 조언 안에 걷는 것과 비교됩니다. 여호와의 법을 따를 것인가? 아니면 악인들의 조언을 따를 것인가? 이것은 서로 반대되는 길입니다.

복 있는 사람은 시냇가에 심겨진 나무에(시 1:3) 그러나 악인은 바람에 날리는 겨에 비유됩니다(시 1:4).

> 그리고 그는 시냇가에 심겨진 나무와 같다,
> 그것은 그의 때에 그의 열매를 준다,
> 그리고 그것의 잎은 마르지 않는다,
> 그리고 그가 행하는 모든 것은 번영한다(1:3).
> 악인들은 이와 같지 않다,
> 그러나 바람이 날려 버리는 겨와 같다(1:4).

물이 있는 곳은 아주 비옥하고 좋은 땅입니다. 수분을 충분히 공급받는 나무는 가지가 튼튼하고 잎사귀가 무성합니다. 그리고 좋은 열매를 맺습니다. 율법을 묵상하는 사람은 시냇가에 심겨진 나무와 같이 번영합니다. 반대로 악인은 겨와 같이 바람에 날려갑니다. 아무런 가치가 없습니다. 열매 맺는 나무와 겨는 두 가지의 상반되는 길, 열매 맺는 삶과 가치 없는 삶을 보여줍니다.

'번영하다'는 '성공하다', '형통하다'의 뜻을 갖고 있습니다. 율법을 지키면 형통하며 복을 받을 것이라는 사상은 모세와 여호수아에게서 볼 수 있습니다. 모세는 그의 설교에서 하나님의 말씀을 이스라엘이 지키면 복을 받지만 지키지 않을 경우 저주를 받을 것이라고 선언했습니다(신 28장). 하나님은 여호수아에게도 율법을 따라 살 것을 명령하십니다. 율법을 묵상하며 그 말씀을 따라서 살아갈 때 여호수아의 길은 형통할 것입니다(수 1:8).

겨와 같이 날려가는 악인의 최후를 설명합니다. 시 1:5절은 생략법을 보여줍니다.

> 그러므로 악인들은 심판 안에 서지 못한다,
> 그리고 죄인들은 의인들의 회중 안에 (서지 못한다).

'심판'은 하나님이 악인들에게 내리시는 심판을 말합니다. 악인들은 하나님의 심판을 견디지 못합니다. 복 있는 사람은 '죄인들의 길 안에 서지'(1:1) 아니하는데 반하여 악인들은 '심판 안에 서지 못' 합니다. 묘한 대조를 보입니다.

'악인들'의 유사어로 6절에서 '죄인들'이 다시 나타납니다. '죄인들' 역시 '의인들의 회중 안에' 서지 못합니다. '의인들의 회중'은 '의인들의 모임'을 말합니다. '의인들'은 이 시편에서 '복 있는 사람'이며 '율법 안에서 묵상'하는 사람들입니다.

마지막 6절은 의인과 악인의 결론을 말합니다. '왜냐하면'은 '복 있는 사람'과 '악인들'의 운명이 왜 상반되는 길로 갈려지는 지를 설명합니다.

왜냐하면 여호와는 의인들의 길을 아시며
악인들의 길은 멸망할 것이기 때문이다(1:6).

의인들의 길이 형통한 이유는 여호와께서 그 길을 아시기 때문입니다. '안다'는 체험적인 지식입니다. 여호와는 의인들의 삶의 길을 다 보고 듣고 아십니다. 그러나 악인들의 길에는 여호와의 간섭이 없습니다. 의인과 악인의 결과가 대조적입니다. 의인은 하나님께 인정을 받지만 악인은 망합니다.

시편 1편은 시편의 세계에 들어가는 입구입니다. 시편을 읽는 사람은 일편부터 읽기 때문입니다. 시편 1편은 인생의 길을 두 가지로 제시합니다. 하나님이 인정하시는 길과 멸망의 길입니다. 하나님이 인정하시는 길은 하나님의 법을 묵상하며 법을 따라 살아가는 삶입니다. 하나님은 이런 사람들을 시냇가에 심은 나무와 같이 번영의 길로 인도하십니다. 그러나 하나님의 법을 무시하고 조롱하며 다른 길로 벗어나는 사람들은 바람에 나는 겨와 같습니다. 그들의 종국은 파멸입니다.

하나님이 인정하시는 형통한 삶은 지혜로운 삶입니다. 시편 일편이 지혜의 시로 불리는 이유를 깊이 생각해야 합니다. 하나님의 말씀이 우리 삶에 지혜를 줍니다. 하나님의 말씀에 따라 지혜롭게 자신의 일을 처리할 때 하나님은 우리에게 형통의 길을 주실 것입니다.

26.3 창조와 토라

시편 19편은 내용 면에서 1-6절과 7-14절 두 부분으로 확연히 나누어지기 때문에 마치 두 편의 시를 한 편으로 합쳐 놓은 것과 같은 인상을 받습니다. 1-6절은 창조에 대하여 그리고 7-14절은 하나님의 율법에 관하여 노래합니다.

창조는 일반 계시이며 토라는 특별 계시입니다. 인간은 일반 계시를 통하여 하나님이 행하신 일을 발견할 수 있습니다. 창조물은 하나님의 작품이며 창조주가 계심을 반영합니다. 그러나 창조는 인류를 향한 하나님의 구속적인 계획과 뜻을 말하지는 않습니다. 하나님의 뜻은 특별 계시를 통해 주어집니다. 특별 계시는 인간을 향한 하나님의 구속적인 계획을 설명합니다. 타락한 인간은 특별 계시인 율법을 통하여 죄를 깨닫고 하나님께 나아갈 수 있습니다. 이 시편에서 두 주제, 창조와 율법이 함께 하나님의 영광과 하나님의 뜻을 나타냅니다. 특별히 토라는 시편 기자에게 태양보다 더 많은 영감과 감동을 줍니다. 토라를 통해서 시편 기자는 하나님께 나아갑니다.

이 시편에서 하나님의 이름을 사용하는 것도 대조됩니다. 1-6절에서는 '하나님'이 그러나 7-14절에서는 '여호와'가 사용되었습니다.

시인은 하나님이 하늘을 만드셨다고 선언합니다. 일반적으로 하늘은 땅과 대조를 이루어 많이 나타납니다. 그런데 여기서는 하늘과 창공이 유사 단어로 쌍을 이루어 나옵니다.

> 하늘은 하나님의 영광을 말하며
> 창공은 그의 손의 일을 선언한다(19:1).

궁창은 땅과 물위에 투명하게 넓고 멀리 뻗은 공간을 의미합니다. 하늘에 있는 둥근 천장과 같습니다. '그의 손의 일'은 하나님의 손의 행위입니다 하늘과 창공은 하나님의 작품입니다. 하늘과 창공은 하나님의 영광을 반영합니다(참고. 시 8:1, 3). '말하며'는 '자세히(또는 차례대로) 이야기하다', '열거하다'라는 의미입니다. '선언한다'는 '말하다'로 '알게 한다', '보여준다'입니다. 하늘과 궁창이 의인화되었습니다.

하늘과 창공이 의인화 된 것 같이 날과 밤도 의인화 되었습니다.

날은 날에게 말을 쏟아내며

밤은 밤에게 지식을 보여준다(19:2).

날과 밤이 서로 쌍을 이루고 있습니다. '날'은 '낮'으로도 번역될 수 있습니다. 하늘과 창공이(19:1) 공간적인 개념을 말한다면 날과 밤은 시간적인 개념입니다. '쏟아내며'는 말을 쏟아 내거나 붓는 것으로 '말하다', '선언하다'의 의미를 담고 있습니다. '보여 준다'는 '알게 한다', '선포한다'는 뜻입니다. 날과 밤이 말하며 보여주는 것은 '지식'입니다. '지식'은 창조주 하나님에 관한 지식입니다. 하나님의 손이 하늘을 만드셨다는 것을 날과 밤이 전해주는 것입니다. 마치 육상 선수들이 계주하는 것처럼 날과 밤은 계속 이어집니다.

홍미롭게도 날이 날에게 계속 말을 하고 있습니다. 그러나 실상 들리는 소리는 없습니다.

말이 없고 말씀들이 없다

그들의 목소리는 들리지 않는다(19:3).

'말'은 '언어', '표현'이며 '말씀들'과 유사어입니다. 하늘이 말하며 창공이 선언하며 날이 말을 쏟아냅니다(19:1-2). 그러나 그들의 언어와 말은 없습니다. 그들의 목소리는 들리지 않습니다. 삼중 부정어 '없고', '없다', '않는다'의 사용이 인상적입니다. 1절의 '말하며', '선언 한다' 그리고 '말을 쏟아내며'와 병행을 이루고 있기 때문입니다.

하늘과 창공 그리고 날과 밤이 계속 말을 하며 무엇인가를 선언하고 있지만 그들의 목소리는 사람이 들을 수 있는 소리가 아닙니다. 들을 수 없는 소리로 말하고 있습니다. 하늘과 창공은 침묵하고 있지만 실제로 무언가를 말하고 있는 것입니다. 큰 소리는 없지만 그들의 소리는 온 땅에 울려 퍼지고 있습니다. 하늘이 존재한다는 것 자체가 메시지를 전합니다. 하늘과 창공을 만드신 분에 대하여 증거하고 있습니다.

비록 그들의 말소리는 들리지 않지만 온 세상 안에 퍼져 나가고 있습니다.

온 땅 안에 그들의 선이 나아가고

세상의 끝 안에 그들의 말들이 (나아간다)(19:4).

'그들의 선'은 3절과 관련해서 생각해 보면 '그들의 목소리'를 의미하는 것 같습니다. 그래서 개역 개정은 '그의 소리'로 번역합니다. 그들의 목소리가 들리지 않음에도 불구하고 그들의 말들이 온 땅 안에 퍼져나갑니다. 그들의 말들은 온 세상의 구석구석으로 나아갑니다.

창조의 주제가 하늘, 날과 밤에서 이제 해로 변합니다.

해를 위하여 그가 그것들 안에 천막을 두셨다(19:4).

그리고 그는 신랑같이 그의 집에서 나온다,

그는 길을 달리는 용사같이 기뻐한다(19:5).

'그것들 안에'는 문맥의 흐름에서 '온 땅'과 '세상'을 의미합니다. '그'(19:4)는 하나님을 뜻합니다. 즉 하나님이 세상 안에 해를 위하여 천막을 두셨다는 것입니다. 천막은 사람이 거주하는 곳입니다. 마치 사람이 천막이나 장막 안에 거하는 것과 같이 태양이 이 세상 안에 머무는 것으로 표현한 것입니다.

'그'(19:5)는 해를 의미합니다. 태양을 직유법을 사용하여 두 개의 이미지, 신랑과 용사로 비유하고 있습니다. 해가 뜨는 것을 신랑에 비유합니다. 막 결혼한 신랑이 자기 집 또는 방에서 나올 때 기쁨과 즐거움에 겨워있습니다. 해가 뜨는 상태를 신랑의 기쁨에 비유합니다.

또한 시인은 태양을 길을 달리는 용사에 비유합니다. 길을 달리는 용사는 힘이 있고 용맹스럽습니다. 이것은 해가 운행할 때 힘 있게 비취는 상태를 말합니다. 태양이 뜨겁게 내리 비췰 때, 태양은 힘이 있고 강렬합니다.

태양은 고대 근동의 국가들에서 신으로 숭배되었습니다. 이집트에서 태양은 신으로 숭배되었습니다. 모세는 이스라엘에게 태양을 섬기지 말 것을 당부하였습니다(신 4:19). 이스라엘에서 실제로 태양을 신으로 섬겼던 일도 있었습니다(왕하 21:5). 하지만 시인은 여기서 태양도 역시 하나님이 손으로 만드신 것이라고 인식하고 있습니다.

시인은 계속해서 태양의 일출과 일몰을 설명합니다.

그의 나옴은 하늘의 끝에서부터
그리고 그의 순회는 그것들의 끝으로
그리고 그의 빛에서 아무 것도 숨기지 못한다(19:6).

태양은 하늘 끝에서 나와서 다른 끝으로 나아갑니다. 태양의 온기와 빛에서 아무 것도 숨길 수 없습니다. 태양은 온 세계를 비춰줍니다. 하나님이 만드신 태양은 온 인류에게 따스한 빛과 온기를 전해줍니다. 그래서 모든 만물이 생동할 수 있습니다.

시인은 7-14절에서 여호와의 율법을 노래합니다. 일명 토라 찬양 시입니다. 토라는 하나님의 특별 계시입니다. 토라에 하나님의 뜻이 선명하고 확실하게 나타납니다. 하나님은 율법을 통하여 인류를 향한 자신의 뜻을 밝히셨습니다.

여호와의 율법에 대한 첫 번째 찬양은 '완전하다'는 것입니다.

여호와의 율법은 완전하다, 영혼을 돌아오게 하며
여호와의 증거는 확실하다, 단순한 자를 지혜롭게 하며(19:7).

'여호와의 율법'은 '여호와의 교훈' 또는 '여호와의 가르침'으로도 번역될 수 있습니다. 8절에 '교훈'이라는 표현이 나오기 때문에 여기서는 '법', '율법'으로 번역하는 것이 좋습니다.

'완전하다'는 '흠(오점)이 없는' 상태를 말합니다(참고. 롬 7:12, 14). '여호와의 법'은 인간이 따라야 할 규범입니다. 이 법을 따라서 살아가는 사람들은 하나님께 복을 받습니다(시 1편; 시 119:1).

율법의 특성을 말한 후에 이제 율법의 기능을 설명합니다. '영혼을 돌아오게 하며'는 '돌아오다'의 히필 분사형으로 '영혼을 회복시키며', '영혼을 소성 시키며', '영혼을 개심 시키며'의 뜻을 갖습니다. 율법은 사람의 영혼을 다룹니다. 사람의 영혼을 새롭게 하며 바꿀 수 있습니다.

'여호와의 증거'는 '여호와의 율법'과 평행을 이룹니다. '증거'는 법을 설명하는 단어로 유사 단어입니다. 증거 궤, 법 궤, 언약 궤를 생각해 보십시오. 증거는 율법과 유사 동의어입니다.

'확실하다'는 '확증하다', '확인하다'입니다. '여호와의 증거'는 확실한 것으로 사람들이 믿을만한 것입니다.

'여호와의 증거'의 기능은 단순한 사람들을 지혜롭게 하는 것입니다. '단순한 자'는 '어리석은 자', '우둔한 자'를 뜻하기도 합니다. 단순한 사람을 지혜롭게 하는 것은 하나님의 법입니다. 이것은 법의 기능을 말합니다. 모세에 따르면 지혜와 지식은 여호와의 말씀을 행하며 지킬 때 옵니다(신 4:6).

'여호와의 율법'과 '여호와의 증거'는 다시 '여호와의 교훈'과 '여호와의 계명'과 평행을 이루어 나옵니다.

> 여호와의 교훈들은 옳다, 마음을 기쁘게 하며
> 여호와의 계명은 순수하다, 눈들을 밝게 하며(19:8).

'교훈들'은 '가르침', '훈계'로도 번역될 수 있는 단어입니다. "여호와의 교훈들은 옳다"라고 선언됩니다. '옳다'는 '정직한', '곧은'의 뜻입니다. 여호와의 교훈은 곧고 똑바르기 때문에 부정을 싫어합니다. 그래서 사람의 마음을 기쁘게 하며 즐겁게 합니다.

'여호와의 계명'에서 '계명'은 '명령'으로도 번역됩니다. '순수하다'는 '정결한', '깨끗한', '순결한'을 의미합니다. 여호와의 명령의 순수성을 말합니다. 여호와의 명령은 순수해서 사람들의 눈을 밝게 합니다. 하나님의 말씀이 사람의 눈을 열어줍니다. 확실히 사람의 눈이 열려야 하나님의 법을 깨달을 수 있습니다(참고. 시 119:18). 눈과 귀가 열려야 하나님의 말씀을 깨달을 수 있는 것입니다(참고. 사 6:9).

'여호와의 두려움'과 '여호와의 심판'은 '여호와의 율법', '여호와의 증거', '여호와의 교훈', '여호와의 계명'과 병행을 이루고 있습니다.

> 여호와의 두려운은 깨끗하다, 영구히 서며
> 여호와의 심판들은 진리이다, 그것들은 함께 의롭다(19:9).

'여호와의 두려움은 깨끗하다'는 '여호와를 두려워하는 것이 깨끗하다 또는 순수하다'는 의미입니다. '여호와의 두려움'은 '여호와의 경외'입니다. 여호와를 두려워하는 것은 존경, 숭배, 예배의 감정이 담겨있습니다. 여호와를 두려워하는 사람은 여호와의 말씀을 들으며 순종합니다. 두려움의 감정이 하나님을 섬기는 출발점입니다.

'여호와의 심판들'은 '여호와의 법령들(규례들, 법규들)'로도 번역이 가능합니다. 심판은 법에 근거합니다. 따라서 '여호와의 심판'은 진리입니다. 여호와의 재판에는 거짓이 없습니다. 그래서 이것들은 의롭다고 선언됩니다.

시인은 비교급을 사용하여 율법의 가치를 말합니다. 시인은 법을 가장 값진 금과 가장 달콤한 꿀과 비교하고 있습니다. 인간에게 더 중요한 것은 부를 상징하는 금과 미각을 자극하는 꿀이 아니라 법이라는 것을 알려줍니다.

금과 많은 순금보다 더 갖고 싶고
꿀과 벌집에서 흐르는 꿀 보다 더 달다(19:10).

'갖고 싶고'는 '탐나는', '호감이 가는', '바라는'의 뜻입니다. 모든 사람이 탐내는 것이 바로 금입니다. 금은 귀금속의 대표성을 갖으며 부의 상징입니다. 시인은 여호와의 법은 금과 많은 순금보다 더 갖고 싶고 탐나는 것이라고 고백합니다.

법은 또한 꿀에 비교되고 있다. '벌집에서 흐르는 꿀'이라는 표현이 상당히 인상적입니다. 벌집에 가득 담긴 꿀을 상상해 보십시오. 얼마나 달콤하며 맛있겠습니까? 그 꿀보다 더 달콤한 것이 바로 여호와의 법입니다.

더 나아가 시인은 법이 사람에게 주는 유익을 언급합니다.

또한 당신의 종이 그것들로 경계를 받는다
그것들을 지킴으로 많은 상이 있다(19:11).
실수들! 누가 이해하겠습니까?
숨겨진 것으로부터 나를 깨끗케 하소서(19:12).

'경계를 받는다'는 '주의(교훈, 가르침)를 받는다'는 의미입니다. 여호와의 법은 인간에게 교훈과 가르침을 줍니다. 그래서 그것을 지키는 사람에게 상을 줍니다. '많은 상이 있다'는 '많은 결과가 있다'는 뜻으로 여호와의 법을 지킬 때 받는 유익이 많다는 것입니다.

'실수들! 누가 이해(인식)하겠습니까?'는 아마도 '누가 (그의) 실수들(을)

이해하겠습니까?'라는 의미인 것 같습니다(NIB, NIV, RSV). 개역 개정은 "자기 허물을 능히 깨달을 자 누구리요" 하고 번역했습니다. 여호와의 법으로 경계를 받고 훈계를 받은 사람은 자기 자신의 실수들을 발견할 수 있을 것입니다. 자기 실수들을 인식하고 하나님께 나아가는 것입니다.

'숨겨진 것으로부터'는 '은밀한 것으로부터'이며 '숨겨진 죄', '은밀한 죄'를 뜻합니다. 자기의 숨겨진 죄로부터 자신을 깨끗케 해 달라는 것입니다. 주의 법으로 경계를 받고 자신의 실수를 깨닫는 사람은 이제 자신의 죄를 고백하며 씻음 받기를 원하는 것입니다. 시인은 자신의 실수를 발견하고 정결케 되기를 바라고 있습니다.

시인은 자신의 '실수', '숨겨진 것'을 말하더니 이제 더 직접적으로 '교만'을 언급합니다.

> 또한 당신의 종을 교만들로부터 지켜주소서!
> 그것들이 나를 지배하지 않게 하소서
> 그러면 내가 완전해지고 내가 많은 반역에서 자유로워질 것이다(19:13).
> 나의 입술의 말들과 나의 마음의 묵상이 당신 앞에서 기쁨이 되게 하소서
> 오 여호와여 나의 반석, 나의 구원자시여(19:14).

'교만'은 '거드럭거리는', '주제넘은', '건방진'의 의미가 있습니다. 주제넘은 행위를 억제하기를 바라는 것입니다. 시인은 더 나아가 교만이 자신을 지배하지 않기를 기도합니다.

'완전해지고'는 '흠이 없고'입니다. 숨겨진 죄를 깨끗이 하고 교만을 억제하면 시인은 하나님 앞에서 흠이 없어질 것입니다. 그리고 반역에서도 자유로워질 것입니다. 여기서 '반역'은 '범죄'의 뜻도 담고 있습니다. 하나님에 대한 반역입니다. 하나님의 법을 어기며 말씀에 불순종하는 것을 '반역'으로 이해한 것입니다.

주의 법으로 경계를 받은 사람은 숨겨진 죄와 교만으로부터 해방되었습니다. 시인은 자신을 먼저 깨끗이 한 후에 자신의 말과 마음의 묵상을 하나님

앞에서 기쁨이 되게 해 달라고 기도합니다. '당신 앞에서 기쁨이 되게 하소서'는 '당신 앞에 마음에 들게 하소서' 또는 '당신께 열납되게 하소서'의 의미입니다.

여호와의 명칭은 '반석'과 '구원자'로 나타납니다. 이스라엘의 하나님 여호와만이 구원자입니다. 인간의 죄와 교만에서 구원하실 분입니다.

이 시는 창조와 토라 두 개의 주제를 다룹니다. 창조는 이 우주를 만드신 분이 존재한다는 것을 보여주며 창조주를 증거합니다. 그러나 창조는 인간에게 하나님의 뜻과 하나님이 인간에게 원하시는 길을 제시하는데 부족합니다. 토라는 이것을 보여줍니다. 토라는 인간의 영혼을 소성 시키며 눈을 밝혀 줍니다. 그래서 인간의 실수와 교만을 보게 해줍니다. 그래서 구원자이신 하나님께 나아가게 합니다.

26.4 찬양과 메시야

시편 22편은 하나님을 신뢰하는 고난 받는 자에 대하여 생생하게 묘사하고 있습니다. 그는 하나님에 의해 무시되고 잔인한 적들의 손안에 넘겨지며 죽음의 자리에 처하게 됩니다. 하지만 그는 계속 하나님의 구원을 바라보며 부르짖습니다. 그는 하나님의 응답을 받고 회중 가운데서 감사의 서원을 행할 것을 말합니다.

시편 22편은 크게 두 부분으로 나눌 수 있습니다. 1-21절과 22-31절입니다. 그 이유는 21절 두 번째 시구에서 '당신이 나에게 응답하였다'라는 표현 때문입니다. 고난 가운데서 부르짖는 시인의 기도에 하나님이 응답합니다. 그래서 시인은 두 번째 부분에서 공동체 가운데서 하나님을 찬양할 것을 권면하며 자신도 구원의 하나님을 찬양하고 있는 것입니다.

더 나아가 이 시는 이사야 53장과 같이 메시야의 고난을 잘 나타내 주고 있습니다(시 22:9-10 = 사 49:1, 5. 시 22:6 = 사 53:2-3). 이 시를 메시야 예언시로 말합니다.

먼저 시인은 하나님께 '왜 나를 버리셨습니까?' 하고 질문합니다. 이 질문으로 인하여 시인은 하나님과의 관계가 서원해진 것을 느끼고 있습니다.

나의 하나님, 나의 하나님, 왜 당신은 나를 버리셨습니까?
나의 구원으로부터 멀리, 나의 부르는 말들(22:1).

'버리다'는 완료형으로 돌보지 않고 '버려둔 채로 두다', '잊은 채로 버려두다'는 뜻입니다. '버리셨습니까?'라는 말과 '멀리'라는 표현이 서로 의미상 조화를 이루고 있습니다. 하나님은 시인을 버려둔 채로 멀리 떨어져 계시고 있습니다. 시인은 자신이 버림받았다는 것을 거침없이 표현하고 있습니다.

둘째 시구는 상당히 짧고 압축된 표현으로 동사와 의문사가 없습니다. 따라서 첫째 시구의 의문사 '왜'와 히브리어 동사 '~이다'를 넣어서 해석할 수 있습니다. '왜 당신은 나의 구원으로부터 멀리 있습니까?'로 번역할 수 있습니다. 하나님은 시편 기자로부터 멀리 떨어져 있습니다. '나의 부르는 말들'은 사자가 부르짖는 또는 포효하는 소리와 같은 부르짖음입니다. 시인의 절박한 상황을 보여줍니다. 이 표현은 '왜 당신은 나의 부르는 말들로부터 멀리 있습니까?'라는 의미입니다. 개역 성경은 이 둘째 시구를 의역해서 "어찌 나를 멀리하여 돕지 아니 하시오며 내 신음 소리를 듣지 아니 하시나이까"로 번역했습니다(시 22:1).

시인은 하나님이 멀리 있다고 느끼고 있습니다. 그럼에도 불구하고 시인은 '나의 하나님'으로 부르고 있습니다. 1인칭 단수 소유격 '나의'라는 표현이 시인과 하나님 사이의 친밀도를 표현하고 있습니다. 시인이 위기 상황에 있지만 자신이 믿고 신뢰하며 섬기는 하나님에게 부르짖는 것입니다. 시인이 간절하게 밤낮으로 부르짖고 있지만 하나님은 응답하지 않습니다(시 22:2). 시인은 하나님께 거절당하고 있습니다.

시인이 하나님께 서설낭하는 것과는 반대로 이스라엘의 조상들은 하나님의 구원을 체험했습니다(시 22:3-5).

우리의 아버지들이 당신을 신뢰하였다,
그들은 신뢰하였고 당신은 그들을 구원하였다(22:4).

인칭의 변화가 두드러집니다. 1-2절에서 1인칭 '나'가 주어였던 반면에 여기서는 '우리의 아버지들'과 '그들'입니다. '우리의 아버지들'은 조상입니다. '신뢰하다'라는 동사가 두 번 사용되었습니다. 조상들의 신뢰에 대하여 하나님의 응답은 '구원하였다'로 나타났습니다.

> 그들이 당신에게 부르짖었고 그들이 도망했다,
> 그들이 당신을 신뢰하였고 그들이 부끄러움을 당하지 않았다(22:5).

시인이 부르짖었을 때에 하나님은 응답하지 않았습니다. 그러나 조상들이 부르짖을 때에 하나님은 응답하셨습니다. 특이한 표현은 바로 '그들이 도망했다'입니다. 이는 '당신에게 그들이 도망했다'로 하나님께 피난한 것을 의미합니다. 위기의 상황에서 그들은 하나님께 부르짖고 도망하여 위험을 모면한 것입니다.

'도망했다'는 여기서 니팔형(수동)입니다. 이 단어는 피엘형(강조 능동)이나 히필(사역 능동)일 때 '구원하다'는 의미를 갖습니다. 개역 개정은 "구원을 얻고"로 번역합니다. 이것은 70인경의 번역 '그들이 구원받았다'를 따른 것입니다. 많은 현대 번역들이 70인경을 따라 번역하고 있습니다. 그러나 유대인 번역 성경은 "그들이 도망했다"로 번역합니다(JPS, TNK).

'그들이 당신을 신뢰하였고'는 앞 시구에서 한 걸음 더 나아간 행위입니다. 하나님을 신뢰하는 자는 구원을 받으며(22:4) 부끄러움을 당하지 않습니다(22:5).

조상들은 하나님의 구원을 경험했습니다. 그러나 시인은 하나님의 구원을 경험하지 못하고 있습니다. 오히려 사람들로부터 조롱을 당하고 있습니다(시 22:6-8).

> 그러나 나는 벌레이고 사람이 아니다,
> 인간의 비난과 백성의 멸시이다.
> 나를 보는 모든 자가 나를 조롱한다,
> 그들이 입술을 벌린다, 그들이 머리를 흔든다(22:6-7).

인칭의 변화가 흥미롭습니다. 3인칭 남성 복수 '그들'(2:5)과 1인칭 단수 '나'(2:6)가 대조를 이룹니다. '그들'도 하나님께 부르짖었고(2:5) '나'도 부르짖었습니다(2:2). 조상들은 하나님께 도피해서 구원함을 받았습니다. 그러나 '나'는 여전히 구원함을 받지 못하고 핍박과 고난 가운데 처해있습니다. 사람들에 의해 시인은 '벌레'와 같이 대우를 받으며 '비난'과 '멸시'를 당합니다(2:6). 사람들이 입술을 벌리며 머리를 흔들며 시인을 조롱합니다(2:7-8).

사람들이 시인을 조롱함에도 불구하고 시인은 태어나면서부터 하나님을 신뢰하고 있다고 말합니다. 그리고 다시 하나님의 도움을 간구합니다.

나의 어머니 태내로부터 당신은 나의 하나님이다.
멀리 있지 마소서 나로부터,
왜냐하면 염려가 가까이 있기 때문이다,
왜냐하면 도울 자가 없기 때문이다(22:10 하-11).

시인은 고난 가운데 있지만 하나님과의 관계를 '나의 하나님'으로 표현합니다(22:1, 2). '멀리 있지 마소서'는 간접 명령형으로 시인의 애절한 소망을 표현하고 있습니다. 시인은 여전히 하나님이 멀리 있다고 느끼고 있습니다. 그래서 '멀리 있지 마소서, 나로부터'라고 간구합니다. '염려'는 '고난', '재난'의 의미도 갖고 있습니다. 고난은 가까이 있는데 하나님은 멀리 있는 것 같습니다. 접속사 '왜냐하면'은 반복 사용되어 평행을 이루며 염려는 가까이 있고 도울 자가 없는 상황을 설명합니다.

시인이 고난당하는 상황은 소와 사자의 이미지를 통해서 그려지고 있습니다. 시인은 바산의 힘센 황소들이 자신을 에워싸고 있으며 부르짖는 사자들이 시인을 향하여 입을 벌리고 있다고 말합니다(시 22:12-13). 시인은 고난으로 인하여 자신이 어떤 상태에 있는지를 설명합니다.

물 같이 내가 쏟아졌고 나의 모든 뼈들이 나눠졌다,
나의 마음은 왁스 같이 되었다, 나의 내부 가운데서 녹아 내렸다.

나의 힘은 흙 그릇같이 말랐고 나의 혀는 입천장에 붙었다,

그리고 당신이 나를 죽음의 흙에 둔다(22:14-15).

외부적인 환란으로 인해 시인은 자신이 '물같이 쏟아졌다'고 고백합니다. 시인의 마음은 '녹아내릴 수 있는 왁스'에 비유되고 있습니다. '흙 그릇같이'(22:15)는 '물 같이'와 '왁스 같이'(22:14)와 평행을 이룹니다. '흙 그릇'에서 '흙'이란 명사는 나오지 않습니다. 다만 흙으로 만든 그릇(질그릇)을 의미합니다. 시인의 연약한 상태를 설명하고 있습니다.

다시 시인은 자신을 박해하며 조롱하는 무리를 개와 사자에 비유하고 있습니다. '개들'은 구약에서 무리를 지어 다니며 시체를 먹으며 밤에 먹을 것을 찾아 유리하는 짐승입니다(왕하 9:35-36; 시 59:6, 14; 렘 15:3). '개들'은 다시 '악한 자들의 무리'로 해석되고 있습니다(22:16). 개역 개정이 "내 수족을 찔렀나이다"(시 22:16)로 번역한 문장은 히브리어로 '사자같이, 나의 손과 나의 발을'입니다. 이 문장은 이해하기 어렵습니다. 70인경은 '사자같이'를 '구멍을 뚫다', '찌르다'(ωρυςξσαν)로 번역합니다. 70인경을 따라 많은 현대 역본들이 '그들이 나의 손과 발을 찔렀다'로 번역하고 있습니다. 하지만 유대인 번역 성경(JPS, TNK)은 '사자같이'로 번역합니다. 이것은 생략법으로 '사자같이, 나의 손과 나의 발을 (찢었다)'란 의미일 것입니다. 시인은 이전에 한 번 사자를 언급한 적이 있음을 기억해야 합니다(22:13).

시인은 핍박하는 자들로 인하여 죽음 직전에 처해집니다. 악한 자들은 시인의 옷을 위해 제비를 뽑습니다. 전리품으로 나눠 갖는 것입니다.

내가 나의 모든 뼈들을 셀 수 있다,

그들이, 그들이 주목한다, 그들이 나를 본다.

그들이 그들을 위해 나의 옷을 나눈다,

그리고 그들이 나의 옷을 위해 제비를 던진다(22:17-18).

시인은 죽음 직전에서 멀리 있는 하나님을 다시 부릅니다. 하나님께 도움을 요청합니다. 개의 손과 사자의 입과 소의 뿔로부터 구원해 달라고 간구합니다.

그러나 당신, 여호와여, 멀리 있지 마소서,
나의 힘, 나의 도움을 위해 서두르소서.
나의 영혼을 칼로부터 구하소서,
개의 손으로부터 나의 유일한 것을.
사자의 입에서 나를 구원하소서,
들소의 뿔에서, 당신이 나에게 응답하였다(22:19-21).

시인은 고난 중에 있지만 하나님을 신뢰합니다. 하나님은 '나의 힘(이여)'로 생각하고 있습니다. 개와 사자 그리고 소가 다 비유적인 표현이라는 것을 '나의 영혼을 칼로부터 구하소서'에서 알 수 있습니다. '칼'은 시인이 적들의 위협 아래에 처해 있음을 보여주기 때문입니다. 시인이 죽음의 상황에 직면해서 '나의 유일한 것' 즉, 생명을 구원해 줄 것을 하나님께 요청하고 있습니다.

결국 시인은 하나님의 응답을 받습니다. '당신이 나에게 응답하였다'(22:21)는 하나님이 시인을 구원해 주셨다는 것을 의미합니다. 하나님의 응답을 기점으로 시는 반전을 보입니다.

하나님의 구원을 경험한 시인은 하나님을 찬양합니다. 하나님의 구원을 이스라엘 공동체 내에서 자세하게 말할 것입니다. 시인은 하나님을 찬양합니다. 더 나아가 여호와를 두려워하는 무리에게 찬양할 것을 권합니다(시 22:22-23).

시인은 하나님을 찬양하는 이유를 말합니다. 여호와께서 비천한 자의 고통을 멸시하지 않았기 때문입니다. 여호와는 비천한 자의 부르짖음에 얼굴을 가리지 않았습니다. 부르짖음에 은혜와 호의를 베푸셨습니다(22:24). 시인은 하나님을 찬양하는 자신의 찬양을 하나님께로부터 왔다고 말합니다. '당신으로부터 나의 찬송은 큰 회중가운데서 (왔다)'(22:25). 동사가 없는 문장이기 때문에 '왔다'를 의역해서 넣어주어야 합니다(개역 개정 "큰 회중 가운데에서 나의 찬송은 주께로부터 온 것이니"). '당신으로부터'는 출처와 기원을 설명합니다. 시인의 찬송이 여호와로부터 기원했다는 것을 보여줍니다. 찬양은 여호와의 구원에 대한 응답입니다. 독일 역본들은 '내가 당신을 큰 회중 가운데서 찬양할 것이다'로 번역하기도 합니다(LUO, LUT).

시인의 관심은 회중에서(22:22-26) 이제 온 땅으로 나아갑니다. 시인은 땅의 모든 백성을 여호와를 경배하라고 초청하고 있습니다. 모든 백성들이 여호와께 돌아와 경배할 것입니다. 왜냐하면 여호와께서 민족들을 다스리기 때문입니다(22:27-28). 여호와는 온 땅의 통치자이시며 민족들을 다스리시는 분입니다. 더 나아가 하나님의 구원 행위는 후대에 전해질 것입니다(22:30-31).

이 시편을 메시야 예언 시로 부르는 이유는 예수 그리스도의 수난을 잘 설명하고 있기 때문입니다. 1) 예수께서 십자가 위에서 직접 이 시를 인용하여 "엘리 엘리 라마 사박다니"하고 말씀하셨습니다(시 22:1; 마 27:46; 막 15:34). 2) 군인들이 예수를 십자가에 못 박은 후에 예수의 옷을 위해 제비를 뽑았습니다(시 22: 18; 막 15:24; 요 19:23-24). 3) 예수께서 십자가에서 갈증을 말씀하십니다(시 22:15; 요 19:28-29). 예수께서 손과 발에 못 박히신 것과 다리의 뼈를 꺾이지 않았습니다(시 22:16-17; 요 20:33). 4) 사람들이 십자가에 달리신 예수를 조롱합니다(시 22:17; 마 27:36-44. 시 22:8; 마 27:43; 눅 23:35).

27

찬양 - 인간의 반응(2)

읽어야 할 본문: 시편

시편은 찬양이라는 범주 아래 다양한 주제들을 말하고 있습니다. 찬양은 창조자와 구원자 하나님께 대한 인간의 반응입니다. 이 반응에는 하나님의 거처인 시온을 찬양하는 노래도 있습니다. 또한 하나님께 죄를 짓고 회개와 용서를 비는 노래도 있습니다. 더 나아가 하나님의 위대한 구속 행위인 출애굽 사건을 노래하기도 합니다.

27.1 시온의 노래

48편은 일명 찬양시 또는 시온의 노래에 속합니다(참고. 76; 84; 87; 122편). 아마도 이스라엘의 축제 때에 성전을 향하여 순례하던 예배자들이 부르던 노래인 것 같습니다.

하나님이 거주하시며 임재하시는 시온 산은 찬양의 대상입니다. 1-3절은 하나님의 성의 영광을 말합니다.

여호와는 크시며 크게 찬양 받으신다
우리 하나님의 성에서, 그의 거룩한 산(시 48:1).
아름다운 높이, 온 땅의 기쁨, 시온 산
북쪽이 면들, 큰 왕의 도시(48:2).

하나님은 그것의 궁전들 안에서 요새로 알려졌다(48:3).

'크다'는 형용사로 '위대한'을 의미하며 동사가 없기 때문에 '-이다'를 넣어준 것입니다. 여호와는 '우리 하나님'으로 표현되며 '성 안에서' 즉 '그의 거룩한 산'에서 찬양을 받으십니다. '그의 거룩한 산'은 다시 2절에서 '시온 산'으로 밝히고 있습니다(시 2:6; 87:1).

시온 산은 하나님이 거하는 곳으로 하나님의 장막이 있는 거룩한 산입니다(시 43:3). 하나님은 시온 산에 그의 그룹을 두셨습니다(시 99:1, 9). 하지만 '거룩한 산'이 어디인지 구체적인 지명을 사용하지 않고 사용한 본문들도 있습니다. 하나님은 '거룩한 산'에서 성도들의 기도를 들으시며 응답하십니다(시 3:4). '거룩한 산'에는 하나님의 장막이 있는 곳으로 윤리적, 도덕적 삶이 깨끗한 사람들이 거할 수 있는 곳이기도 합니다(시 15편; 24편).

'거룩한 산'은 이사야 서에서도 자주 나타납니다. 이사야는 '거룩한 산'을 '예루살렘'으로 밝히기도(27:13; 66:20) 하지만 구체적인 지명을 밝히지 않고 이 단어를 사용하기도 합니다. 이 거룩한 산은 하나님께 기도하며 예배하는 처소입니다(56:7). 하나님을 의지하는 사람들은 거룩한 산을 기업으로 받습니다(57:13). '거룩한 산'에 대한 가장 특이한 사상은 종말에 나타날 곳입니다. 종말에 나타날 거룩한 산은 새 땅으로 불리며 그 곳에는 예루살렘도 있습니다. 무엇보다도 인간이 평화롭게 살 수 있는 종말론적인 평안이 있는 곳입니다(11:9; 65:11).

'큰 왕'은 '여호와'(1절)와 '우리의 하나님'(2절)을 가리킵니다. 하나님은 이 땅의 '큰 왕'이며 '시온 산'은 그의 도시입니다.

'그것의 궁전들'에서 '그것의'는 여성형으로 2절의 '도시'를 받습니다. '요새'는 '높은 곳'으로 '성채', '피난처'를 의미합니다. 하나님은 자신을 '피난처' 또는 '성채'로 알리십니다.

4-6절은 하나님의 성의 영광을 본 왕들의 반응을 말하고 있습니다.

왜냐하면 보라, 그 왕들이 모였고 그들이 함께 지나갔기 때문이다(48:4).

그들이 보았다 그래서 그들이 놀랐다

그들은 겁냈다, 그들은 도망갔다(48:5).

두려움이 그들을 거기서 붙잡았다

고통이 해산하는 자같이(48:6).

'모였다'는 '만났다', '소집했다'이며 '지나갔다'는 '나아갔다'이다. 왕들이 함께 모여서 성으로 나아갑니다. 5절은 왕들이 취한 행동을 연속적으로 설명하고 있습니다. 왕들이 보고 당황하여 혼란에 빠진 것입니다. '두려움'은 '떨림'의 뜻도 있습니다. 내면의 심리적 두려움과 불안감이 왕들을 사로잡은 것입니다. 왕들의 두려움은 아이를 낳는 여인으로 비유되고 있습니다.

7-8절은 하나님의 행위를 설명합니다. 특별히 하나님이 바다 위에서 행하신 행동입니다.

당신이 동풍으로 다시스의 배들을 깨뜨린다(48:7).

우리가 들었던 대로 그렇게 우리가 보았다

만군의 여호와의 성안에서, 우리 하나님의 성안에서

하나님이 그것을 세우실 것이다, 영원까지, 셀라(48:8).

다시스는 무역항입니다. 고대 세계에서 다른 지역으로 무역을 할 수 있는 방법은 육상과 해상 교역입니다. 다시스는 해상 무역항으로 많은 배들이 다른 지역과 나라로 갈 수 있었기 때문에 이곳에는 많은 물품들이 수입되고 있었습니다(왕상 9:22; 22:48; 대하 9:21). 해상 무역은 많은 이익을 남겨 주었고 그 운송 수단은 배였습니다.

'만군'은 복수형으로 '많은 사람' 또는 '많은 군대'를 의미합니다. '그것을'은 여성형으로 '성'을 받습니다. 하나님께서 하나님의 성을 세우시는 것입니다.

'우리'는 시인을 포함한 하나님과 관련이 있는 자들입니다. 왜냐하면 우리는 '하나님의 성안에' 있기 때문입니다.

9-11절은 하나님의 행위에 대한 회중의 반응을 나타냅니다.

우리가 당신의 인자를 생각했다, 오 하나님, 당신의 성전 가운데서
(48:9).
당신의 이름을 따라, 오 하나님, 그렇게 당신의 찬양이 땅 끝에 있다,
당신의 오른 손은 의가 가득하다(48:10).
시온 산은 기뻐할 것이다, 유다의 딸들은 즐거워할 것이다,
당신의 심판들로 인하여(48:11).

'성전'은 '하나님의 성'과 다른 곳입니다. 이것은 하나님의 성인 예루살렘 안에 있는 성전을 의미합니다. 시인은 하나님의 성전 안에서 하나님의 '인자'를 생각합니다.

10절은 히브리어에 동사가 없기 때문에 '-있다'를 넣어서 번역했습니다. 개역 개정은 "찬송도 땅 끝까지 미쳤으며"로 "미쳤으며"를 넣어 주었습니다. '가득하다'는 '충만하다', '채웠다'입니다. '의'는 '정의', '공의'입니다.

'시온 산은 기뻐할 것이다, 유다의 딸들은 즐거워할 것이다.' 동사의 형태가 미완료 형이지만 간접 명령으로도 번역할 수 있습니다. '시온 산은 기뻐하라, 유다의 딸들은 즐거워하라'. 70인경은 명령형으로 해석합니다. '인하여'는 '때문에'로 시온 산과 유다의 딸들이 기뻐하고 즐거워하는 이유를 설명해 줍니다.

12-14절은 예배자들을 초청하는 것으로 나타납니다.

너희는 시온의 주위로 가라 그것의 주위를 돌아라
그것의 망대들을 세어라(48:12).
너희는 그것의 성벽을 너희 마음에 두어라, 너희는 그것의 요새를 지나가라,
너희가 후 세대에 말하기 위하여(48:13).
왜냐하면 이 하나님이 영원히 우리의 하나님이며
그가 우리를 죽음 위로 인도할 것이기 때문이다(48:14).

명령형 동사들— '주위로 가라', '주위를 돌아라', '세어라'는 순례자들을 초청하는 것입니다. 성전 예배자들에게 예루살렘 성전을 향하여 오라는 초

청입니다.

'마음에 두어라'는 '생각하라', '숙고하라'는 의미가 있습니다. '지나가라'는 구석구석을 살펴보면서 걸어 지나가는 것을 뜻합니다. 즉 자세히 살펴보라는 것입니다. 그 목적은 후 세대에 '말하기' 위해서 입니다. 여기서 '말하다'는 자세히 설명하는 것을 뜻합니다.

12-13절에서 시인은 예배자들을 하나님의 성전이 있는 시온으로 초청하고 있습니다. 그 이유를 14절에서 설명합니다. 시온에 있는 하나님이 그 예배자들을 죽음 위로 인도하실 것이기 때문입니다. '죽음 위로'는 '죽음을 넘어서' 즉, 영원을 의미하는 것입니다. 70인경은 '그가 우리를 영원 안으로 인도할(지킬) 것이다'로 번역합니다. 그래서 '그가 우리를 영원히 인도할 것이다'로 번역하는 역본들이 있습니다(RSV, NRS).

27.2 회개와 용서

시편 51편은 전형적인 탄식시입니다. 저자인 다윗은 자신이 저지른 죄에 대해서 탄식합니다. 표제어는 이 시의 역사적 배경을 아주 구체적으로 설명합니다. 나단 선지자는 다윗이 밧세바와 죄를 범한 후에 다윗을 찾아 와서 다윗의 행위를 책망하고 하나님의 심판의 말씀을 전했습니다. 사무엘 서는 여호와께서 나단을 다윗에게 보냈다고 설명합니다(삼하 12:1). 표제어에 따르면 이 시는 다윗이 나단의 책망과 심판의 말씀을 듣고 난 후에 보인 반응입니다. 이 시는 다윗이 회개한 내용을 담고 있습니다.

시인은 먼저 하나님을 부르며 죄를 용서해 달라고 요청합니다(1-3).

> 나에게 호의를 베푸소서, 오 하나님, 당신의 인자를 따라,
> 당신의 많은 자비를 따라, 나의 죄과를 지우소서(51:1).
> 완전히 나를 씻기소서 나의 죄악으로부터,
> 그리고 나의 죄로부터 나를 깨끗이 하소서(51:2).
> 왜냐하면 내가, 내가 나의 죄과들 알기 때문이다,

그리고 나의 죄가 내 앞에 항상 (있기 때문이다)(51:3).

일인칭 "나"와 2인칭 "당신"이 눈에 들어옵니다. "나"는 다윗을 그리고 "당신"은 하나님을 의미합니다. 다윗은 하나님과의 관계를 "나"와 "당신"으로 규정합니다.

"인자"는 기본적으로 '선함', '친절'의 뜻을 갖고 있으며 다양한 단어들 인자, 자비, 변함없는 사랑, 긍휼, 인애 등으로 번역되었습니다. "자비"는 '깊은 동정심'을 의미합니다. 이 두 단어들은 하나님의 선하신 성품을 나타냅니다. 다윗은 하나님의 선하신 성품에 근거하여 자신의 죄를 용서해 달라고 요청하고 있습니다.

"나의 죄과"는 표제어에서 알 수 있듯이 다윗이 밧세바와 저지른 죄를 뜻합니다. 다윗은 우리아의 아내였던 밧세바와 동침했으며 우리아를 죽이고 밧세바를 빼앗는 죄를 범했습니다.

"나에게 호의를 베푸소서"는 더 구체적으로 "나의 죄과를 지우소서"입니다. 깨끗이 제거하는 것, 지워 없애는 것을 의미합니다. 다윗은 자신의 죄를 흔적이 없이 지워달라고 간구합니다. 하나님의 호의, 은혜는 죄를 사해주는 것입니다. 이것이 참된 은혜이며 복입니다(시 32:1-2).

두 개의 전치사 구 '나의 죄악으로부터'와 '나의 죄로부터'는 다윗이 밧세바와의 사건을 자신의 잘못이라고 명확하게 인식하고 있음을 보여줍니다.

접속사 '왜냐하면'은 앞 절들을 설명해 주고 있습니다. 다윗은 일인칭 인칭 대명사 "내가"를 사용하여 자신의 죄를 알고 있다고 강조합니다. 다윗은 계속 1절부터 지금 1인칭 소유격 "나의"를 사용하여 자신의 죄를 고백하고 있습니다. "나의 죄과"(1), "나의 죄악"과 "나의 죄"(2) 그리고 "나의 죄과"와 "나의 죄"(3). 다윗은 철저하게 자신의 죄를 인식하며 인정하고 있습니다.

다윗은 자신의 죄를 용서해 달라고 요청합니다. 그는 철저하게 죄를 인식하고 있습니다(4-6).

당신에게, 당신에게만 내가 죄를 지었다,

그리고 내가 당신 눈에 악을 행했다,

당신이 말씀하실 때 의로워지도록,

당신이 심판하실 때 순전해지도록(51:4).

보라, 내가 죄악 중에 태어났다,

그리고 나의 어머니가 죄 중에 나를 임신했다(51:5).

보라, 당신은 중심에 진실을 기뻐한다,

은밀히 당신은 나에게 지혜를 알게 하신다(51:6).

'당신에게, 당신에게만'은 다윗이 하나님께 죄를 지었음을 말합니다. 죄는 하나님이 정해주신 법을 어긴 것입니다. '당신 눈에'는 '여호와의 눈'을 의미합니다. 다윗이 밧세바와 죄를 범했을 때, 완전 범죄를 꿈꾸었습니다. 사무엘 기자는 11장에서 다윗의 범죄 사실을 기록하면서 마지막 구절에 "다윗이 행한 그 일이 여호와 보시기에 악하였더라"고 지적합니다(삼하 11:27). "여호와 보시기에"는 "여호와의 눈에"입니다. 여호와는 다윗의 일을 다 보고 계시며 나단 선지자를 다윗에게 보내서 그의 죄를 지적하시며 책망하셨습니다. "여호와의 눈"은 확실히 온 땅을 보고 계셨습니다(대하 16:9).

'보라'(5)는 독자들의 시선을 끌며 강조를 하고 있습니다. 다윗의 어머니가 어떤 죄를 지었는지 구체적으로 나오지는 않습니다. 다윗은 어머니가 죄 중에 자신을 임신했다고 말함으로 죄가 어머니로부터 전가되었음을 말하고 있습니다.

'보라'(6)는 5절과 비교를 하게 만듭니다. 다윗은 죄악 중에 출생했습니다. 그러나 하나님은 진실(진리, 신실)을 기뻐하십니다.

'지혜'가 어떤 지혜인지 설명이 없습니다. 70인경은 "당신의 지혜"로 하나님의 지혜로 해석합니다. 문맥에 의하면 그 지혜는 하나님이 진실을 기뻐하신다는 것과 죄를 깨닫는 지혜인 것 같습니다. 하나님이 다윗에게 그 지혜를 알게 하십니다.

예배자는 하나님께 자신의 죄를 용서해 달라고 기도합니다(7-9).

당신이 나를 우슬초로 정결게 할 것이다 그리고 내가 깨끗케 될 것이다.

당신이 나를 씻길 것이다 그리고 내가 눈보다 희게 될 것이다(51:7).

당신이 나에게 즐거움과 기쁨을 듣게 할 것이다,

당신이 꺾으신 뼈들이 즐거워 할 것이다(51:8).

나의 죄로부터 당신의 얼굴을 숨기소서,

그리고 나의 모든 죄악을 지우소서(51:9).

7절에서 동사의 형태는 미완료 형이지만 명령의 의미로 읽을 수 있습니다.

당신이 나를 우슬초로 정결케 하소서 그러면 내가 깨끗케 될 것이다.

당신이 나를 씻기소서 그러면 내가 눈보다 희게 될 것이다.

대부분의 현대 역본들이 이런 의미로 번역하고 있습니다. 우슬초는 이스라엘에서 양념으로 사용되며 또한 독을 제거하는데 사용하였습니다. 이스라엘이 출애굽 때에 양의 피를 우슬초 묶음에 적셔서 집 문 인방과 설주에 발랐습니다(출 12:22). 또한 제사장이 집에 생긴 곰팡이를 제거할 때, 정결 의식 때 우슬초를 사용하였습니다(레 14:49-53).

우슬초로 죄를 정결하게 해 달라는 요청을 볼 때, 다윗은 하나님께 예배를 드리고 있는 중입니다. 우리는 죄를 씻을 수 없습니다. 다윗은 이 점을 잘 알고 있습니다. 그래서 '당신이 나를 정결케 하소서, 그러면 내가 깨끗케 될 것이다'라고 말하고 있습니다. 죄를 씻어 주시며 용서해 주시는 주체는 하나님입니다.

8절에서 동사의 형태는 미완료 형이지만 명령의 의미로 번역할 수 있습니다. '나에게 즐거움과 기쁨을 듣게 하소서.' 대부분의 현대 역본들이 이렇게 번역합니다. 다윗은 하나님이 죄를 용서해 주셔야 기쁨과 즐거움이 찾아 올 것을 알고 있습니다.

'얼굴을 숨기소서'는 보지 말아달라는 요청입니다. 다윗은 자신의 죄를 보지 마시기를 기도합니다. '지우소서'는 '제거하소서'입니다. 다윗은 '모든 죄악'을 지워달라고 간구합니다. 다윗은 밧세바와 간음을 행했으며 우리아를 살해했고 또한 밧세바를 빼앗아 왔습니다. 이 모든 죄를 제거해 달라고 기도합니다.

다윗은 계속 자신의 영을 새롭게 해 달라고 기도합니다(10-12).

나에게 깨끗한 마음을 창조하소서, 오 하나님,

그리고 나의 안에 확고한 영을 새롭게 하소서(51:10).

당신은 나를 당신 앞에서 쫓아내지 마소서,

그리고 당신의 거룩한 영을 당신은 나로부터 취하지 마소서(51:11).

나에게 당신의 구원의 즐거움을 회복 시켜주소서,

나를 자원하는 영으로 지원해 주십시오(51:12).

'깨끗한 마음'은 '정결한 마음'으로 죄로부터 깨끗한 마음을 뜻합니다. '확고한 영'은 '확실한 영', '굳은 영'으로 굳게 결심한 영을 말합니다. 죄로부터 벗어나 올바른 결정을 내릴 수 있는 확고한 영입니다.

'당신 앞에서'의 문자적인 번역은 '당신 얼굴에서부터'입니다. 시인은 9절에서 '나의 죄로부터 당신의 얼굴을 숨기소서'라고 요청하더니 지금은 '나를 당신 앞에서(얼굴에서부터) 쫓아내지 마소서'라고 간구합니다.

'거룩한 영'은 '성령'을 의미합니다. '취하지 마소서'라는 시인의 간구에서 하나님께서 성령을 취하실 수 있다는 사실을 암시합니다. 죄를 범할 때 성령이 떠나실 수 있습니다. 거룩한 영은 죄와 부정과 함께 할 수 없기 때문입니다. 거룩한 영은 아말렉을 진멸하라는 여호와의 명령을 불순종한 사울에게서 떠났음을 기억하십시오(삼상 15-16장).

'회복 시켜 주소서'는 '돌아오게 하소서'입니다. 다윗은 '구원의 즐거움'을 돌아오게 해 달라, 즉 돌려달라고 기도합니다. 다윗은 죄로 인하여 구원의 기쁨과 즐거움이 사라졌습니다. 다윗은 나단의 심판의 말씀을 듣고 지은 죄를 위하여 금식하며 통회하였습니다.

'영'이 계속 나오고 있습니다. 10절의 '확고한 영'과 11절의 '거룩한 영' 그리고 12절의 '자원하는 영'이 나오고 있습니다.

하나님이 자신의 죄를 용서해 주실 때, 다윗은 자신이 행할 서원을 말합니다(13-14).

내가 반역하는 자들에게 당신의 길들을 가르칠 것이다,

그리고 죄인들이 당신께 돌아올 것이다(51:13).

피로부터 나를 구원하소서, 오 하나님,

나의 구원의 하나님, 나의 혀가 당신의 의를 외칠 것이다(51:14).

다윗은 하나님께 자신의 서원을 말합니다. '내가 가르칠 것이다'는 권유형으로 '나로 반역하는 자들에게 당신의 길들을 가르치게 하소서 그러면 죄인들이 당신께 돌아올 것이다'로도 번역할 수 있습니다.

12절에서 하나님께 '자원하는 영'을 달라고 기도한 다윗은 '반역하는 자들에게 당신의 길들을' 가르칠 것을 서원합니다. '반역하는 자들'은 '죄를 범한 자들'이며 1절과 3절의 '나의 죄과'와 같은 단어입니다.

'그리고 죄인들이 당신께 돌아올 것이다'는 다윗이 하나님의 길을 죄인들에게 가르친 결과입니다. '돌아올 것이다'는 12절의 '회복시켜 주소서'와 같은 단어입니다. 하나님이 다윗을 회복 시켜 주신 결과로 죄인들도 하나님께 돌아오게 될 것입니다. 다윗의 회개는 좋은 결과를 가져올 것입니다.

'피로부터'는 다윗이 무죄한 우리아를 죽인 사건을 뜻합니다. 다윗은 자기 죄로부터 '나를 구원'해 달라고 기도합니다. 다윗은 하나님을 '나의 구원의 하나님'으로 부릅니다.

'나의 혀가 당신의 의를 외칠 것이다'는 하나님이 다윗을 구원해 준 결과로 다윗이 할 행동입니다. 하나님이 피 흘린 죄로부터 구원해 주신 것을 기뻐 외치는 것입니다.

마지막으로 다윗은 찬양과 참된 제사를 드릴 것이라고 다짐하며 끝맺습니다(15-19).

주여, 당신은 나의 입술을 열 것이다,

그리고 나의 입은 당신의 찬송을 선포할 것이다(51:15).

왜냐하면 당신은 제사를 기뻐하지 않기 때문이다,

그러면 내가 드릴 것이다, 당신은 번제를 즐거워하지 않는다(51:16).

하나님의 제사들은 깨어진 영, 깨어지고 부서진 마음,

오 하나님, 당신은 멸시하지 않으신다(51:17).

당신의 호의로 시온을 좋게 하소서,

당신은 예루살렘의 벽들을 쌓을 것이다(51:18).

그때에 당신은 의의 제사들을 기뻐할 것이다, 번제와 온전한 번제,

그때에 그들이 당신의 제단 위에 소들을 드릴 것이다(51:19).

하나님이 다윗의 입을 열어 주셔서 다윗이 하나님의 찬송을 선포합니다(15). 찬송은 하나님이 하신 일의 반응이라는 것을 여기서 알 수 있습니다. 하나님이 먼저 행동하시고 인간은 하나님의 행동에 찬양으로 반응합니다.

다윗은 자원하여 죄인들에게 하나님의 길을 가르칠 것입니다(13). 또한 하나님의 의를 외칠 것이며(14) 하나님의 찬송을 선포할 것입니다(15). 16절의 접속사 "왜냐하면"은 다윗이 위에서(13-15) 왜 이러한 행동을 하는지를 설명합니다. 하나님이 제사를 기뻐하지 않기 때문입니다. '그러면'(;)은 만일 하나님이 제사를 기뻐하셨다면 다윗이 제사를 드렸을 것을 설명합니다. 다윗은 하나님이 '번제를 즐거워하지 않는다'고 단언합니다.

하나님은 제사와 번제를 기뻐하지 않으십니다(16). 하나님이 기뻐하시는 제사들은 형식적인 것이 아니라 내면적인 것입니다(17). 하나님은 '깨어진 영, 깨어지고 부서진 마음'을 원하십니다(17). '깨어진 영, 깨어지고 부서진 마음'은 죄에 대하여 통회하며 회개하는 마음입니다. 죄를 깊이 뉘우치는 마음입니다. '깨어진 영'은 '확고한 영'(10), '거룩한 영'(11)과 '자원하는 영'(12)과 대조를 이룹니다.

마음이 먼저이고 형식은 다음입니다. 19절에서 하나님은 마음이 담긴 형식적인 제사를 받으십니다. 하나님은 이러한 마음을 '멸시하지 않습니다.' 즉 '무시하지 않는다,' '얕보지 않는다'입니다.

'당신의 호의'(18)는 하나님의 선한 의도를 말합니다. 선한 의도와 의향으로 시온을 '좋게 하소서'라고 요청합니다. '좋게 하소서'는 시온에 '선을 행하소서' 또는 '번영케 하소서'입니다. 시온에 선을 행해달라는 요청은 더 구체적으로 하나님이 '예루살렘의 벽들을' 쌓을 것이라는 소망으로 나타납니다(18). 즉 다윗이 범죄 했음에도 불구하고 하나님이 은혜를 베푸셔서 다윗

왕국의 수도인 예루살렘에 번영을 달라는 기도입니다. 이 기도는 후에 압살롬이 반역을 일으켜 다윗이 예루살렘 성에서 쫓겨나고 다시 성으로 돌아오는 것을 연상하게 합니다.

'그때에'(19)는 시인이 깨어진 마음과 영으로 나아올 때를 말하는 것 같습니다(17). 먼저 상한 마음, 통회하는 마음을 가지고 나오는 '의의 제사' 즉 '의로운 희생제물'을 하나님은 기뻐하십니다. 먼저 죄에 대한 통회와 회개 그 후에 마음이 담긴 제사를 드릴 때 하나님이 받으십니다. 하나님은 형식적인 희생 제사를 멸시하지만 깨어진 마음으로 드리는 희생 제사를 기뻐하십니다.

27.3 이스라엘의 역사

시편 105편은 찬양시입니다. 하나님이 이스라엘에게 행하신 일들을 찬양합니다. 하나님의 행동은 이스라엘 역사 속에 나타났습니다. 하나님이 이스라엘의 조상들과 가나안 땅을 주시겠다고 언약을 맺습니다. 하나님은 그 약속을 역사 속에서 이루어가십니다. 이 시편은 이스라엘의 족장 시대부터, 이집트로의 이민, 출애굽, 광야 유랑과 가나안 땅 정착까지의 역사를 회고하고 있습니다. 땅을 주시겠다는 하나님의 약속과 언약이 성취되는 과정을 노래합니다.

1-6절은 여호와를 '찬양하라'고 권면합니다. 이 단락은 명령형이 계속 나오는 것이 특징입니다. '찬양하라'의 주어는 2인칭 복수로 '너희는 찬양하라'입니다.

> 그에게 노래하라 그에게 찬양하라
> 그의 모든 놀라운 것들을 말하라(105:2).
> 그의 거룩한 이름을 찬양하라
> 여호와를 찾는 자들의 마음이 기뻐한다(105:3).

70인경은 1절부터 '할렐루야'로 시작하고 있습니다. 1절에만 세 개의 2인칭 복수 명령형 '감사하라', '불러라' 그리고 '알게 하라'가 나오고 있습니다. 특별히 이스라엘 백성 중에서 여호와의 행위를 알게 하라고 말합니다.

2절에서도 역시 세 개의 2인칭 복수 명령형이 나옵니다. '노래하라', '찬양하라' 그리고 '말하라'입니다. 시인은 여호와의 '모든 놀라운 것들을' 말하라고 요청하고 있습니다. '놀라운 것들'은 '기이한 것들', '경이한 것들'로서 1절의 '그의 행위들'(개역 개정 "그가 하는 일")에 대한 설명입니다.

1절에서 '그의 이름을 불러라'로 나오더니 3절에서는 '그의 거룩한 이름을 찬양하라'로 한 걸음 더 나아갑니다.

5절에서 명령형 '기억하라'는 '생각하라'는 것입니다. '그가 행했던 그의 놀라운 것들을 기억하라'고 말합니다. 여호와가 행하신 놀라운 것들은 '그의 이적들과 그의 입의 재판들'입니다.

계속 2인칭 복수 명령형이 나와서 '너희'를 강조했습니다. '너희'는 '아브라함의 씨'이며 '야곱의 아들들'입니다. 이스라엘은 하나님이 역사 속에서 행하신 놀라운 일들을 기억하며 찬양해야 할 것을 말하고 있습니다.

하나님이 행하신 놀라운 일은 먼저 이스라엘의 조상들과 맺은 언약입니다(7-11). 하나님은 아브라함과 이삭과 야곱에게 가나안 땅을 주시기로 언약을 맺었습니다.

> 그는 여호와 우리의 하나님이다.
> 모든 땅 안에 그의 심판들이 있다(105:7).
> 그는 영원히 그의 언약을 기억하였다.
> 그는 말씀을 천대에 명령하였다(105:8).
> 그는 아브라함과 잘랐다.
> 그리고 그의 맹세는 이삭에게(105:9).
> 그리고 그는 야곱에게 이것을 법규로 세웠다.
> 이스라엘에게 영원한 언약으로(105:10).
> 말하기를, 내가 너에게 가나안 땅을 줄 것이다.
> 너희의 기업의 몫(105:11).

하나님이 아브라함에게 가나안 땅을 줄 것이라는 약속은 언약, 말씀, 맹세 그리고 법규로 말해집니다. 특별히 이것을 '영원한 언약'이라고 부릅니다. 가나안 땅은 이스라엘의 기업입니다.

하나님과 인간의 기억 능력은 서로 상반됩니다. 인간의 기억력은 한계가 있습니다. 그래서 5절에서 시인은 '너희는 그가 행했던 그의 놀라운 것들을 기억하라'고 명령했습니다. 하지만 8절에서 시인은 '그는 영원히 그의 언약을 기억하였다.'고 선언합니다. 인간들은 자주 잊어버리기 때문에 '기억하라'는 명령이 주어졌지만 여호와는 그가 하신 말씀과 언약을 영원히 기억하고 계십니다. '언약'과 '말씀' 그리고 '영원히'와 '천 대'는 서로 유사한 내용으로 평행을 이룹니다(105:8).

8절 하반절과 9절 상반절은 관계 대명사로 서로 연결되었기 때문에 다음과 같이 '그는 아브라함과 잘랐던 말씀을 천대에 명령하였다'로 번역할 수 있습니다. '잘랐던'은 '맺었던'으로 번역됩니다. 하나님이 아브라함과 언약을 맺은 것입니다. 8절의 '말씀'은 '언약'과 병행을 이루어 나타나기 때문에 '언약의 말씀'으로 해석할 수 있습니다.

10절의 '세웠다'는 확증했다는 것입니다. '야곱에게'는 '야곱을 위하여' 그리고 '이스라엘에게' 역시 '이스라엘을 위하여'로 번역될 수 있습니다. 이스라엘의 조상들의 이름인 아브라함, 이삭, 야곱이 모두 거론되며 그들에게 하신 약속과 맹세가 이스라엘에게 언약으로 확정되었음을 말합니다.

하나님이 아브라함, 이삭 그리고 야곱에게 약속과 언약의 내용은 11절에 나옵니다. 하나님은 이스라엘의 조상들에게 가나안 땅을 그들과 그들의 후손들에게 주기로 약속했습니다(창 12:1-3, 7; 13:14-17; 15:1-21; 17:1-22[8]; 26:1-5, 23-24; 28:12-15; 35:9-12).

이스라엘의 조상들 아브라함, 이삭 그리고 야곱은 하나님께 약속을 받았습니다. 그러나 그들은 약속의 성취를 보지 못했습니다. 그들은 숫자가 적어서 가나안 땅에서 체류자로 살았습니다(12-15). 이스라엘의 조상들은 이곳저곳으로 유랑하며 살았지만 하나님은 그들을 이방 왕들로부터 보호하셨습니다. 하나님은 이스라엘 민족이 다른 민족에게 핍박받는 것을 내버려두지 않았습니다. 오히려 그들을 핍박하는 왕들을 꾸짖으시며 책망하셨습니다. 족장들에게 하신 약속을 "너를 축복하는 자에게는 내가 복을 내리고 너를 저주하는 자에게는 내가 저주하리니"(창 12:3) 지키시는 하나님의 모습을 볼 수 있습니다.

특별히 하나님은 이스라엘의 조상들을 '나의 기름부음 받은 자' 그리고 '나의 선지자들'로 부르고 있습니다.

> 너희는 나의 기름부음 받은 자를 만지지 말라
> 그리고 너희는 나의 선지자들에게 악을 행하지 말라(105:15).

'기름부음 받은 자'는 문맥에서 이스라엘의 족장들을 의미합니다. 구약에서 기름부음 받은 자들은 제사장, 선지자, 왕들입니다. 그런데 하나님은 이스라엘의 족장들을 '선지자들'로 부르고 있습니다. '기름부음 받은 자'와 '선지자'가 동격으로 나타납니다. 하나님은 아브라함, 이삭 그리고 야곱을 기름부음을 받은 선지자로 여기고 있습니다. 하나님은 아브라함을 '선지자'로 불렀음을 기억해야 합니다(창 20:7).

가나안 땅에 기근이 들자 이스라엘이 이집트로 이민을 갑니다. 그 곳에서 이스라엘은 거주합니다(16-23). 시인은 가나안 땅에 기근이 든 것을 하나님이 하신 일이라고 말합니다. 그리고 이스라엘이 이집트로 이민을 가기 전에 요셉을 먼저 보냈습니다. 시인은 요셉이 종으로 팔려간 것에 대하여 하나님이 하신 일이라고 주장합니다. 창세기에서 이 사건은 형제들의 시기와 질투로 시작되었습니다. 그러나 인간들의 실수와 허물에도 불구하고 하나님은 자신의 뜻을 이루어 가셨습니다. 요셉 자신도 후에 이 일이 하나님의 섭리 가운데 이루어졌음을 고백했습니다(창 50:20).

요셉은 처음에 노예로 이집트의 시위대장 보디발의 집에 팔려갔습니다. 보디발의 아내가 요셉을 보고 성 관계를 요구하며 유혹했습니다. 그는 이 유혹을 뿌리쳤으나 그녀의 모함으로 감옥에 갇히게 되었습니다. 18절은 요셉이 옥에 갇힌 상황을 설명합니다.

그들이 그의 발을 족쇄로 상하게 했다

그의 영혼이 철에 들어갔다(105:18).

'그의 영혼이 철에 들어갔다'는 '그가 감옥에 갇히게 되었다'는 것을 의미합니다. 요셉은 종으로 팔려가서 그곳에서 말씀이 성취될 때까지 감옥에 있게 됩니다.

그의 말씀의 오는 때까지

여호와의 말이 그를 시험했다(105:19).

'그의 말씀의 오는 때까지'는 그의 말씀이 성취되는 시간까지를 뜻합니다. 요셉은 하나님의 말씀이 응하기까지 감옥에서 죄수의 신분으로 갇혀있어야 했습니다. '시험했다'는 '검사했다,' '정제했다'입니다. 여호와의 말씀이 요셉을 시험하며 정제했던 것입니다. 시인은 요셉의 감옥 생활을 시험의 기간으로 보고 있습니다.

이집트의 왕 바로가 요셉을 옥에서 풀어주어 자유를 주었습니다. 바로는 요셉을 이집트의 국무총리로 세웁니다. 요셉은 이집트 바로 왕의 모든 소유물의 통치자가 되었습니다.

그 결과 요셉에 의해 야곱의 집 식구들이 이집트로 이민을 갔습니다. 이스라엘은 이방인으로서 이집트 땅에 체류했습니다.

이스라엘이 이집트 땅에서 번성합니다. 이스라엘이 강해지자 이집트 사람들이 위협을 받습니다(24-38). 시인은 이집트가 이스라엘을 핍박한 것을 하나님이 하신 일이라고 설명합니다. 하나님이 이집트 사람들의 마음을 변화시킨 것입니다.

그가 그들의 마음을 돌이켰다 그의 백성을 미워하도록

그의 종들에 대하여 공모하도록(105:25).

하나님이 이집트 사람들의 마음을 돌이킨 목적을 두 개의 부정사구들이 설명합니다. '그의 백성을 미워하도록' 즉 이집트 사람들이 이스라엘을 미워하게 한 것입니다. 그리고 '그의 종들에 대하여 공모하도록' 즉 이스라엘 사람들에 대항하여 음모를 꾸미게 또는 간교하게 대하게 한 것입니다.

이십트가 이스라엘을 박해합니다. 그러자 하나님은 모세를 이스라엘에게 보냅니다. 출애굽기에 따르면 이스라엘이 이집트의 학대로 인하여 하나님께 부르짖었습니다. 이 부르짖음을 들으신 하나님은 강대국의 큰 군대를 보내신 것이 아니라 이스라엘을 구원하기 위하여 모세와 아론을 보냈습니다. 하나님은 모세의 대변인으로 아론을 선택하셨습니다(출 4:10-17).

하나님은 모세와 아론을 통하여 이적을 행하셨습니다. 28절은 하나님이 이집트에게 보내신 흑암 재앙을 말합니다. 29절은 나일강의 물을 피로 변하게 한 재앙을 의미합니다. 30절은 개구리 재앙을 말하며 31절은 파리 재앙을 말합니다. 32-33절은 이집트에 내린 우박 재앙과 우박으로 인한 나무의 피해를 설명합니다. 34절은 메뚜기 재앙을 의미하며 35절은 메뚜기 떼가 이집트 지역의 모든 풀과 과실을 먹어 치운 것을 설명합니다. 36절은 마지막 장자 재앙을 의미합니다. 열 재앙으로 인하여 이집트는 이스라엘을 내보냅니다. 시인은 이스라엘의 출애굽을 다음과 같이 묘사합니다.

그가 그들을 은과 금으로 데리고 나왔다
그리고 그의 지파들 안에 비틀거리는 자가 없다(105:37).
그들이 떠났을 때 이집트가 기뻐했다
왜냐하면 그들의 두려움이 그들 위에 엄습했기 때문이다(105:38).

'데리고 나왔다'는 '인도했다'는 의미로 이스라엘이 이집트에서 자유를 얻어 구원받은 것입니다. 이스라엘이 출애굽 할 때 은과 금을 가지고 나왔습니다.

이스라엘이 이집트를 떠나자 이집트 사람들이 기뻐합니다. 이집트 사람들이 이스라엘을 두려워했기 때문입니다.

이스라엘은 출애굽을 한 후에 광야로 들어갑니다. 이스라엘이 광야에서 유랑할 때에 하나님이 하신 일들을 설명합니다(39-41).

그가 덮기 위하여 구름을 펴셨다
그리고 밤에 비취기 위하여 불을(105:39).
그들이 요구했고 그가 메추라기를 보냈다

그리고 하늘의 빵으로 그가 그들을 만족케 했다(105:40).
그가 반석을 여셨고 물이 흘렀다
그들이 마른 곳에 흘렀다 강(같이)(105:41).

하나님은 낮의 더위를 막기 위해 구름을 그리고 밤의 추위를 막기 위해 불을 보내주셨습니다. 하나님이 이스라엘과 함께 광야를 여행하고 있었습니다. 이스라엘은 광야에서 모세에게 고기를 요구했습니다(민 11:4-9, 31-35). 그러자 하나님은 이스라엘 백성에게 메추라기를 보내 주셨습니다. 또한 이스라엘은 '하늘의 빵' 즉 만나를 먹었습니다(출 16장; 민 11:6-9). 더 나아가 하나님은 반석에서 물을 주셨습니다. 하나님의 큰 구원을 체험한 이스라엘은 광야에서 먹고사는 것은 큰 문제였습니다.

광야는 사람이 살아가기에 척박한 환경입니다. 사람이 살 수 없는 환경에서 하나님은 이스라엘을 보호하십니다. 더위와 추위를 막아 주시며 먹을 것과 마실 것을 주십니다. 하나님의 보호와 인도로 이스라엘은 광야를 지나갑니다.

시인은 하나님이 이스라엘을 구원하시고 보호하신 이유를 설명합니다(42-45). 하나님이 아브라함에게 하신 약속 때문입니다.

왜냐하면 그가 그의 거룩한 말씀을 기억하셨기 때문이다
그의 종 아브라함에게(105:42).
그리고 그가 그의 백성을 기쁨으로 나오게 했다
그의 선택한 자들을 소리로(나오게 했다)(105:43).
그가 그들에게 민족들의 땅을 주었다
그들이 백성들의 수고를 소유했다(105:44).
그들이 그의 법규들을 지키게 하기 위하여
그리고 그들이 그의 법들을 준수하게 (하기 위하여), 할렐루야 (105:45).

'왜냐하면'은 하나님께서 광야에서 이스라엘에게 만나와 고기를 주시며 물을 주신 행위를 설명합니다. 아브라함에게 하셨던 '그의 거룩한 말씀' 때문입니다. 여기서 '거룩한 말씀'은 '거룩한 약속'을 의미합니다. 하나님은 자신이 하신 약속을 지키기 위해서 이스라엘을 보호하신 것입니다. 하나님은 자신이 한 말을 지키시는 분입니다. 신실하신 하나님입니다.

'나오게 했다'(43)는 출애굽을 의미하는 것 같습니다. 하나님이 '그의 백성'을 나오게 하실 때에 기쁨이 있었습니다. 두 번째 시구에서도 '나오게 했다'는 표현이 생략되었습니다. '소리로'는 울리는 소리를 말하는데 이것은 기뻐서 지르는 소리를 뜻합니다. 이스라엘 백성은 기쁨의 소리를 지르면서 이집트에서 나온 것입니다. 하나님은 자신이 하신 약속을 기억하시고 역사 속에서 지키셨습니다. 더 나아가 하나님은 이스라엘에게 가나안 땅을 주셨습니다. 아브라함과 한 약속이 성취된 것입니다.

문장 서두에(45) '-하기 위하여'가 있어서 두 개의 동사를 지배하고 있습니다. 이 전치사는 하나님이 이스라엘에게 가나안 땅을 주신(44) 목적을 설명합니다. 이스라엘이 하나님의 법을 지키게 하기 위해서입니다.

28

포로 후

읽어야 할 본문: 역대기(상·하), 에스라, 느헤미야

선지자들의 예언대로 이스라엘은 앗수르에 의해 그리고 유다는 바벨론에 의해 망했습니다. 유다는 바벨론으로 포로로 잡혀갔습니다. 그러나 칠십 년이 차자 선지자 예레미야의 예언대로 유다가 회복됩니다. 바벨론이 메대-바사(페르시아)에게 망합니다. 그리고 페르시아의 고레스 왕이 유다 포로민에게 예루살렘에 올라가서 성전을 건축하라는 칙령을 내립니다(주전 538년). 이 명령에 따라 유다가 바벨론에서 가나안 땅으로 올라옵니다(스 1:1-4). 이들은 성전을 짓기 위해 올라온 종교 공동체입니다.

28.1 세 차례의 귀환

포로의 귀환은 마치 제 이 출애굽 같습니다. 이집트에서 노예로 있던 이스라엘이 해방을 받은 것같이 바벨론에 포로로 잡혀갔던 자들이 다시 가나안 땅으로 돌아옵니다. 바벨론에서의 귀환은 세 차례에 걸쳐서 이루어졌습니다.

첫째는 고레스의 명령(주전 538년)에 따라 예루살렘 성전을 건축하기 위하여 총독 세스바살과 스룹바벨의 인도 아래 42,360명(그외 종들 7,337명, 노래하는 자 200명)이 귀환합니다. 이 귀환하는 무리에 유다와 베냐민 그리고 레위 사람들이 중심입니다. 이들의 귀환을 위해 주위 사람들이 각종 보물과 짐승을 기증합니다. 그리고 고레스 왕도 느부갓네살 왕이 예루살렘 성전에서 가져온 기명들을 돌려줍니다(스 1:5-11).

이들이 예루살렘에 도착하여 성전을 짓기 시작합니다. 처음 성전은 솔로몬이 지었지만 두 번째 성전은 바벨론 포로에서 귀환한 일반 백성들이 짓습니다. 이것이 차이점입니다. 하지만 성전 건축은 순조롭지 않습니다. 가나안 땅에 있던 사람들이 성전 건축에 참여하게 해 달라고 스룹바벨에게 요청합니다. 그러자 스룹바벨은 고레스 왕의 명령을 따라 우리가 성전을 짓겠다며 그들의 제안을 거절합니다. 그러자 가나안 땅에 있던 사람들, 사마리아 인들의 주도로 유다의 성전 건축을 방해합니다. 가나안 땅에 있던 사람들의 방해로 페르시아 왕 다리오 제 이년까지 성전 건축이 중단됩니다(스 4:24). 그러자 학개와 스가랴 선지자가 일어나서 성전 건축을 독려합니다. 그 결과 다리오 왕 육년에 성전을 완공(주전 515년)합니다(스 6:15). 성전의 크기는 높이 60규빗 그리고 너비가 60규빗입니다(솔로몬 성전은 길이 60규빗, 너비 20규빗, 높이 30규빗입니다). 흥미롭게도 길이가 나오지 않습니다.

두 번째 귀환은 제사장 에스라의 인도 아래에 이루어집니다(주전 458년). 아닥사스다 왕은 에스라에게 조서를 내려 이스라엘 백성과 제사장과 레위 사람들 중에 예루살렘에 올라갈 뜻이 있는 사람은 에스라와 함께 올라가라고 합니다(스 7:11-13). 에스라가 예루살렘에 도착한 후에 들은 소식은 통혼입니다. 이스라엘 백성과 제사장과 레위 사람이 이방인들의 딸을 맞아 서로 통혼을 한 것입니다(스 9:1-2). 에스라는 이 소식을 듣고 회개하며 기도합니다. 이스라엘이 바벨론 포로로 잡혀간 것은 율법에 불순종한 것이었는데, 다시 회복하여 돌아온 사람들도 율법에 불순종하고 있습니다(신 7:1-6; 수 23:12-13). 그래서 에스라는 유다 공동체에서 이방 여인과 그 자녀들을 내보기로 작정하고 실행합니다. 에스라 시대에는 유다 공동체의 성결이 중요한 주제였습니다. 민족적 순결을 유지하는 것이 큰 과제였습니다.

세 번째 귀환은 느헤미야의 인도로 이루어졌습니다(주전 445년). 느헤미야가 예루살렘 성은 허물어지고 성벽은 불에 탔다는 소식을 듣습니다. 느헤미야가 아닥사스다 왕의 허락을 받아 예루살렘에 돌아옵니다(느 2:1-9). 그는 예루살렘 성과 성벽을 재건합니다. 이로서 예루살렘 성전과 성의 회복이 마칩니다.

유다는 성전 건축과 회복된 공동체의 성결 그리고 성벽 재건으로 인하여 회복됩니다. 율법을 중심으로 백성이 성결하고 거룩해집니다. 종교 공동체입니다. 그러나 이들은 여전히 페르시아의 속국으로 남아 있습니다. 다윗의 영화를 회복하고 싶은 열망이 있지만 유다 공동체는 이방 국가의 지배를 받으면서 소수의 남은 자로 그 명맥을 이어갑니다. 이들이 남아 있음으로 해서 그 후손으로 메시야가 올 수 있었습니다.

28.2 회복된 공동체의 정체성-역대기

포로에서 돌아온 공동체는 예루살렘 성전과 성을 지었습니다. 그리고 공동체를 다시 회복했습니다. 성전이 완공 되었으니 다윗 왕조가 회복되어야 합니다. 그러나 여전히 상황은 변함이 없습니다. 페르시아의 지배 아래에 있습니다.

이러한 상황 속에서 회복된 공동체의 정체성이 문제입니다. 과연 이들은 과거의 역사와 관련이 있는가? 하나님께서 과거에 다윗에게 하신 언약이 아직도 유효한가? 회복된 공동체는 하나님의 백성인가? 이러한 문제들이 남아 있습니다. 이러한 문제들에 답을 주기 위하여 역대기가 기록되었습니다. 과거의 이스라엘과 포로에서 돌아온 공동체와의 관계를 설명해 주고 있습니다.

28.2.1. 역대기와 사무엘–열왕기 비교

역대기와 사무엘–열왕기의 평행 이야기들 사이에 유사성이 많이 있지만, 약 50% 정도가 사무엘–열왕기와 병행합니다. 역대기는 그 병행 이야기를 보충하기도 하며 다시 고쳐 쓰기도 합니다. 역대기와 사무엘–열왕기 사이에 다음 세 가지 차이점들이 있습니다.

1) 생략: 사무엘-열왕기에는 있지만 역대기에서는 발견할 수 없는 사건들이 있습니다. 다윗과 밧세바의 범죄(삼하 11-12장), 이방 여인들과의 솔로몬의 국제결혼(왕상 11:1-8), 여로보암이 황금 송아지를 만든 사건(왕상 12:26-32) 등입니다. 역대기는 다윗 왕조에 대하여 더 긍정적입니다.

2) 변화: 역대기 기자는 다음의 사건들을 사무엘-열왕기와는 달리 가볍게 변경합니다. 다윗이 법궤를 옮긴 사건(삼하 6:12-19/대상 15:1-16:3), 길르앗 라못의 전투(왕상 22:32/대하 18:31) 등입니다.

3) 첨가: 역대기 기자는 사무엘-열왕기에 나타나지 않는 사건들을 보도합니다. 성전 건축을 위한 다윗의 준비(대상 22-29장), 여호사밧의 개혁과 아람과의 전쟁(대하 19-20장), 히스기야의 개혁(대하 29:2-31:21) 등입니다.

위의 비교로부터 우리는 역대기 기자가 그 자신의 역사관과 신학을 갖고 있었다는 사실을 알 수 있습니다. 그는 이스라엘의 전 역사를 잘 알고 있었지만 기계적으로 사무엘-열왕기 기자의 발자취를 따르지 않았습니다. 역대기 기자는 그 자신의 삶의 정황 속에서 통일 이스라엘 역사와 유다 역사를 다시 썼으며 그는 자신의 자료들을 가지고 있었습니다(역대기 기자는 공적인 연대기, 족보들, 선지들의 글 등의 32개의 자료들을 언급합니다). 따라서 역대기를 사무엘-열왕기의 보충 설명으로 읽는 것은 바람직하지 않습니다. 또한 역대기를 사무엘-열왕기와 조화시키려는 시도 역시 적절하지 않습니다.

28.2.2. 역대기의 구조

역대기의 구조는 아주 단순합니다. 다음과 같이 나눌 수 있습니다.

족보의 명단(대상 1-9장).

다윗 왕의 역사(대상 10-29장).

솔로몬 왕의 행적과 통치(대하 1-9장).

유다의 다른 왕들(대하 10-36:21).

고레스 왕의 명령(대하 36:22-23).

위의 구조 분석에서 역대기는 유다 왕조의 역사에 많은 지면을 할애한다는 사실을 발견할 수 있습니다. 특히 다윗 왕과 솔로몬 왕이 역대기의 주요 부분을 차지하고 있습니다. 역대기 기자는 솔로몬보다 다윗에게 더 많은 지면을 할애합니다. 이런 점에서 볼 때 유다 왕조는 다윗의 후손의 역사를 기록하는 다윗 왕조 이야기입니다.

다윗과 솔로몬에 관한 기록 가운데서도 다윗이 성전 건축을 위해 준비한 것(대상 22-29장)과 솔로몬이 성전을 건축한 것(대하 2-7장)이 핵심 내용입니다. 역대하는 솔로몬의 성전 건축 이야기와 솔로몬 이후의 왕들의 역사를 언급합니다. 따라서 우리는 다윗 왕조와 성전이 역대기 기자에게 중요한 두 개의 신학적, 역사적인 주제였다고 말할 수 있습니다. 이러한 사실은 포로에서 돌아 온 공동체의 관심사를 잘 반영합니다. 이들은 성전을 짓고 난 후에 다윗 계열의 왕이 나와서 나라를 회복하기를 바라고 있었습니다.

28.3.3 여호와의 나라

역대기 저자는 사무엘-열왕기의 저자보다 다윗 왕조에 대하여 더 긍정적인 태도를 갖고 있습니다. 이러한 태도는 위에서 언급한 다윗의 밧세바 범죄 사건과 솔로몬의 국제 결혼에 대한 기사가 생략된 점에서 알 수 있습니다. 더 나아가 역대기 기자는 유다를 '여호와의 나라'라고 표현하고 있습니다.

이 개념은 다윗의 선언에서 나타납니다. "여호와께서 내게 여러 아들을 주시고 그 모든 아들 중에서 내 아들 솔로몬을 택하사 여호와의 나라 왕 위에 앉혀 이스라엘을 다스리게 하려 하실새"(대상 28:5). 다윗은 솔로몬이 '여호와의 나라 왕좌'에 앉는다고 말합니다.

이 표현은 다시 유다와 이스라엘 사이에 전쟁이 발발했을 때에 아비야가 북 왕국 이스라엘의 여로보암에 대하여 한 말에서 나타납니다. "이제 너희가 또 다윗 자손의 손으로 다스리는 여호와의 나라를 대적하려 하는도다 너희는 큰 무리요 또 여로보암이 너희를 위하여 신으로 만든 금송아지들이 너희와 함께 있도다"(대하 13:8; 참고. 대상 28:5). 아비야는 북 왕국 이스라엘을 향하여 유다를 "여호와의 나라"로 말하고 이스라엘은 금송아지를 섬기는 우상

숭배국가로 선언합니다. 아비야는 다윗의 후손이 다스리는 유다를 여호와의 나라로 인식하고 있습니다.

여호와의 나라 사상은 다시 '여호와의 보좌'라는 표현에서도 찾아볼 수 있습니다. "솔로몬이 여호와께서 주신 왕 위에 앉아 아버지 다윗을 이어 왕이 되어 형통하니 온 이스라엘이 그의 명령에 순종하며"(대상 29:23; 참고. 대하 9:8). "여호와께서 주신 왕 위에"는 문자적으로 "여호와의 보좌 위에"입니다. 역대기 기자는 솔로몬이 다윗의 뒤를 이어 왕위에 오른 것을 "여호와의 보좌" 위에 앉았다고 기술합니다. 역대기 기자는 다윗계의 왕국을 여호와의 나라로 간주합니다. 특별히 역대기 기자는 솔로몬이 여호와의 보좌 위에 즉 여호와의 나라의 보좌에 앉았다는 것을 강조합니다.

위의 세 표현과 관련해서 다양한 신학적인 질문들이 제기되었습니다. 어떻게 사람이 여호와의 보좌 위에 앉을 수 있는가? 어떻게 사람인 솔로몬이 여호와의 나라를 통치할 수 있는가? 이스라엘의 왕은 여호와의 나라의 집행자 또는 대표자인가? 이것이 신정정치를 의미하는가? 솔로몬의 왕국 또는 다윗 왕조가 실제적인 여호와의 왕국인가? 이것이 다윗계의 왕이 없는 상황에서 종말론적 메시야 희망을 함축하는가?

"여호와의 나라"라는 표현에 대한 신학적인 질문에 답을 하기 위해서는 먼저 다윗 언약을 생각해 보아야 하며 둘째로는 역대기에 자주 나타나는 특징적인 구들을 살펴보아야 합니다.

첫째, 확실히 이 사상은 다윗 언약과 관련이 있습니다. 역대기 기자는 나단을 통하여 다윗에게 주어진 하나님의 말씀을 이렇게 보도합니다. "내가 영원히 그를 내 집과 내 나라에 세우리니 그의 왕위가 영원히 견고하리라 하셨다 하라"(대상 17:14). 여기서 우리는 다윗의 집과 다윗의 나라를 "내 집과 내 나라"로 부르고 있다는 사실에 주목해야 합니다. 하나님은 다윗의 나라를 하나님의 나라와 동일시하고 있습니다(삼하 7:16: "네 집과 네 나라가 내 앞에서 영원히 보전되고 네 왕위가 영원히 견고하리라"). 나단의 신탁은 하나님이 다윗과 세우신 언약입니다. 성전을 지으려고 생각했던 다윗에게 하나님은 다윗이 성전을 짓지 못하고 그의 아들이 지을 것을 말씀하셨습니다. 그리고 다윗의 나라가 영원히 견고하게 설 것을 약속하셨습니다. 이러한 다윗의 언약에 근거하여 아비야는 다윗의 후손이 다스리는 나라를 여호와의 나라라고 선언한 것입니다. 여호와의 나라는 여호와에 의해 설립된 나라를 의미할 수 있습니다.

둘째로 역대기 내에서와 다른 책들에서 우리는 이스라엘 하나님의 고유한 이름인 네 자음 문자 '여호와'(아도나이)를 포함한 구들을 많이 발견할 수 있습니다. 예를 들면 우리는 역대기에서 다음의 구들 '여호와의 집'(대상 16:31-32), '여호와의 영'(대상 9:19), '여호와의 성막'(대상 16:39), '여호와의 칼'(대상 21:12), '여호와의 회중'(대상 28:8), '여호와의 종'(대하 1:3), '여호와의 악기'(대하 7:6), '여호와의 모든 일'(대하 19:11), '여호와의 전'(대하 26:16) 그리고 다른 책에서 '여호와의 산'(민 10:33; 사 2:3), '여호와의 날'(사 13:6, 9)을 볼 수 있습니다.

위의 두 가지 사실에 근거하여 우리는 "여호와의 나라"는 유다이며 하나님이 다윗 언약에 기초하여 세운 나라라고 말할 수 있습니다. 유다는 여호와와 친밀한 나라입니다. 여호와 신앙에서 떠나지 않으며 여호와 하나님이 말씀한 율법을 잘 지키는 나라입니다. 이러한 사실은 아비야가 한 말에서도 확인할 수 있습니다. 아비야는 유다는 여호와 하나님을 섬기며 그를 섬기는 아론의 자손과 레위 사람이 있음을 강조합니다. 이들이 여호와 앞에서 번제를 드리며 진설병을 드리며 성전의 등불에 불을 켭니다. 유다는 여호와의 계명을 어기지 않았음을 말합니다. 그러나 북 왕국 이스라엘은 다릅니다. 아비야는 북 왕국 이스라엘이 여호와를 배반했다고 지적합니다. 여로보암은 금송아지 우상을 만들었으며 더 나아가 아론 자손의 제사장과 레위 사람을 내어 쫓았습니다. 레위 사람들을 대신하여 뇌물을 바치는 사람이 제사장으로 장립되었습니다(대하 13:6-12).

아비야에 의하면 유다는 다윗의 자손이 다스리는 여호와의 나라로서 여호와 하나님만을 섬기는 나라입니다. 아비야의 말 속에서 다윗 왕조와 성전 예배가 핵심적인 위치를 차지하고 있음을 알 수 있습니다.

28.2.4 족보(대상 1-9장)

역대기는 포로 후기 공동체를 대상으로 기록되었습니다. 따라서 그들의 관심사는 공동체의 정체성입니다. 포로 후기 공동체는 역사적 정통성이 있는가? 즉 포로기 이전의 이스라엘의 역사와 그들과의 관계가 무엇인가 그리고 하나님은 포로 후기 공동체에게 관심을 가지고 계신가 하는 질문에 관심이 있습니다.

족보는 이러한 질문에 대한 실제적인 대답입니다. 족보는 인류의 조상인 아담으로부터 시작하여 아브라함과 야곱의 열 두 아들들로 나아갑니다. 열 두 지파의 자손들을 길게 기술한 후에 포로 생활에서 돌아온 백성으로 이어지고 있습니다. 포로에서 돌아와 예루살렘에 정착한 사람들의 이름이 나옵니다. 포로에서 돌아온 공동체는 창조 시부터 하나님의 관심을 받는 백성입니다.

족보는 포로 후기 공동체가 역사적 정통성을 갖는다는 사실을 보여줍니다. 이들이 이스라엘 역사의 계승자입니다. 또한 하나님이 인류를 창조하신 이후로 역사를 주도해 나가시는데 그 역사의 중심에 자신들이 있다는 것을 보여줍니다. 포로 후기 공동체는 하나님의 관심의 대상입니다.

그런데 흥미롭게도 족보에서 언급되는 12지파들은 창세기에 나오는 순서와 다릅니다. 유다가 먼저 나오고 가장 많은 지면을 차지합니다(대상 2:3-4:23). 그 다음이 시므온이고(대상 4:24-43) 다음에 르우벤이 나옵니다(대상 5:1-10). 창세기에서 르우벤은 장자였습니다. 하지만 역대기에서 그는 세 번째로 나옵니다. 갓이 나오고(대상 5:11-22) 므낫세 반 지파가 나오고(대상 5:23-26) 후에 레위가 나옵니다(대상 6:1-80). 레위가 중앙에 위치하고 있습니다. 잇사갈이 나오고(대상 7:1-5) 베냐민이 나오고(대상 7:6-12) 다음에 가장 짧게 납달리가 나옵니다(대상 7:13). 다시 므낫세 반 지파가 나오고 (대상 7:14-19) 이어 에브라임이 나오고(대상 7:20-29) 아셀이 나옵니다(대상 7:30-40). 마지막으로 베냐민이 다시 나옵니다(대상 8:1-40). 베냐민이 두 번 언급되고 있습니다.

유다와 베냐민이 처음과 끝에 나오고 중앙에 레위가 있습니다. 다른 지파들이 레위의 양쪽에 위치하고 있습니다. 단과 스불론은 나오지 않습니다.

특별히 아론과 다윗의 집안의 족보만이 족장 시대부터 포로후기까지 나타납니다. 유다의 다윗 집안과 레위 지파가 포로 후기 공동체의 핵심임을 보여줍니다. 하나님의 구속 계획은 이 두 집안을 통하여 계속 이어지고 있음을 강조합니다.

28.2.5 성전 제의의 창시자 다윗

역대기는 성전을 위한 다윗의 노력을 강조합니다. 그는 먼저 성전 터를 잡습니다. 다윗이 인구 조사 후에 범죄함을 뉘우치고 오르난의 타작마당에서 번제를 드립니다. 그때 하늘에서 불이 떨어졌습니다. 그러자 다윗이 "이는 여호와 하나님의 성전이요 이는 이스라엘의 번제단이라"고 말하고 성전 터로 삼습니다(대상 22:1). 후에 이곳에 솔로몬이 성전을 짓습니다. 이곳은 아브라함이 이삭을 번제로 드리려고 했던 모리아 산입니다.

다윗은 한 "규례"(법규)를 세웁니다. "솔로몬이 또 그 아버지 다윗의 규례를 따라 제사장들의 반열을 정하여 섬기게 하고 레위 사람에게도 그 직분을 맡겨 매일의 일과대로 찬송하며 제사장들 앞에서 수종들게 하며 또 문지기들에게 그 반열을 따라 각 문을 지키게 하였으니 이는 하나님의 사람 다윗이 전에 이렇게 명령하였음이라"(대하 8:14). 솔로몬은 다윗 왕이 세워놓은 법규를 따라 성전 의식을 진행합니다. 역대기 기자는 다윗이 성전 예배 법규를 정했다고 밝힙니다. 이 법규에 근거하여 제사장들의 임무 구분이 정해졌고 레위 인들이 찬양을 인도하는 일과 사역이 부여되었고 문지기가 정해졌습니다. 이 법규는 제사장들과 레위 인들을 위한 기록된 문서를 말합니다(대하 35:4; 참고. 대하 29:25; 35:15). 이러한 사실은 다윗이 이스라엘 내에 새로운 제의의 창시자라는 것을 보여줍니다.

모세가 성막의 규례를 정했다면 다윗은 성전의 규례를 정한 하나님의 사람입니다. 그래서 역대기 기자는 다윗이 성전 예배의 규례를 정한 것을 모세가 성막의 규례를 세운 것과 평행해서 말하고 있습니다(대하 8:13-14). 이스라엘 내에서 법을 창시한 사람은 모세와 다윗입니다.

역대기 기자는 사무엘에 나오지 않는 사실을 거론합니다. 다윗이 성전 건축을 위해 준비한 부분입니다. 다윗은 또한 성전의 설계도를 준비합니다. 성전의 뜰, 방, 복도, 성전 곳간, 성물 곳간, 다락, 골방, 속죄소의 설계도를 그려 솔로몬에게 주었습니다. 또한 성전의 기구들, 등잔대, 등잔, 진설병의 상, 대접, 종지 향단, 그룹의 설계도를 설명하고 금 무게와 은 무게를 정하여 주었습니다. 다윗은 "여호와의 손이 내게 임하여 이 모든 일의 설계를 그려 나에게 알려 주셨느니라"고 말합니다(대상 28:19).

다윗은 또한 성전에 쓰일 재료를 많이 준비하였습니다. 성전 기구를 만들 금과 은, 놋과 철, 나무와 각종 보석을 하나님께 예물로 드렸습니다(대상 29:1-9). 다윗의 이러한 준비로 인하여 솔로몬이 성전을 빨리 지을 수 있었습니다.

역대기의 다윗은 왕국의 창시자이며 성전 예배와 하나님 예배의 창시자입니다. 다윗은 역대기 기자에게 가장 중요한 주제였습니다. 역대기의 역사 서술은 다윗과 함께 배치되었습니다. 다윗 없이는 저자 자신이 관심이 많았던 레위 직분도 줄 수 없었을 것입니다. 역대기 기자가 다윗을 용사로 묘사하고 있기는 하지만(대상 28:3) 그는 다윗에게 성전 제의의 창시자로서 더 많은 의미를 부여합니다. 이것은 다윗의 이미지를 또한 좋은 왕의 이미지로 결정짓게 합니다.

그렇다면 역대기 기자가 이렇게 다윗의 왕정을 자세하게 그리는 이유는 무엇인가? 포로에서 돌아온 공동체는 아직도 페르시아의 지배를 받는 속국이었습니다. 그들의 임무는 성전을 재건하는 것입니다. 성전을 짓고 또한 다윗의 나라를 건설하는 것이 그들의 꿈이었습니다.

다윗이 위대한 나라를 건설하고 성전을 짓기 위하여 많은 노력과 예비한 것을 상세히 보도함으로 다윗 왕권의 성격을 드러내고 있으며 자신들이 해야 할 일이 무엇인지 말하고 있습니다.

28.2.6 성전 건축자 솔로몬

솔로몬의 치적가운데 성전 건축은 가장 뛰어난 업적입니다. 다윗 왕은 성전 건축을 위해 모든 것을 잘 준비해서 넘겨주었습니다. 다윗은 솔로몬에게 여호와를 위한 집을 지으라고 당부했고 이스라엘의 모든 방백들에게 성전을 짓는데 솔로몬을 도우라고 명령했습니다(대상 22:6-19). 또한 다윗은 여호와께서 다윗의 많은 아들들 가운데서 솔로몬을 여호와의 보좌에 앉혀(대상 28:5) 성전을 짓게 하려고(대상 28:10) 여호와의 아들로 선택하셨다(대상 28:6)고 선언했습니다. 솔로몬이 성전 건축을 위해 택함을 받았다는 것입니다.

솔로몬은 다윗의 명령을 따라 모리아 산에 성전 건축을 시작합니다(대하 3:1). 역대기 기자는 성전이 모리아 산에 세워졌다는 것을 명확하게 밝힙니다. 이 산은 아브라함이 이삭을 여호와께 번제로 드리려고 했던 장소입니다. 여호와 하나님이 이삭을 번제로 드리라고 명령했고 그 명령을 시행할 곳으로 미리 준비하셨던 특별한 장소입니다(창 22:2, 3, 4, 9, 14). 이 장소는 "여호와의 산"으로 불리는 곳입니다(창 22:14).

솔로몬이 성전을 다 짓고 나서 레위 인들로 하여금 언약궤를 성전에 옮기게 합니다. 역대기 기자는 성전 봉헌식에서의 레위 인들의 찬양을 강조합니다. 레위 인들은 각종 악기들, 수금, 비파, 제금과 나팔로 여호와를 찬양합니다. 아삽, 헤만, 여두둔이 찬양 지도자입니다(대하 5:12-13). 레위 인들의 찬양 가운데 성전 봉헌식이 거행되었을 때 여호와의 영광의 구름이 성전에 가득 찼습니다(대하 5:14).

찬양은 역대기 기자의 사상 가운데 가장 주목할 만한 특징입니다. 그는 찬양을 종교적 의식의 한 부분으로 특별히 성전 예배의 한 부분으로 제시합니다. 다윗은 여호와의 집에서 찬양대를 조직했습니다(대상 6:31). 다윗이 법궤를 그의 성 예루살렘으로 가져올 때 그는 백성에게 찬양하며 악기를 연주하게 하였습니다(대상 15:16). 노래하는 자들은 레위 인이었고 그들의 지도자들은 아삽과 여두둔과 헤만이었습니다. 그들의 공식적 임무들은 성전 안에서 여호와를 섬기는 일이며 찬양하는 일이었습니다. 그들은 다윗의 감독 하에 있었습니다(대상 16:4, 7; 25:6). 다윗은 또한 여호와께 감사하기 위하여 악기를 제조했습니다(대하 7:6).

역대기 기자의 기술 가운데 흥미로운 부분은 아삽, 헤만, 여두둔의 아들들이 수금, 비파, 제금을 잡고 한 노래를 "신령한 노래"(대상 25:1, 2, 3)로 지칭한다는 사실입니다. 대상 25장에서 그들이 부른 노래를 3번이나 신령한 노래라고 강조합니다. "신령한 노래"는 히브리어(나바)로 '예언하다'입니다. 악기를 가지고 예언을 한 것입니다. 이 예언은 찬양을 의미합니다. "신령한 노래를 하며(예언하며) 여호와께 감사하며 찬양하며"(대상 25:3)입니다. 여기서 찬양은 "신령한 노래"와 다른 동사입니다.

그렇다면 악기를 가지고 한 이 예언은 어떤 예언인가 하는 질문이 나옵니다. 아삽, 헤만, 여두둔은 노래하는 자들입니다. "수금을 잡아 신령한 노래를 하며 여호와께 감사하며 찬양하며"(대상 25:3) 하고 말하기 때문입니다. 각종 악기를 연주하며 노래하는 자들로 일종의 성가대인 셈입니다.

아삽과 헤만, 여두둔은 왕과의 관계가 중요합니다. 이들은 왕의 지도와 명령을 따르기 때문입니다. "아삽의 아들들이 아삽의 지휘 아래 왕의 명령을 따라 신령한 노래를 하며"(대상 25:2). 이들은 성전에서 여호와를 섬기는 자들로서 왕의 지도를 받습니다. "아삽과 여두둔과 헤만은 왕의 지휘 아래 있었으니"(대상 25:6).

왕과 아삽, 헤만, 여두둔의 관계는 역대상 25:5에서 더 자세하게 나타납니다. "헤만은 하나님의 말씀을 가진 왕의 선견자라." 헤만을 가리켜 다윗 왕의 선견자라고 부릅니다. 헤만은 "하나님의 말씀을 가진 왕의 선견자"입니다. "하나님의 말씀들에"는 '하나님의 일들에'로도 번역할 수 있습니다. '하나님의 말씀(일)들에, 왕의 선견자'입니다. 헤만은 왕을 위해 말하는 자 또는 노래하는 자입니다.

신령한 노래는 예언입니다. 이것은 헤만이 다윗을 위해 부르는 노래를 의미합니다. 즉 다윗이 지은 시편을 노래한 것입니다. 이것은 역대상 16:7-36

을 보면 알 수 있습니다. 7절에는 다윗이 아삽에게 감사하게 합니다. "그 날에 다윗이 아삽과 그의 형제를 세워 먼저 여호와께 감사하게 하여 이르기를 너희는 여호와께 감사하며 그의 이름을 불러 아뢰며 그가 행하신 일을 만민 중에 알릴지어다." 그리고 8절부터 36절에 다윗의 시편이 나오고 있습니다. 이것을 보면 다윗이 지은 시들을 아삽, 헤만, 여두둔이 각종 악기로 노래한 것입니다. 다윗이 지은 시편들은 노래로 불러졌습니다. 이것을 예언이라고 칭한 것입니다.

솔로몬은 성전 봉헌식에서 성전 건축은 여호와께서 그의 부친 다윗에게 말씀 하신 것을 이룬 것이라고 선언합니다(대하 6:1-11). 솔로몬은 연설 후에 단 앞에서 여호와께 기도를 드립니다. 솔로몬의 기도는 이스라엘이 각종 재앙을 당하였을 때, 전쟁에서 패했을 때, 적군에게 포로로 잡혀 갔을 때, 기근이나 온역이 있을 때, 이 전을 향하여 손을 들고 기도하면 여호와는 들으시고 그 기도에 응답해 주실 것을 간구합니다(대하 6:12-42). 솔로몬이 성전 봉헌 기도를 마친 후에 불이 하늘로부터 내려와서 번제물을 태웠습니다(대하 7:1). 하늘에서 불이 떨어졌다는 이야기는 열왕기에 나타나지 않습니다.

역대기 기자는 성전 봉헌식에서 여호와의 영광의 구름과 불을 언급합니다. 이는 모세가 성막을 짓고 봉헌식을 거행할 때에 여호와의 구름이 나타났고 불이 번제물을 살랐던 것과 평행을 이룹니다(출 40:34, 38; 레 9:22-24). 이것은 이제 솔로몬의 성전이 모세의 성막을 대신하는 것을 보여줍니다(또한 우리는 여기에 덧붙여서 포로에서 돌아온 공동체가 성전을 지었음을 기억해야 합니다).

솔로몬이 성전 봉헌식을 마치자 하나님이 그에게 나타나셔서 율법에 순종할 것을 말씀하십니다. 솔로몬이 다윗과 같이 하나님의 율법에 순종하면 하나님이 그에게 복을 주실 것이며 나라는 영원히 견고하게 될 것입니다. 그리고 다윗에게 언약한 것과 같이 이스라엘을 다스릴 자가 다윗의 집에서 끊어지지 않을 것입니다. 하지만 솔로몬이 율법을 순종하지 않고 다른 신을 섬기면 저주를 받습니다. 이스라엘은 약속의 땅에서 쫓겨 날 것이며 성전은 버림을 받고 파괴될 것이며 열방의 비웃음거리가 될 것입니다.

이러한 말씀은 이미 열왕기에도 나와 있습니다. 역대기 기자는 이 말씀과 더불어서 열왕기에서 나오지 않은 말씀을 보도합니다. 하나님은 솔로몬의 기도를 듣고 응답하십니다. 솔로몬의 기도와 제사를 받았다고 말합니다. "여호와께서 솔로몬에게 나타나사 그에게 이르시되 내가 이미 네 기도를 듣고 이곳을 택하여 내게 제사하는 성전을 삼았으니"(대하 7:12).

하나님은 솔로몬이 지은 예루살렘 성전을 선택하셨다고 명확하게 말씀하십니다. 이는 약속의 땅에 하나님이 선택하신 한 장소가 있을 것이라는 신명기의 중앙 성소 법을 성취한다는 것입니다. 이제 예루살렘은 중앙 성소가 되었습니다.

또한 성전은 이제 이스라엘 백성의 기도의 장소입니다. 하나님이 솔로몬이 한 기도를 듣고 응답하십니다. 비가 내리지 않거나 메뚜기 재앙이 있거나 전염병이 돌 때, 이스라엘 백성이 성전에 와서 회개하고 기도하면 하나님이 그 기도를 들으시고 그 땅을 고치실 것을 약속합니다. "내 이름으로 일컫는 내 백성이 그들의 악한 길에서 떠나 스스로 낮추고 기도하여 내 얼굴을 찾으면 내가 하늘에서 듣고 그들의 죄를 사하고 그들의 땅을 고칠지라"(대하 7:14).

이 말씀은 솔로몬의 기도에 하나님이 응답하시겠다는 것입니다. 특히 이 구절은 역대기의 독자들의 상황과 잘 맞습니다. 역대기의 독자들은 지금 바벨론 포로지에서 귀환한 사람들입니다. 그들은 성전을 건축하고 나라를 세우려고 합니다. 하나님의 회복의 은혜가 절실히 필요한 상태입니다.

하나님은 성전에서 드리는 기도에 응답할 것을 약속하십니다. 왜냐하면 예루살렘은 하나님이 선택하신 장소이기 때문입니다. "이제 이 곳에서 하는 기도에 내가 눈을 들고 귀를 기울이리니 이는 내가 이미 이 성전을 택하고 거룩하게 하여 내 이름을 여기에 영원히 있게 하였음이라 내 눈과 내 마음이 항상 여기에 있으리라"(대하 7:15-16). 이 말씀은 바벨론 포로지에서 돌아 온 이스라엘의 상황을 반영합니다. 그들은 성전과 예루살렘 성을 건축해야 할 당위성이 여기에 있었습니다.

28.2.7 좋은 왕과 나쁜 왕

솔로몬 왕 이후에 많은 왕들이 유다를 다스렸습니다. 역대기는 이 왕들의 통치 행적을 여호와 신앙과 예배의 관점에서 평가합니다. 여호와 신앙과 예배를 잘 따른 왕은 다윗입니다. 따라서 다윗 왕이 좋은 왕과 나쁜 왕을 구별하는 기준이 되고 있습니다.

좋은 왕 – 다윗을 따르는 왕

좋은 왕은 다윗의 모범을 따르는 자입니다. 좋은 왕들로 간주되는 여호사밧, 히스기야 그리고 요시야는 다윗의 모범을 따랐습니다. 이들의 행위들은 다윗이 행한 행동과 비교됩니다.

비록 여호사밧이 선지자 예후에게 비난을 받았지만(대하 19:2) 그럼에도 불구하고 그는 다윗의 길로 걸었습니다. 히스기야는 다윗이 행한 모든 것을 따라 여호와의 눈에 옳은 것을 행했습니다(대하 29:2). 다시 요시야는 다윗의 길을 따라 여호와의 눈에 옳은 것을 행했습니다(대하 34:2).

여호와의 눈에 옳은 것을 행한 왕들은 아사(대하 14:1), 여호사밧(대하 20:32), 요아스(대하 24:2), 아마샤(대하 25:2), 웃시아(대하 26:4), 요담(대하 27:2), 히스기야(대하 29:2) 그리고 요시야(대하 34:2)입니다.

이 세 왕들, 여호사밧, 히스기야, 요시야를 평가하는 기준은 다윗의 길입니다. 그렇다면 다윗의 길은 무엇인가? 다윗의 길에 대하여 명확한 정의는 나오지 않습니다. 그러나 다른 왕들을 다윗과 비교하는 문맥을 살펴보면 다윗의 길은 1) 우상을 섬기지 않는 것이며 이스라엘의 행위를 좇지 않는 것입니다. 2) 하나님을 찾는 것이며 그의 계명을 따르는 것입니다(대하 17:3-4). 다윗 왕은 여호와의 신앙과 예배에 충실했던 왕입니다. 이러한 모범을 따르는 왕이 좋은 왕이라고 말할 수 있습니다.

다윗의 길을 따랐던 왕들은 종교 개혁을 행합니다. 우상 숭배를 유다에서 몰아내고 여호와의 신앙을 회복시키기 위해 노력합니다. 종교 개혁은 이방신들을 위한 단들, 산당들과 우상들을 제거하는 것이 목표였습니다. 아사(대하 14:2-5과 15:8,16), 여호사밧(대하 17:6), 히스기야(대하 29:3-30:16) 그리고 요시야(대하 34:3-7) 왕이 대표적입니다.

히스기야의 개혁가운데서는 성전을 정결하게 한 것과 유월절을 지킨 것은 주목할 만합니다. 마지막으로 요시야의 개혁 가운데서 유월절을 지킨 것을 상세하게 묘사하고 있습니다(대하 35:1-19).

나쁜 왕 – 다윗을 따르지 않는 왕

반대로 나쁜 왕의 특성들은 좋은 왕의 특성과 대조를 이룹니다. 역대기는 여로보암을 열왕기와 같이 나쁜 왕의 원형으로 제시하지는 않지만 나쁜 왕을 구성하는 명확한 상을 제시하고 있습니다. 나쁜 왕은 여호와의 눈에 악을 행하는 자입니다. 여호와의 눈에 악을 행한 왕들은 여호람(대하 21:6), 아하시야(대하 22:4), 므낫세(대하 33:2,6), 아몬(대하 33:22), 여호야김(대하 36:5), 여호야긴(대하 36:9) 그리고 시드기야(대하 36:12)입니다.

나쁜 왕은 다윗을 그의 모범의 예로 취하지 않는 자들입니다. 나쁜 왕은 첫째 우상을 숭배하는 자이며, 예를 들면 아하스(대하 28:1-4), 므낫세(대하 33:2-7) 그리고 아몬(대하 33:22), 둘째 여호와의 예배의 규정들을 불법적으로 이행하는 왕입니다. 예를 들면 웃시야(대하 26:18)입니다.

나쁜 왕과 관련해서 므낫세를 더 언급해야 합니다. 열왕기 기자에 따르면 므낫세 왕은 매우 나쁜 우상 숭배자였습니다(왕하 21:10-15). 그러나 역대기에서 그의 삶은 비극적으로 끝나지 않았습니다. 왜냐하면 그는 회개하였기 때문입니다. 열왕기는 유다와 예루살렘의 멸망을 므낫세 왕의 죄와 관련시켰습니다. 그러나 역대기 기자는 다른 각도에서 그의 삶을 소개합니다. 그는 먼저 므낫세의 과도한 우상숭배를 보도하지만(대하 33:1-9) 후에 므낫세는 회개했고 우상을 제거했다는 사실을 쓰고 있습니다(대하 33:10-20). 역대기는 유다 왕국의 회복은 회개와 기도를 통하여 가능하다는 것을 보여주기를 원합니다. 왜냐하면 므낫세는 그의 회개와 기도를 통해서 바벨론의 포로에서 돌아왔기 때문입니다.

28.2.8 선지자의 말에 순종할 것인가?

역대기에는 유다 왕들에게 영향력을 미친 선지자들의 역할이 많이 나옵니다. 선지자의 비판적 예언은 사무엘-열왕기 보다 역대기에서 더 두드러진 위치를 갖습니다. 역대기 기자에게 왕은 선지자의 말에 순종했는가 하는 것이 왕을 판단하는 근본적인 기준가운데 하나였습니다. 왕은 여호와 하나님의 대변인인 선지자의 말을 들어야 합니다. 선지자들에게는 여호와의 영이 임하거나 또는 여호와의 말씀이 임합니다. 참 선지자들이 계시를 수납하는 전형적인 양식입니다. 많은 왕들이 선지자들의 예언을 듣고 난 후에 각기 다른 반응을 보입니다.

다윗은 하나님의 법궤를 위하여 성전을 짓기 원합니다. 그래서 그는 선지자 나단과 이 계획에 관해서 상담합니다. 그때 여호와의 말씀이 나단에게 임하고 나단은 다윗이 여호와를 위하여 전을 건축하지 못할 것이라고 말합니다. 다윗은 나단의 신탁을 따릅니다(대상 17:1-15). 선지자의 말에 순종하는 왕입니다.

여호와의 말씀이 스마야 선지자에게 임합니다. 그는 유다의 르호보암에게 이스라엘의 여로보암과 싸우지 말라고 예언합니다(대하 11:2-4). 그때 르호보암은 스마야의 말에 순종하여 전쟁을 하지 않습니다.

하나님의 영이 아사랴에게 임하자 그는 아사 왕에게 예언합니다. 아사 왕은 아사랴의 말을 듣고 그 땅에서 우상을 제거하고 여호와를 찾기로 언약을 맺습니다(대하 15:8-15). 그러나 다른 경우에 아사 왕은 선견자 하나니가 여호와 대신에 아람 왕을 의지한다는 비판의 목소리를 들었을 때 그는 하나니의 말을 듣지 않고 그를 옥에 가두고 말았습니다(대하 16:7-10). 순종과 불순종의 모습이 같이 나타납니다.

유다의 여호사밧은 이스라엘의 아합에게 길르앗 라못을 치러가는 것을 동의합니다. 두 왕들은 선지자들에게 이 일에 관한 하나님의 뜻을 알기 위해 그들을 부릅니다. 모든 선지자들이 그 전투를 찬성하며 승리를 예언하지만 미가야만이 아합은 죽을 것이며 그들이 전투에서 패할 것이라고 예언합니다. 그러나 여호사밧과 아합은 미가야의 말에 주의를 기울이지 않습니다(대하 18장). 결국 아합은 그 전투에서 사망합니다. 이 전투에서 여호사밧이 살아서 유다에 도착하자 선지자 예후는 아합 왕을 도운 유다 왕 여호사밧을 꾸짖습니다(대하 19:2).

여호와의 영이 선지자 야하시엘에게 임합니다. 그는 유다는 모압과 암몬과 세일 거민들의 연합군과 싸워서 승리할 것이라고 예언합니다(대하 20:14-17). 이때 여호사밧은 선지자의 말을 믿었습니다.

선지자 엘리야는 특이하게도 여호람 왕에게 편지로 예언합니다. 그는 여호람이 우상 숭배 때문에 죽을 것이라고 선언합니다(대하 21:11-15).

우리는 요아스 왕의 행위 속에서 전형적인 불순종의 예를 볼 수 있습니다. 하나님의 영이 스가랴를 사로잡았습니다. 그는 우상 숭배와 여호와의 말씀에 불순종한 것 때문에 요아스 왕과 백성을 꾸짖었습니다. 그러나 그들은 선지자의 말을 듣지 않습니다. 오히려 백성들은 요아스의 명령에 따라 선지자를 죽입니다(대하 24:20-21).

한 익명의 하나님의 사람이 아마샤 왕에게 세일 사람들을 대항하여 아마샤와 함께 전쟁에 나가려는 이스라엘 사람들을 데려가지 말 것을 설득합니다. 이 일에는 아마샤가 하나님의 사람의 말을 듣습니다. 그러나 아마샤가 전쟁을 마치고 세일 사람들의 우상을 가지고 돌아옵니다. 이때 하나님은 한 선지자를 보내어 그의 우상 숭배를 꾸짖게 하였으나 이번에는 왕이 순종하지 않습니다(대하 25:14-16).

마지막으로 시드기야 역시 선지자 예레미야의 말을 따르지 않았습니다(대하 36:12).

위의 예들에서 역대기 기자는 왕이 선지자의 예언, 책망 그리고 충고의 말에 어떤 태도를 취했는지를 매우 중요하게 다루고 있음을 볼 수 있습니다. 이것은 왕을 평가하는 중요한 기준이 되었습니다. 여호와의 말을 대변하는 선지자의 예언에 왕들은 순종으로 응납해야 했습니나.

28.2.9 여호와의 선택

역대기 저자에 따르면 이스라엘의 왕이 되기 위한 주요 조건은 여호와에 의한 선택입니다. 히브리어 '바하르'(선택하다)는 역대기에서 21회 나타납니다. 그 중에 6번이 왕들과 관련해서 사용되었습니다. 두 번은 다윗에게(대상 28:4; 대하 6:6) 그리고 4번은 솔로몬에게(대상 28:5,6,10; 29:1) 사용되었습니다.

먼저 다윗의 설교에서(대상 28:1-10) 그는 여호와께서 어떻게 모든 이스라엘 가운데서 그를 선택하셨는지를 설명합니다. 유다는 모든 이스라엘 지파들 가운데서 뽑혔고 그 다음에 이새의 집은 유다의 집에서 뽑혔습니다. 여호와는 이새의 가족에서 다윗을 이스라엘의 왕으로 영원히 선택하셨습니다(대상 28:4). 마지막으로 여호와는 다윗의 많은 아들들 가운데서 솔로몬을 여호와의 보좌에 앉혀(대상 28:5) 성전을 짓게 하려고(대상 28:10) 여호와의 아들로 선택하셨습니다(대상 28:6). 다윗의 연설에서 그 초점은 여호와께서 다윗을 선택한 것보다 솔로몬을 선택한 것에 더 맞추어 있습니다. 역대기 기자는 다윗은 왕조를 위하여 선택된 반면에 솔로몬은 성전을 위하여 선택되었다고 명확하게 보여주고 있습니다.

솔로몬 또한 그의 연설에서(대하 6:1-11) 여호와는 그의 아버지 다윗을 왕조를 위하여 선택했다고 말합니다(대하 6:6). 그러나 솔로몬 연설 역시 성전에 초점이 맞추어 있습니다. 솔로몬의 연설의 문맥에서 여호와에 의한 다윗의 선택은 결국 성전 건축을 향하고 있습니다.

하나님은 또한 예루살렘 성을 선택하셨습니다. 하나님의 이름을 두기 위하여 예루살렘 성을 선택하셨습니다(대하 6:5-6). 솔로몬은 하나님의 이름을 위하여 성전을 건축했습니다(대하 6:34,38). 또한 예루살렘은 하나님이 거하시는 처소였습니다.

하나님은 더 나아가 예루살렘 성전을 섬길 레위인을 선택하십니다. 레위인은 언약궤를 메기 위해서 선택되었으며(대상 15:2) 하나님을 섬기며 분향하는 자들입니다(대하 29:11).

28.2.10 고레스 왕의 명령

역대기의 끝은 바사 왕 고레스의 명령을 담고 있습니다(대하 36:22-23). 고레스 왕은 포로로 잡혀 와 있는 이스라엘 백성에게 유다 예루살렘에 올라가 성전을 건축해도 좋다는 칙령을 내립니다. 고레스의 명령으로 선지자 예레미야의 예언이 성취됩니다. 역대기는 예레미야 예언의 성취를 강조합니다(대하 36:22). 유다가 바벨론에 포로로 잡혀가자 그 땅이 안식년을 누림같이 칠십 년을 지냈다고 말합니다(대하 36:21; 참고. 렘 25:11-14; 27:7; 29:10).

고레스의 명령을 보면 역대기의 독자들은 바벨론 포로에서 올라온 자들입니다. 포로 생활을 마치고 돌아온 공동체에게 역대기 기자는 그들의 정체성을 확립시켜 주어야 할 필요성을 느껴서 유다의 역사를 새로 썼습니다. 이러한 점이 역대기 기자가 이스라엘의 역사를 제외하고 왜 유다의 역사만을 기록했는지를 설명합니다.

또한 역대기 기자의 끝과 열왕기의 끝이 서로 비교됩니다. 열왕기의 끝은 바벨론에 포로로 잡혀간 유다 왕 여호야긴이 옥에서 석방되어 바벨론 왕의 식탁에서 양식을 먹었습니다. 자유의 몸이 된 것입니다(왕하 25:27-30). 여호야긴이 자유의 몸이 된 것은 유다가 포로 생활에서 해방 될 수 있다는 것을 미리 보여준 것입니다.

열왕기 기자가 여호야긴의 석방을 통해서 보여준 유다의 회복 암시는 역대기 기자의 고레스 칙령에 의해서 성취되었습니다. 이를 통해 알 수 있는 것은 여호와의 주권입니다. 여호와는 유다와 이스라엘 역사를 넘어서 세계역사를 주관하십니다. 하나님은 자신의 계획에 따라 역사를 섭리해 나가십니다. 유다를 망하게 한 바벨론이나 다시 유다 백성들에게 예루살렘에 올라가서 성전을 지으라고 명령한 페르시아나 하나님의 손 안에 있습니다. 그 하나님이 오늘날에도 살아계셔서 우리를 보고 계십니다.

에필로그

구약은 다양한 신학적인 주제들이 있습니다. 이러한 사실을 신약의 저자들도 알고 있습니다. 히브리서 기자는 이렇게 말합니다. "옛적에 선지자들을 통하여 여러 부분과 여러 모양으로 우리 조상들에게 말씀하신 하나님이 이 모든 날 마지막에는 아들을 통하여 우리에게 말씀하셨으니"(히 1:1-2) 하고 말합니다. "옛적에"와 "이 모든 날 마지막에"가 그리고 "선지자들을 통하여"와 "아들을 통하여"가 대조를 이룹니다. "옛적에"는 구약 시대를 그리고 "이 모든 날 마지막에는" 신약 시대를 의미합니다. 구약 시대에는 하나님이 많은 선지자들(복수에 주목하십시오)을 통하여 말씀하셨는데 반하여 신약 시대에는 하나님이 아들을 통하여 말씀하십니다.

구약 시대와 신약 시대에 말씀하시는 주체는 하나님입니다. 하나님이 역사의 주인공입니다. 하나님이 구약과 신약의 모든 시대를 주관해 나가십니다. 구약과 신약의 역사 속에서 하나님은 자신의 계획을 선지자들과 아들을 통하여 "조상들에게"와 "우리에게" 말씀하십니다.

그런데 구약 시대에 하나님이 "여러 부분과 여러 모양으로" 말씀하셨습니다. 그렇다면 이 "여러 부분과 여러 모양"이 무엇을 의미하겠습니까?

이와 비슷한 다른 진술이 있습니다. 사도 바울의 말을 들어 보십시오. "그들은 이스라엘 사람이라 그들에게는 양자됨과 영광과 언약들과 율법을 세우신 것과 예배와 약속들이 있고 조상들도 그들의 것이요 육신으로 하면 그리스도가 그들에게서 나셨으니"(롬 9:4-5). 하나님이 이스라엘을 양자로 삼았습니다. 그들에게 하나님의 영광을 보이셨습니다. 또한 하나님이 이스라엘과 다양한 언약들을 맺었습니다. 노아 언약, 아브라함 언약, 시내 산 언약, 모압 언약, 다윗 언약 등이 있습니다. 하나님이 그들에게 율법을 주셨습니다. 또한 이스라엘에게는 예배 제도가 있었습니다. 그리고 하나님이 그들에게 많은 약속들을 주셨습니다. 무엇보다도 메시야가 이스라엘에게서 나왔습니다.

히브리서 기자와 사도 바울은 구약에 다양한 신학적 주제와 사상들이 있음을 말합니다.

우리가 이제까지 살펴보았듯이 구약은 역사를 떠나서는 해석할 수 없습니다. 이 역사는 하나님이 그의 백성을 구원하시기 위한 역사입니다. 하나님은 역사 속에서 자신의 뜻을 점진적으로 나타내십니다. 하나님이 자신의 계획을 드러내십니다. 하나님이 아브라함에게 세 가지의 약속을 하십니다. 첫째는 후손을 많게 해 주겠다는 것이며 둘째는 가나안 땅을 주겠다는 것입니다. 셋째는 아브라함의 씨를 통해 천하 만민이 복을 받을 것입니다. 이 약속들이 역사 속에서 성취되어 가기 시작합니다. 이스라엘이 이집트에 있을 때 큰 민족이 되었습니다. 후손을 주실 것이라는 약속이 성취되었습니다. 이스라엘이 출애굽을 해서 가나안 땅에 들어갑니다. 여호수아의 지도 아래 땅을 정복합니다. 땅을 주시겠다는 약속이 성취됩니다. 역사가 진행되면서 하나님의 약속이 하나, 하나 성취되어갑니다. 하나님의 약속이 성취되어 가는 것을 보면서 이스라엘 내에는 하나님의 약속을 기대하며 기다리는 분위기가 형성됩니다. 아브라함의 후손에서 누군가가 올 때에 천하 만민이 복을 받을 것입니다. 그 때를 바라보며 이스라엘은 하나님의 약속을 대망大望하게 됩니다.

이스라엘의 역사는 가나안 땅과 관련해서 땅을 차지하기 이전의 역사와 땅을 차지한 후의 역사로 나눌 수 있습니다. 이스라엘은 출애굽을 해서 가나안 땅을 향합니다. 출애굽은 이스라엘 신앙의 근간입니다. 시내 산에서 하나님과 이스라엘이 언약을 맺습니다. 이스라엘은 한 나라로서 하나님과 언약을 맺습니다. 하나님은 이스라엘이 언약을 잘 지키면 "제사장 나라"가 되며

"거룩한 백성"이 될 것이라고 말합니다. 언약을 통하여 이스라엘은 하나님의 백성이 되고 하나님은 이스라엘의 하나님 여호와가 됩니다. 언약의 내용은 십계명과 율법으로 주어집니다. 여기에 예배 제도도 포함되어 있습니다. 이스라엘은 이 율법을 약속의 땅에서 지켜야 합니다. 다른 언약들, 노아 언약, 아브라함 언약과 다윗 언약은 하나님과 개인이 맺은 언약입니다. 그러나 시내 산 언약은 하나님과 한 국가 이스라엘이 맺은 언약입니다. 이스라엘은 율법을 가지고 가나안 땅으로 나아갑니다. 가나안 땅을 정복하고 그리심 산과 에발 산에서 율법의 복과 저주를 선포합니다.

약속의 땅 안에서의 삶은 율법에 순종할 것인가 하는 것이 중요합니다. 약속의 땅에 약속의 후손이 들어와서 삽니다. 이 약속의 땅은 또한 언약을 지켜야하는 언약의 장소입니다. 언약은 다른 신을 섬기지 말라는 것으로 표현되기도 합니다. 그러나 이스라엘은 약속의 땅에서 언약을 어기고 다른 신을 좇아갑니다. 다른 신을 섬기는 것은 십계명을 어기는 것이며 율법에 불순종하는 행위입니다. 즉 언약을 어기는 것입니다. 그래서 율법의 저주가 임합니다. 저주가운데 하나는 이스라엘이 전쟁에서 지는 것입니다. 이스라엘이 전쟁에 져서 다른 민족의 압제를 받는 상황이 자주 발생합니다. 언약의 저주가 임한 것입니다.

약속의 땅에서의 역사는 언약의 관점이 중요합니다. 즉 율법에 순종할 것인가 아니면 불순종할 것인가에 따라서 이스라엘의 미래가 결정되기 때문입니다. 하지만 이스라엘은 약속의 땅에서 계속 율법에 불순종하며 다른 신을 따라갑니다.

이스라엘이 가나안 땅을 점령하고 살아갑니다. 후에 이스라엘에 두드러진 변화가 일어납니다. 왕정시대가 시작된 것입니다. 왕정의 출현은 이스라엘의 사회, 정치, 경제, 군사 그리고 여호와 신앙을 근본적으로 흔들어 놓습니다. 왕은 절대 권력을 가지고 나라를 움직이기 때문입니다. 왕이 어떤 종교정책을 지지하느냐에 따라서 나라의 방향이 좌우됩니다. 왕이 여호와를 섬기면 나라 전체가 여호와 신앙을 잘 유지합니다. 그러나 왕이 우상을 따라가면 나라 전체가 우상 숭배의 죄악을 저지릅니다.

왕정의 출현으로 인하여 사회 제도 가운데 땅에 대한 옛 질서에 큰 변화가 생깁니다. 왕은 땅을 취할 수 있는 권한이 있습니다. 왕이 권력으로 땅을 취합니다. 아합이 나봇의 포도원을 빼앗은 사건이 대표적입니다. 또한 왕은 신하들이 있습니다. 왕과 신하들이 지배 계층으로 등장하며 백성은 피지배 계층으로 전락합니다. 하나님 앞에서 평등하고 자유롭게 살던 이스라엘에 변화가 생긴 것입니다.

왕이 절대 권력을 휘두르자 선지자들이 왕을 견제합니다. 하나님의 대변자인 선지자들이 일어나 왕에 대하여 하나님의 뜻을 대언합니다. 선지자들은 현실 정치에서 전쟁이나 왕의 종교 정책이나 신앙을 비판하며 나섭니다. 하나님은 선지자들을 통하여 현실 정치에 적극적으로 개입하십니다. 선지자들을 통하여 하신 말씀이 역사 속에서 성취됩니다. 하나님의 말씀이 현실 속에서 나타납니다. 왕정 시대 이후로 예언과 성취 구도가 두드러지게 나타납니나.

이스라엘 역사 속에서 하나님의 말씀은 크게 약속과 언약과 예언으로 나타납니다. 가나안 땅을 정복하기 이전 역사에서는 약속과 성취 구도가 두드러지더니 땅을 정복한 후에는 언약 즉 율법과 성취 구도가 중요합니다. 그리고 왕정이 출현한 후에는 예언과 성취 구도도 눈에 들어옵니다.

여호와 신앙의 상징은 법궤입니다. 여호와 신앙은 이스라엘이 시내 산에 머물러 있으면서 구체화됩니다. 언약을 맺고 율법을 받고 예배 제도를 세웠습니다. 특히 십계명을 넣어 보관하는 궤와 궤를 두는 장소인 성막을 만들었습니다. 시내 산에 불과 구름 가운데 임하신 하나님은 이제 성막에 즉 법궤 위에 임하십니다. 그런데 이 법궤는 이동성이 있습니다. 하나님이 법궤와 함께 자유롭게 이동합니다. 이스라엘과 함께 광야를 유랑하시며 가나안 땅에 들어옵니다. 가나안 땅에서도 여기저기로 이동하십니다. 그러더니 나중에 법궤는 예루살렘에 정착합니다. 시온 산입니다. 후에 이곳에 성전이 세워지며 법궤는 성전에 안착합니다. 법궤는 시내 산에서 출발하여 시온 산에 정착합니다. 이스라엘의 여호와 신앙은 시내 산에서 시작하여 시온 산에서 머뭅니다.

열왕기 기자는 예루살렘이 여호와께서 선택하신 장소라고 밝힘으로 신명기의 중앙 성소 법이 말하는 장소임을 확실히 합니다. 예루살렘은 여호와께서 거처로 삼으신 곳이며 자신의 이름을 두신 장소입니다.

시온 산은 또한 다윗이 이곳을 정복했기 때문에 다윗 성이라고 불립니다. 다윗이 시온 산을 정복하여 법궤를 가지고 왔습니다. 다윗이 이곳에 성전을 세우려는 계획을 갖고 있었습니다. 그러나 하나님은 다윗에게 성전을 짓지 못하게 하십니다. 그리고 하나님은 다윗에게 언약을 주십니다. 네 자손이 영원히 왕위에 오를 것이라고 하십니다. 다윗의 나라를 영원히 견고하게 해 주겠다고 약속합니다. 초기의 왕정은 여호와께 인정을 받지 못했습니다. 그러나 하나님은 다윗의 왕정을 인정하십니다.

다윗 언약은 후에 선지자들의 메시야 예언의 근거가 됩니다. 선지자들은 다윗 집에서 한 이상적인 왕이 올 것이라고 선언합니다. 그 왕이 와서 다윗의 나라를 세우고 영원히 정의와 공의로 통치할 것이라고 예언합니다. 그런데 장차 올 이상적인 왕은 하나님 자신이라고 이사야와 에스겔은 밝히고 있습니다.

하나님이 다윗에게 이러한 약속을 주셨음에도 불구하고 다윗의 후손들은 율법에 순종하지 않고 다른 신을 섬깁니다. 결국 언약의 저주가 임하여 유다는 바벨론에 망합니다. 나라가 망하고 유다는 바벨론에 포로로 잡혀갑니다. 언약의 저주가 성취한 것입니다.

나라가 망하자 다윗의 언약이 새롭게 대두됩니다. 다윗의 후손이 영원히 나라를 통치한다고 했는데 이 약속은 어떻게 된 것인가 하는 것입니다. 하나님의 약속이 폐해진 것 같이 보입니다. 그러나 하나님의 약속은 폐해지지 않았습니다. 이사야나 예레미야 선지자가 예언한 것처럼 다윗의 집에서 한 이상적인 왕, 메시야가 올 것입니다.

아브라함의 씨를 통하여 천하 만민이 복을 받을 것이라는 약속은 유다 자손에서 한 이상적인 왕이 와서 성취될 것입니다. 구약은 이러한 하나님의 약속과 예언을 대망합니다. 비록 이스라엘과 유다는 망했지만 하나님의 약속과 예언은 아직 남아 있습니다. 하나님께 소망이 있는 것입니다.

구약은 계속 하나님의 오심을 말합니다. 하나님은 하나님의 사람과 백성에게 자신을 나타내십니다. 직접 임하셔서 약속하시며 이름을 밝히시며 자신의 능력을 보이십니다. 직접 임하셔서 이스라엘 백성과 언약을 맺습니다. 하나님은 이스라엘에게 자신의 이름을 계시하시며 자신의 구속 계획과 목적을 말씀하십니다. 신현입니다. 이렇게 신현은 구약에서 자주 발견되는 주제입니다.

신현은 메시야 예언과 관련되어 더 구체적으로 드러납니다. 하나님이 직접 인간의 몸을 입고 이 땅에 오실 것을 약속하고 있습니다. 즉 구약은 하나님이 직접 이 땅에 오실 것을 대망합니다. 신현을 바라보고 있습니다. 구약의 대망 사상은 하나님의 오심입니다. 구약은 이렇게 미래를 바라봅니다. 그리고 신약은 그 하나님이 오셨다고 증거합니다. 신현이 이루어졌다고 말합니다. 이러한 의미에서 구약은 대망의 책이며 신약은 신현의 책입니다.

하나님은 역사 속에서 자신의 백성을 구원하십니다. 하나님이 역사 속에 개입하십니다. 역사 속에서 말씀하시고 행동하십니다. 이러한 하나님의 구원을 체험한 이스라엘은 하나님을 찬양합니다. 또한 하나님의 구원을 기대하며 찬양하기도 합니다. 찬양은 하나님의 구원 행동에 대한 이스라엘의 반응으로 나타납니다.

이스라엘은 여호와를 경외하며 섬기며 살아갑니다. 여호와를 경외하며 섬기는 것은 율법에 머물러 있는 삶입니다. 이것이 이스라엘의 지혜입니다. 지혜는 하나님의 백성으로서 하나님을 경외하는 삶의 방식입니다. 지혜는 삶 속에서 구체적으로 하나님을 섬기는 방법입니다.

The Book of Great Hope